30/01/'87

Bassam Tibi

Europa ohne Identität?

Europäisierung oder Islamisierung

Zum Andenken an meinen verehrten jüdischen Lehrer Max Horkhei-
mer, in dessen philosophischen Seminaren und durch dessen Schrif-
ten ich als ein arabischer Muslim gelernt habe, mich gegenüber Eu-
ropa – wie er es lehrte – »kritisch zu verhalten und es dennoch zu
bewundern, zu seinen Ideen zu stehen, sie gegen den Faschismus Hit-
lerscher, Stalinscher oder anderer Varianz« – also auch gegen den
Fundamentalismus, wie ich hinzufüge – »zu verteidigen«. Von Max
Horkheimer habe ich gelernt, keiner europäischen Rhetorik Glauben
zu schenken, vielmehr die Ideen Europas an »ihrem eigenen Begriff
zu messen«, nicht aber an den Beteuerungen europäischer Politiker
und Ideologen.

Bassam Tibi

EUROPA
OHNE
IDENTITÄT?

Europäisierung oder Islamisierung

ibidem-Verlag
Stuttgart

Bibliografische Information der Deutschen Nationalbibliothek
Die Deutsche Nationalbibliothek verzeichnet diese Publikation in der Deutschen Nationalbibliografie; detaillierte bibliografische Daten sind im Internet über http://dnb.d-nb.de abrufbar.

Bibliographic information published by the Deutsche Nationalbibliothek
Die Deutsche Nationalbibliothek lists this publication in the Deutsche Nationalbibliografie; detailed bibliographic data are available in the Internet at http://dnb.d-nb.de.

Coverabbildung: © European Communities / Source: EC - Audiovisual Service

ISBN 978-3-8382-1001-8

© *ibidem*-Verlag
Stuttgart 2016

INHALTSVERZEICHNIS

EINFÜHRUNG

Vorbemerkungen 25 – 1. Die Neuausgabe des Buches, die Aktualität seiner Thematik und die Geschichte seiner Themen 1998–2016 als historisierte Gegenwart 32 – 2. Der Ausgang: Europäische Identität nach der Diagnose von 1998 neu gesichtet mit Blick auf die Flüchtlingskrise 2015/2016: alte Probleme in neuem Gewand 48 – 3. Zivilisatorische Identität und Wertekonflikte. Im Wettstreit zwischen dem Zeitgeist des Kulturrelativismus und der kulturpluralistischen Universalität der kulturellen Moderne 56 – 4. What are we talking about? / Worum geht es? 63 – 5. Eine demokratische »Debating Culture« erfordert ein freies Debattieren über Europa »ohne Aufnötigung« (John Stuart Mill) und ohne »innere Zensurinstanz« (Adorno). Daher diese Warnung vor der Tyrannei des herrschenden Narrativs 69 – 6. Was ist ein Zivilisationskonflikt? Der Wertekonflikt zwischen der islamischen Weltanschauung und der europäischen kulturellen Moderne über die Welt- und Staatsordnung 79 – 7. Ist eine Europäisierung des Islam zu einem Reform-Islam möglich als eine friedliche Lösung des Zivilisationskonfliktes? Und was geschieht, wenn sie scheitert? 88 – 8. Die deutsche Leitkulturdebatte von 2000, ihre Neubelebung und die politische Kultur der Bundesrepublik. Es geht um eine europäische Leitkultur als Wertekonsens, nicht um das deutsche „Pathos des Absoluten«, verpackt als deutsche Leitkultur 100 – 9. Wohin treibt Europa im 21. Jahrhundert im Wettstreit von Europäisierung vs. Islamisierung? Eine Einladung zur Diskussion auf der Grundlage der Normen einer Debating Culture sowie Zivilität 111

5

EINLEITUNG

ERSTER TEIL

Abschied vom alten Europa, aber ohne Selbstaufgabe!

Kapitel 1

ethnischer vormoderner Kulturen 188 – Der Pluralismus einer offenen Gesellschaft ist nicht mit ethnischen Kulturen vereinbar 189

Kapitel 2

Europa, Zuwanderung und der Multikulturalismus. Von der Euro-Arroganz westlicher Weltherrschaft zur kulturrelativistischen Selbstverleugnung? 193-214

Die Globalisierung ist älter, als man denkt: Sie hat mit der europäischen Expansion begonnen 193 – Um Missverständnissen vorzubeugen: Kulturpluralismus ist nicht mit »Multikulti«-Kommunitarismus gleichzusetzen 196 – Lauter Fremdwörter: Multikulturalismus, Kulturrelativismus und Neo-Absolutismus – aber sie betreffen die Zukunft Europas 199 – Multikultur als Ersatz für fehlende Werte: Die Krise der Demokratie 202 – Von kulturellen Unterschieden und Political Correctness 206 – Kein Werte-Konsens über Rechte und Pflichten: Von der Kommunitarisierung zur ethnischen Aufsplitterung 208 – Gibt es einen Ausweg aus der multikulturellen Sackgasse? 209

Kapitel 3

Europa im globalen Dorf. Ein neuer Faktor im Zeitalter der Migration: Der Islam und Europa – der Islam in Europa.......215-241

Die europäische Expansion und deren Bumerangwirkung 215 – Das »globale Dorf« schließt keine universelle Weltanschauung ein. Das internationale System ist keine internationale Gesellschaft! 218 – Die euro-mediterrane Region 221 – Der Islam *im* Westen: Welche Möglichkeiten gibt es? 225 – Ist der euro-islamische Dialog ein Wunschdenken? Lehren aus der Vergangenheit: Fruchtbare Begegnungen zwischen dem Westen und der islamischen Zivilisation 229 – Nochmals eine dringliche Unterscheidung: Kultureller Pluralismus ist kein Multikulturalismus 231 – Politikberatung für ein kulturell vielfältiges, aber friedfertiges globales Dorf 234 – Schlussfolgerungen 238

ZWEITER TEIL

Ein weltoffenes, aber selbstbewusstes Europa der Aufklärung als Alternative zu Europa als einem Werte-beliebigen Multikulti-Wohngebiet?

Einführung...243-249

DRITTER TEIL

Muhadjirun oder Citoyens? Die größte Herausforderung an die säkulare Identität Europas: Muslime zwischen Ghetto- und Euro-Islam

Kapitel 7

Islamische Migration nach Europa zwischen Fakten und der deutschen Freund-Feind-Debatte über den Islam 314 – Der Islam geht Europa an 317 – Grundfakten über die islamische Präsenz: Frankreich 322 – Das belgische Beispiel 326 – Innere und äußere Hürden für die Integration 328 – Zentrale Problembereiche 330 – Integrations-, nicht Sicherheitspolitik. Gefordert ist eine europäische Politik 335

Kapitel 8

Können Muslime mit Nicht-Muslimen in Frieden in einem Gemeinwesen zusammenleben? 338 – Worum geht es bei den indischen Muslimen? 341 – Die unentschiedene Pendelbewegung zwischen Säkularität und Gottesstaat 346 – Hinduismus und Islam aus historischer Perspektive 349 Schlussfolgerungen 352

Kapitel 9

Warum geht der Islam Europa an? 357 – Ignoranz ist gefährlich! Warum wissen Europäer so wenig über den Islam? 359 – Religion und Politik im Islam 361 – Das islamische Erwachen und die Heterogenität der Zivilisationen 363 – Was ist unter Kultur, was unter Zivilisation zu verstehen? Der Islam ist eine Zivilisation, die sich aus zahlreichen Kulturen zusammensetzt 365 – Der Islam und die Entwestlichung der Welt 369 – Die Optionen: Zusammenprall oder Brückenschlag zwischen den Zivilisationen 371 – Für eine friedliche Nachbarschaft: Den Islam und andere Zivilisationen kennenlernen 372 – Eine Alternative zum

Fundamentalismus in Europa: Für einen Euro-Islam der Migranten 374 – Kulturdialog ohne Geschäfte und Selbstverleugnung 376 – Ist ein islamisch-westlicher Frieden der Zivilisationen möglich? 378

VIERTER TEIL

Multikulturalismus in Deutschland. Die deutsche Spielart der europäischen Identitätskrise: Die Parallelität einer Rhetorik der Globalisierung und einer Realität der selbstzentrierten Verschlossenheit

Kapitel 10

Keine Festung Europa! 391 – Verfemung im Schatten von Sprachverwirrung und Begriffsinflation 393 – Jenseits der Gesinnungsethik: Was heißt Einwanderung? 396 – Oberste Voraussetzung: Das demokratische Grundrecht auf Asyl gilt nur für politisch Verfolgte; es darf nicht zum Instrument der Zuwanderung werden 399 – Für den Schutz der politisch Verfolgten, aber gegen Schieber und illegale Zuwanderung 402 – Wie Schieberbanden vorgehen 405 – Das Elend der illegalen Zuwanderer 408 – Das europäische »Recht auf Faulheit« ist kein gutes Vorbild für Migranten 411 – »Ärgernis Sozialhilfe« und die Migranten? 415 – Der Sozialstaat als Lockvogel für Zuwanderung 417 – »We speak out!« Integrierte Ausländer erheben sich gegen Vormundschaft 419 – Von Amerika als Einwanderungsland lernen! 422

Kapitel 11

»Jenseits von Links und Rechts« 429 – Europäische Kreativität verkümmert zu Sozialstaatsmentalität 432 – »Am deutschen Wesen soll die Welt genesen« – Die deutschen Linksintellektuellen im Dialog der Kulturen 434 – Migranten als Mitbürger, nicht als Ersatzproletariat der deutschen Linken 439 – Von Gesinnungsethik zu Verantwortungsethik 443 – Für eine nüchterne deutsche Debatte über Europa im Zeitalter der Migration 447

SCHLUSSBETRACHTUNGEN

Antisemitismus und Philosemitismus – Fremdenfeindlichkeit und verordnete Fremdenliebe 453 – Dialog und ein Mittelweg, keine Extreme! 456 – Über die deutschen »Fremdenfreunde« 459 – Das Gegenextrem: Die Bestimmung des Anderen als Fremden und seine Ausgrenzung 461 – Von der rassenpsychologischen zur »philologischen« Bestimmung des Fremden 464 – Orientalismus, Philologie, Rassenpsychologie und die deutsche Islamwissenschaft 467 – Islam ist nicht Islamismus! Warnung vor den Fundamentalisten ist keine Fremdenfeindlichkeit 470 – Die Chance: Am Verhältnis zum Islam Europa erneuern 473

VORREDE ZUR AUSGABE 2016

Das Buch *Europa ohne Identität?* erschien erstmals 1998 als Hardcover und 2000 als Siedler-Taschenbuch, beide Male mit dem Untertitel *Die Krise der multikulturellen Gesellschaft.* 2001 und wieder 2002 erschienen weitere zusätzliche Auflagen, ebenfalls als Siedler-Taschenbuch, jedoch mit dem veränderten neuen Untertitel *Leitkultur oder Wertebeliebigkeit.* Nach langen Überlegungen über die vorliegende aktuelle Ausgabe 2016 einigten sich mein neuer Verleger Christian Schön und ich darauf, diese Ausgabe nicht als 5. Auflage, sondern als neues Buch zu veröffentlichen. Warum? Ich werde dies wie folgt begründen:

Erstens: Die neue Ausgabe trägt nicht nur den veränderten Untertitel *Europäisierung oder Islamisierung,* den ich noch näher, wissenschaftlich und auf Tatsachen basierend, begründe; auch ist sie von Inhalt und Umfang her neu. Die Verwendung des inzwischen kontaminierten Begriffes »Islamisierung« ist in Deutschland mit einem Risiko verbunden. In den USA hatte ich in drei großen Forschungsprojekten in Berkeley, Cornell und Stanford (vgl. dazu Abschnitt 1) gar keine Probleme, hierüber zu arbeiten und zu veröffentlichen, weil dort Wissenschaftsfreiheit und Sachverstand die Regel sind. In Abschnitt 1 liefere ich eine streng wissenschaftliche, auf diese US-Perspektive bezogene Begründung. Der neue, veränderte Untertitel »Europäisierung oder Islamisierung« bezieht sich auf eine Massenmigration in Millionenhöhe nach Europa seit 2015/2016 aus der Welt des Islam. Als frei denkender Wissenschaftler anerkenne ich in meinem Denkprozess keine Tabus. Hierüber habe ich in der Schweiz meinen Artikel »Ich weigere mich, zu schweigen« (*Basler Zeitung* vom 05.08.2016) veröffentlicht.

Zweitens: Es entstehen unter den neuen Bedingungen reale Optionen für Europa. In diesem Zusammenhang kann man sachlich und ohne Panikmache von einer Verwandlung der islamischen Herausforderung an Europa in eine Bedrohung durch eine graduelle Islamisierung durch einen Kopftuchislam sprechen. Ich trete als aufgeklärter Muslim für einen europäischen Islam und für ein säkulares Europa ein; hier sind Kompromisse nicht möglich, weil es keine halbe Säkularität gibt oder geben kann. Es ist mir klar, dass derjenige, der den Begriff »Islamisierung« kritisch verwendet, wie ich es tue, es riskiert, mit folgender verbaler Keule konfrontiert zu werden: »Das verwendet auch die AfD!«, um somit erschlagen zu werden.

Daher der angeführte wissenschaftliche Schutz, den ich in Abschnitt 1 liefere. Ich füge hinzu: Diese Denkart der Erzwingung einer Selbstzensur weise ich strikt zurück und begründe dies demokratietheoretisch in Abschnitt 5. Dazu hier nun folgendes Argument: Die AfD beruft sich auch auf das Grundgesetz. Darf ich dies deshalb nicht mehr tun, eben nur, weil die AfD es tut? Deutsche sollten sich von einer solchen Art des »Debattierens« verabschieden und sich die angelsächsische demokratische »Debating Culture« aneignen, mit der ich meine deutschen Leser in Abschnitt 5 bekannt mache.

Drittens: Die neue, weit über hundert Seiten umfassende Einführung geht weit über eine Aktualisierung eines bestehenden Buches hinaus und verleiht der Veröffentlichung von 1998 die Qualität eines neuen Buches. Der neue Untertitel *Europäisierung oder Islamisierung* bezeichnet auch den primären Inhalt der aktuellen Einführung, die auch in dieser Hinsicht in voller Kontinuität zum Text von 1998 steht. Auf diese Weise wird der Inhalt von 1998 in die Realitäten von 2016 überführt, welche die neue Einführung beleuchtet.

Diese aktuelle Neuausgabe von »Europa ohne Identität?« besteht aus zwei Segmenten: Sie enthält die neue, weit über den Text von 1998 hinausgehende und aktualisierende umfangreiche Einführung, in der ich eine Diagnose unserer Zeit der globalen Flüchtlingskrise vornehme. Auf diesen Originaltext von 2016, in dem ich mich mit den entsprechenden Auswirkungen der genannten Krise auf Europa und auf seine zivilisatorische Identität beschäftige, folgt – bis auf die Anpassung an die neue Rechtschreibung – unverändert der Text der Original-Ausgabe von 1998. Dies werde ich in Abschnitt 1 über die Struktur dieses Buches näher begründen.

Ich begreife mich als ein Deutschlandkritiker mit Migrationshintergrund. Aus dieser Perspektive betrachte ich mit Sorge, wie sich Europa heute von einem Land mit beschädigter Identität, nämlich Deutschland, anführen lässt, das nicht nur »kein rechtes Maß« (Helmuth Plessner) findet, sondern auch wegen seiner krisenhaften Nationsbildung und durch seine unbewältigte NS-Vergangenheit unter unbewältigten Problemen leidet und andere in diesen Sog hineinzieht. Das zitierte Urteil von Plessner ist in seinem Buch *Diesseits der Utopie* enthalten, er ist ein deutsch-jüdischer Denker, der auch *Die verspätete Nation* geschrieben hat, das Beste, was je einer über dieses Land schrieb. Ich schreibe in diesem Geist und bedaure es aufrichtig, dass Deutsche, die in der Vergangenheit stets ihre

Sonderwege hatten, heute während der Flüchtlingskrise diese kranke Tradition fortsetzen; sie lassen sich bedauerlicherweise von der Führung einer Kanzlerin Merkel, »sozialisiert in der SED-Diktatur der DDR« (so Helmut Kohls ehemaliger Medienberater Hans-Hermann Tiedje in der *Neuen Zürcher Zeitung (NZZ)* vom 08.08.2016), in einen solchen Sonderweg, der Europa zerstört, verirren. Merkel versucht ohne Erfolg, anderen Europäern diesen Sonderweg aufzuzwingen. Das dürfen Deutsche angesichts ihrer totalitären Vergangenheit, gleichermaßen Nationalsozialismus wie Stalinismus (DDR), nicht tun. Tiedje wirft Merkel vor, nicht zu verstehen, was es für Europa bedeutet, wenn Millionen Muslime mit einer Kopftuchkultur ohne Kontrollen und ohne Auswahl in den Kontinent hineingelassen werden. Er schreibt: »Kohl wusste, das Kopftuch ist mehr als ein Stück Stoff. Es trennt das Abendland vom Morgenland. Wie weit ist die Pfarrerstochter Merkel heute von solchen Gedanken entfernt.« Ferner schreibt er: Merkel lässt zu, dass »Europa zum gelobten Land für Millionen Migranten aus der arabischen und schwarzafrikanischen Welt« wird, indem sie im Namen einer Willkommenskultur »den muslimischen Zustrom … auf Kosten der deutschen Bürgerschaft nach Europa« einlädt. Tiedje hat seinen Artikel *Der Unterschied (NZZ)* ebenfalls in der Schweiz veröffentlicht. Weder Merkel noch die sie flankierenden Medienmacher lassen Widerspruch zu; sie erlauben weder eine solche Kritik noch eine freie Debatte. Ich habe 2015 nicht von Deutschland, sondern von der Schweiz aus eine »Warnung vor der Tyrannei« veröffentlicht (zu finden auf meiner Homepage www.bassamtibi.de).

Wer auf Islam-Kritik des Kopftuchs mit der Keule »islamophober Vorwurf« antwortet, dem kann ich – Hans-Hermann Tiedje verteidigend – vorhalten, dass das islamistische Kopftuch keine bloß religiöse Kleidung ist; vielmehr ist die islamistische Kopftuch-Uniform der Ausdruck einer antiwestlichen Weltanschauung der zivilisatorischen Abgrenzung. Hierbei berufe ich mich auf meine türkische Mitstreiterin Nilüfer Göle, die in ihrem Buch *The Forbidden Modern. Civilization and Veiling* schreibt, dass die Verschleierung der Frau eher Ausdruck des Konflikts der Moderne als eine Loyalität gegenüber der Religion des Islam sei. Sie fügt hinzu: »Kein anderes Symbol kann mit dieser Wucht so schlagkräftig das Anderssein des Islam gegenüber dem Westen demonstrieren wie der Schleier.« Wer diese Fakten nicht verstehen will, dem kann ich nur das Urteil von Max Weber über Gesinnungsethiker vorhalten, welche die reale Welt nicht so wahrnehmen wollen, wie sie ist. Weber schreibt in seinem Essay »Der Beruf zur Politik«, wer die Realität »nicht sieht, ist in der Tat politisch ein Kind«. Mehr von dieser Denkweise Max Webers, die ich mir zu eigen mache, werde ich in den Vorbemerkungen vortragen.

In diesem Buch folge ich Hannah Arendt, die Kommunismus und NS-Faschismus als Totalitarismen gleichsetzt. Das tun Horkheimer und Popper auch. In dieser Linie habe ich in meinem Buch *Der neue Totalitarismus* von 2004 den Islamismus als Gefahr eines neuen Totalitarismus beschrieben. Bereits in meiner Horkheimer-Widmung in der Erstausgabe des vorliegenden Buches fügte ich den islamistischen Fundamentalismus an dritter Stelle hinter Faschismus und Stalinismus (vgl. oben) hinzu. Wer diese Warnung mit dem Vorwurf der Islamophobie abtut, gehört zu den »Feinden der offenen Gesellschaft« (Karl Popper) und auch zu den »politischen Kindern«, die nach Weber nicht sehen wollen.

Ein deutsches Oktroi, andere Europäer im Namen der Solidarität zu zwingen, die Millionen Flüchtlinge aus der Welt des Islam aufzunehmen, ist unzulässig. Die Wochenzeitung *Die Zeit* hat in ihrer Ausgabe vom 28.01.2016 zu Recht auf der Titelseite die Frage gestellt »Sind die Deutschen verrückt? Oder ist es der Rest der Welt, der keine Flüchtlinge aufnimmt?« Nein, die deutschen »Opinion Leader« sind es, die nicht nur »verrückt« sind, sondern auch totalitär versuchen, ihre Idee einer irrsinnigen »Willkommenskultur« den »Widerstrebenden aufzunötigen«. Diese Worte stammen von John Stuart Mill, dem Autor der Bibel der Demokratie im 19. Jahrhundert *On Liberty*, über Leute, die eine »Tyrannei der herrschenden Meinung« mit allen Mitteln aufzwingen.

Andere Europäer weigern sich mitzumachen. Die britische Zeitung *Financial Times* stellt ebenfalls auf der Titelseite vom 29.06.2016 fest: Für die Briten sei der »Brexit defeat« auf das »EU-failure to tackle immigration« zurückzuführen, sie weigerten sich, den deutschen Sonderweg zu gehen. *Die Zeit* schreibt in der zitierten Ausgabe, die deutsche Willkommenskultur sei für Deutsche eine Art, sich von der NS-Vergangenheit zu heilen auf einem Weg »gewissermaßen von Auschwitz direkt zum Münchner Hauptbahnhof«. Warum sollen wir Menschen, die mit dem deutschen NS-Mord nichts zu tun haben, an dieser – so *Die Zeit* – »völlig irrationalen Willkommenskultur« beteiligen? Es geht darum, dass Deutsche zur Normalität zurückkehren, nicht, dass andere sich an Deutschland anpassen.

Und es kommt noch schlimmer: Unter den Menschen, welche die deutschen Gutmenschen willkommen heißen, sind mehrheitlich Träger des Kopftuch-Islam, die zudem aus Ländern kommen, in denen der Antisemitismus die politische Kultur bestimmt. Dies habe ich in einem am Center for Advanced Holocaust Studies entstandenen Buch nachgewiesen, das bei Yale University Press unter dem Titel *Islamism and Islam* erschienen ist.

Die neue Einführung stellt eine verbindende Linie dar zwischen jener Diagnose von 1998 und der vorliegenden unserer Zeit 2015/2016 mit dem soeben als »irrationale Willkommenskultur« gekennzeichneten Merkmal. Diese Zeit dokumentiert den Zerfall der EU als sinkendes Schiff, nicht nur wegen des Brexit. Im abschließenden Abschnitt 9 zu dieser Einführung versuche ich die heutige besorgniserregende Lage Europas zu rekonstruieren.

Das Schönste an der Bundesrepublik Deutschland ist ihr vorbildliches Grundgesetz, das in Artikel 5 Absatz 1 Meinungsfreiheit und in Artikel 5 Absatz 3 Wissenschaftsfreiheit garantiert. Trotz der in Deutschland störenden Kluft zwischen Verfassungsnorm und Verfassungswirklichkeit möchte ich als Syrer mit deutschem Pass in dieser neuen Einführung von der im Grundgesetz garantierten Freiheit vollen Gebrauch machen. Ich hoffe auf verantwortungsethische deutsche Leser, die frei von der tradierten kulturprotestantischen Gesinnungsethik und »ihrem Pathos des Absoluten« (Theodor W. Adorno) sind. Ein Moralisieren blockiert jede freie Sicht auf die Krise Europas unter dem millionenstarken Flüchtlingsdruck. Die Zahl der Flüchtlinge in der globalen Flüchtlingskrise ist Mitte 2016 auf 65 Millionen angestiegen, und sie wird weiter rapide ansteigen. Dieses Problem kann definitiv nicht auf dem europäischen Kontinent gelöst werden. Wenn ich hierüber laut nachdenke, versuchen linke und grüne Deutsche mir als einem freien Denker in Deutschland einen Maulkorb gegen die Vorschriften des Grundgesetzes aufzuerlegen. Ich wich deshalb in die Schweiz aus und veröffentlichte dort in der Basler Zeitung den bereits zitierten *J'accuse*-Artikel *Ich weigere mich, zu schweigen*. Man kann diesen Text auf meiner Homepage nachlesen.

Gleich einleitend will ich noch den Geist des vorliegenden Buches offenlegen, indem ich feststelle: Selbst arabischer Muslim aus dem westasiatisch-syrischen Damaskus, lasse ich mich im Folgenden von der cartesianischen Erkenntnis »cogito ergo sum« leiten, d.h., ich denke, also bin ich. Ich beuge mich nicht den Aufforderungen deutscher Gesinnungsethiker, mich für mein Denken »zu entschuldigen«. Mein Vorbild ist der britische politische Philosoph John Stuart Mill, der jene kritisiert, die Anderen ihre »eigenen Ideen und Gesinnung durch andere Mittel als bürgerliche Strafen« aufnötigen wollen. Dieser Satz ist in dem bereits zitierten Buch *On Liberty* von John Stuart Mill enthalten, worin er die Freiheit von Menschen verteidigt, die ihre eigene Individualität gegen die »Tyrannei der herrschenden Meinung« bewahren wollen. Mit diesem Buch setze ich im 21. Jahrhundert Mills Mission aus dem 19. Jahrhundert fort. Im zitierten Artikel in der Basler Zeitung nenne ich meine Ideen in Adornos Worten »unbequeme Gedanken« und füge hinzu: »Hiervon werde ich niemals ablassen«.

Zu John Stuart Mill ziehe ich weiterhin die Autorität meines jüdischen Lehrers Theodor W. Adorno hinzu; er kontrastiert zwei deutsche Traditionen, die als Option zur Wahl stehen. Erstens die bessere Tradition nach Immanuel Kant, die auf »Autonomie und Selbstverantwortung des vernünftigen Individuums« fußt, sowie – zweitens – die entgegengesetzte Tradition vom »Pathos des Absoluten«, das »jede Abweichung gereizt ahndet«. Dies ist nachzulesen in Adornos Aufsatz *Auf die Frage: Was ist deutsch?* Ich bin Zeuge und Opfer einer solchen Ahndung. Die Abweichung, die ich sowohl in diesem Buch als auch in anderen Veröffentlichungen wage, ist brutal »geahndet« worden; ich bin aus den deutschen Medien von 2002 bis 2016 total verbannt worden. Jüngst, im Juli 2016, hat mich der grüne Politiker Jürgen Trittin, der laut Wikipedia bis 1980 eine Biografie als ein »aktives Mitglied im kommunistischen Bund / KB« hatte, aufgefordert (*Göttinger Tageblatt* vom 07.07.2016), mich für meine »unbequemen Gedanken« zu entschuldigen, und drohte mit »Konsequenzen«. Dazu hat er mich – mich, der ich Vollblut-Demokrat bin – mit höchster Impertinenz aus der »Wertegemeinschaft des Grundgesetzes« exkommuniziert, so wie dies im *Göttinger Tageblatt* steht. Was für eine politische Kultur des Landes ist dies?

In meinem Denken folge ich meinem deutsch-jüdischen akademischen Lehrer und Holocaust-Überlebenden Adorno, der mir als Muslim aus Damaskus in meinen Frankfurter Lehrjahren beigebracht hat, mich keinem Zwang zu beugen und mein Denken nicht »einer inneren Zensurinstanz« unterzuordnen, welche »die Äußerung unbequemer Gedanken verhindert«, sondern vielmehr den Mut zu haben, zu »unbequemen Gedanken« zu stehen, so Adorno in seinem Aufsatz *Auf die Frage: Was ist deutsch?*

Im gleichen inneren Engagement folge ich der Warnung meines zweiten Frankfurter Lehrers Horkheimer, dem dieses Buch mit einer Begründung gewidmet ist (vgl. oben). In seinem Buch *Eclipse of Reason* (Umnachtung der Vernunft), das 1947 in New York erschienen ist, verteidigt Horkheimer Reason im Sinne der Kantischen Vernunft gegen die instrumentelle Vernunft. In Frankfurt studierte ich zudem auch bei dem Philosophen Iring Fetscher, der mein Doktorvater in den Jahren 1968–1970 war. Es gehörte zu den größten Ehren meines Lebens, dass dieser große deutsche Gelehrte, dessen Vater von den Nazis in Dresden erschossen wurde, im Oktober 2009 als 91-Jähriger extra aus Frankfurt nach Göttingen kam, um als Ehrengast bei meiner Emeritierung in der Aula der Universität Göttingen anwesend zu sein, und allen Reden über mich lauschte. Der Laudator war mein jüdischer Freund und Mitstreiter Michael Wolffsohn, zu dem ich unten noch mehr zu sagen habe.

Ich bleibe hier bei Fetscher, der mein philosophisches Verständnis weitgehend geprägt hat. In dem Abschnitt über Leitkultur werde ich sein Hauptwerk *Rousseaus politische Philosophie* zitieren und möchte hier Einiges antizipieren, weil ich dieses Rousseau-Verständnis auf den Islam übertrage: In der modernen Gesellschaft sei der Mensch nach Rousseau kein gläubiger Christ (entsprechend auch kein gläubiger Muslim), sondern ein Citoyen, d.h. ein Mitglied eines säkularen Gemeinwesens. Nur bei einer solchen Bestimmung des Menschen in einer modernen Gesellschaft kann, wie Iring Fetscher schreibt, »eine freie dauerhafte republikanische Staatsordnung geschaffen werden«. Fetscher meint, dies sei der »wesentliche Gedanke der politischen Philosophie Rousseaus«. Diese Bestimmung des Menschen als Citoyen sowie Gesellschaft und Staat als »republikanische Ordnung« der Citoyenneté gehören zur zivilisatorischen Identität Europas. Dies wird heute von Linken und Grünen im Namen von Minderheitenschutz und Diversity zerstört. So steht Scharia über Citoyenneté. Anders denkt Michael Wolffsohn. Das Schönste, was er über mich in seiner in der Aula der Universität Göttingen im Oktober gehaltenen Laudatio gesagt hat, war laut dem Bericht des *Göttinger Tageblatts* dieser Satz: »Bassam Tibi ist ein Citoyen, ein Bürger des aufgeklärten säkularen Europa.« Das ist auch mein Selbstverständnis.

Mein Text verrät einen großen europäischen Einfluss auf mein Denken. Dennoch verneine ich niemals meine westasiatisch-arabisch-muslimischen Wurzeln. Freiheitlich gesinnte Juden verstehen mich besser als christliche Deutsche. Dies hat auch Michael Wolffsohn in seiner Laudatio auf mich bei der Emeritierungsfeier in der Göttinger Aula festgestellt, als er sagte »Tibi ist der Orient, Tibi ist der Okzident«. In seiner Laudatio hat er wiederholt auf dieses Buch *Europa ohne Identität?* rekurriert und daraus mehrmals wortwörtlich zitiert. Das war das beste Emeritierungsgeschenk. Ein ebenso großes Geschenk waren die wertvollen Beiträge von zwei weltgroßen Gelehrten, nämlich Bernard Lewis aus Princeton und Herbert Kelman aus Harvard zu meiner Festschrift *Zwischen Konfrontation und Dialog.*

Selbst bekennender Muslim, sage ich gleich hier im Vorwort, dass ich keine Ambiguität in meinem Verhältnis zu Europa zulassen würde. Nur wenn Muslime bereit sind, auf ihre Scharia-Weltanschauung zu verzichten, und die hier beschriebene Bestimmung von Mensch, Staat und Gesellschaft akzeptieren, kann es eine genuine Integration im Rahmen eines europäischen Islam geben. Diese Probleme werden in der aktuellen Einführung in den Teilen über Europäisierung des Islam (Abschnitt 7), Leitkultur (Abschnitt 8) und Zivilisationskonflikt (Abschnitt 6) näher und Tabu-frei diskutiert. Im Namen einer *Kultur der Ambiguität*, so der Titel des Buches von Thomas Bauer, werden dagegen islamische Eigenarten geduldet. Dieses hier kritisierte Denken entspringt einem Kulturrelativismus, den ich schlicht verabscheue. Ich werde den unbequemen Gedanken gleich hier formulieren, dass ein solcher Unsinn der Umkehrung des Orientalismus (orientalism in reverse) abzulehnen ist. Der Geist meines Diktums lautet: »Yes we Kant« (Matthias Heitmann, *Zeitgeistjäger*). Wir Muslime haben zusätzlich zum deutschen Kant unseren Ibn Ruschd / Averroës (1126– 1198) aus dem Mittelalter und Mohammed Abed al-Jabri (1935–2010) im 20. Jahrhundert, die beide Kants Geisteshaltung in nichts nachstehen. Beide sind islamische Rationalisten; sie sind wie Kant ein Vorbild für mein Denken. In meinem im Feuilleton der *Süddeutschen Zeitung* (SZ) vom 09.08.2016 erschienenen Essay *Die Erleuchteten* argumentiere ich implizit gegen die deutschen Islamwissenschaftler Thomas Bauer und Frank Griffel mit dieser Richtigstellung: Der Islam braucht eine Aufklärung, und sein größter Denker, nämlich der eben angeführte Averroës, forderte schon lange vor Kant die Anerkennung des Primats der Vernunft. Die genannten Islamwissenschaftler verstehen den weltanschaulichen Konflikt innerhalb der islamischen Zivilisation zwischen *falsafa*-Rationalismus und *fiqh*-Orthodoxie nicht. Sie reduzieren die essenzialisierte Kulturart auf die Scharia. In Wirklichkeit haben islamische Philosophen gegen die Scharia-Orthodoxie argumentiert; eine Tradition, die heute frei denkende Muslime des *Enlightened Muslim Thought* fortsetzen. Es ist schlicht eine Geschichtsfälschung, wenn Griffel behauptet, es habe im Islam weder eine Unterdrückung der Philosophie noch Ketzerprozesse gegeben. In meinem SZ-Artikel vom 09.08.2016 zeige ich, dass genau das Gegenteil die Wirklichkeit der islamischen Zivilisation im Mittelalter war.

Nun komme ich zum Abschluss dieser Vorrede und fasse zusammen, indem ich Folgendes festhalte: Weil der Kontext von 1998 gerade wegen der bundesrepublikanischen Leitkulturdebatte von 2000 ein Stück deutscher Geschichte geworden ist, kann dieses Buch als Teil dieser Zeitgeschichte eingeordnet werden. In Abschnitt 8 werde ich mehr darüber schreiben, jedoch möchte ich schon hier Folgendes klarstellen: Ich bin nicht nur von der CDU, sondern auch von vielen anderen zu einem Befürworter einer »deutschen Leitkultur« brutal verfälscht worden. Ich nenne es brutal deshalb, weil ich ein leidenschaftlicher Gegner einer jeden »deutschen Leitkultur« bin. Ich beschreibe das hässliche Gesicht der deutschen Leitkultur in den Abschnitten 5 und 7. Richtig ist, dass ich für eine *europäische Leitkultur* bin, die das Gegenteil einer »deutschen Leitkultur« ist. Das, was ich in Abschnitt 5 kritisiere, ist die deutsche Leitkultur, zu deren heftigsten Kritikern ich mich rechne. Wie oft habe ich dies in den Jahren seit 1998 bis heute klargestellt, jedoch ohne Erfolg. Vergleichbar ist der deutsche Umgang mit meiner Islamologie und deren Verwechslung mit Islamwissenschaft. In der Sektion »Bücher« auf meiner Homepage verrate ich bei meiner Vorstellung meiner beiden Buchtrilogien zur Begründung der Islamologie, wie genervt ich als Islamologe bin, wenn ich von Deutschen als Islamwissenschaftler tituliert werde. Islamwissenschaft ist eine deutsche Disziplin mit altkolonialen Wurzeln, wohingegen Islamologie eine entkolonialisierte historisch-sozialwissenschaftliche Islamforschung ist.

Zum Abschluss gehört noch diese Ausführung über die neue, über hundert Seiten lange Einführung zur Ausgabe 2016. Der 380 Seiten lange Text von 1998 und die neuen 120 Seiten gehören inhaltlich und historisch zueinander und sind somit verzahnt. Dies möchte ich anhand der Gellner-Geertz-Kontroverse von 1994 (vgl. unten, Kapitel 4) auf dem Symposium der Erasmus Foundation anführen. Sowohl im 4. Kapitel des »alten« Textes sowie in mehreren Abschnitten des neuen Textes greife ich auf diese maßgebliche Kontroverse zurück, um argumentativ darzulegen, dass zwischen der säkular-demokratischen, an der Aufklärung orientierten Identität Europas und dem Eindringen des Islamismus sowie des Salafismus eines schriftgläubigen Islam ein Zivilisationskonflikt besteht (vgl. Abschnitt 6).

Der heutige Zeitgeist Europas wird nicht mehr vom Kant der Aufklärung und von der Citoyenneté der Französischen Revolution, sondern vom selbst-defaitistischen Kulturrelativismus der *Anything*-Wertebeliebigkeit bestimmt. Heutige Deutsche, die weiterhin vom »deutschen kollektiven Narzissmus« (so Adorno in seinem Aufsatz *Auf die Frage: Was ist deutsch?*) befallen sind, predigen uneingeschränkte Toleranz gegenüber den islamischen Flüchtlingen und wenden hierdurch kulturrelativistische Standards auf einen Neo-Absolutismus an, der von vielen dieser Flüchtlinge vertreten wird. Wer dieser europäischen Selbstverleugnung widerspricht, wird der Islamophobie bezichtigt. Es klingt absurd, wenn islamische Neo-Absolutisten von Kulturrelativisten lernen und Europäer mit dieser Keule bewerfen. Um es klarzustellen: Ich trete für einen europäischen Islam ein, bejahe kulturpluralistische Vielfalt parallel zu einer Inklusion der Muslime in eine europäische Citoyenneté, aber bin nachdrücklich gegen die Verleugnung der europäischen Idee und ihrer Inhalte zugunsten des Respekts für andere Kulturen, d.h. mit anderen Worten zugunsten des Respekts für einen Neo-Absolutismus. In Anmerkung 19 zu Kapitel 4 des alten Textes wird der Titel des im Rahmen des angeführten Erasmus-Projekt erschienenen Buches (Amsterdam 1994) zitiert: *The Limits of Pluralism*. Zu diesen Limits gehört ein klares Nein als Antwort auf die Forderungen der »enemies of the open society«, die im Namen religiöser Toleranz dafür eintreten, den in der Aufklärung erstrittenen Primat der Vernunft zugunsten der angeblich von Allah offenbarten Scharia aufzugeben.

Ich schloss diese Vorrede am 08.08.2016 nach dem Abschluss der Veranstaltung Diner Republicain des Schweizer Ringier-Verlages ab, auf der die Verleihung des »Europapreises für politische Kultur« erfolgte. Der deutsche Bundesaußenminister Frank-Walter Steinmeier war der Preisträger, und unter den Gästen befand sich auch der ehemalige Bundeskanzler Gerhard Schröder. Am nächsten Tag, bei der mehrstündigen Frühstücksdiskussion unter den teilnehmenden Europa-Experten in Ascona, waren wir uns alle darüber einig, dass der Respekt für den Islam nicht mit einer freien Eintrittskarte für die islamische Weltanschauung nach Europa gleichgesetzt werden darf.

In Ascona habe ich bei der Finalisierung dieser Vorrede Anfang August 2016 schweizerische, deutsche und französische Politiker, Schriftsteller und Denker erlebt, die diese politische Kultur des freien Debattierens – frei von Keulen – praktiziert haben, die ich mir in diesem Buch wünsche. Der »Europapreis für politische Kultur«, den ich oben anführte, gilt für europäische politische Kultur, die eine solche des Debattierens, nicht der Verfemung durch die Bewerfung mit Keulen sein soll. Und diese politische Kultur fußt auf dem Prinzip der laizistischen Citoyenneté als Identität Europas. Wer für diese *open society* eintritt, muss bestimmen können, dass das Akzeptieren der laizistischen Citoyenneté für alle gilt, Muslime bilden keine Ausnahme!

Um Verwechslungen zu vermeiden, verwende ich den Begriff »Abschnitt« für die neuen Teile der Einführung von 2016 und den Begriff »Kapitel« für die Teile des Urtextes von 1998. Obwohl ich in Abschnitt 5 argumentiere, dass es in der Bundesrepublik Deutschland keine Tradition einer »Debating Culture« gibt, gebe ich als Rationalist die Hoffnung nicht auf, dass es Deutsche gibt, die eine solche pluralistisch-demokratische Kultur befürworten und mit dieser Geisteshaltung das vorliegende Buch lesen werden.

Ascona, August 2016

Bassam Tibi

EINFÜHRUNG

Die Frage »Europa ohne Identität?« neubelebt im Lichte der millionenstarken Zuwanderung aus der Welt des Islam: Der Zivilisationskonflikt

Die vorliegende Einführung der Ausgabe 2016 ist in neun Abschnitte untergliedert, und sie beginnt mit folgenden grundsätzlichen Vorbemerkungen, in denen ich die drei Stufen meiner Vorgehensweise bzw. meine Denkweise angebe und erläutere:

1. Das anstehende Problem identifizieren.
2. Die analytische und faktenmäßige Durchdringung des festgestellten Problems erläutern. Das sollte als Grundlage und Vorarbeit dafür dienen, die Suche nach Lösungen für das angegebene Problem zu ermöglichen.
3. Hiernach gehe ich zu dieser Stufe über und suche eine Lösung. Ich tue dies auf Grundlage der 1998 vorgeleisteten Arbeit, die in dieser aktuellen Fassung fortgesetzt wird. Ich weise jede Gesinnungsethik zurück und bestehe stattdessen auf Verantwortungsethik im Weber'schen Sinne. Was dies ist, werde ich in den folgenden Vorbemerkungen näher erläutern.

Vorbemerkungen

Ich trete stets, also auch hier, für Transparenz ein. In diesem Sinne lege ich meine Karten, d.h. meine Denkweise, gleich zu Beginn offen. Wie ich verfahren werde, habe ich in den oben genannten drei Schritten dargelegt, um erstens das anstehende Problem zu identifizieren und es dann sowohl faktenmäßig als auch analytisch zu durchdringen. Erst danach ist es möglich, zu Lösungen zu gelangen. Dafür halte ich zunächst fest: Mir scheint folgender Sachverhalt das Problem auszumachen: Westeuropa ist schon seit der zweiten Hälfte des 20. Jahrhunderts und extrem seit der zweiten Dekade des 21. Jahrhunderts der globale Anziehungspunkt für alle Formen von Flucht und Migration aus allen Teilen der Welt geworden. Ein einziges europäisches Land – Deutschland – übertrifft als Zuwanderungsland statistisch sogar die USA und Australien. Warum nenne ich die USA ein Einwanderungsland, aber bezeichne Deutschland als Zuwanderungsland?

Unter Einwanderung verstehe ich regulierte Migration, wie sie in Australien und den USA stattfindet; dagegen ist Zuwanderung naturwüchsig ohne jegliche Regeln und Verfahren, so wie sie 2015/2016 erfolgte, als ca. zwei Millionen Menschen nach Deutschland kamen.

Die überwiegende Zahl dieser Zuwanderer kam dabei nicht wie ursprünglich vermutet aus ehemaligen kommunistischen Ländern Osteuropas, sondern aus der Welt des Islam. Mit dieser Erkenntnis des zentralen Problems verbinde ich die Frage: Kann Europa in diesem Kontext seine säkular-demokratische zivilisatorische Identität bewahren? Die zwei Fragen, welche die Untersuchung dominieren, werden gleich als Titel und Untertitel dieses Buches verwendet, womit das zentrale Thema des Buches angegeben wird.

Nun können wir zur zweiten Stufe übergehen und damit beginnen, nicht nur eine analytische, sondern eine faktenmäßige Vorgehensweise zu elaborieren. Damit mache ich klar, dass weder Moralisieren noch Wunschdenken meinen Erkenntnisprozess leiten. Wenn ein Problem ansteht, dann muss man gleich die Fakten hierzu heranziehen. In einem Begleitbrief zum Jahresbericht des Verbandes »Entwicklungspolitik und humanitäre Hilfe« in Berlin/Bonn steht folgende Feststellung im ersten Absatz: »… die aktuellen Zahlen des Flüchtlingshilfswerks der Vereinten Nationen (UNHCR) sind erschütternd: Mehr als 65 Millionen Menschen sind weltweit auf der Flucht, davon allein aus Syrien seit 2011 fast fünf Millionen Menschen.«

Allein mit dem gesunden Menschenverstand und ohne Fachwissen kann man sich Folgendes ausmalen: Wenn diese 65 Millionen Flüchtlinge der im Rahmen der deutschen Willkommenskultur ausgesprochenen Einladung von Bundeskanzlerin Merkel Folge leisteten und nach Europa kämen, dann würde Europa zusammenbrechen. Genau das ist das Problem, mit dem sich Europa als Anziehungskontinent für diese 65 Millionen Flüchtlinge im kommenden Jahrzehnt auseinandersetzen muss. Es wird nicht bei 65 Millionen bleiben. Die Zahl betrug letztes Jahr 56 Millionen und ist nun auf 65 Millionen gestiegen. Das wird so weitergehen, und auch die derzeit aktuelle Zahl von 65 Millionen wird wachsen.

Anfang September 2015 ging global durch alle elektronischen Kommunikationsmittel diese Nachricht aus Deutschland: Bundeskanzlerin

Merkel hat verkündet, »ein freundliches Gesicht zu zeigen«. Deshalb ordnete sie am 4. September 2015 nicht nur die Öffnung der Grenzen für Flüchtlinge, sondern auch die Suspendierung aller Grenzkontrollen und die Zuwanderung regelnder Abmachungen an, wie etwa des Dublin-Abkommens, nach dem Flüchtlinge im Ankunftsland ihren Asylantrag einreichen müssen. Daraufhin kamen in weniger als einem Jahr ca. zwei Millionen Menschen allein nach Deutschland, sowohl über die Balkanroute als auch über das Mittelmeer; die Flüchtlinge sagten vor Fernsehkameras nur ein Wort: »Germany«. Die Bundesregierung hatte die Statistiken frisiert, um die Bevölkerung zu beruhigen. Von zwei Millionen Flüchtlingen wurden 900.000 Menschen, die das Land verließen, abgezogen, und somit wurden die Neuankömmlinge nur noch mit 1,1 Millionen angegeben. Das verstößt gegen alle wissenschaftlichen Regeln der Statistik und ist manipulativ.

Die Bundeskanzlerin hatte außer ihrem Vorsatz, »ein freundliches Gesicht zu zeigen«, keine Policy, d.h. kein Politikkonzept, um mit diesem neuen Phänomen umzugehen; die Leerformel von Merkel aus dem Jahr 2015 »Wir schaffen das« ersetzte jedes Politikkonzept. Diese Bundeskanzlerin beweist durch Folgendes, dass sie lernunfähig ist: Nach den Terroranschlägen im Juli 2016 in Reutlingen, Würzburg und Ansbach unterbrach Frau Merkel ihren Urlaub und kehrte nach Deutschland zurück, um die Durchhalteparole »Wir schaffen das« zu wiederholen. Das hätte sie lassen können, denn inzwischen war klar geworden, dass die deutsche Willkommenskultur etwas versprochen hatte, was sie nicht liefern konnte. Nun wurde von anderen Europäern Solidarität unter politischem Druck eingefordert, um die Illusion aufrechtzuerhalten. Diese Merkel-Solidarität ist nichts anderes, als anderen Europäern einen deutschen Sonderweg aufzuzwingen.

Nun stellt sich diese Frage: Kann Europa 65 Millionen Flüchtlinge aufnehmen, ohne dabei zusammenzubrechen? Mit dieser Frage habe ich auf der ersten Stufe das anstehende Problem angegeben. Ich versuche im Folgenden, dieses Problem zu durchdringen, um dann später eine Lösung zu suchen. Ich bitte meine Leser, meinen Stil zu respektieren, weil ich vor der Beantwortung der Fragen eine den Gegenstand betreffende persönliche Erfahrung voranstellen möchte.

Die folgende Erfahrung ist persönlich, und wer hierauf mit der für mich als hämisch bekannten Verbalinjurie »Tibis Selbstbezüglichkeit« reagiert, dem schlage ich vor, gleich hier die Lektüre abzubrechen. Denn die erforderliche Chemie zwischen Autor und Leser würde in diesem Fall fehlen. Seitdem ich in vier Sprachen schreibe, also seit 50 Jahren, verfahre ich so und nicht anders. Ich lasse mich von niemandem beißen. In Amerika sagt man: Take it or leave it. Ich will niemandem gefallen, ich schreibe, was ich denke.

In meinem Leben bin ich durch drei Sozialisationsstufen gegangen:

1.   Die erste Stufe fand statt in der arabisch-islamischen Umwelt von Damaskus. Dort habe ich eine islamische Weltanschauung des Umma-Kollektivs verinnerlicht.

2.   In Europa entdeckte ich meine menschliche Bestimmung als *vernunftbegabtes Individuum* im Verständnis von Descartes und Kant.

3.   In den USA lernte ich pragmatisches Denken kennen sowie den Bedarf nach Umsetzung im Policy-Bereich, d.h., nicht mehr nur rein normativ zu denken, wie Europäer und Muslime es zumeist tun, sondern auf die Umsetzung von Wissen in eine politische Realität zu achten.

Diese Informationen sind sehr wichtig dafür, um die Art und Weise zu verstehen, wie ich an Probleme herangehe. Das ist keine »Selbstprofilierung«, wie ein hässliches deutsches Wort lautet.

In der 3sat-Fernsehsendung *Vis-à-vis* vom 26. Juni 2016 habe ich Frank A. Meyer von dem Schock berichtet, den ich in meinem ersten Harvard-Jahr 1982 erlebt habe. Ich legte ein wissenschaftliches Papier vor, und statt Lob zu bekommen, wurde ich gefragt: »What are your policy implications?« Meine Antwort war: »Muss ich dies als Wissenschaftler tun? Ich habe dies in Deutschland nicht gelernt.« Meine amerikanischen Kollegen sagten, es sei noch nicht zu spät für mich, diesen Lernprozess nachzuholen. Denn ich war 1982 ein erst 38 Jahre junger Professor.

Nach diesem Vorspann lege ich meine Karten, d.h. meine Denkweise offen: Als islamisch erzogener Mensch aus Damaskus, der 56 Jahre in Deutschland gelebt hat, weiß ich, wie Nahost-Muslime als Neo-Absolutisten auftreten und wie im Gegensatz dazu kulturprotestantische Menschen als Kulturrelativisten denken; beide gehen unterschiedlich mit dem oben festgehaltenen Problem um. Für traditionelle Muslime gehört die gesamte Welt Allah – und Europa ist hierbei keine Ausnahme; sie empfinden sich in Europa nicht als Flüchtlinge, da sie nur Gottes Güter in Europa in Anspruch nehmen, und sie müssen hierfür nur Allah dankbar sein. Mit anderen Worten: Sie verstehen die Forderung nicht, dass sie europäische Verfassungen zu respektieren haben; im Gegenteil: Sie fordern die Geltung der Scharia für sich. Deutsche Gesinnungsethiker verstehen dies wiederum auch nicht. Beide Parteien haben entgegengesetzte Logiken und können einander nicht verstehen. Die Neo-Absolutisten geben nicht nach und sind nicht kompromissbereit. Kulturprotestantische Kulturrelativisten relativieren alles und geben nach. Diese Europäer gehen nicht von Fakten aus und nehmen noch nicht einmal wahr, dass die islamischen Flüchtlinge Europäer als »Ungläubige« einordnen. Kulturprotestantische Europäer reden vom Vorurteil. Welche Denkweise kann in diesem Dickicht helfen weiterzukommen?

Eine Hilfe finde ich in diesem Erkenntnisprozess bei einem großartigen deutschen Denker, der meine Geistesentwicklung in meinem Leben als Wahleuropäer weitgehend beeinflusst hat. Dieser Denker ist Max Weber, dem ich die Unterscheidung zwischen Gesinnungsethiker und Verantwortungsethiker verdanke.

Als Mensch mit westasiatisch-arabisch-islamischen Wurzeln bin ich neben meinen Frankfurter akademischen Lehrern von Weber stark geprägt worden. In dem Band mit dem Titel *Soziologie, weltgeschichtliche Analysen, Politik* aus Webers gesammelten Schriften findet man den Aufsatz *Der Beruf zur Politik* (so der Titel nach der Winckelmann-Ausgabe). Darin prägt Max Weber die für dieses Buch grundlegende Unterscheidung von Gesinnungs- und Verantwortungsethik. Ich erlaube mir im Folgenden, den Weber'schen Gedanken länger mit Originalzitaten auszuführen, weil die Basisgedanken dieses Buches hiervon ausgehen.

Weber erwartet, dass »drei Qualitäten« für jeden Politiker entscheidend sein müssen, nämlich »Leidenschaft – Verantwortungsgefühl – Augenmaß«. Er fügt schnell erklärend hinzu, »Leidenschaft im Sinne von Sachlichkeit, leidenschaftliche Hingabe an eine Sache«. Augenmaß ist dies für Max Weber: »die Fähigkeit, die Realitäten mit innerer Sammlung und Ruhe auf sich wirken zu lassen«. Ich kenne keinen einzigen Berliner Politiker, der diese von Max Weber angegebenen Voraussetzungen für den »Beruf zur Politik« erfüllen würde, auch und gerade Merkel und ihr Stab tun dies nicht.

Was ist nun der Unterschied zwischen Verantwortungs- und Gesinnungsethik?

Nach Max Weber schiebt der Gesinnungsethiker jede Verantwortung von sich und weist jede Rationalität zurück; die gesinnungsethische Betrachtungsweise sieht nach Max Weber so aus:

> »Wenn die Folgen einer aus reiner Gesinnung fließenden Handlung üble sind, so gilt ihm nicht der Handelnde, sondern die Welt dafür verantwortlich, die Dummheit der anderen Menschen. … Verantwortlich fühlt sich der Gesinnungsethiker nur dafür, dass die Flamme der reinen Gesinnung … nicht erlischt.«

Diese Denkweise gedeiht unabhängig von den gesinnungsethisch begründeten »ganz irrationalen Taten«. Ein Paradebeispiel für diese Denkweise ist die deutsche Willkommenskultur, die sich als das Gute begreift und das Böse in der gesamten Welt abschaffen will.

Dagegen zeichnet sich der Verantwortungsethiker durch die eingangs aufgelisteten Qualitäten aus:

- Leidenschaft im Sinne von Sachlichkeit,
- Augenmaß als Fähigkeit, die Realitäten rational zu erkennen,
- Verantwortungsgefühl, das völlig frei ist von einer »ins Leere verlaufenden Romantik des intellektuell Interessanten« (Max Weber).

Gibt es einen Mittelweg zwischen Gesinnungs- und Verantwortungsethik? Weber antwortet auf diese Frage verneinend mit folgenden Worten. »Es ist nicht möglich, Gesinnungsethik und Verantwortungsethik unter einen Hut zu bringen.« Man kann die Frage erneut stellen, warum ein Mittelweg nicht möglich ist. Weber antwortet, dass der Gesinnungsethiker »aus Gutem nur Gutes, aus Bösem nur Böses kommen« sieht; sein Denken ist von diesem Manichäismus geprägt. Dagegen denkt der Verantwortungsethiker rationalistisch, aber »der Gesinnungsethiker erträgt die ethische Irrationalität der Welt nicht«. Ich frage meine Leser im amerikanischen Sinne: Do you get it? / Verstanden? Ich möchte hier einen Satz von Weber benutzen, der, im Gegensatz zu mir, nur streng sachlich schreibt, aber bei diesem Gegenstand sich folgenden Satz erlaubt, den ich mir auch zu eigen mache: »Wer das nicht sieht, ist in der Tat politisch ein Kind.«

Mit diesem Weber'schen Denken gehe ich an das oben angegebene Problem heran. Ich verbinde dies mit dem Vermächtnis von Horkheimer.

Dieses Vermächtnis findet der Leser in dem oben stehenden Text der Widmung dieses Buches für Horkheimer.

Gerade im verantwortungsethischen Geist Webers stelle ich analytisch und faktenmäßig auf der zweiten Ebene das Vorhandensein von Konflikten fest als eine gesellschaftliche Realität. Diese Vorgehensweise steht im Widerspruch zur Veredelung der fremden Flüchtlinge zu *bons sauvages* in der Gesinnungsethik der deutschen Willkommenskultur. Zum Verständnis dieser sozialen, politischen, ökonomischen und religiös-kulturellen Konflikte gehört vorrangig der Zivilisationskonflikt, dem ich in Abschnitt 6 dieser Einführung nachgehen werde. Diese analytische und faktenmäßige Durchdringung des oben festgehaltenen Problems wird vermutlich auf Widerstand, sogar auf Diffamierung meines Denkens und Infragestellung meiner Person als Wissenschaftler stoßen. Ich bin daran gewöhnt. Meine Biografie ist, wie man im Englischen sagt, von einer »implacable«, d.h. von einer unerbittlichen Integrität gekennzeichnet. Auf diesem Boden denke und forsche ich seit fünfzig Jahren und tue dies auch weiterhin so. Meine Persönlichkeit steht in diametralem Widerspruch zum Charakter des deutschen Gesinnungsethikers, also des Menschentyps, den ich oben mit Hilfe Max Webers näher beschrieben habe.

Der Gesinnungsethiker hat ein Menschen- und Weltbild, das ihm als unerschütterlich gilt. Nach diesem Bild soll die Welt sich formieren. Mit Gesinnungsethikern, die alles moralisieren, kann man deshalb nicht rational debattieren. Denn zur Rationalität gehört die Bereitschaft, alles – auch die eigenen Glaubenssätze – der Reflexion unterzuordnen. Die Gesinnungsethik glaubt an eine Dualität von Gut und Böse. Ein aktuelles Beispiel hierfür ist die Unterteilung dieses Landes in »das helle und das dunkle Deutschland« durch den evangelischen Pastor Gauck, der zum Bundespräsidenten aufgestiegen ist und vorwiegend langweilige gesinnungsethische Predigten als politische Reden hält. Nach Max Weber spricht ein Politiker anders als Bundespräsident Gauck.

Der Leser möge sich das obige Zitat vergegenwärtigen, wonach bei Gesinnungsethikern »aus Gutem nur Gutes, aus Bösem nur Böses hervorgeht«, und dies anwenden auf das Denken des deutschen Bundespräsidenten in Bezug auf das »helle und dunkle Deutschland«. Ich möchte der gesinnungsethischen Maxime widersprechen, dass aus Gutem nur Gutes hervorgeht, mit diesem Faktum: Die Vertreter der deutschen Willkommenskultur wollen Gutes tun, indem sie ihre Nazi-Vergangenheit durch Aufnahme von Flüchtlingen sühnen wollen. Das ist Gutes. Aber 90 Prozent der Flüchtlinge, die aus Nahost kommen und von diesen Gutmenschen willkommen geheißen werden, sind Antisemiten. Ist das Gutes?

Ich komme nun zum Abschluss dieser Vorbemerkungen zu der gesamten Einführung und spreche die dritte Stufe meines Denkprozesses an. Die Flucht erfolgt aus Gründen von Armut, Gewalt und Not. Hierfür gibt es tiefe Ursachen, die man in der Konfliktforschung »root causes« nennt. Bei der Ursachenbekämpfung der Flucht von 65 Millionen Menschen sollte man diese »root causes« ansprechen. Das ist ein wissenschaftlicher Begriff, der jedoch in der deutschen Politik von Frau Merkel durch die Formel »Bekämpfung von Fluchtursachen« inflationär verwendet wird und inhaltlich deformiert ist. Diese »root causes« sind Armut, Gewalt durch Staatszerfall, Überbevölkerung und vieles mehr. Wenn Frau Merkel zwei Millionen Menschen aus Afrika und Nahost nach Deutschland einlädt, dann ändert sie nichts an diesen »root causes« in Nahost und Afrika. Es kommt noch schlimmer, sie hat kein Politikkonzept für den Umgang mit Migration und Integration. Ursachenbekämpfung wird somit zu einem wertlosen gesinnungsethischen Begriff. Schlimmer ist nur noch die Leerformel »Wir schaffen das«.

Max Weber würde einer solchen Politik entgegenhalten, dass hier Leidenschaft im Sinne von Sachlichkeit sowie Verantwortungsgefühl und Augenmaß schlicht fehlen. Mehr als diese klugen Worte Webers benötigt man hier nicht.

1. Die Neuausgabe des Buches, die Aktualität seiner Thematik und die Geschichte seiner Themen 1998–2016 als historisierte Gegenwart

Der kulturrelativistische Postmodernismus entpuppt sich als ein Neo-Absolutismus, weil er ein Narrativ einführt, für welches er eine Deutungshegemonie beansprucht. Dieses verleugnet die zivilisatorische Identität Europas. Als ein Kritiker des herrschenden postmodernen wertebeliebigen Narrativs bzw. als einer der »Zeitgeisterjäger« (Matthias Heitmann) setze ich mich mit dieser Ideologie auseinander. Im Bewusstsein, dass ich aus diesem Kreis zahlreiche Feinde habe, die ihre Anfeindungen fälschlich »Kritik« nennen, bin ich daran gewöhnt, Sprüche wie »Tibi-Selbstprofilierung« und ähnliches mehr an persönlichen Injurien zu ertragen. Dieser

Kreis beanstandet meine Art, persönlich zu schreiben, und verwendet dies als Vorwand, meine »unbequemen Gedanken« (Adorno) zu verfemen. Ich überhöre diesen Vorwurf und schreibe: Dieses erstmals bei Bertelsmann zur Frankfurter Buchmesse 1998 mit der Frage »Europa ohne Identität?« als Titel erschienene Buch gehört zur Zeitgeschichte der Bundesrepublik Deutschland. Denn es war die Grundlage einer deutschen Debatte über Islam, Migration und Integration im Kontext von Leitkultur, die im Jahr 2000 (vgl. Abschnitt 8) stattgefunden hat und zur deutschen Geschichte der Begegnung mit dem Islam durch Zuwanderung gehört.

Wie im Vorwort vermerkt, hieß der Untertitel der ersten Auflage 1998 »Die Krise der multikulturellen Gesellschaft«. Zwei Jahre später, im Jahr 2000, stand dieses Buch im Zentrum der angesprochenen deutschen Leitkulturdebatte, die von Oktober bis Dezember jenes Jahres bundesweit stattfand. Der Grund hierfür war, dass der in diesem Buch geprägte Begriff *Leitkultur,* den ich erstmals als Ausländer in die deutsche Sprache einführte, eine Leitkulturdebatte entfachte. Viele deutsche Meinungsmacher haben bei dieser »Debatte« unter Beweis gestellt, dass sie Zivilität nicht kennen und weder die Regeln einer zivilgesellschaftlich-demokratischen »debating culture« respektieren noch gewillt sind, diese für Deutschland überhaupt zuzulassen. Hierüber werde ich in Abschnitt 5 dieser Einführung mehr sagen.

Trotz der damaligen Verheizung des Buches und seines Autors durch den Zeitgeist, den undemokratische Meinungsmacher als herrschendes Narrativ aufoktroyieren, genoss dieses Buch zwischen 2000 und 2002 drei weitere große Auflagen, die beim Siedler-Taschenbuchverlag erschienen, und so wurde es quasi zum Bestseller. Die Taschenbuchausgabe trug den veränderten Untertitel »Leitkultur oder Wertebeliebigkeit«. Die Flüchtlingskrise von 2015/2016 erzeugt einen erneuten Bedarf nach dem Inhalt dieses Buches, und daher diese *ibidem*-Ausgabe 2016; sie erscheint mit der Ambition, eine neue, hoffentlich bessere Debatte mit Argumenten gegen den Zeitgeist und sein herrschendes Narrativ anzuregen. Warum hat dieses fast zwei Jahrzehnte alte Buch an Aktualität nichts eingebüßt? Antwort auf diese Frage gibt die *Neue Zürcher Zeitung*, eine der größten und angesehensten Zeitungen Europas. In der *NZZ* hebt Matthias Heitmann in seinem Artikel *Trügerische Toleranz* vom 17.02.2016 die Aktualität dieses Buches hervor. Darin wird konstatiert, dass der »Siegeszug des Multikulturalismus in Deutschland als Ausdruck linker Vorherrschaft« gedeutet wird. Dann wird vermerkt: »Die Gleichstellung aller Kulturen steht der Integration von Migranten in die Aufnahmegesellschaft entgegen. Darauf wies bereits Ende der 1990er Jahre der deutsch-syrische Politologe Bassam Tibi in seinem Buch ›Europa ohne Identität? Leitkultur oder Wertebeliebigkeit‹ hin: Er kritisierte darin die Bereitschaft von Multikulti-Verfechtern, ›die fundamentalistische Forderung nach einer Geltung der Scharia für die in Europa lebenden Muslime im Sinne von multikultureller Toleranz‹ zuzulassen. Tibis Argument ist hochaktuell: Wer der Zulassung der Scharia zustimmt, muss gesellschaftliche Zonen akzeptieren, in denen islamische Gesetze und nicht nationales Recht gelten. Insofern sind die vieldiskutierten Parallelgesellschaften … Bestandteile einer multikulturellen Gesellschaftsperspektive.« Anders formuliert: Eine Geltung der Scharia in islamischen Parallelgesellschaften ist der Beginn einer schrittweisen Islamisierung Europas. Diese islamische Agenda wird mit Hilfe des kulturrelativistischen Multikulturalismus ermöglicht. Das muss klar und deutlich ausgesprochen werden.

Parallel zum »Siegeszug des Multikulturalismus in Deutschland« *(NZZ)* nimmt die islamische Zuwanderung nach Europa massive Züge an. Im Zeitraum 2015/2016, in dem der Zeitgeist einer auch von Merkels Regierung geförderten Willkommenskultur dominierte, sind rund 2 Millionen Menschen (nicht, wie fälschlich behauptet wird, 1,1 Millionen) vorwiegend aus der Welt des Islam allein nach Deutschland zugewandert. Eine Frage korrespondiert mit diesem Sachverhalt; ich habe diese Frage in den neuen veränderten Untertitel dieser 2016er-Ausgabe aufgenommen. Diese Frage lautet: Europäisierung oder Islamisierung? Mein Argument ist dieses: Muslime können sich in Europa integrieren, aber Integration bedeutet gesellschaftliche Eingliederung in ein Gemeinwesen und nicht das, was die staatliche deutsche Politik angibt, nämlich räumliche Unterbringung und Alimentierung. Das ist faktisch eine Verhunzung des Integrationsbegriffs. Eine Integration von Muslimen in Europa erfordert eine Europäisierung, für die ein Integrationskonzept fehlt. Eine Integration als Europäisierung steht diametral gegen die Multikulti-Ideologie der Wertebeliebigkeit. Wer nicht zustimmt, möge ein Gegenargument bringen, aber bitte keine Keule, weil sich dies nicht mit einer demokratischen Debating Culture verträgt.

Die Diversity und der Schutz der Minderheiten als Grundrecht sind nicht mit kultureller Vielfalt, die ein Kulturpluralismus der Gesellschaft abverlangt, gleichzusetzen. Multikulti-Diversity würde resultieren in einer Ausradierung der europäischen Identität durch eine kulturrelativistische Herabsetzung Europas zu einem kulturrelativistisch eingeschränkten Narrativ, das nur unter anderen Narrativen, die in Europa alle gleichberechtigt nebeneinander – nicht miteinander – existieren, zugelassen wird. Wer gegen die Europäisierung der islamischen Zuwanderer eintritt, öffnet die Tür sperrangelweit für die Islamisierung Europas. Diese unbequemen Gedanken bestimmen das Denken dieses Buches sowohl in seiner 1998er- als auch in dieser erweiterten 2016er-Ausgabe. Ich lasse mich als ein Aufklärungsdenker von Multikulti-Kulturrelativisten mit ihrem »Pathos des Absoluten« (Adorno) nicht einschüchtern; solange Artikel 5 des Grundgesetzes gilt, schweige ich nicht und lasse mich durch links-grüne Keulen nicht mundtot machen. Ich bin gegen jede Panikmacherei gleichermaßen, wie ich gegen Verdummung und Augenverschließen bin. Ich mache dies am folgenden sehr aktuellen Beispiel klar: Seit 2004 (Terroranschläge von Madrid am 11.03.2004), 2006 (Terror in Amsterdam, London und Paris) und erneut, sogar mehrfach seit 2015/2016, finden regelmäßig islamische Terroranschläge statt. Hierüber habe ich 2007 mein Buch *Die islamische Herausforderung. Religion und Politik im Europa des 21. Jahrhunderts* (drei Auflagen bis 2008) geschrieben. Die europäische Reaktion auf diese kontinuierlichen und auch bis in die Zukunft reichenden djihadistischen Terroranschläge findet im Pendeln zwischen zwei Extremen statt:

1. Panikmacherei durch islamfeindliche rechtsradikale Bewegungen.
2. Politisch korrekte Dummheiten wie »das hat alles mit dem Islam nichts zu tun«, »das sind Einzelfälle«, »nicht pauschal mit Generalverdacht urteilen«, »es sind traumatisierte Menschen«, also bitte Milde etc.

Ich bin Sozialwissenschaftler und Rationalist und nehme Abstand von beiden Denkweisen. Dies tue ich jedoch, ohne meine Augen zu verschließen und meine Vernunft außer Kraft zu setzen. Als Sozialwissenschaftler und Islamologe beobachte ich seit mehreren Jahrzehnten dies: eine Islamisierung als ein Prozess, der in Europa bereits begonnen hat. Ich habe Religionssoziologie durch das Studium der Werke Émile Durkheims gelernt, der hervorhebt, dass ein Religionssoziologe sich nicht mit dem religiösen

Glauben bzw. den Dogmen einer Religion, sondern mit dieser als *fait sociale*, d.h. als sozialer Wirklichkeit, befasst. Auf diese Weise könnte man die von mir begründete Islamologie als Religionssoziologie bezeichnen.

Das vorliegende gesamte Buch, sowohl in seiner Fassung 1998 als auch in seiner Fassung 2016, fußt auf einem Denkprozess, der, wie Adorno schreibt, »unbequeme Gedanken« hervorruft. Die Träger des herrschenden Narrativs verbieten informell durch ihre mediale Macht solche Gedanken und tun dies somit gegen die Verfassungsnorm des Grundgesetzes. Sie moralisieren, warnen vor möglichen islamfeindlichen Folgen von »unbequemen Gedanken« und predigen Rücksicht statt Information und Aufklärung. Das ist ein deutsches Pathos der Unfreiheit, vor dem Adorno in seinem Aufsatz *Auf die Frage: Was ist deutsch?* warnte. Adorno verabscheut dieses Pathos mit folgenden Worten: »Rasch verselbständigt sich solche Rücksicht zu einer inneren Selbstzensurinstanz, die schließlich nicht nur die Äußerung unbequemer Gedanken, sondern diese selbst verhindert.« Adorno ließ sich nicht von Hitler einschüchtern, und ich schließe mich an als sein Schüler und bin gegen jede Denkpolizei.

In diesem Geist habe ich die vorliegende *ibidem*-Ausgabe mit einer weiteren, bereits angegebenen Veränderung des Untertitels vorgenommen. Dieser lautet nun: »Europäisierung oder Islamisierung«. Für diese Wortwahl, die ich als Vorwarnung begreife, muss ich mich und mein Buch gleich einleitend vor Multikulti-Schmutz schützen und gegen die Gesinnung der deutschen Meinungsmacherpolizei und ihre »Tyrannei« (John Stuart Mill, *On Liberty*) Argumente vorbringen. Ich tue dies mit zwei Hinweisen (zu dieser Problematik mehr in Abschnitt 5 unten).

Erstens berufe ich mich auf das Grundgesetz, Artikel 5: Absatz 1 garantiert den Schutz der Meinungsfreiheit, Absatz 3 verpflichtet zum Schutz der Wissenschaftsfreiheit.

Der zweite Hinweis dient dem Schutz des sachlichen Begriffes »Islamisierung« vor der Verfemung, weil er für manche provokativ klingen mag.

Den neu von mir gewählten Untertitel für die *ibidem*-Ausgabe habe ich lange vor der Entstehung islamfeindlicher Bewegungen wie Pegida und AfD sowie lange vor der Flüchtlingskrise 2015/2016 in seiner islamischen Bedeutung, also nicht als Schablone, verwendet. In drei Forschungsprojekten an drei US-Eliteuniversitäten habe ich die Formel geprägt, die als Untertitel dieser Ausgabe dient. Ich habe bereits im Vorwort begründet, warum ich nicht bereit bin, Begriffe aufzugeben nur deshalb, weil sie von islamfeindlichen Bewegungen kontaminiert werden. Ich bleibe der Aufklärungstradition der Religionskritik treu und lehne die Gleichsetzung von Islam-Kritik und rechtsradikaler Islamophobie strikt ab. Nun zu den drei Forschungsprojekten in den USA, an denen ich mitgewirkt habe und in deren Rahmen ich den Begriffskontrast Europäisierung–Islamisierung international geprägt habe. Dies geschah im Zeitraum von 1998 bis 2010 auf einem hohen akademischen Niveau in Berkeley, Cornell und Stanford, also in einer Zeit, in der es weder Pegida noch AfD gab. Die Welt ist viel größer als Deutschland. Ich führe diese Binsenweisheit an, um zu rechtfertigen, warum ich die Welt nicht durch eine deutsche Brille sehe. Das erste Forschungsprojekt wurde in den Jahren 1998–2000 an der University of California Berkeley durchgeführt. Der Titel des Projektes war: »Islam and the Changing Identity of Europe«. Das Projekt wurde von einer internationalen Konferenz der European Studies und der Middle East Studies begleitet; sie fand im Oktober 1998 in Berkeley statt. Die Ergebnisse des Projektes wurden 2002 als Buch der University of California Berkeley unter dem Titel *Muslim Europe or Euro-Islam* veröffentlicht. Die Leiter des Forschungsprojektes Nezar Al-Sayyad und Manuel Castells waren auch die Herausgeber des Buches, das im Verlag Lexington Books in Lanham, New York und Oxford erschienen ist. Die Projektleiter geben in ihrer Einleitung auf Seite 19 an, dass das Konzept der Europäisierung des Islam zu einem Euro-Islam von mir stamme (vgl. hierzu Abschnitt 7 dieser Einführung). Mein Kapitel in diesem Buch trägt die Überschrift »Muslim Migrants in Europe between Euro-Islam and Ghettoization«. In dem Buch wurde argumentiert, dass »Muslim Europe« aus einer Islamisierung in Parallelgesellschaften resultieren würde. Als bessere Alternative dazu wurde der Euro-Islam als Integrationskonzept vorgestellt. Diese euro-islamische Alternative präsentierte ich 2009 in dem deutschen Buch »Euro-Islam«, das parallel zu meiner Emeritierung an der Universität Göttingen als Abschiedsbuch erschienen ist. Die erhoffte Diskussion fand vermutlich deshalb nicht statt, weil in Deutschland eine politische Kultur der Tabus, nicht eine der Debating Culture, vorherrscht.

Von Gegnern, die Diffamierung mit rationaler Diskussion verwechseln, wurde ich dafür geschmäht, dass ich meine unbequeme Idee vom Zivilisationskonflikt entwickelte. Nachdem Huntingtons Buch *Clash of Ci-*

vilizations 1996 erschien, ein Jahr nach meinem Buch *Krieg der Zivilisationen* (1995), wurde ich mit Huntington in diffamatorischer Absicht gleichgesetzt. Eigentlich ist das eine Ehre, weil Huntington zu seinen Lebenszeiten der Top-Professor für Internationale Beziehungen in Harvard war. Ihm verdanke ich meine Harvard-Anbindung (Affiliation), die von 1982 bis 2000 andauerte (vgl. meine Autobiografie auf meiner Homepage).

Lange vor Huntingtons These vom »Clash of Civilizations« habe ich in einem Projekt der deutschen Gesellschaft für Auswärtige Politik (DGAP) über die *Herausforderung an Deutschlands Außenpolitik seit dem Ende des Kalten Krieges* gearbeitet und in diesem Rahmen den Begriff Zivilisationskonflikt geprägt – ich beziehe mich auf Band 2 der dreibändigen Veröffentlichung der DGAP: *Deutschlands neue Außenpolitik*. Dieser Band 2 *Herausforderungen* enthält ein Kapitel von mir mit meiner Theorie des Zivilisationskonfliktes. In Abschnitt 6 unten über den Zivilisationskonflikt werde ich mehr über dieses DGAP-Projekt sagen. Danach habe ich bei Hoffmann & Campe mein Buch *Krieg der Zivilisationen* veröffentlicht. Ich belasse es bei diesen Angaben, weil dieser Gegenstand hier nicht das anstehende Thema ist; wie gerade angekündigt, wird diese Thematik in Abschnitt 6 näher erläutert.

Das zweite US-Projekt wurde gleich zu Beginn meiner Zeit als A.D. White Professor at Large an der Ivy-League-Hochschule Cornell University, die von 2005 bis 2010 andauerte, geführt. Damals habe ich an dem von Professor Peter Katzenstein geleiteten Forschungsprojekt »Religion in Expanding Europe« mitgearbeitet. Aus diesem Projekt ging das Buch mit demselben Titel des Projekts hervor, das Prof. Katzenstein bei Cambridge University Press herausgegeben hat. Der neue Untertitel der vorliegenden Ausgabe von *Europa ohne Identität?*, also »Islamisierung oder Europäisierung«, basiert auf den Ergebnissen des erwähnten Cornell-Forschungsprojekts. Das gilt auch für die Formel selbst. Mein Kapitel in jenem Buch trägt den Titel »Europeanizing Islam or the Islamization of Europa: Political Democracy vs. Cultural Difference«. Dieser Untertitel meines Forschungsbeitrages bringt meine auf Immanuel Kant, John Stuart Mill und Karl Popper fußende Überzeugung, dass die Werte politischer Demokratie über jeder »cultural difference« stehen. Nichteuropäische Migranten, die nach Europa kommen, dürfen sich nicht auf das Recht auf »political diversity« berufen, wenn sie für ihre europafeindliche Scharia-Weltanschauung, die sie im Gepäck bei der Einreise nach Europa mitbringen, Geltung beanspruchen. Diese Position ist kein Rassismus, sondern politische Aufklärung. Schon an dieser Stelle trennt sich das Buch »Europa ohne Identität?« von Multikulti-Grünen und Kulturrelativisten jedweder Couleur und von Muslimen und Islamisten, die Anspruch auf Geltung einer islamischen, Scharia-orientierten »sectarian enclave … in the west but not of it« erheben, wie es der amerikanische Islamwissenschaftler John Kelsay in seinem Buch *Islam and War* von 1993 formuliert hat. Wer Europa als »Insel der Freiheit in einem Ozean der Gewaltherrschaft« (Horkheimer) bewahren will, muss gegen diese Enklaven sein, also keine Ambiguität zulassen und klar gegen die islamische Scharia-Weltanschauung Front beziehen. Die Orientierung hierfür bietet Poppers Werk *The Open Society and Its Enemies* (1945), das in der deutschen Ausgabe *Die offene Gesellschaft und ihre Feinde* (1957/1958) im Andenken an Immanuel Kant veröffentlicht worden ist. Dieses großartige zweibändige Werk kombiniere ich mit John Stuart Mills *On Liberty* sowie mit einigen Schriften (nicht allen) von Adorno und Horkheimer als die Alternative zum Koran als Gesetzbuch für Europa. Auf dem Public Market, also in der Öffentlichkeit, möchte ich nach den Normen des Grundgesetzes, nicht nach denen des Koran, leben; ich akzeptiere zudem nicht alle koranischen Normen, weil ich Reform-Muslim bin, der Schriftgläubigkeit und Salafismus ablehnt. Als Muslim und Islamologe, der sich auf eine fünfzigjährige Islamforschung in 22 islamischen Ländern beruft, weiß ich, dass Islamisierung der Welt durch *Da'wa* (Mission) und *Djihad-Qital* (Gewalt) ein Bestandteil des islamischen Glaubens ist. Das ist weder Vorurteil noch Panikmacherei. Wie ich bereits in der Ausgabe von 1998 in Kapitel 7 über Hidjra/Migration zeige, gehört Migration von Muslimen auch zu den Mitteln der Verbreitung des Islam. Als Reform-Muslim trenne ich mich von diesem Teil des islamischen Glaubens zugunsten einer europäisch-säkularen Identität.

Das dritte US-Projekt, an dem ich an der Stanford University von 2007 bis 2010 mitgearbeitet habe und das mein Denken im vorliegenden Kontext inspiriert, ist *Ethnicity in Contemporary Europe*. In diesem Stanford-Projekt habe ich mein Konzept von der »Ethnisierung der Islam-Diaspora in Europa« entwickelt. Die islamische Zivilisation ist kulturübergreifend, d.h., sie ist auch »cross-ethnic«. Das bedeutet, dass es keine islamische

Ethnie gibt. Doch ändert sich dies in Europa durch die fehlende Integration. Im real existierenden Islam in Westeuropa formiert sich heute aus den bestehenden, ethnisch übergreifenden Gemeinden (türkisch, nordafrikanisch, arabisch, südasiatisch) doch eine supra-ethnische »Islam-Community«. Diese ist durch ethnische Armut und religionisierte Politik bestimmt; deren Führer beanspruchen die Einheit der Muslime in den islamisch ethnisierten Parallelgesellschaften. Diese Parallelgesellschaften sind ein Resultat der fehlenden Integration und zugleich ein Hindernis für Integration. Alle Führer des organisierten Islam sprechen vom Dialog, handeln aber im Sinne der Islamisierung als Alternative zur Europäisierung. Die Ergebnisse dieses Stanford-Projekts sind 2010 bei Stanford University Press als Buch unter dem Titel *Ethnic Europe* (hrsg. von Roland Hsu) erschienen. Das Buch enthält ein Kapitel von mir mit dieser Frage im Titel: *The Return of Ethnicity to Europe via Islamic Migration?* Darauf folgt die wissenschaftlich fundierte Feststellung im Untertitel des Kapitels: *The Ethnicization of Islamic Diaspora.* Die Forschungsergebnisse aller drei oben angeführten US-Projekte strafen die Rhetorik von der gelungenen Integration Lügen. Sowohl Politiker als auch Schönwetter-Journalisten sowie eine Schar von Gutmenschen verbreiten Lügen und Falschinformationen über den Islam und über seine Diaspora in Europa. Es mag manchen beruhigen, dass Europa in absehbarer Zeit nicht islamisiert wird. Doch behindert die Islamisierungspolitik des organisierten Islam jede Integration der islamischen Zuwanderer zu Citoyens Europas. Die Politik des organisierten Islam zersetzt auch das Gemeinwesen europäischer Gesellschaften und ist somit eine Herausforderung geworden, die zur Bedrohung werden kann. Deshalb sind die Funktionäre des organisierten Islam keine Verbündeten im Projekt einer Europäisierung des Islam. Der Missstand, dass islamfeindliche Gruppierungen jeder Couleur den Begriff Islamisierung in ihrer Propaganda zur Panikmache verwenden, darf nicht als Anlass und erst recht nicht als Begründung dafür dienen, den Platz der *Da'wa*-Islamisierung im islamischen Glauben zu verschweigen oder gar zu verleugnen. Aufklärer dürfen die bestehende große islamische Herausforderung an Europa nicht tabuisieren.

Ich beobachte in Europa einen Trend zur Islamisierung; ich kann meine Augen vor diesem »fait social« (Durkheim) nicht verschließen, nur weil dies nicht als politisch korrekt gilt. Also trägt dieses Buch den Untertitel »Islamisierung oder Europäisierung«, um die Alternativen der Zukunft

Europas deutlich aufzuzeigen. Kurz und knapp formuliert: Europäische Identität und die säkularen Ideen, auf denen sie basiert, sind also die Alternative zur Islamisierung Europas. Europa benötigt Schutz nicht nur vor dem Islamismus, sondern auch gleichermaßen vor einem missionarischen Islam und den europäischen Selbsthassern, deren »kulturrelativistische Selbstverleugnung« in der Einleitung zur Ausgabe von 1998 näher beleuchtet wird.

Nach diesen Ausführungen stelle ich mich der berechtigten Frage: »Wie kommen Sie dazu, als arabischer Muslim aus Damaskus Europa gegen das Potenzial einer Islamisierung zu verteidigen?«

Eine Antwort auf diese Frage gab ich im Gespräch mit dem Schweizer Publizisten Frank A. Meyer in der Fernsehsendung *Vis-à-vis* (ausgestrahlt am 26. Juni 2016 von 3sat), die meinem Leben und Werk gewidmet war. Hierbei erzählte ich, wie ich in Damaskus unter der orientalischen Despotie litt. Ich kenne diese Tyrannei nicht nur durch die autoritäre Hausherrschaft des Vaters, sondern auch als solche des politischen Systems und der despotischen Hausordnung der dortigen Gesellschaft. Nach dem Abitur wollte ich nach Europa, um dieser orientalischen Despotie zu entfliehen. Die westliche Wortpolizei ordnet den Begriff orientalische Despotie in den Katalog der Vorurteile; sie verharmlost somit die Ordnung, in der ich familiär, politisch und gesellschaftlich als Rahmen der Unterdrückung aufgewachsen bin. Somit gehört diese Wortpolizei zu den Feinden der offenen Gesellschaft. Diese unsympathischen europäischen Selbsthasser können den Orientalismus-Begriff nicht auf mich anwenden, weil ich selbst als arabischer Muslim einer der ältesten Ashraf-Familien (seit dem 13. Jahrhundert) von Damaskus entstamme. Um mich einzuschüchtern, zu delegitimieren und mundtot zu machen, haben sie die Formel »Selbst-Orientalisierung« erfunden. Im US-Englisch reagiert man auf solche Dümmlichkeiten mit: »I couldn't care less.« Polemisch könnte man vom Neo-Kolonialismus europäischer Meinungstyrannei sprechen. Mein Hauptmotiv, an einer europäischen Universität zu studieren, war 1962, der orientalischen Despotie zu entfliehen. In der oben erwähnten Sendung erzähle ich auch, dass es gleichermaßen ein Zufall und mein größtes Glück war, in einer europäischen Stadt studieren zu dürfen, an deren Universität geistige Titanen wie Theodor W. Adorno, Max Horkheimer, Iring Fetscher, Alexander Mitscherlich und Jürgen Habermas lehrten. Von Adorno und Horkheimer lernte ich nicht nur die Kritische Theorie und somit kritisch zu denken, sondern sie führten mich auch an Kant und seine Kritiken heran; von Habermas lernte ich den philosophischen Diskurs der Moderne; bei Fetscher habe ich die politische Philosophie Europas von Locke, Rousseau und Mill bis hin zu Hegel und Marx sowie den Marxismus an Originaltexten studiert; von Mitscherlich lernte ich die Psychoanalyse und durfte sogar in der Zeitschrift seines Sigmund-Freud-Instituts »Psyche« 1979 einen Aufsatz veröffentlichen. Nach der islamisch-orientalischen Sozialisation in Damaskus war Frankfurt somit der Ort meiner zweiten europäischen Sozialisation. Bis heute heilige ich diese deutsche Stadt. In Frankfurt lernte ich auch im November 1965 Ernst Bloch kennen, der mir mit Widmung sein Buch *Avicenna und die Aristotelische Linke* schenkte. Durch Bloch entdeckte ich erstmals den islamischen Rationalismus. Ich verteidige Europa in Verbindung mit dem islamischen Rationalismus und Humanismus. Heute gehöre ich zu der islamischen Denkschule der *Enlightened Muslim Thought,* zu der al-Jabris Schule gehört (zu diesem islamischen Humanismus vgl. meinen Aufsatz in der US-Zeitschrift *Soundings* von 2012). Der marokkanische Philosoph Abdou Filali-Ansary hat in seinem Aufsatz *The Sources of Enlightened Muslim Thought* (enthalten im Buch *Islam and Democracy* von 2003) die Ideen dieser Schule und ihre Hauptdenker vorgestellt. Die dritte Sozialisation erfolgte ab 1982 in den USA, beginnend in Harvard 1982 bis 2000 und endend an der Cornell University. Die Fakten meiner Biografie mit diesen drei Sozialisationsstufen widerlegen bis in die Knochen die gesinnungsethische Ideologie der heutigen Linken. Wir Linke der 1968er-Zeit standen für Enttabuisierung und wirkten als Aufklärer sowie als Kritiker. Dagegen stehen die heutigen rot-grünen linken Ideologien, die verdunkeln statt aufzuklären, geschichtlich im dunklen Schatten der maoistisch-stalinistischen Sekten der 1970er-Jahre, die nach dem Zusammenbruch der 1968er-Linken gediehen. Wenn sie die EU gegen EU-Skeptiker verteidigen, dann meinen sie Machstrukturen, nicht Rationalismus und Aufklärung – welche die wahre Brücke zwischen europäischer und islamischer Zivilisation sein könnten.

Nach den obigen Ausführungen komme ich nun zur Beantwortung der oben gestellten Frage: Warum trete ich als syrischer Muslim gegen Islamisierung in Europa ein, und warum verteidige ich europäische Werte? Ich möchte zum Abschluss dieses Fragenkomplexes das Vorwort zu der zweibändigen Sammlung von Horkheimers Aufsätzen unter dem Titel

»Kritische Theorie« zitieren. Darin formuliert er sein Vermächtnis, das darin besteht, Europa gegen jede Bedrohung zu verteidigen. Der Grund hierfür ist, dass Europa »eine Insel der Freiheit« sei, die von einem »Ozean der Gewaltherrschaft« umgeben ist. Seit meinem Studium in Frankfurt mache ich mir dieses Vermächtnis zur Pflicht, und dies kommt in der Widmung dieses Buches für Horkheimer mit einer elf Zeilen langen Begründung zum Ausdruck. Ich hoffe, dass ich somit die obige Frage beantwortet habe. Ich stehe als islamischer Rationalist zu Europa und möchte erneut eine Brücke schlagen zwischen Europa und dem Islam, ausgehend von der mittelalterlichen Aufklärung des hellenistischen Islam: Zwischen dem 9. und dem 12. Jahrhundert wurden die großen Werke der altgriechischen Zivilisation ins Arabische übersetzt, vor allem die Schriften von Platon und Aristoteles. Historiker bezeichnen diesen Einfluss als einen Prozess der *Hellenisierung* des Islam. Der hellenisierte Islam von Averroës und Avicenna stand in Widerspruch zur *fiqh*-Orthodoxie. Das ist der zentrale Gegenstand meines Buches *Der wahre Imam* (1996), in dem ich die Ideengeschichte des Islam nachzeichne.

Feinde dieses Denkens sind nicht nur fanatische Islamisten, sondern auch manche Europäer, die Horkheimer verabscheute. Er war ein Opfer von Hitlers Barbarei in Nazi-Deutschland und entkam dem Tod 1933 durch Emigration über die Schweiz in die USA. Durch diesen Hintergrund ist Horkheimer von jeder Europa-Euphorie frei. Er erkennt, wie er im bereits oben zitierten Vorwort schreibt, welches »verhängnisvolle Potenzial« und welches »Unrecht im Inneren wie im Äußeren« Europa verbrochen hat, und dennoch sei das westliche Europa »im Augenblick noch eine Insel«, deren Verteidigung er zur »Pflicht jedes Denkenden« erklärt. Ich habe bereits diesem Vermächtnis Horkheimers den Vorzug vor jeder islamischen Ordnung orientalischer Despotie gegeben und habe deshalb dieses Buch geschrieben. Bereits im elften Kapitel zu der Ausgabe von 1998 habe ich mit den Linken abgerechnet.

Ich habe schon davor, bereits 1968, mit diesen Leuten gebrochen, als sie damit begannen, Adorno und Habermas anzupöbeln. Horkheimer hat zum eigenen Schutz die Polizei geholt, und Habermas warnte damals nach der unbeschreiblichen Schändung seines Büros vor dem Linksfaschismus. Hierzu bitte ich den Leser, sowohl Kapitel 11 als auch den fünften Abschnitt dieser Einführung zu lesen, um zu verstehen, dass heutige Linke und Grüne keine Aufklärer mehr sind, wie wir 68er-Linke es noch waren.

Große europäische Denker gehören nicht mehr zu den Quellen heutiger Linker. Die Jungen unter ihnen kennen diese Denker noch nicht einmal mehr namentlich. Nicht nur sind sie keine aufgeklärten Humanisten mehr, sie sind schlicht und einfach ungebildet.

Nach dem Zusammenbruch der 68er-Linken bereits zu Beginn der 1970er-Jahre haben Marxisten-Leninisten-Maoisten den Klassenkampf als Heil gepredigt. Nach dem Verlust ihres Proletariats haben dann die späten linken Maoisten und Leninisten der K-Gruppen (so beispielsweise der Kommunistische Bund, zu dessen »aktiven Mitgliedern« laut Wikipedia Jürgen Trittin gehörte) den Volkskampf als Ersatz für den Klassenkampf erfunden. Die Völker der Dritten Welt ersetzten damals das Proletariat. Laut Wikipedia haben diese K-Gruppen die blutigen Diktaturen von Idi Amin und Pol Pot unterstützt. Adorno und Horkheimer haben sehr früh diese Irrationalität und Irrwege der Dritte-Welt-Ideologie Tiers-mondisme / Third Worldism erkannt und sie abgewiesen. In meinem Aufsatz hierüber – erschienen in der linken amerikanischen Zeitschrift *Telos* (Heft 148/2009) – habe ich das Denken Horkheimers über diesen Gegenstand erläutert, der gegen diese Linken stand. Während der 68er-Revolte haben Adorno und Horkheimer es zu Recht strikt abgelehnt, Aufrufe zur Unterstützung der Vietkong zu unterschreiben. Diesem Gegenstand habe ich in meinem englischsprachigen Buch *Islam and Global Politics* von 2012 ein ganzes Kapitel (Kapitel 6) unter der Überschrift *Western Third Worldist Romantization of Islamism* gewidmet. Darin dokumentiere ich Horkheimers Widerstand gegen jede Dritte-Welt-Romantik, die heute unter einem anderen Titel wiederkehrt: Flüchtlinge aus Nahost und Afrika werden als die »neuen Befreier Europas« gefeiert. Wie soll das geschehen? Nach linker Logik auf diese Weise:

Seit die späten Post-1968er-Linken sowohl ihr Proletariat als auch ihre Dritte Welt verloren haben, sind sie seitdem auf der Suche nach etwas Neuem, um weiterhin gegen Europa und seine Ideen zu kämpfen. Heute mobilisieren sie als Ersatz für das verlorene Proletariat die Migranten und Minderheiten als Ersatzproletariat, wie ich in Kapitel 11 des vorliegenden Buches zeige.

Gegen die rot-grünen Diffamierungen stehe ich unter dem Druck, erneut klar zu machen, dass ich nicht »der weiße Mann« bin, den die Linken als Hassfigur konstruieren. Ich bin Westasiate, Muslim und Migrant, also weder gegen den Islam, noch beziehe ich gegen Migranten Front. Ich distanziere mich von allen Formen der Islamophobie, füge jedoch hinzu, dass Religionskritik als Aufklärung allgemein gilt; sie muss deshalb zugelassen werden, auch wenn sie auf den Islam angewandt wird. Religionskritik ist Aufklärungsarbeit, also keine Islamfeindlichkeit. Wie ich in einem zusammen mit Thorsten Hasche verfassten Beitrag – *The Instrumental Accusation of Islamophobia and Heresy as a Strategy of Curtailing the Freedom of Speech* – zu dem von Erich Kolig herausgegebenen Band *Freedom of Speech and Islam* (2014) argumentiere, dient der Vorwurf der Islamophobie heute instrumentell als Kampfbegriff im weltanschaulichen Konflikt, um vom eigentlichen Gegenstand abzulenken.

Das Perfideste an der Links-Grünen-Diversity-Ideologie ist der Versuch, die zivilisatorische Identität Europas abzuschaffen. Dieser Kreis lässt Europa generös stehen, jedoch einzig und allein kulturrelativistisch als ein »Narrativ«. Dieses Europa-Narrativ wird gleichberechtigt neben andere Narrative gestellt. Die Idee Europas gilt demnach selbst in Europa nicht mehr als Substanz für europäische Identität. In diesem Buch trete ich zwar für Vielfalt und für Pluralismus ein, jedoch stets universalistisch im Rahmen der Bewahrung der zivilisatorischen Identität Europas als solche der Aufklärung und der säkularen Demokratie. Die Links-Grüne-Diversity-Ideologie ist dagegen kulturrelativistisch; sie lässt ein solches Projekt nicht zu; sie beschmutzt Europa durch die Assoziierung einzig mit Gewalt, Kreuzzügen, Faschismus und Kolonialismus. Die links-grünen Meinungsmacher kontaminieren Europa, lassen kein gutes Haar daran und beschädigen seine Legitimität. Damit wird alles, was europäisch ist, in den sogenannten »Post Colonial Studies« als Sünde verurteilt. Die Identität der Flüchtlinge wird parallel dazu höher gestellt, sie wird zum Menschenrecht. Wer sich aber für europäische Identität einsetzt, riskiert, des Rassismus bezichtigt zu werden. Welche Logik soll das sein? Diesen Trend beobachte ich in Großbritannien (nicht in Frankreich), in den USA und besonders extrem in Deutschland, also dem Land, in dem Helmuth Plessner dies beobachtete: »Deutsche verstehen in Dingen des öffentlichen Lebens kein rechtes Maß zu finden und verfallen immer wieder dem Zauber der Extreme«. Dazu kommt noch diese Steigerung: Der Multikulti-Kulturrelativismus wird beispielsweise in Deutschland – anders als in den USA – nicht als eine Position neben anderen, sondern in einem »Pathos des Absoluten« (Adorno) vorgetragen.

Der kulturrelativistische Multikulturalismus ist zwar nicht in Deutschland geboren, aber Deutsche verwandeln diese relativistische Ideologie in eine Gesinnungsethik des Neo-Absolutismus. Adorno spricht von der »deutschen Selbstvergötzung« und vom »deutschen kollektiven Narzissmus«. Dieser noch am Leben erhaltene deutsche Geist prägt die deutsche Flüchtlingseuphorie, in der Fremde als *bons sauvages* veredelt werden. Wer nicht mitmacht, wird – so Adorno weiter über eine alte deutsche Tradition – der »Abweichung« bezichtigt und »gereizt geahndet« (in seinem Aufsatz *Auf die Frage: Was ist deutsch?*).

Deutlicher ließe sich meine normative Pro-Europa-Position nicht formulieren. Ich mache nun Schluss mit meinem Thema von 1998 – »revisited« 2016 – und fokussiere mich im Rest dieses einleitenden ersten Abschnittes auf eine Erläuterung des Aufbaus dieser Neuausgabe. Die Neuausgabe ist gekennzeichnet durch zwei Eigenarten: Erstens wird der Text von 1998 (bis auf die Herausnahme der Vorrede und die Anpassung der Rechtschreibung an die neuen Regeln) hier unverändert vorgelegt. Die Aktualisierung erfolgt in der neuen umfangreichen Einführung zum Original-Text. Zweitens hat der Text der Einführung keine einzige Anmerkung. Bei der Entscheidung, den ursprünglichen Text von 1998 nicht zu verändern und den neuen Text von 2016 anmerkungsfrei zu halten, berufe ich mich auf zwei geistige Autoritäten, von deren Werken ich unendlich viel für mein Leben gelernt habe:

Die erste Autorität, auf die ich mich beziehe bei der Entscheidung, den Text von 1998 nicht zu verändern, ist Paul Sweezy. Dieser amerikanische Ökonom war für uns 1968er-Linke die allerzentralste Autorität beim politisch-ökonomischen Verständnis des Kapitalismus. Unsere Lehrer Adorno und Horkheimer waren Philosophen, hatten also schlicht keine Ahnung von Ökonomie. Daher griffen wir auf den politischen Ökonomen Paul Sweezy und auf sein Buch *Theorie der kapitalistischen Entwicklung* als Pflichtlektüre zurück. Um das Jahr 1968 lag dieses zuerst 1942 in den USA erschienene Buch nunmehr in hunderttausendfachen Exemplaren vor, aber blieb stets im Text unverändert. Sweezy weigerte sich mit folgendem Argument, sein Buch zu überarbeiten: »Eigene Bücher sind wie eigene Kinder: Wenn sie aus dem Hause sind, soll man nicht mehr versuchen, sie zu verändern.« In diesem Sinne habe ich keinerlei Änderung an dem Text von 1998 vorgenommen.

Die zweite Autorität, die maßgeblich war bei der Entscheidung, den Text der Einführung essayistisch zu gestalten, ist Reinhard Bendix. Er gehörte in seiner Lebenszeit als deutscher in Berlin geborener Jude zu den Holocaust-Überlebenden. Bendix war einer der allergrößten Max-Weber-Kenner und Autor des Opus magnum *Kings or People* sowie von *Nation Building and Citizenship*. Im Gegensatz zu seinen frühen, streng wissenschaftlich geschriebenen Büchern ist sein letztes Buch *Von Berlin nach Berkeley: Deutsch-jüdische Identitäten* ein essayistisches Werk. Ich lernte Reinhard Bendix persönlich in Berkeley kennen, wo er lehrte. Wir haben uns gegenseitig geschätzt. Daraus entwickelte sich auch eine enge Freundschaft, die bis zu seinem Tod 1991 andauerte.

Die Entscheidung, diese Einführung ohne akademische Anmerkungen zu schreiben, geht auf den Einfluss von Reinhard Bendix auf mich zurück. Er sagte einmal zu mir, wenn man älter und gelehrter ist, steht man nicht mehr unter dem Zwang, zu belegen, woher man sein Wissen hat, auch darf man essayistisch ohne Anmerkungen schreiben. Diese Weisheit habe ich auf die Einführung von 2016 angewandt, ebenso wie ich die Weisheit von Sweezy auf den Text von 1998 angewendet habe. Es ist schwer für einen akademisch geschulten Menschen, einen Text ohne Anmerkungen zu schreiben. Ich habe dies jedoch dadurch kompensiert, dass ich – wenn auch in Grenzen – Literaturhinweise in den Text eingebaut habe. Dennoch ist der vorliegende Text wissenschaftlicher Natur. Anders als früher, als ich als junger Wissenschaftler und deutscher als die Deutschen bei der Beachtung von Formalitäten war, denke ich heute mit 72 Jahren, dass Wissenschaftlichkeit sich nicht an Formalia festhalten lässt. Der Unterschied zwischen 1970, als ich meine Dissertation abschloss, und heute, 46 Jahre später, lässt sich an der Gestaltung der Einführung beobachten. Heute bin ich derselbe Mensch, der damals nur 26 Jahre alt war und heute 72 Jahre alt ist. Die Kontinuität in diesen fünf Jahrzehnten besteht darin, dass ich in meinem Leben die Kombination von europäischer Aufklärung und islamischem Rationalismus im averroistischen Sinnen bewahrt habe. Meine Biografie ist von Kontinuität geprägt. Wie ich dies formal zum Ausdruck bringe, ist nur zweitrangig.

2. Der Ausgang: Europäische Identität nach der Diagnose von 1998 neu gesichtet mit Blick auf die Flüchtlingskrise 2015/2016: alte Probleme in neuem Gewand

Zu den »Eigentümlichkeiten der geschichtlichen Entwicklung Deutschlands« (ein Kapitel in Georg Lukács *Die Zerstörung der Vernunft*) gehört die deutsche Geschichte der Sonderwege innerhalb Europas. Diese Geschichte wird durch den deutschen Sonderweg der Flüchtlingseuphorie fortgesetzt. Dazu gehört die Hegemonie der Deutung, dass die Armutsflüchtlinge ein wirtschaftliches Glück und ein Segen für Europa seien. Wer widerspricht, muss mit harten Bandagen als Keule rechnen, die bis zur Exkommunikation aus dem Grundgesetz hin reichen. Dies erlebte ich am eigenen Leib. Das EU-Problem ist nicht nur das problematische Deutschland. Mit der Feststellung des wirtschaftlichen Fokus bei der instrumentellen, aber nicht auf Werte bezogenen Bestimmung, was Europa sei, liefere ich eine Diagnose über einen Defekt in der EU-DNA. Der Defekt besteht darin, Europa ausschließlich ökonomisch in Kategorien des wirtschaftlichen Wachstums zu definieren. Das große Problem des heutigen Europa ist nicht im wirtschaftlichen Bereich zu suchen, sondern in der Schwäche der zivilisatorischen Identität des Kontinents. Auch eine Policy-Orientierung für eine Wertegemeinschaft, die den Bedarf an Migranten mit einer Inklusion durch Integration in ein europäisches Gemeinwesen verbindet, fehlt weit und breit.

Menschen denken unabhängig von religiöser und ethnischer Zugehörigkeit, und sie haben Werte, nach denen sich ihr Verhalten richtet. Daraus folgt, dass Menschen eine weltanschauliche Orientierung und Werte haben, die nicht wirtschaftlicher Natur sind. Die Vulgarisierung der marxistischen, auf die Ökonomie fokussierten Weltanschauung des Überbau-Unterbau-Schemas ist heute beinahe ein Gemeingut aller geworden, auch für die, die mit dem Marxismus nichts zu tun haben. Medien, sogar Wissenschaft und Politik belehren uns täglich bis zum Überdruss, dass alle Menschen allein wirtschaftliches Wohlergehen und nichts anderes anstreben. Das Verhalten der Menschen soll allein von diesem Bedürfnis geleitet werden. Daraus wird die falsche Schlussfolgerung gezogen, die im Islam fußende Werteorientierung der Zuwandernden aus Nahost und Afrika habe keinerlei Relevanz für das Verhalten der Migranten und für ihre Bereitschaft zur Integration. Trifft das zu? Nein, das tut es nicht!

Europäer, die so denken und vorrangig Wohlstand und ein fettes Konto anstreben, geben die kulturelle Moderne und offene Gesellschaft als zivilgesellschaftliche Identität Europas preis. Warum unterdrücken die Europäer Tatsachen darüber, dass die Millionen Flüchtlinge, die aus der Welt des Islam und dem Rest der Welt kommen, nicht auf diese Weise denken? Die Menschenbilder, die sie in ihrer Kultur verinnerlichen und nach Europa mitbringen, sind mit der säkularen kulturellen Moderne nicht kompatibel. Das ist eine empirische Feststellung; bedauerlicherweise werden heute solche Aussagen gleich mit dem Vorwurf des Rassismus kontaminiert und dann aus dem Verkehr gezogen.

Es trifft zu, dass die Menschen, die in Millionenstärke aus Nahost, Afghanistan und Pakistan sowie aus Afrika nach Europa zuströmen, der Armut entfliehen. Doch sie haben nicht nur ihre wirtschaftliche Not, sondern auch ihre Weltanschauung im Gepäck. Dies ist der Rahmen, in dem Zuwanderung nach Europa erfolgt: In Armut und Not lebende Menschen in Asien und Afrika vernehmen aus den ihnen zugänglichen Medien, wie viel Wohlstand es scheinbar im Westen gibt. Die globalisierte Werbung – dies habe ich in Afrika und im Nahen Osten mehrfach erlebt – steigert dieses Bild vom prosperierenden Westen immens. Diese Werbung verschweigt, dass es auch Millionen Europäer gibt, die ebenfalls wirtschaftlich leiden, wenngleich auf anderem Niveau. Hinzu kommt die elektronische globale Verbreitung der Nachrichten einer deutschen Willkommenskultur. Die USA sind nicht oder nur schwer erreichbar, weil sie ihre Grenzen massiv schützen und eine streng regulierte Einwanderungspolitik praktizieren. Hinzu kommt, dass die USA minimale sozialstaatliche Leistungen anbieten und somit geringere Anreize für Armutsflüchtlinge bieten. Europa dagegen gibt im Namen der Solidarität seine Grenzkontrollen fast vollständig auf und nimmt Armutsflüchtlinge auch »ohne Obergrenzen« (Merkel) auf. Muslime, die nicht nur kein Visum, sondern auch gefälschte oder gar keine Papiere haben, dürfen nach Europa in Millionenstärke kommen. Das ist ein Fakt, kein Populismus. Ich habe in Kairo im März 2016 erlebt, dass sehr arme Menschen, sogar Bettler, über ein Smartphone verfügen und derart an Informationen kommen über die Durchlässigkeit der europäischen Grenzen und über die Verlockungen des europäischen Sozialstaates. Wie ist die Flüchtlingskrise 2015/2016 entstanden und welchen Anteil daran hat die Bundesregierung unter Merkel? Der ehemalige Chefredakteur des Spiegels Stefan Aust fasst in einem Kommentar in der Welt vom

08.05.2016 die Sachlage so zusammen: »Der 4. September 2015, als Angela Merkel in ihrer Funktion als Bundeskanzlerin ... die Grenzen für Kriegsflüchtlinge ... sperrangelweit aufmachte, ... hat einiges verändert. ... (Die Entscheidung) wurde ohne Parlamentsbeschluss und ohne die EU-Partnerländer auch nur zu fragen ... mit moralischem Pathos untermauert. ... ›Wir schaffen das‹ wird zum kategorischen Imperativ aufgeplustert.« Dieses Zitat von Merkel wird sogar noch von Merkel selbst auf der Pressekonferenz vom 28.07.2016 nach den Gewalt-Terror-Taten von Flüchtlingen in Reutlingen, Würzburg und Ansbach wiederholt. Wie unbelehrbar ist diese Dame? Ihre Formel erinnert stark an das von Adorno kritisierte »deutsche Pathos des Absoluten«. Noch schlimmer ist die von Aust angeführte Tatsache, dass Bundeskanzlerin Merkel im DDR-Stil ihre Politik »bei Anne Will auf dem Sofa«, also in einer Talkshow, verkündet. Und die Bevölkerung schluckt es. Aust fragt dann ironisch: »Wozu auch in einem Parlament diskutieren?« Ist dies das neue postmoderne Europa? Wie er feststellt, hat sich »einiges verändert«, was zudem »mit moralischem Pathos untermauert« wird. Dies bezieht sich auch auf die sich verändernde Identität Europas. Man darf die auf Tatsachen basierende Formel von »der Islamisierung Europas« nicht vorschnell dem Repertoire des Rechtspopulismus zuschreiben. Denn Islamisierung der Welt ist Bestandteil des islamischen Glaubens. So habe ich den islamischen Glauben in Damaskus kennengelernt. Deutsche Gesinnungsethiker haben »eine Willkommenskultur« als Mantra in einem »Pathos des Absoluten« verkündet, die von der Herausforderung der Islamisierung Europas nichts wissen will. Die »deutsche Selbstvergötzung« – diese Worte stammen aus dem zitierten Adorno-Aufsatz – erblindet ihre Götzen. So moralisieren gesinnungsethische Deutsche die Probleme der Welt auf Kosten der Identität Europas. Ein neuer Typus von global besorgten Gutmenschen entsteht, der beansprucht, die Probleme der Welt (Armut und Demografie) ohne Rücksicht auf die Folgen für Europa auf europäischem Boden zu lösen. Die deutsche Bundeskanzlerin verkündet, sie wolle »ein freundliches Gesicht zeigen«. Dies tut sie dadurch, dass sie ohne Kontrolle und auch ohne Politik-Konzept Millionen von Armutsflüchtlingen ins Land lässt, die die Identität Europas negativ verändern. Das ist ein deutscher Sonderweg. Das Besorgniserregende ist, dass deutsche Politiker für diesen Sonderweg im Namen von Solidarität eine Europäisierung verlangen. Europäische Länder, die sich dem deutschen Weg verweigern, werden des Nationalismus bzw. des

Rechtspopulismus bezichtigt. Seit wann hat Deutschland die Legitimität, andere Europäer über das Wohl Europas zu belehren? In zwei Weltkriegen haben Deutsche Europa vernichtet! Als ein in Merkels Deutschland lebender muslimischer Migrant verstehe ich sehr gut die Angst der europäischen Nachbarn vor der Neubelebung der Macht Deutschlands und vor deutschen Sonderwegen! Mein Mentor und Freund Reinhard Bendix, den ich als Vorbild im Vorwort heranziehe, sagte mir in den Tagen der Wiedervereinigung: »Ich befürchte die Folgen eines erstarkenden Deutschland, das bestrebt ist, Europa zu führen.« Dies geschieht unter der im kommunistischen Deutschland sozialisierten Angela Merkel. Mit Angst denke ich an die zitierten Worte von Bendix. Die internationale Londoner Zeitung *Financial Times* (Ausgabe vom 27.07.2016) hat bedauert, dass Kontinental-EU-Europäer die Ängste der britischen Bevölkerung vor naturwüchsiger Zuwanderung nicht verstehen wollen. Die demokratische Entscheidung des britischen Volkes im Referendum vom 23.06.2016 war deshalb von dem Willen getragen, Abstand zur Europäischen Union unter deutscher Führung zu nehmen, die weder über eine Migrations- noch Sicherheitspolitik verfügt und Europa in den Abgrund treibt. Die Briten werden seitdem in der deutschen Presse unwürdig gehänselt, so dass sich die Frage stellt, seit wann demokratische Entscheidungen als »Populismus« zu disqualifizieren sind! Und, nicht minder wichtig: Wer bestimmt darüber, *welche* demokratische Entscheidung »populistisch« – also abzulehnen und nach Kräften zu bekämpfen – ist und welche es nicht ist?

Als die Briten sich mehrheitlich für einen Austritt aus der EU entschieden, forderte der CDU-Politiker Elmar Brock im ZDF, Großbritannien für diese Entscheidung zu »bestrafen«. Wo ist Europa angelangt, wenn das Land, das Hitler und die Idee des »Führerprinzips« hervorbrachte, einfordert, dass ein anderes europäisches Land, nämlich das, in dem die parlamentarische Demokratie ihre Geburtsstunde erlebt hat, *bestraft* werden solle? Welche Identität hat Europa heute? Ich möchte folgendes Beispiel für den Verfall der europäischen politischen Kultur anführen: Ein Fotograf will in Brüssel bei einem EU-Treffen einen britischen Minister fotografieren. Der EU-Chef Juncker springt auf und verhält sich wie ein Polizist in einer Diktatur, indem er mit seiner Hand die Kameralinse verdeckt, um so den Journalisten am Fotografieren zu hindern. Dieser Skandal blieb zudem folgenlos. In solchen Fällen liegt eigentlich der Rücktritt nahe, nicht aber hier. In dem Sammelband »Europa: Festung oder Sehnsuchtsort. Kultur und Migration« von 2015, zu dessen Autoren auch ich gehöre, neben anderen Beiträgern mit anderer Werteorientierung wie beispielsweise dem *SZ*-Journalisten Heribert Prantl, fordere ich eine Europäisierung als Anpassung des Islam an Europa. Prantl fordert genau das Gegenteil, nämlich, dass Europa und vor allen Dingen Deutschland nicht nur seine Tore für Flüchtlinge öffnet, sondern sich ihnen auch anpasst, nicht umgekehrt. Welche Selbstaufgabe! Ich frage: Hat Europa keine Identität? Islamische Migranten aus Nahost spüren diese Schwäche und fühlen sich dementsprechend stark; sie bringen ihre Scharia-Weltanschauung im Gepäck mit. Gehört es zum Respekt, dass Europa sich hieran anpasst? Als ich die erste Auflage dieses Buches *Europa ohne Identität?* 1998 in München auf einer Bertelsmann-Veranstaltung vorstellte, war der soeben zitierte Heribert Prantl unter den Gästen; er machte sich auf eine unmanierliche Art und Weise lustig über den Titel des Buches und behauptete mit Impertinenz und dazu im deutschen »Pathos des Absoluten«, es gebe keine europäische Identität. Voilà! Mit solchen Europäern kann man Europa aus seiner existenziellen Identitätskrise nicht retten. Karl Popper würde solche Selbsthasser zu den Feinden der offenen Gesellschaft rechnen!

Wenn ich durch die Straßen der Innenstädte von München (beispielsweise die Schwanthalerstraße), Frankfurt und Berlin, aber auch durch die Weender Straße der Studentenstadt Göttingen laufe, sehe ich den Kopftuch-Islam sowie afrikanische und orientalische Armutsflüchtlinge, die das innere Stadtbild bestimmen. Im Kopftuch-Islam demonstrieren die Frauen eine andere Wertorientierung als die, welche die Europäer haben. Ich sagte in einem Interview mit der *Welt* (4.7.2016), dass die Innenstadt Göttingens nicht mehr wie eine Studentenstadt aussehe. Ich sehe täglich, wie die Stadt äußerlich einem Flüchtlingslager ähnelt. Ich frage mich dann, ob Europa noch eine zivilisatorische Identität hat. Meine Sorge um die zivilisatorische Identität Europas mobilisierte eine Koalition von Grünen, CDU und SPD gegen mich; ich wurde vom Grünen Jürgen Trittin beleidigt und diffamiert; und noch mehr: Wie in kommunistischen und fundamentalistischen Staaten üblich, wurde ich zur Reue durch eine öffentliche Entschuldigung aufgefordert. Jürgen Trittin droht laut *Göttinger Tageblatt* mit Konsequenzen und hat mich »aus der Wertegemeinschaft des Grundgesetzes« exkommuniziert. In einem Schweizer Artikel – mein Exil ist die *Basler Zeitung* – habe ich gefragt, ob Artikel 5 Grundgesetz noch bestehe, der Meinungs- und Wissenschaftsfreiheit gewährt.

Im Gegensatz zu den Unterstellungen gegen mich durch Göttinger Parteifunktionäre, die flankiert werden von Oberbürgermeister und Polizeipräsident (*Göttinger Tageblatt* vom 07.07.2016), habe ich Hunderte von beipflichtenden E-Mails von der besorgten Bevölkerung bekommen. Ich weigere mich, diese Bürger als Nazis und Populisten zu verdächtigen, nur weil sie sich das herrschende Narrativ nicht zu eigen machen wollen.

Selbst Syrer und Muslim, staune ich darüber, wie bedingungslos die Millionen Flüchtlinge aus der Welt des Islam, die von Meinungsmachern euphemistisch als »die neuen Bürger« bezeichnet werden, aufgenommen werden. Die zivilisatorische Weltanschauung, die im Widerspruch zum europäischen Wertekonsens steht, welcher der kulturellen Moderne entspringt, scheint nicht zu stören. Es ist ein Fakt, keine Meinung, einen Zivilisationskonflikt festzustellen, der im Mittelpunkt dieses neuen Textes steht. Was ist dieser Konflikt? Worum geht es? Und worüber reden wir? Diese Fragen beantworte ich mit »unbequemen Gedanken« in den Abschnitten 4 und 6.

Als syrischer Migrant, der sich als Wahleuropäer versteht, möchte ich neu eine echte Diskussion entfachen. Die *Neue Zürcher Zeitung* bescheinigte 2016 in einem Artikel von Matthias Heitmann, dass das Thema dieses Buches gerade angesichts des millionenstarken Zustroms an neuen Zuwanderern erneute Aktualität gewonnen hat. Alte Probleme der Zuwanderung ohne Integration treten massiv in einem neuen Gewand auf; Europa wird existenziell erschüttert, und wer darüber spricht, wird von medialen Meinungsmachern des Rassismus und Populismus bezichtigt. Als Demokrat und liberaler Muslim lasse ich mich von solchen deutschen Keulen nicht einschüchtern. Das Grundgesetz gibt mir Kraft. Ich habe bei dem großen Carlo Schmid, einem der Verfasser des Grundgesetzes, in Frankfurt Politikwissenschafts-Vorlesungen gehört. Ich weiß deshalb, was »l'esprit des lois« (Montesquieu) des Grundgesetzes ist und ich nehme in diesem Geist das Grundrecht auf Meinungsfreiheit in Anspruch.

Horkheimer, dem dieses Buch gewidmet ist, wusste aus seiner eigenen Biografie als ein von den deutschen Nazis verfolgter Jude, was stalinistischer Kommunismus und hitlerischer Faschismus bedeuten – wie Hannah Arendt mit ähnlicher Biografie. Er setzte beide gleich als totalitär und würdigte dagegen das freie Europa als »Insel in einem Ozean der Gewaltherrschaft«. Diese Worte werden hier interpretativ so wiederholt: Das westliche Europa ist noch eine Insel im Ozean der Gewaltherrschaft. Sein Ende würde das Ende der Freiheit und der politischen Kultur der offenen Gesellschaft bedeuten.

Aus diesem Grunde lautet das schon erwähnte Vermächtnis Horkheimers, dass es »eine Pflicht jedes Denkenden« ist, diese Insel der Freiheit gegen den sie umgebenden »Ozean der Gewaltherrschaft« zu verteidigen. Anhänger der Kritischen Theorie sollten zur »europäischen Idee stehen, sie gegen Faschismus hitlerischer, Stalin'scher oder anderer Varianz verteidigen«. Ich füge in der Widmung für Horkheimer in diesem Buch die Pflicht hinzu, Europa auch gegen den Islamismus zu verteidigen, weil dieser nach meiner Forschung der neue Totalitarismus ist (vgl. mein Buch *Der neue Totalitarismus*). Die Kritische Theorie der Frankfurter Schule, in der ich meine europäische Sozialisation genoss, lehrt, dass Kritik eine Denkarbeit ist, die als Grundrecht in einer Demokratie geschützt sein muss. In Frankfurt habe ich Islam-Kritik als Religionskritik schätzen gelernt. Heutige Linke sind anders als wir damalige Linke der 1968er-Zeit. Im Gegensatz zu uns verbieten heutige Linke Islam-Kritik als Rechtspopulismus. Das ist der Ausdruck eines extremen Zerfalls der demokratischen politischen Kultur.

Wie Horkheimer als Europäer weiß, was Kommunismus und Faschismus sind, weiß ich als Syrer, was orientalischer Patriarchalismus und totalitäre Herrschaft sind. Ich wuchs auf in einer orientalischen Despotie. In den Studienjahren in Frankfurt genoss ich die Freiheit der kulturellen Moderne, die ich in der Tradition Horkheimers kennenlernte und heute gegen vormoderne Kulturen verteidige. Ich habe keinen »Respekt« für vormoderne Kulturen der Kollektive, die meine Freiheit als ein Individuum verneinen!

Im westlichen Europa gilt der Mensch als vernunftbegabtes Individuum und nicht als Angehöriger eines religiösen oder ethnischen Kollektivs. Die europäische Zivilisation beruht auf dem Prinzip der Individuation (principium individuationis), nicht auf dem Christentum, wie unbelehrbare christliche Kirchenväter unermüdlich in den ihnen zu Füßen liegenden Medien behaupten. Es ist ein Faktum und keine Ideologie zu behaupten, dass die europäische Identität auf der säkularen Moderne und nicht auf irgendwelchen christlichen Glaubenssätzen fußt. In einem meiner Hauptwerke »Kreuzzug und Djihad. Der Islam und die christliche Welt« (Bertelsmann 1999) habe ich in Kapitel II sowie in Kapitel V und VI im Einzelnen nachgewiesen, dass Historiker zwischen dem Europa des Abendlandes und dem westlich-säkularen Europa unterscheiden. Das christliche Abendland beginnt mit dem Begründer Europas, Karl dem Großen, und endet mit der Renaissance. Der Beginn der Renaissance unter Einfluss des islamischen Averroismus leitet die Entstehung der westlich-säkularen Zivilisation Europas ein. Es ist bedauerlich, dass diese Unterscheidung, die unter anderem von dem Zivilisationshistoriker Leslie Lipson in seinem Buch *The Ethical Crises of Civilization* strikt getroffen wird, in Deutschland bei der Periodisierung der Geschichte selbst in der Fachliteratur nicht zur Kenntnis genommen wird. Nach einem reichen Leben an Ivy-League-Universitäten in den USA, von Harvard bis Yale und Cornell und 18 Gastprofessuren auf allen Kontinenten, stelle ich dies fest: Deutsche Wissenschaft und internationale Wissenschaft stehen hier nicht in Einklang miteinander. Auch akademisch ist die Welt viel größer als Deutschland.

In seinem bereits in der Vorrede zu diesem Buch als Opus magnum gewürdigten Buch *Könige oder Volk* hat Reinhard Bendix gezeigt, dass Demokratie als politisches Mandat des Volkes sowie moderner Nationalstaat in England und Frankreich, nicht in Deutschland, als Modelle für Europa entstanden sind. Hieran denke ich, wenn ich den Artikel von Hans-Herman Tiedje über Frau Merkel und seinen Vorwurf an sie lese, dass sie als kommunistisch sozialisierte Ex-DDR-Bürgerin das Volk als Souverän nicht kennt. Dann verstehe ich, dass diese Tradition in Deutschland fehlt, was Merkels Politik zeigt.

Im Gegensatz zu Deutschland ist das westliche Europa nicht nur säkular, sondern auch kritisch. Kant mit seinen drei Kritiken gehört als kritischer Denker zur Aufklärung als deutsche Ausnahme. Im heutigen postmodernen Deutschland gilt Kritik, so auch Islam-Kritik, als Anfeindung, sprich Islamophobie. Das ist ein Verfall der politischen Kultur. Kant und seine drei Kritiken gelten mir bei der Bestimmung der europäischen Identität als Leitstern. Für Kant ist der Mensch kein Christ oder Muslim, sondern ein mit Vernunft begabtes Individuum. Adorno würdigt in seinem mehrfach zitierten Aufsatz diese Kantische Bestimmung, in dessen »Zentrum der Begriff Autonomie, die Selbstverantwortung des vernünftigen Individuums«, steht. Dies geschieht anstelle »jener blinden Abhängigkeiten«. Zu diesen Abhängigkeiten gehören ethnische und religiöse Kollektividentitäten, die den Menschen als vernünftiges Individuum verleugnen und »Unterordnung« einfordern. Ich lehne es ab, mich einem »islamischen

Umma-Kollektiv« unterzuordnen. Adorno bedauert im zitierten Aufsatz, dass nicht Kant, sondern die entgegengesetzte deutsche Tradition der »inneren Zensurinstanz, die schließlich nicht nur die Äußerung unbequemer Gedanken, sondern diese selbst verhindert«, die deutsche Entwicklung bestimmt hat. Der deutsche Zeitgeist lässt keine kantische Kritik zu, ganz im Gegenteil, er pflegt jede Abweichung »gereizt zu ahnden«. Das ist die deutsche Leitkultur im Merkel-Deutschland, der ich eine europäische Leitkultur gegenüberstelle.

Wenn Millionen von Muslimen mit einer kollektiven Umma-Identität kommen und europäische Citoyenneté als den Höhepunkt der kulturellen Moderne und ihre Werte ablehnen, ja sogar das kantische Erbe des vernunftgeleiteten Individuums über Bord werfen, dann befindet sich Europa in einem weltanschaulichen Konflikt. Der unaufgeklärte Kopftuch-Islam eines Umma-Kollektivs ist ein Scharia-Islam, der in diametralem Widerspruch zu Europa steht; er fördert diesen Konflikt. Zwei Optionen stehen an, von denen die Zukunft Europas abhängt. Diese Optionen sind: Entweder gelingt eine Europäisierung des Islam, oder es kommt zu einer Islamisierung Europas. Einen Mittelweg gibt es nur als Übergang, nämlich den der Parallelgesellschaften. Nach einer Formulierung von John Kelsay in seinem Buch *Islam and War* sind diese Parallelgesellschaften »Enklaven, die im Westen existieren, aber nicht zur westlichen Zivilisation gehören«. Er hat Recht. Im siebten Abschnitt dieser Einführung werde ich von meinen Erfahrungen im gescheiterten Projekt der Europäisierung des Islam berichten, das auf meiner in Paris 1992 verkündeten Vision eines Euro-Islam beruhte.

3. Zivilisatorische Identität und Wertekonflikte. Im Wettstreit zwischen dem Zeitgeist des Kulturrelativismus und der kulturpluralistischen Universalität der kulturellen Moderne

Es schmerzt zu vernehmen, wie sehr die heutige Sozialwissenschaft, insbesondere die Migrationsforschung, ideologisch vorbelastet ist; sie scheint eher von Ideologie und Gesinnungsethik des kulturprotestantischen Gutmenschen als von Verantwortungsethik durchdrungen zu sein. Eine erhellende analytische Arbeit ist kaum in Sicht. Woran liegt das? Der Schöpfer der wissenschaftstheoretischen Begriffe Paradigma und Paradigmenwechsel Thomas Kuhn hat in seinem bahnbrechenden Buch *Die Struktur wis-*

senschaftlicher Revolutionen (Suhrkamp 1967) bezweifelt, dass in der Sozialwissenschaft überhaupt so etwas wie ein gemeinsames Paradigma – so wie etwa in den Naturwissenschaften – möglich sein kann. Wenn er Recht hat, dann muss Sozialwissenschaft trotzdem nicht unbedingt zur Ideologie verkommen. Heute ist der Kuhn'sche Begriff Paradigma dermaßen verhunzt, dass jede simple Veränderung als Paradigmenwechsel eingeordnet wird. Im Streit über dieses Buch hat es einander widersprechende weltanschaulich-ideologische normative Positionen wie etwa Kulturrelativismus und Universalismus gegeben, die aber keine Paradigmata im Kuhn'schen Sinne sind. Wir müssen durch dieses ideologisch vorbelastete Gewässer steuern und versuchen, bei der Diskussion über Zivilisation und Werte Rationalität, also Vernunft-Orientierung im Kant'schen Sinne zu bewahren. Die hier verwendeten Begriffe stehen im Zentrum meines Denkens, und zwar seit meiner Zeit als Schüler in Damaskus, weil ich schon damals dort den Zivilisationskonflikt als Spannung zwischen Islam und Europa in meinem persönlichen Leben erfuhr.

Mein Denken ist nicht eurozentrisch – dies betone ich mit aller Kraft. Denn die Autorität, auf die ich mich bei der Diskussion über Zivilisationen berufe, ist der letzte große Philosoph im Islam Ibn Khaldun (1332–1406). Dieser große Denker beansprucht zu Recht, der Begründer der neuen Disziplin Ilm al-Umran (Wissenschaft von der Zivilisation) zu sein. Für Ibn Khaldun fußt jede Zivilisation auf einem Wertesystem, das er Asabiyya nennt (vgl. das Ibn-Khaldun-Kapitel in meiner islamischen Ideengeschichte *Der wahre Imam* von 1996). Das ist genau das, was Montesquieu mehrere Jahrhunderte später »esprit de corps« genannt hat. Es gibt keine Zivilisation ohne eine wertebezogene Identität. Zivilisationen können zwar bei ihrer Werteorientierung schwach oder solide sein, das heißt wertebewusst oder nicht, aber eine Zivilisation ohne Asabiyya / Esprit de corps, also ohne Identität, kann es schlicht nicht geben – außer natürlich in den Köpfen wertebeliebiger Multikulti-Ideologen, die weder klare Begriffe haben noch über ein philosophisch scharfes Denken verfügen.

Man konnte mit diesem geisteswissenschaftlichen Hintergrund die Behauptung des Multikulti-Ideologen Daniel Cohn-Bendit, »Deutschland hat keine Identität«, unbekümmert als Schwachsinn bezeichnen. Diese Behauptung erhob Cohn-Bendit in einem Streitgespräch mit mir im Jahre 2000 im Rahmen der damaligen Leitkulturdebatte. Jenes Streitgespräch wurde unter der zitierten Behauptung als Überschrift in der damaligen Wochenzeitung *Die Woche* vom 10.11.2000 veröffentlicht. Wenn die Behauptung Cohn-Bendits zuträfe, gäbe es kein Deutschland, und die identitätslosen Deutschen wären Mumien, weil Menschen ohne zivilisatorische Identität undenkbar sind. Wie ich später näher begründen werde, hat Deutschland sehr wohl eine Identität; nur ist diese beschädigt (vgl. dazu Adornos *Auf die Frage: Was ist deutsch?*). Diese Beschädigung ist folgenreich für ein Land, das innerhalb eines Jahres weit mehr als eine Million Muslime aus Nahost und Afrika als Flüchtlinge mit anderer Werte-Orientierung aufnimmt, jedoch ohne in der Lage zu sein, ihnen eine Identität der Zugehörigkeit als Citoyens zur Integration anzubieten. Mit Identität meine ich hier einen »sense of belonging« als Zugehörigkeitsbewusstsein in einem demokratischen Gemeinwesen. Ein Leben als Syrer in Deutschland von 1962–2016 dient als Grundlage für dieses Urteil.

Ich bemängle viele Unzulänglichkeiten der deutschen politischen Kultur im Umgang mit den Fremden, aber ich bin bewusst sehr stolz darauf, auf eine deutsche Denk-Erziehung in der Philosophie des deutschen Idealismus zurückgreifen zu können, in der ich in meinen Frankfurter Jahren 1962–1972 geistig aufwuchs. Zu dieser Erziehung gehört es, Denken als Kritik zu begreifen und eine Klärung der Begriffe, die man verwendet, zu leisten, um Stringenz zu ermöglichen. Im restlichen Teil dieses Abschnittes möchte ich deshalb die Begriffe, die in der Überschrift zu diesem Abschnitt aufgelistet werden, klären und mit Inhalt füllen. Diese Begriffe sind für die Argumentation sowohl der Ausgabe dieses Buches von 1998 als auch der aktuellen von 2016 von zentraler Bedeutung.

Zuerst stelle ich fest, dass Zivilisation und Kultur unterschiedliche Begriffe sind, die sich auf verschiedene Einheiten beziehen. Von dem Princeton-Anthropologen Clifford Geertz, mit dem ich im akademischen Jahr 1986/1987 in Princeton eng zusammenarbeitete und dessen Werk *Islam observed* ich in deutscher Sprache bei Suhrkamp 1988 herausbrachte, habe ich viel gelernt (vgl. meinen Essay »Gespräche mit Clifford Geertz in Princeton«, enthalten im zit. Buch). Für Geertz bedeutet Kultur »social production of meaning«, also Sinnproduktion. Diese sozial bedingte Sinnproduktion kann nur lokal erfolgen, und daher sind Kulturen stets lokale Einheiten. Dagegen gehen Zivilisationen über das Lokale hinaus und umfassen eine Ansammlung von verwandten Kulturen. So gibt es nur eine westliche Zivilisation, aber zahlreiche Varianten hiervon als lokale Kulturen in Europa, ähnlich wie es nur eine islamische Zivilisation parallel zu tausenden von islamischen Lokalkulturen gibt. Diese Diskussion habe ich in meinem *Krieg der Zivilisationen* (erschienen 1995, danach in zahlreichen Taschenbuchausgaben) breit ausgeführt und möchte sie hier nicht wieder aufnehmen. Ich möchte nur noch hinzufügen, dass ich zusätzlich zum skizzierten Denken auch auf Norbert Elias' zweibändiges Werk *Prozess der Zivilisationen* zurückgreife. In diesem Klassiker deutet Elias Zivilisation als Prozess der Zivilisierung. Nach Elias gibt es innerhalb jeder Zivilisation einen Prozess der Zivilisierung sowohl auf der Ebene der Gesellschaft (Soziogenese) als auch des Individuums (Psychogenese). Dieses großartige Werk ist höchst relevant für die Bestimmung der europäischen Identität; es ist in der von Heike Hammer bei Suhrkamp edierten Ausgabe von 1997 zu empfehlen. Auch in Elias' Sinne ist der Islam eine Zivilisation, die jedoch in zahlreiche unterschiedliche Lokalkulturen in Nahost, Asien und Afrika binnendifferenziert ist. Obwohl eine islamische Zivilisation existiert, gibt es wegen dieser Binnendifferenzierung keinen einheitlichen Islam. Dennoch teilen diese Muslime die Weltanschauung einer islamischen Zivilisation, und sie begreifen sich als Umma-Kollektiv, nicht als Individuen. In diesem Bewusstsein bin ich in Damaskus 1944–1962 aufgewachsen. Zivilisationen befinden sich sowohl soziogenetisch als auch psychogenetisch auf unterschiedlichen Stufen der Entwicklung. Es ist einfach dumm, wenn die politisch korrekte Gesinnungspolizei Aussagen wie »zivilisiert« bzw. »weniger zivilisiert« als Rassismus verfemt. Wenn es so wäre, müsste man das gesamte Werk von Norbert Elias verwerfen.

In der islamischen Diaspora in Europa entsteht dieses Novum. Das Umma-Kollektiv in Europa durchläuft seit einigen Jahrzehnten einen Prozess der Ethnisierung der an sich ethnisch vielfältigen Islam-Gemeinde, in deren Verlauf eine Art islamisch-ethnische Entität in Westeuropa entsteht. Hierüber haben wir in einem Forschungsprojekt an der Stanford University 2007–2010 gearbeitet. Die Ergebnisse sind in dem Buch *Ethnic Europe* erschienen, das Roland Hsu 2010 bei Stanford University Press veröffentlicht hat. In meinem Beitrag zu diesem Buch habe ich die Ethnisierung des Islam in islamischen Parallelgesellschaften in Europa näher beschrieben und analysiert. Eine solche Forschung gilt in Europa als unerwünscht, weil sie dem politisch korrekten Wunschdenken von Muslimen als *bons sauvages* nicht entspricht. Hier herrscht ein echter Rassismus vor, wenn manch ein Europäer den nichteuropäischen Fremden derart glorifiziert, eine Art »antirassistischer Rassismus« – ein Begriff von Jean-Paul Sartre, den er in seinem Vorwort zu Frantz Fanons *Les damnés de la terre* einführt.

Und nun will ich den Begriff des Universalismus erläutern, der heute im postmodernen Denken der Kulturrelativisten als hegemoniale Ideologie abgewertet wird. Wir, die islamischen Averroisten der Schule von Mohammed al-Jabri, vertreten einen Rationalismus als Primat der Vernunft, für den wir eine universelle Geltung beanspruchen. Wie Menschenrechte laut der UN-Deklaration von 1948 universell, also auch für die islamische Zivilisation gelten (vgl. mein Werk hierzu von 1993: *Im Schatten Allahs. Der Islam und die Menschenrechte*), so ist auch der Rationalismus universell. Die postmoderne Gewährung von kulturellen Besonderheiten ist eindeutig ein zivilisatorischer Rückfall, weil diese nicht nur universelle Werte, sondern sogar den Rationalismus als Gemeinsamkeit aller Menschen, unabhängig von Hautfarbe und Religion, abweist.

Der Kulturrelativismus fußt auf dem Begriff Diversity, der beispielsweise an der Universität Göttingen einen eigenen Lehrstuhl bezeichnet. Dieser Begriff bedeutet nicht nur Vielfalt. Wäre er ideologiefrei, so hätte ich keine Einwände gegen »diversity«. Es besteht jedoch dahinter eine Multikulti-Ideologie des Kulturrelativismus, der mit Hinweis auf Diversity keinen Universalismus mehr zulässt. Das ist inakzeptabel, weshalb ich das Gegenkonzept dazu, nämlich Kulturpluralismus, vertrete. Dieser ist gegen jeden Kulturrelativismus, der eine Dritte-Welt-Minderheiten-Romantik reflektiert. Der französische Philosoph Alain Finkielkraut hat in seinem Buch *La défaite de la pensée* (*Die Niederlage des Denkens*) diese Romantik entsprechend eingeordnet; sie ist anti-europäisch. Mein Buch von 2012 *Islam in Global Politics. Conflict and Cross-Civilizational Bridging* enthält in Kapitel 6 über die Kritische Theorie eine begründete Dekonstruktion des »Third-Worldism« bzw. des »Tiers-mondisme« als »Western Third-World Romanticization«.

Der Unterschied zwischen Kulturpluralismus und Multikulti-Diversity – dies ist die Ideologie des Kulturrelativismus – ist folgender: Analog zum politischen Pluralismus in einer parlamentarischen Demokratie (linke und konservative Parteien koexistieren in Vielfalt, aber auf dem Boden der Zustimmung zu einer ungeteilten Verfassung) kann kulturelle Vielfalt mit einem Wertekonsens verbunden sein. So lässt sich der Kulturpluralismus als Vielfalt mit Wertekonsens, aber niemals Wertebeliebigkeit des »anything goes« verstehen. Ein Beispiel: Islamische Werte werden mit Respekt beachtet, jedoch nicht grenzenlos. So kann ein Kulturpluralismus die Ausgrenzung der Nicht-Muslime im islamischen Glauben als »kafirun / Ungläubige« sowie weitere Menschenrechtsverletzungen (wie körperliche Strafen der Scharia) niemals unter dem Mantel von Respekt für andere Kulturen zulassen. Es gibt universelle Wertestandards, die ausnahmslos für alle im Rahmen einer Kombination von Vielfalt (nicht Diversity) und Wertekonsens gelten.

Last but not least ist der Begriff Neo-Absolutismus zu klären. Als Absolutismus gilt das kompromisslose Bestehen auf die einzige und bedingungslose Geltung der eigenen religiösen oder ethnischen Identität, ein Anspruch gepaart mit der Forderung nach Respekt. Im Zeitalter globaler Migration fordern Islamisten, die Neo-Absolutisten sind, Respekt und Geltung für ihre Scharia-Anschauungen im Rahmen von Religionsfreiheit; gleichzeitig lassen sie diese Rechte nicht für andere gelten, weil sie glauben, dass einzig und allein der Islam die wahre Religion sei; diese Neo-Absolutisten zitieren den Koran-Vers »al-din ind Allah huwa al-Islam / Als einzige wahre Religion gilt bei Gott nur der Islam«. (Vers 3, Sure 19) Das ist eine Verletzung des religiösen Glaubens anderer Religionen, die in einer offenen Gesellschaft das Recht haben, als gleichwertig im Rahmen von Pluralismus zu gelten. Der traditionelle islamische Absolutismus kann für sich – auch in seiner neuen Form des Neo-Absolutismus – in einer demokratischen Gesellschaft keinen Respekt einfordern. Im Englischen sagt man: This is the bottom line.

In einer Situation von Werte-Konflikten entsteht schnell der Vorwurf des Rassismus, der zu einem Kampfbegriff wird. Rassismus ist deshalb auch ein Begriff, der einer inhaltlichen Bestimmung bedarf. Im Zeitalter globaler Migration ist der Kampf gegen Rassismus eine ethische Pflicht. Rassismus entsteht, wenn Menschen wegen ihrer Herkunft oder ihrer biologischen Eigenschaften diskriminiert werden. Heute wird jedoch Religionskritik als Kritik am Scharia-Neo-Absolutismus mit dem Kampfbegriff »rassistisch« zurückgewiesen. Das ist eine ideologische Instrumentalisierung des Begriffes; auf diese Verfemung kann ich nur antworten: Wer rassistisch den Rassismus bekämpft, verfällt einem »antirassistischen Rassismus« (Sartre), für den weder Respekt noch Geltung gewährt werden darf.

Der Schweizer Kulturkritiker Frank A. Meyer verteidigt in seinem Cicero-Kommentar zur Berliner Republik unter dem Titel *Vor der Aufklärung* (*Cicero*, Heft 1/2016) das Recht auf Religionskritik, auch in Bezug auf den Islam, weil eine solche Kritik in der Tradition der europäischen Aufklärung steht. Kritik hat mit Rassismus nichts zu tun. Frank A. Meyer geht gegen Heribert Prantl von der *Süddeutschen Zeitung* vor, der Islam-Kritiker als Religionskritiker mit »Tollwut« gleichsetzt. Frank A. Meyer fragt ironisch: »Ist das Deutschland nach der Aufklärung oder vor der Aufklärung?« In meiner Autobiografie (vgl. meine Homepage) nenne ich dieses neue postmoderne und ideologisch grüne Deutschland »Tollhaus«, das in einer, wie Frank A. Meyer schreibt, »Ineins-Setzung von Religionskritik und Rassismus« im herrschenden Narrativ gründet.

Der Pluralismus der offenen Gesellschaft fußt auf der säkularen Moderne Europas, die anstelle der ethnischen und religiösen Kollektive nur das vernunftbegabte Individuum zulässt; sie ist vielfältig inklusiv und säkular bestimmt. Diese kulturelle Moderne ist gegen die Ideologien, die Frank A. Meyer als Verteidiger der Aufklärung kritisiert. Auch ich trete für die Verteidigung Europas – im Sinne von Max Horkheimer – ein, auch wenn dies von Grünen und Linken als Rassismus verfemt wird. Ich habe Grund zur Sorge über die Zukunft der Demokratie angesichts eines solchen Zerfalls der politischen Kultur durch grüne Multikulturalisten und linke Kulturrelativisten, die gegen europäische Identität eintreten. Sollte dieser Trend sich durchsetzen, dann wäre dies das Ende Europas, das Ende der »Insel ... im Ozean der Gewaltherrschaft«. Diese Insel ist bedroht, von den Gewässern des umgebenden Ozeans überschwemmt zu werden. Es ist das Vermächtnis der Kritischen Theorie nach Horkheimer, sich für Europa einzusetzen, und dies tue ich als sein Schüler in diesem ihm gewidmeten Buch.

Alle angesprochenen Konflikte sind Wertekonflikte. Mein islamischer Mentor Mohammed Abed al-Jabri, der als »the most significant Muslim thinker of the age« (so Ali Allawi in seinem bei Yale University Press 2009 erschienenen Buch *The Crisis of Islamic Civilization*) gilt, besteht auf dem Universalismus als Grundlage rationalen Denkens der Diskursivität. Mögliche Brücken zwischen Europa und der Welt des Islam können nur auf dieser Basis eines säkularen Rationalismus fußen. Ein Scharia- und Kopftuchislam bedeutet zivilisatorische Abschottung in Parallelgesellschaften, die eine exklusive Identität für islamische Siedler in Europa im Namen des Respekts für andere Kulturen für sich beanspruchen. Das Ergebnis ist dann das Wuchern dieser Parallelgesellschaften, die Islamisten und schriftgläubige Muslime als Enklaven beherrschen. Das ist das islamische Europa-Bild und nicht die rechtsradikale Ideologie von Pegida. Die Identität Europas ist für mich als islamischen Rationalisten die kulturelle Moderne, nicht der Scharia-Islam. Das ist eine Warnung, die geklärt werden muss, damit sie nicht falsch verstanden wird. Ich unternehme diese Klärung mit folgender Argumentation:

Nicht die Menschen, die als Flüchtlinge nach Europa zuwandern, sind hier der Gegenstand der Kritik, sondern einzig und allein die religiöse vormoderne Weltanschauung eines Neo-Absolutismus, die sie im Gepäck mit sich bringen. Das ist der Gegenstand. Schriftgläubige, salafistische und islamistische Anschauungen sind sehr wohl eine konkrete Bedrohung für die europäische Identität; sie abzulehnen ist kein Rassismus. Dagegen sind Muslime, die ihre Religion privat praktizieren und in der öffentlichen Sphäre auf die islamische Trinität von Scharia, Djihad und Da'wa verzichten, keine Gefahr für Europa. Muslime können sogar ein Teil Europas werden, wenn sie bereit dazu sind, sich als europäische Citoyens islamischen Glaubens in ein säkulares Gemeinwesen zu integrieren. Das ist das Thema des 6. Abschnitts dieser Einführung.

4. What are we talking about? / Worum geht es?

Warum verwende ich im Titel dieses Abschnitts eine US-amerikanische Formel in Frageform in einem deutschsprachigen Buch? Meine Antwort ist diese: Auf der dritten Stufe meiner Lebensgeschichte, die mit meiner US-amerikanischen Sozialisation ab 1982 in Harvard beginnt und 2010 in Cornell endet, habe ich gelernt, bei einem Ausschweifen in eine normative und weltanschaulich geleitete Diskussion gleich zu stoppen und hierbei die provokante Frage zu stellen: »What are we talking about?« Ich möchte dies auch hier tun.

Der Ausgangspunkt ist dieser: Ich denke, also bin ich – cogito ergo sum. Das ist eine zivilisatorische Weltanschauung, die René Descartes im 17. Jahrhundert geprägt hat, womit er das christliche Weltbild durch den

Rationalismus der kulturellen Moderne ablöste. Ich habe mir diese Denkweise zu eigen gemacht. Jürgen Habermas nennt in seinem Buch *Der philosophische Diskurs der Moderne* diesen Gedanken »das Subjektivitätsprinzip«. Hellenisierter Islam von Averroës und europäische Renaissance, die hiervon beeinflusst ist (vgl. das Buch von Jacob Burkhardt: *Die Kultur der Renaissance in Italien*), anerkennen diesen Rationalismus. Leslie Lipson schreibt in seinem Buch *The Ethical Crises of Civilization* über die Folgen der Hellenisierung des europäischen Geistes: »Die Hauptquelle für Europas Inspiration verlagerte sich vom Christentum nach Griechenland, von Jerusalem nach Athen ...«. Das ist das rationale Weltbild der kulturellen Moderne. Wird sie von Muslimen übernommen, die nach Europa kommen?

Die diesem Rationalismus entgegengesetzte Anschauung vom Menschen ist seine Bestimmung als *Makhluq* Allahs (Geschöpf Gottes) im Islam, der als Mitglied des Kollektivs der Umma nach den Gesetzen der Scharia als Gottesgesetz zu leben hat. Dieses Verständnis dominiert bis heute das Weltbild der islamischen Zivilisation. Wenn islamische Migranten nach Europa kommen, bringen sie es als Gesetz im Gepäck mit. Gilt hierfür Artikel 5 des Grundgesetzes ohne Grenzen? In meinem Buch *Im Schatten Allahs. Der Islam und die Menschenrechte* von 1993 (um 200 Seiten erweiterte Ausgabe zehn Jahre später, 2003) erläutere ich gleich in der Einleitung den Konflikt zwischen dem islamischen Menschenbild als *Makhluq* und dem cartesianischen Menschenbild, das Kant zur »Autonomie, der Selbstverantwortung des vernünftigen Individuums«, weiterentwickelt hat, so Adorno. Diese konfligierenden Welt- und Menschenbilder untermauern den Zivilisationskonflikt, den ich näher noch in Abschnitt 6 behandle. Man darf einen solchen grundlegenden Konflikt nicht durch Moralisierung wegwischen.

Angesichts des angegebenen Konflikts muss ich bei der Beantwortung der oben angegebenen Frage »What are we talking about?« vier zentrale Komplexe ansprechen und bei dieser Diskussion den Gegenstand als einen Zivilisationskonflikt zwischen Islam und Westen, d.h. Europa, bestimmen. Die vier Komplexe liste ich am Ende auf.

Am Zivilisationskonflikt beteiligen sich zwei unterschiedliche Menschentypen: einmal der moderne Europäer, der sich laut Habermas' »Subjektivitätsprinzip« als Individuum versteht, und der entsprechend seiner Tradition sozialisierte Muslim, der sich in ein Umma-Kollektiv einordnet, d.h. sich nicht als Individuum begreift. Das kenne ich aus meiner eigenen Biografie. Erst mit 18 Jahren habe ich im Rahmen meines Philosophie-Studiums in Frankfurt das Principium Individuationis und mich selbst als Individuum kennengelernt.

Als ich in Damaskus lebte, verinnerlichte ich die islamische Weltanschauung und ihr Menschenbild. Bis 1962 bestand meine Antwort auf die Frage: »Wer bist du?« darin, dass ich meine Zugehörigkeit zu Kollektiven angegeben habe. Diese sind erstens das Haus Banu al-Tibi – also das Mikrokollektiv – und, zweitens, das Makro-Kollektiv der Araber als Kern der islamischen Umma. Damals war ich also noch ein arabozentrischer Muslim. Ich glaubte damals an den Koranvers (Sure 3, Vers 10), Allah habe uns arabische Muslime als »Khair Umma / beste Gemeinschaft auf Erden« erschaffen, das heißt als das auserkorene Kollektiv auf dem Globus. Es gibt auch nicht-arabische Muslime, aber Allah offenbart im Koran, dass er sich entschieden hat, den Koran auf Arabisch »herab zu setzen«. Daher der Arabozentrismus. Mein Studium in Frankfurt führte zu einer erheblichen Spannung in meinem Denken zwischen der kulturellen Moderne des Subjektivitätsprinzips, das ich in Frankfurt kennenlernte, und der islamischen theozentrischen Umma-Weltanschauung, die ich in Damaskus durch meine islamische Erziehung verinnerlicht hatte. Das Ergebnis dieser Spannung ist die Erkenntnis, dass es eines Reform-Islams bedarf, wie ich ihn heute vertrete. Wenn dieses Reformprojekt in Europa scheitert und die islamischen Migranten auf einem Scharia-geleiteten »Kopftuch-Islam« bestehen (vgl. Abschnitt 7), dann stehen Europa Tage großer Erdbeben von gesellschaftlichen und politischen Konflikten aller Art bevor. This is exactly what we are talking about! Jede Ambiguität kann hier für die Zukunft der zivilisatorischen Identität Europas tödlich sein.

Mit dem angeführten, für mich normalen autobiografischen Exkurs möchte ich nur dies klarstellen: Den Zivilisationskonflikt zwischen Europa und dem Islam erlebe ich in meiner Biografie zunächst als Gegensatz zwischen dem Kulturrelativismus des deutschen Gutmenschen und den Idealen der europäischen Aufklärung. Wenn dann die Geltungsansprüche eines islamischen Neo-Absolutismus wahrgenommen werden, dann kommt es zum islamisch-westlichen Konflikt.

Dieser Zivilisationskonflikt beruht auf weltanschaulichen, wertebezogenen Differenzen, nicht auf Missverständnissen, wie Multikulti-Ideologen und Kulturrelativisten fälschlich unterstellen, um die Spannungen zu neutralisieren. Diese Differenzen sind jedoch normativ, und sie können zu einer weltanschaulichen Frontstellung, wie beispielsweise Djihad gegen Europa, führen. Nochmals sei betont: Meine Vorbehalte gegen die Millionen Flüchtlinge aus der Welt des Islam nach Europa beziehen sich nicht auf diese Menschen selbst, die ein Menschenrecht auf Würde haben. Als Mitbegründer der arabischen Gesellschaft für Menschenrechte anerkenne ich die Würde dieser Menschen und ihr Recht darauf, Armut, Krieg und Elend zu entfliehen. Das ist legitim. Meine Vorbehalte beziehen sich jedoch auf die Weltanschauung, die diese Menschen mit sich nach Europa bringen. Ferner lehne ich es ab, wenn für diese Weltanschauung Geltung im Rahmen von Respekt und Schutz von Minderheiten gefordert wird. Das ist selbstzerstörerisch.

Die Themen, die hier anstehen und über die wir reden, sind also der Zivilisationskonflikt zwischen dem theozentrischen Neo-Absolutismus und dem individuellen Rationalismus sowie zwischen säkularen und religiösen Ordnungen für Staat und Welt. Der islamische Theozentrismus kommt nach Europa als Neo-Absolutismus, der beansprucht, einzig und allein gültig zu sein. Das ist das dritte Thema. Rationalismus ist eine Vernunftorientierung, die diskursiv ist und alles als verhandelbar betrachtet; sie verbindet die Menschen unterschiedlicher Ethnien, Kulturen und Religionen und ist daher unverzichtbar. Das ist der Grund, warum ich den Islam säkularisieren will und das säkulare Europa gegen den salafistischen Islam und gegen Islamismus verteidige. Der Konflikt ist also nicht nur normativ-weltanschaulich, sondern auch politisch. Schließlich dreht es sich um den Streit über die Optionen: Welche Ordnung für Staat und Welt ist zu bevorzugen?

Der postmoderne Kulturrelativismus und die deutsch-pathetische Doktrin der Willkommenskultur flankieren dagegen die Bedrohung Europas durch ethnisch-religiöse Absolutismen im Zivilisationskonflikt. Diese europäischen Selbsthasser verharmlosen alles, was Europa bedroht. In Wirklichkeit geht es dann um eine Auseinandersetzung zwischen den Feinden und Freunden der offenen Gesellschaft im Sinne von Poppers Werk *Die offene Gesellschaft und ihre Feinde*. Analog dazu geht es um den »offenen Islam und seine Feinde«.

Ich möchte hier nochmals auf den Kommentar des Schweizer Kolumnisten Frank A. Meyer im *Cicero* zurückgreifen, worin er die Aufklärung gegen deutsche Ideologen verteidigt. Ich stimme ihm darin zu, dass die

»religiöse Herrschaftsideologie«, welche die islamischen Zuwanderer im Gepäck mit sich bringen, eine Wolke ist, die den Horizont in Europa verfinstert. Auch schließe ich mich ihm in seiner Verteidigung der europäischen Aufklärung als Identität der europäischen Zivilisation an. Dies geschieht gegen jene Selbstverleugnung Europas durch Kulturkollektive und ihre Ideologien, die eine Religions- bzw. Islam-Kritik als Islamophobie verbieten.

In diesem Kontext kann der Beobachter ein unbeabsichtigtes Bündnis zwischen Islamisten als Absolutisten und multikulturellen Kulturrelativisten konstatieren. Ich reihe beide, im Sinne Karl Poppers, als Feinde der offenen Gesellschaft ein. Ich teile Frank A. Meyers Sorge um die demokratische Kultur Europas und deren Identität, die als offene Gesellschaft bedroht ist.

Nach diesen Klarstellungen ist es nun ebenso klar, über welche Themen wir hier reden. Resümierend möchte ich sie wie folgt aufstellen:

1. Es geht um die kulturübergreifende Universalität des Rationalismus. In Europa geht es darum, den europäischen Werten der Aufklärung und den individuellen Menschenrechten den Vorzug zu geben und sie zu verteidigen. Dies ist kein Rassismus, wie Kulturrelativisten behaupten. Das Gegenteil wäre, die Idee Europa aufzugeben und in der Folge Europa selbst.

2. Ich behaupte, dass Postmodernisten und die neuen Linken antiwestlich sind, weil sie die zivilisatorische Identität Europas kontaminieren und letztendlich aufgeben. Die Multikulti-Schablone des Kampfes für die Identität der Minderheiten der Migrantenkulturen und deren Schutz auf Kosten der europäischen Identität dient diesem Kreis nur als ein Ersatz für den überholten marxistischen Klassenkampf des Proletariats, also als ein neuer Kampf mit neuem Subjekt. Europa mit Kapitalismus gleichzusetzen ist die größte Dummheit des 21. Jahrhunderts.

3. Ein Brückenbau zwischen den Zivilisationen im Sinne von *Cross-Cultural Bridging* (so der Untertitel meines Buches *Islam and Global Politics* von 2012) ist nur möglich, wenn der Dialog ohne Täuschungen von islamischer Seite und ohne Wunschdenken von westlicher Seite erfolgen kann. In diesem Zusammenhang argumentiere ich für eine genuine Hybridisierung und für dringende islamische Reformen. Die Vision eines europäischen

Islam, die ich in Abschnitt 7 erläutere, kann nur Realität werden, wenn Muslime und gleichermaßen Europäer dafür in der Sache eintreten und es nicht nur bei Lippenbekenntnissen bleibt. Leider ist dies nicht der Fall. Deshalb auch mein Artikel *Ich kapituliere* in der Juni-Ausgabe 2016 des *Cicero*.

4. Und schließlich biete ich diese Deutung, verbunden mit einer Perspektive: Ein Zivilisationskonflikt geht aus normativen Positionsdifferenzen hervor und ist auf keinen Fall ein »Kampf der Kulturen«. Wenn die europäische Zivilisation sich zu ihrer Identität als Asabiyya / Esprit de corps bekennt, kann sie eine Integration der Muslime als Inklusion praktizieren. Mit Nihilismus hingegen kann niemand integriert werden. Eine Eingliederung von Flüchtlingen in Europa als Integration erfolgt in Etwas, und dieses Etwas ist die europäische Leitkultur, die ich in Abschnitt 8 diskutiere. Ein Vorwarnung: Diese politische Kultur ist alles andere als die unterstellte »deutsche Leitkultur«, die ich aus Gründen ablehne, die ich gleich zu Beginn des Abschnittes über die Leikulturdebatte angeben werde.

Noch einmal abschließend und resümierend auf die Frage hin: »What are we talking about?« Die Antwort lautet: Wir sprechen über Probleme sowie über mögliche nicht nur friedliche, sondern auch ehrliche Lösungen. Ganz gewiss sprechen wir nicht moralisierend darüber, dass Islam, Judentum und Christentum abrahamitische Religionen seien, die denselben Gott und deshalb keine Schwierigkeiten miteinander hätten. Eine solche Diskussion ist ein Luxus für Theologen. Ich bin Sozialwissenschaftler und interessiere mich vorwiegend für gesellschaftliche Probleme. Zwar habe ich nichts gegen die Formel »abrahamitische Religionen« einzuwenden, aber mich stört diese Diskussion, wenn sie dazu benutzt wird, Probleme vom Tisch zu wischen.

Ein Beispiel hierfür ist der Prediger Fethullah Gülen, der eine Audienz beim Papst hatte, diese als Instrument zum Zugang zur internationalen Bühne missbrauchte, um über Dialog ohne Probleme zu sprechen. Der Unterschied zwischen den verfeindeten Gülen und Erdoğan ist, dass der eine schleichende Islamisierung betreibt, der andere eher eine offene; über das Ziel »Islamisierung« sind sich beide einig. Auf der europäischen Seite wird uns verboten, hierüber aufzuklären, dass diese Islamisten – gleich ob sie Gülen oder Erdoğan heißen – keine Gesprächspartner im Unternehmen »What are we talking about?« sind; eben deshalb sind sie Gegner.

Ebenso wenig sind kulturprotestantische Gesinnungsethiker Partner im Erkenntnisprozess »What are we talking about?«. Der Grund hierfür ist, dass diese Leute lieber die Augen verschließen vor der realen Welt mit ihren Problemen und vor ihren Konflikten. Stattdessen moralisieren sie in einem »Pathos des Absoluten« und predigen ihre »Willkommenskultur«. Ich ziehe es vor, als Verantwortungsethiker über Probleme und Konflikte zu sprechen und in diesem Geiste Lösungen zu finden. Das erfordert, wie Max Weber in seinem Aufsatz *Der Beruf zur Politik* formuliert, »starkes langsames Bohren von harten Brettern mit Leidenschaft und Augenmaß«. Mit anderen Worten, das hier vorgeschlagene Verfahren »What are we talking about?« ist kein Unternehmen für Gesinnungsethiker. Warum? »Der Gesinnungsethiker erträgt die ethische Irrationalität der Welt nicht«; er weigert sich, seinen Glauben aufzugeben, dass aus »Gutem nur Gutes, aus Bösem nur Böses« kommt. Gutmenschen sind Bessermenschen, die eine moralische Überlegenheit beanspruchen, dermaßen, dass es nicht möglich ist, mit ihnen rational zu reden. Anders formuliert, ist der Gutmensch einer, der die Probleme nicht sieht. Nach Max Weber ist ein solcher Mensch »in der Tat politisch ein Kind geblieben«. Mit »politischen Kindern« macht es keinen Sinn, die Frage »Europa ohne Identität?« zu diskutieren.

5. Eine demokratische »Debating Culture« erfordert ein freies Debattieren über Europa »ohne Aufnötigung« (John Stuart Mill) und ohne »innere Zensurinstanz« (Adorno). Daher diese Warnung vor der Tyrannei des herrschenden Narrativs

Die zivilisatorische europäische Identität fußt vor allem auf einer Werteorientierung, die eine offene Gesellschaft ermöglicht. Diese Orientierung gilt als Garant für die Freiheit, einschließlich des Rechts auf Meinungsfreiheit, das ihr zugrunde liegt. Das Grundgesetz schreibt in Artikel 5 vor, dass »jeder« dieses Recht habe, sich also »in Wort, Schrift und Bild zu äußern und zu verbreiten«. Das ist eine Wertorientierung, die ich als islamischer Denker und Publizist annehme. Jedoch behaupte ich auf der Basis der Behandlung, die mir von Vertretern des herrschenden Narrativs zuteil wird, dass dieses Recht in Deutschland nicht zur real existierenden politischen Kultur gehört. Weil ich eine andere Meinung als das herrschende

Narrativ habe, bin ich zwischen 2002 und 2016 vollständig aus der Öffentlichkeit entfernt worden. Das kann kein Zufall sein. Keine Zeitung und kein Verlag waren mehr bereit, mein Denken »in Wort und Schrift« zu verbreiten. Der vermutliche Anlass ist mein 2002 bei der DVA erschienenes Buch *Islamische Zuwanderung. Die gescheiterte Integration*, das im Jahr des Erscheinens zwei große verkaufte Auflagen hatte und dennoch keine einzige Rezension bekam. Unmittelbar danach folgte die Verbannung, mit der die Meinungsmacher mich für meine »unbequemen Gedanken« erfolgreich bestraften; mein Brechen von Tabus wurde »als Abweichung« eingeordnet, die sie »gereizt zu ahnden« versuchten. Was ich soeben beschrieben habe, *ist* deutsch, weshalb ich rigoros gegen die »deutsche Leitkultur« bin, wie ich in Abschnitt 8 begründen werde.

Vor der angegebenen Verbannung von 2002 bis 2016 war ich massiv präsent im Fernsehen und in den Printmedien und auch als Opinion Leader tätig als Autor von Bestsellern über Nahost, Islam und Migration. Bis auf die Wissenschaftliche Buchgesellschaft, die mich bis 2009 veröffentlicht hat, bin ich buchstäblich von allen Verlagen, die mich vorher nicht nur veröffentlichten, sondern auch hofierten – von Suhrkamp über Bertelsmann, DVA, Hoffmann & Campe bis hin zu Piper und Heyne –, und von allen Zeitungen, vor allen Dingen der *FAZ*, abgewiesen worden. Selbst auf die Bitte hin, meine vergriffenen Bücher angesichts der sich weiter zuspitzenden Flüchtlingskrise, also aufgrund ihrer besonderen Aktualität, neu aufzulegen, wurde ich schlicht abgewiesen. Die Abweisung erfolgte entweder brutal mit einem knappen Satz oder gar ohne Bewahrung eines Minimums an Höflichkeit als zivilisiertem Verhalten, nämlich schlicht und einfach so: Keine Antwort! Deshalb flüchtete ich ins Ausland und habe meine kritischen Beiträge in der *Weltwoche* in Zürich sowie in der *Basler Zeitung* veröffentlicht. Ich gehöre zu denjenigen, die Zweifel haben am demokratischen Charakter der deutschen politischen Kultur, und habe dies in aller Klarheit im Schweizer Exil in der *Basler Zeitung* in meinem Artikel vom 05.08.2016 unter dem Titel *Ich weigere mich, zu schweigen* getan. Ich behalte einen kühlen Kopf und denke klar; ich nehme all das nicht persönlich und vertrete nüchtern die Ansicht, dass allein meine vom herrschenden Narrativ abweichende Meinung der Grund für diese Ausgrenzung ist. Dabei setze ich mich nur für die europäische Identität ein und will sie mit einem aufklärerischen Islam in eine Synthese bringen. Auch will ich die Linien zwischen Freund und Feind der offenen Gesellschaft nicht verwischen. Ich sage es offen: Nicht nur die Nazis und Neo-Nazis bzw. Rechtsradikale sind Feinde der offenen Gesellschaft, auch grüne Multi-kulti-Ideologen sowie autoritäre SED-Linke mit verdeckt-stalinistischem Geist und nicht zuletzt Ex-Funktionäre der K-Gruppen gehören zu den Feinden der offenen Gesellschaft. In diesem Abschnitt greife ich in meinem Denkprozess auf das Werk der autoritativen Vertreter der offenen Gesellschaft zurück, um zu zitieren, was sie zu der anstehenden Problematik zu sagen haben. Ich möchte mit Karl Popper anfangen, den ich trotz meiner geistigen Herkunft aus der Frankfurter Schule und in Kenntnis des Positivismus-Streits unendlich verehre. Zwischen der Kritischen Theorie und dem Kritischen Rationalismus liegen klare Differenzen in der Methodologie, nicht jedoch dort, wo es um Verteidigung von Freiheit, Aufklärung und offener Gesellschaft geht. Als wichtigstes Buch der Nachkriegszeit gilt Poppers Werk *Die offene Gesellschaft und ihre Feinde*. Darin warnt Popper eindringlich vor der Deutung der Demokratie als »Volksherrschaft der Mehrheit«; vielmehr ist Demokratie für Popper eine Vermeidung jeder Despotie, nicht nur die autoritärer Herrschaft, sondern auch die der Despotie der Meinungsherrschaft. Diese Problematik ist 2016 hochaktuell, besonders für Deutschland, wo im »Pathos des Absoluten« der gesamten Bevölkerung ein Mantra der »Willkommenskultur« aufgezwungen wird. Ich erinnere an Adornos Erfahrung in seinem Aufsatz *Auf die Frage: Was ist deutsch?* und zitiere erneut seine Wendung von der deutschen Neigung, »jede Abweichung gereizt zu ahnden«. Ich habe solche Ahndung in meinem eigenen Leben in Deutschland erlebt. Für deutsche Demokraten kann Poppers Jahrhundertwerk *Die offene Gesellschaft und ihre Feinde* als Leitstern politischer Orientierung dienen. Vom Geiste Poppers lassen sich auch meine Frankfurter Lehrer Adorno, Horkheimer, Habermas und Fetscher leiten; sie sind sich darüber einig: Der wichtigste Denker der kulturellen Moderne, die hier als Substanz der europäischen Identität eingeordnet wird, ist und bleibt Immanuel Kant. Hier liegen keine Unterschiede bei der Einschätzung der kantischen Philosophie durch Popper als kritischen Rationalisten und Adorno als Philosoph der Kritischen Theorie. In der zu der deutschen Ausgabe hinzugefügten Gedächtnisrede zu Kants 150. Geburtstag (am 12.02.1954) – S. XX-XXIX – schreibt Popper: »Kant glaubte an die Aufklärung, er war ihr letzter großer Vorkämpfer« (S. XXI). Auch Adorno beruft sich in seinem Aufsatz *Auf die Frage: Was ist deutsch?* auf

Kant und auf seinen Begriff der Autonomie. Dieser begründet die »Selbstverantwortung des vernünftigen Individuums anstelle jener blinder Abhängigkeiten«. Ich komme nochmal auf Adorno im Kontext der Problematik dieses Abschnittes über Selbstzensur zurück. Hier will ich zunächst auf die säkulare Bibel der Freiheit, John Stuart Mills *On Liberty,* eingehen, um gegen die Meinungstyrannei, die das vernünftige Individuum erdrückt, zu argumentieren.

Mill warnt nicht nur vor der Tyrannei der politischen Herrscher, sondern auch »vor der Tyrannei der herrschenden Meinung und Gesinnung, vor der Neigung der Gesellschaft, ihre eigenen Ideen … durch andere Mittel als bürgerliche Strafen den Widerstrebenden aufzunötigen, die Entwicklung jeder eigenartigen Individualität zu fesseln und wenn möglich zu ersticken«. Mit diesem Zitat kann die politische Kultur der Bundesrepublik unter Merkels Herrschaft und ihren medialen Gefolgsleuten sehr präzise beschrieben werden. Ich erwähne noch einmal das Grundgesetz, das Meinungsfreiheit in Artikel 5 garantiert. Wer dieses Recht heute in Anspruch nimmt, wird in einem formalen Rechtssaat zwar nicht mit »bürgerlichen Strafen«, aber anders geahndet. Bereits im 19. Jahrhundert wusste John Stuart Mill, dass Bestrafung durch andere Mittel erfolgen kann. Welche sind diese? In Deutschland dienen Keulen den medialen Herrschern als Waffen gegen Andersdenkende, um sie zum Schweigen zu zwingen. Der Ruf von Kritikern wird durch Schmutzkampagnen zerstört. Beispiele dafür sind Bücher wie *Die Panikmacher* sowie *Kritik und Terror,* die Keulen gleichermaßen gegen aufklärerische Muslime und Islam-Kritiker verwenden. Im postmodernen Deutsch wird Islam-Kritik sprachlich mit Islamophobie und Populismus gleichgesetzt. Selbst ich als gläubiger Muslim werde in diesem Jargon der Islamophobie zugeordnet. Dies sind »die anderen Mittel«, die Meinungsherrscher gegen Meinungsfreiheit einsetzen. Dazu kommt noch die Ausgrenzung. Die eigenartige deutsche Gleichsetzung von Kritik mit Phobie (Islam-Kritik als Islamophobie) macht rationale, – im Sinne von Kant – denkende Menschen sprachlos. Die totalitär anmutende Atmosphäre in Merkels Deutschland kennzeichnet sich dadurch, dass jede Kritik am Mantra der deutschen Willkommenskultur gleichermaßen von der Bundesregierung und von deutschen Journalisten mit Populismus gleichgesetzt und dann erstickt wird. Einige Jahrzehnte vor dem politischen Aufstieg der in der DDR sozialisierten Bundeskanzlerin Merkel hat mein Lehrer Theodor W. Adorno sich geäußert zu der deutschen Art des Verbotes, kritisch zu denken. Er findet diesen Geist in einer deutschen Denkart begründet, bei der Meinungsmacher »mit Rücksicht auf die Folgen« sich selbst verbieten, über nicht wenige Fragen frei zu sprechen. So wird behauptet, eine Kritik, welche die Inkompatibilität der islamischen Scharia mit dem Grundgesetz artikuliert, würde die Islamfeindlichkeit der Rechtsradikalen fördern. Die Schlussfolgerung ist also, solche Kritik schlechthin zu verbieten. Den hier anstehenden Gegenstand *Islam und Deutschland* gab es zu Adornos Zeiten noch nicht, dennoch kennt Adorno die deutsche Gepflogenheit, »jede Abweichung gereizt« zu ahnden. Adorno erkennt, daraus entstehe »eine innere Zensurinstanz, die schließlich nicht nur Äußerung unbequemer Gedanken, sondern auch diese selbst verhindert«. Das ist eine Tyrannei der öffentlichen Meinung und nicht die politische Kultur der Freiheit, die das Grundgesetz vorschreibt.

Anlässlich des Tages des Grundgesetzes am 23.05.2016 gehörte ich neben Martin Walser und dem früheren Verfassungsrichter Udo di Fabio zu den Autoren einer Artikelserie über das Grundgesetz, die in der *Bild*-Zeitung erschien. Die *Bild*-Zeitung erlaubte mir, in meinem Artikel vom 25.05.2016 die Verhältnisse in Deutschland zu beanstanden, indem ich dies schrieb: »Das Grundgesetz ist mir so wertvoll wie mein heiliges Buch, der Koran. Zugleich stößt es mich ab, dass die vorherrschende politische Kultur in Deutschland nicht auf dem Niveau des Grundgesetzes steht, deren Opfer ich durch Ausgrenzung bin.«

Mit den vorangegangenen Ausführungen will ich plausibel machen, dass die Angst vor Ausgrenzung, die dadurch effektiv eingeschränkte Redefreiheit sowie die verordnete Gesinnung einer romantischen Flüchtlingseuphorie die politische Kultur bestimmt. Dies stellt eine Tyrannei der Meinungsherrscher in Deutschland dar, die im Rest dieses Abschnitts am Beispiel der Flüchtlingskrise noch zu erläutern ist.

Ich lebe in der Bundesrepublik als ein Migrant aus Syrien und bringe den Mut auf, Deutschland mit Syrien in Hinblick auf die Kultur der Unfreiheit und der Angst zu vergleichen. Die Kanzlerin spricht mit dem Volk übers Fernsehen (vor allem auf der Couch der Talkshow von Anne Will), nicht übers Parlament. Stefan Aust hat zutreffend beanstandet, dass die Bundeskanzlerin ohne Grenzkontrollen und Ausweispapiere 1,5 Millionen Muslime nach Deutschland kommen lässt, ohne ein einziges Mal eine Legitimation vom Parlament hierfür zu bekommen. Letzteres wird öffentlich nicht weiter thematisiert, sondern einfach hingenommen. In meiner ursprünglichen Heimat Syrien war die türkisch-osmanische Herrschaft eine Spielart der orientalischen Despotie. Der syrische Denker des 19. Jahrhunderts, Abdulrahman al-Kawakibi, entfloh der Herrschaft des türkischen Sultans Abdulhamid und ging nach Kairo, wo er sein historisches Werk »Taba'i al-Istibdad / Wesensmerkmale der Tyrannei« schrieb. Zu Recht beklagte er sich über die Kultur der Angst, mit der sich die Tyrannei durchsetzt. Ich beobachte seit Jahren mit Sorge, wie sich eine vergleichbare Kultur der Angst aus der Tyrannei der herrschenden Meinung in Deutschland heute durchsetzt. Normale Bürger, die Demokraten und keine Nazis sind, müssen mit der Angst leben, als Nazis oder Rechtspopulisten bezeichnet zu werden, wenn sie dem Mantra der Willkommenskultur widersprechen. Als ich in einem Interview mit der Zeitung *Die Welt* die Folgen der naturwüchsigen Zuwanderungspolitik kritisierte, wurde ich persönlich heftig angegriffen. Meine Antwort war und bleibt: *Ich weigere mich, zu schweigen! (Basler Zeitung* vom 05.08.2016). Ich habe bereits John Stuart Mills Warnung vor der »Tyrannei« zitiert. Als ein in Deutschland lehrender Syrer weiß ich, dass Tyrannei keine Eigenart orientalischer Despotie ist. Denn auch in einer Demokratie kann Tyrannei auftreten. Deshalb fordert John Stuart Mill in seinem Klassiker *On Liberty* – wie zitiert – den »Schutz vor der Tyrannei der herrschenden Meinung und Gesinnung« zu garantieren. Dieses Werk von Mill wurde nach dem Sieg über Hitlers NS-Diktatur 1945 in Zürich (Pan-Verlag) in einer deutschen Übersetzung veröffentlicht und in Deutschland als eine Art Katechismus bei der Demokratisierung der politischen Kultur eingeführt. Mill konstatiert gleich zu Beginn dieses Werkes, dass das Recht auf Redefreiheit erfordere, dass die vorherrschende Meinung »nicht berechtigt ist, eine Person mundtot zu machen … (und) zum Schweigen zu verdammen«. Mill weiß, dass die Mittel zu dieser Unterdrückung unterschiedlicher Natur sein können. In Syrien gibt es willkürliche Gefängnisstrafen für abweichende Meinungen. Die Gesetze der Bundesrepublik als Rechtsstaat erlauben dies nicht. Und doch gibt es »andere Mittel als Strafen«, um sie »den Widerstrebenden aufzunötigen«, etwa Einschüchterung und die Angst, ausgegrenzt zu werden. Ich erfahre dies jeden Tag. Die entsprechenden Ausgrenzungsmittel beginnen mit der Beschuldigung des »Populismus«, steigern sich zum Vorwurf des »Rechtspopulismus« bzw. »rechtsradikal«, ja, sogar bis zu dem Vorwurf, »Nazi« zu sein. Deswegen schweigt die Mehrheit. Ich schweige überhaupt nicht, auch nicht, wenn einst maoistisch-leninistische linksradikale Aktivisten in Göttingen, also auf diese Weise vorbelastete Grünen-Politiker, mich verfemen. Diese stellen mich in autoritärer Manier an den Pranger. Ich werde aufgefordert, mich für meine Ideen zu entschuldigen. Ich bin Syrer und kenne die Demokratie aus Europa, aber ganz bestimmt nicht aus diesen deutschen Kreisen einer politischen Kultur, die ich ablehne.

Obwohl ich ethnisch kein »weißer Mann«, sondern ein aus einer ehemaligen französischen Kolonie (oder einem Mandatsgebiet) stammender arabischer Westasiate bin, bezichtigt mich Trittin des Rassismus und exkommuniziert mich laut *Göttinger Tageblatt* (07.07.2016) aus der Wertegemeinschaft des Grundgesetzes. Dieser Vorwurf eines Deutschen an einen asiatischen Ausländer zeigt, wie die Welt in der Bundesrepublik Deutschland auf den Kopf gestellt wurde.

Zweifelsohne gibt es in Deutschland Rassismus – sowie natürlich eine Umkehrung des Rassismus – und Volksverhetzung, aber fremdenfeindlicher Rechtsradikalismus lässt sich nicht durch Denkverbote beheben. Die Ängste normaler und unbescholtener Bürger vor den sozialen und gesellschaftspolitischen Folgen des Zustroms von ungefähr 1,5 Millionen Armuts- und Kriegsflüchtlingen in einem einzigen Jahr, 2015, haben allerdings nichts mit Fremdenfeindlichkeit zu tun. Demokraten müssen eine ideologiefreie Diskussion über diese Ängste zulassen können. Frank A. Meyer hat in seinem bereits zitierten *Cicero*-Kommentar mit Recht davor gewarnt, dass »rechte Populisten« Denkverbote und Angst ausnutzen, als »Rattenfänger« ihre Chance auf Mobilisierung von rechts wahrnehmen, wenn Demokraten Diskussionen verbieten. Diese folgenreiche Gefahr können Demokraten nur durch die Gewährung des Rechts der Redefreiheit unterbinden, welches zulässt, offen über die Probleme und die Ängste zu sprechen. Eine Einschränkung der Redefreiheit, unter der die unbescholtene Bevölkerung leidet, wird heute von linken und grünen Meinungsmachern aufgezwungen. In einer Kultur der Bevormundung der Bevölkerung werden Anschauungen verordnet, die jeder Demokratie fremd sind. Auch Schmutz und Verfemung sind kein Zeichen für eine demokratische, durch Zivilität gekennzeichnete Debating Culture. Im August-Heft (2016) des *Cicero* hat Frank A. Meyer den »Elitenpaternalismus«, der »die politische Kultur in Europa, ganz besonders in Deutschland bestimmt«, als Demokrat angeklagt. Wenn die im Grundgesetz gewährte Meinungs- und Wissenschaftsfreiheit Geltung hat, dann muss man in Deutschland die Meinungsfreiheit haben, darüber zu sprechen, dass grenzenlose Zuwanderung nach Europa die europäische Identität und das Gemeinwesen der Gesellschaft erheblich gefährdet. Inzwischen ist dies ein *fait social* im Sinne der Durkheim'schem Soziologie. Man kann das Extrem der Fremdenfeindlichkeit nicht durch das Gegenextrem der Idealisierung der Flüchtlinge zu *bons sauvages* und der Verordnung einer Fremdenliebe beheben. Unter den Leuten meiner Heimat Syrien, die nach Deutschland flüchten, befinden sich nicht nur Opfer, sondern auch manche, die zuvor in der dort vorherrschenden Kultur der Gewalt ihre Nachbarn ermordet haben; nicht alle sind Engel, Ingenieure und hochgebildete Akademiker, wie deutsche Medien falsch und propagandistisch suggeriert haben. In meinem Fachreferat bei dem internationalen Kongress des Sigmund-Freud-Instituts in Frankfurt im März 2016 über Flucht und Traumatisierung habe ich vor den anwesenden Psychoanalytikern argumentiert, dass nicht alle Flüchtlinge, die aus Syrien kommen, Opfer sind; viele sind auch Täter. Sunniten und schiitische Alawiten bringen sich dort gegenseitig um, vergewaltigen jeweils die Frauen der anderen als ein Instrument der orientalischen Kriegsführung. Nach meinem Dafürhalten gibt es kaum noch einen Syrer, der nicht einem anderen Syrer Gewalt angetan hat, einfach um zu überleben, bevor er als Flüchtling nach Europa kommt. Auf diesem Kongress in Frankfurt forderte ich die Zivilgesellschaft in Deutschland auf, mit aller Autorität drei No-Gos strikt für syrische Flüchtlinge durchzusetzen: keine Frauenfeindlichkeit, keine Gewaltkultur und kein Antisemitismus. Monate später hat das ARD-Magazin REPORT am 12.07.2016 berichtet über das Gewaltverhalten fanatischer syrischer Flüchtlinge gegen andere syrische Flüchtlinge (jedoch Christen bzw. weniger religiöse Muslime, die im Fastenmonat Ramadan nicht fasteten). Ich bin ein Zeuge dafür, dass viele nahöstliche und afrikanische Flüchtlinge Gewalt anwenden, ja alle Regeln einer Zivilgesellschaft missachten, und wie dies ihnen von deutschen Gutmenschen damit entschuldigt wird, dass sie traumatisiert seien. Darf man hierüber in Deutschland frei sprechen?

1998, bei der Erstpublikation dieses Buches, und heute, 2016, trete ich für das Recht ein, offen eine Meinung zum Ausdruck bringen zu dürfen, die von dem vorherrschenden Narrativ abweicht. Auch viele Menschen mit Migrationshintergrund wie ich (20 Prozent der deutschen Wohnbevölkerung) haben durchaus ähnliche Ängste wie Deutsche nicht nur vor neuen

terroristischen Gefahren, sondern auch vor einer Umkehrung der Flüchtlingseuphorie in einen deutschen Fremdenhass; auch sie haben Angst, offen hierüber zu sprechen. Weil die Worte Adornos stark sind, wiederhole
ich seine Verwerfung der deutschen Neigung, »jede Abweichung gereizt
zu ahnden« und die deutsche Art, »unbequeme Gedanken« schlicht zu verbieten. Das gehört zum hässlichen Deutschland.

Heute hat Deutschland eine Wohnbevölkerung von weit über 80 Millionen. 20 Prozent davon besteht aus Menschen mit Migrationshintergrund. Die Mehrheit dieser »deutschen Ausländer« zahlt Steuern und lebt
von eigener Arbeit, dennoch sind sie keine deutschen Citoyens. In
Deutschland gibt es keine Tradition des Citoyen. Aus diesem Grunde
macht es keinen Unterschied, ob diese Menschen einen deutschen Pass
besitzen oder nicht; sie bleiben – wie ich – Ausländer. Denn anders als
Frankreich oder die USA hat Deutschland keine Tradition von Citoyen-
nité / Citizenship. Wir gelten als »Passdeutsche« (in meinem Fall: »Syrer
mit deutschem Pass«). Diese wacklige Einbindung in das deutsche Gemeinwesen veranlasst uns Menschen mit Migrationshintergrund, Angst
um die Gefährdung unserer fragilen Integration zu haben, wenn die Stimmung durch demografische Lawinen von Armutsflüchtlingen von verordneter, aber nicht immer echter Fremdenliebe in eine Fremdenfeindlichkeit
umkippt. Nach einem Leben von mehr als einem halben Jahrhundert in
Deutschland schließe ich dieses Szenario nicht aus und teile die entsprechende Befürchtung. Auch im Interesse des inneren Friedens in Europa
wird eine sachliche Debatte über die globale Fluchtbewegung benötigt.
Diese hat es bisher trotz der Aufnahme von ca. 2 Millionen Flüchtlingen
nicht gegeben. Auf dem Weltflüchtlingstag in Berlin am 20.06.2015 wurde
die Zahl von weltweit 56 Millionen Flüchtlingen bekanntgegeben. Einige
Monate später ist sie auf 60 Millionen geklettert. Ein Jahr später, 2016,
wird sie in »Global Trends«, dem Bericht des UN-Flüchtlingshilfswerkes
UNHCR, weiter nach oben angepasst: also von 56 Millionen (2015) auf
65,3 Millionen (2016), wie ich auch in den Vorbemerkungen zu dieser
Einführung erwähne. Die durchlässigen Grenzen, die Merkel mit der Ver-
kündung eines »freundlichen Gesichts« verordnete, sowie das großzügige
Sozialsystem Europas bieten global große Anreize für die 65,3 Millionen
Flüchtlinge, unter denen auch jene aus meiner Heimat Syrien sind, nach
Europa zu kommen. Viele wollen nach Europa, speziell nach Deutschland,

kommen. Kann Europa kapazitätsmäßig und weltanschaulich als eine »Insel der Freiheit« diese Millionen Menschen aus vormodernen Kulturen aufnehmen? Wenn dies geschieht, kommt es zu einem Zusammenbruch. Wie lange gelingt es der Bundesregierung und den sie flankierenden Medien noch, eine offene Diskussion darüber zu verhindern? Es ist zur Genüge bekannt, dass diese demografischen Lawinen nahezu vollständig von kriminellen Schleuserbanden organisiert werden, die Millionen Euro daran verdienen. Deutschland hat weder ein Einwanderungskonzept noch eine Strategie für den Umgang mit Flüchtlingen und außer der Gesinnungsethik einer Willkommenskultur und pastoralen Predigten des Bundespräsidenten nichts zu bieten. Ich habe bereits mit Stefan Aust festgestellt, dass die weit über 1 Million Flüchtlinge allein im Jahr 2015 die Statik der Gesellschaft erschüttern.

Die politische, von Elitenpaternalismus bestimmte politische Kultur Deutschlands ist auch durch eine Atmosphäre der Angst und Unsicherheit charakterisiert. Der demokratische und fachlich kompetente Ökonom Hans-Werner Sinn, bisheriger Direktor des IFO-Instituts, hat 2015 einen *FAZ*-Artikel veröffentlicht, worin er eine »endlich ideologiefreie und nicht von politischer Korrektheit getriebene sachliche Debatte« über diesen Gegenstand fordert. In seinem Artikel in der *FAZ* beklagt er die Migration von beruflich Nicht-Qualifizierten als »Verlustgeschäft«. Er wurde daraufhin in allen Medien niedergebuht und mundtot gemacht. Er hat nur die Tatsachen angeführt: Es trifft zu, dass Deutschland eine millionenstarke Migration benötigt, aber wohl von Fachkräften, nicht von Menschen, die nicht nur in das Sozialsystem, sondern auch auf Dauer einwandern, ohne Aussicht darauf, je eine Leistung für das Rentensystem zu erbringen. Die hohen Sozialleistungen des deutschen Sozialstaates, die geheim gehalten bzw. verschwiegen werden vor der Bevölkerung, bieten Anreize und wirken als Magnet für illegale Zuwanderung. Flüchtlinge sagen vor Fernsehkameras, sie wollen nicht in Griechenland, in den Balkan-Ländern oder in Italien bleiben: »We want to cross over to Germany«, sagte einer von ihnen, der offensichtlich für viele der 65,3 Millionen vor der TV-Kamera spricht. Ich bin ein linker Demokrat, kein Rechtspopulist, und wage, dies zu sagen. In meinem Buch *Islamische Zuwanderung. Die gescheiterte Integration* von 2002 unterscheide ich zwischen Ein- und Zuwanderung. Die traditionellen Aufnahmeländer USA und Australien haben ein Migrationskonzept und sind deshalb als Einwanderungsländer einzustufen, die sich erlauben, Migration selbst über gezielte politische Instrumente rechtlich zu regulieren. Dagegen sind kontinentaleuropäische Länder, an deren Spitze Deutschland steht, Zuwanderungsländer, eben weil sie tatsächlich Migration nicht steuern. Diese Nachrichten wollte man bislang in Deutschland nicht hören. Deswegen wurde ich 2002 aus dem öffentlichen Diskurs verbannt.

Deutschland hat 2015 mehr Migranten als die USA aufgenommen. In den USA bestimmen die Migrations-Behörden, wer als Einwanderer ins Land kommt. In Europa wird dies von Schleuserbanden bestimmt. Warum werden diese Fakten im vorherrschenden Narrativ unterschlagen? Die Erklärung dafür liegt in der Tyrannei der vorherrschenden Meinung, verbunden mit einer Kultur der Einschüchterung durch Angst. Theodor W. Adorno hat uns Studenten in Frankfurt die Freiheit von Angst mit diesen Worten beschrieben: »Wenn ich heute im Gegensatz zu 1933 Geräusche am Morgen vor meiner Haustür höre, dann ist dies sicher der Brötchen-Mann oder Zeitungsausträger, kein Nazi-Offizier.« Damit wollte Adorno dies sagen: Demokratie bedeutet Angstfreiheit. Adorno entfloh der Nazi-Diktatur 1933 in die USA und kam dennoch mit vielen Vorbehalten nach Deutschland zurück. Wiederum verweise ich auf seinen Aufsatz *Auf die Frage: Was ist deutsch?*, in dem er diese Vorbehalte artikuliert. Würde Adorno heute wieder aus Deutschland auswandern angesichts der Tatsache, dass Kritik als »Panikmacherei« oder »Islamophobie« in einem »deutschen Pathos des Absoluten« diffamiert wird? Die Fähigkeit zur Kritik, die heutige Gesinnungsethiker mit Terror gleichsetzen, wie im Titel eines deutschen Buches erfolgt, ist – neben dem cartesianischen und kantischen Denken der kulturellen Moderne – das höchste Gut, das ich mir in meinem Frankfurter Lehrjahren angeeignet habe.

6. Was ist ein Zivilisationskonflikt? Der Wertekonflikt zwischen der islamischen Weltanschauung und der europäischen kulturellen Moderne über die Welt- und Staatsordnung

Schon zu Beginn der 1990er Jahre habe ich meine Theorie über den Zivilisationskonflikt entwickelt. Die Ordnung der modernen Welt begann 1648, und dies ist der welthistorische Kontext, der weit älter ist als die islamische Herausforderung an Europa seit dem 20. Jahrhundert. Die zentrale Frage dieses Buches ist in den Komplex der Ordnung der Welt und des Platzes Europas darin eingebettet. Historisch ist der Westfälische

Friede von 1648, aus dem das moderne internationale System hervorgegangen ist, der zentrale Gegenstand dieser Problematik. Der Kampf um die zivilisatorische Identität Europas ist in einen Kontext einzuordnen, den ich Zivilisationskonflikt nenne. Dieser hat mehrere Ebenen, die unten angesprochen und analysiert werden. Im Wesentlichen geht es darum, ob unser Leben in Europa und unsere politische Ordnung von der Scharia oder von der Laizität der kulturellen Moderne bestimmt werden wird. Das ist der Inhalt des Zivilisationskonfliktes zwischen der europäischen und islamischen Zivilisation.

Auf der ersten Ebene des Zivilisationskonfliktes geht es um die Bestimmung der Weltordnung. Bis zum Fall der Berliner Mauer 1989 und dem anschließenden Zusammenbruch des Kommunismus gab es eine Weltordnung, die auf einer Polarisierung von zwei Blöcken fußte. Diese waren die freie Welt mit ihrem Militärbündnis der NATO versus Kommunismus mit seinem Warschauer Pakt. Was folgte aus dem Ende der bipolaren Weltordnung? Manche prophezeiten damals eine multipolare, d.h. pluralistische Weltordnung, andere, zu denen ich gehöre, waren vorsichtig. Ich habe »Disorder / Unordnung« angekündigt. Diesen Begriff habe ich im Untertitel meines 1998 in Berkeley erschienenen US-Buches *The Challenge of Fundamentalism. Political Islam and the New World Disorder* geprägt. Heute, zwei Jahrzehnte danach, halte ich an dieser Aussage weiterhin fest. Diese »Disorder« schleicht sogar bis in die europäische Innenpolitik durch islamische Migration. Der in Harvard lehrende Samuel P. Huntington und ich haben – als ich damals noch in Harvard tätig war – unabhängig voneinander, wenngleich in einem steten Kommunikationsprozess im selben Gebäude, nämlich in Coolidge Hall, an unseren Büchern gearbeitet: ich am *Krieg der Zivilisationen* (1995) und er am *Clash of Civilizations* mit dem Untertitel *The Remaking of World Order* (1996). Über die bis zum Ende des Ost-West-Konfliktes existierende bipolare »World Order« hinaus muss betont werden, dass das moderne Staatensystem in Europa nach dem Westfälischen Frieden von 1648 entstanden ist; seine Grundstruktur hält als »Westphalian Synthesis«, so der IB-Fachausdruck, bis heute an. Wie sieht die Welt nun nach dem Zusammenbruch des Kommunismus aus? *Internationale Beziehungen* (IB) ist der Name der wissenschaftlichen Disziplin, die ich mein Leben lang als Beruf praktiziert habe. Und es kommt noch ein Dritter hinzu: Francis Fukuyama. Er hatte unmittelbar nach dem Ende des Ost-West-Konfliktes in seinem weit verbreiteten

Buch *The End of History* (1992) das Ende der Geschichte triumphalistisch mit einem Sieg der westlichen Werte auf einer globalen Ebene verkündet. Ich widersprach ihm bereits in meinem Buch *Krieg der Zivilisationen* (1995). Ein Jahrzehnt später habe ich in meinem an der Cornell University in den USA entstandenen Buch *Political Islam. World Politics and Europe* (2008) die Widerspruchsformel »the return of history as a return of civilizations« (Kap. 5) gegen Fukuyama vorgebracht. Darin argumentiere ich, dass der politische Islam konfliktuell zur Neubelebung der Geschichte der Zivilisationen beiträgt und eine Führung der Welt durch die islamische Zivilisation fordert und dafür mobilisiert. Das ist der Inhalt der von mir geprägten Formel »return of history«. Der politische Islam aber nimmt den früheren Platz des Kommunismus als Herausforderung an den Westen ein. Das ist das weltpolitische Resultat der Post-Bipolarität und wohl nicht Folge einer Verschwörung von NATO-Generälen, wie linke Ideologen unterstellen. Diese haben in den 1990er Jahren behauptet, dass der Zusammenhalt des Westens nur durch einen äußeren, konstruierten Feind gewährleistet werden könne.

Nach der Veröffentlichung des Buches *The End of History* trafen sich Fukuyama und ich mehrfach in Washington D.C. und auch zweimal auf dem World Economic Forum in Davos sowie in Amsterdam. Wir haben mit angelsächsischer Zivilität argumentiert und uns im Geiste dieser politischen Kultur bestens verstanden; er hat auch eingeräumt, dass der Islamismus ein neuer Faktor ist, den er bei seiner Verkündung des »Endes der Geschichte« gar nicht auf dem Schirm hatte. Ich werde in diesem Abschnitt argumentieren, dass sich Europa bei seiner Identitätsbestimmung im Konflikt mit dem Islam befindet. Hierfür habe ich den Begriff Zivilisationskonflikt geprägt. Im Folgenden werde ich alle Zusammenhänge dieses Konfliktes näher erläutern.

Vorab möchte ich differenzieren und argumentieren, dass der Zivilisationskonflikt sich auf zwei Ebenen abspielt. Ich habe die weltpolitische Ebene bereits angeführt; die zweite bezieht sich auf eine Entwicklung innerhalb Europas selbst im Kontext der Migration.

1. Auf der ersten Stufe fordert der Islamismus existierende europäische Ordnungsstrukturen heraus und predigt alternativ zum säkularen Nationalstaat, der erst in Frankreich parallel zur Französischen Revolution entstand, die Ordnung des Scharia-Staates. Das habe ich näher erläutert in meinem Buch *The Shari'a State*,

worin in Kapitel 3 die Spannung zwischen dem Konzept des islamischen Staates und dem des europäischen säkularen Staates analytisch durchdrungen wird.

In diesem Kontext muss ich im Widerspruch zu den insoweit kaum informierten deutschen Medien hervorheben, dass der Islamismus vorrangig kein Terrorismus ist, insofern er im Wesentlichen ein kämpferisches Konzept für eine Staats- bzw. Welt-Ordnung bietet.

2. Durch die ungewollte Zuwanderung aus der Welt des Islam nach Europa entstehen nicht zu integrierende islamische Enklaven, deren Bewohner vor zwei konträren Optionen stehen: Entweder sie werden europäische Citoyens, oder ihre islamischen Enklaven werden Vorreiter für ein islamisches Europa. Die Folge ist ein weltanschaulicher Konflikt innerhalb Europas, den ich in meinem Buch *Im Schatten Allahs. Der Islam und die Menschenrechte* (1993) am Gegenstand der Rushdie-Affäre exemplarisch veranschauliche.

Ehe ich in diesem Abschnitt fortfahre, möchte ich vermerken, dass es mir bewusst ist, wie wenig diese Aussagen willkommen sind, obwohl sie auf Fakten beruhen. Samuel P. Huntingtons Buch *Clash of Civilizations* wurde von seinem Verlag unter dem irreführenden deutschen Titel *Kampf der Kulturen* veröffentlicht. Auf dieser Ebene wurde er als neuer kalter Krieger verunglimpft und als Feind des Islam verfemt. Ich bin ein Muslim, und es war kein Hindernis für ihn, mich 1982 dennoch nach Harvard zu bringen. Allein die Erwähnung des Namens Huntington reicht in Deutschland dazu aus, jeden Gedanken über den Zivilisationskonflikt als Islamophobie abzutun. Weil ich mit ihm in Harvard zusammengearbeitet habe, bekomme ich hiervon auch etwas ab, obwohl ich einen anderen Ansatz habe. Meinen Ansatz habe ich 1999 in einem von dem damals amtierenden Bundespräsidenten Roman Herzog mitverfassten Buch *Preventing the Clash of Civilizations* (1999; deutsche Ausgabe: *Wider den Kampf der Kulturen* [2000]) erklärt. Das Buch hat die Freundschaft zu Huntington nicht beendet. Ich kenne keine deutschen Professoren, die so tolerant mit ihren Kritikern umgehen, wie Huntington es mit mir getan hat.

Nun ist »clash« zwar kein Kampf, sondern ein Zusammenprall, ich ziehe aber den Begriff Konflikt vor. Ich habe Huntingtons Thesen in Deutschland in einem *FAZ*-Artikel unter dem Titel *Huntingtons Thesen über die*

Zivilisationskonflikte (*FAZ* vom 10.11.1993) vorgestellt und dennoch keinen Erfolg mit diesem Versuch gehabt, die Diskussion zu versachlichen. Kurz zusammengefasst: Der Zivilisationskonflikt findet sowohl weltpolitisch als auch innereuropäisch statt. Dies sind die zwei Ebenen des Konfliktes; sie betreffen Europa. Deshalb befindet sich Europa, wie bereits angeführt, sowohl global, also weltpolitisch, als auch im eigenen europäischen Haus in einem Zivilisationskonflikt mit dem Islam. Ich möchte diesen Gegenstand im Folgenden konzeptuell angehen.

Zu den zentralen Quellen meines wissenschaftlichen Denkens über diesen Gegenstand in der akademischen Disziplin Internationale Beziehungen, in der ich mein gesamtes akademisches Leben verbracht habe, gehört das Werk von Hedley Bull aus Oxford. In seinem großartigen Werk *The Anarchical Society. A Study of Order in World Politics* (1977) fehlt zwar der Begriff Zivilisation, doch begründet er als erster die Existenz von kulturellen Werten und von Wertekonflikten in der Weltpolitik. Nichts anderes als dies ist der Gegenstand des Zivilisationskonfliktes. Lange davor haben Wissenschaftler unserer Disziplin nur bzw. vorwiegend »national interest« als weltpolitische Orientierung der Entscheidungsfindung zugelassen. Bull erkennt dagegen, dass sich Staaten zu Wertegemeinschaften gruppieren können, die nicht nur von Interessen, sondern auch von gemeinsamen kulturellen Werten bestimmt sind. Vor Hedley Bull – leider auch heute noch – haben viele, selbst Professoren mit Lehrstühlen, die Begriffe »internationales System« und »internationale Gesellschaft« durcheinandergebracht bzw. synonym verwendet. Bull belehrt sie eines Besseren: Ein internationales System beruht allein auf formaler Interaktion zwischen souveränen Staaten in der Weltpolitik. Um eine Weltgesellschaft zu sein, bedarf es jedoch viel mehr, nämlich des Vorhandenseins gemeinsamer Werte *(common values)* und auch gemeinsamer Regeln *(common set of rules)*. Nur wenn eine Gemeinsamkeit von Staaten hierauf fußt, kann sie eine internationale Gesellschaft *(international society)* bilden. Wenn in der Weltpolitik Staaten keine gemeinsamen Werte haben, beispielsweise islamische und europäische Staaten, dann können sie in Konflikte geraten. Bull starb 1985 in Oxford und konnte die Diskussion über Zivilisationen und Weltpolitik, die in den 1990er-Jahren entfacht wurde, nicht mehr erleben; er war aber derjenige, der Wertekonflikte in der Weltpolitik als Erster erkannt hat – diese nenne ich Zivilisationskonflikte. Auch sehr früh war Hedley Bull der Erste unter den westlichen Wissenschaftlern des Faches

Internationale Beziehungen, der den Platz des Islam in der Weltpolitik erkannte, Jahre bevor das bipolare politische System zusammenbrach. Dies leistete er im Jahr 1984 in dem einflussreichen Lehrbuch *The Expansion of International Society*, das er mitherausgab. Darin ist sein seitdem grundlegender Aufsatz enthalten: *The Revolt against the West*. In diesem Aufsatz präsentiert er das bis heute gültige Argument, der klassische Antikolonialismus in Asien und Afrika sei alleine gegen die westliche Vorherrschaft, nicht aber gegen die westlichen Werte gerichtet gewesen. Dies ändere sich im postkolonialen Zeitalter, vor allem durch die Revolte der Welt des Islam, die als eine »Revolte gegen den Westen« auftritt. Diese Revolte sei gegen europäische Werte als solche *(European values as such)* gerichtet. Eben das ist der Inhalt des weltanschaulichen Zivilisationskonflikts. Ein anderer großer Gelehrter, der an der Sorbonne lehrte, war vom gleichen Kaliber. Er heißt Raymond Aron, und sein Opus magnum ist *Paix et guerre entre les nations* (1962). Auf S. 468 der deutschen Übersetzung dieses großartigen Werkes steht, dass es eine bei weitem bedeutendere konfliktbeladene Aufteilung der Welt als jene damals noch existierende politische Ost-West-Struktur der verfeindeten Weltblöcke gebe. Diese Aufteilung der Welt beruhe, wie Aron ausführt, auf der »Heterogenität der Zivilisationen«. Dann fügt Aron diesen Satz hinzu: Diese Aufteilung werde »vielleicht auf lange Sicht schwerwiegendere Folgen nach sich ziehen als die feindliche Gegenüberstellung ... zweier Blöcke«. Nach dem Fall der Berliner Mauer 1989 und dem anschließenden Zusammenbruch des Sowjetblockes ist nicht der ersehnte Weltfriede eingetreten, sondern die von Aron auf der Basis der »Heterogenität der Zivilisationen« prognostizierten neuen Konflikte.

Unmittelbar nach dem Ende des Ost-West-Konfliktes hat die damals noch unter der Leitung von Karl Kaiser – der einzigen mir bekannten deutschen Koryphäe in der bundesrepublikanischen Disziplin der Internationalen Beziehungen – stehende Deutsche Gesellschaft für Auswärtige Politik (DGAP) ein großes Projekt über die Herausforderungen für Deutschlands neue Außenpolitik in der gewandelten internationalen Umwelt geführt. Daraus sind drei Bände unter dem Titel *Deutschlands neue Außenpolitik* erschienen. Ich hatte die Ehre, zu Karl Kaisers Forschungsteam zu gehören, um Band 2 (*Herausforderungen*) mit zu verfassen. Meine Aufgabe war damals, also vor einem Vierteljahrhundert, die Politisierung des Islam zu einem religiösen Fundamentalismus zu untersuchen. Diese war damals wie heute eine der großen Herausforderungen für Deutschland. Der islamische Fundamentalismus, also der Islamismus, ist kein »politischer Extremismus«, sondern, als ein Träger des Zivilisationskonflikts, eine neue Herausforderung mit dem Ziel, eine alternative Staaten- und Weltordnung zu schaffen. Unter den Islamisten befinden sich »Terroristen«. Aber Islamismus ist mehr als Terror. Europäische »Religionsanalphabeten« (Michael Wolffsohn) verstehen nicht, dass der IS nur eine von vielen Herausforderungen ist. Ich habe in den vergangenen Jahrzehnten in vielen islamischen Ländern unter vielen Islamisten gelebt, mit ihnen gebetet und sie als »true believer«, wie der Ausdruck von Eric Hoffer laut, erlebt. Ich nehme sie ernst, wenn sie sagen, sie wollen die Welt islamisieren.

Der von mir schon damals geprägte Begriff des Zivilisationskonfliktes, den ich als Alternative zu Huntingtons »clash« verwende, ist in diesem wissenschaftlichen Rahmen entstanden. Schon damals warnte ich meine Kollegen davor, den islamischen Fundamentalismus allein als einen »Extremismus« abzutun. Ich wiederhole es, weil die Leute dies oft nicht verstehen: Dieses Phänomen ist viel mehr als ein religiöser Fanatismus. Weltpolitisch bringt der islamische Fundamentalismus einen religionisierten Zivilisationskonflikt zum Ausdruck, in dessen Verlauf es um alternative Ordnungen sowohl für den Staat als auch für die Weltordnung geht. In meinem Beitrag zum erwähnten Band 2 *Herausforderungen* formuliere ich dies mit den folgenden Worten: Der islamische Fundamentalismus ist eine Revolte gegen die westlich »weltweit geprägten Normen und Spielregeln«, um eine vom Islam dominierte Weltordnung zu etablieren. Damit aber steuern islamische Fundamentalisten unaufhaltsam auf einen Zivilisationskonflikt zwischen der Welt des Islam und dem Westen zu.« Dann füge ich zu dieser Basiserkenntnis hinzu, dieser Zivilisationskonflikt reiche »im Zuge von Migration und Multikulturalität bis in die Innenpolitik der westlichen Länder hinein«. Dieses Zitat von 1995 benennt die beiden oben genannten Ebenen des Zivilisationskonfliktes: weltpolisch (Weltordnung) und innereuropäisch (islamische Enklaven in Europa). Schon damals, Anfang der 1990er-Jahre, warnte ich vor der Naivität der deutschen Gutmenschen, die damals ins Grundgesetz diese Verfassungsnorm einbauen wollten: »Der Staat achtet die Identität der ethnischen, kulturellen und sprachlichen Minderheiten.« Dies wäre eine Anerkennung der Kollektive auf Kosten der Citoyenneté. Damals hatte ich als medial präsenter deutscher Professor, der im ZDF kommentierte und regelmäßig in der *FAZ* schrieb, mit Erfolg Widerstand gegen diese Absichten geleistet. Mein *FAZ*-Artikel *Im Banner des Multikulturalismus. Verfassungsmäßig verbriefte Rechte ethnischer Kollektive im Grundgesetz?* (*FAZ* vom 01.12.1993) hatte damals dazu beigetragen, dass man von dieser Ergänzung des Grundgesetzes absah; sie wäre fatal gewesen! In dem DGAP-Band von 1995 *Herausforderungen* schrieb ich diese Prognose: »In unserem Zeitalter der Migration wird die Idee eines Gottesstaates auch nach Europa hineingetragen und wird dort für die Innenpolitik in absehbarer Zeit Folgen haben.« Heute, 21 Jahre später, ist diese Prognose bereits politische Realität, leider jedoch eine Realität, die in Medien, Politik und Wissenschaft weiterhin nicht angemessen verstanden wird.

International ist der Zivilisationskonflikt ein solcher zwischen den Normen der »Westfälischen Synthese« von 1648 als Grundlage der Weltordnung, die bis heute existiert, und der angestrebten Vision einer islamischen Weltordnung. Das ist die erste Stufe des Zivilisationskonfliktes. Die zweite Stufe bezieht sich auf einen Konflikt zwischen der Europäisierung der Islam-Diaspora und der entgegengesetzten Islamisierungspolitik der Islam-Verbände. Es geht darum, ob die in Europa lebenden Muslime die gesellschaftliche Bestimmung als Citoyens akzeptieren oder es vorziehen, Mitglieder eines islamischen Umma-Kollektivs zu sein, das in Enklaven fortlebt. Letzteres wollen Erdoğan und seine in der Türkei herrschende AKP. Die Pro-Erdoğan-Demonstration in Köln am 31.07.2016 mit 40.000 Menschen mit türkischen Fahnen und Erdoğan-Bildern ist ein Beweis dafür, dass diese muslimisch-türkischen Migranten, die oft deutsche Pässe haben, sich nicht als Citoyens, sondern als türkisch-islamisch-nationale Muslime verstehen, die abrufbereit für eine Mobilisierung zur Islamisierung Europas bereitstehen. Politiker und Meinungsmacher wollen diese Tatsache nicht als Bedrohung wahrnehmen; sie wird mit der Keule »Islamophobie« abgewendet. Als ein syrischer Muslim aus Damaskus, der in Frankfurt bei Adorno und Horkheimer die Kritische Theorie kennen und schätzen gelernt hat, habe ich Kritik als höchste Stufe der Reflexion kennengelernt. Religions- und Kulturkritik, also auch Islam-Kritik, gehören dazu. Die drei Kritiken von Kant bilden den Höhepunkt der kulturellen Moderne, die den Kern der europäischen Identität ausmacht. Diese Identität ist weder religiös noch ethnisch, sie basiert auf dem Kerngedanken der Aufklärung. Lässt sich diese europäische zivilisatorische Identität in einem Zeitalter bewahren, in dem Menschen aus der Welt des Islam nach

Europa strömen, ohne sich eingliedern zu lassen? Sollen Europäer der religiös-islamisch definierten Identität der Flüchtlinge im Namen von Respekt Geltung gewähren? Die Europäer, die dem zustimmen, vernichten Europa, und es ist daher korrekt, sie als Selbsthasser und als Feinde der offenen Gesellschaft Europas zu bezeichnen.

In meinem Buch *Krieg der Zivilisationen* nehme ich die Einführung des Begriffs Zivilisation in das Fach Internationale Beziehungen durch Huntington auf und anerkenne hierbei »auch ohne Übereinstimmung« den Beitrag von Samuel P. Huntington. Diesem Kollegen verdanke ich eine 18-jährige akademische Laufbahn an der Harvard University. Die Tatsache, dass ich mich gegen jede Huntingtonianisierung des Zivilisationskonfliktes wehre, hat die Freundschaft zu Huntington nicht gestört. In Amerika gilt die Weisheit unter Professoren »we agree to disagree« stets in Zivilität. In meiner 40-jährigen Karriere in Deutschland habe ich solche Normen einer »Debating Culture« vermisst. Als ich Harvard 2001 verließ, veröffentlichte ich mein dort geschriebenes Buch *Islam between Culture and Politics* in New York, jedoch in »association with Harvard University«, worin der Satz steht: »I express my gratitude to Samuel P. Huntington who first in 1982 invited me to join Harvard … I agree with his placing of civilization into world politics …, but not with his conclusions.« Ich stimme mit ihm nicht überein, aber ich verehre ihn. Das ist Zivilität.

Nun zu diesem Buch und zu seiner Fassung von 1998, worin ich in Kapitel 4 Arons Formel von der »Heterogenität der Zivilisationen« in der Weltpolitik zitiere und die Prognose von Aron für die Zeit nach dem Zusammenbruch des Kommunismus als weltpolitische Wirklichkeit übernehme. Ich fasse diesen Abschnitt zusammen mit der Aussage, dass Zivilisationskonflikte in der Weltpolitik und innerhalb Europas heute den Verlauf der Welt im 21. Jahrhundert bestimmen. In einem späten Buch *World Order* (2014) hat der frühere Harvard-Professor und spätere Außenminister der USA Henry Kissinger dies auch eingeräumt, ebenso, dass weltpolitische Konflikte weltanschauliche Konflikte um die Gestaltung der Weltordnung zwischen islamischer und westlicher Zivilisation sind. Was ist neu daran? Nichts. Dennoch ist es wichtig, dass ein großer Mann von Kissingers Gewicht, der in Harvard lehrte und im State Department Politik machte, ein Mensch also mit solcher Biografie, auch diese Erkenntnisse teilt und in einem einflussreichen Buch dokumentiert.

Wenn man die ideengeschichtliche Entstehung und Entwicklung des Begriffes Werte- und Zivilisationskonflikt von Hedley Bull im Jahr 1977 bis heute verfolgt, könnte man bösartig sagen, dass das, was Kissinger 2014 geschrieben hat, nur Schnee von gestern ist. Doch ist es sehr wichtig, dass diese Erkenntnis vertreten wird, die in Deutschland eher als Ausdruck von Islamophobie abgewiesen wird. Ich erlaube mir daher, das Zitat von Weber in den Vorbemerkungen zu dieser Einführung erneut zu wiederholen: »Wer das nicht sieht, ist in der Tat ein politisches Kind.« Dies sind leider die meisten Politiker und medialen Meinungsmacher, die erkenntnismäßig Kinder bleiben. Es sind aber tyrannische Kinder, weil sie »ihre Ideen und Gesinnung ... den Widerstrebenden aufnötigen« (John Stuart Mill). Mit meinen »unbequemen Ideen« (Adorno) gehöre ich zu diesen »Widerstrebenden« und muss diese tyrannischen Kinder ertragen. Mit dieser verbitterten Ansicht schließe ich diesen Abschnitt über das zentrale Problem des 21. Jahrhunderts ab.

7. Ist eine Europäisierung des Islam zu einem Reform-Islam möglich als eine friedliche Lösung des Zivilisationskonfliktes? Und was geschieht, wenn sie scheitert?

Leser, die mich als Person durch mein Werk kennen, wissen, dass ich als kulturell-hybrider Mensch über Sachthemen wissenschaftlich schreibe, tue dies aber stets orientalisch, d.h. mit einem persönlichen Bezug. Dies gehört zu meiner Identität als wissenschaftlicher Schriftsteller. Ich weiß, dass so mancher Deutsche diesen Stil nicht mag, aber ich schreibe, um die Leser an meinen Gedanken teilhaben zu lassen, und nicht, um zu gefallen. In diesem Sinne beginne ich meinen Diskurs über den Euro-Islam so: In meiner Biografie habe ich besonders in den Frankfurter Jahren 1962–1972 eine wertebezogene Europäisierung meines Denkens und Verhaltens durchgemacht, ohne für einen Moment aufgehört zu haben, Muslim aus Damaskus zu sein. Das ist auf einer lebensgeschichtlichen Ebene gesehen als eine individuelle Synthese zwischen Europa und dem Islam zu werten. Jedoch war weder in den reichen Frankfurter Jahren meines Lebens zwischen 1962–1972 noch im ersten Jahrzehnt meines Wirkens als Professor an der Göttinger Universität 1973–1982 diese praktizierte kulturübergreifende Synthese die Grundlage und der Anlass für eine Vision bzw. ein Politikkonzept von einer Europäisierung des Islam. Denn in diesen beiden Dekaden bezog sich das Verhältnis zu Europa allein auf meine Person.

Dies änderte sich, als ich ab 1982 begann, an einem Konzept des Islam für Europa zu arbeiten. Die Anregung hierfür kam, als ich »den Islam« als Forscher in einem nicht-arabischen Land als teilnehmender Beobachter observieren konnte. Dies geschah im Senegal im Sommer 1982, als ich Vorlesungen am Institute Islamique de Dakar hielt und erstmals ein Land Subsahara-Afrikas kennenlernte und sehr bewunderte, danach folgten eine Reihe von ost- und westafrikanischen Ländern, vor allem Kamerun, wo ich 1986 als Professor tätig war.

Schon damals in Westafrika begann ich über den wertebezogenen Zivilisationskonflikt zwischen dem Islam und dem Westen bzw. über innerislamische Konflikte nachzudenken (vergleiche meine autobiografische Skizze auf meiner Homepage). Den Begriff Euro-Islam habe ich jedoch erstmals zehn Jahre später, also im Jahr 1992, in Paris in dem Policy Paper *Les conditions d'un Euro-Islam* geprägt. Von 1992 bis 2015 habe ich mich für eine Brücke zwischen europäischen Gesellschaften und islamischen Migranten eingesetzt, aber heute, 2016, erkläre ich mich hier als geschlagen. Dies räumte ich ein im Juni-Heft des Magazins *Cicero* unter dem Titel *Ich kapituliere*. Der Euro-Islam ist ein Konzept des *offenen Islam* (im Sinne von Karl Poppers offener Gesellschaft) für die Integration von Muslimen als Citoyens in Europa. Wie die offene Gesellschaft hat auch der *offene Islam* seine Feinde. Diese sind: Islamisten, europäische Multikulti-Ideologen und europäische Politiker, die keine Ahnung vom Islam haben.

Die von mir angestrebte Brücke, der »Euro-Islam«, beruht auf einer Vision von einer Europäisierung des Islam, die einen Reform-Islam voraussetzt. Die angegebene »Euro-Islam-Story« gebe ich in diesem Abschnitt wieder, weil diese Geschichte die europäische Identität betrifft und erklärt, warum die europäische Krise mit der eigenen Identität auch mit dem Islam zu tun hat; beide sind verzahnt!

Ich unterscheide zwischen Kopftuch-Islam als einem Scharia-Islam und Euro-Islam und sehe in der Spannung zwischen beiden sowohl einen Konflikt zwischen Islamisten bzw. orthodoxen *salafi*-Muslimen und einem aufgeklärten Euro-Islam als einem *offenen Islam* als auch einen innerislamischen Zivilisationskonflikt. Dieser Konflikt ist andererseits in den islamisch-europäischen Zivilisationskonflikt in Europa eingebettet.

Bei dieser Gegenüberstellung von zwei konträren Islam-Richtungen – also Kopftuch-Islam contra Euro-Islam – entsteht eine kontroverse Debatte über das Kopftuch. Ich belasse es bei dieser Differenzierung: Es gibt das Kopftuch in vielfältiger Weise. Es kann eine Volkstracht sein oder ein Ausdruck von Religiosität (so etwa bei meiner Mutter in Damaskus). Beides ist nicht zu beanstanden. Beanstandet wird jedoch eine islamistische Uniform, deren Emblem das Kopftuch ist, das einer doppelten Funktion dient: Erstens steht hier das Kopftuch für eine Scharia-Weltanschauung und zweitens für eine ausdrückliche zivilisatorische Abgrenzung gegenüber allem, was als westlich-europäisch-säkular gilt. Kopftuch-Islam ist also eine bewusst gewählte Abschottung in Parallelgesellschaften, wohingegen der Euro-Islam darum bemüht ist, Brücken zu schlagen. Respekt für andere Kulturen kann niemals ein Freibrief für die Legitimation von Parallelgesellschaften sein, die einen Kampf gegen die säkulare und zivilgesellschaftliche Identität Europas führen. Deutsche Europäer müssen den Unterschied zwischen Selbstverleugnung und Toleranz beachten.

Der Ausgangspunkt für diese Neuausgabe von *Europa ohne Identität?* ist das Jahr 2015, als in wenigen Monaten weit mehr als 1,5 Millionen Flüchtlinge aus der Welt des Islam, vorwiegend aus meiner Heimat Syrien, nach Europa kamen. Unter ihnen habe ich nur einen Kopftuch-Islam beobachtet, also keine einzige europäisch gekleidete Frau gesehen. Ich sehe also bärtige Islamisten und Frauen in islamistischer Uniform – und resigniere. Mein Eintreten für Religionsfreiheit ist ein Bestandteil meines Denkens als Mitbegründer der Arabischen Organisation für die Verteidigung von Menschenrechten. Die Religionsfreiheit für den Islam gilt jedoch nur für das, was Muslime selbst als die fünf Säulen *(arkan)* des islamischen Religionsglaubens angeben. Diese fünf Säulen sind nach islamischer Auffassung: Schahada, Gebet, Fasten im Ramadan, Zakat (Almosensteuer), Pilgerfahrt nach Mekka. Unter diesen fünf Säulen befindet sich die Kopftuch-Uniform nicht, ebensowenig wie Djihad und Scharia, die nicht zum Wesen des islamischen Glaubens gehören. Weder im Koran noch in der Überlieferung des Propheten wird ein Kopftuch, geschweige denn die Vollverschleierung der Burka, als religiöse Pflicht vorgeschrieben.

Der große islamische Gelehrte und Jurist aus Kairo Said al-Aschmawi (1932–2013), den ich sehr gut kannte und mit dem ich gemeinsam im Schloss Bellevue bei Roman Herzog war, hat in seinem Buch *Haqiqat al-Hidjab (Die Wahrheit über das Kopftuch)* nachgewiesen, dass der Hidjab keine koranische Pflicht ist. Er argumentiert, dass Islamisten heute das Kopftuchtragen als eine politische Parteinahme vorschreiben. Bezogen auf die Diaspora-Muslime gilt diese Parteinahme im Zivilisationskonflikt als eine Ablehnung Europas zugunsten eines Lebens in Selbstsegregation in Enklaven als Parallelgesellschaften. Der Euro-Islam tritt genau für das Gegenteil hiervon ein und bringt die Hoffnung zum Ausdruck, dass europäische Migranten Bürger einer Zivilgesellschaft im Sinne von Citoyens werden können.

Mit diesen Fakten im Hintergrund könnte man die Durchsetzung des Kopftuch-Islams als einen Sieg der Verweigerung der Integration und eine Parteinahme gegen den Euro-Islam deuten.

Der dritte Teil des vorliegenden Buches *Europa ohne Identität?* stellt in seinem Titel die Frage *Muhadjirun oder Citoyens?* und qualifiziert sie als »die größte Herausforderung an die säkulare Identität Europas«. Darin habe ich 1998 den Euro-Islam als Alternative zum Multikulturalismus vorgeschlagen und tue dies auch 2016 noch, obwohl ich heute keine Hoffnung mehr habe.

Zu meinem Abschiedsbuch, das parallel zu meiner Emeritierung 2009 mit dem Titel *Euro-Islam* erschien, wählte ich damals als Untertitel *Die Lösung eines Zivilisationskonfliktes*. Die Funktion des Kopftuchs sieht meine islamisch-türkische Mitstreiterin Nilüfer Göle ebenso wie ich. In ihrem Buch *The Forbidden Modern. Civilization and Veiling* argumentiert sie, dass die Verschleierung der Frau »eher ein Ausdruck des Konflikts mit der Moderne als eine Loyalität gegenüber der Religion des Islam« sei. Das ist der Inhalt des Zivilisationskonfliktes (hierzu Abschnitt 6). Nilüfer Göle erläutert weiterhin: »Kein anderes Symbol kann mit dieser Wucht so schlagkräftig das Anderssein des Islam gegenüber dem Westen demonstrieren wie der Schleier … . Die zeitgenössische Verschleierung der Frauen dient der Unterstreichung, dass die Grenzen zwischen der islamischen und der westlichen Zivilisation … unüberwindbar seien.« Entgegen dieser zivilisatorischen Grenzziehung geht meine Vision von einem europäischen Islam aus, der kulturübergreifend zivilisatorische Gemeinsamkeiten sucht.

Ein Vierteljahrhundert lang, also von 1992 bis zu meiner erwähnten Kapitulation 2016, habe ich für meine Vision eines Euro-Islam als Aufklärungs-Islam gegen Abschottung gekämpft – und dabei verloren. Zu den Freunden und Feinden des »offenen Islam« gehören gleichermaßen Muslime und Europäer. Im Folgenden möchte ich diesen persönlichen Abschnitt meines Lebens skizzieren:

Erstmals 1982 habe ich im Senegal vor Ort kulturell andere Varianten des Islam als den arabischen Islam erlebt. Den indonesischen Islam habe ich später zwischen 1995 und 2009 vor Ort studiert. Vorher kannte ich nur einige Spielarten des arabischen Islam. Senegalesen und Indonesier dienen mir bis heute als ein Beispiel dafür, dass diese Muslime denselben Glauben, nicht aber dieselbe Kultur wie Araber haben. Diese Feststellung gilt sogar für die arabischen Länder, die keine einheitliche Kultur haben. Als ich erstmals als syrischer Muslim im marokkanischen Rabat Vorlesungen hielt, konnte ich feststellen, wie groß die innerislamisch-arabischen Unterschiede zwischen Syrern und Marokkanern sind, obwohl beide zum sunnitischen Islam gehören. Das ist der Hintergrund meiner Vision von einem europäischen Islam als einer Vision, die im westafrikanischen Senegal 1982 geboren wurde.

Diese Geschichte geht von Dakar/Senegal nach Paris bis hin zu Deutschland, allerdings wohl nur als Zwischenstation. In Dakar hielt ich 1982 einen Vortrag bei der »Union senegalese des ecrivains en langue arabe«. Die senegalesischen Schriftsteller, die meine Gastgeber waren, argumentierten, »Magie / suhr« sei ein Bestandteil ihres islamischen Glaubens. Dies geschah zum Ärger der anwesenden arabischen Botschafter, die genau das Gegenteil behaupteten. Ich befand mich in der Zwickmühle zwischen beiden Parteien, Senegalesen und Arabern, die mich zu meiner Verlegenheit baten, als Wissenschaftler zu schlichten. Das konnte ich nicht tun, weil ich weder Partei für den senegalesischen Afro-Islam noch für den arabischen Islam ergreifen wollte. Ich respektiere beide als zwei unterschiedliche islamische Lokalkulturen. Der Islam ist kein Eintopf, weil es keinen einheitlichen Islam gibt. In Westafrika ist der Islam kulturell afrikanisiert worden zu einem Afro-Islam mit vielen Varianten. Ähnlich verlief die Geschichte der Verbreitung des Islam in Indonesien, also in einem inselreichen Land, in dem 300 verschiedene Kulturen existieren. Sowohl in Dakar im Senegal 1982 als auch in Jakarta in Indonesien 1995 habe ich mir die Frage gestellt: Warum konnte der Islam in Europa nicht einen ähnlichen Weg gehen, also autochthon-europäisch wie in jenen beiden afrikanischen bzw. südostasiatischen Ländern werden?

Im Jahre 1992 kristallisierte sich vor diesem westafrikanischen Hintergrund die Idee eines europäischen Islam heraus, als ich nach Paris eingeladen wurde, um ein Konzept am Institute du Monde Arabe an einem Projekt über die Integration der Muslime in Frankreich zu Citoyens vorzutragen. Damals, 1992, sollte Integration das überholte Konzept der Assimilation ablösen und als Alternative zu ihr dienen. Dieses französische Projekt von 1992/1993 trug den Titel »Islams d'Europe« (man bemerke bitte die Pluralform). Drei Jahre später, 1995, erschien das Ergebnis dieser Arbeit in einem Buch mit demselben Titel des Projekts (hrsg. von Robert Bistolfi und François Zabbal, 1995). Das Buch enthält mein Policy Paper *Les Conditions d'un Euro-Islam*. Der Untertitel des Buches hieß: *Intégration ou Insertion Communautaire*. Die Formel kontrastiert Integration mit Parallelgesellschaften. Das sind die Alternativen, die man mutig, ohne Selbstzensur, angeben muss. Wenn Parallelgesellschaften gegen Integration siegen, dann ist das eine Islamisierung gegen die Integration. Wenn der Kopftuch-Islam siegt – und dies ist in Deutschland geschehen –, dann ist das keine gute Nachricht für Europa.

Obwohl das Grundgesetz Meinungs- und Wissenschaftsfreiheit garantiert, gibt es in Deutschland Tabus; diese tabuisierten Themen anzusprechen ist nicht ungefährlich. Deswegen wich ich in die USA aus, um über die Folgen der fehlenden Integration islamischer Migranten in Berkeley, Cornell und Stanford nachzudenken und zu veröffentlichen. In Berkeley verfasste ich meinen Beitrag zum Buch *Muslim Europe or Euro Islam* (2002), in Cornell schrieb ich mein eigenes Buch *Political Islam, World Politics and Europe* (2007), und in Stanford trug ich zu dem Buch *Ethnic Europe* (2010) bei, das mein Kapitel über den Euro-Islam enthält. Abschnitt 1 dieser Einführung enthält detaillierte Angaben über alle drei Projekte, in denen ich das sage und schreibe, was ich in Deutschland bis 2016 nicht durfte: Entweder gelingt es Europa, den Islam zu europäisieren, oder Europa wird selbst islamisch. Der Mittelweg sind die islamischen Parallelgesellschaften als Enklaven in Europa.

Parallel zum angeführten Projekt von 1992 in Paris habe ich den Begriff Euro-Islam erstmals in die deutsche Öffentlichkeit eingeführt, und zwar in meinem Artikel *Euro-Islam oder Ghetto-Islam* in der *FAZ* vom 07.12.1992. Dieselbe Zeitung hat 2016 einen Leitartikel ihrer Frankreich-Korrespondentin Michaela Wiegel unter dem Titel *Unwort Integration* veröffentlicht, worin argumentiert wird, dass der Islam in Frankreich eher als ein Problem der Sicherheit gesehen wird. Die Integrationsdebatte »wird in Paris unter dem Primat der Sicherheit geführt« (*FAZ* vom 18.04.2006). Die »Banlieues de l'Islam« (Gilles Kepel) rund um Paris beweisen, dass es selbst Frankreich misslungen ist, den Islam als Euro-Islam einzugliedern.

In meinem bereits angeführten Pariser Policy-Papier von 1992 *Les Conditions d'un Euro-Islam* habe ich meine Vision entworfen, die eine Anpassung des Islam im Rahmen von Europäisierung vorsieht. Diese Europäisierung darf nicht vom Staat getragen werden, weil nur muslimische Migranten eine solche Aufgabe übernehmen können, soll sie überhaupt Bestand haben. Europäische Zivilgesellschaften können ein solches Projekt fördern, aber Muslime müssen es ausführen. Ich unterscheide zwischen pragmatischer Anpassung der Muslime an europäische Rechtsordnungen und einer Eingliederung dieser Muslime als Citoyens im Rahmen eines europäischen Gemeinwesens. Ohne Reform und ohne kulturellen Wandel können Muslime auf der Basis eines schriftgläubigen Islam niemals europäische Citoyens werden. Denn eine schriftgläubige Fixierung der Muslime würde einem solchen Projekt diametral entgegenstehen. In Deutschland ist genau dies der Fall, wo Islamisten, die deutsche Regierung und die christliche Kirche in einem Chor nicht nur von Respekt für einen nichtreformierten Islam sprechen, sondern auch eng zusammen gegen einen europäischen Islam arbeiten.

Die Vision eines europäischen Islam beruht auf folgenden Grundlagen:

1. Trennung von Religion und Politik im Rahmen der Privatisierung des religiösen Glaubens;

2. Aufgabe der islamischen Konzepte von Djihad und Scharia, die jede Integration behindern;

3. islamische Akzeptanz der säkularen Demokratie als Werteorientierung für ein Gemeinwesen, in dem Muslime und Nichtmuslime als Citoyens leben;

4. Toleranz im Sinne der europäischen Aufklärung und nicht das, was Muslime unter Toleranz verstehen, nämlich eine Duldung von Christen und Juden als Dhimmi, d.h. als untergeordnete Gläubige; diese Auffassung widerspricht dem Pluralismus der Religionen;

5. Aufgabe des islamischen Anspruchs auf Überlegenheit und Siyadat (Vorherrschaft und religiöse Überlegenheit der Muslime) zugunsten einer Gleichheit aller Religionen;

6. Bestimmung der in Europa lebenden Muslime als Individuen, also nicht als Teil des Umma-Kollektivs, sondern im Rahmen von individuellen Menschenrechten.

Das Scharia-Recht erkennt weder Geschlechtergleichheit noch Glaubensfreiheit an. Die Bürger einer Zivilgesellschaft sind Individuen in einem demokratischen Gemeinwesen, keine Angehörigen ethnisch-religiöser Kollektive. Die Religionsfreiheit des Grundgesetzes soll für muslimische Individuen, nicht für den Zentralrat der Muslime oder für DITIB gelten, die ohne Legitimation behaupten, die Muslime zu vertreten.

Wenn die angestrebte Europäisierung misslingt, dann bleiben nur folgende Optionen für den Islam in Europa übrig: Entweder das Leben der Muslime in Parallelgesellschaften, das Selbstethnisierung einschließt, oder eine rein pragmatische Anpassung der Muslime an europäische Gesetze bei paralleler Ablehnung der Idee Europas als zivilisatorische Identität. Beide Optionen würden sich erübrigen, wenn ein europäischer Islam von europäisierten Muslimen akzeptiert und getragen würde. Dies ist leider nicht in Sicht.

Um mein Argument verständlich zu machen, muss ich auf meine Forschung für das Buch *Islamische Zuwanderung. Die gescheiterte Integration* von 2002 zurückgreifen. Dieses Buch schrieb ich im Kontext des 11. September 2001. Das Zujubeln vieler islamischer Parallelgesellschaften in Westeuropa zu der Demütigung des Westens – ausgeführt an seinen Symbolen in New York – hat mich damals ebenso entsetzt wie die 40.000 Türken, die Ende Juli in Köln für die AKP-Erdoğan-Diktatur und für die Todesstrafe demonstrierten. Ich schrieb das zitierte Buch unter diesen Eindrücken von 2001, die nach den Ereignissen in Köln 2016 neu auflebten.

Beim Zweifeln im cartesianischen Sinne ging es nicht um den Wahrheitsgehalt meiner Vision eines Euro-Islam, sondern um die Policy-bezogene Durchführbarkeit des Konzepts bei einer ungezügelten islamischen Zuwanderung parallel zu einer völlig fehlenden Integration. In den darauffolgenden Jahren verfloss die Hoffnung rapide, und ich fing an, meine Vision vom Euro-Islam als Policy-Konzept aufzugeben. Dennoch bleibe ich ein Vertreter des Aufklärungs-Islam (*Enlightened Muslim Thought*) und verstehe mich als ein Wahleuropäer, der Europa wegen des Grundrechts auf Denkfreiheit gewählt hat und sich in der Verpflichtung sieht, gegen dessen Feinde offen Stellung zu nehmen.

Heute fühle ich mich in Deutschland nur von Tabus und Verboten umgeben. Mein Versuch, mich kritisch über Islam und Islamismus sowie über Europa zu äußern (vgl. Abschnitt 4), wird mit der Keule der Islamophobie geahndet. Ich weiß, wie schwierig die Kritik als Aufgabe ist, gerade unter

Bedingungen, in denen rechtsradikale Kräfte wie Pegida kritisches Denken über den Islam für ihre Zwecke missbrauchen. Dies soll uns jedoch nicht dazu veranlassen, Kritik aufzugeben. Jene, die allein mit Keulen statt mit Argumenten auf Kritik reagieren, sind die Verbündeten der Islamisten. Die drei Kritiken von Kant sind als Perlen der europäischen Identität zu bewahren, und sie dürfen nicht der Meinungsdiktatur geopfert werden. Kants Kritiken haben denselben Wert wie das Grundgesetz für eine Demokratie im Verständnis einer politischen Kultur der »offenen Gesellschaft«.

Bei der Suche nach einem Orientierungssystem in dieser misslichen Situation greife ich wiederholt auf Karl Poppers *Die offene Gesellschaft und ihre Feinde* zurück. In diesem Sinne gibt es auch die Feinde des europäischen Islam. Ich leihe Poppers Formel und wende sie auf den Islam an: *Der offene Euro-Islam und seine Feinde.* Die Feinde sind einerseits im islamischen Lager die Islamisten sowie die schriftgläubigen orthodoxen *salafi*-Muslime, die für Parallelgesellschaften und gegen Citoyenneté kämpfen, sowie andererseits die deutschen und europäischen Feinde des offenen Islam, die nicht nur unter Rechtspopulisten, sondern auch unter Grünen und Linken zu finden sind. Die multikulturell gesinnten Linken und Grünen verbieten aus anderen Motiven jede Islam-Kritik, angeblich aus Respekt und Vorbeugung vor Islamophobie. Eine Gruppe von aufgeklärten Muslimen und von offenen Europäern hat gemeinsam das von Erich Kolig herausgegebene Buch *Islam and the Freedom of Speech* (2014) veröffentlicht und sich sorgenvoll geäußert über Meinungsfreiheit und Freiheit der Rede. Ich gehöre zu diesen Europäern und Mitautoren des genannten Buches, die Anhänger der offenen Zivilgesellschaft gegen jene Opinion Leaders sind, die mit diktatorischen Mitteln eine Einschränkung der Redefreiheit durchzusetzen versuchen.

Die erste Linie meiner »Euro-Islam-Story« vollzieht sich zwischen Dakar und Paris 1982–1992. Im Jahre 2005 reiste ich nach Paris zurück, um eine Zwischenbilanz über den Euro-Islam im Maison Heinrich Heine zu ziehen. Im Gegensatz zu meiner Euphorie von 1992, als ich das Konzept erstmals im Institut du Monde Arabe vorgetragen habe, war mein Denken schon 2005 voller Skepsis und Zweifel. Hierauf erwiderte in Paris ein anwesender französischer Diplomat, der in mehreren arabischen Ländern als Botschafter diente. Zunächst gab es Lob für meine Vision vom Euro-Islam, dann verschwieg er aber nicht sein Entsetzen über das, was er

»Fahnenflucht« nannte. Er bezeichnete mich als »Deserteur«. Meine Selbstverteidigung bestand darin, unter Verwendung desselben Jargons Folgendes zu sagen: »Ohne Soldaten des ›Euro-Islam‹ als Mitstreiter kann ich keine Schlacht gewinnen; ich bin kein Schahid / Märtyrer.« In der islamischen Gemeinde Europas findet der Euro-Islam keinen Zuspruch. Das ist die kalte Wahrheit. Das war 2005 in Paris. Ende Juli 2016 traten die Feinde des offenen Islam in Köln mit 40.000 AKP-Islamisten mit Pro-AKP-Erdoğan-Rufen und pro Todesstrafe auf. Wie soll man so Hoffnung auf einen Reform-Islam haben?

Neben europafeindlichen Islamisten und orthodoxen *salafi*-Muslimen ist das deutsche Modell ein weiteres Haupthindernis, das für das Scheitern des Euro-Islam verantwortlich ist. Das deutsche Religionsmodell ist christlich und geht von einer organisierten Religion aus, die von der Institution Kirche getragen wird. Deutsche Politiker glauben allen Ernstes, dieses dem Islam fremde Modell auf den Islam übertragen zu können. Dies wird jedoch niemals gelingen, weil dieses spezifisch deutsche christliche Modell (das Christentum ist in den USA und Frankreich anders organisiert) der gesamten Geschichte des Islam sowie seinen Glaubenssätzen widerspricht. In meinem Buch *Der Islam und Deutschland. Muslime in Deutschland* von 2000 habe ich die Kapitelüberschrift von Kapitel VIII mit dem Titel *Die christliche Kirche als Modell für eine islamische Religionsgemeinschaft in Deutschland?* nicht ohne Grund mit einem Fragezeichen versehen.

Parallel zur demografischen »Lawine« (so vermerkte auch Bundesfinanzminister Schäuble den Begriff ohne Entschuldigung) aus der Welt des Islam 2015/2016 ist die Zahl der Muslime, die in Deutschland leben, von 5 Millionen auf ca. 6,5 Millionen gestiegen. Nur die Hälfte von ihnen ist türkisch. Der türkische Islam in Deutschland wird von 960 Imamen vertreten, die in ca. 1000 Moscheen wirken. Diese Imame sind Beamte des türkischen Staates und seiner Diyanet-Behörde. Die Mehrheit dieser Imame spricht nicht Deutsch und hat keine Ahnung von Europa, d.h. auch keine Ahnung von den Sorgen der hier geborenen Muslime. DITIB als Organisation des türkischen Islam in Deutschland ist, wie der grüne Politiker Cem Özdemir kürzlich sagte, ein Handlanger der AKP, die die Türkei als islamistische Partei seit 2002 regiert. Als ich 2005 mein zweites Türkei-Buch unter dem Titel *Mit dem Kopftuch nach Europa. Die Türkei auf dem*

Weg in die Europäische Union veröffentlichte, endete meine gute Bekanntschaft mit dem Grünen Cem Özdemir, besonders als er damals in der *Frankfurter Allgemeinen Sonntagszeitung* seinen völlig inakzeptablen Artikel veröffentlichte, worin er apologetisch die AKP gegen ihre Kritiker verteidigte. Heute ist er selbst ein AKP-Opfer.

Hinzu kommen die Islamisten der Muslimbruderschaft, die den arabischen Islam in Deutschland beeinflussen; die Muslimbruderschaft ist besonders gefährlich, weil sie konspirativ arbeitet und global vernetzt ist.

Die Vorstellung des deutschen Staates, dass irgendjemand (sei es DITIB oder der Zentralrat der Muslime) 6,5 Millionen Muslime, die in Deutschland leben, in einer einzigen Islam-Führung vertreten kann, ist genau das Gegenprogramm zum Euro-Islam. Dieser geht nicht nur von der Vielfalt innerhalb der deutschen Islam-Gemeinde aus, sondern auch von Muslimen als Individuen und nicht als Kollektiv. Die Vorstellung des deutschen Staates von einer einzigen Islam-Vertretung in Anwendung des christlichen Kirchenprinzips ist der pure Unsinn deutscher Sonderwege in Anwendung auf den Islam. Das ist der Hintergrund meiner Resignation in Bezug auf eine Materialisierung meiner Vision vom europäischen Islam, weil ich allein gegen das Bündnis von Islam-Funktionären und deutschen Politikern nichts ausrichten kann. Ich bleibe Denker und schreibe in meinem Buch *Der Islam und Deutschland* das Kapitel mit der Frage *Die christliche Kirche als Modell für eine islamische Religionsgemeinde in Deutschland?* und der Antwort: Nein. Dann stelle ich die Frage: Welcher Islam für die deutsche Islamgemeinde?

Für die Anfang 2016 auf 6,5 Millionen gewachsene Islam-Gemeinde in Deutschland, die bei Anhalten der deutschen Willkommenskultur die größte islamische Gemeinde Europas wird, bleibt intellektuell und wissenschaftlich nur ein Euro-Islam als Alternative zum Scharia-Kopftuch-Islam. Ist dies politisch durchsetzbar? Als Realist glaube ich nicht mehr an einen Erfolg dieser Alternative. Grund dafür ist die sehr besorgniserregende Beobachtung, dass die Verbände des organisierten Islam (DITIB ist statistisch die stärkste Organisation, weil sie von der Türkei getragen wird) unter Duldung von Staat und Gesellschaft in Deutschland von außen, von Staaten wie der Türkei, dem Iran, Saudi-Arabien und Katar oder von Verbänden und Organisationen wie den Muslimbrüdern, al-Qaida, IS etc., gesteuert werden.

Im Projekt am Hannah-Arendt-Institut für Totalitarismusforschung an der Universität Dresden, aus dem das Buch *Politische Religion und Religionspolitik* 2005 entstanden ist, habe ich das Kapitel *Islamischer Konservatismus der AKP als Tarnung für den Politischen Islam* angefertigt. Die AKP ist stark in Europa; hinzu kommt die Muslimbruderschaft. Ein italo-amerikanische Kollege von mir, Lorenzo Vidino, hat in New York das Buch *Muslim Brotherhood in Western Europe* verfasst, worin er die Stärke der Muslimbrüder im organisierten Islam Westeuropas nachweist. Sowohl AKP-Islamisten als auch Muslimbrüder sind die Feinde einer Europäisierung des Islam sowie der offenen Gesellschaft als zivilisatorischer Identität Europas.

Zu einem erheblichen Teil hängt meine im *Cicero* veröffentlichte Entscheidung zu kapitulieren damit zusammen, dass Staat und Kirche in Deutschland die entworfene Vision einer Europäisierung des Islam zu einem Euro-Islam (etwa analog zur Einheimischwerdung des Islam im Senegal zu einem Afro-Islam) torpedieren. Warum tun sie es? Ich weiß es nicht, aber ich stelle hier nur eine soziale und politische Tatsache fest. Ein Urteil überlasse ich der Zeitgeschichte.

Trotz meiner Kapitulation halte ich den Euro-Islam für die einzige erfolgversprechende Integrationshandlung. Als Aufklärungs-Muslim fühle ich mich von dem obrigkeitsstaatlichen Denken der deutschen Politiker genervt. Gleich welcher Partei sie angehören, sprechen die meisten unter ihnen in einem deutschen »Pathos des Absoluten« und in einer Tradition von deutscher »Selbstvergötzung« (Adorno) über die deutschen Bessermenschen, die die religiöse Freiheit der anderen grenzenlos respektieren. Solche Gesinnung, verbunden mit deutscher staatlicher Politik, kann niemals dazu beitragen, Muslime zu integrieren. Die Anwendung des deutschen Staatskirchenmodells auf den Islam wäre eine absolute Katastrophe. Das wäre keine Inklusion in ein Gemeinwesen, sondern die Übertragung der Macht auf Islam-Verbände. Islamisten und orthodoxe Schriftgelehrte, die eine Citoyenneté, also eine notwendige Bedingung für eine gesellschaftliche Inklusion, völlig ablehnen, wären die Sieger.

Wann verstehen deutsche Politiker, dass Integration mehr bedeutet als Unterbringung, Sprachkurse und materielle Versorgung? Das ist Alimentierung, aber doch keine Integration im Sinne von Eingliederung in ein

Gemeinwesen im Verständnis von Citoyenneté. Mit einer dermaßen falschen deutschen Politik können Muslime nicht zu europäischen Citoyens werden.

8. Die deutsche Leitkulturdebatte von 2000, ihre Neubelebung und die politische Kultur der Bundesrepublik. Es geht um eine europäische Leitkultur als Wertekonsens, nicht um das deutsche »Pathos des Absoluten«, verpackt als deutsche Leitkultur

Seit Entfachung der Leitkulturdebatte im Oktober 2000 und bis heute, 2016, teile ich als ein europäisierter Syrer in Wort und Schrift dem Volk der Dichter und Denker mit, dass ich, als Urheber des Leitkulturbegriffes, stets nur europäische Leitkultur meine und auf keinen Fall eine deutsche Leitkultur im Sinn habe. Ich füge manchmal hinzu, dass ich eine deutsche Leitkultur sogar ablehne. Ich muss einräumen, dass ich bei dieser Klärung keinen Erfolg habe und manchmal verzweifle. Ähnlich verhält es sich mit dem Unterschied zwischen Islamwissenschaft und Islamologie. Ich bin Begründer der neuen historisch-sozialwissenschaftlichen Disziplin der Islamologie, die gegen die philologisch-kulturwissenschaftliche Islamwissenschaft ist. Und was passiert? Selbst in der Online-Ankündigung der angesehenen Zeitschrift *Cicero*, die meinen in der gesamten Bundesrepublik diskutieren Artikel *Ich kapituliere* über den Sieg des Kopftuch-Islam gegen mein Projekt einer Europäisierung des Islam veröffentlicht hat, werde ich so vorgestellt: »Der Islamwissenschaftler ...« Und so tun es alle Medien. Lesen die Leute noch Texte? Bei der Vorstellung meiner drei Buch-Trilogien über die Islamologie in der Sektion Bücher auf meiner Homepage schreibe ich mit Wut im Bauch, dass es mich nervt, wenn ich stets dazu erfolglos erklären muss, dass ich Islamologe und kein Islamwissenschaftler bin. Dies sind substanzielle Differenzen, die ich in diesem Abschnitt in Bezug auf Leitkultur darstellen muss. Hierbei hoffe ich, dass meine aufmerksamen Leser begreifen, dass ich für eine europäische Leitkultur, aber offen gegen eine deutsche Leitkultur eintrete.

Dieses Buch hat in seiner Fassung von 1998 im Oktober 2000 eine bundesweite Debatte ausgelöst, die zu Beginn der Flüchtlingskrise 2015 erneut entfacht worden ist. Ich möchte beide Debatten und deren Geschichte darlegen und meine Gedanken dazu niederschreiben.

Gleich zu Beginn möchte ich der perennialen, wenn auch weniger pertinenten Frage nicht ausweichen, warum Europa eine Leitkultur im Sinne von Wertekonsens im Zeitalter globaler Migration existenziell benötigt. Bei der Beantwortung dieser Frage erinnere ich mich an Adornos Verabscheuung des deutschen Narzissmus, der als Form der »Selbstvergötzung« gedeiht. Diese deutsche Haltung kritisiert Adorno und stört sich noch mehr daran, dass sie stets in einem »Pathos des Absoluten« vorgetragen wird. Also kurz: Meine Maßstäbe sind europäisch, nicht deutsch. Und noch eine Wiederholung: Ich rede von europäischer, nicht von deutscher Leitkultur.

Die Multikulti-Gegner des Konzepts einer Leitkultur meinen, Diversity sei doch die bessere, zeitgemäßere Option. Eine nicht-polemische Antwort muss sehr komplex sein, und sie erfordert, eine Debatte zu führen, die nur von Nutzen sein kann, wenn sie nicht nur ohne deutsche Äxte und Keulen geführt, sondern im Rahmen der Regeln der zivilen Debating Culture (vgl. Abschnitt 5) ausgetragen wird. Der Geist, der seit mehreren Jahrzehnten im Westen herumspukt, nämlich der des kulturrelativistischen Multikulturalismus, gedeiht in Europa parallel zu seinem inhaltlichen Gegensatz, dem Neo-Absolutismus in der Welt des Islam. Wie gehen Kulturrelativisten mit dieser Tatsache um? Wie lässt sich das Puzzle entschlüsseln, dass Multikulturalisten einen Kulturrelativismus, also eine Relativierung der Werte, vertreten, sich hierfür aber militant und absolutistisch einsetzen? Ich möchte hier anführen, dass Kulturrelativisten sich heftig in zwei unlösbare Widersprüche verwickeln. Erstens, sie tragen ihr Denken hegemonial und alles andere als relativistisch vor; zweitens, sie schweigen über den islamischen Neo-Absolutismus, indem sie diesen als islamische Eigenart vertuschen, ja sogar multikulturalistisch zulassen.

Nun ist die Diversity der Multikulturalisten kein Pluralismus der Kulturen, denn Multikulturalismus ist eine Ideologie, die einen Kulturrelativismus zum Ausdruck bringt. Es kommt noch schlimmer: Eine Wahrheit wird tabuisiert, nämlich die, dass westliche Multikulti-Kulturrelativisten den nicht-europäischen Neo-Absolutismus dulden. Diese *deformation professionelle* wird von dem Holocaust-Überlebenden und großen Anthropologen Ernest Gellner (1925–1995) mit diesen Worten diagnostiziert: Die Relativierung der Werte gelte nicht für alle Kulturen; sie sei einzig und allein ein Angriff, der sich nur gegen westliche Werte richte. Der Neo-Absolutismus asiatischer, islamischer und afrikanischer Kultur wird als »kulturelle Eigenart« respektiert. Gellner schreibt in seinem Buch *Postmodernism, Reason and Religion* eine kluge Erkenntnis, die ich im englischen Original belassen möchte: Westliche Kulturrelativisten »turn their attack only at those ... within their own enlightened tradition but play down the disagreement from religious fundamentalism. Their attitude is roughly that absolutism is to be tolerated if sufficiently alien culturely.« Ein solches Denken, das Gellner so bloßstellt, ist schlicht anti-westlich und ideologisch, und dennoch wird es als Wissenschaft an westlichen Universtäten von gut dotierten Professoren gelehrt. Ist dies ein Zeichen von Denkfreiheit oder von zivilisatorischem Niedergang?

Im Gegensatz zu dieser referierten obszön-bigotten Multikulti-Denkweise respektiert der entgegengesetzte Kulturpluralismus eine genuine Vielfalt, jedoch nicht uneingeschränkt, wie Kulturrelativisten es tun. Denn Vielfalt kann nur unter der Bedingung der Kompatibilität mit universellen Werten zugelassen werden, die für alle zu gelten haben. Der Kulturpluralismus weist gleichermaßen die Relativierung der Werte sowie jeden Absolutismus – alt und neu – zurück. Dieser thematische Gegenstand war im Jahre 1994 ein Sujet des Symposions der Erasmus Foundation in Amsterdam, in dessen Rahmen die Geertz-Gellner-Kontroverse stattfand. Ich habe mich damals an jener Kontroverse direkt beteiligt und habe sie danach bereits in Kapitel 4 der 1998-Ausgabe dieses Buches wiedergegeben.

Die mehrfach angesprochene Kontroverse wurde von der Erasmus Foundation unter dem Titel *The Limits of Pluralism: Neo-Absolutism and Relativism* (eine interne Publikation als Stiftungsbuch, Amsterdam 1994) veröffentlicht. Diese Kontroverse – sowie der noch folgende Rekurs auf Rousseau – bilden den Ausgang für mein Denken über Vielfalt und Grenzen des Pluralismus. Auf dieser Grundlage stelle ich den Bedarf nach einer kulturübergreifenden Leitkultur fest und begründe das entsprechende Konzept.

In Amsterdam ergriff ich Partei für den Universalisten Gellner gegen den Kulturrelativisten Geertz. Ich habe Respekt für Geertz, aber dieser bedeutet nicht unbedingt blinde Zustimmung. Vor dieser Kontroverse verbrachte ich ein akademisches Jahr in Princeton 1986/1987 und habe in diesem Zusammenhang mit Geertz eng zusammengearbeitet; er war in meinem Haus in Princeton und genoss die Cuisine meiner Frau Ulla. Ich habe auch nach der Rückkehr nach Deutschland Geertz' Buch *Islam observed* in einer deutschen Ausgabe, mit einem Essay von mir versehen, bei Suhrkamp herausgegeben. Der Essay heißt: *Gespräche mit Geertz in Princeton*. Gellner kannte ich auch sehr gut aus Begegnungen in Harvard, London, Salzburg und Marrakesch. Beide, Gellner und Geertz, sind in Amsterdam im Mai 1994 extrem aneinandergeraten, und Gellner verlor die Contenance auf die wiederholte kulturrelativistische Aussage von Geertz, dass »jede Kultur ihre eigene Art hätte, die zu respektieren« sei. Gellner schrie daraufhin Geertz an mit diesem Satz: »Würden Sie den NS-Mord an Juden als deutsche Eigenart respektieren?« – Dem ist nichts hinzuzufügen.

Außer der soeben zusammengefassten Geertz-Gellner-Debatte (vgl. Kapitel 4 unten) möchte ich zum weiteren Verständnis meines Konzeptes der europäischen Leitkultur, die als Alternative zum Multikulti-Kulturrelativismus gedacht ist, das entgegengesetzte Konzept des Kulturpluralismus präsentieren. In diesem Zusammenhang zitiere ich die Rousseau-Forschung meines akademischen Lehrers Iring Fetscher (1922–2014) in Frankfurt. Ich betone mit Fetscher die Bedeutung des Werte-Konsenses der *volonté générale,* differenziere dieses Konzept jedoch kulturpluralistisch, um das Konzept Rousseaus unserer Zeit anzupassen.

Im Vorwort zu diesem Buch habe ich meinen Doktorvater Iring Fetscher als besten Rousseau-Kenner im 20. Jahrhundert gewürdigt. In seinem Opus magnum *Rousseaus politische Philosophie* (1960) hat Fetscher einen rousseauischen Gedanken untersucht, den ich für mein Konzept der Leitkultur aufnehme, weil er von zentraler Bedeutung ist. Es ist das Konzept vom modernen Menschen als Citoyen und dessen Bedeutung für die »dauerhafte republikanische Staatsordnung«. Dieses Konzept der Citoyenneté ist ein Bestandteil der zivilisatorischen Identität Europas. Ich möchte diesen Gedankenprozess hier fortsetzen und auf Rousseaus Idee vom *Contrat Social* eingehen. Der moderne Mensch als Citoyen genieße nach Rousseau »die Freiheit als unaufgebbares Gut des Menschen, ja seine Wesensbestimmung«. Ein solchermaßen definierter Mensch ist ein Partner im *Contrat Social,* also im Gesellschaftsvertrag, auf dem ein Gemeinwesen beruht. Dieses Gemeinwesen wird von säkularen Gesetzen, nicht mehr vom Christentum, geleitet. Also nicht Gott oder Allah bestimmen diese Gesetze, sondern allein der Mensch, verstanden als Citoyen. In ihrer Interaktion miteinander teilen die Citoyens gemeinsam eine *volonté générale* als Gemeinwillen, durch den ein Gemeinwesen begründet wird. In meinem Konzept der Leitkultur mache ich eine Anleihe bei Rousseau und deute den von mir geforderten Wertekonsens als *volonté générale.* Fetscher deutet: »Als Subjekt der Gesetzgebung kann … nur der Gemeinwille auftreten.« Die Religion wird in diesem Kontext aus der öffentlichen Sphäre entfernt und privatisiert. An deren Stelle tritt die »religion civile«, die laizistisch ist und »einen Kompromissversuch darstellt«. Nach Fetscher macht Rousseau dies deutlich: »Der fromme Christ ist als solcher weder der ideal-freiheitlich gesinnte Citoyen noch der gute patriotische Kämpfer.« Was Rousseau für Christen gelten lässt, gilt ebenso in meinem Konzept der Leitkultur für die 30 Millionen Muslime, die in Westeuropa als Migranten leben. Wenn diese Muslime von Gutmenschen voreilig in Deutschland als »die neuen Bürger« bezeichnet werden, dann ist das ein sträflicher Umgang mit dem Begriff Bürger als Citoyen. Wenn man unter Bürger im Sinne der Französischen Revolution Citoyen und nicht im obrigkeitsstaatlichen deutschen Sinne »Staatsbürger« versteht, dann sind die islamischen Flüchtlinge, die weder Deutsch sprechen noch deutsche Staatsbürger sind, noch lange keine »neuen Bürger«. Auch wenn sie großzügig deutsche Pässe bekämen, würden sie hierdurch nicht zu Bürgern, weil sie sämtliche Voraussetzungen des Citoyen nicht erfüllen. Sie können diese Mitgliedschaft in einer Zivilgesellschaft erst dann erbringen, wenn sie sich die Bestimmung des Citoyen zu eigen machen, d.h., wenn sie auch die Werte der kulturellen Moderne annehmen sowie zwischen Religion und Politik, also auch zwischen Individuum und Kollektiv, trennen.

Ich habe diesen 8. Abschnitt mit einer Frage eingeleitet: Warum heute Leitkultur? Dann folgten politisch-philosophische Reflexionen, zunächst im Lichte der Geertz-Gellner-Kontroverse und dann unter Rekurs auf Rousseaus Bestimmung des Citoyen. Dies war erforderlich, um den geistigen Hintergrund meiner Theorie der Leitkultur auszubreiten. Der Ursprung dieses Begriffes ist Kapitel 6 der ursprünglichen Ausgabe dieses Buches. Zuvor, in Kapitel 2, biete ich die Grundlagen für den Bedarf nach Wertekonsens für alle Kulturen. Dann entfalte ich in Kapitel 4 die Konsequenzen der Geertz-Gellner-Debatte für die Identität Europas. Mit Leitkultur in Aufnahmegesellschaften für Einwanderer aus der Welt des Islam meine ich eine wertebezogene Hausordnung für ein Gemeinwesen in einer säkularen Demokratie, in der alle friedlich miteinander leben. Diese Hausordnung soll für alle gelten, unabhängig von Religion, Kultur und Ethnizität. Kulturelle Eigenarten dürfen kein Veto-Recht gegen diese Hausordnung haben, weil sie eine Garantie für ein friedliches Miteinander im Rahmen von Freiheit der offenen Gesellschaft bieten. Die offene Gesellschaft kann nur laizistisch sein. Wer diese freiheitliche Hausordnung als »hegemonial« abweist, der gehört in den Begriffen Karl Poppers zu den Feinden der offenen Gesellschaft. Kulturelle Partikularismen dürfen nur im Rahmen des Kulturpluralismus gelten, der einerseits ein Vetorecht gegen universelle Rechte ausschließt, andererseits eine kulturübergreifende Leitkultur als Wertekonsens zulässt.

Auf der Basis eines Lebens von 54 Jahren unter Deutschen kann ich behaupten, dass es in diesem Lande im Gegensatz zu den angelsächsischen Ländern sowie zur Schweiz und zu Frankreich keine Zivilität in politischen Debatten gibt, kurz: Eine Tradition einer Debating Culture fehlt in Deutschland. Ich schreibe bewusst den Begriff auf Englisch, weil die deutsche Übersetzung »Debattierkultur« nicht denselben Inhalt wiedergibt, der im englischen Begriff enthalten ist. Als Beleg für diese Behauptung möchte ich die Art und Weise, wie die deutsche Leitkultur-Debatte von Oktober bis Dezember 2000 stattgefunden hat, anführen, weil sie meine Beobachtung, die Deutschen kennten keine Debating Culture, untermauert.

Ein anderes aktuelles Beispiel: Beim Schreiben dieses Textes fand ebenso wenig sachlich die deutsche Debatte über den Brexit statt. Ich habe die britische Presse verfolgt und wahrgenommen, dass der Wunsch der Briten nach einem Austritt aus der EU durch ihre Missbilligung des Verhaltens dieser Staatengemeinschaft, besonders Deutschlands, in der Flüchtlingskrise ausgelöst worden ist. Die deutsche Merkel-Regierung versuchte mit dem euphemistisch eingesetzten Begriff der Solidarität den deutschen Sonderweg der Willkommenskultur anderen Europäern aufzuzwingen. Das machten die Briten nicht mit und verließen die EU. Es ist kein britischer Nationalismus. Deutsche Meinungsmacher haben daraufhin bar jeglicher Zivilität Briten angeklagt und diffamiert, die diesen Volksentscheid mehrheitlich trafen. Ich führe dies nur als ein Beispiel an. Ich möchte hier den deutschen demokratischen Publizisten Dirk Maxeiner zitieren, der ähnliche Beobachtungen wie ich gemacht hat. In einem Essay beklagte er, wie die Deutschen eine »massive Konfrontation von Befürwortern und Kritikern« konstruieren, die nur zur Polarisierung führt. Stattdessen argumentiert Maxeiner für eine sachliche Diskussion. In Deutschland, so schreibt er, benötige man »eine offene, ehrliche und vom Ballast des Moralisierens und Diffamierens befreite Debatte« (*Die Welt* vom 02.07.2016). Er hat Recht, denn Moralisieren und Diffamieren haben die deutschen Debatten der vergangenen Jahre, einschließlich der Leitkulturdebatte von 2000, entscheidend geprägt.

Die deutsche Leitkultur-Debatte von 2000 entbehrte jedweder Sachlichkeit und Zivilität. Als Schöpfer des Leitkultur-Begriffes wurde ich von Gesinnungsethikern gnadenlos diffamiert. Die Diffamierer, die sich fälschlich als Kritiker vorstellten, haben offensichtlich *Europa ohne Identität?* nicht gelesen; dennoch haben sie mir damals unterstellt, dass ich – obwohl Migrant – die Zuwanderer zwingen möchte, nach deutschen Sitten und Bräuchen zu leben, einschließlich des Konsums von Wurst und Sauerkraut. Der *Spiegel* übertraf damals jede geistige Primitivität in dem Artikel über Leikultur unter der Überschrift *Operation Sauerkraut*. Was für eine Schande; das ist doch nicht das Niveau, das man vom Volk der Dichter und Denker erwarten würde.

Aufmerksame Leser dieses Buches werden herausfinden, dass die in diesem Buch enthaltenen Teile über Leitkultur die Vokabeln »Sauerkraut« und »deutsche Sitten und Bräuche« nicht enthalten. Das pertinente Thema dieses Buches ist vielmehr die Suche nach einem kulturübergreifenden Wertekonsens als politische Kultur der Citoyenneté und der Laizität in einem demokratischen Gemeinwesen. Nichts anderes als dies ist der Inhalt des von mir geprägten Begriffes der »Leitkultur«. Mit diesem Begriff suche ich Gemeinsamkeiten und Pluralität in einer Situation, in der Ethnien und Religionen durch ihre Partikularismen die Menschen separieren. Wie kann man bei Sinnen solche spaltenden Kräfte im Namen von Respekt für »kulturelle Eigenarten« zulassen?

Ich denke, dass es hier nicht nötig ist, das zu wiederholen, was ich schon in den Kapiteln 1–6 des Originaltextes von 1998 geschrieben habe. Dagegen halte ich eine Wiedergabe der Leitkultur-Debatte von 2000 als Erinnerung für nötig. Ich werde auch zeigen, dass diese Debatte 2015 mit einer noch niedrigeren Qualität wiederaufgenommen worden ist. Noch eine Betonung: Niemals spreche ich von deutscher, sondern stets von europäischer Leitkultur. Aufmerksame Leser des Abschnittes 5 über das Fehlen einer Debating Culture in der deutschen politischen Kultur können nur ahnen, wie leidenschaftlich ich jede »deutsche Leitkultur« ablehne. Diese mir zuzuordnen kommt einer Fälschung gleich.

Die misslungene Debatte von 2000 begann im Oktober jenes Jahres, als der CDU-Politiker Friedrich Merz in einem Zeitungsartikel von Migranten forderte, sich einer »deutschen Leitkultur« zu fügen (vgl. *Bonner Generalanzeiger* vom 08.11.2000). Merz erweckte den Eindruck, er habe diesen Begriff geprägt. Denn weder gab er die Herkunft des Begriffes preis, den ich in die deutsche Sprache eingeführt hatte, noch bot er eine Inhaltsbestimmung. Merz erzürnte mit seinem Artikel alle Parteien. Insbesondere wurde er bundesweit von der deutschen linken Moralpolizei des Rechtsradikalismus geziehen. Trotz aller Vorbehalte gegenüber Merz finde ich es von seinen linken Kritikern geschmacklos, ihn in die Nazi-Nähe zu bringen. Das ist wahre »deutsche Leitkultur«. Das ist kein Argument, sondern Rufmord.

Auf dem soeben beschriebenen geistigen Niveau war die Leitkultur-Debatte schon eine Totgeburt. Die CDU-Oppositionschefin von damals – Angela Merkel – sprang in die Bresche, um Merz gegen den Nazi-Vorwurf zu verteidigen. Das führe ich später weiter aus. Zunächst ruderte Merz zurück und räumte ein, dass der Begriff nicht von ihm stammte; er gab fälschlicherweise Theo Sommer, damals Chefredakteur der *Zeit,* als Quelle an. Doch widersprach Theo Sommer prompt und schrieb, dass er den Begriff Leitkultur »von Bassam Tibi übernommen« habe. Ich betone: Es geht hier nicht um das Copyright an dem Begriff Leitkultur, sondern um seinen Inhalt und darum, wie deutsche Opinion Leaders politisch diskutieren.

Trotz der damals angespannten Beziehung zwischen Merz und Merkel hat sie ihn gegen den Nazi-Vorwurf in Schutz genommen. Das tat sie auf einer Pressekonferenz im Oktober in Berlin. Zu Merkels Argumenten bei der Merz-Verteidigung gehörte die Angabe der Herkunft des Begriffes, nämlich von »einem Ausländer Bassam Tibi«. Dabei bin ich seit 1976 deutscher Staatsbürger. Etwas besser als Merz war Angela Merkel in einem langen Interview im Spiegel vom 31.10.2000, worin sie in korrekter Sprache »Bassam Tibi« als Quelle des Leitkultur-Begriffes angab; auch gab sie damals richtig an, dass der Urheber, nämlich ich, den Begriff mit europäischen Werten als Inhalt füllte. Damals wirkte ich in den USA an der Harvard University als Bosch Fellow bzw. Research Professor und wurde durch deutsche Journalisten, die nach Sensationen jagten, in meiner Arbeit enorm gestört und nicht nur gequält, sondern auch erheblich belästigt. Es kommt noch schlimmer – nämlich gefälscht zu werden von einem ehemaligen Studenten von mir, der nicht zu den Besten gehörte, also *Zeit*-Journalist wurde. Der deutsche Polemiker verwendete gegen mich als Syrer einen von mir nicht autorisierten Abdruck im Wochenmagazin *Focus,* der aus *Europa ohne Identität* stammte, entnommen und ohne Absprache mit mir unter dem falschen Titel *Deutsche Leitkultur* wiedergegeben, um mich beleidigend als *Der Leitkulturwart* (*Die Zeit* vom 02.11.2000) zu diffamieren. So sieht in Deutschland der Respekt von deutschen Studenten für ihre ausländischen Professoren aus. Das ist ein Beispiel für die deutsche Art, mit Gegnern zu »debattieren«, also: deutsche Leitkultur.

Im Jahr 2000 war ich noch nicht verbannt aus den deutschen Medien. Dies erfolgte erst 2002 nach der Veröffentlichung meines Buches *Islamische Zuwanderung. Die gescheiterte Integration.* Ich kehrte damals schon Ende Oktober nach Deutschland zurück und stellte mich tagtäglich den Medien. Unter anderem debattierte ich mit Daniel Cohn-Bendit. Im Streitgespräch mit mir behauptete er ideologisch, »es gibt keine deutsche Identität«. Diese Falschaussage war nicht nur seine Antwort auf meine These, nach der eine Integration für die Einbeziehung in ein Gemeinwesen erforderlich ist; auch erschien sie in der damaligen Wochenzeitung *Die Woche* (vom 10.11.2000) mit dem von Daniel Cohn-Bendit zitierten Spruch als Überschrift. Wenn diese Multikulti-Ideologie Recht hat, dann wird es in Deutschland niemals Integration geben. In der *Süddeutschen Zeitung* vom 25.08.2016 habe ich die Radikalisierung muslimischer Jugendlicher mit Migrationshintergrund als Resultat einer fehlgeleiteten Integration ohne Identitätspolitik analysiert.

Nach mehrmonatigem Leiden unter der deutschen Art zu debattieren (vgl. Abschnitt 5) schrieb ich genervt den Artikel *Die neurotische Nation*, der in der *Welt am Sonntag* am 03.12.2000 auf der Kulturseite veröffentlicht wurde, und stieß auf breite Zustimmung, jedoch stets hinter vorgehaltener Hand. Zivilcourage gehört nicht zu den deutschen Tugenden. Das sage ich mit 54-jähriger Erfahrung des Lebens in Deutschland.

Nun ist die Integration von Zuwanderern nicht lediglich ein tagespolitisches Thema in Deutschland, sondern eine existenzielle und strukturelle Herausforderung für ganz Europa. Doch nach der Leitkulturdebatte geriet sie in absolute Vergessenheit.

Dann kam unerwartet der Terroranschlag vom 11. September 2001 mit weltpolitischer Bedeutung, der in der deutschen Islam-Diaspora in der Vernetzung mit der Al-Qaida-Basis in Afghanistan geplant und in Washington und New York durchgeführt wurde. Dies bot mir den Anlass, die Leitkultur-Debatte erneut wieder aufzunehmen und sie für die Integrationsforschung zu thematisieren. In meinem Buch *Islamische Zuwanderung* von 2002 habe ich mit Kapitel 8 unter der Überschrift *Nicht nur Deutsche, auch Muslime müssen sich verändern: europäische Leitkultur und*

Integration für muslimische Migranten als Perspektive nach dem 11. September 2001 das Problem benannt. Obwohl dieses Buch in einem Jahr, 2002, zwei große Auflagen erlebte, wurde es von keiner einzigen großen deutschen Zeitung, auch nicht von den kleinen, rezensiert. Das ist wiederum ein Beispiel für die deutsche Debattierkultur, in der »unbequeme Gedanken« aussortiert werden. Ich stieß nur auf taube Ohren. Es blieb nicht dabei, denn anschließend wurde ich aus allen elektronischen und Printmedien schlicht entfernt. Diese Verbannung hielt an bis 2016.

Es gibt Menschen, die weder lesen noch lernen wollen. Dazu gehören die deutschen Opinion Leaders, die »unbequeme Gedanken« nicht nur nicht zulassen und jede »Abweichung gereizt ahnden«, sondern auch diese erst gar nicht hören wollen. Mit diesen Worten Adornos aus seinem mehrfach zitierten Aufsatz aus dem Jahr 1965 über die Deutschen und ihr »Pathos des Absoluten« fasse ich meine Erfahrungen mit der politischen Kultur zusammen.

Alles, was ich damals im erwähnten Buch von 2002 über die »gescheiterte Integration« schrieb, bestätigt sich heute in vollem Umfang. Das Buch von 2002 enthält Prognosen, die heute gesellschaftliche Realität sind. Aber deutsche Meinungsträger verschweigen das Buch. Um die Begriffe des Artikels von Dirk Maxeiner aus der *Welt* (02.07.2016) zu zitieren: Weder damals noch heute findet eine deutsche Debatte statt, die »ehrlich«, »offen« und »vom Ballast des Moralisierens und Diffamierens« frei ist. Das ist die Art, wie deutsche Meinungsträger mit Andersdenkenden sprechen. Trotz des Verschweigens erschien mein Buch von 2002 noch im selben Jahr in zweiter Auflage mit einem Nachwort unter der Überschrift *Tabus bezüglich Migration und illegaler Zuwanderung.* Heute, 2016, könnte man jene Texte von 2002 mit neuem Datum versehen und keiner würde merken, dass sie 14 Jahre alt sind. Im Editorial der *Financial Times* vom 27.07.2016 heißt es treffend: *People ignore predictions they dislike.* Diese Aussage gilt auch für das Denken über die Folgen der Öffnung der Grenzen durch Bundeskanzlerin Merkel ab dem 04.09.2015.

Erstmals nach meiner Verbannung von den deutschen Medien von 2002 bis 2016 öffneten mir zwei Tageszeitungen – *Die Welt* und die *Basler Zeitung* – die Tür für Interviews, die am 04.07.2016 und 07.07.2016 erschienen sind. Darin habe ich das gesagt, was im ersten Abschnitt dieser Einführung steht. Es hat nur drei Tage gedauert, bis der Göttinger Oberbürgermeister und Vertreter aller Parteien unter Führung des Grünen-Politikers Jürgen Trittin über mich herfielen und mich nicht nur des Vorurteils, des Hasses und des Rassismus bezichtigten, sondern mich auch auf Grundlage dieser Vorwürfe und in den Worten von Jürgen Trittin »aus der Wertegemeinschaft des Grundgesetzes« exkommunizierten. Ich wurde ganz im Stile autoritärer Regime dazu aufgefordert, mich für mein Denken öffentlich zu entschuldigen. Ich reagierte mit einem Artikel, den ich der Zeitung *Die Welt* anbot unter Berufung auf Meinungs- und Wissenschaftsfreiheit. Meine Selbstverteidigung in dem genannten Manuskript wurde mit dem Vorwurf der »Larmoyanz« und »Selbstbezüglichkeit« abgelehnt, und damit wurde seitens der *Welt* die Zusammenarbeit mit mir beendet. So habe ich meine Geschichte in der Schweiz (*Basler Zeitung* vom 05.08.2016) veröffentlicht. Was ist das für eine politische Kultur, die Menschen, die sich beklagen über die Beraubung der Meinungsfreiheit, als »larmoyant« und »selbstbezüglich« diffamiert?

Das niedrige Niveau der Wiederaufnahme der Leitkulturdebatte im Lichte der Flüchtlingskrise wurde unter anderem von einem Gesinnungsethiker – Jakob Augstein – dokumentiert. Richtig erkannte er, welche Folgen die Millionen Flüchtlinge, die innerhalb weniger Monate das Land betreten, verursachen. Er unterließ es zu schreiben, dass Flüchtlinge nicht nur Not, sondern auch Geisteshaltungen von Patriarchalismus und Gewalt mit sich mitbringen. Vor diesem Hintergrund schreibt Jakob Augstein bei *Spiegel Online*: »Wir brauchen eine Leitkultur« (*Spiegel Online* vom 03.09.2015). Das ist zugleich richtig und auch pure Impertinenz. Er profiliert sich als »Linker«, der 2015 das wiederholt, was der »rechte« Merz 2000 getan hat: Er verschweigt, von wem der Begriff Leitkultur stammt, und erweckt, wie zuvor Merz, den Eindruck, er sei der Urheber des Leitkultur-Begriffes. 18 Jahre nach der Veröffentlichung meines Buches von 1998 und 16 Jahre nach der Leitkultur-Debatte möchte Augstein der Erste sein, der den Bedarf nach einer Leitkultur erkennt. Wie lächerlich. Dies erinnert mich an zwei für meine Generation klassische Bücher: einmal vom Soziologen Helmut Schelsky, der vor vielen Jahrzehnten ein Buch über deutsche Linksintellektuelle unter der Überschrift *Die Arbeit tun die anderen* schrieb, sowie Kurt Sontheimers *Das Elend der deutschen Intellektuellen*.

Ich schließe ab mit einem Bekenntnis und einer Einladung. Ich liebe Deutschland als das Land des Grundgesetzes, ich liebe die Sprache von

Immanuel Kant, und nicht zuletzt liebe ich meine deutsche Frau. Ich bin also nicht deutschfeindlich. Was verabscheue ich an Deutschland? Was ich verabscheue, ist die deutsche politische Kultur, die »unbequeme Gedanken« verbannt. Diese gehören in Deutschland zum Verbotenen, obwohl das Grundgesetz Zensur nicht zulässt. Wie kann das größte Land Westeuropas mit einer solchen politischen Kultur für andere Europäer oder für Flüchtlinge aus Nahost und Afrika als Vorbild dienen?

Eine Leitkultur für Europa prägen heißt europäische Identität bewahren, in welche die vielen Millionen Muslime, die als Migranten einströmen, unter der Voraussetzung eingegliedert werden können, dass sie die Citoyenneté als europäische Leitkultur akzeptieren. Das ist mein »unbequemer Gedanke«, den ich in diesem Buch vertrete und von dem ich niemals ablassen kann. Ich lade europäisch denkende Deutsche, die ein europäisches Zivilisationsbewusstsein vertreten, ein, dieses Buch mit *open mindedness* zu lesen. Für mich ist die Kritik die Grundlage des Denkens, und ich lade daher auch zu Kritik im Sinne von Kant ein, nicht im Sinne der deutschen politischen Kultur. Selbst die *Bild*-Zeitung hat mir erlaubt, in einem Artikel diesen Satz zu schreiben: »Mich stößt es ab, dass die vorherrschende politische Kultur in Deutschland nicht auf dem Niveau des Grundgesetzes steht, deren Opfer ich bin« (*Bild* vom 25.05.2016). Mir »Populismus«, »Islamophobie«, »Rassismus«, »Panikmacherei« und was auch immer vorzuwerfen ist keine Kritik, sondern deutscher Schmutz. Wer mich mit solchem Schmutz beflecken will, soll mich als einen gebürtigen Syrer und Aufklärungsmuslim sowie mein Buch *Europa ohne Identität* lieber in Ruhe lassen.

9. Wohin treibt Europa im 21. Jahrhundert im Wettstreit von Europäisierung vs. Islamisierung? Eine Einladung zur Diskussion auf der Grundlage der Normen einer Debating Culture sowie Zivilität

Die Arbeit an dieser beinahe die Länge eines kleines Buches erreichenden Einführung war 2016 wie eine »Journey«, an deren Ende sich die Frage: *Quo vadis, Europa?* unter dem Druck von Millionen Flüchtlingen, die hierher wollen, stellt. Das ist die größte existenzielle Herausforderung an Europa seit den Zeiten von Kommunismus und Faschismus. Denn mit diesen Flüchtlingsströmen kommt ein neuer dritter Totalitarismus, nämlich der Islamismus, nach Europa. In der Widmung dieses Buches für meinen akademischen Lehrer Max Horkheimer füge ich zu seiner Nennung der zwei Gefahren für Europa als »Insel der Freiheit«, nämlich NS-Faschismus und Stalinismus, die aktuelle und zeitgenössische Gefahr, nämlich den islamistischen Fundamentalismus, als dritte Gefahr hinzu. Der Islamismus ist die islamische Spielart des globalen religiösen Fundamentalismus.

In diesem Kontext möchte ich nochmals auf das mehrfach in diesem Buch zitierte Symposium der Erasmus Foundation in Amsterdam 1994 über *Neo-Absolutisms and Relativism* zurückkommen. Die dort stattgefundene Kontroverse zwischen zwei inzwischen verstorbenen weltgroßen Gelehrten der Kulturanthropologie, Ernst Gellner aus Cambridge und Clifford Geertz aus Princeton, bleibt höchst relevant für die Zukunft Europas unter den angegebenen drei Herausforderungen. Auf jener inzwischen zwei Jahrzehnte zurückliegenden Veranstaltung in Amsterdam wurde eine Entwicklung angesprochen, die heute in Europa voll im Gang ist, und nur deshalb greife ich auf jene Debatte zurück: Es kommt nach Europa ein Neo-Absolutismus, und Europa reagiert darauf mit einem Kulturrelativismus. Das ist der Gegenstand der angesprochenen Entwicklung. Die Gleichgültigkeit des Kulturrelativismus entwaffnet Europa gegenüber den Neo-Absolutisten, die mit dem Anspruch auf Minderheitenschutz kommen.

Exemplarisch lässt sich die Vergegenwärtigung der Geertz-Gellner-Kontroverse von 1994 durch das Geschehen vom 31.07.2016 in Köln veranschaulichen. Ich habe an diesem Tag die Fernsehberichte und die Bilder von mehr als 40.000 Deutsch-Türken in Köln verfolgt, die fanatisch mit Pro-Rufen für den islamistischen Diktator Erdoğan und seine AKP demonstrierten und mitten in Europa laut skandierten »Todesstrafe für Erdoğans Gegner«. Augenfällig geschah dies im demokratischen Post-Nazi-Deutschland, ohne Einspruch der Aufnahmegesellschaft – die meisten dieser Türken besitzen sogar einen deutschen Pass, aber sie hissen nur türkische Fahnen als Identifikation; sie sprechen dabei offen aus, dass für sie Erdoğan und nicht Gauck ihr Präsident sei. Das ist nicht nur ein unmittelbarer Beweis für die gescheiterte Integration vieler muslimischer Zuwanderer und für die fehlende europäische Migrationspolitik sowie für die Unfähigkeit, den Islam der Zugewanderten zu europäisieren, es ist noch viel mehr als das. Die ungeheure Provokation von 40.000 Türken in Köln am 31.07.2016 ist auch ein Paradebeispiel dafür, wie Neo-Absolutismus und Multikulti-Kulturrelativismus einander begegnen, und zwar so: Eine Mischung von türkischem AKP-Islamismus-Nationalismus trifft auf eine müde, wertebeliebige Haltung des Respekts für »anything goes« deutscher Gutmenschen, die als Bessermenschen auftreten.

Besorgniserregend ist die Tatsache, dass die islamistischen Demonstranten von Köln deutsche Pässe besitzen, sie sind aber objektiv keine Citoyens, und sie wollen auch gar keine sein, weil ihre Identität sich auf ein Kollektiv bezieht, nicht auf das Subjektivitätsprinzip der Citoyenneté in einer Zivilgesellschaft. Ein deutscher Pass macht aus Menschen, die einer Mischung aus Islamismus und türkischem Nationalismus als Identitätsbezug anhängen, noch keine europäischen Citoyens. Kann man dieses Exempel als Trend generalisieren?

Angesichts sich stets wiederholender Ereignisse, die dem angeführten Beispiel ähneln, stellt sich die Frage am Ende dieser Journey durch die Themen der Einführung: Was wird aus Europa in diesem Jahrhundert, wenn die angeführte Kombination von Neo-Absolutisten und Kulturrelativisten die Entwicklung bestimmt? Den uneingeschränkten Respekt eben für die Neo-Absolutismen fordern jene Europäer, die eigentlich Selbsthasser und Verleugner der eigenen Zivilisation sind und sich mehr vor Islamophobie als vor der Bedrohung der Freiheit fürchten. Für diese Erscheinung habe ich in der Einleitung zum Text von 1998 »Europa zwischen den Extremen im Multikulti-Zeitalter: Das Pendeln zwischen eurozentrischer Arroganz und kulturrelativistischer Selbstverleugnung« als Titel gewählt.

Thematisch fügt sich eine Erfahrung, die ich im Juni 2016 gemacht habe, in die hier angesprochene Problematik ein. Während der Arbeit an dieser Einführung für die Ausgabe 2016 folgte ich einer Einladung nach Varna in Südtirol zu einer Klausurtagung der Stiftungen *Gerda Henkel* und *Denkwerk Zukunft* zum anstehenden Thema. Das Symposium trug also die Frage als Titel: »Wo bitte geht es nach Europa?« Unter den anwesenden Europa-Experten herrschte ein geistiges Chaos nicht nur darüber, was die Bestimmung Europas überhaupt sei, sondern auch darüber, wohin dieser Kontinent im 21. Jahrhundert steuere. Bezieht sich das angesprochene Chaos auf das Denken der dort anwesenden Europa-Experten, oder auf Europa, also die Realität selbst? Ich bin Orientale und gebe die Antwort auf diese Frage über den folgenden Umweg.

Es mag manche Leser verletzen, aber es gibt für mich kein höheres Gut als Ehrlichkeit und freie Meinungsäußerung. Die Wahrheit kann verletzen.

Wenn ich an Europa und seine Zukunft denke, vergegenwärtige ich mir meine Lektüre des Werks des größten islamischen Philosophen des 14. Jahrhunderts Ibn Khaldun, der als Begründer der neuen Wissenschaft *ilm al-umran* / Wissenschaft der Zivilisation gilt. Diese ist für unser Thema relevant. In seinem Werk *al-Muqaddima*, d.h. Prolegomenon zur Geschichte, beschreibt Ibn Khaldun – wie mehrere Jahrhunderte später nach ihm Montesquieu –, wie Zivilisationen entstehen und verfallen. Jede Zivilisation fußt auf *Asabiyya* bzw. auf dem Esprit de corps als Werteorientierung (vgl. das Ibn-Khaldun-Kapitel in meinem Buch *Der wahre Imam. Der Islam von Mohammed bis zur Gegenwart*). Zu diesem Vorverständnis füge ich mit der Methode der teilnehmenden Beobachtung, die ich 40 Jahre lang in vielen Ländern Asiens und Afrikas praktizierte, hinzu, wie ich die Bevölkerung der deutschen Stadt, in der ich lebe, wahrnehme. Ich sehe eine Mischung von fünf völlig unterschiedlichen Gruppen von Stadtbewohnern (dies gilt auch komparativ für andere vergleichbare deutsche Städte), die offensichtlich kein Gemeinwesen im Sinne von Citoyenneté mehr bilden. Den deutschen Begriff »Volk« für die Wohnbevölkerung lehne ich als rassistisch ab; Citoyenneté ist eine Verbindung von Menschen in einem Gemeinwesen, das von Religion und Ethnizität frei ist. Ich nehme tagtäglich folgende fünf Gruppen wahr:

1. Sehr alte Deutsche, denen ich tagtäglich im Bus begegne, die unangenehm laut nur über ihre Krankheiten mit Lebensfrust reden; sie bringen eine Geisteshaltung des Frusts zum Ausdruck, die sie offen auf ihrem Gesicht tragen. Kurz: Ich sehe eine vergreisende Bevölkerung und eine aussterbende Nation.

2. Junge Deutsche, die ihren tätowierten und gepiercten adipösen Körper unästhetisch durch entsprechende Kleidung zur Schau stellen; sie sind spracharm, mit Kopfhörern und elektronischen Musikgeräten verkabelt, die unangenehme Geräusche, die Musik sein sollen, machen; sie nehmen die Außenwelt nur über ihr Smartphone wahr und können nur in Halbsätzen sprechen. Diese jungen Deutschen haben weder Benehmen noch Werte und sehen mit allen Kriterien nach einer Nullbock-Generation aus. Wie können solche Deutsche ein Vorbild für muslimisch-orientalische Migranten sein?

3. Ausländer wie ich (vorwiegend Türken, Perser, Afghanen und wenige Afrikaner, u.a. aus Ghana), die in Deutschland zuhause sind, gerne hier leben und arbeiten, Steuern bezahlen und das Lebenstheater um

sich herum mit Staunen und Befremden, jedoch ohne Verständnis dafür zu haben, verfolgen; ich gehöre zu diesen Fremden, und wir haben Angst und Sorge um die Zukunft. Die Gutmenschen von heute können die Neo-Nazis von morgen sein (Beispiel: Horst Mahler – von der RAF zu NPD); diese deutschen Ausländer betrachten mit Distanz Deutschland, weil sie sich – wie auch ich – mit diesem neurotischen Land nicht identifizieren können; Deutschland ist für uns keine Heimat, sondern nur Qismet / Schicksal.

4. Armutsflüchtlinge aus Nahost, Afghanistan/Pakistan und Afrika, die hier stranden; sie bringen ihren sozialen Status schon äußerlich zum Ausdruck und unterscheiden sich von uns ausländischen Deutschländern (so bezeichne ich meine Gruppe). Göttingen hat immer mehr Kopftuch-Islam, der zivilisatorisch abgrenzt. Zu den Flüchtlingen gehören auch sinnentleerte Jugendliche, die traumatisiert sind und ein hohes Aggressionspotenzial sehr offen ausstrahlen. In der Demografieforschung (u.a. Gunnar Heinsohn) werden diese aggressiven Jugendlichen in das Phänomen der *youth bulges* eingeordnet. Dieser Begriff bezieht sich auf eine Situation, in welcher der Anteil der Jugendlichen, die um 14 Jahre alt sind, an der Gesamtbevölkerung mehr als 30 Prozent beträgt. *Youth bulges* implizieren soziale Konflikte, die mit dieser Alterszusammensetzung der Bevölkerung zusammenhängen, eben weil diese eine »No-Future-Generation« sind. Dieses in Asien und Afrika bekannte *Youth-bulge*-Phänomen ist über die demografischen Lawinen von 2015/2016 nach Deutschland importiert worden. Die Gewalt der Jugendbanden von September 2016 (vgl. den Artikel *Das Problem mit den jungen Flüchtlingen*, BILD vom 17.09.2016) scheint als Beispiel hierfür nur der Beginn einer solchen Bedrohung des inneren sozialen Friedens in Deutschland durch *youth bulges* zu sein. Dazu gehören die Teenager-Cliquen aus Eritrea, die in jeder deutschen Stadt zu sehen sind. Nicht zuletzt gehören zum deutschen Stadtbild kinderreiche Familien auf einem sehr niedrigen zivilisatorischen Bildungsniveau; sie verursachen viel Lärm und beachten keine Ordnung und ähnliches mehr. Unter Bürger verstehe ich Citoyens. Wenn deutsche Gutmenschen als die Bessermenschen die Flüchtlinge als »die neuen Bürger« bezeichnen, dann kann ich nur staunen über den Verlust an Maßstäben und die Entleerung der Begriffe von ihrem

Inhalt im Namen des Respekts für Fremde, die zu *bons sauvages* erhoben werden.

5. Und zum Schluss kommen die Studenten. Göttingen sah früher äußerlich wie eine Studentenstadt aus. Das ist nicht mehr der Fall. Nach meinen teilnehmenden Beobachtungen prägen Studenten nicht mehr das äußere Bild der Innenstadt. Die Göttinger Studenten von 2016 haben auch andere Züge als die Vorgänger; es waren vier Generationen, mit denen ich als Göttinger Professor aus Syrien von 1973 bis 2009 gelebt und für die ich gelehrt habe. Ich bin seit 2009 emeritiert und habe bis 2014 aufgehört zu lehren. Doch aus Spaß und Neugier auf junge Menschen lehre ich seit 2014 freiwillig wieder. Ich treffe dabei auf die neuen Studenten, die keine Bücher mehr lesen; sie haben ihr Wissen aus dem Internet und kommen schlicht »ungebildet« aus der Schule. Selbst Adornos Theorie der »Halbbildung« eignet sich nicht mehr für die Beschreibung der neuen Studenten, weil sie gar keine Bildung mehr haben. Ich habe als Syrer einem dieser Studenten nach der Lektüre seines sprachlich mangelhaften Papers die Frage gestellt: »Ich habe Deutsch am Goethe-Institut gelernt, wo haben Sie ihr Deutsch gelernt?« Dieses Erlebnis kann man am besten so beschreiben: What a telling story!

Nun komme ich über diesen, mich auch seelisch bedrückenden Umweg zur oben gestellten Frage, die auf dem Symposium im Juni 2016 gestellt wurde: »Wo bitte geht es nach Europa?« Zudem stelle ich eine weitere: Gibt das, was ich für Göttingen soeben beschrieben habe, einen Vorgeschmack darauf, wie Europa im 21. Jahrhundert aussehen wird? Ich möchte diesen sehr bedrückenden »unbequemen Gedanken« (Adorno) nicht weiter verfolgen. Dennoch stelle ich die Frage: Quo vadis, Europa?

Ich kann mich mehr als glücklich dafür schätzen, nicht nur in anderen Zeiten in Deutschland studiert zu haben, sondern auch dafür, Giganten als akademische Lehrer gehabt zu haben: Adorno, Horkheimer, Fetscher, Habermas, Dietrich Geyer, Carlo Schmid und Alexander Mitscherlich. Solche Geister hat die deutsche Universität von heute nicht mehr. Die angeführten Giganten waren große Europäer. Im Rahmen meines Studiums der Philosophie, Sozialwissenschaft und Geschichte in Frankfurt waren diese großartigen Deutschen meine akademischen Lehrer, die ich als Syrer als Menschen mit zivilisatorischer Identität kennengelernt habe. Wir linken

Studenten vom Sozialistischen Deutschen Studentenbund (SDS) in Frankfurt waren zwar auf der Grundlage von Adornos *Negativer Dialektik* gegen alles und benutzten das Wort »Affirmation« nur zur Beschimpfung, dennoch bildeten wir ein Gemeinwesen, welches ein Teil der gesamten Gesellschaft war. Nochmals: Die linke Bewegung der 1960er-Zeit gehörte zum europäischen Gemeinwesen. Was seit 1970 folgte, waren nur Sponti-Spinner, Anarchisten, also ein Kreis, aus dem der Terror der RAF hervorging; am allerschlimmsten in jener Zeit waren die leninistisch-maoistisch-stalinistischen Gruppen, welche die deutsche Universität in den 1970er-Jahren zerstörten. Ich litt unter diesen als junger Professor bis hin zum seelischen und physischen Zusammenbruch. Als Syrer, der Holocaust-Überlebende als Freunde und Mentoren hatte, fällt es mir sehr schwer, zwischen Nazis und solchen Linkstotalitaristen zu unterscheiden. Deshalb folge ich Hannah Arendt, die NS-Faschismus und Stalinismus mit ihrem Begriff des Totalitarismus konzeptualisiert. Heute gehe ich als Islamismus-Forscher einen Schritt weiter: In meinem Yale-Buch *Islamism and Islam*, dessen letzte Fassung ich am Holocaust Museum in Washington D.C. abgeschlossen habe, interpretiere ich den Islamismus mit der Begrifflichkeit von Hannah Arendt als neuen Totalitarismus. Jeden, der dies als Islamophobie abweist, reihe ich in die Kategorie des Proto-Totalitarismus ein, gegen die ich im Anschluss an Horkheimer, Popper und Arendt mit allen meinen Kräften vorgehe.

Die heutige akademische Kultur an deutschen Universitäten hat nichts mehr von dem, was ich in Deutschland in den 1960er-Jahren an Europäisierung verinnerlicht habe, vorzuweisen. Es gibt ein vorherrschendes politisch-korrektes Narrativ des Kulturrelativismus der Postmoderne, das mit einem »deutschen Pathos des Absoluten« (Adorno) vertreten wird, das jeden »unbequemen Gedanken« verbietet. Deutsche Gutmenschen bewundern sich selbst »in einem kollektiven Narzissmus« als Träger einer »Willkommenskultur«. Die deutschen Gutmenschen sind selbstgefällig und denken, sie seien selbst die Besten, also Bessermenschen. Ich schreibe, was ich denke und was ich sehe, und unterwerfe mich keiner Selbstzensur, wenn ich zu meinen »unbequemen Gedanken« stehe. Ich werde hierfür übel bestraft (vgl. z.B. das *Göttinger Tageblatt* vom 07.07.2016), aber ich ertrage es, und wenn die Grenzen erreicht sind, dann wandere ich aus!

Ich komme nochmal zurück auf die Tagung der Stiftungen *Gerda Henkel* und *Denkwerk Zukunft*, die in Varna in Südtirol vom 27.–29.06.2016 stattfand. Das dortige Denkchaos über Europa war repräsentativ bei der Suche nach einer Antwort auf die Frage »Wo bitte geht es nach Europa?« Die dort gestellten Fragen lauteten: »Ist Europa eine Schönwetterveranstaltung, eine europäische Wertegemeinschaft, ein auf wachstumsökonomische Ziele limitierter Wirtschaftsclub, eine Einheit in Vielfalt oder was immer es sei?« Diese Fragen darüber, was Europa sei bzw. was es sein könnte, blieben allesamt unbeantwortet, weil Klarheit fehlte. Dies ist, was ich als repräsentatives Denkchaos anspreche.

Für mich war das angeführte Symposium deshalb erhellend, nicht weil es Klärung brachte (dies tat es nicht), sondern nur weil es mir demonstrierte, wie geistig verwahrlost Europa heute ist. Ein weiteres Beispiel für diese Verwahrlosung: Seit dem gescheiterten Putschversuch in der Türkei verhalten sich Erdoğan und AKP wie früher Hitler und NSDAP in Deutschland. In den *heute*-Nachrichten des ZDF vom 03.08.2016 sagte ein EU-Politiker in Ankara: »Wir räumen den Bedarf an Säuberungen nach dem Putsch-Versuch ein; es muss aber rechtsstaatlich sein.« In der Denkwerk-Zukunft-Veranstaltung verlief es besser; zwar gab es Chaos und keine Klarheit darüber, was Europa sei, aber die Teilnehmer waren gute Demokraten; sie waren besser als Politiker, die sich nicht für die Fragen interessieren, weil sie sich auf die Tagespolitik – von Myopie befallen – reduzieren.

Mein Vorschlag in Varna, den ich meinem eigenen Buch *Europa ohne Identität?* von 1998 entnahm, Europa im Sinne der zivilisatorischen Identität zu deuten, stieß auf taube Ohren und wurde gar nicht verstanden; der Vorschlag wurde noch nicht einmal für wert befunden, näher diskutiert zu werden. Im Englischen sagt man, das ist »the state of the mind« in Europa: geistige Verwahrlosung. Das einzig Richtige, was festgestellt wurde, ist, dass die EU einen DNA-Defekt habe, sich zu verstehen als ein wirtschaftliches Gebilde ohne eigene Außenpolitik, Migrationspolitik und ohne Sicherheitspolitik und vor allem ohne zivilisatorische Identität. Die EU hat keinen Policy-Kurs und ist ehrlicherweise nichts anderes als eine Schönwetterveranstaltung, die Milliarden von Geldern verschleudert und weltpolitisch eine irrelevante Größe ist. Auf die Frage: *Quo vadis, Europa?* hat es bei der Denkwerk-Zukunft-Veranstaltung keine plausible Antwort gegeben, bis auf diese:

Ökonomen und Politiker glauben »an eine an ökonomischer Nützlichkeit orientierten Betrachtungsweise der Zuwanderung«. Menschen aus

Asien und Nahost werden unmenschlich auf statistische Figuren zur Erfüllung des Wirtschaftsbedarfs reduziert. Ich erinnere mich an ARD/ZDF-Nachrichten: Merkel umgeben von Wirtschaftsbossen, die die Willkommenskultur aus ihrer wirtschaftlichen Perspektive bejubeln. Bedacht wird Folgendes nicht: Es sind überwiegend Analphabeten ohne Schulabschluss, aus vormodernen Kulturen, ohne Berufsqualifikation: Derart »qualifizierte« Menschen sollen die alternde Bevölkerung ersetzen. Welche Weltfremdheit!

Bei dieser Betrachtungsweise Europas als eines Wirtschaftsclubs bleibt ein Europa ohne zivilisatorische Identität, das eine quasi-technisch auf die Wirtschaft fokussierte Bestimmung hat. Kulturelle Wertekonflikte werden verleugnet, obwohl die Zusammensetzung der Bevölkerung Europas sich durch die Flüchtlingskrise massiv verändert hat. Wer darauf hinweist, wird als »populistisch« verfemt und ausgegrenzt. Was nach dem vorherrschenden Narrativ nicht sein darf, darf es in der Realität nicht geben. Wunschdenken ersetzt Rationalität und gesellschaftliche Realität.

Für dieses gesamte Buch ist der Begriff des Zivilisationskonfliktes zentral. Dieser wird abgewertet als »Panikmacherei« und »Volksverhetzung«. Real existierende Wertekonflikte, beispielsweise zwischen dem Grundgesetz und der Scharia-Weltanschauung, werden als Missverständnisse abgetan. Solch reale »Missverständnisse können im Dialog behoben werden«, sagt man. Wie kann man aber im Dialog die bestehenden weltanschaulichen Unterschiede zwischen der kulturellen Moderne und der Scharia beheben? Hier kann der Dialog nichts bieten, außer folgendem Erlebnis, das ich im Untertitel meines *ZEIT*-Essays unter dem Titel *Selig sind die Belogenen. Der christlich-islamische Dialog beruht auf Täuschung und westlichem Wunschdenken* (*DIE ZEIT* 23/2002) von 2002 veranschaulichen möchte: Also Täuschungen von islamischer Seite und Wunschdenken von westlicher Seite.

Kürzlich wurde mir in einer Zuschrift mitgeteilt, dass von islamistischer Seite juristisch durchgesetzt worden sei, dass dieser Artikel aus dem *ZEIT*-Archiv entfernt wurde. Ich überprüfte die Angabe und stellte fest, dass sie zutraf. Eine Leserzuschrift mit dem Titel »Auch das Christentum will die Welt bekehren«, die sich auf den Artikel bezieht, ist bis heute erhalten und online zugänglich. Ich wandte mich daraufhin an die *ZEIT*-Redaktion, die mich an den Hausjustiziar verwies. Dieser hatte für mich außer irreführenden Wischiwaschi-Angaben keine Antwort auf die Frage, warum mein Artikel aus dem Archiv herausgenommen worden ist. Es wurde mir klar, die Angelegenheit wird verdeckt, und ich werde nie erfahren, warum mein Artikel entfernt worden ist. Ich glaube nicht mehr an den Dialog, auch nicht an die Pressefreiheit. Durch zwanzigjährige Dialog-Erfahrung zwischen 1980 und 2000 habe ich erlebt, wie viel und wie oft von den Dialogteilnehmenden gelogen wird. Sie tun alles andere als das, was Dialog sein müsste, nämlich über Probleme und Konflikte zu sprechen. Bei der Emeritierungsfeier des Konfliktforschers Herbert Kelman an der Harvard University hielt ich meine Laudatio mit dem Titel »Dialog as a Practice of Conflict Resolution« im Harvard Faculty Club, womit ich die Forschung dieses großen Gelehrten ehren wollte. Auch Kelman schrieb hierüber in meiner Festschrift »Dialog und Kooperation«. Das ist die inhaltliche Bestimmung eines nicht nur genuinen, sondern auch ehrlichen Dialoges.

Heute verbietet das vorherrschende Narrativ jede Warnung und jede Information über eine Bedrohung Europas; dies wird als Panikmache verurteilt. Die britische Zeitung *Financial Times* hat ein charakteristisches, hier schon erwähntes Editorial mit dem typischen Titel *People ignore predictions they dislike* veröffentlicht. Das bedeutet, dass Menschen in Krisensituationen nur gute Nachrichten hören wollen, sie ignorieren jede Warnung, weil dies zu den »predictions« gehört, die man nicht hören will. Hinzu kommt die »Tyrannei der herrschenden Meinung«, die nach John Stuart Mills *On Liberty* für jede Demokratie abträglich ist und unterbunden werden muss.

Ich komme nun zum Schluss und noch einmal auf die Substanz der zivilisatorischen Identität Europas zurück. Dazu gehören Rationalismus und die Werteorientierung an den individuellen Menschenrechten, die nach Habermas auf dem »Subjektivitätsprinzip« beruhen. Meinungs- und Wissenschaftsfreiheit gehören zu den elementaren Grundrechten in einer offenen Gesellschaft. Zur kulturellen Moderne gehört auch die Bestimmung des Menschen als Individuum, nicht als Mitglied eines ethnischen oder religiösen Kollektivs. Als Individuum hat der Mensch das Recht, frei zu denken und zu zweifeln. Das steht im Konflikt zum islamischen Glauben, wonach Wissen nur von »Allah«, also von al-alim / dem Allwissenden herrührt, wie es im Koran schriftlich fixiert ist. Anders als in Europa, wo nach Descartes und Kant Wissen auf der Basis der Vernunft des Individuums durch Vermutung und Zweifel zustande kommt, ist richtiges Wissen im orthodoxen Islam nur göttlich. In meinem Artikel *Die Erleuchteten* in der *Süddeutschen Zeitung* vom 09.08.2016 habe ich jedoch gezeigt, dass es auch einen islamischen Rationalismus gab, den der islamische Philosoph Ibn Ruschd / Averroës verkörperte. Darin habe ich argumentiert, dass Averroës mehrere Jahrhunderte vor Kant das Primat der Vernunft anerkannte; er wurde zwar nicht selbst verbrannt, wohl aber seine Bücher – von islamischen schriftgläubigen Orthodoxen.

Mit großer Sorge um Europa beobachte ich, wie zentrale Elemente der europäischen Bestimmungen zivilisatorischer Identität durch postmoderne Europäer, die ihre Vernunft eingebüßt haben, gefährdet werden. Aufklärung und Rationalismus werden auf ein Narrativ reduziert und somit praktisch abgeschrieben. Diese werden ersetzt durch die postmoderne Ideologie des Kulturrelativismus. Ich möchte diese Sorge an diesem Vergleich illustrieren:

Im Islam gilt Abweichung und Zweifel als *Kufr*, das bedeutet Unglaube. Wer des Kufr bezichtigt wird, gilt als *Kafir* / Ungläubiger und wird entsprechend als »Aussätziger« abgestempelt. Der Mensch, der in einen solchen Missstand gerät, muss sich um sein Leben sorgen, weil das islamische Scharia-Recht Apostasie und Häresie als Unglauben mit dem Tod ahndet. In Europa hat es solchen religiösen Zwang seit der Aufklärung bzw. seit der Französischen Revolution nicht mehr gegeben. Kehrt diese Unterdrückung im Namen der Religion zurück nach Europa? Ich beobachte einen Rückfall in Europa in eine solche Richtung. Skepsis ist ein Fremdwort für Zweifel, und Skeptizismus ist die Denkschule des Rationalismus hierfür in Verbindung des Wissens mit Vermutung und Zweifel. Heute gelten Skeptiker in Europa vergleichsweise wie Kafirun in der Welt des Islam. Europa-Skeptiker werden inkriminiert als rechtsradikal oder als Populisten. Wer vom herrschenden Narrativ abweicht, wird, wie im Islam, von den Gläubigen ausgegrenzt. Hier verwischen sich die Grenzen und Linien zwischen Europa und dem Islam bis zur Unkenntlichkeit.

Ich erinnere an das Horkheimer-Verständnis von Europa als »Insel der Freiheit«. Trotz der Diskontinuität von Faschismus und Kommunismus in der europäischen Geschichte hält Horkheimer an diesem Verständnis von Europa fest. Solange ich lebe, werde ich in der Tradition Horkheimers und John Stuart Mills vor der »Neuen Tyrannei« nicht nur des Islamismus, sondern auch der Opinion Leaders des herrschenden Narrativs warnen.

Mein Schlusswort zu dieser Einführung beginne ich, um Abstand zu bewahren, bewusst auf Englisch: This is my message: Europa steht gleichermaßen vor einer islamischen und einer islamistischen Herausforderung der Islamisierung. Das ist ein »unbequemer Gedanke«, der von der Polizei der Political Correctness »gereizt geahndet« wird. Wer mir Islamophobie vorwirft in Missachtung der Tatsache, dass ich in meinem Werk Mitträger des »Enlightened Muslim Thought« bin, dem empfehle ich die Lektüre des Kapitels, das ich mit Thorsten Hasche zu dem Buch *Freedom of Speech and Islam* (hrsg. von Erich Kolig) unter dem Titel *The Accusation of Islamophobia as an Instrument for the Limitation of the Freedom of Speech* veröffentlicht habe. Es geht hier gar nicht gegen den Islam, sondern um die auf Karl Poppers Werk *Die offene Gesellschaft und ihre Feinde* zurückgreifende Analogie vom *offenen Islam und seinen Feinden*, und zwar in der Popper'schen Tradition der Verteidigung der Freiheit gegen die Despotie, auch wenn diese die Mehrheit bekommt.

Die Armutsflüchtlinge aus der Welt des Islam bringen nicht nur ihr Elend und nicht-vorhandene berufliche Qualifikationen, sondern einen Neo-Absolutismus vormoderner ethnischer, religiöser und sonstiger Weltanschauungen mit. Wie gehen Europäer damit um? Ich lade mit der Neuveröffentlichung meines Buches *Europa ohne Identität?* zur Übung einer Debating Culture ein, die auf Zivilität und auf der Regel: *We agree to disagree with respect!* beruht. Mein geliebter Philosoph Ernst Bloch hat das Werk *Prinzip Hoffnung* geschrieben. Als Bloch-Leser gehöre ich nicht zu denjenigen, die diese Formel ohne Lektüre des Werkes benutzen. Durch eine persönliche Begegnung mit Bloch habe ich den islamischen Rationalismus von Averroës und Avicenna entdeckt. Bloch schenkte mir im November 1965 sein wertvolles Buch *Avicenna und die Aristotelische Linke*, durch dessen Lektüre meine Beschäftigung mit dem islamischen Rationalismus eingeleitet wurde. Wenn ich mich auf Blochs *Prinzip Hoffnung* berufe, dann nur im Glauben, dass ein Leben ohne Hoffnung wertlos ist. Eine Neubelebung des Rationalismus in der Welt des Islam gehört, wie ich in meinem zitierten *SZ*-Artikel hervorhebe, zu einer sehr schönen Hoffnung. Diese erhoffte Neubelebung betrifft Europa massiv im Zeitalter millionenstarker Zuwanderung aus der Welt des Islam mit den einander widersprechenden Optionen für die Zukunft: Europäisierung oder Islamisierung.

ZUR DEBATTE UM DIE LEITKULTUR (2000)

In Deutschland ist seit Ende Oktober 2000 das Wort Leitkultur in aller Munde und ruft Befürworter und Gegner, aber auch viele Trittbrettfahrer auf den Plan. Als Schöpfer des Begriffs freue ich mich einerseits darüber, dass die langersehnte Diskussion über Einwanderung und die Stellung der Migranten im Rahmen einer europäischen Identität für Deutschland nun stattfindet. Doch schmerzt es mich andererseits sehr, dass die Pro- und Contra-Parteien ihr eigenes Süppchen kochen und am Inhalt des Begriffs schlicht vorbeigehen. Zudem muss ich viele Anpöbelungen von den Trittbrettfahrern, die sich auf Kosten meiner Gefühle auf billige Weise Ruhm ersehnen, hinnehmen.

In dem vorliegenden, in Distanz zu Deutschland in drei Ländern (Türkei, USA, Australien) verfassten Buch über die Identität Europas, zu dem Deutschland ja gehört, im Zeitalter globaler Migration, wird der Begriff Leitkultur erstmals in die deutsche Sprache von einem »Ausländer« und Einwanderer eingeführt. Der Begriff wird unmissverständlich und zudem sehr ausführlich (S. 292ff.) erläutert sowie inhaltlich gefüllt. Er orientiert sich in seinem Wesensgehalt an dem Konzept der europäischen Aufklärung. Dabei werden in diesem europäischen Rahmen gleich zu Beginn Identität und Leitkultur aufeinander bezogen. Es bedurfte der Zitierung des Begriffs – ohne Quellenangabe und ohne Inhaltsbestimmung – durch den CDU-Politiker Friedrich Merz, zwei Jahre nach der Erstausgabe dieses Buches, um die anvisierte Diskussion auszulösen; diese wollte ich mit der Veröffentlichung des Buches entfachen (vgl. Nachwort zu dieser Ausgabe). Wie bei allen Gegenständen in diesem Lande bewegen sich die Deutschen zwischen den Extremen des Entweder-Oder; sie kennen keinen Mittelweg. Auf diese Weise wurde aus der »europäischen Leitkultur« (so auf S. 292) eine »deutsche Leitkultur« (später »Leitkultur in Deutschland«). Wer dafür eintritt, wird als »deutschnational« gebrandmarkt, und wer »jede deutsche Identität« verleugnet, also seinen Selbsthass pflegt, kann nur gegen das Konzept von Leitkultur sein, natürlich ohne es überhaupt zu kennen. Eine Identität ist nie essentialistisch, d. h. sie ist nicht unwandelbar. Jedes Land hat eine kulturelle Identität, die jedoch unterschiedlich bestimmt werden kann. Man kann die deutsche Identität europäisch, so wie mein jüdischer Lehrer es tat, bestimmen. Der Satz Horkheimers seinen Vater zitierend klingt stets in meinen Ohren: »Wer ist dieser

Hurensohn Hitler, *ich bin deutscher als er.*« Man kann aber auch das Gegenteil tun und deutsch-arrogant »Am deutschen Wesen soll die Welt genesen« postulieren (vgl. Kapitel 1 unten). Die Deutschen haben die Wahl. Soviel steht fest: Ein Land ohne Identität ist eine Gefahr für andere!

Besteht eine Hoffnung, dass die deutsche Leitkulturdebatte an Rationalität gewinnt und dass ihre Träger aufhören, sich gegenseitig mit Keulen zu schlagen, statt sich zu informieren und Argumente vorzutragen? Um diese Frage beantworten zu können, möchte ich die deutsche Debatte rekonstruieren, um dann als Migrant ein Urteil fallen zu können.

Schon beim ersten Blick lässt sich vermerken, dass die Leitkulturdebatte in Deutschland hohe Wellen geschlagen hat, aber nicht sachlich geführt wird. Ich möchte als ein Beispiel hierfür eine der vielen Fernsehsendungen anführen, zu denen ich als »Erfinder des Begriffs« – so werde ich von Deutschen in mangelnder Kenntnis der deutschen Sprache stereotypisiert (man erfindet Technisches, einen Begriff schöpft man ja wohl) – eingeladen war. Bei jener Sendung hat der Moderator mich eingangs nur kurz als Alibi zu Wort kommen lassen, bevor die Teilnehmer dann dazu übergingen, dem Begriff die Bedeutung von »Über-/ Unterordnung« oder anderem Grässlichen im Verhältnis von Deutschen und Migranten zuzuordnen und ihn somit symbolisch totzuschlagen. Ich kam nicht mehr zu Wort, um zu sagen, dass der von mir geprägte Begriff völlig andere Inhalte aufweist, nämlich europäische Werte, keine deutsch-nationalen Implikationen. Ohne Kenntnis des Begriffs und seines Inhalts wurde er, im Beisein seines Schöpfers, als »konfus« bezeichnet und dann für unbrauchbar erklärt. Als ein Einwanderer, dem jede »Sauerkraut- (oder Sauerbraten-) Mentalität« zuwider ist, erlebe ich die auf diese Weise geführte deutsche Leitkulturdebatte. Dabei verzweifle ich an meiner Wahlheimat Deutschland und der Unfähigkeit seiner Bürger, eine politische Debatte diskursiv und rational zu führen.

Das Ganze begann schon sehr schief, als CSU-Politiker die 3,5 Millionen Muslime, die hier leben, sowie die säkulare Identität Europas übergingen und die Leitkultur für »christlich-abendländisch« erklärten. Nicht viel besser war der sozialdemokratische Kanzler, als er von »Leithammeln« als Hintergrund von Leitkultur sprach. Einen Höhepunkt lieferte der grüne Außenminister, der seine Phantasien über Entenhausen aus den Donald-Duck-Comics ins Spiel brachte. Diese Art der Diskussion ist kein Beweis für eine demokratische und rationale Kultur des Debattierens! Gleich zu Beginn, also noch am 29. Oktober, druckte die *Frankfurter Allgemeine Sonntagszeitung* die zentralen Passagen dieses Buches über Leitkultur mit der Überschrift »Eine europäische Leitkultur für den inneren Frieden«. Darin steht unter anderem: »Das friedliche Zusammenleben von Menschen erfordert die rationale Bewältigung der Unterschiede und das Vorhandensein eines Konsenses über einen Normen – und Wertekatalog … [Das ist] mein Begriff von einer konsensuellen, aber europäisch geprägten Leitkultur.« (Wie S. 292 unten)

Die Leserbriefe der Vertreter der Parteien vom 12. November dazu zeigen, dass diese Personen noch nicht einmal diese abgedruckten Passagen, geschweige denn das Buch gelesen haben, aber sie mischen mit und zerstören den Inhalt des Begriffs. Ein CDU-Politiker macht aus meinem überparteiischen, *nur* konsensuell zu verwirklichenden Leitkultur-Entwurf für den inneren Frieden eine parteiische Wahlkampfansage. Er ruft dazu auf, den »Roten und Grünen die multikulturellen Flausen auszutreiben … Schon deshalb muss das Thema Leitkultur zur Bundestagswahl 2002 thematisiert werden.« Das war und ist mitnichten meine Intention. Die Gegenfront war ein SPD-Politiker, der noch heftiger als sein CDU-Kollege zuschlägt: »Eine deutsche Leitkultur knüpft offen und schamlos an den gewaltigen Imperialismus von Wilhelm II. an … So wurde für die Nazis der gesellschaftlich-kulturelle Boden bereitet … Das ist deutsche Leitkultur.« Ein Kommentar erübrigt sich im Tollhaus Deutschland (vgl. Teil 4 unten)!

Wir Einwanderer sind eine Herausforderung an die Deutschen bei der Neubestimmung ihrer Identität im Rahmen von Demokratie, Menschenrechten, Zivilgesellschaft, religiösem und kulturellem Pluralismus im Zeitalter der Migration. Hier gilt es nicht parteipolitisch, sondern konsensuell zu argumentieren. Bei Leitkultur geht es um eine demokratische, also weder religiös noch ethnisch bestimmte zivilisatorisch-politische Identität, die wir Einwanderer mit den Deutschen teilen können, wenn sie wollen, dass wir uns nicht in Parallelgesellschaften (Ghettos) zurückziehen.

Aus dem vorher Gesagten wird deutlich: Alleine die Verwendung des Begriffs »Leitkultur« als Rahmen für die Integration von nach Deutschland eingewanderten Ausländern ist mit Aufregung verbunden, weil mit diesem Begriff die bisher tabuisierte Debatte über Einwanderung in der Bundesrepublik ausgelöst worden ist. Der Vorwurf deutsch-nationaler Gesinnung an den CDU-Politiker Friedrich Merz ließ nicht lange auf sich warten, woraufhin die CDU-Vorsitzende Angela Merkel einen Einwanderer, der in keiner Hinsicht deutsch-national sein kann, nämlich den Autor dieses Buches, als Schöpfer des Begriffs angegeben hat. Mich erreichte dies als internationale Agenturmeldung in Harvard und anschließend las ich es in einem Interview mit Frau Merkel im *Spiegel*. Als Urheber des Konzepts der Leitkultur mache ich jedoch deutlich, dass ich von einer europäischen Identität Deutschlands und somit von einer europäischen, also nicht von einer deutschen Leitkultur für die Integration der Einwanderer spreche. Frau Merkel hat mich richtig zitiert, nicht aber Herr Merz. Polemiker und linke Propagandisten krochen ebenso wie verschiedenste Rechtsaußen aus ihren Löchern und waren bemüht, sich die Debatte darüber, ob Ausländer in Deutschland als Identität den Verfassungspatriotismus und einen Wertekonsens der Zivilgesellschaft annehmen sollten, zu eigen zu machen und somit vom eigentlichen Gegenstand abzulenken. Auf diese Weise entstanden zwei Extreme: Leitkultur zu enteignen, d. h. mit anderen Inhalten zu füllen, oder aber den Begriff und seinen Autor symbolisch hinzurichten. Der Streit verkam zur sinnlosen Auseinandersetzung, ob Einwanderer »Knoblauch oder Sauerkraut« verzehren sollten. Und somit ging es nicht mehr um den zentralen Inhalt: Ein Konzept für die Integration (wohl nicht zu verwechseln mit Assimilation) der Einwanderer als eine Strategie des inneren Friedens!

Schon aus den USA, wo ich mich zu Beginn der Debatte aufhielt, versuchte ich die Sachlage in Interviews mit Rundfunk und in der Presse, gleichermaßen als verfemter und gefeierter »Erfinder des Begriffs«, klarzustellen. Als ich dieses Buch 1998 erstmals veröffentlicht habe, worin auf S. 292ff. der Begriff der Leitkultur entwickelt wird, wollte ich eine *rationale Debatte* über Einwanderer auslösen (vgl. mein neues Nachwort). Ich stieß auf eine Mauer von Tabus und hatte keinen Erfolg. Die Berliner Rede des Bundespräsidenten Rau vom Mai 1999 war in dieser Situation ein Lichtblick, weil sie einen Impuls in die richtige Richtung gab, aber sie wurde schnell vergessen. Ich fand mich als Autor dieses Buches in Raus Rede wieder. Meine Kommentare zu Raus bedeutsamer Rede in der Presse blieben folgenlos. Nachdem Frau Merkel mein soeben angeführtes Buch als Quelle des Begriffs inhaltlich sehr richtig zitiert hatte, wurde mir, dem unparteiischen Einwanderer, von der Wochenzeitung *Die Zeit* »Verbrüderung mit der CDU« vorgeworfen, zusammen mit massiven persönlichen Verfemungen, obwohl dies auf der Aufmacherseite unter dem richtigen

Titel: »Der missverstandene Tibi« angekündigt wurde. Weitere Diffamierungen von Person und Begriff folgten. Das ist der Stand der Dinge bei der Entstehung dieses Vorwortes. Nun ist zu fragen: Welche Perspektiven bestehen für die Fortführung der Diskussion? Ich gebe die Hoffnung nicht auf, dass das vorliegende Aufklärungs-Buch gelesen wird und die Debatte rationale Züge annimmt, d. h. über den Inhalt des Begriffs, nicht über ihn selbst diskutiert und kein verbaler Krieg geführt wird. Wie bei anderen Debatten, so auch bei diesem Thema, holen die Kontrahenten von links und rechts ihre Keulen, mit denen sie ihre Gegner k. o. schlagen wollten, heraus, ohne auf die Inhalte des Begriffs »Leitkultur« einzugehen und seine Bedeutung für die Integration zu erkennen. Bisher wurde nicht nur *nicht* zwischen der bestehenden wildwüchsigen *Zu*wanderung und dem Bedarf an gesteuerter *Ein*wanderung unterschieden; Schlagworte wie »Unwort des Jahres« dienten als Steine einer publizistischen Straßenschlacht. Dabei meint der Begriff »Leitkultur« – wie bereits zitiert und auf S. 292ff. deutlich wird – nichts anderes als eine Orientierung, eine Art Leitfaden in Form eines Wertekonsenses über zivilisatorische europäische Werte wie säkulare Demokratie, individuelle *(nicht* kollektive) Menschenrechte, Zivilgesellschaft, Toleranz sowie religiösen und kulturellen Pluralismus. Nun, allen Polemikern und Trittbrettfahrern zum Trotz, der Bedarf an einer Diskussion über eine wertebezogene Grundlage besteht nach wie vor; der Inhalt des von mir geprägten Begriffs Leitkultur steht dabei zur Debatte; diese darf nicht wie bisher auf niedrigem Niveau und ohne Respekt vor den Regeln einer Kultur des demokratischen Debattierens geführt werden.

Leitkultur ist eine Friedensstrategie, von einem Einwanderer präsentiert und kein Wahlkampfschlager. Eine rationale Diskussion über Leitkultur ist für die deutsche Demokratie wichtig. Deshalb sollte die gegenwärtige Debatte, allerdings auf einer solideren Grundlage, fortgeführt werden. Einerseits halte ich es für richtig, dass Friedrich Merz das lang tabuisierte Thema »deutsche Identität« offen anspricht, nachdem er den Kritikern zum Trotz ankündigte, am Begriff »Leitkultur« festzuhalten. Andererseits möchte ich um der Klarheit der Diskussion willen richtigstellen, dass er ein anderes Verständnis von Leitkultur hat als ich. In meinem Buch mache ich deutlich, dass Migranten nur die europäische Identität Deutschlands annehmen können. Wenn die Begriffe Identität und Leitkultur deutsch, nicht europäisch bestimmt werden, wird jede Integration erschwert. Die

Formel »deutsche Gepflogenheiten« erweckt in diesem Zusammenhang Missverständnisse und ist für Migranten abschreckend. Der Vorwurf der deutsch-nationalen Orientierung ist nur zu entkräften, wenn zwischen Assimilation (Anpassung) und Integration (Einbindung in ein demokratisches Gemeinwesen) streng unterschieden wird. Als Merz merkte, dass er mich als »Kronzeugen« nicht gebrauchen kann, berief er sich auf Theo Sommer, der den Begriff 1998 verwendete. Prompt reagierte Sommer und schrieb in der *Zeit* vom 16. November 2000, dass er den Begriff »vielleicht ja von Bassam Tibi« übernommen habe.

Es liegt mir fern, mich im Fahrwasser der deutschen Selbsthasser zu bewegen und alles Deutsche dadurch abzuschreiben, indem ich »deutsch/Nazi« gleichsetze. Es ist möglich, von deutscher Leitkultur in europäischem Sinne zu sprechen und an die Verwestlichung Deutschlands seit 1945 anzuknüpfen. Große Deutsche wie Kant und Hegel waren zugleich Europäer und in ganz Europa geachtet. Ich teile nicht die Ansicht, dass Deutschland keine deutsche Identität haben darf, meine jedoch, dass diese 1. primär europäisch bestimmt sein sollte und 2. an Werten (Demokratie, Säkularität, individuellen Menschenrechten, säkularer Toleranz/Pluralismus und Zivilgesellschaft), nicht an Begriffen wie Volk und »unseren Gepflogenheiten« orientiert sein sollte. Wenn von deutsch-europäischer Leitkultur geredet wird, werden Missverständnisse – und folglich Polemiken – ausgeräumt.

Mit der Debatte über Leitkultur wurde eine lange fällige Diskussion über eine bisher tabuisierte Thematik entfacht, die das Land braucht. Die Kritik an der Werbeliebigkeit *der multikulturellen Gesellschaft* ist der Hintergrund des von mir geprägten Begriffs der Leitkultur als konsensueller Werteorientierung. Und ich hoffe, dass der Inhalt dieses Buches, nicht nur sein Titel und willkürlich ausgesuchte Begriffe die Debatte bestimmen.

In der deutschen Debatte über Leitkultur, die in ihrer inhaltlichen Gestaltung viel zu wünschen übrig lässt, ist zugunsten eines kulturellen und religiösen Pluralismus die multikulturelle Gesinnung zu überwinden. Hierbei ist die Tatsache der Zuwanderung wahrzunehmen, was heißt: einzuräumen, dass Deutschland ein Einwanderungsland geworden ist. Zum Abbau der Tabus gehört, rational über Einwanderung reden zu dürfen und zu sagen, dass dies bedeutet, eigene Interessen zu verfolgen und nicht die Einfuhr von ethnischer Armutskultur. Schließlich ist eine auf die »issues«, also auf die Sache, bezogene Diskussion über Einwanderung in Deutschland fällig. Der Glaube, sie würde populistische und somit rechtsradikale Gedanken entfachen, ist falsch. In diesem Buch mache ich im vierten Teil über Deutschland deutlich, dass dieses Land Einwanderung braucht und den Migranten im Rahmen einer Integration eine demokratische Identität geben muss. Und ich wiederhole es: Einwanderung heißt zudem nicht, Sozialhilfeempfänger und Armutskultur einzuführen, sondern sich für Menschen zu öffnen, die dieses Land bereichern können. Das Ziel für die deutsche Demokratie besteht darin, dass die Parteien sich darauf einigen, dass jedes Gemeinwesen einen Wertekonsens und eine Identität benötigt. Es ist gleich, ob Leitkultur oder ein anderer Begriff hierfür in Anspruch genommen wird. Auf dem Begriff bestehe ich nicht, wohl aber auf seinem demokratischen Inhalt. Verbale Abrüstung darf nicht heißen: Zurück zu den Tabus. Ich bin stolz darauf, Autor des vorliegenden Buches zu sein, das die endlich fällige Einwanderungsdebatte in Deutschland ausgelöst hat. Zu den großen Ehren meines Lebens gehört folgende Äußerung von Yair Hirschfeld, dem jüdischen Architekten des Oslo-Friedens sowie einstigen Berater des ermordeten Friedenshelden Itzhak Rabin, auf dem 3. Internationalen Herzl-Symposium vor mehr als 400 Zuhörern im Wiener Rathaus im März 2000: »Die Frage ist, ob Europa im neuen Jahrhundert ein Europa von Jörg Haider oder von Bassam Tibi, Autor des Buches *Europa ohne Identität?,* sein wird.« Das ist auch mein Anspruch: Wir Migranten wollen mitreden!

Bassam Tibi
Göttingen, im November 2000

EINLEITUNG

Europa zwischen den Extremen im Multikulti-Zeitalter: Das Pendeln zwischen eurozentrischer Arroganz und kulturrelativistischer Selbstverleugnung

»Obwohl es den Eindruck erwecken mag, dass Multikulturalismus dem Universalismus widerspricht, sind beide Denktraditionen tatsächlich miteinander vereinbar, zumal der Multikulturalismus nichts anderes ist als ein auf kulturelle Politik angewandter Universalismus ... Der Universalismus hat niemals sein zentrales Dilemma gelöst, das darin besteht, zugleich eine westliche Idee – die Idee, dass Verwestlichung global und unaufhaltsam war – und eine anti-westliche Idee – die Idee, dass die westliche Identität glücklicherweise ihr Ende gefunden hatte – zu sein ... Das Dilemma des Universalismus ist ein Produkt der Zweideutigkeit, die dem Neuen Westen eigen ist: War er eine neue Zivilisation, die sich durch ihr Abweichen von der eigenen und sämtlichen anderen Vergangenheiten definierte, oder war er das Ergebnis einer historischen Identität? ... Dieses Dilemma wirft die Frage nach der westlichen Identität für das dritte Jahrtausend auf.«

David Gress, From Plato to Nato. The Idea of the West and its Opponents
New York 1998, S. 503f.

Den Eurozentrismus zu überwinden ist eine politische Tugend, aber verbissener Selbsthass ist Selbstaufgabe

Seit Lessing und Voltaire und der durch die europäische Aufklärung erreichten Überwindung der Verteufelung Andersdenkender und Andersgläubiger sowohl in den eigenen Reihen als auch in anderen Kulturen und Zivilisationen gehört Toleranz zu den wertvollsten Errungenschaften Europas. Von diesem Kontinent sind gleichwohl viele schwere Verbrechen ausgegangen bzw. begangen worden; Europa hat aber mit der Aufklärung auch erhaltenswürdige Werte, die im Widerspruch zu Faschismus und Kolonialismus stehen, hervorgebracht. Im Multikulti-Zeitalter mit seiner Relativierung aller Werte, das heißt dem Kulturrelativismus (vgl. dazu Kap. 4), wird die Verteidigung der europäischen Werte gegenüber vormodernen, damit meine ich: vor-aufklärerischen, Kulturen als Intoleranz gegenüber »Fremden«, ja in extremen Fällen als Rassismus diffamiert. Dabei wird nicht zwischen Toleranz gegenüber dem »Fremdsein« und Kritik an einer kollektivistischen Einbindung des Individuums (Unfreiheit) unterschieden.

Modebesessene Europäer, die immer die Nase vorn haben wollen, bemühen gern den Begriff »Kulturrassismus«, um hiermit jede Kritik an »fremden« Kulturen zu verbieten. Selbst ein »Fremder« unter den Deutschen, möchte ich mich dem nicht anschließen. In diesem Buch will ich die Euro-Arroganz kritisieren, zugleich aber die Werte der europäischen Aufklärung verteidigen. Ich bitte meine Leser um Nachsicht für die Wiederholung meines in der Vorrede vorgetragenen Anliegens, dass ich als Nicht-Europäer Europa für andere Kulturen und Zivilisationen öffnen will, jedoch ohne dies mit europäischer Selbstaufgabe gegenüber vormodernen Zivilisationen mit ihren halbmodernen Fundamentalismen gleichzusetzen. Für mich ist es kein Widerspruch, für die europäischen Werte als Partisan der Aufklärung einzutreten und gleichzeitig eine radikale Kritik an der europäischen Überheblichkeit vorzutragen, das heißt den Euro-Rassismus als barbarisch zu bekämpfen. Wertfrei nenne ich die überhebliche Einstellung des Eurozentrismus in diesem Buch Euro-Arroganz.

Überheblichkeit ist immer hässlich und verdammenswert, muss aber darum nicht unbedingt »rassistisch« sein – will man an dem strengen Inhalt eines scharf zu bestimmenden Rassismus-Begriffs festhalten (vgl. Anm. 6). Ein Nazi-Faschist, aber auch ein die nicht-europäischen Menschen herabstufender Europäer ist ein Rassist. Doch müssen Vorurteile, auch wenn sie noch so sehr abzulehnen sind, nicht in jedem Fall Rassismus bedeuten: Oft sind sie nur Ausdruck der Euro-Arroganz bzw. der Ignoranz. Was ich an Europa verteidige und erhalten sehen will, sind einzig die »kulturelle Moderne«[1] und ihre politisch-aufklärerischen Implikationen. Die Werte dieser kulturellen Moderne hat Jürgen Habermas als »Subjektivitätsprinzip« zusammengefasst. Dieser Begriff bezieht sich auf die Bestimmung des Menschen als eines »freien Individuums«, beinhaltet also Menschenrechte und säkulare Demokratie als Produkte der Entzauberung der Welt. Als ein Mensch, der selbst aus der islamischen Zivilisation stammt, möchte ich in diesem Buch die »kulturelle Moderne« Europas gegenüber vormodernen Kulturen verteidigen. Das ist Aufklärungsarbeit und von Euro-Arroganz oder gar von Euro-Rassismus klar zu unterscheiden.

Als in Europa lebender Nicht-Europäer leide ich unter den Wechselbädern, die ich in meinem Alltag erfahre: Einerseits treffe ich auf Europäer, die mich euro-arrogant diskriminieren, und andererseits auf das Gegenextrem derjenigen Europäer, die sich selbstverleugnend dem Nicht-Europäer anbiedern. Diese Selbstverleugnung, die zu Selbsthass führt, erregt Mitleid, aber auch Verachtung.

Die beschriebenen Extreme verunsichern mich. Dieses Buch habe ich nicht nur geschrieben, um diese widersprüchlichen Erfahrungen intellektuell zu verarbeiten. Mein Buch wendet sich an aufgeschlossene Europäer, von denen ich als Mitbürger akzeptiert werden möchte, um ihnen in Zeiten der Sinnkrise Orientierung zu bieten. Es liegt mir fern, den Lehrmeister herauszukehren, noch will ich Selbstherrlichkeit demonstrieren. Dies wäre nichts anderes als eine Umkehrung der Euro-Arroganz. Eine Verherrlichung von »Dritte-Welt-Kulturen« gegen Europa ist mir fremd. Auch halte ich nichts von der Arroganz islamischer Fundamentalisten gegenüber den »dekadenten« Europäern. Als ein Kritiker Europas bin ich weder antiwestlich eingestellt, noch hasse ich Europa.[2]

Jeder Autor fühlt sich am glücklichsten, wenn er richtig verstanden wird. In diesem Sinne habe ich im Fragebogen des Freitagsmagazins der *Frankfurter Allgemeinen Zeitung* vom 4. August 1995 auf die Frage nach dem »vollkommenen irdischen Glück« geantwortet: »Wenn ich mich richtig verstanden fühle.« In diesem Sinne machte es mich glücklich, als die *FAZ*-Redaktion mich in jenem Fragebogen als »muslimischen Aufklärer« vorstellte, der seine deutschen Landsleute nicht nur über den Islam, sondern auch und vor allem »über die Grundlagen und Vorzüge ihrer eigenen, der westlich-säkularen Zivilisation aufklären« müsse. Ähnlich freute es mich, als der einstige Chefredakteur des Schweizer Fernsehens/DRS, Erich Gysling, meine »Stimme«, das heißt meine öffentlichen Stellungnahmen, »in dieser Zeit von eigenverursachter Verunsicherung« als »wichtig« einordnete, weil ich mit meiner Arbeit »eine Orientierungshilfe« biete.[3]

Mir ist das Risiko bewusst, das ich mit diesen Zitierungen eingehe. Mag sein, dass ich damit meinen Feinden ins offene Messer laufe, und ich höre bereits die gesinnungsethischen protestantisch-politischen Theologen unter ihnen, die mich als Muslim zu christlicher Demut ermahnen.[4] Meine Antwort: Der Vorwurf der Selbstbeweihräucherung ist unangemessen; ich habe keinen Bedarf danach.

Mit diesen einleitenden Bemerkungen möchte ich in die zentralen Gedanken meines Buches einführen: Europäer, besonders die Deutschen, müssten ihre selbstzentrierten Weltbilder überwinden und sich hierbei für andere aufrichtig und ohne Verlogenheit öffnen. Unsere Zeit im Übergang zum dritten Millennium, also unsere sich in jeder Hinsicht verändernde Welt, erfordert eine Überwindung der Eurozentrik. Das kann und soll jedoch ohne Selbstaufgabe erfolgen. Wenn ich vor Selbstaufgabe warne, bin ich als Nicht-Europäer von dem Verdacht frei, ein »europäischer Rassist« zu sein, der Europa gegen die »Fremden« verteidigt.[5] In Europa bin ich selbst »Fremder«!

Ich habe bereits ausgeführt, dass europäische Vorurteile gegenüber Migranten und ihren Kulturen als Ausdruck der Arroganz und nicht in jedem Fall als »Rassismus« einzuordnen sind. Doch es gibt einen Euro-Rassismus, den ich in meinem Alltag zum Teil offen, aber auch subtil als selbst Betroffener erlebe. Subtile Herabstufungen und Beleidigungen verletzen tiefgründiger als primitive rechte Rassenklischees. Dennoch warne ich in diesem Buch vor der leichtfertigen Verwendung des Begriffs »Rassismus« als Schimpfwort, ja vor seiner falschen Übertragung in die Sphäre der Kultur. Kulturgemeinschaften sind keine »Rassen«; es ist ein schwerer Fehler, beide miteinander zu verwechseln.[6]

Als semitischer Araber bin ich weder ein Masochist noch selbstlos, wenn ich die europäischen Werte der Aufklärung gleichermaßen gegen religiöse Fundamentalisten und ethnische Nationalisten aus anderen, nichteuropäischen Zivilisationen verteidige. Ähnlich wie der linke Aufklärer Alain Finkielkraut[7] verteidige ich die Moderne gegen die Vormoderne, ohne die hässlichen Seiten Europas zu übersehen. Ganz im Gegenteil, ich kehre die europäischen Werte gegen bestimmte Europäer selbst und trete dafür ein, dass die Euro-Arroganz überwunden wird, um Grundlagen dafür zu schaffen, dass die Verheißung der europäischen Werte der Aufklärung nicht beim Normativen, das heißt als bloßer Begriff ohne Realität, stehen bleibt.

Es gehört nicht zur Dialektik der Aufklärung, wie meinen philosophischen Lehrern Adorno und Horkheimer oft in den Mund gelegt wird[8], dass die Aufklärung in Faschismus und Imperialismus mündet. Ich nehme die europäische Aufklärung sehr ernst und verteidige sie sowohl gegen ihre europäischen als auch ihre nichteuropäischen Gegner. In ihr sehe ich eine Fortsetzung der embryonalen Ansätze zu einer Aufklärung im Hoch-Islam[9], die von der islamischen Orthodoxie des Mittelalters abgewürgt wurden. Unter Aufklärung versteht man den Primat der Vernunft. In diesem Sinne hat es zwischen dem neunten und zwölften Jahrhundert Ansätze zu einer islamischen Aufklärung gegeben, die im islamischen Rationalismus von al-Farabi, Ibn Ruschd und Ibn Sina gipfelten. Diese Ansätze haben Europäer bei der Entfaltung ihrer Vernunftorientierung durch Anleihen beim Islam am Vorabend ihrer Renaissance übernommen. Große islamische Rationalisten wie Avicenna/Ibn Sina und Averroës/Ibn Ruschd bieten Grundlagen dafür, die Zivilisationen des Islam und Europas miteinander zu verbinden, wohingegen vernunftfeindliche islamische Fundamentalisten und Euro-Rassisten beide trennen und die Gräben zwischen ihnen vertiefen!

Was heißt Toleranz?
Was unterscheidet sie von Nächstenliebe?

Aus der Perspektive der Vernunft ist die oberste Maxime für den Umgang Europas mit anderen Kulturen und Zivilisationen: Toleranz. Im Sinne einer gegenseitigen Öffnung bedeutet Toleranz zugleich Akzeptanz des jeweils anderen, und sie ist damit die wichtigste Brücke zwischen den Zivilisationen. Einleitend habe ich die Toleranz der Aufklärung zu den größten europäischen Errungenschaften der kulturellen Moderne gezählt; sie geht ein gutes Stück über die Toleranz im Islam hinaus. Der in der Aufklärung entwickelte Begriff der Toleranz stellt einen Höhepunkt in der Geschichte der Menschheit dar. Aber gleichermaßen damals wie heute bleibt an diesem Konzept der Toleranz doch einiges auszusetzen. Was ist nun Toleranz? Und wo liegen ihre Grenzen?

Als ich mich während meiner Frankfurter »Lehr-und Wanderjahre« im Überschwang der 68er-Bewegung befand und unter ihren geistigen Einflüssen stand, sprach ich im damals üblichen Marcuse-Stil von der »repressiven Toleranz«. Ich halte dieses Gerede heute schlicht für dumm. Der aus der Frankfurter Schule hervorgegangene Philosoph Werner Becker, der von ihrer schrillen post-adornitischen Gesinnungsethik unbeeinflusst geblieben ist, räumt ein, dass Europa die Idee der Toleranz gepredigt habe, betont aber:

> »Zur praktischen ethischen Kultur des europäischen Christentums gehört nicht die Toleranz.«[10]

Schuldgefühle und Selbstzerfleischung helfen gewiss nicht, solche »Sünden« zu überwinden! Doch leider ist dies die verbreitete christliche Art der Vergangenheitsbewältigung! Ein Beispiel ist die Neigung der Kirchen, im

Namen der Vergangenheitsbewältigung die Grenzen Europas für alle wirtschaftlich Benachteiligten und politisch sowie religiös Verfolgten aus aller Welt zu öffnen. Dies ist aber kein Beitrag zur Bewältigung der deutschen Verbrechen an den Juden, hier handelt es sich um zwei völlig verschiedene Gegenstände! Vergleichsweise ist in unserer Zeit zu vernehmen, dass viele Europäer von der »christlichen Nächstenliebe« reden, um – z. B. im Namen der Bekämpfung des Antisemitismus – alle vormodernen nicht-europäischen Weltanschauungen salonfähig zu machen. Ähnlich werden Dinge durcheinandergebracht, wenn die Kritik an der Beschneidung der Frauen in vormodernen Kulturen mit Rassismus verwechselt wird. Dabei ist die Beschneidung eine physische Verstümmelung und eine eklatante Verletzung des Grundrechts auf körperliche Unversehrtheit. In einer »postmodernen« Steigerung wird der Begriff Kulturrassismus eingeführt.

Psychologisch ist die falsch verstandene Toleranz eine Kompensation, um die im Gegensatz zu der neuen Einstellung stehende intolerante Vergangenheit zu verdrängen – ähnlich wird der Philosemitismus als Umkehrung des Antisemitismus betrieben; auch er ist keine verantwortungsethische Bewältigung der barbarischen antisemitischen Vergangenheit. Werner Becker korrigiert diese christlichen Gesinnungsethiker durch seine Warnung vor einer Verwechselung von »christlicher Nächstenliebe« und Toleranz. Er deutet Toleranz als eine Kultur des weltanschaulichen Pluralismus, der nur unter der Bedingung der »Beibehaltung der eigenen Position« erfolgreich zu praktizieren ist. Aus diesem Grund steht »Toleranz in der Regel … unter der Bedingung der Gegenseitigkeit« (ebd.).

Intolerante Positionen und alle Absolutismen, alt und neu, können nicht im Namen der Toleranz hingenommen werden. Becker erinnert seine Leser daran, dass Toleranz in einer pluralistischen Gesellschaft »ohne die Dominanz einer bestimmten Kultur nicht möglich ist« (ebd.). Das ist eine rationale Erkenntnis – basierend auf der Vernunftorientierung der kulturellen Moderne, die nicht mit der Gesinnungsethik der politischen Theologie gleichzusetzen ist. Daher ist es wichtig, mit Werner Becker in aller Deutlichkeit und Offenheit klarzustellen, dass Toleranz nicht heißen kann, das Gebot Jesu zu befolgen, »demjenigen auch die andere Wange hinzuhalten, der einem bereits einen Schlag auf die eine Wange versetzt hat«. Dieses Gebot ist in diesem Sinne nicht mit Toleranz vereinbar. Im sechsten Kapitel werde ich näher begründen, dass Toleranz den angemessenen Umgang mit Andersdenkenden, nicht jedoch die moralische Selbstaufgabe durch Verzicht auf die eigene Position einschließt. Zudem heißt Toleranz nicht, »alles Abweichende und Andersartige zu dulden« (ebd.). Die Duldung beispielsweise von Frauenbeschneidung und fehlender Glaubensfreiheit in anderen Kulturen ist sicher keine Toleranz. Anlässlich einer prominenten Debatte der Erasmus Foundation in Amsterdam wurden die »Grenzen des Pluralismus« im Zeitalter der Gefährdung der Toleranz durch fundamentalistische Absolutismen festgemacht.[11] Die Grundthese lautet: Zwischen Freiheit und Unfreiheit kann es keinen Pluralismus geben!

Von einem ähnlichen Verständnis der Gefährdung der Demokratie ausgehend, argumentiere ich: Multikulturelle und kulturrelativistische Toleranz ist eine Form der Aufgabe der eigenen Werte, das heißt der Selbstaufgabe und in diesem Fall Aufgabe von Aufklärung und Freiheit. Das ist die zentrale These dieses Buches. Unter den Bedingungen der Zuwanderung aus vormodernen Kulturen könnte Europa seine Identität einbüßen, wenn es nicht gelingt, die »neuen Europäer« in das zivilisatorische Projekt Europa zu integrieren. Die Diffamierung der Bewahrung der eigenen Identität als Rassismus ist ein augenfälliges Beispiel für die »Umnachtung der Vernunft« (Max Horkheimer).

Leser, die mit meinen früheren Schriften als linker 68er vertraut sind, werden sich fragen, warum ich als semitischer Araber die europäische Identität gegen die heute als »links« geltenden Multikulti-Ideologien und den Kulturrelativismus verteidige. Die *Frankfurter Allgemeine Zeitung*-Redaktion hatte mich anlässlich meiner Beantwortung des Marcel-Proust-Fragebogens des Freitagsmagazins mit folgenden Worten vorgestellt:

> »Er versteht sich als einer der wenigen muslimischen Aufklärer, muss jedoch heute, was ihn erstaunt, vor allem seine deutschen Landsleute aufklären … auch über die Grundlagen und Vorzüge ihrer eigenen, der westlich-säkularen Zivilisation.«

In diesem Sinne bin ich auch immer wieder erstaunt, wie viele Europäer ihre eigene Zivilisation verleugnen. Nicht nur ich, sondern auch die Bedeutung von »links« hat sich gewandelt.

Nach dem Kurswechsel der Linken der 68er-Generation von Antiautoritären zu Exponenten der stalinistisch-maoistischen, also ultra-autoritären, K-(kommunistischen)Gruppen der frühen siebziger Jahre (KBW, KSV und andere totalitäre Ks) und der Fundi-Öko-Ersatzreligion (Grüne) der achtziger und neunziger Jahre habe ich mich von diesem Kreis distanziert, was mit einer Rückkehr zu meinen islamischen Wurzeln einherging.

Dennoch bleibe ich dem bei Adorno und Horkheimer erlernten aufklärerischen Denken der 68er-Zeit treu, von dem bei vielen heutigen Linken (vgl. Kap. 2) nichts übriggeblieben ist. An vorderster Stelle steht das Prinzip der Reflexivität, wonach alles – und zwar ohne Zensur – der kritischen Vernunft unterworfen werden kann und muss. Für die Mehrheit meiner damaligen Generation der Linken bot Reflexivität die Orientierung; für viele heutige Linke ersetzen Verbote der Political Correctness das Denken. Aufklärung ist jedoch mit den Denkverboten der aus den USA importierten Diktatur der Political Correctness unvereinbar. Toleranz und Reflexivität sind in den neunziger Jahren für die Multikulti- und Öko-Ideologen sowie für militante feministische Anhängerinnen der Übertragung des Klassenkampfes auf die Beziehungen zwischen den Geschlechtern Fremdwörter.

Europa und der »Tiers-Mondisme« – alt und neu

In Bezug auf das Thema dieses Buches und die hier angesprochene Problematik der Extreme – von eurozentrischer Arroganz zur Selbstaufgabe gegenüber anderen Kulturen – ist es von Belang, auf den Gesinnungskomplex *Tiers-Mondisme,* das heißt die Dritte-Welt-Romantik der 68er-Zeit einzugehen. Der Grund hierfür ist, dass jene Ideologie heute in einer multikulturalistischen Form fortlebt und wir auf sie zurückgreifen müssen, um den anstehenden Gegenstand besser zu verstehen. Der französische Begriff, mit dem diese Ideologie umschrieben wird, besteht aus dem Wort Dritte *Welt/Tiers Monde,* erweitert durch einen -ismus/-*isme.*

Von meiner Herkunft selbst ein »Dritt-Weltler«, sonnte ich mich in den 60er Jahren unter meinen deutschen »Genossen« in dieser von ihnen romantisierten Identität. Seinerzeit trug ich durch meine Aufsätze in den Berliner Zeitschriften der 68er-Linken, *Das Argument* und *Sozialistische Politik,* sowie durch Publikationen im Trikont-Verlag und drei Bücher in der einflussreichen Reihe »Dritte Welt« der damals linken »Europäischen Verlagsanstalt« zugegebenermaßen selbst geistig zu dieser Romantisierung bei. Heute schaue ich auf diese Wirkung kritisch zurück und deute sie als »intellektuelle Pubertät«. Es gibt deutsche Linke, die über dieses Alter nie hinausgekommen sind.

In dem angeführten Zusammenhang jener Zeit hatte ich – obwohl noch ein junger Student aus Damaskus – entscheidenden Anteil an der Verbreitung der Ideen von Frantz Fanon und Aimé Césaire. Dieses Gedankengut gehörte zu den Grundlagen des *Tiers-Mondisme*. Mit konzentrierter Bezugnahme auf die Thematik dieses Buches möchte ich zeigen, welche Kritik an Europa legitim war und noch ist und welche falschen Schlussfolgerungen damals wie heute daraus gezogen worden sind. Mit anderen Worten: Es geht mir nicht um eine Kehrtwendung. Die Europa-Kritik des *Tiers-Mondisme* weise ich nicht pauschal zurück, im Gegenteil, ich vertrete auch weiterhin einige ihrer Elemente. Zunächst aber bedürfen die Namen Césaire und Fanon – ihre Schriften waren für meine 68er-Generation neben Marx und Marcuse noch eine Art Bibel, an der keiner vorbeikam – heute wohl einer kurzen Vorstellung, auch wenn ihr geistiges Erbe noch fortlebt.

Aimé Césaire, 1913 geboren, ist ein bedeutender Dichter von der westindischen Insel Martinique, der in Paris wirkte und dort auch in die Nationalversammlung gewählt worden war; durch seinen *Discours sur le colonialisme* (1955) hat er für viel Furore gesorgt. Seine in französischer Sprache verfasste Dichtung *Retour au pays natal* (von 1939) trägt zum Rang des Französischen als Weltsprache bei. Césaire hasste und liebte Frankreich zugleich. In seinem *Discours* klagt er die Europäer an und wirft ihnen, zum Teil mit Recht, Heuchelei vor: Sie verurteilten zwar Hitlers Barbarei, übersähen aber dabei, dass die europäischen Kolonialisten mit nicht-europäischen Völkern nicht viel anders umgegangen seien als die Nazi-Barbaren mit den Juden. Césaire wollte mit seinem *Discours* dem »ach so humanen, ach so christlichen europäischen Bürger des 20. Jahrhunderts mitteilen, dass er in sich einen Hitler trägt …, dass Hitler in ihm haust, dass Hitler sein Dämon ist, dass er, wenn er ihn rügt, einen Mangel an Logik verrät und dass im Grunde das, was er Hitler nicht verzeiht, nicht das Verbrechen an sich, das Verbrechen an Menschen …, sondern dass es das Verbrechen gegen den weißen Menschen ist … die Anwendung kolonisatorischer Praktiken auf Europa«.[12]

Europäische Rassisten sprechen uns Nicht-Europäern logisches Denken, ja Rationalität ab, der Afro-Inder Césaire will mit der zitierten Passage den Europäern eine Lektion in Logik erteilen: Die Verbrechen an Asiaten und Afrikanern waren nicht minder barbarisch als die Verbrechen an Juden; sie bedienten sich derselben Logik wie der Antisemitismus. Die Entmenschlichung der Juden hat ihre Parallele in der Entmenschlichung der Asiaten und Afrikaner!

Césaire weist zu Recht auf das historische Faktum hin, dass die europäische Expansion die Kolonialisierung der nicht-europäischen Teile der Welt, nicht aber deren Europäisierung im Sinne der Verbreitung des europäischen Humanismus zum Ziel hatte. Diese Expansion wird uns in den Kapiteln des ersten Teils näher beschäftigen. Europäische Eroberer hatten die Ideologie des missionarischen Universalismus groß auf ihre Fahnen geschrieben. Nach Césaire war

> »die Europäisierung Afrikas oder Asiens keineswegs – wie das Beispiel Japans beweist – an die europäische Besatzung gebunden … Die Europäisierungsbewegung der nicht-europäischen Kontinente hätte sich anders vollziehen können als unter dem Stiefel Europas« (ebd., S. 28).

Césaire war ein großer Poet. Politisch bedeutender für die Ideologie des *Tiers-Mondisme* war jedoch der 1924 ebenfalls in Martinique geborene Frantz Fanon; er war ein Freund und Zeitgenosse Césaires und wirkte – gleichfalls in Paris – als Arzt und Psychotherapeut. Im Jahre 1953 hatte er sich hoffnungsvoll der algerischen Revolution angeschlossen. Sein auf dem Sterbebett in einem Washingtoner Krankenhaus geschriebenes Werk *Les damnés de la terre* gilt seitdem als das Kommunistische Manifest der »Dritten Welt«.[13] Die in einer deutschen Übersetzung 1966 bei Suhrkamp erschienene Ausgabe dieser Arbeit gehörte zur Pflichtlektüre jedes 68ers. Ich persönlich habe zur Verbreitung der Fanon-Rezeption beigetragen und habe seine Übertragung der Hegelschen »Herr-Knecht-Beziehung« auf die des *Colon-Colonisé* (Kolonisator-Kolonisierter) vertreten.[14]

Heute gehen linke, noch mit Fanon vertraute Multikulturalisten, wie ich im zweiten Kapitel zeigen werde, so weit zu behaupten, dass diese Fanonsche Dialektik von Herr-Knecht auf die Beziehung von »Europäern und Migranten« übertragbar sei. Das ist nicht nur gefährlich, sondern in einem erheblichen Maß folgenreich für den inneren Frieden in Europa. Diese linken Multikulti-Ersatz-Klassenkampf-Ideologen wollen uns Ausländer als ihr Proletariat neuer Prägung missbrauchen.[15] Fanon war zwar ein politischer Prophet des *Tiers-Mondisme,* aber doch von solch einer Verherrlichung vormoderner Kulturen frei. Mit einigen Differenzierungen schließe ich mich Fanons Ansicht an, dass Europa

> »nicht aufhört, vom Menschen zu reden, und ihn dabei niedermetzelt, wo es ihn trifft, an allen Ecken seiner eigenen Straßen, allen Ecken der Welt«.[16]

Trotz dieses kruden Urteils geht Fanon nicht zum Gegenextrem über, er verherrlicht nicht den *bon sauvage* / edlen Wilden. Im Gegensatz zu den einfältigen »Tiers-Mondisten« hat Fanon keine beschönigenden Worte für das vormoderne Nicht-Europäische gefunden; er spricht sich gegen »das Häuptlingswesen und ... (die) alten marabutischen Brüderschaften« aus, tritt für »die Auflösung des Regionalismus und (der) Stammesverbünde« ein und schreibt schließlich, die »Beseitigung der Kaids und Häuptlinge ist Vorbedingung« (ebd., S. 72) für die Befreiung. Die »Dritte Welt«, für die Fanon gegen Europa eintritt, ist frei von »allen Mystifizierungsversuchen, gegen alle Hymnen auf die Nation gewappnet«. Dies galt ihm »alles nur (als) Karneval und Tralala« (ebd., S. 114). Aber diese »Dritte Welt« ist nicht zum neuen »Sturmzentrum« (ebd., S. 5) geworden; stattdessen wird ihre Vormoderne in der Form eines Dritte-Welt-Mythos romantisiert.

Die Behauptung, der europäische Humanismus sei zu einem Lippenbekenntnis geschrumpft und er gälte allenfalls noch für die Europäer selbst, ist übertrieben, aber nicht ganz falsch. Zum Beispiel waren die Schriften Rousseaus und Montesquieus in Französisch-Südostasien von der Kolonialverwaltung verboten, weshalb vietnamesische Nationalisten sie auf Chinesisch unter den Decknamen »Meister Lu« und »Meister Manh«[17] lesen mussten. Scheinbar tolerante Kulturrelativisten unserer Zeit sind keinen Deut besser als die heuchlerischen Universalisten alter Zeiten: Sie wollen zum Beispiel zulassen, dass Frauen von uns Migranten im Namen der Toleranz beschnitten werden, würden dies aber niemals bei ihren eigenen Frauen gestatten.

In diesem Buch will ich zu einer Überwindung der inhumanen Euro-Arroganz beitragen und zeigen, dass die »ach so« (mit Césaire) weltoffenen Multikulturalisten nicht minder euro-arrogant (vgl. S. 460f.), ja im deutschen Fall oft deutsche Nationalisten sind. Dennoch ist aus dieser Anklage gegen Europa nicht die »tiers-mondistische« Verabschiedung von den Werten und Normen der europäischen Aufklärung zu folgern.

Doch bleiben wir zunächst bei Fanon:

»Verlieren wir keine Zeit ... verlassen wir dieses Europa ... Europa hat endgültig ausgespielt, es muss etwas anderes gefunden werden ... Die europäischen Errungenschaften dürfen uns nicht mehr in Versuchung führen und aus dem Gleichgewicht bringen.«[18]

Europa war »das Ganze«, und die Ideologie des *Tiers-Mondisme* predigte das »ganz Andere«. Diese Begriffe stammen aus dem Jargon der europäischen 68er-Linken. Es gehört zu den Lehren der Frankfurter Schule, das Kritische in der Negation, also in der Verneinung zu sehen. Ich habe mich von dieser Belastung in meinem Denken befreit und gelernt, das Positive zu sehen, was mit dem Schimpfwort der Affirmation (im Gegensatz zur Negation) belegt wurde. Die radikale Negation, auf die die Linken fixiert waren, sollte die »Dritte Welt« erfüllen. Aus Enttäuschung über das Ausbleiben der von ihrem Propheten Karl Marx verkündeten proletarischen Revolution suchten sie für die Negation der bürgerlichen Gesellschaft ein Ersatzobjekt, das damals die »Dritte Welt« war. Fanon klagte Europa zu Recht an, aber ein Nachfolger-Prophet von Marx, ein im sonnigen Kalifornien verwöhnter Westler, Herbert Marcuse, hatte den westlichen »eindimensionalen Menschen« konstruiert und dann denunziert. In seinem diesen Titel tragenden Buch stellte er die Frage, ob aus dem Widerstand der Völker der Dritten Welt gegen die Modernisierung trotz der mit ihr verbundenen Aussicht »auf ein besseres und leichteres Leben« doch »das ganz Andere« hervorgehen könnte:

> »Könnte diese vortechnische Tradition selbst zur Quelle von Fortschritt und Industrialisierung werden?«[19]

Marcuse und seine 68er-Adepten haben diese Frage positiv beantwortet und fingen an, in der Tradition der deutschen Romantik vormoderne Kulturen zu romantisieren. Der große jüdische Ideenhistoriker Isaiah Berlin hat gezeigt, dass die deutsche Romantik das Gegenstück zur europäischen Aufklärung war.[20] Reinhard Bendix berichtete mir von einem Gespräch mit Marcuse, bei dem dieser betrübt den Satz äußerte: Die Arbeiterklasse hat sich von uns abgekehrt/*deserted us*. Die »Arbeiter« werden somit zu »Deserteuren«, und die enttäuschten Linksintellektuellen suchen nach einem Ersatzproletariat. In dieser Tradition des linken Wunschdenkens (vgl. Anm. 15) wird uns Migranten diese Aufgabe zugeschrieben.

Und in der Multikulti-Ideologie unserer Gegenwart wird im Rahmen einer Romantisierung vormoderner Kulturen, verbrämt als Postmoderne, das vermeintliche Ersatzproletariat gefunden. Jürgen Habermas hat mit Recht gefragt, ob Postmodernisten in Wirklichkeit nicht doch die Gegner der kulturellen Moderne seien, die Ideologen

»der Postmoderne … reklamieren das Ende der Aufklärung … wir können nicht von vornherein ausschließen, dass (sie) im Namen eines Abschieds von der Moderne erneut den Aufstand gegen sie proben«.[21]

Der *Tiers-Mondisme* – nicht in seiner Fanonschen Fassung, sondern in der selbstzentrierten Kopie einer linken europäischen Fanon-Rezeption – war die Vorgängerideologie des postmodernen Multikulti-Kulturrelativismus! In diesem Buch vertrete ich die These, dass Multikulturalisten und anti-aufklärerische Kulturrelativisten die vormodernen Kulturen der einst als »Dritte Welt« eingestuften Teile der Welt (man beachte: Nach dem Ende des Ost-West-Konflikts und seiner Zweiteilung der Welt gibt es keine »Dritte Welt« mehr), vor allem Asien und Afrika, als Material für ihre ideologischen Ziele missbrauchen.

Europa an seinem Begriff messen!

Die kritische Distanz zu Europa orientiert sich an der normativen Position Max Horkheimers, der selbst ein Opfer der NS-Verfolgung war. Dennoch hält er – wenn auch mit berechtigten Vorbehalten – zur westlichen Zivilisation und verlangt, diese »zu verteidigen«[22], wie ich ihn in der Widmung dieses Buches (vgl. S. 2) ausführlich zitiere. Die Folgerung für Horkheimer lautet, es gelte diese kritische Verpflichtung gegenüber Europa als

> »Recht und Pflicht jedes Denkenden (einzugehen). Trotz dem verhängnisvollen Potenzial, trotz allem Unrecht im Inneren wie im Äußeren bildet sie (die westliche Zivilisation, B.T.) im Augenblick noch eine Insel, räumlich und zeitlich, deren Ende im Ozean der Gewaltherrschaft auch das Ende der Kultur bezeichnen würde, der die kritische Theorie noch zugehört« (ebd.).

Was hat dieses Urteil mit Migration und Multikulturalismus zu tun? Meine Antwort lautet: sehr viel. In der zuvor zitierten Passage vertritt Fanon eine andere Position als die Horkheimers und fordert die Abschreibung Europas: »Es muss etwas anderes gefunden werden.« Wem sollen wir nun recht geben, Horkheimer oder Fanon? Ist es ein Widerspruch, dass ich beiden nahestehe und zustimme? Die Antwort auf diese Frage hat im Zeitalter der Migration eine entscheidende Bedeutung; sie trägt die anstehende Problematik nach Europa hinein! Meine zugleich an Fanon und Horkheimer angelehnte Antwort lautet: Europa muss seine Identität bewahren und sich zugleich radikal verändern.

Das postkoloniale »ganz Andere« und die Migration nach Europa

Die außerwestliche Welt ist für Europäer sowohl im positiven als auch im negativen Sinne das »ganz Andere«. Im postkolonialen Afrika ist das exotisch erträumte »Andere« nicht eingetreten; der afrikanische Kontinent wurde – und wird immer noch von politischen Diktatorgestalten wie einst General Idi Amin oder »Kaiser« Bokassa verkörpert, die buchstäblich Menschenfresser waren und sind. Wenn ein mit Landesreichtümern wie ein Kleptomane umgehender Diktator wie Mobutu abgelöst wird, dann folgt auf ihn eine andere Bestie wie Kabila, der für den Völkermord an den Hutus mitverantwortlich war. In Asien haben wir Äquivalente dazu in den grausamen Figuren von Pol Pot in Südost- und Saddam Hussein in Westasien.

In Algerien, dessen Befreiung Fanon sein Leben gewidmet hatte (vgl. Anm. 13), wurde die ihm zu Ehren so benannte »Rue Fanon« schon vor dem Aufkommen des fremdenfeindlichen Fundamentalismus mit der Begründung umgetauft, ein Nicht-Muslim wie Fanon sei »fremd« und könne die »algerische Seele« nicht verstehen.[23] Algerien ist vom Vorbild des *Tiers-Mondisme* zu einem Modell des fundamentalistischen Terror-Aufstands geworden.[24] Algerische Fundamentalisten, die die Kehlen von Frauen und Kindern durchschneiden, kommen nach ihren Attentaten nach Europa und erhalten – zum Beispiel in Deutschland mit dem Segen der deutschen Gerichte – politische Asyl. Bedeutet die Überwindung des Eurozentrismus[25] die Verordnung eines Maulkorbs der Political Correctness in Bezug auf diese Problematik? Darf man über Mord und Intoleranz nicht mehr sprechen, weil dies angeblich Vorurteile gegenüber anderen Kulturen weckt?

Algerien ist kein Einzelfall. Im Übergang zum einundzwanzigsten Jahrhundert befinden sich viele asiatische und in noch stärkerem Maße afrikanische Staaten in einem Stadium der Krise und des Zerfalls. Die afrikanischen Beispiele sind bekannt: Somalia, Ruanda, Liberia, Sudan u. a. In Asien sind Afghanistan und Kambodscha die prominentesten Beispiele. Die Fakten sprechen dagegen, die Ursachen hierfür allein im Kolonialerbe zu suchen. Es handelt sich hier um Nationalstaaten ohne Nation.[26] Zu den Begleiterscheinungen des Zerfalls gehören die politischen Kräfte des ethnischen Nationalismus und des religiösen Fundamentalismus. Eine der Ursachen der Krise ist das rasante Bevölkerungswachstum, das zu einer »demographischen Bombe« eskaliert ist. Europa trägt hieran keine Schuld, wird aber aufgefordert, den Bevölkerungsüberschuss zu übernehmen. Zugleich wird ein Denkverbot über den Zusammenhang von Migration, Ethnizität und dem Import von Fundamentalismus erlassen. Als ein in Deutschland lebender Fremder weigere ich mich, mich an dieses Denkverbot zu halten. Das Ergebnis ist dieses Buch.

Es versteht sich von selbst, dass Elend und Zerfallserscheinungen in Asien und Afrika zur Migration in die bessergestellten Teile der Welt, Nordamerika und Westeuropa, führen. Unter den Migranten befinden sich nicht nur hilfsbedürftige Menschen, sondern auch religiöse Fundamentalisten und ethnische Nationalisten; sie bringen ihre Weltanschauungen in die Aufnahmeländer mit und beanspruchen hierfür Anerkennung. Ironischerweise verlangen ausgerechnet die intoleranten islamischen Fundamentalisten im Namen der Toleranz Geltung für ihre demokratiefeindlichen Anschauungen. Beispiele werde ich in den Schlussbetrachtungen anführen. Ich werde in diesem Buch nicht aufhören zu beteuern, dass ich, der ich selbst als Migrant nach Europa gekommen bin, nicht gegen, sondern für Migration bin; ich verlange lediglich einen regulierenden politisch-institutionellen Rahmen hierfür – bei gleichzeitiger Verteidigung der kulturellen Moderne Europas.

Meine Kritik an vormodernen Kulturen, die Migranten aus Asien und Afrika nach Europa mitbringen, ist keine Kritik an diesen Menschen, sondern eine Kritik an der Einfuhr von Unfreiheit im Namen der »christlichen Nächstenliebe« und »Toleranz«.[27] Indem ich die Euro-Arroganz sowie ihre Steigerung, den Euro-Rassismus, entlarve, will ich Europa für uns Nicht-Europäer als Gleichberechtigte öffnen. Gleichzeitig weise ich die Akzeptanz der Anschauungen vormoderner Kulturen im Namen der Toleranz vehement zurück und bestehe damit auf der Identität Europas als Kontinent der Aufklärung, auch wenn diese – wie schon gezeigt – nicht immer erfüllt wird (Habermas: »ein unvollendetes Projekt«).

Die Argumentation dieses Buches bezieht sich allgemein auf Europa im Zeitalter der Migration. Aber sein empirischer Teil konzentriert sich auf die 15 Millionen Menschen umfassende Islam-Diaspora in Europa. Mit meinem Konzept des Euro-Islam will ich eine Brücke zwischen der Identität Europas und den islamischen Migranten schlagen. Dieser Brücken-

schlag ist nicht nur eine Aufgabe der Migranten, sondern auch der Europäer. Letztere sollten mein Plädoyer für Europa nicht leichtfertig missver-
stehen, auch ist zu Selbstgefälligkeit kein Anlass. Ich kämpfe an zwei
Fronten: einerseits gegen die Euro-Rassisten, andererseits gegen Fundamentalisten im eigenen islamischen Lager.[28]

Schon der nächste Abschnitt wird zeigen, dass mir arrogante Eurozent-
risten nicht weniger zuwider sind als islamische Fundamentalisten, die mir
allerdings nach dem Leben trachten. Die ersteren betreiben ihren Terror
subtil und auf geistiger Ebene oder – ironisch formuliert – postmodern.
Letztere hingegen greifen zur physischen Gewalt gegen ihre Widersacher,
wie zum Beispiel algerische und ägyptische fundamentalistische Terroristen, die aufgeschlossene islamische Intellektuelle auf brutalste Art ermorden beziehungsweise mit Mord bedrohen, so dass diese die Angst als steten Begleiter haben.[29] Wie kann man da noch von Toleranz sprechen?

»Europa im Abseits?«
Auf der Suche nach einer neuen Bestimmung für Europa

Nachdem ich die Grundlagen meiner Argumentation vorgestellt habe, will
ich in einem weiteren Schritt zu dem Versuch übergehen, die europäische
Identitätskrise zu beleuchten. Fünf Jahrhunderte lang stand Europa im Mittelpunkt der Welt. Dieser Kontinent ist der Kernbereich der sich im Gefolge der europäischen Expansion weltweit verbreitenden westlichen Zivilisation. Mehr hierüber werde ich im ersten Kapitel vortragen.

Beginnen möchte ich mit dem geistig-psychologischen Nebenprodukt
der europäischen Expansion, nämlich dem Eurozentrismus. Es handelt
sich hierbei auch um eine ideologische Einstellung. Aber die Eurozentrik,
also die Überzeugung, dass Europa im Mittelpunkt der Welt steht, war
nicht nur eine Vorstellung, sondern wurde zu einem Faktum mit einer realen Grundlage in der angesprochenen Entwicklung der europäischen Expansion.

Gegen Ende des zwanzigsten Jahrhunderts wird nun die Frage gestellt:
Befindet sich »Europa im Abseits«? Oft wird diese Frage von Europäern
selbst, jedoch unter Ausschluss der übrigen Welt, gestellt, so zum Beispiel
auf einer prominenten Veranstaltung der Kulturinstitution der Stadt Frankfurt.[30] Dort kamen für Europa sprechende Deutsche zu dem selbstgefälli-

gen Schluss, dass die Frage eher umzukehren sei. Ein eurozentrischer deutscher Historiker, der zum Kuratorium dieser Institution (Anm. 30) gehört, befand am Ende einer vom Hessischen Fernsehen in Auftrag gegebenen Sendung über »Europa im Abseits?« in euro-arrogantem Ton: Europa sei eine Herausforderung! Ich frage: An wen ist diese gerichtet? Damit sind wir wieder beim vertrauten Pendeln zwischen den beiden Extremen: Euro-Arroganz und Selbstverleugnung.

Als Nicht-Europäer, der durch einen freien Wahlakt in Europa als Migrant seine Heimat gefunden hat, komme ich zu anderen Ergebnissen als der angeführte euro-arrogante Historiker; ich befasse mich in diesem Buch mit der Frage, ob dieser zivilisatorisch als Westen definierte Kontinent unter den global veränderten Bedingungen noch eine eindeutige Identität im Sinne eines eigenen Zivilisationsbewusstseins hat. Ich stehe nicht allein, wenn ich von der empirisch gestützten Annahme ausgehe, dass Europa in seiner gegenwärtigen, »eigenverursachten Verunsicherung« – so Erich Gysling (Anm. 3) – nicht länger eine Herausforderung für andere bedeutet. In unserer globalisierten Welt sieht sich Europa selbst von anderen Zivilisationen herausgefordert. Um auf die anstehenden Fragen angemessene Antworten zu geben, muss Europa sich neu bestimmen. Manch Europäer glaubt, die neue Bestimmung in Multikulti-Formeln als Ersatz für die »abendländische Identität« zu finden, andere sind – wie der angeführte Historiker – so selbstgefällig, dass sie gar keine Krise wahrnehmen können. Und erneut sind wir bei den eingangs angesprochenen Extremen! Dass die Neigung zu Extremen eine typisch deutsche Eigenart ist, sagt schon Helmuth Plessner. Ich werde im zweiten Kapitel auf Plessners Einschätzung der Deutschen als eine unausgeglichene, »verspätete Nation« zurückkommen.

Als Migrant habe ich mich in meinen Büchern mehrfach kritisch gleichermaßen gegen Euro-Arroganz und gegen das Projekt einer multikulturellen Gesellschaft geäußert.[31] Oft wurde mir die Frage gestellt, warum ich letzteres tue, obwohl ich ethnisch kein Europäer bin und als Migrant auch keinen Anlass hätte, das mich häufig diskriminierende Europa zu verteidigen. Eine Antwort wird im ersten Kapitel gegeben; dort mache ich deutlich, was ich selbst unter Europa verstehe und was die Zivilisation dieses Kontinents für mich bedeutet. Mit Heinrich Heine als meinem Vorbild will ich Wege finden, wie wir »Fremde« deutsche Verfassungspatrioten werden können, die nicht »Raus mit uns« rufen. Ich suche den Dialog mit deutschen Demokraten. Ein deutsch-nationaler Journalist belustigte sich über meinen Einsatz für ein »offenes Europa«, indem er mich als »ersten Europäer« fremdenfeindlich ironisierte. Es ehrt die Herausgeber der Zeitung, sich von ihrem Glossenschreiber »in Sprache und Stil« schriftlich distanziert zu haben.[32] Wenn Europa nicht rassistisch sein will, muss es sich für uns Migranten öffnen und uns nicht als »erste Europäer«, wohl aber als gleichberechtigte Bürger aufnehmen.

Kulturelle Vielfalt und Multikulturalismus sind zweierlei!

Meine Kritiker sperren sich dagegen, den von mir hervorgehobenen wichtigen Unterschied zwischen einer Gesellschaft mit *kultureller Vielfalt* und *Multikulturalität* anzuerkennen oder auch nur zu verstehen. Ich befürworte kulturelle Vielfalt in Europa und anderswo in dieser Welt, weil Monokulturalität, das heißt der enge Horizont einer einzigen Kultur, ein Zeichen seelischer und geistiger Verarmung ist. Mein unmittelbarer Grundkonflikt mit einem multikulturellen Europa ist Folgender: Allein meine Bindung an die Aufklärung bringt mich in Gegnerschaft zu jeder ethnisch geschlossenen Gesellschaft. In meinem persönlichen Fall gäbe es in der Festung Europa für mich als westasiatischen Migranten keinen Platz. Das extreme Gegenteil zu dieser Festungsmentalität ist der identitätslose Multikulturalismus; er ist eine Gesinnung des schlechten Gewissens, eine ideologische Schablone und keine gesellschaftliche Realität. Dahinter steckt die Verleugnung der zivilisatorischen Identität Europas, sei es im Namen der »christlichen Nächstenliebe« oder im Namen falsch verstandener Toleranz. Um den Unterschied zum Kulturpluralismus auf einen einfachen Nenner zu bringen: In einer kulturell vielfältigen Gesellschaft leben Menschen aus unterschiedlichen Kulturen in einem durch eine *Leitkultur* verbundenen Gemeinwesen zusammen. Im Modell einer Multikulti-Gesellschaft gibt es dagegen keine verbindlichen Werte einer Leitkultur, sondern eine Zusammenballung von nebeneinanderher lebenden Menschen, also faktisch eine Ansammlung von ethnischen Ghettos. Ein solches Europa wäre ein Werte-neutrales »Wohngebiet«, ohne eigene Identität.

Mit anderen Worten: Der Glaube, dass weltanschaulich unterschiedliche kulturelle Gemeinschaften nebeneinander ohne Konsens, also unter Verleugnung einer Leitkultur, konfliktfrei existieren können, ist der

Grundzug der Multikulti-Ideologie. Kulturelle Vielfalt darf aber nicht bedeuten, dass Gemeinschaften ausschließlich ihre partikularen Werte behalten. Sie erfordert gemeinsame Grundwerte. In Europa muss die kulturelle Moderne die Quelle dieses benötigten Konsenses sein.

Multikulti-Ideologen ermessen die Konfliktpotenziale, die aus dem Fehlen einer gemeinsamen Werte-Orientierung bei gleichzeitigen weltanschaulichen Differenzen erwachsen, nicht. Um meine Aussage an einem Beispiel zu veranschaulichen: Amerika war bisher eine kulturell vielfältige Gesellschaft, dennoch gab es stets eine selbstverständliche Gemeinsamkeit: ein »Amerikaner« zu sein, verbunden mit der entsprechenden Identität. Seitdem aber die multikulturelle Ideologie in einigen Teilen Amerikas (wie zum Beispiel in Kalifornien) Fuß gefasst hat, berufen sich bestimmte Amerikaner – vor allem die ethnischen Kollektive mancher der »neuen« Migranten – auf ihre partikulare Herkunft. Dies wäre nicht falsch, wenn es nicht auf der Basis eines oft konstruierten ethnischen Kollektivbewusstseins, einer »imagined community«[33], erfolgen würde. In diesem Fall folgt daraus jedoch das Bestreben, die Identität des »Amerikaners« als gemeinsame Basis aller dort lebenden Menschen aufzugeben. Die multikulturelle Ideologie trägt zu einem Auseinanderbrechen des Gemeinwesens in Amerika bei und denunziert in der Folge den früheren Werte-Konsens als »weiß-angelsächsisch-männlich-chauvinistisch«. Das Marxsche Klassenkampf-Paradigma wird auf die Beziehungen zwischen den ethnischen Gruppen und den Geschlechtern übertragen.

Es sind hispanische Migranten – wie Peter Salins – und keine Angelsachsen, die zur Rettung des amerikanischen Gemeinwesens eine Anpassung der neuen Zuwanderer und ihre Akzeptanz einer für alle verbindlichen Leitkultur fordern.[34] Als ein Migrant in Europa möchte ich eine vergleichbare Arbeit leisten und verfolge mit diesem Buch ein ähnliches Ziel. Auf frühere Veröffentlichungen in der Presse[35] erhielt ich viele Ermutigungen, diese Arbeit zu schreiben.

Mein Menschenbild ist von der »kulturellen Moderne« geprägt, wonach Menschen Individuen und nicht organische Glieder von Kollektiven sind, wie es die kommunitaristischen Multikulti-Ideologen predigen. Es ist mir durchaus bekannt, dass nicht jeder Kommunitarismus multikulturell ist. Aber die Multikulti-Ideologie erkennt in Verbindung mit Kommunitarismus vorrangig das Kollektiv, nicht das Individuum an; jede »Community« separiert sich, hat ihre eigenen Werte, lebt in Ghettos nach ihren

Weltanschauungen, und es gibt nichts, was sie noch miteinander verbindet. Im fünften Kapitel werde ich diese Ideologie als einen Multikulti-»Kommunitarismus« näher beleuchten.

Selbstrespekt und Verbindlichkeit einer Leitkultur

Zweifelsohne befindet sich Europa mitten in einer Sinn-und Werte-Krise, einer Krise also, die die Europäer noch zu verarbeiten haben. Multikulti-Illusionen zerplatzen angesichts echter Probleme wie eine Seifenblase und erweisen sich als ein Anzeichen dafür, dass die Bewältigung dieser Krise noch aussteht.

Bei meiner Suche nach Antworten auf die gestellten Fragen gehe ich zunächst von der Vermutung aus, dass hinter dem angesprochenen Krisenphänomen eine Mischung von Luxus und Verfall steckt. Im welthistorischen Kontext scheint sich der Westen als Zivilisation in einem Niedergang zu befinden. Ich möchte diese Beobachtung nicht als Polemik formulieren, will jedoch dieses Phänomen offen ansprechen. Es drückt sich unter anderem darin aus, dass Europäer – vor allem die Deutschen – in einem unverständlichen Selbsthass ihre eigenen Werte selbstverleugnerisch vor anderen in den Schmutz ziehen; sie merken dabei nicht, dass ihnen diese »Büßerhemd-Mentalität« bei den potentiellen Adressaten wie zum Beispiel den Asiaten – dies habe ich anhand einer Anekdote in der Vorrede veranschaulicht – nur Geringschätzung einbringt. Ich argumentiere für den Dialog und mache hierbei meine deutschen Mitbürger auf die Tatsache aufmerksam, dass Selbstrespekt und Selbstwertbewusstsein unerlässliche Voraussetzungen hierfür sind; denn sie sind wichtig, um vom Anderen akzeptiert werden zu können. Bei der Öffnung gegenüber anderen Kulturen empfiehlt es sich in dieser Krisensituation für Europäer, die ohne Scheuklappen über den eigenen Tellerrand hinausschauen, die *Prolegomena/al-Muqaddima* des islamischen Philosophen aus dem 14. Jahrhundert, Ibn Khaldun, zu lesen, in denen er die Symptome des Niedergangs von Zivilisationen, etwa durch Verfall der *Asabiyya/*des Wertebewusstseins, geschichtsphilosophisch beschreibt.[36]

Als muslimischer Migrant habe ich ein besonderes Interesse daran, dass wir Muslime mit der europäischen Bevölkerung in Frieden leben. Dazu brauchen wir den Dialog und gegenseitigen Respekt; dieser ist hierfür die Grundvoraussetzung. Dass dazu auch der Selbstrespekt hinzukommen muss, habe ich gerade erläutert. In unserem Kontext stellt sich die Frage, wie Migranten ihre europäischen Partner respektieren können, wenn diese es selbst nicht tun. Hier beginnt der Unfrieden!

Gerade im Sinne des inneren Friedens ist es wichtig, dass Europäer Selbstrespekt beweisen, indem sie zu ihren westlich-demokratischen Werten verbindlich stehen. Erst das versetzt sie in die Lage, als selbstbewusste Dialog-Partner aufzutreten. Der Kampf für Demokratie und gegen Rassismus sowie Rechtsradikalismus ist beispielsweise solch ein Wert, den es mit Selbstbewusstsein gegen alle Seiten zu vertreten lohnt. Die Demokratie gilt es also nicht nur gegen die genannten Erscheinungen in den eigenen Reihen zu verteidigen, sondern konsequenterweise auch gegen den Rechtsradikalismus der Migranten. Als der Deutsche Gewerkschaftsbund nach dem abscheulichen Mord an Ausländern in Solingen ein Sonderheft seiner Zeitschrift *Gewerkschaftliche Monatshefte* über »Deutschland nach Solingen« herausbringen wollte, wurde ich als Ausländer zur Mitarbeit eingeladen. Ich machte es zur Bedingung, dass ich über den Rechtsradikalismus beider Parteien schreiben könne, was mir zugestanden wurde.[37] Multikulti-Relativisten tun sich schwer, diese Zusammenhänge angemessen zu verstehen. Wer aber keinen Selbstrespekt hat und sich selbst verleugnet, ist nicht dialogfähig, also nicht in der Lage, mit Angehörigen anderer Kulturen nach einer gemeinsamen Grundlage zu suchen.

Am konkreten Gegenstand möchte ich die Folgen der Werte-Krise illustrieren: Der deutsche Staat verfolgt zu Recht deutsche Rechtsradikale mit allen Mitteln; aber warum bekämpft er nur die deutschen Rechtsradikalen? Die Ideologien des Fundamentalismus sowie des ethnischen Nationalismus und deren Anhänger unter den Migranten sind genauso rechtsradikal und bedrohen Freiheit und Demokratie in gleicher Weise. Die deutschen Rechtsradikalen möchten verhindern, dass wir Ausländer hier heimisch werden – die islamischen Fundamentalisten wollen dasselbe, wenngleich aus anderen Gründen. Sie sagen, der Westen sei verrottet, Muslime, die hier leben, sollen sich weder mit Deutschen mischen noch sich integrieren; sie sollen ihre eigenen Gemeinschaften bewahren. Als ich in einem lokalen WDR-Fernsehinterview im Juni 1997 die Idee vortrug, der deutsche Staat solle ausländische, hier spezifisch türkische, in gleicher Weise wie deutsche Rechtsradikale rechtsstaatlich verfolgen, war mein Gesprächspartner zunächst sprachlos und wandte schließlich ein, dies hätte

mit Sicherheit einen türkischen Aufruhr zur Folge. Ich gab ihm zu bedenken, dass in Deutschland viele türkische Demokraten leben, die wie ich
denken und eine solche Politik sogar begrüßen würden. Warum können
Deutsche nicht zwischen den Ausländern allgemein und den rechtsradikalen Minderheiten unter ihnen, also bezogen auf unseren Gegenstand: zwischen rechts-und verfassungstreuen Muslimen und muslimischen Fundamentalisten, unterscheiden?

Erstaunlich ist: Das rechtsradikale Ghetto-Denken geht Hand in Hand
mit der linken Multikulti-Ideologie, die eine so verstandene Verteidigung
der Demokratie mit Fremdenfeindlichkeit verwechselt, ja manchmal sogar
gleichsetzt und keine Differenzierung unter Ausländern zulässt. Wenn ich
auf meine Aufforderung bei öffentlichen Auftritten, die deutsche Gesellschaft müsse durch eine demokratische Ausländerpolitik die Migranten zu
deutschen Verfassungspatrioten machen, von Multikulturalisten belächelt
werde, frage ich mich ernsthaft, wie loyal dieser Kreis gegenüber der Demokratie ist!

Von den aufklärerischen zu den Maulkorb-Linken

Eigentlich ist der Multikulturalismus eine politische Gesinnung, hinter der
die Linke in ihrer heutigen Verfassung steht, so dass die Gegner in die
rechte Ecke gestellt werden, auch wenn sie – wie dieser Verfasser – alles
andere als »Rechte« sind. Als ein Linker der 68er-Generation schmerzt es
mich zu beobachten, dass von der 68er-Generation nur noch ein Scherben-
haufen zurückgeblieben ist. Weder das Proletariat noch Randgruppen der
68er-Studenten, zu denen ich einst gehörte, haben die ersehnte Revolution
gegen das verhasste System herbeiführen können. Wie schon oben ausgeführt, ist auch die erhoffte Revolution in der »Dritten Welt« ausgeblieben.
Nun sollen wir Ausländer zu Handlangern ihrer nicht verwirklichten
Träume gemacht werden und das von ihnen verabscheute System erschüttern (vgl. Anm. 15). Doch warum sollten wir dies tun? Wir Migranten wollen Integration und inneren Frieden und kein Multikulti-Pulverfass, keine
Revolution und auch keinen Klassenkampf unter veränderten Vorzeichen.

Die Linke meiner Zeit war der kritischen Theorie von Adorno, Horkheimer und Habermas, das heißt der kulturellen Moderne verpflichtet. In
Deutschland besteht die Linke heute vorwiegend aus Anhängern des Fe-

minismus und des Multikulturalismus. Als ein arabischer Muslim aus Damaskus war ich in den 60er Jahren ein Linker der vordersten Front; ich war SDS-Aktivist, habe bei Adorno und Horkheimer studiert und wichtige linke Zeitschriften – wie *Das Argument* – mitgetragen. Das sind entscheidende Jahre meines Lebens, zu denen ich weiterhin stehe. Damals waren wir *als Aufklärer* gegen alle Tabus, wollten diese abbauen und für die Denkfreiheit sowie Transparenz kämpfen. Anders die Linken von heute: Sie sind von einem anderen Schlag, sie führen im Namen der Political Correctness nur Restriktionen und Denkverbote ein, schränken somit bestehende Freiheiten ein.

Der Verfall begann schon Ende der 60er Jahre, als Frankfurter Studenten durch das Onanieren auf den Arbeitsplatz von Habermas symbolischen Vatermord begingen, Orgien im Rektorat feierten und Carlo Schmid, einen Vater des Grundgesetzes, anpöbelten. Als ein Mensch aus dem Orient empfand ich bei jenen Szenen, die ich mit Erschütterung und Verunsicherung beobachtete – so auch angesichts zweier barbusiger Mädchen vor meinem Lehrer Adorno –, nur Ekel. Bereits damals begann ich, mich dieser linken Szene zu entziehen, ja mich von ihr zu distanzieren. Trotz aller Kritik muss ich anführen: Unter den Linken der sechziger Jahre habe ich mich vor Beginn jener Eskapaden und meinem anschließenden Rückzug nicht fremd gefühlt; ich bin von ihnen nie als Ausländer behandelt worden. Bei den Linken der neunziger Jahre nehme ich dagegen eine Mischung aus deutschem Nationalismus und Autoritarismus sowie eine Belehrungsmentalität wahr. Als Opfer orientalischer Geheimdienst-Schnüffeleien habe ich eine besondere Sensibilität gegenüber jeder Denunziation Andersdenkender. In diesem Sinne nenne ich die PC-Sittenwächter eine postmoderne Spielart der *Mukhabarat*/orientalischen Nachrichtendienste[38]; sie foltern nicht physisch, sondern seelisch. Ich habe es bereits deutlich erklärt: Die subtile Euro-Arroganz trifft einen Fremden tiefer als die primitiven Anpöbeleien von Rechtsradikalen.

Das Bedenkliche in unserer Gegenwart ist, dass sich linke Multikulti--Ideologen anmaßen, für uns Ausländer zu sprechen, ja sich – wie einst 68er Anti-Autoritäre als »Sprachrohr des Proletariats« – zu unserem Vormund nach Leninscher Manier (Kader als Sprecher der Arbeiterklasse) zu erheben, um ihre Gegner als »Rassisten« diffamieren zu können. Dabei denkt dieser Kreis aus meiner Perspektive eines betroffenen Ausländers selbst rassistisch. Der unermüdlich erhobene Rassismus-Vorwurf gegenüber Gegnern einer Multikulti-Ideologie ist nur instrumentell. Am Ende der in diesem Buch zu liefernden Analyse werde ich in meinen Schlussfolgerungen auf diese deutschen »Fremdenfreunde« (vgl. S. 459ff.) näher eingehen. Als Semit und Westasiat fühle ich mich von diesem Kreis oft diskriminiert, besonders, wenn zum Beispiel atheistische Europäer mich als Nachkomme einer der ältesten islamischen Gelehrtenfamilien Damaskus' über meine Religion und Zivilisation, den Islam, belehren und mir hierbei ihre Denkmuster diktieren wollen. Das ist mehr als Euro-Arroganz, das ist linker Euro-Rassismus nach dem Motto »Am deutschen Wesen soll die Welt genesen« oder, wie es mein verstorbener befreundeter jüdischer Mitstreiter Ernest Gellner ironisch nannte: »Relativismus über alles« (vgl. Anm. 27).

Es ist wichtig und nur fair zu unterstreichen, dass die angesprochenen Probleme für den Westen ganz allgemein und nicht nur für Deutschland gelten. So sagte mir in Berkeley ein Multikulturalist, die Musikerziehung dort sei rassistisch, weil die Studenten in klassischer und nicht in afrikanischer Musik unterrichtet würden. Ich weiß nicht, was daran rassistisch ist, mit großer Freude Beethovens Symphonien zu hören. Wie ich schon ausgeführt habe, bezeichnet der Begriff Rassismus inhaltlich eine Barbarei. So ist ein Europäer, der uns Semiten oder Asiaten entmenschlicht, ein Rassist, also ein Barbar im wahren Wortsinne. Nationalsozialismus und Kolonialismus waren hierfür typische rassistische Ideologien. Heute wird der Rassismus-Begriff inflationär verwendet und erhält hierbei eine andere Bedeutung. Wenn dies widerstandslos hingenommen wird, kann es passieren, dass demnächst das Vertreten bestimmter europäischer Ideen der kulturellen Moderne, etwa des Individualismus gegen den Kollektivismus, unter Rassismusverdacht fällt. Rassismus (vgl. Anm. 6) selbst ist, wie gesagt, eine Barbarei, und nur in diesem Sinne darf der Begriff verwendet werden.

Es ist bedauerlich, dass der Rassismusbegriff seinen ursprünglichen Inhalt weitgehend verloren hat und inzwischen ein Kampfbegriff zur Ausgrenzung Andersdenkender geworden ist. Wenn ich sage: Man muss die Zuwanderung numerisch beschränken, weil eine Gesellschaft nur ein bestimmtes Maß an Integrationsfähigkeit besitzt und Europa das Übervölkerungsproblem in der südlichen Mittelmeerregion nicht durch die Aufnahme des Bevölkerungsüberschusses lösen kann, dann werden sich sofort

Leute einstellen und behaupten, das sei Rassismus. Mich schützt vor solchen teutonischen Sittenwächtern die Tatsache, dass ich nicht nur Migrant, sondern zudem als semitischer Araber ein Westasiat, also ethnisch kein Europäer bin. Mit dieser Verwässerung des Rassismus-Begriffs werden die »echten Rassisten« nicht länger als das eingeordnet, was sie in Wahrheit sind: nämlich Barbaren! Der zu einem Schimpfwort degradierte Begriff bezieht sich so nicht mehr auf die barbarische Einstellung, die er ursprünglich zum Ausdruck gebracht hat (vgl. Kap. 10, S. 393f.).

Dass das Phänomen im Westen allgemein verbreitet ist, habe ich schon angeführt. Dennoch hat die deutsche Spielart ihre spezifischen, der deutschen Geschichte entsprungenen Eigentümlichkeiten.[39] Bestimmte deutsche Gesinnungsethiker halten sogar Selbsterhaltung des eigenen demokratischen Gemeinwesens für Rassismus. Ich möchte diese und ähnliche Ansichten bei der Erörterung der deutschen Neigung zu Extremen veranschaulichen, die ich zu den angeführten Eigentümlichkeiten rechne.

Diesen Gegenstand möchte ich mit Hilfe der besten Arbeit aus deutscher Feder über diese Thematik ansprechen: Helmuth Plessners Buch *Die verspätete Nation* hilft uns in einzigartiger Weise, das anstehende Problem zu durchleuchten. Ich werde im zweiten Kapitel darauf eingehen, möchte aber schon hier Plessners Argument, dass die Deutschen unter ihrer eigenen Weltfrömmigkeit leiden, anführen. Diese verklärt nur die Sicht der Welt. Nach Plessner finden die Deutschen oft kein Mittelmaß. Entweder sie vergöttern den Staat im Rahmen von Obrigkeitsdenken, oder als Anarchisten verdammen sie ihn. Entweder rufen sie »Ausländer raus!« oder »Alle Ausländer rein!«. Beides ist krankhaft. Mit so einer kranken Mentalität kann man auch die abscheulichen deutschen NS-Verbrechen nicht rational verarbeiten und den Opfern kein Recht widerfahren lassen. Nur durch eine rationale Vergangenheitsbewältigung kann man das Vertrauen stiften, dass sich NS-Verbrechen nicht wiederholen werden. Ein jüdischer Freund aus der Frankfurter Studienzeit, heute praktizierender Psychoanalytiker in Tel Aviv, sagte mir bei einem kurzen Wiedersehen in Deutschland: »Die Deutschen wollen alle nur bestraft werden. Sie wollen gar nicht, dass man ihnen verzeiht; die gehören eigentlich alle auf meine Couch. Wie hältst du es unter ihnen aus?« Es ist bestimmt falsch, von »den Deutschen« zu sprechen, weil Pauschalisierungen irreführend sind. Aber jede Nation hat ihre »Linken« und Gesinnungsethiker, und die dieses Landes sind von besonderem Kaliber.

Was sind die westlich-europäischen Werte?

Es ist wichtig, genau anzugeben, welches die verbindlichen Werte einer Leitkultur in westlichen Gesellschaften sind. Lapidar würde ich antworten: säkulare Demokratie, Menschenrechte, Primat der Vernunft gegenüber jeder Religion, Trennung von Religion und Politik in einer zugleich normativ wie institutionell untermauerten Zivilgesellschaft, in der Toleranz – bei Anerkennung von bestimmten allgemeinen Spielregeln – gegenseitig gilt und ausgeübt wird.

Die angeführten europäischen Werte sind erstmals im demokratischen Rechtsstaat, der ein säkularer Nationalstaat ist, Wirklichkeit geworden. Die Deutschen haben ein anderes Verständnis vom Nationalstaat[40]; sie glauben, sie müssten den Nationalstaat überwinden, um auf diese Weise mit ihrer Vergangenheit ins Reine zu kommen. Als Professor für internationale Politik lehre ich die Anfängerstudenten meines Faches, gleich ob Amerikaner, Inder, Deutsche oder Araber, die Grundidee: Das internationale System ist unterteilt in Nationalstaaten. Ein Nationalstaat ist schlicht ein Gebilde, welches eine nationale Souveränität nach innen und außen hat. Das ist die Definition des Nationalstaats, die für alle Staaten der Welt, also auch für Deutschland gilt.[41]

Wenn von Werten die Rede ist, dann ist es zunächst wichtig zu sagen, was ich mit dem Begriff »Nation« meine. Die Antwort lautet für mich: eine westlich-säkulare Ordnungsvorstellung – also nicht eine ethnische Nationalität, wie die Deutschen sie verstehen. Demokratischer Nationalstaat, Zivilgesellschaft und säkulare Demokratie sind Bestandteile des Rechtsstaats, der immer eine Leitkultur hat, in der die westlichen Werte materialisiert werden.

Die deutsche Idee der Nation als exklusive Kulturnation entspricht nicht den europäischen westlichen Werten, weil sie letztendlich ethnisch oder exklusiv-kulturell bestimmt ist. Entsprechend ist das deutsche Abstammungsrecht ethnisch, ja anachronistisch, und passt somit nicht in den Rahmen unserer Zeit. Als Migrant lehne ich die tradierte deutsche Auffassung, die Nation sei eine ethnisch-kulturell homogene Gruppe, deshalb ab, weil es für mich und fast zehn Millionen in Deutschland lebende »Fremde« hiernach in einer solchen Nation keinen Platz gibt. Ich verstehe unter Nation ein Gemeinwesen, das zugleich eine Werte-Gemeinschaft ist. Meine arabo-islamische Herkunft, mein semitisches »Blut« (wenn es so etwas überhaupt gibt!?) kann und will ich nicht verleugnen, aber ich will – als Bürger im Sinne des bereits in der Vorrede definierten *Citoyen* – Deutscher sein. Zugleich Syrer und Deutscher sein kann ich aber nicht, weil Staatsbürgerschaft nicht nach Nützlichkeitserwägungen entschieden werden darf, sondern die Loyalität zu einem politischen Gemeinwesen erfordert; sie ist also mehr als ein Pass, der Vorteile bringt, aber zu nichts verpflichtet. Aus diesem Grund lehne ich nicht nur das deutsche »Blut«-Denken und die ethnische Bestimmung der Nation ab, sondern auch eine Verwässerung der Werte von *Citizenship/Citoyenneté* durch die Forderung nach unverbindlicher doppelter Staatsangehörigkeit, ebenso wie ich das Ansinnen mancher Deutscher nach Assimilation, oder polemisch ausgedrückt Germanisierung, zurückweise. Diese ausgewogene Position lässt mich zwischen alle Fronten geraten. Wahrheit wird von manchen als »Belästigung« empfunden. Von Jean-Paul Sartre stammt der Spruch »Die Idee ist eine lästige Fliege!«

Wir dürfen die Generationen von Europäern nicht vergessen, die für die Werte der Freiheit und Menschenrechte gekämpft haben. Diese Errungenschaften sind in den westlichen Demokratien unserer Gegenwart scheinbare Selbstverständlichkeiten; sie werden von der heutigen übersättigten und trägen Generation nicht mehr als besonderes Gut geschätzt. Viele Europäer, die keinen Glauben haben, können sich nicht einmal vorstellen, dass ein Mensch wegen seines Glaubens verfolgt werden kann. Ich habe Europa dem Orient als Heimat vorgezogen, weil mir in Europa Grundrechte garantiert werden. Leuten, die die Freiheit in die Wiege gelegt bekommen, fällt es schwer, dies zu verstehen. Viele junge Europäer und einige Meinungsführer unter ihnen wissen die eigenen Werte der Freiheit nicht mehr zu schätzen. Schon Ibn Khaldun (vgl. Anm. 36) hatte einiges über den Kreislauf von Aufstieg und Fall von Zivilisationen aufgrund von Werte-Verfall zu sagen.

In diesem Buch geht es zwar vorrangig um Europa. Dennoch muss ich anmerken: Auch weltweit ist ein Werte-Konsens die Voraussetzung für den Frieden. Ohne Anerkennung von Demokratie, Zivilgesellschaft und Menschenrechten gibt es keinen Weltfrieden. Gesellschaften benötigen eine Leitkultur, aber auch international brauchen wir einen kulturübergreifenden Konsens, den ich »internationale Moralität«[42] nenne, den ich aber vom katholischen Weltethos des Hans Küng nachdrücklich abgrenzen möchte. Die benötigte neue Identität Europas müsste demnach weder in

Multikulturalismus noch im Weltethos, sondern in einer neuen Bestimmung und in der Einigung auf eine – gemeinsame – Leitkultur, die im Einklang mit der internationalen Moralität steht, münden. Die Überwindung der Euro-Arroganz macht es Europa möglich, sich für andere zu öffnen, kulturell vielfältig zu werden, ohne hierbei seine Identität zu verleugnen. Das Europa der Freiheit ist es wert, vor Gegnern der kulturellen Moderne verteidigt zu werden.

ERSTER TEIL

Abschied vom alten Europa, aber ohne Selbstaufgabe!

»Verlassen wir dieses Europa, das nicht aufhört, vom Menschen zu reden, und ihn dabei niedermetzelt … Wir sollten begreifen, dass wir etwas Besseres zu tun haben, als diesem Europa zu folgen … Entschließen wir uns, Europa nicht zu imitieren.«

Frantz Fanon, *Die Verdammten dieser Erde*, (Orig. *Les damnés de la terre*, Paris 1961), Frankfurt/M. 1966, S. 239f.

»Auch wenn er (Fanon, B.T.) aus vollem Halse auf die Kultur des Unterdrückers spuckt … liegt sein Buch eindeutig auf der Linie des europäischen Nationalismus … Mit Fanon als Prophet haben sie (die Befreiungsbewegungen in der Dritten Welt, B.T.) sich für die ethnische Theorie der Nation und gegen die Wahltheorie (des Citoyen, B.T.) entschieden, haben sie die kulturelle Identität – die moderne Überzeugung von Volksgeist – der täglichen Volksabstimmung … vorgezogen.«

Alain Finkielkraut, *Die Niederlage des Denkens* (Orig. *La defait de la Pensée*, Paris), Reinbeck 1989, S. 77.

Einführung

Europa wird wegen seiner kolonialen Vergangenheit von außerwestlichen Kulturen, aber auch von der amerikanischen Mc-Kultur herausgefordert. Europa befindet sich in diesem Rahmen in einer Identitätskrise und bedarf einer neuen Orientierung, und diese hat es auch bitter nötig. Die erforderliche Neubestimmung muss aber rational, also auf der Basis einer vernunftorientierten Bewältigung der Vergangenheit gesucht werden. Es trifft zu, dass Europa die Welt erobert hat und in diesem Rahmen viele Verbrechen begangen hat. Aber die »europäische Expansion« auf diese Verbrechen zu reduzieren wäre eine sehr simplifizierende Geschichtsbetrachtung. Ein Opfer des NS-Regimes und der zugleich größte Zivilisationstheoretiker dieses Jahrhunderts, Norbert Elias, war es, der in der europäischen Expansion positiv auch einen historischen Prozess erkannte, den er einen standardisierenden »Prozess der Zivilisation« nannte. Differenziert betrachtet, hat die europäische Expansion gleichermaßen negative und positive Aspekte vorzuweisen. Nur vor dem Horizont einer absoluten Verteufelung Europas ist es möglich, das – auch von mir kritisch beurteilte – Projekt der Europäisierung der Welt total zu inkriminieren und somit in die Geschichte der Verbrechen an der Menschheit zu verbannen. Das ist das Extrem der Selbstverleugnung, das nur die eine Seite der Medaille zeigt. Auf der anderen Seite stehen die Euro-Arroganz und die Selbstbeweihräucherung Europas. Wenn ich vom freiheitlichen Europa spreche und es verteidige, meine ich das Europa der *Citoyens,* nicht das Europa des stofflichen, ethnisch bestimmten Bürgers. Im Motto wirft der linke französische Publizist Finkielkraut dem Propheten des Aufstandes gegen Europa, Fanon, vor, nicht nur dem europäischen Denken verhaftet zu bleiben, sondern auch das unfreiheitliche, d.h. die Idee des Volksgeistes zu übernehmen.

Es trifft zu, dass vom Europa des 19. und 20. Jahrhunderts der Kolonialismus, die stalinistischen Verbrechen des Archipel Gulag und die Barbareien von Auschwitz hervorgebracht wurden. Über diese Verbrechen wird niemals Gras wachsen, auch wenn die traurigen KZ-Hinterlassenschaften längst überwuchert sein werden. Dennoch ist es mehr als simpel, Europa mit diesen dunklen Seiten gleichzusetzen. Europa hat auch die Französische Revolution, Demokratie, Menschenrechte und Zivilgesellschaft hervorgebracht. Kurzum: Bei der Suche nach einer Neubestimmung für Europa ist die Einstellung, dieser Kontinent müsse in Demut bluten und als Wiedergutmachung alle Armen und Verfolgten dieser Welt aufnehmen, um seine Verbrechen zu sühnen, ebenso bedenklich wie die zuvor dominierende Euro-Arroganz. In der Einleitung dieses Buches habe ich argumentiert, das Pendeln zwischen den Extremen Euro-Arroganz und Selbstverleugnung könne nicht die Lösung sein, die Europa für die brennenden Fragen des neuen Millenniums als des neuen globalhistorischen Geschichtsabschnitts benötigt. In den folgenden Kapiteln will ich eine Strategie für eine Entromantisierung Europas aufzeigen und sie als potentielle Lösung zur Diskussion vorschlagen.

Im Hintergrund meiner mit Fragezeichen versehenen Thematisierung der Problematik »Europa ohne Identität?« im Übergang zum neuen Jahrtausend steht der unübersehbare Sachverhalt, dass Europa eine moralische Sinnkrise durchläuft. Parallel hierzu verändert sich Europas Stellung in der Welt durch globale strukturelle Wandlungen. Fünfhundert Jahre lang waren die Europäer die Eroberer der Welt, die sie nach ihren Maßstäben umformen wollten. Mit dem Bewusstsein, zwar eine Globalisierung ausgelöst, die anvisierte Europäisierung der Welt aber nicht verwirklicht zu haben, stellt sich bei ihnen eine Verunsicherung ein. Das gescheiterte Projekt der Universalisierung Europas schlägt in das Gegenextrem um, die einstigen Eroberer treten nun als Demutsengel auf, die ihre vergangenen Sünden zu sühnen suchen. Der missionarische, radikale europäische Universalismus wird in einen selbstverleugnerischen Kulturrelativismus umgekehrt. Diese Umkehrung findet in einer Zeit statt, in der sich die Zusammensetzung der Wohnbevölkerung Europas im Rahmen der Massenimmigration verändert. Hierauf bezieht sich die Formel »im Multikulti-Zeitalter«, die im Mittelpunkt dieses Buches steht und deren kritische Beleuchtung mein Ziel ist.

Allgemein gilt die Erkenntnis: Zum inneren Frieden einer Gesellschaft gehört die Akzeptanz einer Leitkultur, die Orientierung für ein demokratisches Gemeinwesen bietet, dessen Angehörige unabhängig von ihrer Herkunft und Religion säkulare Normen und Werte als Voraussetzung für den inneren Frieden teilen. Gesellschaften, die Menschen aus unterschiedlichen Kulturen beherbergen, benötigen mehr als andere eine Leitkultur. Trotz seiner »Sünden« verfügt Europa durchaus über eine solche Leitkultur, die zugleich die Grundlage für die europäische Identität darstellt, die auch von den Migranten geteilt werden kann. Statt für eine solche Leitkultur einzutreten, wird jedoch von Multikulturalisten einer Werte-Beliebigkeit das Wort geredet, durch die die angegebene Voraussetzung für den inneren Frieden gefährdet ist. Das ist der Kern der behandelten Problematik der vorliegenden Kapitel.

Meine Herkunft und meine persönliche Geschichte als ein Nicht-Europäer, der als Migrant in Europa lebt und durch seinen Lebensstil als Pendler zwischen den Zivilisationen und Kontinenten gleichermaßen Distanz und Verbundenheit gegenüber Europa pflegt, helfen mir, Abstand gegenüber Europa zu bewahren. Dies fördert die Erkenntnis, weil aus der inneren Distanz vieles klarer zu durchschauen ist. Mein Ziel ist es, Europa nicht nur zu kritisieren, sondern auch in allen seinen positiven Erscheinungen zu verteidigen. Im ersten Kapitel werde ich zeigen, dass ich lediglich eine Entromantisierung Europas anstrebe, die es offener macht; keineswegs will ich Europa abschreiben. Vielmehr will ich die europäische Identität bewahren und dabei helfen, diese als demokratisches, nicht-exklusives Muster neu zu definieren. Dadurch soll den nicht-europäischen Migranten – nicht zuletzt auch dem Autor – ermöglicht werden, sich mit Europa zu identifizieren. Dies erfordert aber, dass die Europäer selbst eine

Identität haben, in der sie fest verankert sind; erst diese macht sie fähig zu einem Dialog, ohne die Migranten aus- bzw. abzugrenzen.

Mein Plädoyer für eine Entromantisierung Europas ist an die Empfehlung gebunden, sich vor einer Selbstaufgabe zu hüten. Die Argumentation entfaltet sich in Rückblenden auf die europäische Expansion und die europäischen Versuche, die Welt zu europäisieren. In diesen Rahmen gehört das europäische Pendeln zwischen den Extremen. Europa gehört heute, so lege ich dar, zum »globalen Dorf«, gilt also nicht mehr als Nabel der Welt und muss deshalb nach einer neuen, jedoch die eigene Identität bewahrenden Bestimmung suchen.

Dieser erste Teil enthält im dritten Kapitel die ersten Ausführungen über den Islam in Europa. Es bleibt aber dem dritten Teil vorbehalten, sehr konkret die Kernproblematik der europäischen Identität im Multikulti-Zeitalter am Beispiel der größten Einwanderergemeinschaft in Europa, d. h. der 15 Millionen Menschen umfassenden Islam-Diaspora, näher zu untersuchen. Der innere Friede Europas setzt voraus, dass Einwanderer integriert, d. h. Mitglieder des Gemeinwesens werden und sich mit Europa identifizieren. Dies setzt auf beiden Seiten eine Bereitschaft zum Dialog und zur Integration voraus. Zunächst aber muss auf der europäischen Seite die Voraussetzung erfüllt werden, dass Europa eine nicht-exklusive Identität und eine Orientierung bietet, die die Migranten als Leitfaden annehmen können. Doch auch die Migranten haben eine Bringschuld: Als liberaler Muslim, sprich Euro-Muslim, räume ich ein, dass die Welt des Islam nicht auf Europa ausgeweitet werden kann und soll; Migranten müssen die europäische Identität akzeptieren und respektieren; sie ist pluralistisch und gewiss nicht islamisch. Wunschvorstellungen von einer Islamisierung Europas, wie sie bestimmte Fundamentalisten pflegen, müssen zurückgewiesen werden.

KAPITEL 1

Entromantisierung Europas ohne Identitätsverlust. Vom Eurozentrismus zu einer neuen kulturpluralistischen Welt

Die europäische Expansion und ihr Nachspiel

Im Übergang zu einem neuen Jahrhundert, und in diesem Fall sogar zum nächsten Jahrtausend, ist Europa nicht mehr der »Nabel« der Welt. Es muss lernen, seine Eurozentrik zu überwinden, ohne in Extreme zu verfallen. Was heißt aber »Überwindung des Eurozentrismus«? Und wie kann Europa die Aufgabe seiner Überheblichkeit ohne Selbstaufgabe bewerkstelligen? Bevor man diese Fragen beantworten kann, ist es erforderlich zu wissen, was unter »Europa« zu verstehen ist.

Europa ist zwar nicht länger das Zentrum der Welt, aber es war und bleibt berechtigterweise das Zentrum der westlichen Zivilisation. Nordamerika als zivilisatorisch junger Kontinent entstand als eine europäische Tochtergesellschaft. Die Mc-Kultur, die die USA heute Europa anbieten, scheint keine Alternative zu sein. Trotz ihrer überzogenen Machtansprüche müssten Amerikaner aufhören, »Macht« mit »Zivilisation« zu verwechseln, und lernen, zwischen beidem zu unterscheiden.

Geographisch hat es Europa schon immer gegeben, und die Christianisierung des Kontinents begann lange vor seiner Entwicklung zum zivilisatorischen Zentrum des westlich geprägten Christentums. Doch hat Europa sein westliches Zivilisationsbewusstsein erst im historischen Kontext der Herausforderung durch die islamische Expansion im Gefolge der Religionsstiftung des Islam und der damit verbundenen Gründung einer neuen Zivilisation entfaltet. Die klassische These von Henri Pirenne, wonach die »Geburt des Abendlandes« auf die islamische Herausforderung zurückgeht, wird auch von der neuesten Forschung bestätigt.[1]

Gibt es also einen grundsätzlichen Zusammenhang zwischen der Europa-Zentriertheit und dem früher wie heute bestehenden Bedarf nach Abgrenzung dieses Kontinents vom Rest der Welt, besonders von der in ihrer

Weltanschauung ebenso universalistisch orientierten Zivilisation des Islam? Ein historischer Überblick mag bei der Suche nach einer Antwort auf diese Frage hilfreich sein.

Der Beginn der Religionsstiftung ist identisch mit dem historischen Beginn der neuen Zivilisation des Islam, das heißt, beide sind gleichzeitig verlaufen.[2] Im Gegensatz dazu trennte fast ein Millennium die christliche Religionsstiftung von der Entstehung des westlichen Europa als zivilisatorische Einheit. Die Geschichte der Verbindung zwischen Staat und Religion im Christentum im Rahmen der Bildung organisierter imperialer Systeme ist nicht mit der christlichen Religionsstiftung identisch.

Byzanz und das Imperium der Karolinger haben eine Parallelgeschichte der Bedrohung durch die islamische Expansion/*Djihad* seit dem späten siebten Jahrhundert. Norbert Elias schrieb: »Das riesige Reich Karls des Großen war durch Eroberung zusammengebracht worden.«[3] Das islamische Spanien war die europäische Südgrenze; daher stand hinter der realpolitischen Annäherung Karls des Großen an den Kalifen von Bagdad das Ziel, ein Bündnis gegen den abtrünnigen Emir von Cordoba zu schließen. Mit der islamischen und westlichen Zivilisation prallten zwei klassische Expansionsprojekte aufeinander. Mit anderen Worten: Die islamische Welt und Europa sind alte Bekannte; sie begegneten einander positiv durch gegenseitige geistig-kulturelle Befruchtung und negativ durch *Djihad* und Kreuzzüge.

Schon nach dem Scheitern der Belagerung von Wien 1683 kam die islamische Expansion zum Stillstand. Die neue, mit ihr konkurrierende europäische Expansion entsprach nicht mehr dem klassischen Muster, weil in Europa ein neuer Prozess in Gang gesetzt worden war: Zwischen 1500 und 1800 war Europa Schauplatz einer »militärischen Revolution«[4], die die neue, auf Globalisierung abzielende europäische Expansion[5] erst möglich machte, indem sie ihr die Impulse und die technologisch-wissenschaftliche Überlegenheit der institutionellen Moderne gab.

Zu Beginn des zwanzigsten Jahrhunderts, nach einer fünf Jahrhunderte währenden Expansion, schien die Welt, wenn auch nur oberflächlich, vollständig europäisiert zu sein. Aber der Schein trog. Bereits in den letzten Jahrzehnten unseres Jahrhunderts haben nicht-westliche Zivilisationen angefangen, sich derart gegen die Europäisierung der Welt zu erheben, dass der große Oxford-Gelehrte des Faches Internationale Beziehungen Hedley Bull von einer »Revolt against the West«[6] sprechen konnte. Bull machte deutlich, dass diese neue Revolte einen anderen Charakter hat als die bisherige Rebellion des Anti-Kolonialismus, die zur Entkolonialisierung führte. Asiatische und afrikanische Anti-Kolonialisten hatten sich bei der Dekolonisation auf Europas Erbe, vor allem auf die Idee der Volkssouveränität berufen, um die Neuformierung ihrer Gebiete als säkulare Nationalstaaten nach dem europäischen Vorbild zu legitimieren.[7] Die neue »Revolte gegen den Westen« ist anderer Natur: Sie richtet sich spezifisch und explizit gegen europäische Normen- und Werte-Systeme und beansprucht, einheimisches Kulturgut, vor allem in der religiösen Bestimmung, neu zu beleben, um sich von Europa und allgemein vom Westen abzugrenzen. Das Ergebnis sind oft die Ideologien des ethnischen Nationalismus und des religiösen Fundamentalismus. Besonders der Fundamentalismus ist von Bedeutung, weil er eine globale Erscheinung ist, die Ordnungsvorstellungen nicht nur für Asien und Afrika, sondern für die ganze Welt predigt.[8] Die Globalisierung der im Rahmen der europäischen Expansion zum Standard erhobenen westlichen Strukturen ist gelungen, aber der Versuch, westliche Weltanschauungen und Weltbilder zu universalisieren, ist gescheitert: Globalisierung ist nicht mit Universalisierung identisch. Leider ist die grobe Verwechslung bzw. Gleichsetzung beider Erscheinungen unter den Globalisten weit verbreitet.

Gewiss, die Globalisierung ist ein Nebenprodukt der europäisch-westlichen Expansion.[9] Bei manchem westlichen Denker herrscht der naive Glaube, dass der anti-westliche religiöse Fundamentalismus nur im Kontext von »Jihad versus McWorld«[10] zu deuten ist. McWorld bezeichnet die westliche Welt des Konsums von McDonald und McComputer bis hin zu McTV, entsprechender Kleidung und ähnlichem mehr. Zugegebenermaßen: Die Fundamentalisten, die sich gegen McWorld erheben, können sich deren Anziehungskraft nicht entziehen. Es besteht kein Zweifel daran, dass nicht-westliche religiöse Fundamentalisten unter westlichen Einflüssen stehen, wie ich am Beispiel der Anhänger des islamischen Fundamentalismus im Rahmen des großen »Fundamentalism Project« der American Academy of Arts and Sciences empirisch nachgewiesen habe.[11] Wer aber die »Revolte gegen den Westen« nur als eine Reaktion deutet, die dem erklärten Feind, das heißt der westlich-europäischen Zivilisation bzw. ihrer amerikanischen Version von einer »McWorld«, verhaftet bleibt, sich ihr letztendlich sogar anschließt und anpasst, der versteht nicht, was in unserer Zeit passiert. Das Merkmal unserer Zeit ist nicht »Jihad versus

McWorld« (Barber), sondern der Prozess, für den ich den Begriff der »Entwestlichung«[12] der Welt geprägt habe. Die Welt des 21. Jahrhunderts wird weder eine McWorld noch ein Groß-Kalifornien sein. Der äußere Widerstand gegen McWorld ist nur die Oberfläche des tiefer gelagerten Phänomens, in dessen Rahmen unsere Welt sich im Übergang zum 21. Jahrhundert radikal verändert und der Eurozentrismus möglicherweise überwunden wird.

Trotz der selbstgefälligen Behauptung der Standardisierung der Welt und der Verleugnung der kulturellen Differenzen leben wir im Zeitalter des Zivilisationskonflikts. Diese Erkenntnis ist weder eine Erfindung Samuel Huntingtons[13], noch kann die Erörterung dieser Problematik als seine Leistung gelten. Raymond Aron hat auf dem Höhepunkt des Kalten Krieges, als die Welt noch bipolar (also mit den beiden Polen Kommunismus und Freie Welt) formiert war, in seinem 1962 in Paris veröffentlichten großen Werk *Paix et guerre entre les nations* auf die Heterogenität der Zivilisationen als Hauptursache der Konflikte in der Weltpolitik aufmerksam gemacht. Diese Heterogenität werde, so prophezeite er seinerzeit, »auf lange Sicht schwerwiegendere Folgen nach sich ziehen als die feindliche Gegenüberstellung zweier Regimes oder zweier Lehren«. Noch aber sei diese Heterogenität, so führt Aron aus, »vorläufig durch die Bildung zweier Blöcke ... verschleiert«.[14] Nach der Auflösung dieser Bipolarität als einer künstlichen Aufteilung der Welt tritt die Realität der Heterogenität der Zivilisationen in ihrer ganzen Bedeutung in Erscheinung. Aron konnte 1962 noch nicht ahnen, dass die von ihm erkannte Problematik nicht allein die internationale, sondern auch – angesichts der nicht-europäischen Migranten – die innereuropäische Politik selbst betreffen werde. Hierbei wird eine radikale Herausforderung an den nun erweiterten Westen, das heißt gleichermaßen an Europa und Nordamerika, gestellt: Der Anspruch, die Welt zu entwestlichen, gilt nicht nur für Asien und Afrika, sondern auch für westliche Gesellschaften selbst.

Die Begleiterscheinung ist ein weltanschaulicher Krieg der Zivilisationen. Die Therapie, um dies zu verhindern, besteht in der Suche nach einer internationalen Moralität (das ist *nicht:* Weltethos), was bedeutet, durch Kulturdialog einen weltgesellschaftlichen Konsens der Zivilisationen anzustreben, der nicht mehr exklusiv europäisch ist.[15] Hierzu gehört die Überwindung des Eurozentrismus und seiner Symptome der Euro-Arroganz mittels einer Entromantisierung Europas, jedoch ohne Selbstaufgabe.

Ein Europa ohne Identität gebietet ebenso wenig Respekt wie ein Kontinent, der sich für den Nabel der Welt hält; bei beiden handelt es sich nur um Extreme. Bereits in meiner Vorrede habe ich geschrieben: Vor den Kolonialherren hat der Nicht-Europäer Furcht, für den Demutsengel nur Verachtung.

Eurozentrismus: Europa als Nabel der Welt

In diesem Buch ist wiederholt die Rede von Eurozentrismus. Im Sinne der Begriffsklarheit scheint es mir angebracht zu verdeutlichen, was hier mit Eurozentrismus und Entromantisierung Europas gemeint ist und welche Bedeutung dem Zusatz »ohne Selbstaufgabe« beigemessen wird.

Eurozentrismus ist ein Begriff, der drei Bedeutungen hat:

- *Erstens* hat Eurozentrismus eine rein beschreibende, aber auch von einer Voreingenommenheit zeugende Bedeutung. Die europäische Expansion der letzten fünf Jahrhunderte ist keine Ideologie, sondern Realgeschichte (vgl. Anm. 4 und 5). Durch seine Expansion erhob sich Europa zum realen Zentrum der Welt, das Standards für andere setzt. Aber die europäische Expansion erfolgte auch mit der Legitimation durch eine universalistische Ideologie, die beansprucht hat, die Welt nach westlichen Maßstäben neu zu prägen. Aus diesem Grund wird die gegen das Projekt der Europäisierung der Welt gerichtete fundamentalistische Revolte als solche gegen den Westen unter dem Begriff »Remaking the World« erfasst.[16] Damit ist der Wille gemeint, die Welt nach den Richtlinien eines anderen zivilisatorischen Projekts neu zu gestalten. Kurzum: Im Sinne der Faktizität der strukturell erfolgreichen, aber kulturell doch nicht immer gelungenen »Verwestlichung der Welt« ist Eurozentrismus ein Begriff, der die Realität der Welt in unserer modernen Zeit beschreibt. Nicht-Europäer haben diese Verwestlichung als ein Herrschaftsprojekt erfahren.
- *Zweitens* bezieht sich der Begriff des Eurozentrismus auf die Einstellung der Europäer, sie seien der Nabel der Welt. Hierbei bilden sie sich arroganterweise ein, der Rest der Welt denke ebenso wie sie und handle nach europäischem Muster – eine Kombination von »Arroganz und Ignoranz« in Bezug auf nicht-westliche Zivilisationen.[17] Diesen Eurozentrismus gilt es zu überwinden.

- Die *dritte* Bedeutung des Begriffes Eurozentrismus bezieht sich auf Lehren, die in Europa entstanden sind, aber durch ihren universellen Charakter Allgemeingut der gesamten Menschheit werden können. Mit dieser Aussage spreche ich vorrangig die kulturelle Moderne und die ihr inhärente Universalität der Menschenrechte an. Die Demokratie und die säkulare Bestimmung politischer Ordnungen im Sinne der Trennung zwischen Staat und Religion gehören ebenfalls in diesen Rahmen.

Den Unterschied zwischen *Globalisierung* und *Universalisierung* habe ich bereits angesprochen. Ich möchte zwischen beiden differenzieren. Der erste Begriff bezieht sich auf die Strukturen, der zweite auf Normen- und Werte-Systeme. Der Denkfehler, dem viele westliche Autoren in einer eurozentrischen Manier unterliegen, hängt – wie bereits argumentiert – damit zusammen, dass die beiden Begriffe verwechselt werden. Weiterhin unterscheide ich hier zwischen *Universalismus* als einer Ideologie und *Universalität* als einer von allen Menschen akzeptierten Geltung der Erkenntnisse der Vernunft. Aus der islamischen Geschichte des Hoch-Islam im Mittelalter, als Hellenisierung und die Entfaltung eines islamischen Rationalismus erfolgten, wissen wir, dass es zwischen westlich-hellenistischer und islamischer Vernunft keine Unterschiede gibt.[18] Muslime jener Epoche haben in ihren Kommentaren zu Plato und Aristoteles die Vernunft als eine Quelle der Bestimmung wahrgenommen, die allgemein-menschlich ist und keiner spezifisch-partikularen Zivilisation angehört. Bereits in meiner Vorrede (S. 20f.) habe ich diesen Primat der Vernunft als wichtigste geistige Brücke zwischen den Zivilisationen bezeichnet.

Aus den bisherigen Ausführungen ergibt sich die Notwendigkeit einer Entromantisierung Europas als Beitrag zur Überwindung des Eurozentrismus. Wie ich stets argumentiere: Dies soll jedoch ohne Selbstaufgabe erfolgen und auch nicht in Form einer Verteufelung Europas zugunsten einer Romantisierung anderer Zivilisationen. Die Neigung, Europa zu dämonisieren, lässt sich gleichermaßen bei bestimmten europäischen Gesinnungsethikern, die oft zugleich Kulturrelativisten sind, und nichtwestlichen religiösen Fundamentalisten, die in der Regel Neo-Absolutisten sind, beobachten. Es liegt auf der Hand, dass beide dies aus unterschiedlicher Motivation tun.[19] Selbst ein Gegner des Eurozentrismus, halte ich gleichwohl die Preisgabe Europas für kontraproduktiv, ja für zerstörerisch. Im Namen der europäischen Zivilisation sind nicht nur Verbrechen begangen worden;

sie hat auch Errungenschaften hervorgebracht, von denen die gesamte Menschheit profitiert hat.

Ambivalent ist auch Europas Stellung zum Islam. Im Hoch-Islam, als der Hellenisierungsprozess ausgelöst wurde, haben Muslime »europäisches« Gedankengut angenommen. Im Gegenzug haben Muslime am Vorabend der europäischen Renaissance, als das Abendland den islamisch geprägten Hellenismus übernahm, Europa beeinflusst. Beide Zivilisationen haben sich also gegenseitig positiv befruchtet, aber einander auch bekriegt. Im Rahmen von *Djihad* und Kreuzzug waren beide zu Feinden geworden. Es trifft zu, dass Europäer Kreuzzüge und koloniale Eroberungen unternommen haben. Aber auch die Muslime betrieben ihre eigene Expansion, und zwar im Rahmen der *Djihad-Futuhat,* das heißt der Öffnung der Welt für die Verbreitung des Islam. Nicht nur die Europäer müssen ihren an Hegemonie und arrogantem Universalismus orientierten Eurozentrismus überwinden, auch die Muslime müssen auf ihren auf der Friedensutopie der Gleichsetzung von *Dar al-Islam/Haus* des Islam und *Dar al-Salam/Haus* des Friedens fußenden Universalismus, also in anderen Worten auf ihren Islamozentrismus verzichten.[20]

Die bisherigen Ausführungen mögen abstrakt und allgemeiner Natur sein, weil sie sich auf klassische historische Zusammenhänge beziehen. Die Frage ist berechtigt, welche Relevanz sie für unsere Gegenwart haben. Gerade im Kontext dieses Buches, also der Multikulti-Problematik, sind Forderungen an beide Parteien zu stellen. Es wäre polemisch, wenn ich das ganze Problem auf den Mangel an einer europäischen Politik der Integration von Migranten zurückführte. Auch die Migranten selbst haben eine Leistung zu erbringen: die Respektierung der europäischen Identität. Das ist ihre Bringschuld. In meinem Buch *Aufbruch am Bosporus* habe ich diese Problematik am Gegenstand der türkischen Migranten in Deutschland konkretisiert.[21] Im Licht der soeben angesprochenen historischen Belastungen von Kreuzzug und *Djihad* kann man nicht die Kreuzzugsmentalität mancher Europäer kritisieren und zugleich den Drang der neo-osmanischen Islamisten unter den Türken nach einer Islamisierung Europas verschweigen. Wenn in Deutschland türkische Moscheen gebaut werden, die den Namen *al-Fatih/der* Eroberer (wie zum Beispiel die Moschee in Pforzheim) – also den Beinamen von Mehmed II., der 1453 Konstantinopel erobert hat – oder osmanische Namen (wie in Bendorf) tragen, dann sollte man diese Anspielungen auf Symbole der islamischen Expansion nicht mit europäischer Toleranz übergehen. Als Wissenschaftler fällt es mir – auch wenn ich ein Muslim bin – schwer, zwischen dem militärischen *Djihad*-Geist und der Kreuzzügler-Mentalität zu unterscheiden. Wir müssen die Kritik gleichermaßen an beide Dominanzansprüche richten, wenn wir im seriösen Rahmen bleiben und dem aufrichtigen Willen zur Vermittlung zwischen den Zivilisationen verpflichtet sein wollen.

Wie ich in meinem Essay »Wettkampf der Zivilisationen« argumentiert habe, sollte folgende, im Untertitel formulierte Erkenntnis nicht aus dem Auge verloren werden: »Nur wenn der Westen sich nicht selbst verleugnet, kann der Brückenschlag zum Islam gelingen« *(FAZ* vom 4. November 1995). Dadurch ist die Kritik an der Eurozentrik mit der am Islamozentrismus vereinbar. In diesem Sinne bezieht sich die anzustrebende Überwindung des Eurozentrismus primär auf die Überwindung von Hegemonialansprüchen sowie der Kombination von »Arroganz und Ignoranz« in Bezug auf andere Zivilisationen, nicht aber auf die potentielle Universalität europäischer Errungenschaften wie Aufklärung, Demokratie, Laizismus und individuelle Menschenrechte. Die Verwechslung beider Bereiche ist für die selbstkritische Diskussion über die notwendige Überwindung des Eurozentrismus folgenreich. Die gesinnungsethische Neigung zur Selbstverleugnung, die in diesem Buch kritisiert wird, gehört zu diesen Folgen.

Weltgeschichte und Globalgeschichte: Zwischen Realität, Ideologie und Wunschdenken

Das traditionelle deutsche Verständnis von Geschichte pendelt zwischen Rassismus und dem Wunschdenken einer weltbürgerlichen Universalgeschichte hin und her. Es ist nicht mein Thema, hier über den deutschen Historismus und seine bis heute bestehende Hypothek im deutschen Denken zu schreiben. Wenn aber die Rede ist von Eurozentrismus und der Notwendigkeit seiner Überwindung, dann kann ich nicht umhin, das eingeschränkte deutsche Verständnis von Weltgeschichte als ausschließlich germanisch-romanische Geschichte Europas anzusprechen. Wie Baber Johansen mit Fakten belegt (Anm. 22), ist dies das dominierende Verständnis der deutschen Geschichtswissenschaft. Hierbei werden alle nicht-europäischen Völker und ihre Geschichte aus der Weltgeschichte gestrichen, als hätten sie keine Geschichte. Das ist der Rassismus, den ich hier anspreche und der immer noch den Geist der deutschen Universität belastet, wie die angeführte Untersuchung von Baber Johansen, einer international anerkannten deutschen Autorität, zeigt, die ich noch näher zitieren werde. Weltgeschichte ist nach diesem Verständnis eine bürgerliche Universalgeschichte, an der nur die Europäer teilhaben. Wir Nicht-Europäer haben demnach nicht nur keine Geschichte, sondern mehr noch: Wir nehmen an der Geschichte ausschließlich teil als Objekte der Europäer. Der prominente deutsche Islam-Wissenschaftler Baber Johansen, der zugleich Historiker ist, hat in seinem Beitrag zu einem internationalen, vergleichenden Projekt über Nahost- und Islamstudien an westlichen Universitäten zum Erstaunen seiner westlichen und arabo-islamischen Kollegen die Tatsache international bekannt gemacht, dass an deutschen Universitäten das beschriebene enge Verständnis von Geschichte seit Jahrhunderten und bis heute noch gelehrt wird. Es geht auf Leopold von Ranke zurück (gest. 1886). Der deutsche Islamwissenschaftler Johansen, der den Intrigen seiner Wissenschaft von Berlin nach Paris entflohen ist, führt aus, Ranke habe gelehrt:

> »Weltgeschichte ist das Feld für das Studium der Geschichte der germanischen und romanischen Völker. Alle anderen Völker sind das Objekt der Aktionen dieser Europäer.«[22]

Durch Johansens Ausführungen bei dem genannten Projekt, an dem ich mitgewirkt habe, habe ich endlich die Behandlung, die mir von deutschen Orientalisten und Historikern zuteilwird, angemessen einordnen können. Ich habe begriffen, dass es nicht um die individuelle Diskriminierung meiner Person geht. Der Kontext ist viel weiter gefasst. Als ein Islamologe, ja als Begründer dieser sozialwissenschaftlichen Beschäftigung mit dem Islam in Deutschland, könnte ich, weil ein Nicht-Europäer, an keiner deutschen Universität jemals einen Lehrstuhl für Islamkunde bekommen. International werden meine in mehreren Sprachen vorliegenden einschlägigen Bücher der deutschen Wissenschaft angerechnet, obwohl ich ein Orientale und kein ethnisch Deutscher bin. Laut Baber Johansen herrscht das eurozentrische Geschichtsverständnis bis zum heutigen Tag unverändert an den deutschen Universitäten:

> »Der Aufbau des Geschichtsstudiums an deutschen Universitäten wird von diesem Ansatz (von Ranke, B.T.) bestimmt. Bis zum heutigen Tag

können deutsche Geschichtsstudenten nur deutsche und romanische und in manchen noch nordamerikanische Geschichte studieren ... Die Geschichte des Orients gehört zu den Antiquitäten und wird nur an den Seminaren für Orientalistik, also nicht am Fachbereich der Geschichtswissenschaften, gelehrt ... Bemühungen, diesen Zustand zu reformieren, blieben in den letzten 20 Jahren ohne jeden Erfolg« (ebd., S. 83).

Trotz Rankes Borniertheit, die seine deutschen Epigonen bis zum heutigen Tag an deutschen Universitäten pflegen, ist Weltgeschichte realhistorisch umfassender als diese ideologische Spielart des Eurozentrismus. Entsprechend muss auch das Projekt Europa, das zwar durch die realgeschichtliche »europäische Expansion« (vgl. Anm. 5) weltweite Geltung zu gewinnen schien, in unserer Gegenwart aber in Frage gestellt wird, einer entromantisierenden Revision unterzogen werden. Die Europa-Romantik auch in ihrer extremen deutschen Form zu überdenken müsste in einer Entromantisierung resultieren.

Europa hat durch seine weltweite expansive Eroberungspolitik zwar strukturelle *Globalisierungsprozesse* in Wirtschaft und Politik ausgelöst, ist aber darin gescheitert, diese Prozesse mit der *Universalisierung* seiner Weltanschauung zu verbinden. Im Übergang zum neuen Millennium geht es um den Prozess, den ich bereits als eine normative Entwestlichung der Welt (vgl. Anm. 12) angesprochen habe, jedoch bei gleichzeitig anhaltender struktureller Globalisierung. Das zentrale Merkmal unserer Zeit besteht in einer *Gleichzeitigkeit* von *struktureller Globalisierung* in Ökonomie, Politik, Transport-und Kommunikationswesen und kultureller sowie zivilisatorischer *Fragmentation der Weltanschauungen*. Mit Fragmentation meine ich hier den Verlust einer konsensuell akzeptierten normativen Orientierung.

Zu den Bemühungen, das ethnozentrische Verständnis von Weltgeschichte zu überwinden, gehören die Bemühungen um eine Globalgeschichte[23] der neuen Zeit. Weltgeschichte ist – wie wir gesehen haben – eine ausgesprochen europäisch geprägte geschichtsphilosophische Auffassung, die bei vielen deutschen Historikern zudem noch zur rein deutschen Geschichte zusammenschrumpft. Bei anderen, weniger auf die eigene Geschichte eingeengten europäischen Historikern stoßen wir auf eine Vision einer einheitlichen, wohl teleologischen Geschichte der Menschheit, die zwar auch eurozentrisch ist, bei der Nicht-Europäer jedoch nicht rassistisch ausgeklammert werden. An französischen, britischen und anderen europäischen Fakultäten für Geschichte kann man auch islamische Geschichte studieren. Dagegen beruht der Ansatz der Globalgeschichte, der amerikanisch, nicht europäisch ist, auf den realen Prozessen einer durch Globalisierungsprozesse vereinheitlichten, das heißt vernetzten Welt. Diese Globalität existiert auch bei fehlender Universalität der Normen und Werte sowie der Weltanschauung, aus denen sie hervorgehen könnten.

Es dürfte klargeworden sein: Die Globalstrukturen unserer Welt korrespondieren nicht mit den romantischen Träumereien einer »culture mondiale« europäischen Zuschnitts. Ganz im Gegenteil, die Globalisierung ruft die Neubelebung ethnisch und religiös bestimmter Lokalkulturen hervor, die sich auf regionaler Ebene zu Zivilisationen gruppieren.[24] Nichtwestliche Zivilisationen führen in diesem Rahmen eine »Revolte gegen den Westen« durch, die die größte Herausforderung unserer Zeit an die westliche Zivilisation darstellt. Durch die Migration aus Asien und Afrika erreicht diese Revolte den europäischen Kontinent selbst. Die Geltung der westlichen Werte wird nun direkt im europäischen Haus in Frage gestellt.

Die angesprochenen Zusammenhänge zu erkennen ist der erste Schritt zur Entromantisierung und Ablösung des konstruierten Verständnisses von universeller Weltgeschichte (Vision) durch die Globalgeschichte (Realität). Dies bedeutet für Europa, seinen überheblichen Anspruch auf Exklusivität aufgeben, also auf den Eurozentrismus in der oben erläuterten zweiten Bedeutung verzichten zu müssen. Dennoch frage ich: Muss die Öffnung Europas durch die erforderliche Entromantisierung notwendigerweise zur Folge haben, dass Europa sich selbst aufgibt, also zu einem *Multikulti-Kontinent ohne eigene Identität wird*? Ist Selbstaufgabe die zwingende Folge der Überwindung des Eurozentrismus? Als Gegner und Kritiker des Eurozentrismus trete ich für die Bewahrung der kulturellen Identität Europas ein und sehe in einer solchen Haltung keinen Widerspruch.

Im Sinne der Öffnung und Toleranz bitte ich meine europäischen Leser, mir als Muslim und Nicht-Europäer die Behauptung zu gestatten, dass Entromantisierung im Sinne der Überwindung des Eurozentrismus und protestantische, auf Schuldkomplexen basierende Gesinnungsethik zweierlei sind. Die erste Strategie erfordert eine Kombination der Öffnung gegenüber anderen Kulturen und den Zivilisationen, zu denen sie gruppiert sind, und des Erwerbs von substantiellem Wissen über diese fremden Einheiten, also mit anderen Worten die Überwindung von Eurozentrik. Die gesinnungsethische Perspektive der Romantisierung der Anderen mündet dagegen in eine selbstzerstörerische »weltfromme« Selbstverleugnung als scheinbare Sühne für die protestantisch wahrgenommene Schuld. Leider gibt es hierbei sehr viel Heuchelei: So werde ich zum Beispiel von den europäischen Selbstanklagen überhäuft, muss aber weiterhin an der deutschen Universität beobachten, dass Nicht-Europäer als Menschen ohne eigene Geschichte dargestellt werden, wo also der alte Rassismus in einer akademischen Verfeinerung gepflegt wird. Man wird hierzulande diesen Vorwurf mit dem Hinweis darauf zurückweisen, dass Studenten durchaus beispielsweise die chinesische Geschichte, und zwar im Rahmen der Sinologie, oder die islamische Geschichte, im Rahmen der Islamkunde, studieren können. Die Frage bleibt jedoch, warum die chinesische oder die islamische Geschichte nicht Teil der Geschichtswissenschaft an deutschen Universitäten ist.

Im Folgenden will ich einige Bausteine zu einer Strategie der Überwindung der Eurozentrik ohne Verklärung entwerfen. Diese anzustrebende Überwindung soll jedoch erfolgen, ohne die kulturelle Moderne[25] aufzugeben. Ich konzentriere mich auf den Begriff »Nation«, also auf den Brennpunkt europäischen Denkens. Die romantische Vorstellung von der eigenen ethnisch-exklusiv definierten Nation darf jedoch nicht von einer Romantisierung vormoderner ethnischer Kulturen abgelöst werden. Dies wäre nichts anderes als eine Rückkehr zu den Extremen: von dem einen zum anderen. In Zeiten der Zivilisationskonflikte erfordert der notwendige Dialog ein Zivilisationsbewusstsein. Für Europäer bedeutet dies ein deutliches Bekenntnis zu Europa, was auch Offenheit für das Verständnis anderer Zivilisationen einschließen muss. Die erhoffte Entromantisierung Europas gehört als *conditio sine qua non* zur Forderung nach einer Entethnisierung des europäischen Bürgers, das heißt nach der Überwindung der rassistischen Definition der Bewohner dieses Kontinents.

Im Zeitalter der Bewältigung der Extreme bedarf es der Entromantisierung – doch wie?

Das Jahr 2000 anzuführen ist kein magisches Spiel mit Zahlen: Mit dem Ende des zwanzigsten Jahrhunderts scheint nicht nur numerisch ein neues Jahrtausend, sondern auch ein neues Zeitalter zu beginnen. Wenn die Vorzeichen nicht trügen, dann hat die eingeleitete globale Entwicklung der letzten Jahre im Sinne des Beginns einer neuen Epoche ausschlaggebende

Bedeutung. Unser sich seinem Ende näherndes Jahrhundert gehört zu den problembeladensten Abschnitten der Geschichte der Menschheit; sein Ende übertrifft an Komplexität alle bisherigen Geschichtsperioden.

Das 20. Jahrhundert ist als »Zeitalter der Extreme«[26] bezeichnet worden. Gegen Ende dieser Zeit scheinen Ernüchterung und Entromantisierung nötiger denn je zu sein, und dies sowohl im Verhältnis zu sich selbst (Identität) als auch zu den Anderen (Fremdbilder). Im Übergang zum 21. Jahrhundert stehen die Europäer unter Anklage. Eine Reihe dieser Anklagen ist berechtigt und führt zu dem historischen Zwang, sich selbst und seine Bilder von den Anderen neu überdenken zu müssen. So müssten die Deutschen von ihrem selbstzentrierten Bildungssystem Abschied nehmen, das ihnen Bilder von den Anderen vermittelt, die im vergangenen Jahrhundert schon falsch waren und im Übergang zum 21. Jahrhundert erst recht unhaltbar sind. Sind sie dazu bereit, oder bleiben sie bei ihren Wechselbädern von rassistischer Praxis und protestantischen Schuldkomplexen? Es stellt sich jedoch die Frage: Wie entromantisieren Europäer verantwortungsethisch ihre Selbst- und Fremdbilder, um ihren Eurozentrismus erfolgreich zu überwinden? Ich wiederhole es: Selbstgerechtes bloßes Moralisieren kann zur Erfüllung dieser substantiellen Aufgabe nicht beitragen.

Aus der 1995 erfolgten Preisverleihung des Friedenspreises des Deutschen Buchhandels an die Orientalistin Annemarie Schimmel sollte man die Erkenntnis ziehen, dass die Deutschen hier leider durch ihren Sonderweg wieder kein Vorbild für Europa abgegeben haben. Eine schwärmerische Romantikerin, die ihre persönlichen Sehnsüchte durch Verherrlichung von uns Fremden in der uns zugeordneten »Eigenschaft« als *bons sauvages* kompensiert, wurde als Wegbereiterin der Beziehungen zu den Anderen im kulturellen Dialog gefeiert. Damit zelebrierten die Preisverleiher ihre eigenen romantischen Vorstellungen und erhoben sie gleichzeitig zu einer allgemeingültigen Einstellung gegenüber allem Fremden. Das ist ein ausgesprochener Paternalismus und alles andere als eine Überwindung des Eurozentrismus. Schwärmerei kann niemals die Basis für einen Kulturdialog sein. Obwohl eine Zukunftsvision für Europa dringend eine Entromantisierung erfordert, wurde diese mit der auf der Buchmesse 1995 erfolgten Selbsthuldigung symbolisch verweigert. So kann man nicht den Weg zur Überwindung der eurozentrischen Selbstvernebelung beschreiten. Bei der Buchmesse 1997 kam es zu einer anderen Theatralik. Diesmal war der zu zelebrierende Autor in der Tat ein Fremder, Yaşar Kemal, aber sein Laudator, Günter Grass, nutzte die Chance, um den Selbsthass der Deutschen zu kultivieren und hierbei den Preisträger in den Schatten seiner eigenen Gesinnungsethik zu stellen. Das sind höchst nachdenklich stimmende Erfahrungen. Nochmals: Weder der europäische Paternalist noch der Demutsengel sind die Lösung.

Bei Grass' Rede in der Frankfurter Paulskirche konnte ich mich nicht des Eindrucks erwehren, dass die Deutschen ihr einstiges Bewusstsein von der imperialen Größe Europas in unserer Zeit in eine Einstellung der Selbstverleugnung, ja des Selbsthasses, umzukehren scheinen. Bereits ein Jahr zuvor habe ich mich hierüber in einem *Focus*-Interview[27] geäußert. Dies ist ein weiteres Beispiel für das Pendeln zwischen den Extremen.

Beide Einstellungen, Selbstverherrlichung und Selbsthass, bringen die Neigung zu Extremen zum Ausdruck, die nach Helmuth Plessner mit jener »dem Deutschen eigentümlich gewordenen Tiefe verweltlichter Frömmigkeit«[28] zusammenzuhängen scheint. Als Entromantisierung kann eine Umkehrung der Extreme allerdings nicht gelten; die Romantisierung der Anderen mündet in eine Multikulti-Ideologie, die derart intolerant vertreten wird, dass in ihr – nach meinem Dafürhalten – ein »deutscher Nationalismus« durchsickert. Zu dieser Arroganz gehört die Neigung bestimmter Deutscher, die Fremden über ihre eigene Identität zu belehren. Wie oft ist dies auch mir selbst widerfahren! Nach dem Erscheinen meines Buches über den Friedensprozess im Nahen Osten mit dem Untertitel »Eine arabische Perspektive« wollte mich der Rezensent der *Tageszeitung* (Berlin), Ludwig Watzal, eines Besseren über unsere arabische Perspektive belehren: Unser arabischer Oslo-Frieden mit unseren jüdischen Brüdern und Schwestern sei kein Frieden.[29] Der Geist von Oslo, der Araber und Juden zusammenbringt, wird auf dieselbe Stufe gestellt wie die Anti-Oslo-Politik Netanyahus. Dies ist ein Beispiel für das Muster deutschen Denkens, dass das, was bestimmte Deutsche für richtig halten, auch richtig sei für den Rest der Welt, nach dem Motto: »Am deutschen Wesen soll die Welt genesen.«

In der Epoche der Sinnkrise:
Pendeln zwischen moderner Nation und vormoderner Ethnizität

Viele Europäer leiden unter Werte-Beliebigkeit und Orientierungslosigkeit. Europa durchlebt zurzeit die heftigste Sinnkrise seiner Geschichte. Das Romantisieren des Anderen ist nichts Neues, doch in unserer Zeit ist es politisch von Schaden und ein nicht tolerabler Luxus. Ein Ausweg aus der Krise ist gefragt, und keine Romantik. Die Krise ist zugleich eine Krise des Nationalstaates und der eigenen orientierungslos gewordenen Zivilisation. Das okzidentale Europa hat es in seiner historischen Entwicklung weitgehend geschafft, den Übergang von der Ethnie zur Nation zu vollziehen. Die europäische Nationsidee war und ist jedoch nicht einheitlich.

Während die entwickelteren Teile Europas, Frankreich und England[30], die moderne Nation im Rahmen von *Citoyenneté* bzw. *Citizenship* bestimmt, das heißt entethnisiert haben, verstehen die Deutschen unter Nation eine *Kulturgemeinschaft,* die bei Herder nicht ethnisch war, aber in der Folgeentwicklung ethnisch geworden ist und ethnisch belastet bleibt. Die deutsche Romantik hat den wichtigsten Beitrag zu dieser verklärten und diffusen Bestimmung des Volkes als Nation geliefert. Das Resultat war und ist, dass Nation in der deutschen Geschichte mit Volksgemeinschaft gleichgesetzt wird. Der große jüdische Ideenhistoriker Isaiah Berlin hat recht, wenn er die deutsche Romantik in die Domäne der Gegenaufklärung einordnet.[31]

Außereuropäische Völker, die mehr vormodern-ethnisch als im Sinne der Moderne durch die Nation bestimmt sind, haben während der Entkolonialisierung die Ideen der deutschen Romantik aufgegriffen (vgl. Motto S. 161). Während jener Epoche hatten sie darin ein Vorbild für ihre eigene Entwicklung gesehen, weil das vormodern-ethnische Denken ihnen näherstand. In meinem Buch *Vom Gottesreich zum Nationalstaat*[32] habe ich am Beispiel des arabischen Nationalismus den Nachweis für diesen Einfluss der deutschen Romantik auf den arabischen Orient erbracht. In jener Studie habe ich ferner die Differenz zwischen der französischen demokratischen, das heißt nicht-völkischen, Nationsidee und der deutschen Romantik beleuchtet (vgl. ebd., S. 223ff. u. 245ff.). Die Entkolonialisierung gipfelte in der Bildung moderner Nationalstaaten nach westlichem Muster. Das Ergebnis waren aber nur nominelle Nationalstaaten.

Mit einer Retrospektive auf die Entkolonialisierung und einer Zukunftsperspektive auf das 21. Jahrhundert können wir feststellen: Die

Übertragung des westlichen Nationalstaates auf nicht-westliche Zivilisationen ist – angesichts des Fehlens institutioneller Strukturen – gescheitert.[33] Der Nationalstaat ist ein politisches Modell, das strukturelle Voraussetzungen erfordert[34], und kein Gegenstand für Romantisierung. In der Krise des nominellen Nationalstaates in nicht-westlichen Zivilisationen erwacht nun Ethnizität als vornationales und vormodernes Gruppenbewusstsein. Der Rückzug auf die ethnische Selbstromantisierung bietet in diesen Zivilisationen jedoch keinen Ausweg aus der Krise. Ihr anti-westlicher Charakter bietet keinen Beitrag zur Überwindung des Eurozentrismus und ruft bei Europäern Reaktionen hervor, die von vorneherein selbstkritische Einsichten vereiteln. Ethnizität ist ein Rückfall hinter die Nation. Sie wird durch Migration aus Asien und Afrika auch nach Europa eingeführt, wo ethnische Ansprüche als Gruppenrechte oft fälschlich im Namen der Menschenrechte vorgetragen werden. Im Namen der gesinnungsethischen, selbstverleugnerischen Pseudo-Toleranz wird die Infragestellung der Moderne durch die Vormoderne zugelassen und befürwortet. Ein Rückfall in die Vormoderne ist mit Sicherheit kein geeigneter Beitrag zur Überwindung des Eurozentrismus, vielmehr ist er ein Indiz für die aus der Sinnkrise Europas resultierende Orientierungslosigkeit.

Die Universalisierung europäischer Anschauungen ist ein Anspruch – die Globalisierung europäischer Strukturen aber eine Realität

Bis zum Bewusstwerden der Europäer über die Krise ihrer Moderne haben sie an die Universalität ihrer eigenen Weltanschauung geglaubt; bisher gingen sie mit aller Selbstverständlichkeit davon aus, dass auch ihre Gesellschaftsmodelle für den Rest der Welt gelten. In diesem Kontext steht die schon früher festgestellte Tatsache, dass Europäer Globalisierung mit Universalisierung verwechseln. Vor allem gilt dies für die Nationsidee und für das Entwicklungsmodell der Nationsbildung. Das Staatsmodell wurde globalisiert, ohne dass seine normative Legitimität universalisiert werden konnte.

Die Entkolonialisierung, aus der die neuen Staaten in Asien und Afrika hervorgegangen sind, galt bisher als ein Prozess des »Nation-Building«[35], in dessen Rahmen die europäischen Erfahrungen nachgeholt wurden. Der Begriff Ethnie wurde der Domäne der Anthropologie zugeordnet, die sich mit Fremdkulturen beschäftigt. Die westlichen Europäer haben Nationen als demokratische Gemeinwesen gebildet, die als Modell für ethnische, also noch vormoderne Gemeinschaften dienen sollten. Der britische Soziologe Anthony Smith hat in einer umfassenden Studie den ethnischen Ursprung auch der europäischen Nationen aufgezeigt.[36] Europäer haben diese historische Erfahrung jedoch verdrängt; sie bestreiten, dass auch sie auf Ethnien zurückgehen.

In diesem Zusammenhang ist es interessant, auf die deutsche Wissenschaftssystematik in dieser Domäne hinzuweisen. Ich habe oben mit Hilfe des deutschen Islamwissenschaftlers Baber Johansen gezeigt, dass im deutschen Wissenschaftsbetrieb heute wie im 19. Jahrhundert nichteuropäische Geschichte nicht als Geschichte gilt und deshalb nicht an geschichtswissenschaftlichen Fachbereichen gelehrt wird. Noch eine Merkwürdigkeit: Für europäische Kulturen gilt an deutschen Universitäten die Wissenschaft der *Volks*kunde. Diese wird als empirische Kulturwissenschaft von Europa definiert, hat aber angeblich mit Ethnizität im eigentlichen Sinne nichts zu tun. Dagegen werden die ethnischen Kulturen der übrigen Welt von einer anderen Disziplin, der *Völker*kunde (Ethnologie), behandelt. Diese Wissenschaftssystematik verleugnet die ethnischen Wurzeln europäischer Nationen und übersieht die empirische Tatsache, dass die deutsche Volksgemeinschaft keine Nation im modernen europäischen Sinne, sondern ein ethnisch exklusives Gebilde ist. Ich möchte die genannte Unterteilung der Menschheit nicht noch einmal mit rassistischen Vorurteilen in Zusammenhang bringen, ich belasse es bei diesem Hinweis.

Es ist richtig, dass die europäische Expansion, wie einleitend bereits angesprochen, zu einer Übertragung der europäischen Strukturen auf die gesamte Welt geführt hat, doch ist dies nicht mit einer Universalisierung der westlichen Ideen zu verwechseln. Mit anderen Worten: *Strukturelle Globalisierung ist nicht mit einer geistigen Universalisierung gleichzusetzen.* Konkret: In außereuropäischen Zivilisationen wurde die Idee der Nation übernommen, aber die dort entstandenen Nationalstaaten entbehren zugleich des Substrats der Nation und des Bewusstseins der Zugehörigkeit zu einem Gemeinwesen, das diesen Namen verdient. Jede vormoderne Bevölkerung bleibt von der Ethnizität bestimmt.

Im Zeitalter der Migration nach Europa und der Propagierung des kulturrelativistischen Multikulturalismus erfolgt die »Rache der nichtwestlichen Zivilisationen« an Europa.[37] Während der europäischen Expansion bestimmte Europa den Gang der Globalgeschichte, nun aber wird Europa im Namen des Multikulturalismus im eigenen Haus durch die Migranten in Frage gestellt.[38] Muss die Entromantisierung der Begriffe Volk, Nation und Europa im Rahmen der Überwindung der Euro-Arroganz in dieser historischen Umkehrung resultieren?

Bekanntlich gelten geistige Umkehrungen nicht als Aufhebung im Hegelschen Sinne. So ist beispielsweise die *Umkehrung* des Antisemitismus in Philosemitismus oder des Fremdenhasses in verordnete Fremdenliebe keine Überwindung jener pathologischen Erscheinungen der Barbarei. Entsprechend ist die protestantische, multikulturelle Sühne für die empfundene Schuld der europäischen Expansion auch nur eine *Umkehrung* und weder Aufhebung noch Überwindung; die Verteufelung der ethnischen Kulturen wird von der Romantisierung derselben abgelöst. Europa zu verleugnen kann als ein Akt der Verklärung gewiss nicht als Entromantisierung Europas eingestuft werden, und somit können solche kompensatorischen Handlungen nicht als Beitrag zur historischen Aufarbeitung des Eurozentrismus gedeutet werden.

Eine verdrängte Wahrheit: Jede Nation hat ethnische Ursprünge. Das gilt auch für Europa

Waren die Europäer immer Nationen, oder haben sie auch ihre Stammesgeschichte? In seiner bereits angeführten bahnbrechenden Studie *The Ethnic Origins of Nations* (vgl. Anm. 36) belehrt uns der Cambridge-Soziologe Anthony Smith, dass auch europäische Nationen ihre ethnischen Ursprünge haben. Diese sind keineswegs überall vollständig überwunden worden, vor allem in Deutschland noch nicht.

Ethnisches Bewusstsein ist ein auch in einigen Teilen Europas (zum Beispiel bei den Basken, Flamen, Korsen oder Iren) verbreitetes Phänomen, wenngleich es in unserer Gegenwart vorwiegend bei inneren Konflikten in nicht-westlichen Zivilisationen auftritt. Es ist nicht ausgeschlossen, dass auch Westeuropäer angesichts der zunehmenden Migration aus nicht-westlichen Teilen der Welt sich auf ihre ethnische Zugehörigkeit besinnen. Durch Verdrängung kann niemand Tatsachen aus der Welt schaffen; Fakten lassen sich nicht verbieten, wohl jedoch das Reden darüber.

Bei aller Kritik an der Nationsidee bleibt unangefochten, dass eine zugleich von Ethnizität und Romantik freie Bestimmung der Nation darin besteht, einen Zusammenhang von einem Gemeinwesen von Bürgern im

Sinne von *Citoyen/Citizen* und einer Demokratie im Sinne von *Civil Society*/Zivilgesellschaft[39] zu begründen. Es ist daher kein Ausdruck von Fortschrittsgläubigkeit, in einer Entethnisierung als Voraussetzung für die Nationsbildung einen besseren Zustand zu sehen.

Alle Grundgedanken dieses Kapitels basieren auf der Einsicht, dass ein Frieden zwischen Menschen unterschiedlicher Kulturen in einer im positiven Sinne entwestlichten Welt zweierlei erfordert:

- die Entromantisierung der Nation bei den Europäern und
- die Entethnisierung nicht-westlicher Kulturen.

Verharrt dieser Prozess in einer eingleisigen Neubestimmung Europas bei gleichzeitiger Neubelebung der Ethnizität der Anderen, dann wären die Folgen für Europa im Zeitalter der Migration verheerend. Europa wird durch die Parallelität von chaotischer, also nicht-regulierter Zuwanderung und der Verbreitung von Multikulti-Ideologie ethnisiert und büßt somit seine Identität ein. Das ist der Übergang von dem Extrem des offenen Eurozentrismus zum Extrem der versteckten eurozentrischen Selbstverleugnung. Das Resultat dieser Entwicklungen läuft auf ein Europa ohne Identität hinaus. Ist diese »Bestimmung« für Europa ein Ausdruck der Eigenart der Deutschen, die Helmuth Plessner (vgl. Anm. 28) anspricht? Ist diese Entwicklung eine neue Spielart des bekannten »deutschen Sonderwegs«? Mit dem Ausdruck »deutscher Sonderweg« meine ich das historische Faktum, dass Deutsche in ihrer Geschichte einen anderen Weg einschlagen als die übrigen Europäer. Wer ohne eine Verarbeitung von Fremdenhass zu verordneter Fremdenliebe übergeht, kann diesen Prozess plötzlich auch wieder umkehren. Als ein »Fremder« habe ich große Angst vor diesem Potenzial!

Die globale Migration bringt die »Revolte gegen den Westen« ins europäische Haus: Die Krise des europäisch-säkularen Nationalstaats

Die massive Zuwanderung nach Europa und die hierdurch sich verändernde Zusammensetzung der Bevölkerung machen es dringend erforderlich, die bisher dominierenden eurozentrischen Ansichten über Volk, Nation sowie über die Stellung Europas in der Welt neu zu überdenken. Die Revolte gegen den Westen wird durch Migration aus nicht-europäischen

Kulturen und Zivilisationen ins europäische Haus hineingetragen. Hierbei lassen sich zwei Erscheinungen beobachten:

- Die erhoffte Universalisierung europäischer Weltanschauungen ist ausgeblieben. Die meisten im Verlaufe der Entkolonialisierung in Asien und Afrika gebildeten Nationalstaaten sind nominell geblieben. Das ausgehende zwanzigste Jahrhundert ist durch ein zunehmendes Zivilisationsbewusstsein außereuropäischer Völker im Rahmen der Entwestlichung gekennzeichnet. Lange vor der Ankündigung eines *Clash of Civilizations* durch Huntington hat der britische Oxford-Gelehrte Hedley Bull seine bereits zitierte These von »The Revolt against the West« als das Zeichen der beginnenden achtziger Jahre beschrieben (vgl. Anm. 6). Damit meint Bull nicht die Entkolonialisierung und auch nicht die Emanzipation außereuropäischer Völker von der europäischen Herrschaft. Denn diese ließ sich wie bereits gezeigt durch den Rückgriff auf europäische Ideen, vor allem der Volkssouveränität rechtfertigen. Bull meint vielmehr die Infragestellung europäischer Werte und Normen durch die sie herausfordernden Weltanschauungen anderer Zivilisationen im postkolonialen Zeitalter. Dieser *Prozess der Entwestlichung* (vgl. Anm. 12) ist in unserer Zeit in vollem Gange, und er hat erhebliche politische Implikationen. Er erreicht Europa durch die Migration aus der Mittelmeerregion, Asien und Afrika. Wenn die kulturelle Moderne Europas nicht kämpferisch die Leitkultur des demokratischen Rechtsstaats bestimmt und Europa zu einem Werte-losen Multikulti-Wohngebiet wird, gerät der säkulare Nationalstaat auch in Europa in eine Krise.
- Unter diesen Bedingungen der zunehmenden Migration aus außereuropäischen Ländern wird ein neuer Konsens immer dringender erforderlich. Es geht darum, nach Formen des friedlichen Zusammenlebens zwischen Menschen mit europäischen Weltanschauungen und Menschen aus ethnischen Kulturen zu suchen. Migranten aus nicht-westlichen Kulturen wollen zwar in Europa leben, europäische Weltanschauungen aber auf der Basis einer anderen Weltsicht nicht akzeptieren. Unter diesen Bedingungen kann nur eine allgemein akzeptierte Leitkultur eine Garantie für den sozialen Frieden bieten.

Die kulturelle Moderne Europas ist auch für den aufgeklärten und demokratisch gesinnten Nicht-Europäer verteidigenswert. Unter Rückgriff auf

Max Horkheimer, der zwischen europäischem Faschismus und europäischer Freiheitstradition unterscheidet, habe ich bereits in meiner Vorrede deutlich gemacht, dass es falsch ist, Europa en gros zu verdammen. Die kulturelle Moderne Europas ist den vormodernen Kulturen des Kollektivismus vorzuziehen.

Auf der Suche nach einem Ausweg: Der kulturrelativistische Multikulturalismus der Ghettos ist keine Lösung

Auf die Herausforderung unserer Zeit, in der die tradierten Konzepte von Volk, Nation und Europa unzulänglich geworden sind, ist als eine Antwort der Multikulturalismus mit seinen kulturrelativistischen Anschauungen hervorgetreten. Ich meine jedoch, dass die Infragestellung jeder Universalität als Klammer zwischen den Kulturen keine Lösung für die Krise bietet. Behindernd wirkt der Kulturrelativismus, wenn er Kulturen, gleich ob sie demokratisch oder archaisch, rational oder romantisch sind, egalitär gleichsetzt. Im Geiste der Aufklärung möchte ich hier den Wert eines solchermaßen postmodern bestimmten Kulturrelativismus bestreiten und ihn als Verleugnung der positiven Errungenschaften Europas zurückweisen. Der verstorbene, aus Prag stammende jüdische Migrant und große Cambridge-Anthropologe Ernest Gellner fragte einst, wie man die Nazi-Verbrechen verurteilen könne, ohne verbindliche Werte zu haben. In ironischer Anspielung auf den Spruch »Deutschland über alles« sprach er in diesem Zusammenhang abfällig vom »Kulturrelativismus über alles«.[40]

Die Ideologie des kulturrelativistisch orientierten Multikulturalismus scheitert jedoch an ihren eigenen Voraussetzungen (vgl. Motto, S. 161). Wichtig sind vor allem zwei Lehren:

• Der Multikulturalismus schafft Legitimität für eine Ghettobildung, aber kein kulturell vielfältiges Gemeinwesen mit einem verbindlichen Werte-Konsens. Ohne eine solche gemeinsame Grundlage können unterschiedliche Kulturgruppen nicht friedlich und pluralistisch zusammenleben. Die islamische Präsenz in Europa, die in diesem Buch näher beleuchtet wird (Kap. 7), bietet eine Illustration für diese Problematik. An diesem Gegenstand kann man veranschaulichen, dass es wahrheitsgetreuer ist, in diesem Zusammenhang von multi-ethnischen statt von multikulturellen Gesellschaften zu sprechen. Die Einschätzung »multi-ethnisch« bezieht sich auf das Vorhandensein eines beliebigen Konglomerats verschiedener in Ghettos verharrender Ethnien, die jeweils ihre eigenen »Wir-Gruppen« bilden. Dagegen baut »Kulturpluralismus« auf Vielfalt unter den Bedingungen von Vernunft, Austausch und gegenseitiger Befruchtung als Rahmen für die Konsensbildung über Normen und Werte.

• Multi-ethnische Ghettos entziehen sich jeder pluralistischen Bestimmung, weil konfligierende ethnische Gruppen[41] sich als »Wir-Gruppen« wahrnehmen und entsprechend verhalten.[42] Die Abgrenzung von allen anderen ethnischen Gruppen oder von Nationen, die als ethnisch fremd wahrgenommen werden, gehört zum ethnischen Bewusstsein. Ghettobewohner entwickeln Feindbilder voneinander, die einem friedlichen Gemeinwesen im Wege stehen. Zur Entromantisierung gehört die Aufgabe, dass sich Europäer nun mit den aus der Migration erwachsenden Problemen näher auseinandersetzen. Dazu zählt in unserer Zeit die Beschäftigung mit den Folgen der durch die Migration erneut eingeführten Ethnizität, die die Europäer als überwunden glaubten. Sieht man einmal von der als deutscher Sonderfall geltenden deutschen Bestimmung der Nation als ethnischer Volksgemeinschaft ab, dann ist europäische Identität nicht-ethnisch definiert. Das europäische Modell einer Nation der *Citoyens* sollte nicht im Namen einer falsch verstandenen Überwindung des Eurozentrismus aufgegeben werden.

Die Entromantisierung Europas
im Zeitalter aufsteigender Neo-Absolutismen

In diesem Kapitel trete ich – jedoch unter bestimmten Bedingungen für eine Entromantisierung bisheriger Konzepte, vor allem jener über Volk, Nation und Europa, ein. Hierzu gehört die Bereitschaft, diese Anschauungen selbst zu hinterfragen. Was bedeutet: reflexiv machen, also neu durchdenken, nicht aber, die anstehenden Konzepte selbstverleugnerisch über Bord zu werfen. Das müsste der Rahmen der Entromantisierung sein.

Mehrfach habe ich bisher unterstrichen, dass es immer falsch ist, von einem Extrem zum anderen zu wechseln. Kulturrelativismus ist deshalb ein Extrem, weil er alle Positionen – außer der eigenen natürlich – relativiert. Ein interessanter Fall eines deutschen Kulturrelativisten ist der Berliner Wolf Lepenies, der alles relativieren will und diese Haltung zu einer universellen Regel erhebt. Wer sich nicht anschließt, wird ausgeschlossen. Intoleranz ist typisch für Kulturrelativisten. In meiner eigenen Lebenserfahrung habe ich mehrfach solche prominenten Vertreter des Kulturrelativismus als in höchstem Maße intolerante Personen erlebt. Von diesem universell ausgerichteten Kulturrelativismus unterscheidet sich meine Denkweise dadurch, dass das reflexive Hinterfragen nicht von einer Werte-Verbindlichkeit entbindet und von einer aufrichtigen Toleranz begleitet wird.

Die größte Leistung Europas ist die kulturelle Moderne (vgl. Anm. 25), und diese bleibt verbindlich; sie lässt sich in einem Satz zusammenfassen, den der ehemalige Leiter der London School of Economics Anthony Giddens in seinem Kommentar zu meinen Überlegungen darüber, ob es ein Wissen gebe, das alle Menschen aus unterschiedlichen Kulturen vereinigt[43], ausgesprochen hat: »Everything is revisable.«[44] Dieser Satz steht dem kritischen Rationalismus nahe, ist aber nicht postmodern als Plädoyer für Unverbindlichkeit zu missdeuten. Revidierbar ist also auch der Werte-beliebige Kulturrelativismus. Die Reflexivität und die Rationalität der kulturellen Moderne sind *sehr verbindlich,* keineswegs kulturrelativistisch. Deshalb wäre es ein grobes Missverständnis, die treibende Kraft der Moderne zur Reflexivität kulturrelativistisch zu deuten. Denn die Moderne ist selbstreflexiv, ohne den Primat der Vernunft in Frage zu stellen.

Die Konfrontation der kulturellen Moderne und ihrer politischen Kultur mit den ethnischen Neo-Absolutismen außereuropäischer Zivilisationen offenbart die Falle, in die der Kulturrelativismus geraten ist. Ich werde diese Problematik näher in Kapitel 4 beleuchten. Menschen als Individuen sind gleichberechtigt, nicht aber die Kulturen der Vormoderne und der Moderne; sie können – und dürfen – schon aus der Perspektive der Freiheit nicht gleichgesetzt werden. In diesem Sinne ist Ethnizität als exklusives »Wir-Gruppen-Bewusstsein« mit Nation als pluralistischem, politischem Gemeinwesen inkompatibel. Die Verwendung des seines Inhalts beraubten »Rassismus«-Vorwurfs zur Diffamierung der Verteidigung der europäischen kulturellen Moderne gegen den Neo-Absolutismus vormoderner Kulturen wird uns noch im folgenden Kapitel beschäftigen. Eine solche Polemik ist eine Entstellung der Perspektive und zugleich ein Beweis für das Fehlen einer diskursiven Kultur des Debattierens.

Der Absolutismus ethnischer vormoderner Kulturen

Ethnische Kulturen kennen den Menschen nicht als ein Individuum, sondern als Angehörigen eines Kollektivs; sie sind in einem doppelten Sinne
vormodern, eben weil sie

- keine Reflexivität in dem oben erläuterten Sinne zulassen. Das Reflexiv-
  Machen, das heißt die Unterordnung unter die menschliche Vernunft,
  kennt keine Grenzen und auch keine Denkverbote, wie auch immer sie
  heißen mögen – Zensur oder Political Correctness. Das Reflexiv-Machen entromantisiert die Selbstbilder und hinterfragt die eigenen Feindbilder. Als ein muslimischer Araber, der sich nach einer islamisch-ara-
  bischen Primärsozialisation im Orient im Rahmen seiner europäischen
  sekundären Sozialisation, das heißt der Ausbildung an deutschen und
  auch an amerikanischen Universitäten, die Denkweise der kulturellen
  Moderne angeeignet hat, und damit als Grenzgänger, weiß ich, wovon
  ich rede. Die so erworbene Fähigkeit zur Reflexivität verhalf mir in meinem Denken zur Entromantisierung meiner Kultur und der auf ihr basierenden arabo-islamischen Identität. Somit war ich nicht mehr bereit,
  Fehlentwicklungen in meinem Kulturkreis als Folge einer unterstellten
  »Verschwörung von Kreuzzüglern und Zionisten« zu deuten. Hierüber
  schrieb ich ein Buch, worin ich dieses Denken reflexiv mache, mit dem
  Titel *Die Verschwörung*[45]. Mancher Angehörige meiner ethnischen vormodernen Kultur versteht dies nicht und bezichtigt mich seitdem des
  »Verrates«, weil ich durch diese Entromantisierung meinem Kollektiv
  untreu geworden sein soll. Europäische Gesinnungsethiker begeben sich
  bei der Kritik an meiner Arbeit auf dasselbe Niveau ethnischer Nationalisten und religiöser Fundamentalisten, weil sie sich im Rahmen der romantischen Verherrlichung des Fremden ähnlicher Argumente, etwa des
  kulturellen Verrats, bedienen;
- keine Individuation kennen. Individuation heißt die Bestimmung der
  Menschen als Individuen und damit als freie Subjekte unabhängig vom
  Kollektiv. Für ethnische Kulturen ist der Mensch dagegen ein von seinem Kollektiv nicht zu trennendes Glied. Jedes Kollektiv hat seine eigene Romantik und eigene Selbstbilder, die alle Angehörigen unhinter-
  fragt zu akzeptieren haben. Auch die politische Spielart der deutschen
  Romantik (gemeint ist der romantische Volksbegriff bei Herder und
  Fichte, die Literatur-Komponente lasse ich hier aus) geht von ähnlichen

Vorstellungen aus (vgl. Anm. 31). Ethnische Kollektive pflegen im Rahmen ihrer Zweiteilung der Welt die Selbstverherrlichung sowie die Dämonisierung der Anderen. Diese Einstellung eignet sich nicht für einen Dialog zwischen Kulturen und Zivilisationen.

Hier wird keine Glorifizierung der Moderne betrieben. Denn ich weiß, es gibt europäische Ideologien wie den Faschismus und den Kommunismus, die auch von der technisch-instrumentellen Moderne hervorgebracht wurden. Auch diese europäischen Ideologien pflegen – ebenso wie ethnische Kulturen – eine Dämonisierung des Anderen. Der Unterschied besteht darin, dass die ethnischen und religiös-politischen Neo-Absolutismen auf den Glauben an die Zugehörigkeit zu einer konkreten Gemeinschaft und nicht auf »künstliche Ideologien« zurückgreifen; Faschismus und Kommunismus sind dagegen politisch-totalitäre Ideologien konstruierter Zugehörigkeiten zu politischen Kollektiven, mit denen man – im Gegensatz zu Kultur-und Religionsgemeinschaften – nicht aufwächst und hierbei ihre Anschauungen verinnerlicht.

Der Pluralismus einer offenen Gesellschaft
ist nicht mit ethnischen Kulturen vereinbar

Im Gegensatz zur empirisch orientierten amerikanischen Soziologie besteht unter den rein theoretisch arbeitenden deutschen Soziologen, wie etwa Niklas Luhmann, die Neigung, bar jeder empirischen Kenntnisse – also rein begrifflich – über gesellschaftliche Phänomene zu sprechen. Diese Vorgehensweise kann man oft bei deutschen Soziologen beobachten, wenn sie über andere Kulturen nachdenken. Zu dieser Denkweise gehört der Glaube, ein Problem gelöst zu haben in dem Augenblick, da man hierfür mit einem Fremdwort einen Begriff gefunden hat. Doch ein »Begriff« sollte dem »Begreifen« dienen und nicht einer zusätzlichen Vernebelung! Diese theoriegeblendeten Soziologen sprechen begrifflich von »Ethnopluralismus«, ohne empirisch zu wissen, dass dieser Begriff ein Widerspruch in sich ist. Denn ethnische Kollektive lassen keine Pluralität zu, eben weil sie exklusiv sind (vgl. Anm. 42). Pluralismus basiert auf einer Kombination von Vielfalt und Teilhabe an Gemeinsamkeiten, zum Beispiel der Leitkultur. Hier ergibt sich die Frage, die im Titel eines signifikanten, im vierten Kapitel näher vorzustellenden Symposiums der

Erasmus Foundation in Amsterdam (Mai 1994) angesprochen wird, dessen Beiträge in Buchform denselben Namen tragen: *The Limits of Pluralism* (vgl. Anm. 40). Wie kann die Überwindung des Eurozentrismus auf der Basis einer Entromantisierung Europas und die damit zusammenhängende Selbsthinterfragung mit Einstellungen der ethnischen vormodernen Kollektive, die exklusiv und damit nicht pluralistisch sind, koexistieren?

Sich selbst in Frage zu stellen gegenüber ethnischen Kollektiven, die sich ihrerseits im Namen der »kulturellen Identität« verherrlichen, bedeutet Selbstverleugnung bis hin zum kulturellen Selbstmord. Das ist das Dilemma des sich wandelnden Europa im Übergang zum 21. Jahrhundert. Wird Europa nach Überwindung der hier zu Recht beklagten Eurozentrik ein toleranter, geistig offener und kulturpluralistischer Kontinent? Oder wird es zum Multikulti-Wohngebiet ohne eigene Identität? Dies sind Fragen, die die Identität Europas betreffen, und auf die von einem in Europa lebenden Nicht-Europäer Antworten gesucht werden. Meine diesem Buch zugrunde liegende Ausgangsposition lautet, dass Entromantisierung keine Aufgabe der kulturellen Moderne, also auch keine Selbstaufgabe beinhalten darf. Eine gesinnungsethische Blindheit gegenüber den Grenzen des Pluralismus ist selbstzerstörerisch. Bei der Suche nach Antworten auf die gestellten Fragen müsste diese Ausgangsposition als Orientierung gelten.

Es ist mir klar, dass mein Buch keine erschöpfende Antwort auf alle gestellten Fragen bieten kann. Forschung schließt Denken als »Anstrengung des Begriffs« ein. Das setzt das Stellen signifikanter Fragen voraus, auf die der/die Fragende selbst nicht immer eine Antwort als fertiges Rezept parat haben kann, wenn er/sie gleichermaßen die eigenen und die allgemeinen Grenzen einräumt. Ich möchte bei dieser Aussage dennoch meine Distanz zur kulturrelativistischen Postmoderne unterstreichen. Die gestellten Fragen können in diesem Stadium nicht befriedigend beantwortet werden, nicht weil dies erkenntnismäßig nicht möglich ist, sondern allein deshalb, weil unser Wissen über diesen Gegenstand hierzu noch nicht ausreicht und ein Konsens über die Erkenntniszusammenhänge fehlt.

Denken als das Reflexiv-Machen von Konzepten im Sinne der »kulturellen Moderne« (Habermas) müsste bei diesem Unterfangen in der Weberschen Tradition der Verantwortungsethik bleiben, wenn es wirklich entromantisieren will. Das Entgleiten in Gesinnungsethik ist kein Beitrag zur Überwindung des Eurozentrismus. Die protestantische Gesinnungsethik von Schuld und Sühne ermöglicht es im Resultat nicht, die Neo-Absolutismen der ethnischen Kulturen zu erkennen. Das Hinterfragen des Konzepts Europa darf daher die angesprochenen Grenzen nicht übersehen; es darf nicht blind gegenüber der Tatsache werden, dass Neo-Absolutismus und Reflexivität einander ausschließen. Weil dieser Problemzusammenhang sehr zentral ist, wird er in einem späteren Kapitel (vgl. Kap. 4) vertieft.

Die bisherigen Gedanken zusammenfassend, möchte ich unterstreichen: Europa muss neu durchdacht und von der romantischen Überfrachtung der Begriffe Volk und Nation befreit werden. Auf diesem Weg kann Europa noch nicht überwundene Reste der ethnischen Bestimmung bewältigen. So können Menschen, die ethnisch keine Europäer sind – wie dieser Verfasser –, europäische Bürger im Sinne von *Citoyen* werden. Aber Europa darf nicht im Namen der Entromantisierung seinen eigenen, durch die kulturelle Moderne geprägten Standort aufgeben. Dies käme einer Selbstaufgabe gegenüber den aufsteigenden ethnischen Neo-Absolutismen gleich, die zeitweise auch vermengt mit einem religiösen Fundamentalismus auftreten.

Vertreter ethnischer und religiöser Zuwandererkulturen, das heißt ethnische Nationalisten und religiöse Fundamentalisten, fordern im Namen der Toleranz von Europa etwas, was sie in ihrem eigenen Kreis ächten: Toleranz für ihre vormodernen Kulturen. In dem Kapitel über Toleranz in diesem Buch (Kapitel 6) werde ich argumentieren, dass Toleranz keine Selbstaufgabe bedeutet. Kapitulation gegenüber den Ansprüchen des Neo-Absolutismus kommt jedoch einer Selbstaufgabe gleich und ist weder eine Entromantisierung noch eine Überwindung des Eurozentrismus. Der im Motto oben (vgl. S. 161) zitierte französische linke Philosoph Alain Finkielkraut hat in seiner Verteidigung der europäischen Moderne gegenüber ethnisch-vormodernen Migrantenkulturen die angesprochene Selbstverleugnung *La defaite de la pensée*/ Niederlage des Denkens[46] genannt.

Euro-Arroganz ist noch kein Rassismus, enthält aber doch den Keim des Euro-Rassismus. Dagegen kann die Verteidigung der Vernunft gegenüber Fundamentalismus und Ethno-Nationalismus nur von den von allen vernünftigen Geistern Verlassenen zum Rassismus-Vorwurf erhoben werden. Auch große Vertreter des islamischen Rationalismus haben den Primat der Vernunft als Grundlage für ihre Zivilisation in den Mittelpunkt gestellt.[47] Im ersten Kapitel des zweitens Teils (Kapitel 4) werden wir sehen, dass die »Abschaffung« von allgemeingültigem objektivem Wissen durch den Kulturrelativismus nicht nur das Vernunftdenken unmöglich macht, sondern uns auch außerstande setzt, eine für alle Kulturen und Zivilisationen verbindliche Plattform zu finden. Dies würde für Europa im Zeitalter der Migration – vor allem in Bezug auf den inneren Frieden – sehr folgenreich sein, wenn der Kulturrelativismus der Selbstverleugnung zum vorherrschenden Diskurs auf diesem Kontinent avanciert.

KAPITEL 2

Europa, Zuwanderung und der Multikulturalismus
Von der Euro-Arroganz westlicher Weltherrschaft zur
kulturrelativistischen Selbstverleugnung?

Die Globalisierung ist älter, als man denkt:
Sie hat mit der europäischen Expansion begonnen

In unserer Zeit ist der sachliche Begriff der »Globalisierung« zu einem beliebig verwendeten Modeausdruck geworden, als wäre der Gegenstand selbst eine Mode. Globalisierung ist gleichwohl ein sachlicher Begriff, weil er mit der neueren Geschichte korrespondiert. Die Globalisierung ist so alt wie die europäische Expansion.[1] Diese war nicht nur ein politischer und ökonomischer Prozess; sie war auch in dem Sinne missionarisch, als sie von dem Glauben an die universelle Geltung der Weltanschauung der expandierenden europäisch-westlichen Zivilisation begleitet war. Entsprechend steuerte diese Expansion Europas auf eine »weltweite Verwestlichung«[2] hin. Daraus folgt die Tatsache: Eines der Gesichter der westlichen europäischen Expansion war der Universalismus. Dieser Universalismus war aber stets ein europäischer Universalismus (vgl. Motto auf S. 161).

Beobachter, die andere Teile der Menschheit kennen, wissen, dass jede Zivilisation ihre eigene Weltanschauung und ihr eigenes Weltbild hat. Entsprechend ist jeder Universalismus stets ein Versuch, die eigenen Anschauungen zu universalisieren. Die Betreiber der europäischen Expansion predigten einen europäischen Universalismus. Die Europäer – bis auf einige Kulturromantiker – haben bisher eine Geringschätzung für andere Kulturen und Zivilisationen gepflegt; sie wollten und wollen immer noch nicht deren Anschauungen gelten lassen. Es ist aber nun einmal eine Tatsache, dass nicht-westliche Menschen ihre eigenen Weltanschauungen haben, z. B. in Bezug auf Staat, Recht, Religion, Krieg und Frieden sowie auf die Bestimmung des Wissens.[3] Weltanschauliche Konflikte zwischen den Zivilisationen sind ein Faktum und keine Erfindung von Samuel P. Huntington.

Von Europa ging ein Prozess aus, der nach der Interpretation von Norbert Elias auf eine universelle Standardisierung des europäischen Zivilisationsprozesses gerichtet ist.[4] Genau mit diesem Prozess hat die Globalisierung als Vernetzung der Welt begonnen.[5] In unserer Gegenwart beginnt sich die Europäisierung der Welt umzukehren; sie wird von dem Bestreben nach einer Entwestlichung der Welt[6] abgelöst. Dem liegt folgender Prozess zugrunde: Im Übergang zum dritten Jahrtausend befindet sich die westliche Zivilisation nach fünf Jahrhunderten europäischer globaler Expansion in einer Sinnkrise, von der auch der Glaube an die universelle Geltung der westlichen Weltanschauung betroffen ist. Dies ist der globalhistorische Hintergrund der umfassenden Werte-Krise unserer Gegenwartsgeschichte. Dabei geht es nämlich nicht um die Geschichte der Menschheit, sondern um die Auswirkungen der Globalisierung. Die angesprochene Krise trifft alle westlichen Gesellschaften besonders hart. Diese moralische Krise der westlichen Zivilisation hängt mit Alterserscheinungen und nicht – wie Marxisten und Globalisten behaupten – mit ökonomischen Faktoren zusammen, mögen manche Kritiker meine Einschätzung auch als »Idealismus« zurückweisen. Bei dieser Wertung gehe ich mit dem islamischen Geschichtsphilosophen Ibn Khaldun[7] darin konform, dass jede Zivilisation eine begrenzte Lebensdauer hat.[8] Die Zivilisationsgeschichte der Menschheit belegt diese Beobachtung. Die westliche Zivilisation kann nicht für sich beanspruchen, hierin eine Ausnahme zu sein.

Die soeben diagnostizierte Situation betrifft Gesamteuropa und schlägt sich in unterschiedlichen Formen in den einzelnen Ländern nieder. Die Problematik der Gefährdung der Werte im vereinten Deutschland ist in das beschriebene gesamt-westliche zivilisatorische Phänomen einzuordnen. Eine Selbsthinterfragung in dieser krisenhaften Situation ist gesund und könnte rational erfolgen, sie kann aber auch selbstzerstörerische Züge annehmen. Letzteres geschieht bedauerlicherweise derzeit in Deutschland. Das ist genau das Problem der spezifisch deutschen Spielart der westlichen Werte-Unsicherheit, die sich von anderen europäischen Staaten unterscheidet. Der große deutsche Denker Helmuth Plessner, der noch 1933 seine Heimat freiwillig verlassen hat und, die Freiheit suchend, in die Emigration ging, hat diese deutsche Eigenart als die einer »verspäteten Nation« beschrieben. Er befasst sich in einem anderen Essay mit dem Vorwurf, »wir Deutschen verstünden in Dingen des öffentlichen Lebens kein rechtes Maß zu finden und verfielen immer wieder dem Zauber extremer

… Vergötterung oder … Verneinung«[9]; Plessners Erklärung für diese spezifisch deutsche gesinnungsethische Weltsicht ist: der Hang der Deutschen zur protestantischen Weltfrömmigkeit.

Als Fremder unter den Deutschen kann ich die Neigung der deutschen Intellektuellen, Probleme moralisierend statt rational anzugehen, nur bestätigen. Bezogen auf das im Westen allgemein verbreitete Phänomen der Werte-Krise ist die deutsche Spielart durch die von Plessner beschriebene »weltfromme« Neigung der Deutschen zum Extremen gekennzeichnet: Nicht nur eine durchaus benötigte kritische Selbsthinterfragung, sondern vielmehr Selbstverleugnung, ja sogar Selbsthass kennzeichnet die deutsche Erscheinungsform der allgemein westlich-zivilisatorischen Sinnkrise.

Die Neigung zu Extremen mündet in eine bedenkliche, rigorose Verdammung der Werte der eigenen Kultur sowie von sich selbst. Widersprüchlich, aber wahr ist, dass der deutsche Nationalismus unter dieser Decke schwelt – eine eigenartige deutsche Nationalarroganz. Als ein von 1962 bis 1998, also seit 36 Jahren in Deutschland lebender muslimisch-arabischer Migrant komme ich mit meinen langjährigen Erfahrungen zu diesem Urteil und kann Plessners Worte nur unterstreichen.[10] Ich habe viele unerfreuliche Diskussionen und Erfahrungen mit dem beschriebenen Typ des deutschen Intellektuellen, der nur scheinbar Demut und Selbstverleugnung predigt, in Wirklichkeit aber ein selbstgefälliger, der Rechthaberei des deutschen Sonderwegs verfallener Gesinnungsethiker ist, gemacht. Hierfür habe ich einmal in der *Frankfurter Allgemeinen Zeitung*/Sonntagszeitung vom 1. Juni 1997 die Formel »Am deutschen Wesen soll die Welt genesen« ironisierend zitiert.

Eine Werte-Krise gibt es aber auch in nicht-westlichen Zivilisationen, z. B. im Islam. Dort ist nicht Selbsthinterfragung, sondern der religiöse Fundamentalismus die Antwort. In diesem Kapitel will ich die globale Werte-Diskussion allgemein aufnehmen, mich hierbei jedoch – wie allgemein in diesem Buch über Europäer – auf die westlichen Gesellschaften selbst konzentrieren. Über den religiösen Fundamentalismus der Nicht-Westler habe ich mehrfach in meinen anderen Büchern geschrieben. Hier ist Europa das Objekt meines Denkens (vgl. Vorrede). Als Nicht-Europäer argumentiere ich: Europäer könnten ihre Illusionen über die universelle Geltung der eigenen Werte dadurch korrigieren, dass sie den grenzenlosen Universalismus limitieren und auf einen Kernbereich, vor allem den der

Demokratie und der Menschenrechte, einschränken. Dies wäre durchaus angemessen, erfolgt aber nicht.

Statt die Sinnkrise rational zu verarbeiten, wird im Westen kompensatorisch unter den Bedingungen der Massenmigration der Ideologie des kulturrelativistischen Multikulturalismus das Wort geredet. Daraus folgt, dass alle Werte nicht nur global, sondern auch im eigenen Haus, d. h. in westlichen Gesellschaften selbst, relativiert werden. Hierbei werden – wie ich einleitend hervorgehoben habe – kulturelle Vielfalt als Pluralismus und das Multikulti-Nebeneinander von Kulturghettos in sträflicher Weise miteinander verwechselt. Ich kann es gar nicht oft genug wiederholen: Kulturpluralismus und Multikulturalismus sind zweierlei!

Es stellt sich bei diesen Überlegungen die Frage, ob eine Gesellschaft ohne eine Werte-Orientierung bestehen kann. Der Kulturrelativismus der »Multikulti«-Strömung lehnt eine Leitkultur ab. Ohne eine solche Leitkultur kann es aber keine für alle verbindliche Orientierung geben. Die Folge ist Werte-Beliebigkeit, ja Werte-Losigkeit. Dies ist die Krisenerscheinung, die ich mit Fragezeichen im Titel »Europa ohne Identität?« anspreche.

Um Missverständnissen vorzubeugen: Kulturpluralismus ist nicht mit »Multikulti«-Kommunitarismus gleichzusetzen

Globalisierung ist, wie einleitend hervorgehoben, keine Mode, wohl aber der Multikulturalismus. Das Herkunftsland der multikulturalistischen Ideologie sind die Vereinigten Staaten von Amerika. Nordamerika ist traditionell ein Einwanderungskontinent. Dennoch sind die Vereinigten Staaten noch keine multikulturelle Gesellschaft. Bisher hat die US-amerikanische, sich aus Migranten zusammensetzende Gesellschaft Menschen unterschiedlicher ethnischer und kultureller Herkunft nicht nur eine Heimat, sondern auch eine gemeinsame, für alle gleichermaßen geltende »amerikanische Identität« gewährt. Dadurch ist Amerika der angesprochenen Mode zum Trotz – immer noch kulturpluralistisch, aber keine multikulturelle Gesellschaft in dem hierzulande verbreiteten Sinne von Multikulti-Relativismus. Ganz im Gegenteil: Der Multikulturalismus wird als Bedrohung des amerikanischen Gemeinwesens empfunden, weil zu seinen Konsequenzen *The Disuniting of America* (A. Schlesinger/New York 1992) gehört. Das ist der Buchtitel aus der Feder eines führenden amerikanischen

Demokraten, der darin seine Befürchtung einer möglichen Auflösung des amerikanischen Gemeinwesens vorträgt.

Zur Klärung: Wenn Menschen aus unterschiedlichen Kulturen, Zivilisationen und Religionen in einem durch eine verbindliche Werte-Orientierung gekennzeichneten Gemeinwesen zusammenleben, dann können wir nicht von einer »multikulturellen Gesellschaft« sprechen. Dort, wo Werte einer Leitkultur in einem auch kulturpluralistischen Gemeinwesen weder beliebig noch relativ, sondern verbindlich sind, kann von Multikulturalismus keine Rede sein. Mit anderen Worten: Die Kritik an der multikulturellen Gesellschaft ist nicht – wie oft bewusst verfälschend zum Zweck der Verfemung »missverstanden« wird – ein Plädoyer für eine ethnisch homogene Gesellschaft. Bereits in meiner Vorrede habe ich meine Gegnerschaft zu jedweder Vorstellung von einer ethnisch geschlossenen Gesellschaft zum Ausdruck gebracht. Als deutscher Wahlbürger semitisch-arabischer Herkunft finde ich nichts unsympathischer, ja für meine Person existentiell bedrohlicher, als die Ideologie einer ethnisch deutschen homogenen Gemeinschaft. Denn für mich wie für jeden Migranten gibt es in einem solchen Gebilde keinen Platz.

Die hier formulierte Kritik an der Multikulti-Ideologie geht also weder von einer Ablehnung der Migration aus, noch schließt sie das Modell des Zusammenlebens von Menschen unterschiedlicher Kulturen aus. Die Kritik richtet sich vielmehr gegen die Werte-Beliebigkeit, die aus einer Relativierung der Werte und der Aufgabe einer Leitkultur resultiert.

Selbsttrügerisch und die eigene Euro-Arroganz verbergend, schielen Multikulturalisten auf fremde Kulturen, ohne sie genau zu kennen. Ein Beispiel hierfür: Von einem »Multikulti«-Vordenker wie Claus Leggewie, der sich allerdings im Islam und seiner Geschichte kaum auskennt, wird das arabo-islamische Spanien als ein nachahmenswertes Beispiel für eine multikulturelle Gesellschaft angeführt. Bei der Suche nach einer Antwort auf die Frage, »ob eine heterogene Bürgergesellschaft ohne definitive Hegemonie eines einzigen kulturellen Vorbilds auskommt«[11], greift er auf das »Alhambra-Modell« des islamischen Spanien zurück, um die eigenen multikulturellen Argumente zu untermauern. Offensichtlich ohne über die tatsächlichen Verhältnisse im Bilde zu sein, vermittelt er dem unwissenden deutschen Leser den Eindruck, im islamischen Spanien hätte das »Multikulti«-Modell funktioniert. Leider ist dieser Umgang mit Fakten typisch für diesen Personenkreis.[12]

Die Tatsachen besagen jedoch etwas anderes: In dem sogenannten »Alhambra-Modell« gab es auf eine höchst verbindliche Weise eine Leitkultur: die islamischen Werte – vielleicht allzu viel davon! Zwar lässt der Islam kulturelle Vielfalt zu, jedoch ausdrücklich nur innerhalb der islamischen *Umma,* schreibt aber zugleich absolut verbindliche Werte für dieselbe *Umma* vor. *Umma* ist im Islam der Ausdruck für die islamische Gemeinschaft. Es trifft zu, dass das arabische Spanien kulturell vielfältig war; es herrschte dort jedoch eine aus der islamischen Zivilisation stammende Werte-Verbindlichkeit. Darin besteht gerade ihr Vorbild. Daher kann das Beispiel Spanien gegen jene, die es als Vorläufer der multikulturellen Gesellschaft sehen, als Gegenbeweis angebracht werden: Nur durch eine Werte-Verbindlichkeit kann ein Gemeinwesen den inneren Frieden aufrechterhalten.

Für unsere Gegenwart ist Nordamerika, nicht Spanien, der wichtigste Bezugspunkt zur Thematik dieses Buches. Vor der Verbreitung der Ideologie des Multikulturalismus und dessen Betonung ethnischer Wir-Kollektiv-Identitäten[13] besaß die US-amerikanische Gesellschaft einen relativen inneren Frieden. Es trifft zu, dass die dortigen Großstädte – wie New York und Boston im Osten oder San Francisco im Westen – ihre ethnisch separat bewohnten Stadtteile haben. Dennoch galt jeder Amerikaner bisher – unabhängig davon, welche Hautfarbe, ethnische Herkunft oder Religion er/sie hatte – eben als »American«, der sich zu den verbindlichen Werten des amerikanischen Gemeinwesens und seiner Verfassung bekannte. Mit der Ausbreitung der multikulturellen Ideologie und ihrer Begleiterscheinung des Werte-Verlusts ist der bisherige Bürger-Konsens ernsthaft gefährdet. Neue Zuwanderer pflegen ihre ethnische Herkunft und konstruieren hierbei Kollektiv-Identitäten, die an die Stelle des »American citizen« als Individuum treten. Im Falle dieser konstruierten »Wir-Gruppen«-Identitäten handelt es sich um Bezüge auf »invented traditions« und »imagined communities«.[14] So hat das reale Afrika mit dem Afrikabild der »Afroamerikaner«, wie ich später an einem selbst in Afrika erlebten Beispiel veranschaulichen werde (vgl. S. 209f.), wenig zu tun; ebenso ist der Islam der kommunitaristischen Bewegung »Nation of Islam« von Louis Farrakhan eine Identität, in der die authentisch in der Zivilisation selbst sozialisierten Muslime ihre Religion kaum wiedererkennen.[15] Nun zurück zu Europa und zu dem geistigen Gerüst dieses Buches.

Lauter Fremdwörter: Multikulturalismus, Kulturrelativismus und Neo-Absolutismus – aber sie betreffen die Zukunft Europas

Zum Wesen der Ideologie des Multikulturalismus gehört eben der Kulturrelativismus.[16] Demzufolge sind die Werte einer jeden Kultur, sei es die der Migranten aufnehmenden Gesellschaften oder die der Zuwanderer, relativ. Das Bestehen auf einer Leitkultur, aus der die verbindlichen Werte herrühren, sowie die Forderung nach einer Integration der Zuwanderer werden von Kulturrelativisten als »Rassismus« diffamiert. Dieser Vorwurf wird erhoben, obwohl die Aufrechterhaltung der kulturellen Vielfalt bei der geforderten Integration, die nicht mit Assimilation gleichzusetzen ist, ein Bestandteil des Arguments ist. Hierdurch wird der Rassismus-Begriff seines barbarischen Inhalts (jeder Rassismus ist Ausdruck der Barbarei) entleert und lediglich als polemischer Ausdruck – oft mit der Funktion der Beschimpfung Andersdenkender – verwendet. Ein Beispiel hierfür stellt die Verfemung sozialdemokratischer Politiker wie Scharping und Lafontaine als »Rassisten« durch den Grünen Jürgen Trittin dar.[17] Dies ist nur eine Parodie der gegenwärtigen politischen Kultur des Debattierens in unserer Republik. Dem Rassismus-Vorwurf gegenüber dem Politiker Lafontaine liegt dessen Forderung, die »Einwanderung rational zu steuern« *(Frankfurter Allgemeine Zeitung* vom 7. 3. 1996), zugrunde. Trittins Reaktion darauf verlässt die Grenzen einer redlichen Auseinandersetzung und beruht auf einer Strategie der Verfemung des Gegners.[18]

Die kulturrelativistischen Einstellungen der Multikulturalisten führen ungewollt zu der Bejahung des kommunitaristischen Neo-Absolutismus der Zuwanderer aus vormodernen Kulturen. Diesen schwerfällig klingenden Begriff möchte ich gleich an dieser Stelle erklären: Der Kommunitarismus ist ein Ausdruck für das Nebeneinander von »communities«, die ohne eine Leitkultur nach ihren eigenen Normen und kulturellen Werten leben. Bei den Zuwanderer-Kulturen aus dem Mittelmeerraum und Afrika handelt es sich wertfrei um vor-moderne Kulturen, die absolute Geltung für ihre Anschauungen beanspruchen. Dies erfolgt ungewollt und oft ohne sich dessen bewusst zu sein in einem modernen, also nicht traditionsbezogenen Zeitkontext. Deswegen ist ihr Absolutismus neu, also ein »Neo-Absolutismus« (vgl. Kap. 4). Am Beispiel des Bestrebens einer Minderheit innerhalb der islamischen Gemeinde in Großbritannien, ein islamisches, nach der *Scharia*-Vorstellung geformtes Ghetto zu bilden, kann gezeigt werden, wohin die Kollektiv-Vorstellungen des Kommunitarismus führen.

Im dritten Teil wird diese Problematik im Rahmen der Erörterung der islamischen Migration nach Europa näher beleuchtet.

Multikulti-Polemiker weisen die Kritik an vormodernen, neo-absolutistisch vorgetragenen Werten als »rassistisch« zurück. Die Reaktion hierauf muss die kompromisslose Verteidigung der Demokratie gegen totalitäre Anschauungen sein. Die Demokratie darfsich nicht gegen sich selbst richten.[19] Die Reichweite der Polemik illustriert den Zustand des Werte-Verlustes, bei dem selbst die Wertmaßstäbe zur Definierung des Rassismus fehlen. Die Folge ist dann, dass ein barbarischer Nazi-Verbrecher, der ja ein wahrer Rassist ist, mit einem Demokraten, der liberale Werte gegen totalitäre Weltanschauungen, z. B. gegen den Fundamentalismus, verteidigt, gleichgesetzt wird: So kann ein antifundamentalistischer Demokrat mit dem modischen Begriff »Kulturrassist« belegt werden.

Vom Standpunkt der Demokratie ist der Rassismus eine grässliche »biologische Zuordnung« der Menschen in hierarchische Kategorien. Der verbrecherische Nationalsozialismus und alle menschenverachtenden Kolonialideologien, die sich dieses Musters bedienen, sind Beispiele hierfür. Wie der im November 1995 verstorbene jüdische Migrant Ernest Gellner gegenüber dem Kulturrelativisten Clifford Geertz im Mai 1994 in Amsterdam hervorhob, würden Demokratie und Nationalsozialismus bei der Relativierung der Werte vom Standpunkt des Kulturrelativismus in sträflicher Weise auf dieselbe Stufe gestellt. Und weiter: Wenn keine verbindlichen, allgemeingültigen Werte zugelassen werden, auf welcher Grundlage kann man dann die Nazi-Verbrechen verurteilen?

Die westliche Zivilisation bestimmt in ihrer politischen Kultur der Zivilität den Menschen auf der Basis der kulturellen Moderne als ein Individuum; hierauf basierend definiert sie ihn politisch als *Citoyen/Citizen,* der in einer demokratisch aufgebauten Zivilgesellschaft agiert. Islamische Fundamentalisten, die innerhalb der islamischen Zuwanderer-Gemeinde eine – wenn auch bestens organisierte und mit einer effizienten Infrastruktur ausgestattete – Minderheit bilden, lehnen diese Werte ab. Unter dem instrumentellen Rückgriff auf die Norm der Toleranz fordern sie eine kommunitäre Organisation der Muslime zu bilden, die sie dann fest im Griff hätten. Wer diese Kreise gut kennt, der weiß, dass sie ihren politischen Anspruch keineswegs relativistisch vertreten. Die für sich selbst beanspruchte Toleranz wird den anderen – selbst in den eigenen Reihen – verweigert. Das weiß ich als liberaler Muslim aus eigener Erfahrung. Aber die Kulturrelativisten lassen fundamentalistische Anschauungen zu, weil sie den beanstandeten Werten der Demokratie keine Allgemeingültigkeit zumessen. Im Lichte der soeben vorgetragenen Thesen möchte ich auf das bereits angeführte Beispiel Großbritanniens zurückkommen, um diese Ausführungen kurz zu illustrieren.

In Großbritannien leben Vertreter aller islamisch-fundamentalistischen Bewegungen als Asylanten und dirigieren von dort aus im Rahmen ihrer als »Islamische Internationale« bekannten »Connection« ihre weltweiten Untergrundaktivitäten. Selbst die Mörder der islamischen bewaffneten Gruppe GIA Algeriens, die die Kehlen Tausender von Frauen und Kindern durchschnitten, dürfen ihre Taten durch Flugblätter in London verteidigen[20], von denen die arabische Presse berichtet hatte. Parallel dazu verurteilen aber westliche Politiker den sogenannten »islamischen Terrorismus«. Ich frage mich: Wo bleibt da die vielgepriesene Logik des Westens? Mit Recht haben sich islamische Staatschefs auf dem internationalen Anti-Terror-Gipfel in Scharm al-Scheikh vom März 1996 über westliche Politiker aufgeregt und sich deren Absicht widersetzt, den Begriff »islamischer Terrorismus« in das Schlusskommuniqué einzubauen. Präsident Mubarak aus Ägypten wurde von allen islamischen Politikern unterstützt, als er eine immanente Verbindung von Islam und Terrorismus zurückwies und die »europäische Toleranz« gegenüber Terroristen beklagte, die sich die Maske des Islam überziehen, um beispielsweise in Großbritannien im Schutz der freiheitlichen Demokratie unbehelligt ihre Aktivitäten zu entfalten. Das führende arabische Nachrichtenmagazin *al-Wasat* (Ausgabe 223 vom 6. Mai 1996 und 241 vom 9. Sept. 1996) hat enthüllt, dass »die Köpfe der arabischen Afghanen« (Terroristen) vom europäischen Exil aus – z.T. legal – agieren. Islamische Staatsmänner haben mit Recht argumentiert: Europäer sollten den Terrorismus im eigenen Hause bekämpfen, ehe sie vom »islamischen Terrorismus« in der Welt des Islam sprechen! Nach dem Mordanschlag der *Djama'at Islamiyya* auf wehrlose Touristen in Luxor vom 17. November 1997 hat die ägyptische Regierung erneut von Großbritannien gefordert, strafrechtlich in Ägypten verurteilten Köpfen dieser Bewegung nicht länger politisches Asyl zu gewähren. Der islamische Gipfel von Teheran hat diese Forderung übernommen.[21]

Liberale Muslime berufen sich auf ihre – islamischen – Wertvorstellungen, wenn sie einen islamisch verkleideten Terrorismus als unislamisch verurteilen. Ich habe in einem *FAZ*-Essay (vom 6. März 1995) argumentiert: »Der islamische Terrorismus ist kein Djihad.«[22] Europäer scheinen ihre Wertvorstellungen aufzugeben, wenn sie im Namen der Demokratie antidemokratische Kräfte als »politisch Verfolgte« tolerieren. Das ist der Unterschied zwischen Werte-Orientierung und Werte-Verlust. Eine Demokratie sollte ihre Werte verteidigen und sich vor ihren Gegnern schützen, unabhängig davon, ob diese Nazis oder fundamentalistische Killer sind. Antidemokratische Kräfte dürfen sich nicht, wenn es zu ihrem Schutz opportun ist, auf die Demokratie berufen. Werte-Demokratie ist keine permissive Demokratie, die Antidemokraten aus Gründen der Opportunität instrumentalisieren können.

Multikultur als Ersatz für fehlende Werte: Die Krise der Demokratie

Sind liberale Demokratie und Werte-Beliebigkeit vereinbar? Ich glaube: nein, wenn man Demokratie mit bestimmten Wertvorstellungen verbindet. Denn Demokratie, Toleranz und individuelle Menschenrechte sind Werte einer politischen Kultur, deren Geltung nur gesichert sein kann, wenn sie allgemein als verbindlich akzeptiert werden. Freiheit ist stets auch die Freiheit des Andersdenkenden, nicht aber die Freiheit der Anti-Demokraten.

Wie bisher dargelegt, ist es Mode geworden, demokratische Werte im Namen der Öffnung gegenüber anderen Kulturen zu relativieren, d. h. ihre Verbindlichkeit aufzugeben. Das Fremdwort hierfür wurde bereits angeführt und erläutert: Kulturrelativismus. Obwohl Kulturrelativisten alles relativieren wollen, habe ich wiederholt die Beobachtung machen müssen, dass sie in intoleranter Weise die absolute Geltung für ihre eigenen Ansichten beanspruchen und gleichzeitig erklären, dass die Werte jeder Kultur relativ seien und somit keine allgemeine Verbindlichkeit beanspruchen könnten. Diese absolut vertretene Relativierung der Werte resultiert in dem Verlust ihrer verbindlichen Geltung, und das heißt: in fehlenden Werten. Aus diesem Grunde sehe ich die Demokratie in einer »Multikulti«-Werte-Beliebigkeit gefährdet. Auch Jürgen Habermas lässt im Rahmen der »Einbeziehung des Anderen«[23] nicht zu, dass der Widerspruch zwischen Fundamentalismus und Demokratie unterschlagen wird.

Im Zeitalter der Migration bleibt die Geltung der beschriebenen kulturrelativistischen Geisteshaltung nicht mehr auf den globalen Rahmen, d. h. hier auf Kulturen jenseits der eigenen Grenzen, beschränkt; sie erweitert sich auch und vor allem auf westliche Gesellschaften selbst. Die Stadt Frankfurt beispielsweise ist in diesem Rahmen zum Spiegelbild der UNO geworden, weil dreißig Prozent der Stadtbewohner aus 165 verschiedenen Nationen kommen –das ist nur etwas weniger als die Anzahl aller UNO-Mitglieder, die 185 beträgt. Bemerkenswert dabei ist die Tatsache, dass in der Frankfurter »Multikulti«-Kultur noch nicht einmal die islamische Gemeinde ihre Einheit bewahrt. In Frankfurt ist der Islam ethnisch-sektiererisch fragmentiert, und das spiegelt sich in der Struktur der vorhandenen Moscheen wider; jeder Muslim betet in der Moschee seiner ethnischen Gemeinde. Der Islam kennt aber keine Ethnizität. Eine Moschee ist – im Gegensatz zur christlichen Kirche – ein Gebetshaus für alle Muslime, gleich welcher Religionsrichtung und welcher Ethnizität sie angehören. Das gilt aber nicht für das multikulturelle Frankfurt, wo Moscheen ihre ethnisch und ideologisch bestimmten »islamischen Zentren« haben, die die Integration verhindern. Die Bindung einer Moschee an ein ideologisch ausgerichtetes »islamisches Zentrum« ist eine Multikulti-Erscheinung, die dem Islam und seiner Vielfalt fremd ist.

Wie können Menschen, die einer großen ethnischen und kulturellen Vielfalt entstammen, zusammen mit der ursprünglichen Bevölkerung in Frieden leben, ohne dass verbindliche Werte zur Regulierung dieses Zusammenlebens anerkannt werden? Mit »Werten« meine ich nun nicht »Gesetze«; vielmehr beziehe ich mich auf die ethische Weltsicht, die die Menschen jeweils als verbindliche Orientierung für ihr Leben anerkennen. In unserer Zeit haben Tagträumer und weltfremde Ideologen der 68er-Generation ihre einstigen abgedroschenen und utopischen Schlagwörter von einer klassenlosen Gesellschaft durch die der multikulturellen Gesellschaft ausgetauscht. Das ist ihre Abrechnung mit den westlichen Werten. Um es noch einmal zu betonen: Eine multikulturelle Gesellschaft kennt ihrem Wesen nach keine für alle Gruppen verbindlichen Werte. Der Vorbehalt gegen Multikulturalität bezieht sich nicht auf die kulturelle Vielfalt, sondern auf das Fehlen eines verbindlichen Werte-Konsenses als Klammer für den Kulturpluralismus. Denn eine Gesellschaft kann kulturell viefältig sein und dennoch eine Werte-Orientierung haben. Das ist aber kein Multikulturalismus. Diese Problematik gewinnt am Beispiel der türkischen

Muslime in Deutschland an Aktualität[24]: Schotten sie sich ab, oder werden sie europäische Bürger? Ich möchte dieses Thema am bereits angesprochenen Beispiel des islamischen Spanien illustrieren und den Rassismus-Vorwurf aufnehmen.

Im arabischen Spanien, das einige deutsche »Multikulti«-Ideologen ohne tiefergehende Kenntnisse gern als beispielhafte multikulturelle Gesellschaft anführen, galt in Wirklichkeit – wie bereits erwähnt – der Islam als verbindliche Werte-Quelle. Dennoch waren Muslime, die diese verbindliche Werte-Orientierung und ihre Geltung durchsetzten, bekanntermaßen keine Rassisten. Warum wird dann die analoge Auffassung, dass in westlichen Gesellschaften die Werte der westlichen Zivilisation – wie seinerzeit die islamischen Werte in der islamischen Zivilisation – gelten sollten, als Rassismus verfemt?

»Multikulti« ist kein Wert für sich, sondern ist der schlichte Tatbestand, dass Menschen aus verschiedenen Kulturen ohne Werte-Konsens zusammenleben. Hiergegen wendet sich meine Kritik bei der Verteidigung von Säkularität, Aufklärung und liberaler Freiheit als Identität Europas. Multikultur wird als Ersatz für Werte angeboten. Wie kann aber ein Gemeinwesen in Frieden zusammenleben ohne für alle gleichermaßen verbindliche Werte? Wenn westliche Intellektuelle und »weltfromme Protestanten« (Helmuth Plessner) sich selbst kulturrelativistisch beschneiden und praktisch verleugnen, dann heißt das nicht, dass die anderen ähnlich verfahren. Ich möchte dies an einem Ereignis illustrieren, das ich 1996 in Gießen selbst erlebte.

Anlässlich des Collegium Gissenum über Toleranz wollte ich im Rahmen einer Vorlesung über »Islam und Toleranz« zeigen, dass eine Synthese zwischen Islam und Toleranz im Sinne einer Freiheit, die auch für den Andersdenkenden gilt, trotz aller Vorurteile möglich ist. Dies lässt sich sowohl unter Bezugnahme auf die traditionelle islamische Lehre als auch durch Anleihen bei der europäischen Aufklärung legitimieren. Eine Minderheit von dort anwesenden islamischen Fundamentalisten bewies durch ihr neo-absolutistisches Verhalten jedoch genau das Gegenteil, ohne dass die anwesende Mehrheit der deutschen Zuhörer das intolerante Verhalten beanstandet hätte. Bestehende grässliche Vorurteile über den Islam wurden durch das Verhalten der Fundamentalisten verstärkt. Es war meine Intention, dazu beizutragen, dass sie abgebaut werden.

Nach islamischer Norm kann ein Muslim das Abendgebet jederzeit zwischen Sonnenuntergang und -aufgang verrichten. Im Namen der Toleranz wurde jedoch bei der Vortragsveranstaltung willkürlich verlangt, dass der Diskussionsabend unterbrochen werde, damit die fundamentalistische Minderheit zum Abendgebet gehen könne; die Mehrheit sollte also bis zum Ende des Gebets warten und erst dann mit der Veranstaltung fortfahren. Dieser Wunsch ist durch keine Vorschrift der islamischen Religion zu begründen. Die Abweisung eines solchen Wunsches mit der Begründung, für das Collegium Gissenum gälten die Werte einer säkularen Institution, wurde als Intoleranz und »Rassismus« verfemt. Nach dem Vortrag gab es keine Gelegenheit zu einer fruchtbaren Diskussion; stattdessen wurden fundamentalistische Proklamationen verlesen – wiederum ohne Beanstandung durch die anwesende Mehrheit der Zuhörer. Lediglich der die Diskussion leitende Gießener Philosophie-Professor Werner Becker wagte zu sagen, dass es für die Führung einer akademischen Diskussion säkulare Werte und Normen gebe, und verlangte, dass dieselben eingehalten werden. Er wurde daraufhin mit dem Argument mundtot gemacht, dass sein Verhalten »ausländerfeindlich« sei, woraufhin er es – eingeschüchtert – vorzog zu schweigen. Dies gehört zu den praktischen Konsequenzen des Multikulturalismus.

Um nicht missverstanden zu werden: Diese Intoleranz hat nichts mit der Religion des Islam, wohl aber mit der Ideologie des Fundamentalismus zu tun. In meinen Büchern über den Islam habe ich stets unterstrichen: Islam und Fundamentalismus sind zweierlei. Viele Deutsche wissen nicht zwischen beidem zu unterscheiden. Die folgenschwere Konsequenz ist, dass die Fundamentalisten im Namen der Toleranz gegenüber anderen Religionen toleriert werden. Als liberaler Muslim bin ich oft darüber befremdet, wie sich bestimmte Protestanten im Rahmen der »christlichen Nächstenliebe« als Handlanger des Fundamentalismus missbrauchen lassen. Die Kritik von liberalen Muslimen an diesen Europäern wird überhört. Die beschriebene Erfahrung aus Gießen lehrt: In einer Multikultur gibt es keine verbindlichen Werte, noch nicht einmal formale Spielregeln für die Führung von Debatten und Diskussionen, und erst recht keine Orientierung zur Abweisung von Intoleranz.

Von kulturellen Unterschieden und Political Correctness

Die politische Kultur der Political Correctness ist eine amerikanische Erfindung und stellt eine neue Form der Zensur dar, die insofern neu ist, als sie für demokratische Gesellschaften gilt. Man darf nicht über kulturelle und zivilisatorische Unterschiede sprechen. Hierbei werden die Begriffe Kultur und Zivilisation gleichbedeutend verwendet. Oft wird ein Mensch allein wegen der Anführung kultureller Unterschiede in die Nähe des »Kulturkampfs« gerückt und entsprechend verfemt.

Menschen gehören durch Geburt und Sozialisation immer zu einer bestimmten Kultur; in unserer Welt gibt es Tausende von Lokalkulturen. Wie ich in meinem Buch *Krieg der Zivilisationen* (vgl. Anm. 3) näher erläutert habe, gruppieren sich gleichgelagerte Kulturen zu Zivilisationen. Jede Zivilisation hat ihre eigenen Anschauungen. Die Heterogenität der Zivilisationen spiegelt sich vor allem im weltanschaulichen Bereich wider. In der Geschichte der Menschheit war es immer so, dass Menschen aus unterschiedlichen Zivilisationen unterschiedliche Weltsichten hatten. Das ist kein Novum. Neu ist, dass diese kulturell und zivilisatorisch unterschiedlichen Menschen durch Globalisierung und Massenzuwanderung näher zusammenrücken und unter dem Zwang stehen, Plattformen für ein friedliches Zusammenleben zu finden, wenn sie nicht gegeneinander kämpfen wollen – in einer weltanschaulichen Auseinandersetzung oder gar im Rahmen eines sozialen Konflikts.

Wer unter den beschriebenen Bedingungen seine Werte im Namen einer falsch verstandenen Toleranz und einer »Multikulti«-Ideologie verleugnet, übersieht aber, dass die Anderen dies nicht tun. Das Ergebnis ist dann ein Ungleichgewicht im Zusammenspiel von Kulturrelativismus, Wertelosigkeit und Neo-Absolutismus der Werte vormoderner Kulturen. Der Absolutist ist hierbei der Gewinner, der wertelose Relativist der Verlierer. Anstelle des Kulturrelativismus und des Kulturabsolutismus bietet sich die »Politik der Vernunft« als eine Politik des Brückenbaus zwischen den lokalen Kulturen und regionalen Zivilisationen an. Im Vorgriff auf das vierte Kapitel möchte ich dies am Beispiel einer internationalen Amsterdamer Diskussion illustrieren:

Auf einer im Jahre 1994 bei der holländischen Erasmus Foundation durchgeführten Veranstaltung über diesen Gegenstand hat die italienische Multikulti-Feministin Rosi Braidotti die Ansicht vertreten, dass ein

»Bündnis zwischen dem Feminismus und dem politischen Islam auf dem Boden einer multikulturellen Gesellschaft« zur Beendigung der »Vorherrschaft der Werte des weißen Mannes« beitragen könne. Der große jüdische Kulturanthropologe und Islam-Kenner Ernest Gellner merkte Frau Braidotti gegenüber ironisch an, er sei neugierig, von ihr zu erfahren, wie ein Bündnis zwischen europäischen Feministinnen und in der Regel männlichen islamischen Fundamentalisten, die bekanntermaßen sehr patriarchalisch orientiert sind, funktionieren könne. Worauf sie nur die von ihr vertretene ideologische Überzeugung einer Synthese von Feminismus und Multikulturalismus in leeren Phrasen als ihr festes Repertoire – und ohne die für eine solche Auseinandersetzung nötigen Informationen – wiederholen konnte. Braidotti sagte, ihre Vision werde die Menschheit von der »Vorherrschaft des weißen Mannes« befreien. Multikultur wird zum Ersatz für Werte, auch zum ideologischen Instrument für die Verfolgung von Zielen, die mit dem Dialog zwischen Kulturen und Zivilisationen nichts zu tun haben. Ignoranz und Schablonendenken ersetzen Information und Fakten, die Gesinnung nimmt den Platz der rationalen Analyse und der Vernunftorientierung ein.

Eine demokratische Kultur einer Zivilgesellschaft kann sich nur auf der Basis der Geltung von Werten entfalten, die für alle Mitglieder des Gemeinwesens – gleich aus welcher Kultur sie stammen – verbindlich sind. Diese Voraussetzungen werden in einer wahrhaft multikulturellen Gesellschaft nicht gewährleistet. Aus diesem Grunde sehe ich einen Widerspruch zwischen einer liberalen Demokratie und einer Multikultur. Denn eine Demokratie kann sich nicht ohne die verbindliche Geltung ihrer Werte behaupten. Menschen aus unterschiedlichen Kulturen können ihre kulturelle Vielfalt pflegen und dennoch friedlich miteinander leben; im öffentlichen Leben müssen sie aber verbindliche Werte einer Zivilgesellschaft, die von allen geteilt werden, aus tiefstem Herzen bejahen und in ihrem Leben praktizieren.

Im arabo-islamischen Spanien lebten die Menschen aus unterschiedlichen Kulturen und Religionen einst friedlich miteinander, eben weil es eine Leitkultur gab; die Werte der islamischen Zivilisation waren für alle verbindlich. Warum können Europäer aus dieser Erfahrung nicht lernen? Warum fälschen europäische »Multikulti«-Ideologen die islamische Geschichte?

Ohne gemeinsame verbindliche Werte gibt es kein friedliches Zusammenleben. Werte-Verbindlichkeit zu bejahen korrespondiert mit einer demokratischen Integration und bedeutet nicht Assimilation, wie böswillig unterstellt wird. Warum verwechseln deutsche Gesinnungsethiker demokratische Integration als Werte-Bejahung mit kultureller Assimilation als Aufgabe der eigenen kulturellen Identität?

Noch einmal und zusammenfassend: Demokratische Integration und kulturelle Assimilation sind zweierlei, ebenso wie auch kulturelle Vielfalt und Multikultur zweierlei sind. Es geht um die Anerkennung einer Leitkultur als Quelle einer verbindlichen Werte-Orientierung! Europa hat viele Verbrechen begangen – vom Kolonialismus bis zum Faschismus –, aber Europa hat auch in den Werten der kulturellen Moderne eine positive Identität, die es zu verteidigen lohnt. Diese Einsicht habe ich als arabischer Muslim bereits in meinen Lehrjahren von meinem jüdischen Lehrer Max Horkheimer gewonnen (vgl. Widmung S. 2 und S. 145f.).

Kein Werte-Konsens über Rechte und Pflichten: Von der Kommunitarisierung zur ethnischen Aufsplitterung

Im Verlaufe meiner bisherigen Argumentation habe ich die Befürchtung von Arthur Schlesinger in Bezug auf ein mögliches *Disuniting of America* als Folge des Werte-Verlusts bzw. des Verlusts eines Werte-Konsenses zitiert. Alle Nordamerikaner sind faktisch Zuwanderer, und zwar aus allen Teilen der Welt; sie verbindet nur der Konsens über die Bestimmung des »American citizen« sowie seiner Rechte und Pflichten. Die klassische, durch eine Einheit der Einwanderer entstandene amerikanische Nation ist deshalb das modellhafte Beispiel einer modernen Nation als einer nicht durch Ethnizität geprägten Kommunikations- und Werte-Gemeinschaft. Das verbindende Element ist der Werte-Konsens und nicht – wie im deutschen Fall – die Ethnizität, d. h. der Glaube an eine gemeinsame Abstammung. Diese geglaubte Gemeinsamkeit gibt es in der Realität nicht. Ich frage oft in diesem Zusammenhang, warum mein in Frankfurt geborener und muttersprachig deutsch aufgewachsener Sohn kein Deutscher sein soll, während ein kein Wort Deutsch sprechender, als »Volksdeutscher« eingestufter Kasache aufgrund seiner Abstammung, sprich seines »Blutes«, als Deutscher gilt. Gegen die deutsche Nationsidee der blutsmäßigen

Abstammung führe ich die demokratische Idee der Nation als eines Gemeinwesens der freien Bürger an. Ebenso wie ich eine ethnische Bestimmung der Deutschen ablehne, weise ich sie für die Migranten zurück. Man darf nicht mit zweierlei Maß messen.

Wir können hier von Amerika lernen, wo der Werte-Konsens der Bürger durch die zunehmende sogenannte »ethnische Selbstbestimmung«, vor allem der Neu-Zuwanderer, verlorengeht. Dadurch ist das gesamte »amerikanische Modell« eines alle Bürger umfassenden Gemeinwesens gefährdet. Besorgte Amerikaner sprechen deshalb von einer aus der Ethnisierung erwachsenden Gefahr der »Libanisierung Amerikas«.[25]

Ich möchte zwar meinen Blick diesen Abschnitt abschließend auf Europa richten und als ein kommunitaristisches Beispiel das »islamische Parlament« in Großbritannien anführen.[26] Dennoch möchte ich meine diesbezüglichen Ausführungen über das angeführte amerikanische Modell nicht aus dem Auge verlieren und sie für die Unterstreichung dieses wichtigen Unterschiedes verwenden. Ethnizität im Sinne des Vorhandenseins eines anderen Ursprungs gilt in Amerika für alle Amerikaner, denn alle sind ja Migranten. Allein der Werte-Konsens verbindet alle Amerikaner miteinander, und sein Verlust würde konsequenterweise zu dem Prozess des *Disuniting of America* führen. In Europa bezieht sich eine vergleichbare Gefahr auf eine andere Quelle, nämlich auf die Konfrontation von einheimischer Bevölkerung und Zuwanderern. Die beängstigenden Folgen wären eine Gleichzeitigkeit von zunehmender Ausländerfeindlichkeit der Einheimischen und Ghettoisierung der Zuwanderer. Wohlgemerkt: Beide bedingen einander. Mit diesem Buch möchte ich über diese realen Gefahrenpotenziale aufklären. Wer diese Aufklärungsarbeit und die Prophylaxe eines Konfliktmanagements als Panikmache abtut, ist naiv. Doch Träumer sind gefährlich, wenn sie Konfliktlösungen im Wege stehen.

Gibt es einen Ausweg aus der multikulturellen Sackgasse?

Ich möchte meinen Versuch, die in der Überschrift aufgeworfene Frage zu beantworten, mit einem konkreten, selbst erlebten Beispiel aus Westafrika einleiten. Die Deutschen weisen gern darauf hin, dass man über den Tellerrand schauen müsse; dies soll man nicht nur verbal beteuern, sondern auch praktizieren: Während eines Studienaufenthaltes im westafrikanischen Senegal freundete ich mich in Dakar mit einem »afroamerikanischen« Paar an, das mit großem Enthusiasmus seinen »Mutterkontinent« besuchte und sich deshalb bewusst als »afro-amerikanisch« verstand. Die beiden sprachen nur Englisch in einer frankophon-muslimischen Umwelt. Weil ich ihre Sprache spreche, wurde ich zu ihrem Freund und zu ihrer Zufluchtsstelle.

In Dakar hatte ich das Privileg, die Lernprozesse der beiden »Afroamerikaner« Stufe um Stufe beobachten zu können. Senegal ist ein vorwiegend islamisches Land (85 Prozent Muslime), dessen Bevölkerung ethnisch in 13 Stämme unterteilt ist; die größten darunter sind die Wolofund die Tukolor.[27] Die beiden »Afroamerikaner«, die sich auf der Basis ihrer »Hautfarbe« mit Afrika identifizierten, wurden von den Einheimischen auf allen Ebenen auffällig als »Fremde« behandelt, weil sie weder Muslime sind noch einer der bestehenden ethnischen Gemeinschaften angehörten, geschweige denn lokale Sprachen, Arabisch oder Französisch beherrschten.

Im Senegal definieren die dort lebenden Menschen ihre Identität statisch, beispielsweise durch die angeborene Zugehörigkeit zum Wolof-Stamm bzw. zu der religiösen Bruderschaft der Mouridiyya – beide Identitäten können nicht wie *Citizenship* durch eine bewusste, freie Entscheidung erworben werden. Man kann einem Gemeinwesen, nicht aber einem Stamm beitreten; man muss in ihm geboren sein. Und so blieben die beiden Afroamerikaner bei diesen exklusiven ethnisch-religiösen Bestimmungen »draußen«. Beide waren verwundert darüber zu sehen, dass ich – als ein Arabisch sprechender Muslim – trotz meiner hellen Hautfarbe von den Afrikanern als zu derselben *Umma* gehörig, d. h. als *frère*/Bruder akzeptiert wurde, während sie trotz ihrer schwarzen Hautfarbe abgelehnt wurden; sie mussten lernen, dass die Hautfarbe kein entscheidendes Merkmal der Identität ist. Schließlich verließen beide Westafrika, nicht nur mit der Erfahrung einer enttäuschenden Abweisung als »Fremde«, sondern auch mit der produktiven, nicht-romantischen Erkenntnis, dass sie Amerikaner im Sinne von *Citizens* sind, darin ihre Identität haben und dass die USA deshalb ihre Heimat sind. Im Gegensatz zu den Wolof-Senegalesen sind sie weder durch ihre Religion noch durch ihre ethnische Zugehörigkeit Mitglieder einer »Wir-Gruppe«; sie sind Amerikaner allein durch *Citizenship* und Werte-Gemeinschaft. Können die nach Europa – und hier besonders nach Deutschland – zugewanderten Ausländer in ähnlicher Weise Deutsche im Sinne von *Citoyen*/Bürger werden?

Ich glaube, dass dies möglich ist, wenn beide Parteien, Deutsche und Ausländer, dies ehrlich wollen und sich entsprechend durch Aufgabe ethnischer Zugehörigkeiten verändern. Erfolgt dieses Umdenken nicht, dann sollte man sich auf grausame Konflikte in absehbarer Zukunft vorbereiten. Noch einmal: Das ist keine Panikmache, sondern eine rationale Vorwarnung und die Aufforderung zu demokratischem, verantwortungsethischem Handeln. Meine türkischen Freunde, die Soziologen Sencer und Aişe Ayata, die an der METU-Hochschule in Ankara lehren, sind der Auffassung, die ich mit ihnen teile, dass die sogenannten »guten Deutschen«, die sich von den ausländerfeindlichen Deutschen durch ihren »Multikulti«-Glauben abzuheben meinen, tatsächlich noch schlimmere Feinde von uns Fremden sind. Der Grund hierfür: Die angeführten türkischen Soziologen sind überzeugt, dass mit Multikulturalismus in der Konsequenz das Ziel verfolgt wird, die Ausländer draußen zu halten, also nicht zu integrieren. Die Türken, Araber, kurz: »die Anderen« sollen in dieser Eigenschaft verharren, dann bleiben die Deutschen »rein«!

Über die zitierte Unterstellung mag mancher streiten, eine andere Feststellung lässt sich nicht von der Hand weisen: Es handelt sich um die »guten Deutschen«, die mit ihrer Gegnerschaft zur Integration eine besondere Vorliebe für den Konflikt haben. Es sind jene deutschen Linken, die es aus eigener Kraft nicht geschafft haben, ihr Gesellschaftssystem zu stürzen; nun sollen wir Ausländer als Ersatzproletariat diese Aufgabe übernehmen, wie ich im *Focus*-Essay »Kein Ersatzproletariat der deutschen Linken« *(Focus* vom 25. Mai 1996, Heft 22) ausgeführt habe. Ich möchte diese Beobachtung an einem konkreten Beispiel illustrieren und mit Fakten untermauern:

An einer hessischen Universität wurde kürzlich eine Lehrveranstaltung über Multikulturalismus durchgeführt, bei der die Theorie von Charles Taylor über Anerkennungskämpfe[28] zwischen Einheimischen und Migranten diskutiert wurde. Die Dozentin predigte ihren Studentinnen und Studenten, hierfür gelte das Muster von »Herr und Knecht« bei Hegel, das von Frantz Fanon auf die Beziehung von *Colon-Colonisé*/Kolonisator und Kolonisierte übertragen worden sei. Das ist ein schlimmes Beispiel für die Intention der Multikulturalisten. Der Kenner weiß, bei Hegel und vor allem bei Fanon[29] geht es bei den Anerkennungskämpfen um »Leben und Tod«, keineswegs um Integration und friedliches Zusammenleben. Weil die Werte der verhassten einheimischen Gesellschaft nicht gelten sollen, wird nicht nur ein Werte-Relativismus gepredigt, sondern auch der Kampf der Migranten gegen die Einheimischen – also ein Ersatz-Klassenkampf – propagiert. Wohlgemerkt: Das tun Deutsche, nicht wir Ausländer, die die Integration, nicht den Kampf wollen! Es ist eigenartig zu beobachten, wie linke Multikulturalisten mit rechtsradikalen islamischen Fundamentalisten am gleichen Strang ziehen. Die letzteren sind anti-westlich, und für »Linke« gilt alles, was die Bezeichnung Fundamentalismus trägt, als »fortschrittlich«.

Ich möchte die Frage der Werte-Orientierung an einem konkreten, im *Spiegel* veröffentlichten Fall aus Berlin illustrieren: Zwei syrische, in Deutschland geborene minderjährige Mädchen integrieren sich in ihrem Schülermilieu, gewinnen deutsche Freunde und werden somit fast einheimisch in Deutschland im Sinne der Zugehörigkeit zu einem Gemeinwesen. Das missfällt den nicht-integrierten Eltern, die mit Mitteln der Misshandlung bis zur rechtswidrigen Handlung einer Entführung, d.h. der »Deportation« nach Syrien, dagegen einschreiten. Es kommt zu einer Solidaritätsdemonstration der deutschen und ausländischen Schüler, aber die deutschen Behörden unternehmen nichts. Die Mädchen werden entführt. Laut *Spiegel:*

> »Mitarbeiter des Berliner Jugendnotdienstes verweigern ihre Hilfe … Die städtischen Jugendbeamten begründen ihre Untätigkeit oft mit der Rücksichtnahme auf fremde Sitten. Einige fürchten gar, als Ausländerfeinde dazustehen, wenn sie sich allzu heftig in die Angelegenheiten ausländischer Familien einmischen.«[30]

Das ist ein eklatantes Fallbeispiel für Verleugnung der eigenen Werte und für Missachtung gültiger Rechtsnormen sowie der demokratischen Staatsordnung. Es versteht sich von selbst, dass Kindesmisshandlung oder gar Entführung gegen alle Normen und Werte verstößt, die eine Geltung haben sollten. Und was noch irritierender ist: Dieses Handeln wird mit dem Verweis auf die »Toleranz« gerechtfertigt. Das ist das hässliche Gesicht des Multikulturalismus und seiner »Toleranz«.

Dieses Kapitel abschließend, möchte ich in orientalischer Manier meine sehr persönliche Schlussfolgerung vortragen:

Nach sechsunddreißigjähriger Erfahrung unter Deutschen bin ich als integrierter Ausländer der Auffassung, dass hinter der leider oft verlogen vorgetragenen, »verordneten Fremdenliebe« kein Wille zur Integration der Fremden besteht. Wie oft bin ich in meiner Eigenschaft als »deutscher

Bürger« in deutschen Gremien und Institutionen – natürlich höchst subtil – als »Fremder« ausgegrenzt und als »Syrer mit deutschem Pass« herabgestuft worden. Dies wird manchmal mit Belustigung, etwa im Stil der Bemerkung einer bekannten, altgedienten liberalen Ministerin geäußert: »Herr Tibi, behalten Sie Ihre Identität.« Das ist eine deutsche Antwort auf die liberal-islamische Forderung nach einem Euro-Islam.[31] Ich lasse mich nicht entmutigen und werde meine Vorstellung eines Euro-Islam, die ich 1992 in Paris vorgetragen habe, in diesem Buch als Integrationskonzept präsentieren (Kapitel 9).

Meine Rationalität schützt mich davor, auf die Ablehnung ebenso negativ zu reagieren und zu einem islamischen Fundamentalisten zu werden, der den Hass gegen den Westen predigt und dabei sogar Zuspruch von den sich selbst verleugnenden und bezichtigenden Europäern erhält. Andere abgewiesene Muslime halten sich jedoch nicht in dieser Weise zurück. In einer empirischen Untersuchung hat der Bielefelder Soziologe Wilhelm Heitmeyer jugendliche, in Deutschland geborene Türken befragt, und das Ergebnis wird schon im Titel seines Buches *Verlockender Fundamentalismus*[32] angekündigt. Es ist an der Zeit, dass die Deutschen aus ihrem Dornröschenschlaf aufwachen, sonst wird es einmal ein böses Ende nehmen.

Ich bleibe meinem Aufruf zur Brückenbildung treu: Meine islamischen Vorfahren haben das Vernunftdenken Aristoteles' hoch geschätzt; und eben diese islamischen Rationalisten haben den Aristotelismus als eine auf der Vernunft basierende Werte-Orientierung am Vorabend der Renaissance an Europa weitergegeben.[33] Damit haben sie, auch wenn dies damals nicht ihre Intention war, eine Brücke zwischen beiden Zivilisationen geschlagen. Immer dann, wenn es solche Brücken zwischen Orient und Okzident gab, basierten diese auf einer gemeinsamen Moralität und Vernunftorientierung. Wenn es aber zu einem Krieg der Zivilisationen – sei es *Djihad* oder Kreuzzug – kam, ging dies mit einem Werte-Dissens einher. Wollen die Deutschen wirklich einen Frieden mit Menschen aus anderen Kulturen und Zivilisationen, dann müssen sie einen Werte-Konsens mit ihnen anstreben. Dies setzt voraus, dass sie ihre konstruierte Ethnizität der deutschen Abstammungsideologie, nicht aber die Werte der Demokratie und Aufklärung aufgeben. Nicht nur die Deutschen und im Allgemeinen die Europäer, auch die Migranten haben für diesen Frieden eine Bringschuld einzulösen; auch müssen sie es anstreben, ein Bürger/*Citoyen* zu werden. Das ist die Alternative zur Abschottung in ethno-religiösen Ghettos. Europa bleibt bis zu der Erfüllung dieses Projekts, wie seine kulturelle Moderne, ein »unvollendetes Projekt« (Habermas).

Europa im globalen Dorf. Ein neuer Faktor im Zeitalter der Migration: Der Islam und Europa – der Islam in Europa

Die europäische Expansion und deren Bumerangwirkung

Die europäische Expansion bedeutete, dass Europa die Welt erobert hat und hierbei, wie wir in den beiden vorangegangenen Kapiteln gesehen haben, den Versuch unternommen hat, dem Rest der Welt seinen Stempel aufzudrücken, d. h. ihn zu europäisieren. Die durch diese Expansion ausgelösten Prozesse der Globalisierung bilden die Grundlage eines globalen Zeitalters[1], in dem die Welt zu einem globalen Dorf zusammenschrumpft, das nach westlichen Anschauungen geformt sein sollte.

Am Ende des 20. Jahrhunderts wirkt die Globalisierung wie ein Bumerang: Der Rest der Welt kommt in Gestalt von Migranten nach Europa und wirkt nun seinerseits auf Europa selbst. Europa, das sich einst in seiner Überheblichkeit einbildete, den Standard für den gesamten Globus zu setzen, steht nun vor der Herausforderung, seinen Anschauungen im eigenen Haus Geltung zu verschaffen. Beispielsweise lehnen viele islamische Migranten säkulare Ordnungsprinzipien ab, sie beanspruchen eine Geltung für ein Leben nach dem entsprechenden Verständnis von der *Scharia,* auch in Europa. Kann der europäische Kontinent unter diesen Bedingungen seine säkulare Identität bewahren?

Um diese Zusammenhänge besser zu verstehen, müssen wir zuvor wissen, worum es sich bei den um sich greifenden Prozessen der Globalisierung handelt. Früher hatte jede Zivilisation ihr Zeitverständnis, aber unsere Zeit ist *Weltzeit,* und unsere Epoche wird das »globale Zeitalter« genannt. Das Zeitverständnis einer regionalen Zivilisation bezieht sich auf die eigenen Strukturen und ihren historischen Rahmen. Weltzeit bezieht sich dagegen auf eine globalisierte Welt, in der die allseits gültigen Bedingungen von Weltwirtschaft und internationalem Staatensystem alle Zivilisationen betreffen, so weltanschaulich unterschiedlich diese auch sein mögen. Die Realität einer für alle Zivilisationen geltenden Zeit, also eine Weltzeit, ist nicht gleichzusetzen mit dem Vorhandensein einer globalen Zivilisation.

In diesem Rahmen steht die Rede von unserer Welt als einem »globalen Dorf«. Sein Inhalt ist folgender: Die Ausbreitung struktureller und institutioneller Verflechtungen in Ökonomie, Politik, Transport und Kommunikation führte zu einem bis dato beispiellosen Grad der Interaktion zwischen den verschiedenen Teilen der Menschheit und zu einer entsprechenden Vernetzung. Es gibt einen klaren Zusammenhang zwischen dieser strukturellen Vernetzung und der Migrationsproblematik. Am Beispiel des Islam lässt sich zeigen, dass diese Zivilisation – sieht man vom islamischen Spanien und den türkischen Eroberungen in Europa ab – zu der fernab gelegenen Welt gehörte. Der Gegensatz »Islam in Europa« – »Islam und Europa« hat in früheren Zeiten nicht existiert. Heute erleben die Europäer die Realität des »Islam in Europa« (15 Millionen Migranten stets wachsend) in ihrem Alltag. Der Gegenstand »Islam in Europa« im Zusammenhang mit der Fragestellung des Multikulturalismus ist die Thematik des dritten Teils. Hier will ich nur die These des »globalen Dorfes« und ihre Implikationen am Beispiel des Islam erläutern und fragen, worin die Bumerangwirkung der europäischen Expansion besteht.

Das im Entstehen befindliche »globale Dorf« ist allgemein mit der »McWorld« des Konsums gleichgesetzt worden.[2] Diese Denkweise übersieht jedoch die Tatsache, dass Kultur sich weit mehr auf lokale Sinnproduktion als auf den Verzehr von Hamburgern, den Konsum von Videos, den Umgang mit Computern oder das Interesse für Mode bezieht. Der inflationäre und pauschalisierende Gebrauch des Begriffs vom »globalen Dorf« in der umstrittenen Bedeutung von McWorld hat die genauso falsche wie irreführende Annahme zur Folge, die Menschheit sei standardisiert und in eine »Weltkultur« eingefügt. Diese falsche Annahme unterstellt das Vorhandensein von Einstellungen und Weltanschauungen, die von der gesamten Menschheit geteilt würden. Der Oxford-Gelehrte Hedley Bull war einer der wenigen Gelehrten, die die Erkenntnis äußerten, dass unsere Welt »durch die Vernetzung zwar kleiner geworden ist, dies aber nicht zwangsläufig einheitliche Einstellungen hervorruft und in der Realität auch nicht getan hat«.[3] Bulls daraus resultierende, sich an Brzezinski anlehnende Formel lautet: »Die Menschheit wird zur gleichen Zeit einheitlicher und fragmentierter« (ebd.). Im Zeitalter der Migration gilt dies nicht nur für die Welt en gros, sondern auch für einzelne Gesellschaften, die Migranten aus anderen Zivilisationen aufnehmen. Diese an der Realität gewonnenen Beobachtungen stehen gegen die Behauptung von einer McWorld.

Während meiner langjährigen intensiven Forschung über dieses Thema, die von längeren Aufenthalten in allen fünf Kontinenten begleitet war und noch ist, habe ich sowohl auf überregionaler wie kulturübergreifender Ebene die Realität der Gleichzeitigkeit von vereinheitlichender Globalisierung und kultureller Heterogenität beobachtet. Für dieses Phänomen habe ich die Formel von der »Gleichzeitigkeit struktureller Globalisierung und kultureller Fragmentation« geprägt. Mit dieser Formel kritisiere ich implizit die irrige Annahme, dass die Globalisierung automatisch zu Anschauungen und Einstellungen führt, die Menschen unterschiedlicher Zivilisationen miteinander teilen. Genau diese Leistung erbringt die Globalisierung nicht. In meiner im Ridder Husset in Stockholm als »Global Village Lecture« gehaltenen Vorlesung, die diesem Kapitel zugrunde liegt, habe ich mich mit der Gleichzeitigkeit von Globalisierung und Fragmentation beschäftigt. Dort habe ich meine Überlegungen über den Zusammenhang von »globalem Dorf« und Migration am Beispiel eines konkreten Themas illustriert: Der Islam *und* der Westen – Der Islam *im* Westen. Diese Formulierung mag Verwirrung hervorrufen; sie bezieht sich ausdrücklich darauf, dass der Islam den Europäern nicht nur in der geopolitischen internationalen Nachbarschaft (südliches und östliches Mittelmeer), sondern auch zu Hause (Migranten), in Europa, begegnet. Das Leben der Muslime in einer unterstellten McWorld, ja mitten in Europa macht längst nicht standardisierte McMenschen aus ihnen. Die Tatsache, dass diese Menschen nach Europa kommen und hier nach ihren eigenen Maßstäben leben wollen, ist der Bumerang der europäischen Expansion.

Als Vermittler, der sich leidenschaftlich darum bemüht, zwischen der Welt des Islam und dem Westen – beide jeweils als Zivilisation mit eigener Weltanschauung begriffen – im Rahmen friedlicher Konfliktlösung Brücken zu errichten[4], interessiere ich mich in erster Linie für die Begegnung der Menschen beider zivilisatorisch unterschiedlicher Welten auf der Basis des »globalen Dorfes« unseres Zeitalters. Die Diagnose unserer Zeit als einer *Weltzeit* – bei gleichzeitigem Fehlen einer Weltkultur – und unserer Epoche als eines globalen Zeitalters gilt bei gleichzeitiger Fortdauer weltanschaulich-zivilisatorischer Unterschiede. Diese Tatsache zwingt uns, bei den Interaktionen zwischen Menschen aus unterschiedlichen Zivilisationen verschiedene Ebenen der Interaktion zu differenzieren. In diesem Sinne unterscheide ich hier zwischen drei Ebenen der Begegnung:

- wirtschaftlicher Interaktion, die sich auf den internationalen Handel und den Abschluss von Geschäften bezieht,
- politischer Interaktion zwischen Staaten, die ich »Verhandeln« nenne, und
- kultureller Interaktion auf zivilisatorischer Ebene, die durch einen informellen Dialog durchgeführt werden kann.

Leider werden diese drei Ebenen in der öffentlichen Diskussion oft miteinander verwechselt. In diesem Buch befasse ich mich mit der kulturellen Interaktionsebene und gehe von dem Bedarf nach einem Kulturdialog als Instrument des Friedens aus. Obwohl die vorliegende Arbeit insbesondere für interessierte Laien geschrieben ist, scheint es mir sinnvoll, meinen Lesern zu erklären, wie die vorliegende Untersuchung in das Feld der wissenschaftlichen Disziplin der Internationalen Politik einzuordnen ist. Dies werde ich im folgenden Abschnitt tun. In unserem globalen Zeitalter ist die Wissenschaft der Internationalen Beziehungen keine exklusive Domäne der Fachleute der akademischen Gemeinschaft mehr, da sie sich mit Fragen befasst, die das Schicksal unserer Menschheit grundlegend entscheiden können. Eben aus diesem Grunde zielen meine Argumente und Schlussfolgerungen darauf ab, eine größere Laiengemeinschaft anzusprechen, die sich über den Frieden der Menschheit in unserer krisengeschüttelten »Weltzeit« im Übergang zum 21. Jahrhundert sorgt. Der Kern meiner Überlegungen betrifft die euro-mediterrane Region als das inter-zivilisatorische Sammelbecken, das den Westen und das Kerngebiet der islamischen Welt geopolitisch miteinander verbindet. Anders als in Großbritannien, wo die islamischen Einwanderer vorwiegend aus den islamischen Teilen Südasiens kommen, stammen die meisten Migranten in Kontinentaleuropa aus dem östlichen und südlichen Mittelmeerraum.

Das »globale Dorf« schließt keine universelle Weltanschauung ein. Das internationale System ist keine internationale Gesellschaft!

Was genau heißt »globales Dorf«? Handelt es sich hierbei um einen neuen Modebegriff? Wissenschaftler des Faches »Internationale Beziehungen« verweisen mit dem Begriff des »globalen Dorfes« auf ihr fachbezogenes, akademisches Verständnis einer strukturell vernetzten Welt. Nach diesem Verständnis besteht unsere Welt politisch aus einer Ansammlung von souveränen Nationalstaaten, die ihre Souveränität gegenseitig anerkennen;

dadurch bewirken sie auf globaler Grundlage eine *systemische* Interaktion und Verflechtung miteinander. Fachlich gesprochen wird dieses Gefüge als »das moderne internationale System« bezeichnet. Das »globale Dorf« ist ein System, das von Konflikten überladen ist, wofür auf politischer und ökonomischer Ebene nach Lösungen gesucht werden muss.

Welchen Platz nimmt der Mensch unseres Zeitalters in diesem »globalen Dorf« ein? In der Fachwelt und auch in der allgemein geläufigen Wahrnehmung bestehender internationaler Interaktion wurde bis zum Ende des Kalten Krieges übersehen, dass die Menschen nur auf den ersten Blick zu politischen Blöcken, in der Realität aber zu Kulturen gehören. In unserer Welt sind Kulturen gleichermaßen zahlreich und lokal; sie gruppieren sich weltpolitisch in regionale Zivilisationen. Das heißt: *Kulturen* und *Zivilisationen* sind nicht deckungsgleich. Mit diesem Satz möchte ich noch einmal an eine zentrale Unterscheidung erinnern.

Bisher wurde den kulturellen Realitäten in der öffentlichen Diskussion kaum Aufmerksamkeit geschenkt. Der Grund für diese Vernachlässigung ist systematischer Natur: Sie ist ein Produkt des festen Glaubens von Menschen aus dem Westen an die Universalität ihrer Vorstellungen und Anschauungen. Letztlich sind es vor allem die westlichen Medien und die Wissenschaftler des Westens, die die Inhalte der Diskussion bestimmen und hierbei hegemonial für den Rest der Menschheit Weltstandards setzen. In den USA sind viele prominente Wissenschaftler des Faches »Internationale Beziehungen« Politikberater und nehmen somit, wie zum Beispiel Zbigniev Brzezinski mit seinem neuen Buch[5], in dem er die Vision einer US-dominierten Welt entwirft, großen Einfluss auf die Gestaltung westlicher Politik.

Im Mittelpunkt meiner Diskussion stehen zentrale Fragen, die sich auf einen euro-mediterranen Frieden als Frieden zwischen den Zivilisationen beziehen. Die soeben erläuterten, bisweilen dominierenden, gleichermaßen universalistisch ausgerichteten wie auf den Staat fixierten Anschauungen sind nicht länger ein vielversprechender Ansatz. Die westlichen Ansichten und Denkweisen sind nicht mehr zeitgemäß und können nicht zu einem angemessenen Verständnis der anstehenden Fragen beitragen. Im Zeitalter der Massenmigration und zunehmender struktureller Verflechtung beschränkt sich globale Interaktion nicht länger ausschließlich auf Staatsebene. Beispielsweise sind die türkisch-deutschen Beziehungen nicht mehr allein ein Gegenstand der Außenpolitik; angesichts der türkischen Präsenz von 2,3 Millionen Migranten in Deutschland und 3,7 Millionen in Europa betreffen sie auch die deutsche und europäische Innenpolitik. Zudem konzentrieren sich die traditionellen Weisheiten der internationalen Politik, auf der Ebene sowohl ökonomischer wie auch politischer Strukturen, allein auf das Phänomen der Macht. Sie übersehen bzw. unterschätzen bestenfalls die Fragen der Kultur. Infolge der Probleme aber, die im Rahmen fortschreitender Migration und des gleichzeitigen Aufkommens kultureller Partikularitäten und der damit verbundenen Ansprüche zutage treten, ist es unumgänglich, eine andere Sichtweise zu entwickeln. Hierbei gilt es, die Kultur des Alltagslebens zu berücksichtigen, d. h. nicht nur die formelle, zwischenstaatliche Dimension der internationalen Beziehungen zu berücksichtigen.

Hedley Bull gehörte zu den wenigen Wissenschaftlern, die sich bereits in den siebziger Jahren der Bedeutung kultureller Faktoren für die internationale Politik bewusst waren. In seiner Analyse (Anm. 3) schlug Hedley Bull vor, zwischen den Konzepten der internationalen Gesellschaft und des internationalen Systems zu unterscheiden. Ursprünglich setzte sich der Kern der »internationalen Gesellschaft« aus der europäischen Staatenfamilie, später erweitert um die USA als europäische Tochtergesellschaft, zusammen. Hierbei handelt es sich um Staaten, die ein und dieselben Normen und Werte teilen. Aus diesem Kern ist das heutige internationale System hervorgegangen; es ist das Ergebnis der schon in den früheren Kapiteln angesprochenen Expansion der europäischen internationalen Gesellschaft im Rahmen der Globalisierung[6], die versuchte, die gesamte Welt in das europäische Staatensystem einzugliedern. Die von dieser Expansion ausgelöste Globalisierung vermochte es jedoch nicht, eine parallele Universalisierung europäischer Werte und Normen herbeizuführen. Aus dieser Unterscheidung lässt sich folgern, dass das »globale Dorf« auf der Ebene der Weltanschauungen mehr ein formales internationales System als eine auf Werte-Gemeinsamkeit bezogene internationale Gesellschaft ist. Denn der Kern der internationalen Gesellschaft ist westlich und basiert auf westlichen Normen und Werten, weniger auf Anschauungen, die von allen anderen Zivilisationen geteilt werden. Im Übergang zum 21. Jahrhundert findet eine von nicht-westlichen Zivilisationen getragene antiwestliche Revolte gegen diese Strukturen und ihre kulturellen Fundamente statt. Für den Kenner ist es eine Binsenwahrheit, dass jede Zivilisation ihre eigene Weltanschauung hat. Die Inkompatibilität dieser Weltanschauungen führt zu einem »weltanschaulichen Krieg der Zivilisationen«[7]. Das ist nicht deckungsgleich mit Huntingtons *Clash of Civilizations*. Weltanschauliche Konflikte können den Frieden im »globalen Dorf« gefährden, wenn sie nicht im Dialog zwischen den Zivilisationen und in einer friedlichen Bewältigung des Bestrebens nach Entwestlichung gelöst werden können. Eine Friedenspolitik muss sich zum Ziel setzen, die Spannung zwischen dem internationalen System und der internationalen Gesellschaft zu verringern. Die Konsequenzen, die sich aus dem Fehlen universeller Werte und Normen –also universell gültiger Weltanschauungen und Weltbilder – ergeben, können durch die Einigung auf einen kulturübergreifenden Konsens abgemildert werden.

Die euro-mediterrane Region

Es wäre unredlich, gleich zu Beginn der entscheidenden Frage auszuweichen: Bilden Europa und die islamischen Mittelmeerstaaten (Nordafrika und der Vordere Orient) eine gemeinsame internationale Gesellschaft, d.h. ein Gebilde mit gleichen Anschauungen, Normen und Werten? Nach Bull existiert eine solche Gesellschaft nur dann, wenn Staaten

> »gemeinsame Werte teilen ... [und] sich selbst als an einen gemeinsamen Satz von Regeln in ihren Beziehungen untereinander gebunden betrachten ... Eine internationale Gesellschaft in diesem Sinne setzt ein internationales System voraus, aber ein internationales System kann existieren, ohne dass es eine internationale Gesellschaft ist.«[8]

Diese meinen Lesern bereits bekannte, wichtige Erkenntnis vergegenwärtigend, möchte ich in der oben gestellten Frage wie folgt argumentieren: Wenn wir die gegenwärtige Situation mit Blick auf die Mittelmeerregion beurteilen wollen, müssen wir einräumen, dass unsere Welt aus einer Kombination von *System* und *Gesellschaft* besteht. Nördlich des Mittelmeers bildet die Europäische Union eine eigene zivilisatorische Staatengemeinschaft. Im Süden und Osten des Mittelmeeres haben wir es dagegen mit einer anderen, überwiegend arabo-islamisch geprägten Staatengemeinschaft zu tun. Hinzu kommen wichtige Staaten wie die Türkei und Israel.

Die Behauptung einer einheitlichen Mittelmeerzivilisation durch manche – sei es politische oder theologische – Festtagsredner ist nicht nur sachlich falsch, sondern auch politische Selbsttäuschung und Augenwischerei. Aus der Perspektive des globalen internationalen Systems können wir beide Staatengruppen jeweils als ein Subsystem, d. h. als einen subsystemischen Teil des Ganzen darstellen. Es gibt eine euro-mediterrane Verbindung, aber keine euro-mediterrane Zivilisation. Europäischen Gesinnungsethikern – wie dem dänischen Theologen Joergen Nielsen – und ihrer Trivialmoral zufolge sollte die Mittelmeerregion als ein Sammelbecken einer geeinten Zivilisation betrachtet werden, das den europäischen Teil im Norden und eine islamische Komponente im Süden unter dem Banner der »christlichen Nächstenliebe« miteinander verbindet. Auf der Basis einer alle Jahre wieder weihnachtlich-rührselig vorgetragenen Trivialmoral lässt sich aber kein aufrichtiger kultureller Dialog zwischen dem Islam und dem Westen führen. Als Vermittler – der kein Festtagsredner ist – argumentiere ich, dass wir uns von derart irritierenden weltfrommen, moralistischen Vorstellungen verabschieden und den bestehenden weltanschaulichen Dissens zwischen beiden Zivilisationen nüchtern zur Kenntnis nehmen müssen. Die erste Voraussetzung für die Lösung eines Problems ist die Erkenntnis seiner Substanz.

Es trifft zu, dass beide zivilisatorischen Staatengruppen, die nord- wie die süd-mediterrane, die international etablierten, scheinbar universellen Normen und Werte formal anerkennen; gleichzeitig gehören sie aber zwei weltanschaulich verschiedenen Zivilisationen an. Europäer unterscheiden sich von Mittelmeer-Muslimen sowohl in ihren psychosozialen Einstellungen als auch in ihrer Weltanschauung. Als ein Mensch, der beiden Zivilisationen angehört, erfahre ich diese Unterschiede in meinem Alltag. Doch welche Implikationen enthält die Feststellung der Unterschiede für das Zusammenleben zwischen beiden Zivilisationen im Zeitalter der Globalisierung und der Massenmigration nach Europa?

Wollen wir das Mittelmeer als eine Brücke und nicht als Grenze[9], geschweige denn als Konfliktlinie oder gar Kriegsfront betrachten, dann muss eine Voraussetzung erfüllt werden: Beide Zivilisationen müssen einen Konsens als Modus für ein friedliches Zusammenleben anstreben. Bei einem kulturübergreifenden Konsens handelt es sich um eine Übereinkunft in den Wertvorstellungen, die beide teilen und die ihren täglichen Umgang miteinander bestimmen. Ich möchte noch einmal daran erinnern: Inter-zivilisatorische Beziehungen sind nicht vorrangig Beziehungen zwischen Staaten. Allein der Hinweis auf die durch zunehmende Migration veränderte Situation kann veranschaulichen, wie falsch eine auf den Staat fixierte Sichtweise für den Experten ist.

Migranten repräsentieren Kulturen, nicht aber ihren jeweiligen Herkunftsstaat. Ein prominenter amerikanischer Islamwissenschaftler, John Kelsay, hebt die Tatsache hervor, dass

>die Geschwindigkeit der Immigration von Muslimen ... darauf hindeutet, dass wir schon bald dazu gezwungen sein könnten, nicht nur einfach vom Islam und dem Westen, sondern vom Islam *im* Westen zu sprechen. Welchen *Unterschied* wird das machen?«[10]

Der von Kelsay angesprochene Unterschied hängt mit der Art und Weise zusammen, in der gleichermaßen Muslime und Europäer in ihrem Zusammenleben mit ihren kulturellen Unterschieden umgehen. Eine an Political Correctness orientierte Verleugnung dieser Herausforderung schafft sie nicht aus der Welt, sie kehrt bestehende Unterschiede nur unter den Teppich; zudem legt sie Hindernisse in den Weg eines rationalen, auf den Frieden bezogenen Umgangs mit ihnen.

In Reden, die Politiker halten, um sich in Szene zu setzen, oder in Predigten deutscher Bischöfe zu Weihnachten in ökumenischer Gemeinschaft (vgl. dazu F. W. Graf, Alle Jahre wieder: nur billige Trivialmoral, *Frankfurter Allgemeine Zeitung* vom 29.12.1997) werden unterschiedliche Weltanschauungen der Menschen oft entweder zugedeckt oder einfach übergangen. Das ist eine armselige Art, mit brennenden Problemen umzugehen, nach dem Motto: Ihnen lieber aus dem Wege gehen, als statt sie zu bewältigen. Wir müssen über die Zensur diktatorischer Political Correctness bzw. über eine billige Trivialmoral hinausgehen und die wirklichen Fragen ansprechen, das heißt die Probleme beim Namen nennen. Nur auf diese Weise können wir uns in die Lage versetzen zu erkennen, wie dumm, ja für den Frieden gefährlich es ist, die existierenden kulturellen Differenzen zu verleugnen.

Es ist bedauerlich, feststellen zu müssen, dass die Diskussion durch Huntingtons *faultlines of conflict*/Frontlinien des Konflikts in seinem *Clash of Civilizations* eher zusätzlich belastet denn geklärt worden ist. Linke Multikulturalisten im Westen behaupten, dass der Westen auf der Suche nach einem Ersatz für die verlorengegangenen kommunistischen Feinde im Islam den benötigten Feind gefunden hätte. Nach dem Schema des linken Kampfes gegen den Anti-Kommunismus aus den alten Zeiten des Kalten Krieges rüsten diese linken Kämpfer gegen die vermeintlichen Verbreiter eines »Feindbild Islam« auf. Zudem wird kein Unterschied gemacht zwischen Islam und Islamismus. Die aufklärerischen islamischen

Kritiker des Islamismus – als Spielart des Fundamentalismus – werden selbst der Verbreitung eines »Feindbild Islam« bezichtigt. Es fällt in dieser neurotisierten Atmosphäre schwer, mit anzusehen, dass selbst meine eigene, ganz besonders auf Frieden zwischen den Zivilisationen ausgerichtete Thematisierung von Unterschieden verfemt wird. Als Fremder unter den Deutschen bin ich mit dem »Selbstmitleid deutscher Intellektueller« (Alfred Grosser), das im Multikulti-Zeitalter erstaunliche Blüten treibt, vertraut.

Ganz im Gegensatz zu den beschriebenen Irrwegen steht ein wichtiger islamisch-westlicher Dialog, der 1995 in Karachi stattfand. Dort gelang es den teilnehmenden Muslimen und Vertretern des Westens, die bestehenden Trugschlüsse einzugestehen und eine gemeinsame Überwindung anzustreben. Der Weg dorthin kann nur zum Ziel führen, wenn alle Beteiligten sich der Aufgabe verpflichten, nach neuen Formen friedlicher Koexistenz zu suchen. Diese müssen auf einer angemessenen Antwort auf die Herausforderung basieren: »Wie gehen wir mit Unterschieden um?« Im Rahmen des angeführten Dialogs gab ich der Zeitschrift *Newsline* ein Interview mit der Leitaussage, dass »der Zusammenprall der Zivilisationen nicht erfunden, aber instrumentalisiert und für andere Zwecke missbraucht wurde«.[11] Vor diesem Hintergrund möchte ich auf die schon aufgeworfene Frage nach den Unterschieden sowie der Fähigkeit, mit ihnen umzugehen, zurückkommen.

Wie bereits ausgeführt, ist das Phänomen des Islam *im* Westen relativ neu. In dieser Situation ist es notwendig, bei gleichzeitiger Anerkennung der Unterschiede bestehende Gemeinsamkeiten zwischen beiden Zivilisationen zu suchen und mit ihnen auf eine neue Art umzugehen. Oder, wie John Kelsay es treffend formuliert:

> »Vielleicht dienen diese Gemeinsamkeiten in erster Linie dazu, auf die Natur der Nichtübereinstimmung zwischen dem Westen und dem Islam hinzuweisen ... Aber es sollte kein Zweifel darüber bestehen, dass unter bestimmten Rahmenbedingungen der gemeinsame Diskurs über Ethik ... das Potenzial für ein kreatives und kooperatives Unterfangen birgt. In Anbetracht der angewachsenen Präsenz von Muslimen in Europa und Nordamerika – einer Präsenz, die für eine intensivere Interaktion zwischen beiden Traditionen als jemals zuvor steht – ist es bedeutend, dies zu erkennen« (wie Anm. 10, dort S. 5).

Die zitierte Überlegung verdeutlicht, dass Sonntagsreden über einen islamisch-westlichen Harmonievorstellungen nacheifernden »Gesangverein der Zivilisationen« ebenso schädlich sind wie Feindbilder über den Islam.

Benötigt wird eine nüchterne realpolitische Perspektive der friedlichen Koexistenz, jedoch keine Gefühlsduselei, und am allerwenigsten eine billige Trivialmoral.

Der Islam *im* Westen: Welche Möglichkeiten gibt es?

Als ein im Westen lebender Muslim, der sich aus freiem Willen dafür entschieden hat, europäischer Bürger zu werden, beanspruche ich auch unmissverständlich, zugleich politisch ein *Citoyen* zu sein und meine islamische kulturelle Identität beizubehalten. Dies tue ich nach dem Vorbild von Heinrich Heine, der seinerzeit Deutscher werden wollte, ohne aufzuhören, ein Jude zu sein, und deswegen von seinen deutschen Zeitgenossen viel gescholten wurde. Auf seine Taufe 1825 gehe ich in der Schlussbetrachtung ein. Ich denke, dass die angeführte zweifache Bestimmung mit der politischen Identität der auf Werte, nicht aber auf Volkszugehörigkeit im Sinne einer auf Blutsverwandtschaft bezogenen *Citoyenneté* vereinbar ist. Indem ich dies tue, gerate ich zwischen alle Stühle: Ich trete gleichermaßen in Konflikt mit dem inhärenten, auf Ausgrenzung gerichteten europäischen Rassismus und mit dem entgegengesetzten Trend eines multikulturellen Kornmunitarismus, der mit den Forderungen einiger Führer muslimischer Migranten in Europa einhergeht. Migranten, die Bürger werden wollen, sind gefangen zwischen euro-rassistischer Ablehnung und dem Druck, sich dem kulturellen Ghetto der Integrationsverweigerer anzuschließen. Fundamentalisten haben im Ghetto die besten Erfolgschancen.

Erfahrungsgemäß mangelt es den meisten europäischen Politikern an Empathie, d. h. ihnen fehlt das nötige Einfühlungsvermögen zum Verständnis der inter-kulturellen Probleme. Ihre Logik von Politik beschränkt sich auf Fragen wie »Wann ist die nächste Sitzung?«, »Mit welcher Mehrheit wird eine Entscheidung oder ein Gesetz getragen?« und vor allem: »Wann ist die nächste Wahl?«. Von den Problemen, geschweige denn von kontroversen Debatten zu ihrer Lösung, wollen sie oft nichts wissen. Daher können sie sich auch nicht vorstellen, dass Europa in Zukunft zu einem Pulverfass werden könnte, wenn die anstehenden brennenden Probleme nicht bewältigt werden.

Zu dem Mangel an politischen Maßnahmen kommt noch folgende spezifisch deutsche Eigenart: In meinem Leben in diesem Land erfahre ich immer wieder den von dem deutschen Philosophen Helmuth Plessner, der während der Nazizeit Zuflucht in den Niederlanden fand, kritisierten Hang der Deutschen, ohne Mittelmaß von einem Extrem ins andere zu verfallen. Wenn wir dieses schon mehrfach kritisch angeführte Verhalten auf den vorliegenden Gegenstand übertragen, erkennen wir folgendes Pendeln zwischen den Extremen: Auf der einen Seite stoßen wir auf diejenigen, die den Islam in all ihrer Fremdenfeindlichkeit dämonisieren und sich gleichzeitig selbst dabei um so mehr verherrlichen; auf der anderen Seite haben wir aber diejenigen Deutschen, die als Islam-Schwärmer einzuordnen sind. Letztere wenden sich vom europäischen Universalismus ab und bewegen sich hin zum kulturellen Relativismus, mit dem Ergebnis der Selbstverleugnung. Natürlich gibt es auch eine – leider sehr kleine – dritte Gruppe von Europäern, die kulturelle Aufgeschlossenheit mit der Verpflichtung gegenüber den aufgeklärten Werten ihrer europäischen Zivilisation verbindet. Diese Europäer mit Augenmaß scheinen in unserem Multikulti-Zeitalter in öffentlichen Debatten leider nur wenig Gewicht zu haben. Andererseits müssen wir jedoch zusehen, wie die im Namen der Aufgeschlossenheit gegenüber anderen Kulturen präsentierte Einstellung der Selbstverleugnung an Verbreitung gewinnt und in ganz Europa beobachtet werden kann. Europa ohne Identität?

Muslime wie ich, die sich Ibn Khalduns Idee der *Asabiyya* – einer Art *esprit de corps* oder, modern ausgedrückt, Zivilisationsbewusstsein – verpflichtet fühlen, glauben in dem Phänomen der moralischen Schwäche und Werte-Losigkeit ein Zeichen des Niedergangs des Westens zu erkennen. Es ist eine Fehleinschätzung der Europäer zu glauben, sie könnten sich Respekt bei den anderen durch Selbstverleugnung, ja Anbiederung verdienen – es ist genau umgekehrt, und es ist äußerst wichtig, dass Europäer dieses Problem verstehen. Besonders bedauerlich ist die wiederholt von mir erlebte, zuletzt auf dem 24. Römerberggespräch »Europa im Abseits« erfahrene Intoleranz deutscher Intellektueller, wenn man ihnen diese Fehleinschätzung vor Augen führt. Die verbal beteuerte Aufgeschlossenheit hört auf, wenn ein Fremder wie ich ein Fragezeichen hinter selbstgefällige deutsche Weltanschauungen setzt. In Sekunden verwandelt sich die Selbstverleugnung in Selbstherrlichkeit und der Kulturrelativismus in Absolutismus. Solche Erfahrungen bestärken mich in meiner Einschätzung, dass es sich bei diesen beiden Extremen lediglich um zwei Seiten derselben Medaille handelt.

Nach der erfolgten Standortbestimmung des Autors als Migrant und der Beschreibung seiner deutsch-europäischen Umwelt sowie ihrer politischen Kultur ist es nun möglich, zu den Problemen überzugehen: die Präsenz von 15 Mio. Muslimen mit Tausenden von Moscheen und islamischen Einrichtungen. Diese Präsenz rechtfertigt es, vom Vorhandensein eines eigenständigen islamischen Segments in Europa zu sprechen. Welcher »Islam« sich im Europa der Zukunft entfalten wird, ist hierbei von großer Bedeutung. Dies wird vom Ergebnis der Kooperation der involvierten Parteien oder aber der Konflikte, die sie austragen werden, abhängen. Konflikt und Kooperation schließen einander nicht aus, wenn man Konflikt als Lebensform versteht. In diesem Sinne kann Kooperation in einer friedlichen Konfliktaustragung bestehen. Den oft unterstellten »essentiellen«, also unveränderlichen Islam gibt es in der Realität nicht, denn der Islam hat viele Gesichter. Folglich gibt es auch kein konstantes, für alle Muslime gültiges islamisches Identitäts*muster,* wie islamische Fundamentalisten es wollen. Damit will ich nicht behaupten, dass es ein von allen Muslimen geteiltes Bewusstsein von ihrer Zivilisation *nicht* gibt. Ein solches Bewusstsein ist durchaus vorhanden. Anders verhält es sich jedoch mit der fundamentalistischen Erfindung einer festen islamischen Identität; dieser Anspruch wird von manchem Europäer mit der Wirklichkeit verwechselt und im Namen der »Toleranz« akzeptiert oder euro-arrogant dämonisiert. Diese beiden Extreme sind immer am Werke.

Die Realität sieht anders aus: Der historische Islam ist ein in fortwährendem Wandel begriffenes System, das von den Muslimen selbst den jeweils neuen Verhältnissen und Fragen angepasst wird, auch wenn Muslime scheinbar an der »unveränderlichen« religiösen Doktrin festhalten und von ihr nicht abweichen. In einer früheren Arbeit nannte ich dieses Problem »die kulturelle Bewältigung sozialen Wandels«.[12] Anschaulich formuliert: Auch der Islam hat seine Extreme; er kann tolerant und barmherzig, aber auch intolerant und blutig auftreten.

Die in Europa lebenden Muslime haben keine Alternative zu den dringend erforderlichen religiösen Reformen, wenn sie europäische Bürger werden wollen. Für die Zukunft des Islam in Europa sind die Europäer dazu eingeladen, bei diesem Prozess mitzureden. Denn schließlich sind die europäischen Gesellschaften betroffen, weshalb sie bei der Entfaltung eines Euro-Islam folgerichtig auch ein Recht auf Mitsprache haben. Bei den notwendigen Reformen habe ich das Ziel im Auge, den Islam mit der europäischen Demokratie kompatibel zu machen.

Beide Neigungen der Europäer, die exklusivistische, d. h. den Fremden ausgrenzende, ebenso wie die selbstverleugnende Einstellung, stellen große Hindernisse auf dem Weg eines auf der Vernunft basierenden inter-kulturellen Dialogs und dem damit verbundenen Ziel einer Friedensper-spektive dar. Dieser Dialog ist von essentieller Bedeutung, um zu bestimmen, welche Spielart des »Islam im Westen« sich im Europa der Zukunft durchsetzen wird.

Um mein Anliegen unmissverständlich klarzumachen: Ich plädiere für einen aufrichtigen interkulturellen Dialog, in dem beide Seiten ihre eigenen Positionen einnehmen, jedoch bereit sein müssen, eine gemeinsame Basis zu finden und hierbei unvermeidliche Unterschiede anzuerkennen. Meine Ablehnung der Werte-Beliebigkeit des Multikulturalismus bezieht sich auf seine inhärente Unterstützung des Aufbaus kultureller Ghettos und seine Negierung der Individualrechte ziviler Gesellschaften. Ich anerkenne den kulturellen Pluralismus, weise aber den kulturrelativistischen Multikulturalismus zurück. Ich hoffe sehr, dass meine Leser den substan-tiellen Unterschied zwischen beiden Einstellungen erkennen.

Teil der notwendigen Aufrichtigkeit ist es, die bestehenden Problem-felder der Uneinigkeit nicht zu übersehen, sondern im Gegenteil diese be-wusst anzusprechen. Hierzu gehört es, die Fähigkeit zu entwickeln, mit ihnen angemessen umzugehen. Das Ziel dieser Kombination aus Realis-mus und Humanismus ist eine Verpflichtung zu einem friedlichen Zusam-menleben, auch zu gegenseitigem Respekt und nicht zuletzt zu einem Selbstrespekt, ohne Gefühle der Überlegenheit und ohne religiösen oder andersgearteten Missionarismus. Für uns Muslime ist es zur Vertrauens-bildung unerlässlich, die islamische Ambivalenz gegenüber dem Missio-narismus aufzugeben. Eine Zurückweisung des westlichen Missionaris-mus darf nicht zu einer Duldung des islamischen Missionarismus, sprich einer Islamisierung Europas, führen. Mit diesem Statement spreche ich die Notwendigkeit an, dass wir Muslime uns einem auf der Vernunft basieren-den Diskurs verpflichten, den Dialog also nicht mit der *Da'wa*/dem Aufruf zum Islam verwechseln, wie dies einige orthodoxe Muslime und Funda-mentalisten in der muslimischen Diaspora völlig ungehemmt tun. Noch-mals deutlich: *Da'wa* ist Missionierung und kein Dialog. Deshalb dürfen sich islamische Dialogpartner nicht *Da'iya,* das ist die Person, die *Da'wa* betreibt, nennen. Im Koran heißt es eindeutig »*Lakum dinakum wa liya din*/Ihr habt eure Religion, ich habe meine« (Sure 109, Vers 6). Man kann den westlichen Missionarismus nicht zugunsten des eigenen Missionaris-mus ablehnen und gleichzeitig aufrichtig einem wahren Dialog und gegen-seitiger Toleranz verpflichtet sein.

Um es ganz unverblümt zu sagen: Muslime in Europa müssen sich von der islamischen Tradition lösen, die die *Hidjra*/Migration an die islamische *Da'wa*/Mission bindet und sie zu einem Instrument der Islamisierung macht (vgl. S. 296). Die Migration mit der Aufgabe der Verbreitung des Islam zu assoziieren[13] wäre nur ein weiterer Beitrag dazu, bei den Europäern Angst vor dem Islam zu verbreiten. Der Bau von Moscheen in europäischen Städten sollte nur begrenzt und nach dem jeweiligen Bedarf erfolgen und nicht zu einem Instrument der Zurschaustellung islamischer Präsenz mit dem Hintergedanken der Islamisierung Europas missbraucht werden. Dies aber ist bislang die Praxis orthodoxer und fundamentalistischer Muslime in Europa. Moscheen – errichtet mit saudischem Geld (z. B. in Rom, Bonn und Edinburgh) – ohne betende Muslime, also nur als Symbol islamischer Präsenz in Europa, sind sehr bedenklich. Zudem gehört nach der islamischen Lehre zu einer Moschee kein »islamisches Zentrum« oder »Kulturverein«. Erfahrungsgemäß sind solche Zentren in Deutschland politische und keine religiösen Einrichtungen – und auch nicht gerade demokratisch; ihr Ziel ist es, mittels Abschottung jede Integrationspolitik zu unterlaufen und zu verhindern.

Ist der euro-islamische Dialog ein Wunschdenken?
Lehren aus der Vergangenheit: Fruchtbare Begegnungen zwischen dem Westen und der islamischen Zivilisation

Verhandlungen zwischen Staaten sind wie Geschäfte. Weder Politiker noch Geschäftsleute haben ein Interesse an langfristigen Entwürfen für eine bessere Zukunft. Der Kulturdialog soll wie Verhandlungen zwischen Staaten oder Geschäftspartnern realistisch sein, im Gegensatz zu ihnen aber dennoch keinerlei politisch opportunen Zwängen unterliegen. Würden diese Voraussetzungen erfüllt, dann käme es nicht zu dem altbekannten Auseinanderklaffen zwischen Rhetorik und Handeln. Der inter-zivilisatorische Dialog muss integer, also genauso ehrlich wie rational geführt werden und einen Konsens über eine langfristige friedliche Zukunft anstreben. Dieses Verständnis befindet sich sowohl mit den Traditionen des mittelalterlichen islamischen Rationalismus[14] und der europäischen Aufklärung in Einklang als auch mit der zeitgenössischen, diskursiven politischen Kultur der Demokratie und Menschenrechte.

Als einstigem Direktor des Forums für den Euro-Islamischen Dialog der Europäischen Akademie der Wissenschaften und Künste ist es mir eine

Freude, hier die Ansprache des Kronprinzen von Jordanien, Hassan ibn Talal, zum Anlass der Eröffnungszeremonie dieser Institution anzuführen. Ihre Bedeutung liegt in der Tatsache, dass Prinz Hassan von der Familie des Propheten abstammt und folglich eine besondere islamische Legitimität besitzt. Prinz Hassan kritisiert jegliche Form des exklusivistischen Universalismus. Seiner Ansicht nach kann die Menschheit allein auf der Basis eines von allen geteilten Erbes gedeihen. Aus diesem Grund unterstützt Prinz Hassan – wie er sagte – einen »globalen Dialog auf den verschiedensten Ebenen«.

Bei diesem anzustrebenden Dialog müssen wir aus der Geschichte lernen. Wenn wir dies tun, können wir die folgende wichtige Einsicht Prinz Hassans teilen:

> »Muslime und Europäer kamen am schlechtesten miteinander aus, als sie sich gegenseitig zu dominieren suchten, und am besten, als sie danach trachteten, voneinander zu lernen.« (Rede-Manuskript)

Meine eigene Forschung über die Beziehungen zwischen Muslimen und dem Westen unterstützt diese tiefgründige Einsicht. Meiner Ansicht nach führte die Öffnung des islamischen Geistes in Richtung des Hellenismus und die anschließende Hellenisierung des Islam im Mittelalter zum Höhepunkt der islamischen Zivilisation. Im Gegenzug führte die europäische Aneignung des islamischen Rationalismus am Vorabend der Renaissance zu Prozessen der Rationalisierung der europäischen Zivilisation; oder, wie Leslie Lipson es formulierte:

> »Aristoteles kam durch einen Nebeneingang zurück nach Europa. Seine Rückkehr ist den Arabern zu verdanken, die griechische Denker kennengelernt hatten ... Avicenna und Averroës waren beide von ihm beeinflusst ... Aristoteles wurde von Cordoba aus eingeführt. Aristoteles war nicht nur für das, was er lehrte, bedeutsam, sondern noch mehr für seine Methoden und seinen Geist.«[15]

Muslimische Denker des mittelalterlichen Islam hatten diese Methoden und diesen Geist mit ihrem islamischen Geist und ihrer Identität vereint. Indem sie von Aristoteles lernten, waren sie in der Lage, diesem griechischen Philosophen den Status *al-Mu'alim al-awwal*/der erste Lehrer zu verleihen. Das markierte den Höhepunkt islamischer Toleranz. Der große islamische Philosoph al-Farabi musste sich – hinter Aristoteles – mit dem zweiten Rang *al-Mu'alim al-thani* begnügen.[16]

Ich glaube, dass diese Tradition nach wie vor sowohl aktuell als auch relevant für den euro-mediterranen Dialog ist. Wenn es möglich war, dass sich arabische Muslime und Europäer in der Vergangenheit auf der Grundlage eines auf *Aql*/Vernunft basierenden Geistes begegneten, so muss es genauso möglich sein, diese Tradition und ihren Geist als Bezugsrahmen für den notwendigen Dialog in unserem Zeitalter zu neuem Leben zu erwecken.

Mein Freund und geistiger Mentor bei der Anfertigung meines Hauptwerkes *Der wahre Imam. Der Islam von Mohammed bis zur Gegenwart* (vgl. Anm. 14) in Harvard, der amerikanisch-muslimische Philosoph Muhsin Mahdi, glaubt, dass al-Farabi der größte Denker islamischer politischer Philosophie war. Tatsächlich war al-Farabi ein gebürtiger Türke, aber seine kulturelle Sprache war Arabisch, und er war der islamischen Zivilisation verpflichtet und nicht seiner türkischen Ethnizität. Die auf *Aql* basierende islamische Philosophie al-Farabis ist ein beständiges Vorbild für eine Begegnung zwischen dem Islam und dem Westen im besten Sinne. Die Aktualität al-Farabis für den euro-islamischen Dialog besteht in der Erinnerung daran, dass auf der Basis der Vernunft-Orientierung und des Willens, voneinander zu lernen, der Islam und der Westen die beste Grundlage für ein friedliches Zusammenleben hätten. Die Multikulti-Werte-Beliebigkeit ist dagegen nur äußerlich ein Kulturrelativismus, im Kern aber ein Zeichen für eine islamisch-westlich zweigeteilte Welt, also eine Brutstätte für die Konfrontation zwischen den Zivilisationen.

Nochmals eine dringliche Unterscheidung: Kultureller Pluralismus ist kein Multikulturalismus

Auf der Suche nach Lösungen im konfliktbeladenen Global Village unterschiedlicher Kulturen schauen einige europäische Multikulturalisten romantisierend-exzentrisch auf die Kultur Cordobas. Dies geschieht durch eine Brille der Mystifizierung. Im vorangegangenen Kapitel habe ich gezeigt, wie Cordoba von diesen Ideologen des Multikulturalismus instrumentalisiert wird, wobei ihnen in Wirklichkeit jedes tiefgreifende Wissen über diesen Gegenstand fehlt.

In diesem Zusammenhang scheint es mir zweckmäßig, an die von Prinz Hassan von Jordanien angeregte Diskussion über den Status der Muslime in Europa anzuschließen; die Bestimmung dieses Status ist in den Rahmen der euro-mediterranen Beziehungen einzuordnen.

Prinz Hassan glaubt, »dass diese Muslime als eine Brücke zwischen den Zivilisationen fungieren können«. Ungeachtet meiner Neigung, diese Formel von ganzem Herzen zu unterstützen, muss ich – als Analytiker in Betracht ziehen, dass sie auch umgekehrt werden kann. Um mein Argument zu verdeutlichen, möchte ich auf meine Ausführungen über Terrorismus und politisches Asyl erinnern (S. 470ff.). Dort habe ich dargestellt, dass muslimische Extremisten nach Europa kommen, wo sie das Recht auf politisches Asyl genießen. Westeuropäische Staaten gehen in ihrer formalen Liberalität so weit, die strafrechtliche Verfolgung von Terroristen, z. B. der algerischen GIA oder der ägyptischen *Djama'a,* als politische Verfolgung einzustufen und den betroffenen Tätern Asyl zu gewähren. Es gibt im Mittelmeerraum kaum eine fundamentalistische Organisation von Belang, die nicht durch eine Einrichtung in London oder einer anderen europäischen Hauptstadt präsent ist. Wir müssen der Tatsache ins Gesicht sehen, dass islamistische Bewegungen das Ziel verfolgen, die muslimische Diaspora in Europa zu missbrauchen, um ihre Logistik aufzubauen. Entschieden errichten sie Hindernisse auf dem Weg der Integration muslimischer Migranten. Die Integration kann nicht in ihrem Interesse sein, da integrierte Muslime keine Terroristen unterstützen würden. Islamische Extremisten tendieren dazu, in Europa lebende islamische Migranten als Instrument ihrer eigenen politischen Aktivitäten in der Welt des Islam selbst zu missbrauchen; sie wollen wie ein Fisch im Wasser der islamischen Diaspora schwimmen.

Bei der Diskussion über den Islam in Europa geht es darum, den institutionellen Status der Muslime in Europa zu bestimmen. Am Beispiel der türkischen Muslime in Deutschland habe ich in meinem Türkei-Buch (Anm. 19) zwei Szenarien hierfür entwickelt: Muslimische Migranten können europäische Bürger und Euro-Muslime werden, oder aber sie ziehen es vor, in kommunitaristischen Ghettos außerhalb der europäischen Zivilgesellschaft zu leben.[17] Im letzteren Fall dürfen europäische Politiker sich nicht darüber wundern, wenn Europa zum Spiegel – oder extrem formuliert zum Schlachtfeld – aller ethnisch-religiösen und politischen Konflikte der Welt des Islam wird. Diese können auch die Form von Gewalt annehmen. Als ein Stichwort nenne ich nur das terroristische Ibn-Laden-Netz in Westeuropa.

Als ein in Europa lebender Muslim, der sich gern und mit aller Selbstverständlichkeit als »europäischer Muslim« (Euro-Muslim) bezeichnen würde, wenn dem nicht die Ausgrenzung von Fremden seitens der Europäer entgegenstände, möchte ich nicht einer peripheren, ethnisch bestimmten Randgruppe angehören. Viele muslimische Migranten würden es vorziehen, ein mit den Rechten und Pflichten ausgestattetes Mitglied des europäischen Gemeinwesens als *Citoyen* zu werden. Ich sehe in meinem Fall keinen Widerspruch darin, Europäer und gleichzeitig Muslim zu sein. Im Gegensatz zu einer solchen Einstellung verfemen muslimische Fundamentalisten die Integration als eine subtile Form der »getarnten Christianisierung«[18], während bestimmte Europäer sich damit schwertun, Migranten als dazugehörige europäische Muslime zu akzeptieren. Für einen Entwurf des inneren Friedens in Europa ist es zentral, Rahmenbedingungen zu schaffen, die es den Migranten ermöglichen, als Brücke zwischen den Zivilisationen zu fungieren. Entweder hat man integrierte Muslime oder Ghetto-Fundamentalisten, die die Konfrontation bzw. Abgrenzung suchen, in deren Rahmen sie ihr unlauteres Geschäft betreiben können. Eine Zwischenlösung gibt es nicht. An dieser Stelle möchte ich erneut die Autorität Prinz Hassans anführen und aus der Perspektive eines aufgeschlossenen Islam argumentieren:

> »Muslime respektieren die Regeln ihrer Gastgeberstaaten und deren geltende Gesetze, da es die Prinzipien des Islam von einer muslimischen Minderheit verlangen, einem Staat zu gehorchen, in dem sie ansässig ist, genauso wie ein muslimischer Staat von Nicht-Muslimen erwartet, dass sie seine Gesetze respektieren und sich diesen fügen. Die Muslime Europas fragen daher nicht nach Sonderrechten und verlangen nicht, was anderen verweigert würde. Sie bitten lediglich darum, dass ihre Religion im europäischen Kontext anerkannt wird.« (Rede-Manuskript)

Offen gesagt: Prinz Hassan kennt die Islam-Diaspora nicht, daher verwendet er die Sprachform »respektieren« und »fragen nicht nach Sonderrechten«. Korrigierend ist hinzuzufügen: »Muslime sollten respektieren … und nicht nach Sonderrechten fragen«; sie tun es nicht von alleine, Europäer müssen dies von ihnen verlangen. Erst dann können in Europa lebende Muslime sich diesem Verständnis ihrer Position in europäischen Gesellschaften verpflichtet fühlen und in den Worten Prinz Hassans »sich sowohl als Muslime wie als Europäer betrachten und keinen grundsätzlichen Widerspruch zwischen diesen beiden Identitäten sehen«. (ebd.)

Meiner Ansicht nach wird es gleichermaßen von den Europäern wie von den in Europa lebenden Muslimen abhängen, ob eine aufgeklärte Bestimmung des Euro-Islam durch eine substantielle, d.h. nicht allein auf die formalrechtliche Gewährung der Staatsangehörigkeit beschränkte, Integrationspolitik gefördert wird. Nur ein an einer Versöhnung mit europäischen Verfassungen orientierter Euro-Islam kann jene zu Europäern machen. Gibt es für einen solchen Euro-Islam[19] eine reelle Chance in diesem Europa? Wenn diese Frage im Übergang zum 21. Jahrhundert nicht positiv zu beantworten ist, dann muss man sich der Tatsache bewusst sein, dass damit eine Quelle für ein ungeheures, möglicherweise auch Gewalt bergendes Konfliktpotenzial geschaffen wird. Diese Gewalt ist besonders beängstigend, wenn sie religiös begründet wird. Der Bosnien-Krieg gilt als eine Vorwarnung.

Es muss inzwischen klargeworden sein, dass die hier angeführte aufgeklärte muslimische Position eines Euro-Islam nicht mit einem multikulturellen Kommunitarismus zu verwechseln ist. Im Gegensatz zur Multikulti-Ideologie, die unterschiedliche Gesetze und eine unterschiedliche Behandlung für Menschen aus anderen kulturellen Gemeinschaften zulässt, orientiert sich meine Interpretation eines Euro-Islam an demokratischen säkularen europäischen Verfassungen und der ihnen zugrundeliegenden Trennung zwischen Religion und Politik.

Aus den bisherigen Ausführungen dürfte deutlich geworden sein, dass ein interkultureller Diskurs nicht zu verwechseln ist mit einer multikulturellen Denkweise. Der Unterschied zwischen diesen beiden Mustern wird bestimmt durch die Akzeptanz oder Zurückweisung einer zivilgesellschaftlichen, für alle verbindlichen Leitkultur. Als ein *policy*-orientierter Sozialwissenschaftler unterscheide ich unmissverständlich zwischen realisierbaren politischen Empfehlungen und ideologischen Vorlieben. Ich betrachte den Multikulturalismus als eine Ideologie von unverbesserlichen Romantikern.

Politikberatung für ein kulturell vielfältiges, aber friedfertiges globales Dorf

Bei der Entwicklung von politischen Konzepten für Handlungsstrategien ist es äußerst wichtig, die Unterschiede zwischen den zwei hier relevanten Schienen interkultureller Interaktion in einer zunehmend zu einem globalen Dorf schrumpfenden globalisierten Welt zu erkennen:

• die Interaktion zwischen europäischen Staaten und islamischen Staaten des Mittelmeerraumes, d. h. die *Ebene des Staates;*

- die interkulturelle Interaktion zwischen der ursprünglichen europäischen Bevölkerung und Migranten aus der Welt des Islam, vor allem aus dem Mittelmeerraum, innerhalb dieser europäischen Gesellschaften, d. h. *die gesellschaftliche Ebene.*

Toleranz und Diskurs müssen in Anbetracht der oben genannten Ebenen der Interaktion unterschiedlich bestimmt werden. Toleranz ist eine normative Orientierung für die Praxis einer politischen Kultur und keine abstrakte Idee. Eine nähere Diskussion hierüber werde ich in Kapitel 6 führen. Hier will ich vorab fragen: Wie lässt sich die Praxis der Toleranz gestalten? Vor der Beantwortung dieser Frage müssen Politiker folgende Erkenntnis beherzigen: Wie die islamische Zivilisation ihre eigene Identität besitzt, so ist Europa mit seinem unterschiedlichen Identitätsmuster Teil der westlichen Zivilisation.

Es macht keinen Sinn, im Stile der modischen Political Correctness zu behaupten, es gäbe ausschließlich kulturelle und politische Gemeinsamkeiten und keine Unterschiede. Weder entspricht dieses Verständnis den bestehenden Realitäten, noch ist es hilfreich für die Bewältigung der Konflikte im Sinne des innereuropäischen Friedens.

Zur Veranschaulichung zwei konträre Erfahrungen: Bei einer Begegnung anlässlich des islamisch-westlichen Dialogs in Karachi bestand einhellige Übereinstimmung darüber, dass sich ein »Zusammenprall« zwischen Islam und dem Westen am ehesten abwenden ließe, wenn man die Fähigkeit entwickeln würde, mit Unterschieden umzugehen. Im Gegensatz zu dieser offenen Debatte haben der niederländische Vize-Ministerpräsident und der niederländische Parlamentssprecher beim euromediterranen Dialog in Den Haag (März 1997) sogar die Existenz der ursprünglichen Bevölkerung ihres Landes verleugnet. Die Niederlande seien ein Land von Minderheiten und Zuwanderern, argumentierten die Politiker[20] und glaubten, damit die Unterschiede zwischen Europa und dem südlichen Mittelmeerraum durch schönfärberische Wortakrobatik aus der Welt schaffen zu können.

Unter Berücksichtigung der beiden angeführten Vorgehensweisen, des Karachi-Dialogs und des niederländischen Selbstverleugnungsstils, unterscheiden sich die folgenden zwei Empfehlungen an die Politik, zugeschnitten auf die beiden angesprochenen Ebenen der Interaktion:

- *Auf der Ebene des Staates,* d. h. der Außenpolitik, müssen Europäer ein Bewusstsein für das bevorstehende Ende der Hegemonie des Westens über den Rest der Welt entwickeln. Im ersten Kapitel habe ich dieses Problem als den fortschreitenden Prozess der Entwestlichung der Welt bezeichnet. Es muss ein Konsens auf einem kulturübergreifenden Fundament gefunden werden, um den Weltfrieden unter den Zivilisationen auf einer neuen Grundlage zu errichten. Ich nenne diesen Konsens »Internationale Moralität«. Der Dialog ist in diesem Fall das beste Instrument für Konfliktlösungen und die Etablierung von Frieden.
- *Auf gesellschaftlicher Ebene,* d. h. der europäischen Binnenpolitik, sieht es anders aus. Während die Entwestlichung der Welt ein Prozess der Rückkehr zur Normalität auf globalem Niveau ist, müssen auf der innenpolitischen Ebene der europäischen Gesellschaften andere Maßstäbe gelten. Die Frage, die sich hierbei stellt, lautet, ob die Europäer sich allen Ernstes bereit erklären, die Entwestlichung ihres Kontinents, d. h. auch ihrer eigenen Gesellschaften, langfristig gelten zu lassen und somit die kulturelle Identität ihres Kontinents aufzugeben, also auch ihre *Asabiyya/esprit de corps* (Ibn Khaldun) zu verlieren. Multikulturalismus und Kommunitarismus implizieren die Schaffung kultureller Ghettos, in denen Muslime und andere nicht-europäische Migranten für immer als Fremde in ihrer Diaspora verweilen würden und darüber hinaus im Widerspruch zu Europa mit seinen Normen und Werten stünden, d. h. nach eigenen Anschauungen in Enklaven leben würden. Je größer diese Ghettos werden – dies wäre die Folge eines solchen Szenarios –, desto weniger europäisch wird Europa bleiben. Anders verhielte es sich aber, wenn die Migranten Europäer und zwar nicht nur im formaljuristischen Sinne – würden.

Die Entscheidung darüber, mit welchen politischen Konzepten auf die anstehenden Fragen zu antworten sei, kann kein harmonischer Prozess sein, weil es sich hier um unterschiedliche Interessen sowie um grundsätzliche Konflikte im Bereich der Normen und Werte und der mit ihnen verbundenen Weltanschauungen handelt. Der Konflikt dreht sich um die bereits gestellte Frage, ob muslimische Migranten europäische Bürger werden wollen und dürfen. Beide Parteien haben hierbei eine Bringschuld zu leisten.

Um Missverständnissen vorzubeugen: Staatsbürgerschaft besteht nicht einfach aus einem Reisepass, sondern manifestiert sich vielmehr in der

Zugehörigkeit zu einem Gemeinwesen im Sinne von *Citizenship/Citoyenneté*. In diesem Dilemma folge ich Prinz Hassan und schließe mich seiner Ansicht an, dass aufgeklärte Muslime in Europa als Bürger behandelt werden wollen und nicht als eine aus Fremden bestehende Minderheit. Dies impliziert eindeutig »ein Rechtssystem für alle« und keine *Scharia* für die islamischen Minderheiten, nicht einmal auf dem Gebiet des Familienrechts. Das Kapitel über die Muslime Indiens, die in einer säkularen Gesellschaft nach der *Scharia* leben (vgl. Kapitel 8), soll eine Warnung an Europa sein. Das Problem ist also nicht die Gewährung von Reisepässen oder gar Minderheitenprivilegien, sondern vielmehr die individuelle Integration und die Akzeptanz einer für alle gültigen Leitkultur und ihrer säkularen Gesetzgebung. Es geht darum, dass Europäer, besonders aber die Deutschen, lernen, den Begriff des Bürgers von seinem ethnischen Gehalt zu lösen, so dass Migranten wie Einheimische akzeptiert werden können. Aber auch die Muslime haben in Europa den Unterschied zwischen der Zugehörigkeit zu einer *Umma* und der zu einem demokratischen Gemeinwesen zu lernen.

Wir müssen in der Lage sein, aus der Erfahrung anderer Länder zu lernen. In dieser Hinsicht stellt das bereits en passant gestreifte indische Beispiel mit seiner bemerkenswerten islamischen Minorität von 130 Millionen Menschen ein gutes Beispiel dar. Hierüber habe ich eine Studie angefertigt, die im Rahmen des Projekts der Universität Leiden über die islamische Präsenz in Westeuropa entstanden ist. Ich werde die Ergebnisse dieser Studie im dritten Teil über den Islam in Europa vortragen, Vergleiche vornehmen und daraus Lehren für Europa ziehen. Ich möchte mich deshalb hier damit begnügen, einige Ergebnisse über Europa als Teil des »globalen Dorfes« zusammenzufassen:

- Als ein Muslim und ein in Europa lebender Migrant und folglich im vollen Bewusstsein des wachsenden Ausländerhasses und des widerwärtigen Rechtsradikalismus habe ich große Bedenken gegen die Gewährung jedweder Art von Minderheitenrechten im Sinne von Kollektivrechten an kulturell und religiös definierte Gruppen, weil sich dies kontraproduktiv auswirken würde. Es würde zu ähnlichen Ergebnissen führen, wie sie am Beispiel Indiens in Kapitel 8 gezeigt werden. Darüber hinaus würden diese Maßnahmen nicht nur dazu beitragen, die politische Integration dieser Gruppen zu erschweren, sondern auch den Rechtsradikalismus auf beiden Seiten indirekt fördern.

- Genauso wie ich zwischen Multikulturalismus und Kulturpluralismus unterscheide, ziehe ich eine klare Grenze zwischen politischer Integration und Assimilation. Ich empfehle die politische Integration muslimischer Migranten im Sinne der Gewährung von Bürgerrechten und -pflichten wie die Forderung nach ihrer Loyalität gegenüber dem jeweiligen Gemeinwesen, in dessen Grenzen sich die Migranten begeben haben. Das bedeutet konkret, die Akzeptanz aller europäischen Gesetze und vor allem der säkularen Verfassungen, die die Religion von der Politik trennen, von den Migranten zu verlangen. Diese Loyalität setzt jedoch zuvor eine Reform des islamischen Konzeptes von der Legitimität des Imam voraus. Es besteht ein Bedarf an religiöskulturellen Reformen, die es einem muslimischen Migranten ermöglichen, unter der Regierung eines nicht-muslimischen Imam/Herrscher zu leben, ohne mit geglaubten Normen und Geboten in Konflikt zu geraten.

- Anders als politische Integration umschreibt Assimilation die Neigung der Einheimischen, den Migranten ihre kulturelle Identität zu verwehren. In Deutschland heißt dies – polemisch gewendet – *Germanisierung,* was faktisch ein Gemeinwesen bedeutet, in dem die Akzeptanz des Kulturpluralismus nicht möglich ist. In Deutschland argumentiere ich immer wieder am Beispiel meines persönlichen Falles, dass ein arabo-muslimischer Migrant eine dreifache Identität besitzen kann: Religiös-kulturell bin ich ein Muslim, ethnisch ein Damaszener Araber und politisch ein deutscher Staatsbürger. Ich glaube, dass eine Kombination dieser Identitäten im Rahmen des Kulturpluralismus und der politischen Integration realisierbar und damit vom konkreten Beispiel ablösbar ist. Der Redlichkeit halber muss ich einräumen, dass im Moment eine solche multiple Identität weder von den Deutschen noch von den organisierten Muslimen akzeptiert wird. Es bleibt mir als Friedensstifter, vor den gewaltsamen Folgen zu warnen, wenn diese Friedensstrategie nicht beherzigt werden sollte.

Schlussfolgerungen

Seit langem staune ich bei meinen Beobachtungen stets über die unheilige Allianz zwischen den rechtsradikalen muslimischen Fundamentalisten und den – ironischerweise linken – europäischen Kulturrelativisten. In meiner eigenen Forschung kam ich zu dem Ergebnis, dass in der Diaspora kultivierte exklusive ethnische Identitäten zu einer Art des Neo-Absolutismus und den mit ihm verbundenen sozialen Konflikten führen. Als einer der Experten des Fundamentalismus-Projektes der Amerikanischen Akademie der Wissenschaft und Künste teile ich die Deutung des Fundamentalismus als einer modernen Spielart des Neo-Absolutismus.[21] Pluralismus hingegen verweist auf das Konzept, wonach Menschen unterschiedliche Weltanschauungen repräsentieren, sich aber zur gleichen Zeit gemeinsamen Regeln und, vor allem, der gegenseitigen Toleranz und dem gegenseitigen Respekt als Elementen einer Leitkultur verpflichtet fühlen. Toleranz darf niemals bedeuten, dass nur eine Partei das Recht besitzt, auf Kosten der anderen ihre Vorstellungen durchzusetzen. So können Türken nicht Europa mit Moscheen übersäen und zugleich den Christen in ihrem Land den Kirchenbau und bestehenden Kirchen das Glockenläuten verbieten.

Nach meinem Dafürhalten steht jeder multikulturalistische Kommunitarismus im Widerspruch zum Kulturpluralismus. Die Einbahnstraße der Toleranz europäischer Kulturrelativisten prädestiniert sie zu Verlierern und unbeabsichtigt zu Handlangern der Neo-Absolutisten.

Auch möchte ich abschließend die Rolle der muslimischen Staaten im Süden und Osten des Mittelmeeres bei der Forderung nach multikulturellen Minderheitenprivilegien an muslimische Migranten in Europa nicht verschweigen. Das ist in doppelter Hinsicht ein Problem:

- Auf der einen Seite könnten solche Regelungen auf der Ebene des Staates die Einmischung islamo-mediterraner Regierungen in die Angelegenheiten der in Europa lebenden Migranten ermöglichen; im Falle der Türkei, Marokkos und Tunesiens ist dies schon eingetreten. Der Sonderfall Saudi-Arabien ist nicht zu übersehen. Saudis unterstützen islamische Fundamentalisten in Europa in der Illusion, sie auf diese Weise aus ihrem Wirkungsbereich fernhalten zu können.
- Sie könnten aber auch in das Gegenteil umschlagen: Minoritäten in Europa könnten als das Ghetto missbraucht werden, aus dem die im Exil agierenden Repräsentanten des politischen Islam im Bemühen um den Sturz bestehender Regierungen in der Welt des Islam operieren. Auch dies ist bereits ein Faktum (vgl. S. 470ff.).

Regierungen im Nahen Osten sind sich der Tatsache bewusst, dass das zweite Szenario bereits eine europäische Realität ist. Nur die Europäer scheinen es noch nicht bemerkt zu haben.

Die aktuellen Terroranschläge von Mitgliedern des Ibn-Laden-Netzes auf die US-Botschaften in Kenia und Tansania sowie die darauffolgenden Vergeltungsschläge in Sudan und Afghanistan haben die Existenz islamischer Bewegungen öffentlich bekannt gemacht, die über eine Logistik in Westeuropa verfügen. Werden die Politiker daraus die erforderlichen Schlussfolgerungen ziehen? Und wird das politische Folgen haben?

Wenn wir der Ansicht Prinz Hassans zustimmen, dass »Muslime in der europäischen Diaspora als eine Brücke zwischen den Zivilisationen fungieren können«, dann sind europäische Regierungen aufgefordert, dem Missbrauch Europas als Zuflucht für islamische Fundamentalisten Einhalt zu gebieten. Auf dem achten islamischen Gipfel der Organization of the Islamic Conference (OIC) in Teheran im Dezember 1997 haben 55 islamische Staatschefs den Terrorismus verurteilt und die europäischen Regierungen aufgefordert, den Terroristen kein Asyl zu gewähren.

In einem »globalen Dorf« ist Toleranz im Allgemeinen und kulturelle Toleranz im Besonderen unverzichtbar. Toleranz kann jedoch nur als Teil einer politischen Kultur der Zivilität funktionieren, in der die verschiedenen Teilhaber daran Gegenseitigkeit anerkennen und akzeptieren. Toleranz ist keine Frage »politischer Annehmlichkeit«, die von islamischen Fundamentalisten im Exil, und zudem nur einseitig, in Anspruch genommen werden kann.

Säkulare Demokratie ist der essentielle Bestandteil einer für das »globale Dorf« notwendigen Zivilität. Eine Demokratie, die ihre Werte nicht verteidigt, ist eine »Demokratie wider sich selbst«[22] und in der Folge selbstzerstörerisch; sie wäre kein Beitrag zu einem friedlichen »globalen Dorf«.

Zusammenfassend kann gesagt werden: Die Minimalanforderung an eine pluri-kulturelle, nicht mit einer multikulturellen gleichzusetzende Plattform ist die unmissverständliche Akzeptanz säkularer Demokratie, individueller Menschenrechte für Männer und Frauen, säkularer Toleranz und des Pluralismus.

Nach diesem Verständnis lauten die alternativen Formeln: Euro-Islam oder Ghetto-Islam, d.h. fundamentalistischer Islam. Die Entscheidung hierüber wird die Zukunft Europas im Übergang zum 21. Jahrhundert bestimmen: entweder ein offenes Europa, dessen Identität durch die Aufklärung begründet ist, in einem globalen Dorf oder ein Multikulti-Wohnkontinent als Spiegel aller Konflikte der Welt en miniature.

Womit wir am Ende dieses ersten Teils wieder bei den einleitend skizzierten Optionen angelangt sind: Europa ohne Identität? Oder aber ein Europa der Demokratie, Menschenrechte und Säkularität, natürlich bei gleichzeitiger kultureller Vielfalt.

ZWEITER TEIL

Ein weltoffenes, aber selbstbewusstes Europa der Aufklärung als Alternative zu Europa als einem Wertebeliebigen Multikulti-Wohngebiet?

»In unserer geistigen Umwelt streiten im Wesentlichen drei Optionen um Geltung: der religiöse Fundamentalismus, der Relativismus und schließlich ein Aufklärungs-Rationalismus … Es versteht sich von selbst, dass die religiösen Fundamentalisten sich in einem Konflikt mit den Relativisten befinden. Denn Fundamentalisten beanspruchen für ihren Glauben, die einzige Offenbarung zu sein, während Relativisten jede Anschauung auf bloß eines unter vielen, zudem gleichwertigen ›Bedeutungssystemen‹ reduzieren. In der Realität kommt diese Konfrontation nicht augenscheinlich zum Ausdruck. Denn die Fundamentalisten erkennen und verachten zugleich die Unverbindlichkeit und den Relativismus im Allgemeinen, von denen die westlichen Gesellschaften derart durchdrungen sind. Doch interessieren sie sich wenig für die philosophischen Grundprinzipien des Relativismus (und versuchen ihn für ihre Zwecke zu instrumentalisieren; B.T.). Die Relativisten wiederum richten ihre Angriffe allein gegen diejenigen, die sie als ›Positivisten‹ , das heißt als Nicht-Relativisten verfemen, beschränken ihre Attacken jedoch auf ihre Gegner innerhalb ihrer eigenen aufgeklärten Tradition. Die Unstimmigkeiten, die sie logischerweise vom religiösen Fundamentalismus trennen, spielen sie herunter. Ihre Einstellung lässt grob gesagt zu, dass Absolutismus zu tolerieren sei, solange dieser kulturell nur ausreichend fremd daherkäme.«

Ernest Gellner, *Postmodernism, Reason and Religion,* London 1992, S. 84f.

Einführung

Konstruktive Kritik geht über die bloß »negative Dialektik« hinaus und sucht »Positives« zu erhalten. In diesem Sinne habe ich dieses Buch als Migrant und Nicht-Europäer, der als arabischer Muslim unter Berufung auf das Vorbild des großen deutsch-jüdischen Dichters Heinrich Heine um Anerkennung als Bürger im Sinne von *Citoyen* kämpft, mit Kritik begonnen. Im zweiten Teil will ich das »Positive« an Europa feststellen und zu erhalten suchen.

Der israelische Deutschland-Kenner und größte Politikwissenschaftler seines Landes, Shlomo Avineri, beklagte mir gegenüber, dass Heinrich Heine im 19. Jahrhundert wegen seines Jüdischseins nicht zur deutschen Literatur gerechnet wurde; meine Islam-Bücher gehören heute in Fortsetzung dieser beschämenden Tradition nicht zur »deutschen Islamwissenschaft«. Aufgrund dieser Erfahrungen habe ich Europa sowie die Euro-

243

Arroganz – bzw. ihre Steigerung zum Rassismus – ungeschminkt kritisiert. Ich habe dies allerdings getan, ohne mich dem in bestimmten Kreisen üblichen inflationären Gebrauch der zu Schlagwörtern verkommenen Begriffe »Rechtsradikalismus«, »Rassismus« und »Fremdenfeindlichkeit« anzuschließen, obwohl ich zu den Opfern der damit bezeichneten Phänomene gehöre. Um es klarzustellen: Ich räume das Vorhandensein all dieser auch für mich beängstigenden Strömungen nicht nur ein, sondern warne davor. Aber als Analytiker will ich diese Situation nicht wehleidig beklagen oder gar meine Lage als potentielles Opfer kultivieren. Um diese Position verständlich zu machen, werde ich sie in einen großen Zusammenhang einordnen.

Bei dem auf Initiative von Lord George Weidenfeld zustande gekommenen Trialog zwischen führenden Juden, Muslimen und Christen in Cordoba vom Februar 1998 hat der bekannte palästinensische Wissenschaftler B. Sabella aus Bethlehem die anwesenden jüdischen Dialogpartner darum gebeten, dass beide, Juden und Palästinenser, aufhören mögen, sich als *victims*/Opfer selbst zu bemitleiden; an die Stelle einer Viktimologie sollte das Bemühen treten, den zwischen ihnen bestehenden Konflikt rational zu lösen. Für uns in Europa lebende Ausländer erscheint eine solche Einstellung als vorbildlich. Es hilft wenig, mich über meine alltägliche Diskriminierung an der deutschen Universität oder auch darüber zu beklagen, dass deutsche Islamkundler mir als einem Muslim aus einer der ältesten muslimischen Gelehrten-Familien von Damaskus mein Fachwissen und meine Kompetenz über den Islam in altdeutscher Tradition der Ausgrenzung der Fremden absprechen. Polemische Gefühlsausbrüche wie »Muss man ein Arier sein, um den Islam besser verstehen zu können?« mögen zwar helfen, dem aufgestauten Ärger Luft zu machen, bieten aber keine Lösungen für die anstehenden Probleme.

In dem erläuterten Sinne hoffe ich, dass meine Klagen über Europa im vorangegangenen ersten Teil bei den Lesern nicht den Anschein von notorischer »Viktimologie« erwecken, obwohl es für einen diskriminierten Menschen nicht immer einfach ist, ruhige Nerven zu behalten. Ich versuche trotz allem, mir meinen in Jerusalem lehrenden jüdischen Freund Shlomo Avineri zum Vorbild zu nehmen. Dieser große Gelehrte ist heute auch in Deutschland ein sehr geschätzter Wissenschaftler. Auf meine Berichte hin antwortete er: »Wenn ich in Deutschland bin, rede ich nicht über die deutsche Vergangenheit und erhebe keine Anklagen, weil dies das Gespräch nicht fördert.« Damit meint Avineri nicht »Schweigen« über die Vergangenheit; was er damit ausdrücken will, ist, dass »Klagen« nicht mit Vergangenheitsbewältigung gleichzusetzen ist.

Bei dem Bemühen um eine Bewältigung der Vergangenheit Europas (Kolonialismus, Antisemitismus, Faschismus) gilt es, nicht nur das Geschehene zu beklagen, sondern auch das Positive an Europa zu sehen und zu verteidigen. Wie Avineri habe ich die politische Philosophie der europäischen Aufklärung studiert und weiß die europäische Tradition des Humanismus nicht nur zu schätzen, sondern auch sie gegen ihre Feinde in Schutz zu nehmen (vgl. Widmung S. 2). Als ich mit Avineri – unmittelbar nach dem Cordoba-Trialog – Gast der Jewish Community in den USA war und mit ihm im Februar 1998 einen Vorlesungszyklus an der Universität von Denver/Colorado hielt, waren westlich orientierte amerikanische Juden über die Geistesverwandtschaft zwischen Shlomo Avineri und mir mehr als erstaunt (hierüber der Bericht in *Denver Post* vom 11. Februar 1998, S. 9B, und in *Intermountain Jewish News,* Denver/Col. vom 20. Februar 1998). Der Geist kritischer Distanz und Verbundenheit gegenüber Europa, den ich mit Shlomo Avineri teile, steht auch hinter den folgenden Kapiteln dieses zweiten Teils.

Nachdem ich Europa im ersten Teil kritisiert habe, will ich in diesem Teil dazu übergehen, die europäische Identität der Aufklärung gegen die Geltungsansprüche der vormodernen Kulturen der Migranten in Westeuropa zu verteidigen. Ich tue dies jedoch nicht im Fahrwasser derjenigen Europäer, die gleichermaßen gegen Migration und die Migranten sind. Für sie ist Europa ein ethnisch-exklusiver Kontinent, der von den Werten der Aufklärung unberührt geblieben ist. Ich wiederhole es: Als Migrant bin ich für die Migration ebenso, wie ich als Anhänger der Philosophie der Aufklärung auch für ihre Werte und gegen den wertelosen Postmodernismus eintrete. Mein philosophischer Lehrer Jürgen Habermas hat in seinem Buch *Der philosophische Diskurs der Moderne* (1985) mit Recht den Verdacht geäußert:

»Die Theoretiker der Postmoderne … reklamieren das Ende der Aufklärung … wir können nicht von vorneherein ausschließen, dass (sie) im Namen eines Abschieds von der Moderne erneut den Aufstand gegen sie proben« (ebd., S. 12f.).

In den folgenden Kapiteln werde ich zeigen, wie sich viele Postmodernisten von den Gegnern der Moderne – z. B. Fundamentalisten – als Handlanger instrumentalisieren lassen; ihre Kritik an der kulturellen Moderne ähnelt ihrer Kritik an der Aufklärung, zu der sie noch missbräuchlich Adornos und Horkheimers *Dialektik der Aufklärung* heranziehen. Ohne dieses große Werk verstanden zu haben, behaupten sie, »die Aufklärung führt zum Faschismus«. Das ist nicht nur falsch, sondern darüber hinaus eine Kombination von Dummheit, die man allenfalls entschuldigen könnte, und unentschuldbarer Ignoranz. Gegen diese Postmodernisten – ebenso wie gegen die Ansprüche der Neo-Absolutisten vormoderner Kulturen – will ich in den folgenden Kapiteln für das Europa der Aufklärung eintreten.

Selbst ein arabischer Muslim und aus einer vormodernen Kultur kommend, will ich aber alles andere als diese vormodernen Kulturen verteufeln. Dies widerstrebt mir auf allen Ebenen. Im Islam-Heft des *Spiegel-Special* (1/1998) habe ich in meinem dort enthaltenen Essay vor solchen Verteufelungen gewarnt und als Alternative dazu Integration sowie Reformbemühungen empfohlen. Am Beispiel des Islam strebe ich eine Interpretation vormoderner Kulturen an, die ich in diesem Falle *Euro-Islam* nenne. Meine Konzepte hierzu werde ich im dritten Teil dieses Buches präsentieren.

Es mag manchem Europäer ohne Zivilisationsbewusstsein und ohne eigene kulturelle Identität missfallen, dass ich als Muslim, Araber und Migrant Europa gleichermaßen gegen europäische Selbsthasser und manche anti-westlichen Migranten verteidige. Die geistige Waffe meines Einsatzes bleibt die Umsetzung der Ideen der europäischen Aufklärung – z.B. die Anerkennung des Menschen als *Citoyen* ohne Rücksicht auf seine/ihre ethnische Herkunft und Religion. Das ist ein Teil meines Kampfes um Anerkennung gegen europäische Rassisten und euro-ethnische Nationalisten, die uns Nicht-Europäer ausgrenzen, eben weil wir weder ihre Religion teilen noch eine entsprechende ethnische – sprich blutmäßige – Abstammung vorweisen können. Der Kampf um Integration und Anerkennung erfolgt somit an zwei Fronten: gegen die Ausgrenzung von Seiten mancher Europäer und zugleich gegen die Bestrebung der Abschottung unter den Migranten selbst.

Trotz dieser ausbalancierten Einstellung bringen die Kritik an den Einwandererkulturen und auch der Einsatz für eine regulierte, d.h. den Möglichkeiten angepasste, begrenzte Migration sogar einen Fremden in den

Verruf, sich wie ein »Westjude gegenüber Ostjuden« zu verhalten, wie es mir bereits widerfahren ist: Ein Bibliothekar aus Wolfenbüttel, der sich mit einem Ehrenprofessor-Titel schmückt, hat meine Verteidigung der europäischen Moderne gegen vormoderne Kulturen nicht-europäischer Migranten und meine Bedenken gegen unregulierte Zuwanderung als eine Gefahr für uns integrierte Ausländer durch Verfemung in Verruf gebracht. Dieser »Kritiker« setzte meine Differenzierung zwischen »integrierter Ausländer/illegaler Zuwanderer« gleich mit der Spannung »Westjuden/Ostjuden« im 19. Jahrhundert (Leserbrief von Friedrich Niewöhner in der *FAZ* vom 29.12.1992 zu meinem Text »Zum Schaden integrierter Ausländer« vom 18.12.1992). Eine solche Verzerrung gipfelt in dem unglaublichen Satz: »Tibi nährt den Fremdenhass« *(FAZ,* ebd.), weil ich »Ausländer in zwei Gruppen zu dividieren« (ebd.) versuchte. Diese Verfemung erfolgt ausgerechnet gegen einen semitischen Araber namens »Bassam Ibn Muhammad-Taisir Banu al-Tibi aus Dimaschq/Damaskus« (mein voller arabischer Name). Solche Grotesken lassen einen nicht gefühllos und sitzen tief in der Erinnerung. Wir Orientalen vergessen nicht so schnell.

Sechs Jahre nach dem zitierten *FAZ*-Leserbrief vernahm ich den Bericht meines ostjüdisch-israelischen Freundes und Überlebenden des Warschauer Ghettos Shlomo Avineri über ein Gespräch zwischen ihm und dem großen westjüdischen Kabbala-Forschers Gerschom Scholem, der zu seinen Lebzeiten – ebenso wie Shlomo Avineri – an der Hebräischen Universität in Jerusalem gelehrt hat. Scholem hat – laut Avineri – seine Beschämung und moralische Empörung gegen die Westjuden zum Ausdruck gebracht, die sich durch die Flucht der Ostjuden nach Westeuropa bedroht fühlten. Dieser Bericht rief mir die zitierte Gleichsetzung iS.ntegrierter Ausländer/illegaler Zuwanderer mit der Problematik Ost-/Westjuden durch den angeführten Bibliothekar aus Wolfenbüttel in Erinnerung. Ich fragte Shlomo, ob denn unsere Situation als integrierte Ausländer (ich nenne uns »deutsche Ausländer«) mit der der Westjuden vergleichbar sei, wenn wir Ängste um unsere Integration aufgrund der schon einsetzenden Massenzuwanderung aus aller Welt nach Europa entwickeln (vgl. Kap. 10). Er lachte und sagte, die Juden seien ein eigenes Volk und auch zahlenmäßig begrenzt, dagegen sei jeder Mensch, der außerhalb Europas lebt, ein Ausländer. Außerdem seien beide Situationen historisch nicht vergleichbar. Shlomo verachtet zu Recht die Einstellung der Westjuden gegen die Ostjuden, »aber«, so fuhr er fort, »in deinem Fall liegt absolut keine

Parallele vor, weil Ausländer kein Volk bilden und – wie argumentiert – jeder Angehörige der Menschheit aus den nicht-europäischen Teilen der Welt als Ausländer gilt«. Die unterschiedliche Situation veranschaulicht folgende Tatsache: Nach einem Report des UN-Kommissariats für Flüchtlinge/UNHCR befinden sich im Berichtsjahr 1997 »fünfzig Millionen Menschen auf der Flucht« *(FAZ* vom 9.12.1997). Würde man all diesen Flüchtlingen die Tore Europas ohne Einschränkung öffnen, würde hier alles zusammenbrechen. Wir integrierten Ausländer wären die ersten Opfer der dann eskalierenden Fremdenfeindlichkeit. Es liegt auf der Hand, dass diese im Elend lebenden 50 Millionen Menschen weder in ihrer Situation noch in der Zahl mit den von Pogromen bedrohten Ostjuden verglichen werden können. Die Gefahr wirtschaftlicher Not ist nicht mit der durch die Rassenideologie der Antisemiten vergleichbar. Gegen die Gesinnungsethik solcher Vergleiche ist kein Kraut gewachsen. Die Gleichsetzung von materieller Not mit den Verbrechen der NS-Rassenideologen trägt zudem zur Neutralisierung des Massenmordes an den Juden bei. Solche sachlich falschen Vergleiche dienen zudem nicht der Bewältigung der Vergangenheit.

Philosemiten wie Fremdenfreunde rühmen sich, Juden und Fremde als Freunde zu haben. Bei dem Römerberg-Gespräch (eine alljährliche Institution der Stadt Frankfurt) vom Juni 1997 lief mir der zitierte Bibliothekar aus Wolfenbüttel über den Weg und sagte ohne Sensibilität für die Verfemung, die er mir in der *FAZ* hatte widerfahren lassen, dass wir – d. h. er und ich – »einen gemeinsamen Freund« hätten, nämlich Bernard Lewis, und wollte mir die Hand reichen. Natürlich wies ich das Angebot zurück und sagte: »Herr Professor, Bernard Lewis ist mein enger Freund und auch mein Lehrer, ob er Ihr Freund ist, dies weiß ich nicht.« Als ich meinen Freund und geistigen Mentor Bernard, der einmal die Bibliothek von Wolfenbüttel besucht hatte, Anfang Februar 1998 in Cordoba vor der Abreise nach Denver/Colorado traf und ihm von diesem Vorfall berichtete, sagte er zu mir: »Ich kann mich noch nicht einmal des Namens dieses Bibliothekars entsinnen, wie kann er dann mein Freund sein!« Merkwürdig ist, dass derselbe zitierte Bibliothekar aus Wolfenbüttel einige Jahre nach seinem zitierten Leserbrief, ebenfalls in der *FAZ*, einen deutschen Islamkundler würdigt, der zu den Aufgaben der Orientalistik zählt, die Orientalen als »Fremde« von Europa »fortzurücken« (vgl. unten S. 465f.). Fremdenfreunde und Fremdenfeinde als zwei Seiten derselben Medaille?

Warum diese Anekdote in diesem Buch? Manche Leser mögen sagen, der Bericht über diese groteske Einzelheit tue nichts zu Sache. Ich bin anderer Meinung und denke, dass dies durchaus von Belang ist. Denn die Kombination der Argumentation des zitierten Leserbriefs mit dem Sich-Rühmen einer Freundschaft mit einem großen jüdischen Gelehrten, die nicht existiert, mag doch ein Schlaglicht werfen auf die sich dahinter verbergende Denkweise, der ich fast alltäglich als Fremder ausgesetzt bin. Einige meiner Gegner in diesem Land, die dieses Buch nicht begrüßen werden, gehören in diese Kategorie, die ich am Beispiel des zitierten Leserbrief-Autors illustrieren wollte. Es gehört zu meiner orientalischen Offenheit, hierüber zu reden und kein Blatt vor den Mund zu nehmen.

Die folgenden Kapitel befassen sich mit der Gleichzeitigkeit vom Neo-Absolutismus der Vertreter vormoderner Kulturen und dem postmodernen Werte-beliebigen Kulturrelativismus. Ich argumentiere, das Gespräch zwischen Menschen, die keine Werte-Orientierung haben, und solchen, die für ihre Weltanschauungen absolute Geltung beanspruchen, lasse sich mit einem Dialog zwischen Taubstummen vergleichen. Das vierte Kapitel schließt an diese Einführung an mit einer internationalen Diskussion über diesen Gegenstand, an der ich mitgewirkt habe. Darauf folgt ein Kapitel über den »Kommunitarismus«, d. h. die Idee, dass Migranten im Rahmen des Gruppenrechts (statt des Bürgerrechts) die Berechtigung haben, eigene kulturelle Gemeinschaften – im Klartext Ghettos – zu bilden. Das wäre die Alternative zur individuellen Integration. Ich vergleiche beide Möglichkeiten und begründe meinen Einsatz für eine demokratische Integration. Dieser Teil schließt mit dem sechsten Kapitel über Toleranz ab. Die Toleranz der europäischen Aufklärung ist ein Wert, dessen Geltung nicht zur Disposition steht. Aber was heißt Toleranz in unserem Zeitalter? Das sechste Kapitel enthält den Versuch, hierauf eine Antwort zu geben.

KAPITEL 4

Die Grenzen des Pluralismus –
Wieder zwischen Extremen: Vormoderne Neo-
Absolutismen im »Dialog« mit dem postmodernen
europäischen Kulturrelativismus

Die deutsche Spielart
der europäischen Wahrnehmung des »Anderen«

Eine Diskussion über den Pluralismus und seine Grenzen in unserer
»Weltzeit« einer globalisierten Geschichte erfordert Kenntnisse über andere Kulturen und Zivilisationen. Geschichte ist stets die Geschichte der
gesamten Menschheit. Für Historiker, die ihre Disziplin nicht arrogant eurozentrisch als »reine« europäische Geschichte, sondern weltoffen, d. h.
als Geschichte der gesamten Menschheit betreiben, ist der globalge-
schichtliche Hinweis auf Konflikte zwischen Kulturen und Zivilisationen
eine historische Binsenweisheit. Die Geschichte der Menschheit ist eine
solche der unterschiedlichen Kulturen und Zivilisationen[1]; sie ist also viel
mehr als eine europäische Sicht der Weltgeschichte. Eurozentrische Historiker betrachten ihren Gegenstand als eine einheitliche, auf Europa ein-
geengte Universalgeschichte. Im ersten Teil dieses Buches haben wir nicht
nur den Unterschied zwischen Welt- und Globalgeschichte (vgl. S. 172ff.)
kennengelernt; wir sahen uns auch mit der Tatsache konfrontiert, dass europäische Historiker die nicht-europäische Geschichte nicht zum Gegenstand ihres Faches, also nicht zur »Geschichtswissenschaft« rechnen (vgl.
S. 172). Diese Einstellung gehört zur Euro-Arroganz, und es ist an der
Zeit, sie nicht länger durch endloses gesinnungsethisches Gerede zu ver-
schleiern, sondern durch Taten zu überwinden.

Das spannungsreiche Verhältnis zwischen dem Islam und dem Westen
ist ein altes Objekt der klassischen Weltgeschichte und eine brennende
Frage innerhalb der Globalgeschichte. Hierüber zu sprechen hat also weder etwas mit dem Selbsthass mancher Europäer (vgl. Einleitung) noch mit
der Errichtung von Fremd- und Feindbildern zu tun. Dieses Spannungs-

verhältnis ist das historische Ergebnis sowohl von islamischen *Djihad*-Eroberungen als auch von christlichen Kreuzzügen, ist also geschichtlich bedingt und kein neuer Ausdruck von »Religionskrieg«. In gleichem Maße können wir parallel zu den genannten historischen Belastungen auch von einer gegenseitigen zivilisatorischen Befruchtung sprechen, d. h. Hellenisierung des Islam hier, islamischer Einfluss auf die europäische Renaissance[2] dort. Aus diesem Grunde ist es höchst befremdlich, dass die deutsche Diskussion über diesen Gegenstand einerseits durch Unkenntnis wie durch eine auffallend gesinnungsethische Vergiftung und andererseits durch ein »Freund-Feind-Denken« charakterisiert ist (vgl. Anm. 4). Das ist die deutsche Spielart der europäischen Wahrnehmung des »Anderen«.

Für eine Diskussion über die Identität Europas ist die beschriebene und beanstandete Wahrnehmung des »Anderen« deshalb besonders bedauerlich, weil der Streit über die Zivilisationskonflikte unserer Zeit nicht nur Gegenstand eines intellektuellen Schlagabtausches sein sollte, eben weil er den Weltfrieden betrifft. Der Mangel an genauen und umfassenden Kenntnissen über den »Anderen« bedingt diese Sachlage. Der große jüdische Verleger George Weidenfeld hat in seiner Eigenschaft als Förderer des ersten Trialogs zwischen Juden, Muslimen und Christen in der klassischen Stadt der inter-religiösen Toleranz, Cordoba (Februar 1998), »Ignoranz über den Anderen« als das größte Übel bezeichnet. Das Fehlen von Informiertheit und Sachlichkeit hat schwere Folgen. In diesem Kapitel will ich meinen Lesern die von mir vertretene Vorstellung näherbringen, dass es selbstverständlich ist und zur Normalität gehört, wenn Menschen ein Zivilisationsbewusstsein in dem Sinne haben, dass sie ihre eigene Zivilisation positiv bewerten. Das bedeutet, dass sie ihre Normen und Werte im Dialog mit den Anderen vertreten und auch zu ihnen stehen. Zivilisationsbewusstsein ist kein Nationalismus. Umgekehrt ist die Werte-beliebige, kulturrelativistisch vorgetragene Selbstverleugnung alles andere als Normalität. Kulturrelativisten und Neo-Absolutisten sind deshalb nicht dialogfähig, weil ihre Wahrnehmung des Anderen nicht auf der Basis von Pluralität geschieht. Aus diesem Grunde sind sie nicht in der Lage, Selbstbewusstsein und Akzeptanz des Anderen miteinander in Einklang zu bringen. Die Folge ist dann ein weltanschaulicher Krieg der Zivilisationen.

Die Heterogenität der Zivilisationen ist keine ideologische Erfindung

Den Einstieg in die vorliegende Thematik bildet die in unserer Gegenwart in Deutschland stattfindende polemische Debatte; sie ist deshalb unsachlich, weil sie längst nicht mehr inhaltlich geführt wird. Verfolgt man sie, so entsteht der Eindruck, als ginge es ausschließlich um die Abqualifizierung des Harvard-Professors Samuel Huntington[3], der verdächtigt wird, für den Westen ein »Feindbild Islam« als Ersatz für das »Feindbild Kommunismus« zu suchen. Letztlich wird also nicht mehr über die Zivilisationen selbst und ihr Verhältnis zueinander und erst recht nicht über den Islam debattiert; es geht nur noch um die deutschen »Feinde und Freunde des Islam«.[4] Weltgeschichtliche Kenntnisse und Fakten sowie ihr globalhistorischer Kontext der »Weltzeit« in unserer Gegenwart spielen keine Rolle mehr. Im Mittelpunkt stehen schließlich nur noch eigene Vorurteile und Anschauungen bei einer in Wirklichkeit auf Ignoranz basierenden Wahrnehmung des »Anderen«.

In diesem Kapitel will ich die Probleme sachlich ansprechen und deshalb die beklagte Debatte verlassen, da sie gewiss nicht weiterführt. Dennoch habe ich einleitend Bezug darauf genommen, um den Gegenstand – unter bewusster Umgehung der Huntington-Diskussion, die ich an anderer Stelle aufgenommen habe[5] – auf sachlicher Grundlage zu erläutern. Hierbei werde ich mein Augenmerk besonders auf zwei Begriffe und ihre politischen Implikationen richten: *Kulturrelativismus* und *Neo-Absolutismus*. Sie stehen für zwei Extreme des Zeitgeistes; die Diskussion hierüber zeigt die Bestimmungsfaktoren für die Grenzen des Pluralismus in unserer Weltzeit auf.

Meine Prämisse lautet, dass der Dialog zwischen den Zivilisationen der Weg zum Weltfrieden im Übergang zum 21. Jahrhundert zu sein verspricht. Hierbei bilden kulturrelativistische Beschneidungen einerseits und neo-absolutistische Ansprüche andererseits Grenzen für den Dialog. Ich habe diese Position im Symposium »Dialog der Kulturen« bei Bundespräsident Roman Herzog vertreten.[6] Den Begriff »Grenze« verwende ich hier im Blochschen Sinne. Nach Ernst Bloch lässt sich wohl eine Schranke, nicht aber eine Grenze überschreiten. Die Heterogenität der Zivilisationen bildet solch eine Schranke, während Kulturrelativismus und Neo-Absolutismus nach meiner Auffassung unüberwindbare Grenzen, keine Schranken, für eine Annäherung darstellen.

Zur Erinnerung noch eine wichtige, bereits eingeführte begriffliche Klärung: Kulturen sind stets lokal begrenzt, weil sie sich auf Gebilde *lokaler Sinnproduktion* beziehen. Zivilisationen sind dagegen umfassender, weil sie *Gruppierungen ähnlich gelagerter Kulturen* darstellen. Beide bringen die Vielfalt der Menschheit zum Ausdruck, die so alt ist wie die Geschichte der Menschen auf diesem Globus selbst. Allein aus diesem Grund ist dieser Gegenstand keine ideologische Erfindung der Zeit nach dem Ende des Ost-West-Konflikts. Er betrifft darüber hinaus weder ein Spezialgebiet der Kulturanthropologen, noch hat er etwas mit den unverbesserlichen »Kalten Kriegern«, die einen Ersatz für das »Feindbild Kommunismus« suchen, zu tun. Weltanschauliche Konflikte zwischen den Zivilisationen (vgl. Anm. 5) sind nach dem Wegfall der Bipolarität zu einem konkreten Gegenstand der Weltpolitik geworden.

Wie bereits erwähnt, hat Raymond Aron schon 1962 in seinem bedeutenden Werk über *Frieden und Krieg* auf die Unterteilung der Menschheit in verschiedene Zivilisationen hingewiesen:

> »Die Heterogenität der Zivilisationen, die nunmehr in das gleiche System einbezogen sind, *wird vielleicht auf lange Sicht schwerwiegendere Folgen nach sich ziehen als die feindliche Gegenüberstellung zweier Regimes oder zweier Lehren, zu denen* sich die Mehrzahl der Völker bekennt und auf die sie sich beruft.«[7]

Europa und die gesamte Menschheit wurden zu Zeiten des Kalten Krieges[8] und der bipolaren Aufteilung der Welt in die beiden weltpolitischen Blöcke Kommunismus und Kapitalismus (heute spricht man weniger polemisch von freier Marktwirtschaft) gezwängt. Jene schematische Aufteilung war jedoch künstlicher Natur; mit ihrer Auflösung nach dem Ende des Kalten Krieges treten die angesprochenen »schwerwiegenderen Folgen« zutage. Aron schrieb vor dreieinhalb Jahrzehnten:

> »Aber diese Heterogenität ist vorläufig durch die Bildung *zweier Blöcke,* deren jeder sich auf eine andere Idee beruft, … und durch formale Gleichheit der in den Vereinten Nationen vertretenen Staaten *verschleiert*« (ebd.).

Zwei Gründe können dafür genannt werden, dass die gegenwärtig stattfindende Debatte über Zivilisationskonflikte von zentraler Bedeutung ist; sie greift über die schlichte Wahrheit hinaus, nach der sich die Menschheit in unterschiedliche Kulturen und Zivilisationen aufteilt. Die große Bedeutung dieser Debatte und ihre stets zunehmende Dringlichkeit hat folgende Gründe:

- Die beschleunigte und immer umfassender werdende *Globalisierung:* Im Gegensatz zu früheren Zeiten bilden Zivilisationen wie der Islam und China, und natürlich auch der Westen, nicht mehr eine abgeschlossene Welt für sich; so gibt es z.B. auch keine vom Rest der Welt unabhängige »islamische Welt« mehr. Im ersten Kapitel haben wir erfahren, dass die Globalisierung von Wirtschaft, Politik und Kommunikation mit der europäischen Expansion der vergangenen Jahrhunderte einhergegangen ist. Die daraus resultierende Vernetzung unserer Welt hat sich in der zweiten Hälfte des 20. Jahrhunderts beschleunigt. Die Interaktion zwischen den Zivilisationen erhält auf diese Weise einen neuen, intensiveren Charakter.
- *Migration:* Die Geschichte kennt zwar Völkerwanderungen und auch den Siedlungskolonialismus, nicht aber den hohen, sich stets intensivierenden Grad der Mobilität unserer Zeit. Die Vernetzung unserer Welt hat Migrationsbewegungen über die Grenzen nicht etwa nur ermöglicht, sondern erst in diesem lawinenartigen Ausmaß weltweit ausgelöst. Vor allem wirken europäische Länder wegen ihres Wohlstands und ihrer, besonders nach dem Ende des Kalten Krieges, offener gewordenen Grenzen als Anziehungspunkt für diese Bewegungen. Ost- und Südostasien sind ein anderer Anziehungspunkt. Daraus folgt, dass Menschen aus unterschiedlichen Zivilisationen nicht mehr durch äußere geographische Grenzen (wie z.B. das Mittelmeer) voneinander getrennt sind. Diese These habe ich im vorangegangenen Kapitel mit der Formel »Der Islam und Europa, der Islam in Europa« veranschaulicht.

In diesem Kapitel befasse ich mich im Rahmen einer Diskussion über die Grenzen des Pluralismus mit Erscheinungen in Europa, die durch die Begriffe »Kulturrelativismus« und »Neo-Absolutismus« gekennzeichnet sind. Ich habe bereits dargelegt, dass die Zivilisationen in ihrem Wettstreit ihre Schranken zu überwinden begonnen haben. Kulturrelativismus, das heißt ein schwaches bzw. nicht vorhandenes Zivilisationsbewusstsein, sowie Neo-Absolutismus, das heißt ein kompromissloses Zivilisationsbewusstsein, begegnen einander hierbei, und ihre Anschauungen prallen aufeinander. Es versteht sich von selbst, dass die Kulturrelativisten die Verlierer, die Absolutisten die Gewinner sind. Eine solche »Begegnung« ist alles andere als der erwünschte »Dialog der Kulturen«.

Politisch forcierte Aktualität des Kulturrelativismus

Ist der Kulturrelativismus nicht doch nur von akademischem Interesse? Warum soll diese Debatte über die akademische Welt hinaus eine Relevanz für ein allgemein interessiertes Laienpublikum haben?

Zunächst ist bei dem Versuch, die Fragen zu beantworten, anzumerken, dass die Diskussion über den Kulturrelativismus weitaus älter ist, als das Thema dieses Buches vielleicht vermuten lässt. Neu an ihr ist, dass sie den Elfenbeinturm der Wissenschaft verlassen hat und aus den angeführten Gründen zu einer der brisantesten politischen Auseinandersetzungen unserer Gegenwart geworden ist. Das betrifft Alltagsfragen, Gerichtsurteile, Schulpolitik und vor allem das konkrete Verhalten gegenüber unmittelbaren Nachbarn und vieles ähnliche mehr. Im Zeitalter der Zivilisationskonflikte und der Entwestlichung der Welt wird immer deutlicher, dass Zivilisationen und jede lokal bestimmte Kultur eigene Werte als Basis ihrer Anschauungen immer mehr in den Vordergrund stellen. Auf dieser Basis wird die Gültigkeit einer allseits bejahten Werte-Universalität immer heftiger bestritten.

Zivilisationskonflikte sind nicht mehr auf die internationale Politik beschränkt. Auch Einwanderungsgesellschaften erfahren diesen Konflikt, der hierdurch eine innergesellschaftliche Dimension erlangt. Dies bedeutet: Konflikte, die zwischen regional voneinander getrennten Zivilisationen entstehen, werden in Ländern, die Einwanderer aufnehmen, zu einer innenpolitischen Problematik. Diese Konflikte werden innerhalb eines bestehenden Gemeinwesens ausgetragen, das durch Ein- und Zuwanderung an weltanschaulicher Homogenität einbüßt.

Es wäre folgenreich und höchst problematisch, die Position einer Gleichheit der Werte unterschiedlicher Kulturen und Zivilisationen im Rahmen von Toleranz gelten zu lassen. Werte-Konflikte müssen ausgetragen werden, um nicht ungelöst unter den Teppich gekehrt zu werden und irgendwann einmal zur Explosion zu führen. Ein Beispiel: Friede im modernen westlichen Sinne bedeutet zumindest, dass kein Krieg geführt wird, während Weltfriede *(Salam)* im Islam die – auch die Anwendung von Gewalt *(Qital)* einschließende – Ausweitung des *Dar al-Islam* (Haus des Islam) zu einem die gesamte Welt umfassenden *Dar al-Salam* (Haus des Friedens) voraussetzt.[9] In diesem Zusammenhang verstehen manche islamische Migranten unter »Frieden« eine Arbeit für die *Da'wa,* d. h. die islamische Missionierung, die weder für Einheimische noch für nicht-islamische Migranten akzeptabel ist. Ein allgemein, d. h. nicht islamisch definierter innerer Friede oder Weltfriede kann diese, die eigenen Werte absolut setzende Position nicht auf kulturrelativistischer Basis hinnehmen. Selbst das Instrument des Friedens, also der Dialog, hat nicht überall dieselbe Bedeutung. Orthodoxe Muslime und Fundamentalisten verstehen unter Dialog *Da'wa,* das heißt den soeben angeführten Aufruf zum Islam, also Missionierung, nicht aber Austausch und Bemühen um Verständigung. Bei dem angeführten Trialog von Cordoba im Februar 1998 war der anwesende Imam von Jericho so ehrlich, seine Gewissenskonflikte offenzulegen. Diese ergeben sich daraus, dass er an einem westlich verstandenen Dialog beteiligt sei, obwohl er als Muslim, wie er hinzufügte, unter Dialog eher *Da'wa,* d. h. Aufruf zum Islam, verstehe. Auch als –obgleich aufgeklärter – Muslim bin ich der Auffassung, dass wir dieses Verständnis nicht akzeptieren können. Die richtige Antwort auf diesen Werte-Konflikt ist Reform-Islam. Mein Essay zum Islam-Heft vom *Spiegel Special* (1/1998) trägt den Titel »Die Lösung heißt Euro-Islam«, natürlich nur für die islamischen Migranten.

International müssen sich Kulturen auf einen Werte-Konsens verständigen, der es ermöglicht, sich von den Formen des Partikularismus abzuwenden. Kulturen und Zivilisationen benötigen eine übergreifende Moralität, die von allen verbindlich geteilt wird. In Europa, wo der Werte-Relativismus immer stärker wird, ist ein Werte-Konsens für den Bestand des inneren Friedens unabdingbar. Die Tatsache, dass Menschen aus aller Welt als Migranten in den Westen strömen und unter einem Dach im europäischen Haus leben wollen, erfordert Lösungen. Diese kann der Kulturrelativismus nicht bieten, weil ohne Leitkultur eine gemeinsame Werte-Orientierung fehlt und somit kein friedliches Zusammenleben der Menschen aus zahlreichen, sehr unterschiedlichen Kulturen und Zivilisationen möglich ist.

In unserer Gegenwart revoltieren nicht-westliche Zivilisationen gegen den Westen[10] und fordern eine Entwestlichung der Welt, d. h. Aufgabe der westlichen Normen und Werte. In seiner Sinnkrise tritt der Westen im Schatten dieser Revolte den Werte-bezogenen Rückzug an und relativiert seine eigenen Weltanschauungen. Der hieraus resultierende westliche Werte-Relativismus wird jedoch mit Anschauungen konfrontiert, die für sich absolute Geltung beanspruchen. Das ist der Neo-Absolutismus, von dem ich spreche und der im Mittelpunkt dieses Kapitels steht. Kann in diesem Rahmen ein fruchtbarer Kulturdialog gelingen? Ich denke: Das Gespräch zwischen Kulturrelativisten und Neo-Absolutisten ist ein Dialog zwischen Taubstummen!

Kulturrelativismus bedeutet ganz einfach Werte-Relativismus, d. h., dass Normen und Werte, gleich aus welcher Kultur sie stammen, nur eine relative Geltung haben können. Wir wissen bereits, dass jede lokal bestimmte Kultur ihre eigenen Werte hat. Wenn Kulturrelativisten jede allgemeine Geltung von Werten gegenüber anderen zurückweisen, gehen sie von der Annahme der Gleichheit der Kulturen aus. Diese wird parallel zu der legitimen naturrechtlichen Idee der Gleichheit der Menschen in unserer Gegenwart gesinnungsethisch postuliert. Menschen sind von Natur aus gleich, Kulturen können jedoch nicht gleich sein, weil demokratische und patriarchalisch-autoritäre Kulturen in der Beurteilung differieren müssen. Europäern, die nie außerhalb ihres Kontinents in anderen Kulturen gelebt und gewirkt haben, ist es schwer zu erklären, dass Autoritarismus und Despotie nicht nur politische Herrschaftsformen sind, sondern auch eine entsprechende Kultur einschließen, in der Menschen aufwachsen und ihre Werte verinnerlichen. Die Argumentation, eine Kultur sei nicht demokratisch, weil sie patriarchalisch – autoritär sei, und daraus zu schlussfolgern, dass Kulturen nicht gleich sein können, ist nicht tautologisch, weil Werte (z.B. Freiheit und Unterwerfung) nicht gleichgesetzt werden können und dürfen. Wie gelangen wir zu einem »Ranking« von Werten? Meine Antwort ist: Wir benutzen unser von der Vernunft erschlossenes Wissen als objektive Messlatte, um eine Rangordnung vorzunehmen. Kulturrelativisten bestreiten jedoch die Idee objektiven Wissens und somit allgemeingültiger Maßstäbe für eine solche Beurteilung; sie behaupten, man könne Kulturen nicht miteinander vergleichen, weshalb auch keine objektiven Urteile gefällt werden könnten.[11]

Bedenklich, ja gefährlich ist die Tendenz der Kulturrelativisten, jede Werte-Rangordnung als »Rassismus« zu diffamieren. Der real existierende barbarische Rassismus, der andersartige Menschen wegen ihrer unterstellten biologischen Herkunft diskriminiert, wird auf diese Weise durch die Kulturrelativisten auf den Bereich der Kultur übertragen und praktisch verharmlost. Kulturrelativisten diskriminieren zwar nicht, betreiben aber durch ihre Gleichmacherei eine Werte-Beliebigkeit, bei der totalitäre Positionen (z. B. Fundamentalismus) mit demokratischen Anschauungen gleichgesetzt werden. Die Folgen sind katastrophal!

Zum Multikulti-Vokabular der Kulturrelativisten gehört die neue Sprachschöpfung »Kultur-Rassismus«. Hiernach wird das kritische Ansprechen kultureller Unterschiede (z. B. die Höherstellung des Mannes gegenüber der Frau im Islam) in einer sehr besorgniserregenden Weise als »Kultur-Rassismus« eingestuft. Gegen die Kulturrelativisten argumentiere ich, dass es durchaus allgemeingültige Maßstäbe gibt, mit deren Hilfe Unterschiede erkannt und bewertet werden können. So können wir zwischen einer Kultur, die Glaubensfreiheit, die Gleichstellung von Mann und Frau und individuelle Menschenrechte zulässt, und einer anderen, die diese Werte verleugnet, qualitativ unterscheiden. Kulturrelativismus mündet in Werte-Gleichgültigkeit, die mit Werte-Beliebigkeit gleichgesetzt werden muss. Diese moralische Indifferenz führt soweit, dass sie auch vor einem Verwischen des Kontrasts von Freiheit und Unfreiheit nicht haltmacht. Im Gegensatz zu dieser Werte-Beliebigkeit begründen universell gültige Werte eine internationale, d. h. für alle Kulturen gültige Moralität. Die kulturübergreifende Begründung für diese Moralität ist die Alternative zu jedwedem ideologischen Universalismus.

Herder ist nicht der Vorläufer des Kulturrelativismus

Als geistige Strömung ist der Kulturrelativismus – wie einleitend angemerkt – älter als seine zeitgenössische Erscheinung des Postmodernismus. Es wird behauptet, dass Johann Gottfried Herder mit seinem Pochen auf die Individualität der Kulturen gegenüber dem Universalismus der französischen Aufklärung den Kulturrelativismus begründet habe. Trifft dies zu?

Der 1997 verstorbene jüdische Gelehrte und bedeutendste Ideenhistoriker unseres Jahrhunderts, Isaiah Berlin, verteidigt Herder und wendet sich gegen die auf Ignoranz basierende Einordnung der Herderschen Philosophie in die Schublade des Kulturrelativismus. Nach Isaiah Berlin habe

Herder nur die Pluralität der Kulturen, nicht deren Gleichstellung, geschweige denn eine Relativierung der Werte und somit die Leugnung allgemeingültiger Werte vertreten.

Berlin hebt in seinem Buch *Das krumme Holz der Humanität* hervor:

> »Wir sind aufgefordert zu erkennen, dass das Leben eine Pluralität von Werten hervorbringt, die gleichermaßen echt, gleichermaßen endgültig und objektiv sind ... Man bezeichnet diese Lehre als Pluralismus. Es gibt viele Werte ... darunter auch solche, die nicht miteinander übereinstimmen ... Daraus, dass die Werte einer Kultur mit denen einer anderen nicht übereinstimmen, ... erwächst kein Werte-Relativismus, sondern nur die Idee einer Pluralität von ... Werten ... Der Relativismus geht in all seinen Versionen davon aus, dass es keine objektiven Werte gibt.«[12]

Isaiah Berlin fährt fort und deckt die Herkunft des Relativismus auf: »Der wirkliche Relativismus entwickelte sich ... aus dem Irrationalismus der deutschen Romantik« (ebd.). Und es wundert deshalb nicht, dass eben diese irrationale deutsche Romantik, der fälschlicherweise auch der Rationalist Herder zugeschrieben wird, heute in Deutschland in bestimmten Kreisen eine neue Blütezeit erlebt.

Die Übertragung des Werte-Relativismus auf die Ideen von der multikulturellen Gesellschaft, die manch fragwürdige Relativisten – so z. B. Claus Leggewie – wie eine Religion predigen, verfolgt ein erklärtes politisches Ziel. Es geht darum, die Bundesrepublik in eine »Vielvölkerrepublik« zu verwandeln, in der es keine verbindlichen Normen und Werte mehr gibt. Das wäre das Ende der Demokratie. Daran ändert das Lippenbekenntnis der Kulturrelativisten zur Demokratie nichts. Herder würde sich beim Anhören dieser Ideologie gewiss im Grabe umdrehen.

Im Kreise der angeführten deutschen Ideologen werde ich – obwohl selbst ein Fremder und Migrant – wegen meiner Kritik an den Multikulti-Illusionen verfemt. Besonders haarsträubend wirkt der lehrmeisterliche Versuch dieser Atheisten, mich über meine Kultur und Religion, also über den Islam, zu belehren.

Im Gegensatz zu dem von mir entworfenen Euro-Islam würde im Schatten des Multikulturalismus nur ein Ghetto-Islam gedeihen.[13] Im Freiraum des Kulturrelativismus entfalten fundamentalistische Neo-Absolutisten ihre Alternative zur lebendigen Demokratie. Im dritten Teil des vorliegenden Buches werde ich diese Zusammenhänge am Beispiel des Islam näher erläutern.

Erstaunlich ist, wie manche Multikulturalisten objektiv und gegen ihren erklärten Willen zu Handlangern der Fundamentalisten und ihres Neo-Absolutismus werden. Denn der Fundamentalismus ist eine Spielart des Neo-Absolutismus, also kein Kulturrelativismus. Obwohl Fundamentalisten aus Opportunismus den Kulturrelativismus gutheißen, bietet ihre Ideologie keinen Raum für Multikulti-Illusionen. Die Fundamentalisten instrumentalisieren die Werte-Indifferenz der Multikulturalisten zu ihren Gunsten, um ihre eigene Intoleranz im Namen der Toleranz der Anderen hoffähig zu machen. Wie kann sich jemand bei einer solchen Ideologie auf den deutschen Aufklärer Herder berufen?

Ja zur Werte-Verbindlichkeit, aber welche Werte?

Die Kritik am Westen und seiner Euro-Arroganz ist legitim. Aber der Widerstand gegen westliche Werte im Multikulti-Zeitalter darf nicht durch ungerechtfertigte, weil unvermittelte, Rückgriffe auf die Kolonialgeschichte seine Legitimität beziehen. Denn im Zeitalter der Dekolonisation war der Widerstand gegen Europa wohl gegen den Kolonialismus und seine Herrschaft, nicht aber gegen europäische Werte gerichtet. Im Gegenteil, europäische Werte wie etwa die Volkssouveränität dienten in jener Zeit als Legitimation für die antikoloniale Revolte.[14] Anders steht es um die Bestrebungen nach einer Entwestlichung der Welt in unserer Gegenwart.

Meine Position zur Entwestlichungs-Problematik ist im ersten Teil dieses Buches enthalten, in dem der Widerstand gegen westliche Werte näher erläutert wird. Ich möchte hier lediglich festhalten: Unter den veränderten Bedingungen unseres Multikulti-Zeitalters lautet die zentrale Frage: Können europäische Normen und Werte der Moderne trotz dieses Widerstandes ihren Anspruch beibehalten, universell gültig zu sein? Hierbei ist der Vorwurf zur Kenntnis zu nehmen, der Einsatz für eine Werte-Verbindlichkeit sei eine verdeckte Form, an den westlichen Werten festzuhalten.

Vertreter des Kulturrelativismus verneinen jede Universalität und sprechen den westlichen Werten allgemeine Geltung sogar für Europa selbst ab – eben weil in Europa nicht nur Europäer leben. Worum geht es beim Kulturrelativismus? Bei der Suche nach einer Antwort ist es sinnvoll, auf einen alten Streit unter Kulturanthropologen und Sozialwissenschaftlern über die Relativität bzw. über den universellen Charakter von Kulturen zurückzugreifen. Dieser Streit bekommt in unserer Zeit über den akademischen Elfenbeinturm hinaus einen weit größeren politischen und gesellschaftlichen Stellenwert. Jene Auseinandersetzung ist heute für jeden allgemein interessierten Zeitgenossen von Belang.

Nach meiner Ansicht ist die Kulturrelativismus-Debatte für die Bestimmung der Identität Europas im bevorstehenden Übergang zum neuen Jahrtausend von zentraler Bedeutung. Wie bereits ausgeführt, bedeutet »Kulturrelativismus« nichts anderes als die schlichte Aussage, dass jede Kultur relativ ist und keinen universellen Rang für ihre Weltanschauungen beanspruchen darf. In dem Kapitel meines Buches *Im Schatten Allahs. Der Islam und die Menschenrechte* (vgl. Anm. 13) über diesen Gegenstand habe ich mich nach einer näheren Auseinandersetzung mit der Rushdie-Affäre für die schlichte Formel *Andere Kulturen, andere Sitten* als allgemeinverständliche Übersetzung des Fachausdrucks Kulturrelativismus entschieden. Es liegt gleichermaßen in der europäischen und internationalen Politik begründet, dass der Streit der Kulturexperten über die Reichweite und Gültigkeit kultureller Normen und Werte mittlerweile zum Allerweltsgegenstand geworden und nicht mehr nur eine Domäne für Fachleute ist. Im Wesentlichen geht es bei diesem Streit um die Universalität der westlichen Werte. Das anscheinend bevorstehende Ende der westlichen Weltherrschaft impliziert eine »Entwestlichung der Welt«. Was bedeutet diese Aussage? Gilt die Entwestlichung im Rahmen des Rückgangs westlicher Einflüsse nur für die außereuropäische Welt? Oder gilt sie im Zeitalter der Migration auch für Europa? Hat Europa kein Anrecht mehr auf eine eigene Identität? Ist das die Sühne für die europäischen Verbrechen?

Entwestlichung der Welt?

Mit dem im ersten Teil dieses Buches mehrfach verwendeten Begriff *Entwestlichung der Welt* spreche ich einen laufenden Prozess in der internationalen Politik an, der seit dem Ende des Kalten Krieges und der Auflösung der weltpolitischen Blöcke stattfindet. Im ersten Kapitel habe ich dargelegt, dass die europäische Expansion einen Prozess der Verwestlichung der Welt einschloss. Parallel zu seiner jahrhundertelangen Expansion hat der Westen eine universelle Geltung für die Weltanschauungen der kulturellen Moderne nicht nur beansprucht, sondern auch formal durchgesetzt.

Normativ und weltanschaulich wird diese universelle Geltung von der nicht-westlichen Welt jedoch nicht mehr bejaht. Das ist der Inhalt der »Revolte gegen den Westen« (vgl. Anm. 10).

Der Streit um die Universalität der individuellen Menschenrechte bietet nur ein Beispiel für die anstehende Debatte. Obwohl die Menschenrechte nach ihrer Übernahme vor fünfzig Jahren (1948) durch die UNO als verbindliche Werte sogar den Rang eines Völkerrechts erlangt haben, können wir nicht von einer Universalisierung dieser Werte sprechen. Auf der UN-Weltkonferenz für Menschenrechte in Wien im Juni 1993 wurde deutlich, dass nicht-westliche Zivilisationen die proklamierte Universalität der individuellen Menschenrechte nicht länger akzeptieren wollen. Das ist nur eine der zahlreichen Facetten des bereits in Gang gesetzten, umfassenden Prozesses der Entwestlichung der Welt.

Kurzum: Der Prozess der *Globalisierung der Strukturen* (Wirtschaft, Politik, Transport und Kommunikation) schloss nicht notwendigerweise eine *Universalisierung der Werte* ein. Zwischen beiden Prozessen herrscht eine Kluft, die ich mit der Formel »die Gleichzeitigkeit struktureller Globalisierung und kultureller Fragmentation« (vgl. u. a. Anm. 5) umschreibe.

Die auftauchenden Probleme resultieren jedoch nicht allein aus Prozessen, die in der internationalen Politik durch die Zivilisationskonflikte ausgelöst wurden; wir leben in einer Zeit der Bevölkerungsexplosion, die ausweislich der Statistiken mit der Formel »Von einer Milliarde zur nächsten« beschrieben werden kann. Europa ist der einzige Kontinent, der eine gegenläufige Entwicklung, d. h. eine Stagnation oder gar einen Bevölkerungsrückgang erlebt. Die Durchlässigkeit der Grenzen, gekoppelt mit europäischer Liberalität und protestantischen Schuldgefühlen, gibt sich als Eintrittskarte für den Bevölkerungsüberschuss in Asien und Afrika zu verstehen. Der hohe Wohlstand und eben die niedrige Geburtenrate ziehen Migranten aus aller Welt wie ein Magnet an. Wir leben im Zeitalter der Migration.[15] Weil es in den meisten europäischen Ländern, vor allem in Deutschland, keine Einwanderungsgesetze gibt, erfolgt die Migration unreguliert, ja geradezu chaotisch, und oft illegal (vgl. S. 405ff.). Migranten wollen jedoch nicht nur am Wohlstand teilhaben; sie verlangen darüber hinaus die Anerkennung ihrer vormodernen kulturellen Weltanschauungen auch in Europa. So verbinden die Muslime beispielsweise die weltweite Verbreitung des Islam mit der Migration. Das ist nicht neu, sondern alte islamische Tradition, die auf eine religiöse Doktrin zurückgeht.[16] Gehört es zur Toleranz, sie als eine Herausforderung an die säkulare Identität Europas hinzunehmen?

Die Frage lautet nun: Wenn die europäische kulturelle Moderne schon nicht mehr universelle Geltung beanspruchen kann, ist – als Basis für den inneren Frieden – zumindest in Europa ihre Geltung unangefochten? Oder wird Europa ein multikulturelles Wohngebiet ohne eigene Identität, ohne verbindliche Werte und ohne eine Leitkultur?

Schon diese Frage zu stellen gilt heute als Verletzung einer der Grundregeln der Political Correctness. Dennoch muss man den Anfängen dieser neuen europäischen Spielart des amerikanischen McCarthyismus aus der Epoche des Antikommunismus wehren und darüber hinausdenken. Wenn Schriftsteller nicht mehr frei und ohne Selbstzensur arbeiten können, wo bliebe dann der Unterschied zwischen offener Gesellschaft und Diktatur?

Ich fasse zusammen: Ja zur Werte-Verbindlichkeit. Ich spezifiziere aber: Die Werte für die erwünschte Leitkultur müssen der kulturellen Moderne entspringen, und sie heißen: Demokratie, Laizismus, Aufklärung, Menschenrechte und Zivilgesellschaft.

Die Debatte über den Kulturrelativismus[17]

Einer der weltweit vorgetragenen Einwände gegen die Bemühungen um eine Relativierung der westlichen Werte lautet, dass viele nicht-westliche, oft vormoderne Kulturen Absolutheitsansprüche geltend machen. Im Rahmen der Zivilisationskonflikte unserer Zeit nehmen diese Ansprüche auf weltanschaulicher Basis die Form von Neo-Absolutismen an. Bei diesem Streit lassen sich drei intellektuelle Positionen ausmachen, die zugleich jeweils politische Optionen für die Zukunft der Welt im Allgemeinen, aber Europas im Besonderen vorsehen:

- Die Postmodernisten und Kulturrelativisten vertreten zwar eine Auffassung, die alles in der Welt relativieren möchte; sie pochen jedoch in einer quasi-religiösen, ja offen absoluten Weise darauf, dass es weder Objektivität noch irgendeine allgemeinverbindliche, d.h. für alle Kulturen gültige Moralität gebe. In ihren Debatten schlussfolgern Kulturrelativisten, dass jede kulturell verankerte Position eine Art »kulturell-relative

Präsentation« sei. Mit dem Begriff »Präsentation« meinen Postmodernisten die Vielfalt kultureller Artikulationsformen. In diesem kulturrelativistischen Zusammenhang gilt »Toleranz« absolut, weil keine Werte als allgemeingültige Orientierung anerkannt werden. Mir erscheint die multikulturelle Toleranz, die aus dieser Haltung abgeleitet wird, inhuman: In ihrer Konsequenz wären beispielsweise die Beschneidung der Frauen im Sudan, die Stellung der Männer über den Frauen in der islamischen *Scharia,* die Morde der islamischen Fundamentalisten an Säkularisten ihrer eigenen Zivilisation nach ihrer »Erklärung zu Ungläubigen/*Takfir*« und ähnliches mehr nichts anderes als zu tolerierende »kulturelle Eigenheiten der Anderen«. Mit anderen Worten: Die mit der Gleichstellung der Kulturen einhergehende angebliche Toleranz bekommt die neue Bedeutung *Anything goes,* alles ist also erlaubt. Jede Kritik an einer anderen Kultur wird als Überheblichkeit zurückgewiesen oder gar in manchen fanatischen Multikulti-Kreisen als »Kultur-Rassismus« inkriminiert. Intellektuelle Konfusion geht mit Sprachverwirrung einher. Kulturrelativismus und Kulturabsolutismus reichen einander die Hände.

- Eine zweite Gruppe bilden diejenigen, die die kulturelle Moderne und ihre Moralität nicht abgeschrieben haben. Dennoch verpflichten sie sich, die Eigenarten anderer Kulturen als Tatsache zur Kenntnis zu nehmen; sie argumentieren, dass es Muslimen freigestellt sei, sich innerhalb der Welt des Islam für die *Scharia* zu entscheiden. Wenn diese jedoch in Europa als Migranten lebten, dann müssten sie die Normen und Werte der kulturellen Moderne, vor allem die säkulare Demokratie und die individuellen Menschenrechte, respektieren. In Europa gäbe es keinen Platz für die *Scharia.* Diese Haltung ist kein Kulturrelativismus, sondern eine verbindliche Bestimmung der kulturellen Identität Europas. Diese Europäer, die z. B. Menschenrechte für Europa als verbindliche Werte akzeptieren, lassen ihre Geltung für Nicht-Europäer offen, d. h., diese Rechte, für die sie sich in ihren eigenen Gesellschaften einsetzen, betrachten sie für andere Kulturen als nicht verbindlich! Ist das Toleranz?
- Dann haben wir die radikalen Universalisten, die darauf bestehen, dass es universelle, für alle Kulturen in einer verbindlichen Weise gültige Standards für die Bestimmung von Ethik, Recht und Moral gibt. Unter ihnen befinden sich gemäßigte Universalisten, zu denen sich der Autor

zählt; diese vertreten zwar die universelle Geltung bestimmter, aber begrenzter Standards, wie z. B. in Fragen der Demokratie und der Menschenrechte, tun dies jedoch auf einer kulturübergreifenden *(cross-cultural)* Basis. Der Kulturdialog ist das Vehikel für die Verständigung auf einen kulturübergreifenden Werte-Konsens. Die Vertreter einer eingeschränkten Universalität erkennen an, dass beispielsweise individuelle Menschenrechte, die europäischen Ursprungs sind, anderen Kulturen und Zivilisationen nicht aufgezwungen werden sollen; vielmehr müssten sie durch Anpassungsprozesse »indigenisiert«, d. h. einheimisch gemacht werden. Eine Reform des islamischen Rechts, die eine Aufnahme internationaler Standards individueller Menschenrechte in die Zivilisation des Islam zulässt, wäre ein Beispiel für eine solche »Indigenisierung«.[18]

Zur anschaulichen Konkretisierung des Streits über die Relativität der Kulturen und ihrer Weltanschauungen möchte ich auf eine internationale Kontroverse zwischen zwei Anthropologen von internationalem Rang zurückgreifen, an der ich im Mai 1994 in Amsterdam mitgewirkt habe.[19] In dieser Kontroverse vertrat der amerikanische Kulturanthropologe Clifford Geertz kompromisslos eine kulturrelativistische Position, der zufolge jede Kultur lokal ist. Dagegen war der verstorbene britische Anthropologe Ernest Gellner aus Cambridge der Auffassung, dass es universell gültige Standards der Orientierungen geben müsse. Nach dem Tod von Gellner wird diese Kontroverse in die Ideengeschichte eingehen und als klassisch eingestuft werden können. In diesem Sinne ist der folgende Abschnitt dieser Kontroverse gewidmet.

Die Geertz-Gellner-Kontroverse

Das Streitgespräch zwischen Gellner und Geertz fand im Mai 1994 in Amsterdam statt. Die Ausgangsposition von Gellner[20] fußt auf der Überzeugung, dass intellektuelle Diskussionen nach Regeln, also wie ein Fußballspiel, ablaufen. Andernfalls verkommen sie zu sinnloser Geschwätzigkeit. Diese Auffassung, der ich mich anschließe, macht deutlich, dass ein Kulturdialog das Vorhandensein eines allgemeinverbindlichen Konzeptes von Wissen und Werten voraussetzt. Für ein friedliches Zusammenleben ist die Verbindlichkeit einer solchen Leitkultur von noch größerer Bedeutung. Entsprechend lehne ich mit Gellner die im Multikulturalismus und im radikalen Feminismus enthaltene Mischung von Partikularismus und Unverbindlichkeit ab. Beide Richtungen ordnen »Wissen« nach Kulturen bzw. Geschlecht ein und bestreiten jede Objektivität. Im Anschluss an Gellner bestreite ich, dass meine Vernunft als Westasiat und Mann etwas anderes ist als die Vernunft eines Europäers oder einer Frau. Mit anderen Worten: Vernunft ist menschlich und nicht, wie Multikulturalisten und Feministen behaupten, spezifisch auf ein kulturelles Kollektiv oder Geschlecht bezogen.

In der Tradition der Aufklärung stehend, bekennt sich Gellner zu einem für alle Kulturen gültigen allgemeinen Wissen, dessen Kompass die menschliche Vernunft ist.[21] Geertz erwiderte in Amsterdam in abfälligem Ton, diese Position sei eine neue Spielart des »Fundamentalismus«, die er ironisch »Aufklärungs-Fundamentalismus« nannte. Geertz schien in Amsterdam eine wichtige Schrift von Gellner nicht gekannt zu haben, in der dieser sich selbstironisierend einen »Aufklärungs-Fundamentalisten« (vgl. Anm. 17, S. 183ff.) nennt. Mein schon zitiertes Buch über den *Krieg der Zivilisationen* (Anm. 5) endet mit dem Bezug auf diese Stelle bei Gellner. Es gibt humorlose Deutsche, die die darin enthaltene Ironie nicht verstehen; einige Rezensenten haben mich beim Wort genommen und – jene Stelle zitierend – hervorgehoben, dass ich nun endlich eingestehe, ein Fundamentalist zu sein. Eine solche Bösartigkeit, die sich hinter einer schlichten Humorlosigkeit versteckt, ist schwer zu kommentieren.

Der während des Zweiten Weltkriegs nach England emigrierte jüdische Denker Ernest Gellner erinnerte in der Debatte an den Holocaust-Mord und fügte hinzu, dass man Kulturen nicht alleine nach ihren eigenen Maßstäben bewerten dürfe. Wenn dem so wäre, dann könnte der Holocaust als »eine kulturelle Präsentation der Deutschen« interpretiert werden – um hier den kulturrelativistischen Begriff der »Präsentation« ad absurdum zu führen. Gellner war kein Goldhagen, der alle Deutschen als *Hitlers willige Vollstrecker* beschreibt; ohne die Goldhagen-Debatte erlebt zu haben, lehnte Gellner eine solche Deutung ab. Es müsse also allgemeine, für die gesamte Menschheit gültige Maßstäbe geben, nach denen über jede einzelne Kultur auch kritisch geurteilt werden könne. Wenn man Werte relativiert, dann müsste Völkermord folgerichtig ebenso relativiert werden. Das ist schlicht inakzeptabel.

Der Widersacher der Kritik am Kulturrelativismus, Geertz, ist ein kluger, auch von mir – trotz des Dissenses – sehr geschätzter Anthropologe. Er vertritt die zunächst richtige Auffassung, dass jede Kultur stets lokal und Ausdruck sozial bedingter Sinnproduktion sei. Seine Schlussfolgerung, keine Kultur könne daher allgemeine Maßstäbe gegenüber anderen Kulturen setzen, scheint mir jedoch ebenso falsch wie fatal zu sein. Diese Verleugnung führt nicht nur zur Ablehnung der Kultur der Aufklärung, sondern auch zu einem »kognitiven Egalitarismus« (Gellner), der die Gleichheit aller Kulturen mechanisch festschreibt. Die Übertragung der Gleichheit der Menschen auf die Kulturen führt also von vornherein zur Gleichsetzung von patriarchalisch-autoritären und demokratischen Kulturen. Eine solche Gleichstellung der Kulturen ist besonders in Gesellschaften, in die Migranten aus vormodernen Kulturen strömen, zurückzuweisen. Andernfalls könnten muslimische Migranten für sich im Namen dieses Kulturrelativismus die Geltung der *Scharia* beanspruchen, ohne deshalb selber Kulturrelativisten zu sein, d. h. ohne die eigenen Werte zu relativieren und ohne deshalb dieselbe Gültigkeit anderer Werte zu akzeptieren. Die politische und soziale Folge wäre die Entstehung eines extraterritorialen Ghettos, das seine eigenen Werte fern von jeder Werte-Gemeinsamkeit hätte.

Mit Recht nimmt Gellner Anstoß an der Postmoderne, zu der der Kulturrelativismus gezählt wird, und an ihrer Behauptung, dass es »keine objektive Welt« gebe, die mittels objektiven Wissens erkannt werden könne. Jedes Wissen sei eine partikulare »Präsentation«, so dass weder ein allgemeines, universelles Wissen noch eine Objektivität zugelassen werde. Die Vielfalt des Wissens sei nur mehr Vielfalt der Präsentationen. Die meisten Kulturrelativisten und Multikulturalisten verwechseln in ihrer Denkweise *Pluralismus* mit *Werte-Relativismus;* beide können nicht richtig erfasst werden mit dem Begriff »Vielfalt«. Ich habe jedoch bereits im Anschluss an Isaiah Berlin (vgl. Anm. 12) den wichtigen Unterschied zwischen beiden aufgezeigt.

Die Werte-Beliebigkeit der Kulturrelativisten hat zur Folge, dass einer für die gesamte Menschheit gültigen Moralität jenseits der kognitiven, relativierten Standorte lokaler Kulturen kein Platz mehr eingeräumt wird. Das bedeutet Zerrüttung jeder kulturübergreifenden Moralität und jedes Werte-Konsenses. Dagegen hat die Anerkennung eines einheitlichen Systems des Wissens den Vorzug, die Eigenheiten der Kulturen im Kontext der Realitäten unserer globalen Welt zurückzustellen (vgl. Anm. 11). Die Globalisierung in Wirtschaft und Politik steht im Kontrast zu der Bildung kultureller Werte-Ghettos, sei es innerhalb der internationalen Gesellschaft (Abschottung regionaler Zivilisationen), sei es innerhalb der westlichen Gesellschaften (z. B. die Vorstädte von Paris oder Kreuzberg in Berlin), die Migranten aufnehmen.

Der Kulturrelativismus am Werk:
Im Dienst des Neo-Absolutismus religiöser Fundamentalisten

Die Tatsache, dass Kulturrelativisten und Neo-Absolutisten einander widersprechen, führt zu der Frage: Wie gehen Kulturrelativisten mit dem globalen Phänomen des religiösen Fundamentalismus[22] um?

Die referierte Gellner-Geertz-Debatte über den Kulturrelativismus ist nicht nur eine akademische Diskussion und keineswegs für den Elfenbeinturm gedacht; sie hilft zu erkennen, dass eine unvoreingenommene, also eine ohne Gesinnungsethik und moralisierende christliche Nächstenliebe erfolgende Wahrnehmung der neo-absolutistischen Ansprüche islamischer Fundamentalisten eine große Herausforderung für den Kulturrelativismus darstellt.

Beispielsweise neigen Kulturrelativisten dazu, die fundamentalistische Forderung nach einer Geltung der *Scharia* für die in Europa lebenden Muslime im Sinne von multikultureller Toleranz als »Präsentation« einer anderen Kultur zuzulassen; sie ahnen dabei nicht, dass sie hiermit den Neo-Absolutismen und ihrer Intoleranz Tür und Tor öffnen. Die kulturrelativistische Grundlage dieser Position ist die Annahme, dass die *Scharia* – in ihrer Wahrnehmung – ebenso relativ sei wie jede europäische demokratische Verfassung selbst. Die Konfusion des eigenen Relativismus mit dem Neo-Absolutismus der Anderen ist ein groteskes Beispiel für die Gleichstellung der Kulturen. Problematisch wird es, wenn deutlich wird, dass die Vertreter der *Scharia* keine Kulturrelativisten, sondern religiöse Neo-Absolutisten sind, die keinen Konsens und keine Kompromisse mit Andersdenkenden kennen. Jene Muslime, die nach der *Scharia* handeln, erwarten von dem Anderen, ebenso zu verfahren. In meinem Buch *Im Schatten Allahs. Der Islam und die Menschenrechte* wird in einem Kapitel über die *Scharia* gezeigt, dass sie kein göttliches Recht, sondern ein menschliches Konstrukt ist, wofür muslimische Neo-Absolutisten dennoch uneingeschränkte Geltung beanspruchen.

Generell führt die vergleichende Studie des religiösen Fundamentalismus[23] zu dem Ergebnis, dass alle Spielarten dieses Phänomens in Wirklichkeit eine Variante des Absolutismus sind. Europäische und amerikanische Postmodernisten relativieren jede Kultur und übersehen dabei, dass viele vormoderne Kulturen selbst einen absoluten Anspruch haben. Ein Kulturrelativist, der ohne Differenzierung die Ansprüche aller – auch vormoderner – Kulturen anerkennt, übersieht dabei, dass diese nicht dieselbe Werte-beliebige Weltsicht teilen. Somit endet der Kulturrelativist in der – gegen den eigenen Anspruch gerichteten – Anerkennung der Absolutheit anderer Kulturen. Der Kulturrelativist nimmt also die Absolutheit anderer Kulturen hin, die seinen eigenen Anspruch nicht gelten lassen wollen, und räumt darüber hinaus die Relativität der eigenen Position ein. Kulturrelativisten sind hierbei die Verlierer, die Neo-Absolutisten die Gewinner (vgl. Motto, S. 243).

Der wiederholte Hinweis auf die Vielfalt der Kulturen kann irreführen. Ausgehend von einer kulturrelativistischen Position, würde man beispielsweise den religiösen Fundamentalismus als eine Spielart einer anderen respektierten Kultur ansehen; aus der Perspektive der aufgeklärten Vernunft gilt es aber, diese Erscheinung zu bekämpfen, weil der Fundamentalismus – wie gezeigt – totalitär, patriarchalisch und anti-demokratisch ist (vgl. Anm. 22 u. 23). Die Verfolgung der Intellektuellen in der Welt des Islam – wie im international bekannt gewordenen Fall des Kairoer Professors Hamid Abu-Zaid – mag als Illustration dienen. Auf globaler Ebene werden in unserer Gegenwart sowohl lokale Kulturen als auch regionale Zivilisationen politisiert. Absolutistische Ansprüche erhalten dadurch einen ideologischen Charakter und wirken als Zündstoff in dem als weltanschaulicher *Krieg der Zivilisationen* bezeichneten Prozess der Vertiefung von Gräben innerhalb der Menschheit.

Abschließend möchte ich in Bezug auf die in der Gellner-Geertz-Kontroverse zitierten polemischen Vorwürfe unterstreichen, dass es – meiner Meinung nach – kein Fundamentalismus der Moderne ist, für aufklärerische Vernunft und den für alle Kulturen gültigen Rationalismus Partei zu ergreifen. Mit dem Neo-Absolutismus der Gegner von säkularer Demokratie und Menschenrechten können wir uns nicht kulturrelativistisch auseinandersetzen. Hier liegen die »Grenzen des Pluralismus« (vgl. Anm. 19) im Übergang zum 21. Jahrhundert. Die gegenwärtigen Debatten über diesen Gegenstand werden im Westen gleichermaßen starrsinnig und humorlos geführt. Ich habe bereits Gellners missverstandene Selbstironisierung zitiert. Ich hatte in einer früheren Schrift gefragt (vgl. Anm. 5):

> »Wenn Neo-Absolutisten aller Zivilisationen kämpfen, warum sollen wir Rationalisten und Demokraten nicht auch für eine universelle Ethik und eine Politik der Vernunft gegen Hetzer im Krieg der Zivilisationen kämpfen?« (Ebd., S. 304)

Ich habe mich bereits darüber beklagt, dass ich seither, ebenso wie Gellner, von meinen Rezensenten als »Aufklärungs-Fundamentalist« etikettiert werde.

Meine Ausführungen abschließend, lautet meine Schlussfolgerung: Ein internationaler Friede zwischen den weltanschaulich rivalisierenden Zivilisationen erfordert einen Werte-Konsens, der eine kulturübergreifende Zustimmung zu einer internationalen Moralität einschließt. Im gleichen Maße hängt der innere Frieden in Gesellschaften, in die Migrationsschübe erfolgen, von der Bejahung einer Ordnung ab, die auf einer Werte-Verbindlichkeit basiert. Beide Aufgaben stehen im krassen Widerspruch zu jeder kulturrelativistischen Gesinnungsethik und zu ihrer ethisch nicht haltbaren Werte-Gleichgültigkeit. Kulturrelativisten verleugnen ihre eigene Zivilisation, ebnen hierbei aber – ohne die Folgen zu bedenken – den Weg für den Neo-Absolutismus der Anderen. Dagegen ist meine Position, was den Islam anbetrifft: »Nur wenn der Westen sich selbst nicht verleugnet, kann der Brückenschlag zum Islam gelingen.«[24] Wenn Europäer diese Formel nicht verstehen können, dann wird es niemals zu einem wirklich substantiellen euro-islamischen Dialog jenseits der diplomatischen Lügen der Realpolitiker und der gesinnungsethischen Beteuerungen der Theologen kommen.

KAPITEL 5

Der Kommunitarismus: Eine europäische Zivilgesellschaft ohne Identität? Kulturghettos der Migranten als Parallel-Gemeinschaften

Der Multikulti-Kommunitarismus als Heilmittel oder Schicksal Europas?

Das Aufeinandertreffen von Anschauungen der liberalen Demokratien mit denen des religiösen Fundamentalismus bestimmter Migrantengruppen veranschaulicht unmittelbar die Grenzen der Kommunikation. Vor allem räumt dieser Zusammenprall mit der Illusion auf, dass eine Zivilgesellschaft nicht-liberale Segmente verkraften könne, die einer Parallel-Gemeinschaft entspringen.

Die für Europäer schwer nachvollziehbare Reaktion der islamischen Republik Iran auf das Urteil des Berliner Gerichts im Mykonos-Prozess von 1997 illustriert auf eindringliche Weise die Unvereinbarkeit unterschiedlicher weltanschaulich-zivilisatorischer Rechtsauffassungen in der internationalen Politik. Noch weniger verständlich ist die Verhaftung und Anklage eines deutschen Kaufmanns im Iran (als Rache für das Mykonos-Urteil) lediglich, weil er eine Muslimin geküsst haben soll, und die anschließende strafrechtliche Androhung der Steinigung. Was passiert, wenn innerhalb ein und derselben Gesellschaft solche radikal voneinander abweichenden Rechtsverständnisse im Namen von Gruppenrechten nebeneinander existieren? Diese Problematik macht die Debatte über den Multikulti-Kommunitarismus aktuell. Was bedeutet in diesem Kontext Kommunitarismus[1]?

Multikulturalisten unterstellen, dass die Förderung kommunitärer Strukturen, d. h. die Bildung kulturgemeinschaftlicher Eigengebilde der Migranten aus anderen Zivilisationen, innerhalb der bestehenden europäischen Zivilgesellschaften als Alternative zu der politischen und kulturellen Integration dieser Zuwanderer mit der Demokratie vereinbar sei. Wie die Multikulti-Ideologie und z. B. der klassenkampfartige Feminismus, so ist auch der Kommunitarismus ein Import aus den USA. Die Werte-Krise und die daraus resultierende Werte-Beliebigkeit sowie Orientierungslosigkeit in Europa fördern einen solchen Import, ohne dass die Folgen ernsthaft bedacht würden.

Unter Kommunitarismus versteht man in Fachkreisen im Multikulti-Kontext den Umstand, dass Menschen aus verschiedenen Religionen und Kulturen nach ihren eigenen Wertvorstellungen in Parallel-Gemeinschaften innerhalb einer bestehenden Gesellschaft leben. Der Begriff Kommunitarismus kommt vom englischen »community«. Eine kommunitaristische Multikulti-Gesellschaft ist kein aus Individuen bestehendes Gemeinwesen, sondern eine willkürliche Ansammlung von »communities«, d. h. partikularen Gemeinschaften. Um das schwerfällige Fremdwort am Beispiel des Islam – mit 15 Millionen Migranten die größte »community« von Zuwanderern in Europa – zu konkretisieren: Kommunitarismus würde bedeuten, dass Muslime im Westen eine eigene, nach eigenen Normen und Werten lebende »community« bilden könnten. Ein unter dem Deckmantel des Kommunitarismus stehendes islamisches Ghetto hätte zur Folge, dass sich islamische Migranten nach Gottesgesetzen der *Scharia* und nicht nach westlich-demokratischen Verfassungsnormen richten. Auf diese Weise werden die in Europa lebenden Muslime also nicht politisch als Bürger im Sinne von *Citoyen* integriert; sie erhalten Gruppenrechte und bleiben damit ein Fremdkörper in ihrer neuen Umgebung.

Ohne Multikulti-Verzierungen ausgedruckt: Eine Folge des Kommunitarismus ist, dass Migranten jeweils ein Ghetto als Parallel-Gemeinschaft bilden und sich darin nach ihrer eigenen Weltanschauung einrichten. Ist der Kommunitarismus die unvermeidliche Folge der Migration, sozusagen das *Qismet/*Schicksal Europas? Oder gibt es demokratische Alternativen? Sind Migranten Bestandteil ethnisch-religiöser Kollektive mit Gruppenrechten? Oder sind sie doch Individuen, die als *Citoyens/*Bürger integriert werden können?

Die deutsche Spielart des Kommunitarismus

Auf Deutschland bezogen ist es erstaunlich zu sehen, welche Früchte die angesprochene Werte-Krise in diesem Land trägt. Der Verlust von Gemeinsinn und der weit überzogene Individualismus bilden die Quellen der gegenwärtigen moralischen Misere der Orientierungslosigkeit in der Bundesrepublik. In diesem Zusammenhang war auch die Rede vom »Ende des

Individualismus«.[2] Beängstigend ist, dass die Deutschen gerne auf politische Propheten hören. Diesmal kam er aus Amerika, und sein Name ist Amitai Etzioni. Seine Ideen über den Kommunitarismus[3] mögen andere Akzente setzen als die Ideologie seiner Gefolgsleute, die vornehmlich in den Kreisen der protestantischen Gesinnungsethiker zu finden sind. Diese wurden einst von dem 1933 emigrierten, großen und bereits mehrfach zitierten Göttinger Philosophen Helmuth Plessner in seiner Rekonstruktion Deutschlands als *Die verspätete Nation*[4] der »Weltfrömmigkeit« bezichtigt.

Amitai Etzioni ist ein amerikanischer Gelehrter und kein »Weltfrommer«, auch wenn er manche Illusion pflegt.[5] Was immer auch die Deutschen aus dem Ausland einführen, es bekommt unweigerlich einen spezifisch deutschen, d.h. der Gesinnungsethik verwandten Charakter. So wird der notwendige und darum berechtigte Naturschutz bei uns zur fanatischen Ökoreligion, die rationale Kritik an den mit Autos überfüllten Straßen wird zum Anti-Auto-Kult des zum Mythos erhobenen Fahrrads; und ähnlich wird die deutsche Aufnahme der in Amerika von Etzioni nicht zu Unrecht gegen den übertriebenen amerikanischen Individualismus geforderten »Community«-Orientierung (vgl. Anm. 3 und 5) zu einer Neuauflage der autoritären, Individuum-feindlichen deutschen Romantik. Und mehr noch: Durch die Verbindung mit der Multikulti-Ideologie entsteht eine eigenartige deutsche Synthese von Multikulturalismus und Kommunitarismus.

Die Synthese von Multikulturalismus und Kommunitarismus – besonders in ihrer deutschen Spielart – kann zu einer Bedrohung des inneren Friedens in Europa werden. Dieser Fall wird eintreten, wenn diese Synthese der deutschen Gesinnungsethiker in einem subjektiv nicht intendierten Bündnis mit rechtsradikalen Kräften unter den Migranten, d. h. den Fundamentalisten, politische Formen annimmt. Die Bestimmung der Gesellschaft als demokratisches Gemeinwesen von freien Individuen – gleich ob einheimische Deutsche oder zugewanderte Ausländer steht im krassen Widerspruch zum Kommunitarismus. Sibylle Tönnies, die Enkelin des klassischen deutschen Analytikers und Verfassers von *Gemeinschaft und Gesellschaft* Ferdinand Tönnies, hat in einem Artikel in der Beilage zur Wochenzeitung *Das Parlament* richtig beobachtet:

> »Der Kommunitarismus ist eine Wiederholung der deutschen Romantik, die sich mit diesen Ideen gegen die Französische Revolution gewendet hat. Sie haben auf den deutschen Sonderweg geführt.«[6]

Im vorangegangenen Kapitel habe ich bereits Isaiah Berlins – von manchen Deutschen beanstandete – Einreihung der deutschen Romantik in die Strömung der Gegenaufklärung zitiert. Berlin war ein jüdischer Humanist, der das Dritte Reich erlebt hat und somit wusste, wovon er sprach. Auch wenn Kommunitaristen sich als Demokraten einstufen, steht ihre Orientierung in der von I. Berlin beleuchteten ideengeschichtlichen Tradition. In der zitierten Ausgabe der Beilage zum *Parlament* merkt ein anderer Beobachter des Kommunitarismus in Deutschland, Walter Schäfer, an, die deutsche Spielart dieser kollektivistischen Ideologie weise »Züge von Tugendterror und angestrengter Moralisierung sozialer Beziehungen« auf, und fügt dann hinzu, dass dieser »Gruppenautoritarismus« in die Gefahr geriete, »die individuelle Assoziationsfreiheit zu beschränken« (vgl. Anm. 1), was z. B. durch den Tugendterror der PC-Kultur bereits geschieht.

Die angesprochene Moralisierung des »Gruppenautoritarismus« ist genau das, was der aus dem Nazi-Deutschland geflohene Helmuth Plessner als Gesinnungsethik beschreibt. Als Protagonist des Dialogs meine ich es gewiss nicht polemisch, wenn ich anmerke: Ebendiese moralisierende Weltfrömmigkeit kennzeichnet den deutschen Protestantismus. In der Zeitschrift *Evangelische Aspekte* nannte ich im Anschluss an Plessner die deutsche Spielart des Protestantismus »eine deutsche Ideologie«. Die Französische Revolution ehrt das Individuum in seiner Bestimmung des *Citoyen.* Der deutsche protestantisch gefärbte Kommunitarismus verleugnet das Individuum und romantisiert das Kollektiv schönfärberisch im Namen des »Bürgersinns«.

Der multikulturalistische »Bürgersinn« ist eine schöne Idee, deren Realität im Multikulti-Zeitalter jedoch die der Gemeinschaft als Ghetto ist. Mit anderen Worten: Unter den Bedingungen des Multikulturalismus zerfällt das demokratische Gemeinwesen in Kulturghettos der Kollektive, die jeweils ihren eigenen, d. h. partikularistischen »Bürgersinn« haben. Das ist alles andere als die demokratische Kultur einer Zivilgesellschaft. Wenn deutsche Romantiker an sich selbst nichts mehr zu romantisieren finden, gehen sie dazu über, uns, d. h. die Menschen aus anderen Kulturen, zu romantisieren. Spielen wir dabei nicht mit – wie zum Beispiel meine Person –, dann werden wir verteufelt. Wir Einwanderer werden bei den Anhängern des Kommunitarismus zum Gegenstand der deutschen Romantik – ich möchte sagen – herabgestuft; sie gehen nun daran, in die Migranten das Fremdenbild vom *bon sauvage/*edlen Wilden zu projizieren. Hierbei werden Einwanderer mit der Ideenwelt der deutschen Romantiker überzogen und zur Zielscheibe entsprechender missionarischer Bemühungen gemacht.

Die Alternative zum Multikulti-Kommunitarismus ist die westliche Norm der individuellen Staatsbürgerschaft, nicht im deutschen, formaljuristischen Sinne, sondern in der westlichen demokratischen Tradition von *Citizenship/Citoyenneté*. Nach dieser Alternative würden muslimische Migranten keine wie auch immer romantisierte »community« als eine Parallel-Gemeinschaft bilden; vielmehr würden sie europäische Bürger einer Zivilgesellschaft werden. Nicht nur deutsche Romantiker diffamieren diese Vision als »Vergewaltigung der kulturellen Identität« der romantisierten Einwanderer; auch die Fundamentalisten unter uns Migranten weisen jede individuelle Integration vehement zurück. Es ist grotesk, wie es dann ungewollt zu einer »Links-Rechts-Koalition« der Kommunitaristen kommt.

Die Fundamentalisten und der Kommunitarismus

Fundamentalistisch orientierte muslimische Zuwanderer bedienen sich aus Opportunitätsgründen der neuen Synthese von Multikulti-Ideologie und Kommunitarismus, um so einer Integration entgegenzuwirken. Der französische Islamologe Gilles Kepel beobachtete dieses Phänomen in Frankreich:

> »Als erstes stellt das Auftauchen dieser gemeinschaftsorientierten Bewegungen den Begriff der ›Staatsbürgerschaft‹ in Frage, um den sich seit der Aufklärung das politische Leben im Abendland zentriert. Sie … reagieren darauf, indem sie ihren Anspruch auf gesellschaftliche und politische Anerkennung auf eine andere, durch den Bezug auf das Heilige abgesicherte Ebene verlagern.«[7]

In Westeuropa leben im Jahre 1998 – wie bereits angeführt – ca. 15 Millionen muslimische Zuwanderer, in den USA gibt es ca. 10 Millionen Muslime, einschließlich der konvertierten »Black Muslims«.[8] Gegen die islamischen kommunitaristischen Bewegungen im Westen, spezifisch in Deutschland, vertrete ich in den Medien als ein aufgeklärter Muslim das Konzept des Euro-Islam.[9] Noch sind islamische Kommunitaristen »weit davon entfernt, einen übermächtigen Einfluss auf das soziale Verhalten oder auch nur das Glaubensbekenntnis der Mehrheit der im Westen lebenden Muslime auszuüben«[10], wie der Mitstreiter Gilles Kepel den derzeitigen Stand der Diskussion zwischen uns formuliert. Mit ihm warne ich davor, den islamischen Fundamentalisten ihre Arbeit unter dem Deckmantel des Multikulti-Kommunitarismus zu erleichtern. Durch die zunehmende Migration stellt sich die Frage: Euro-Islam oder Multikulti-Kommunitarismus?

In Paris waren sich islamische und französische Experten darin einig: In Zukunft wird der soziale Frieden bei der Austragung von Konflikten davon abhängen, ob der Islam der Migranten in den Westen integriert oder eine kommunitäre Größe in einem Kulturghetto wird. Die französische, von mir mitgetragene und in einem richtunggebenden Buch zugängliche Diskussion wird in der Frage seines Untertitels zusammengefasst: *Intégration ou insertion communautaire?*[11]

Als islamischer Migrant, der in Europa als Bürger in Frieden und Demokratie leben will – und ganz gewiss nicht im Ghetto –, bin ich über das mangelnde Bewusstsein vieler Europäer in Bezug auf diese Konfliktpotenziale und deren soziale Symptome besorgt. Nochmals: Gegen Kommunitarismus zu sein bedeutet nicht, gegen Migration zu sein; vielmehr wird die Kritik daran von der Einstellung getragen, für die demokratische Integration der Einwanderer einzutreten.

Integration ist nicht bloß ein moralisches Postulat; sie bedarf der Erfüllung politischer und kultureller Voraussetzungen, um verwirklicht zu werden. Integration gelingt nur durch Abstandnahme von jeder an einer Multikulti-Ideologie orientierten Politik und eine Begrenzung der Zuwanderung unter Berücksichtigung der bestehenden Aufnahmekapazitäten europäischer Gesellschaften. Bei illegaler Zuwanderung und unkontrollierten Migrationsschüben (hierzu Kap. 10) kann Integration nicht gelingen. Sollte aber der Kommunitarismus siegen und mit einem Zustand *unkontrollierter Zuwanderung ohne Integration* einhergehen, dann wäre der innere Frieden in Europa gefährdet.

In erster Linie sind wir integrierten Migranten bedroht. Eine Gleichsetzung dieser Situation mit West- und Ostjuden ist schlicht falsch, ja, sie ist eine unangemessene Entstellung, wie ich in der Einführung zu diesem Teil an einem konkreten Beispiel gezeigt habe (vgl. S. 246f.). Hierin stimmt mein ostjüdischer Freund Shlomo Avineri mir mir überein.[12] Bei dem hohen Informationsstand unserer Zeit werden die Deutschen im 21. Jahrhundert anders als in der Vergangenheit – nicht verlogen sagen können: »Wir haben es nicht gewusst.«

In seinem bereits zitierten Buch *Allah im Westen* umreißt Gilles Kepel folgendes, auch für Deutschland gültiges Szenario:

> »Wenn sich jedoch die Situation in den Trabantenstädten, mit dem Erwachsenwerden Hunderttausender ›kleiner Brüder‹ und ›kleiner Schwestern‹ , denen der Arbeitsmarkt genauso verschlossen bleibt wie ihren Eltern, weiter zuspitzt, ist nicht auszuschließen, dass die Forderung nach einer gemeinschaftsbezogenen islamischen Identität, die jetzt ... nur von einer Minderheit und in der Öffentlichkeit zurückhaltend vertreten wird, sich radikalisiert und mehr Anhänger gewinnt« (Kepel, S. 342f.).

Das Ergebnis wäre nicht ein »Mehr« an einem von allen geteilten »Bürgersinn« gegenüber allzu viel Individualismus, sondern das Entstehen kommunitaristischer Parallel-Gemeinschaften, die nicht unbedingt in Frieden nebeneinander existieren. Besonders bedrohlich ist die Möglichkeit, dass die gut organisierten Fundamentalisten und ethnischen Nationalisten diese kommunitären Parallel-Gemeinschaften »hijacken« könnten. Ansätze hierzu liegen auch in Deutschland in vollem Umfang vor. Anstatt mehr »Bürgersinn« hätten wir dann Bürgerkriegsverhältnisse wie in Bosnien.

Ja zur Identitätsbewahrung. Nein zur Abschottung

Mit meinen Ausführungen möchte ich jedoch auf keinen Fall den Eindruck erwecken, eine Polarisierung zwischen Kommunitarismus (Parallel-Gemeinschaften) und Individualismus *(Citoyenneté)* zu betreiben. Gemeinsinn ist sozial förderlich und man sollte ihn nicht zurückweisen. Diese Erkenntnis gilt auch für die Migranten. Als islamischer Migrant in Deutschland bemühe auch ich mich, meine islamische Identität zu pflegen, jedoch indem ich sie mit meiner Zugehörigkeit zum demokratischen Gemeinwesen der bundesrepublikanischen Zivilgesellschaft vereinbare. Das ist kein Widerspruch. Ich möchte meinen Standpunkt am Beispiel des Islam-Unterrichts illustrieren, verbunden mit der Problematik der Säkularisierung, d. h. der Trennung zwischen Religion und Politik. Meine Frage lautet in diesem Zusammenhang: Wird die islamische religiöse Unterweisung (d. h.

der Islam-Unterricht) – so wie in England (vgl. S. 339) – anhand von fundamentalistischen Maududi-Texten, d. h. als Indoktrination, oder im Sinne eines liberalen Islam-Verständnisses betrieben?

Auf Deutschland bezogen muss die Antwort auf die gestellte Frage lauten: Religiöse Toleranz veranlasst zu einem »Ja« zum Islam-Unterricht, d. h. zur Identitätsbewahrung; es kommt jedoch darauf an, welcher Islam gelehrt wird und inwieweit hierbei eine Abschottungspolitik zur Verhinderung der Integration verfolgt wird. In meinem Buch über die Türkei habe ich gezeigt, wie der fundamentalistische Islam-Unterricht der türkischen Imam-Hatip-Schulen im Namen der Toleranz nach Deutschland exportiert wird, um die Integration der hier geborenen Türken zu verhindern.[13]

Bei der Diskussion über »islamische Identität« gilt es zu erkennen: Es gibt nur eine islamische Religion, aber zahlreiche lokalkulturell bedingte Spielarten hiervon. Die Islam-Interpretationen sind gleichermaßen zahlreich und widersprüchlich. Entscheidend beim Diaspora-Islam ist, ob eine liberale, reformfreundliche oder eine totalitäre Deutung des Islam[14] herangezogen und den Kindern der Migranten vermittelt wird.

Im Falle des Exports des fundamentalistischen Unterrichts aus der Türkei wird der Fundamentalismus allgemein nach Europa und spezifisch nach Deutschland eingeführt. Es geht dann nicht um die Bewahrung der kulturellen Identität, sondern um eine gezielte fundamentalistische Politik der Ghettobildung.

Der in einigen Fällen durchaus berechtigte Hinweis auf ein »Feindbild Islam« wird hier von den Fundamentalisten instrumentalisiert und für ihre Zwecke in Anspruch genommen, nicht um den Vorurteilen und Stereotypen den Kampf anzusagen, sondern um Legitimität zu gewinnen. Die Folge ist, dass jede Kritik an der fundamentalistischen kommunitaristischen Politik der Ghettobildung als Feindseligkeit gegenüber der Religion des Islam inkriminiert wird. Hierbei beanspruchen diese Fundamentalisten, die »wahren« Vertreter »des Islam« zu sein. Ein Beispiel ist die Gründung des Islamischen Parlaments in London durch den inzwischen verstorbenen extrem militanten islamischen Fundamentalisten Kalim Siddiqui am 4. Januar 1992. Er bekannte in seiner Eröffnungsrede:

»Wir haben uns Parlament genannt, weil wir vor allem anderen ein ›politisches System‹ im wahrsten Sinne des Wortes sind. Wir wollen den uns zukommenden Platz unter den grundlegenden Institutionen Großbritanniens einnehmen. Mit der

Eröffnung dieses Parlaments verwandelt sich die verschriene muslimische Gemeinschaft in eine politische Gemeinschaft, die über einen eigenen Willen und ein eigenes Ziel verfügt.«[15]

Das ist genau der ideologische Inhalt des Multikulti-Kommunitarismus. Der damalige britische Innenminister kommentierte diese Rede mit den Worten:

> »Eine derartige Absurdität erweist weder der öffentlichen Ordnung noch guten Rassenbeziehungen einen Dienst. Ich bin überzeugt, die muslimische Gemeinschaft in diesem Land achtet das Gesetz und wendet sich gegen diese Art Verlautbarungen.«[16]

Die Kritik an der Multikulti-Synthese von Kommunitarismus und Fundamentalismus ist kein Ausdruck eines unterstellten »Feindbilds Islam«, sondern eher ein Beitrag zur demokratischen Integration des Islam in Europa. Das wollen kommunitaristisch gesinnte Fundamentalisten wie z. B. die im Jahrbuch des Verfassungsschutzes angeführte Milli Görüş in Deutschland nicht.

Frankreich ist der europäische Nachbar Deutschlands, dessen Erfahrungen mit dem Kommunitarismus für ganz Europa lehrreich sind. Hierbei geht es auch um einen Werte-Konflikt. Seit der Französischen Revolution ist der Laizismus die dominierende Werte-Orientierung Frankreichs, die von islamischen Kommunitaristen gerade herausgefordert wird. In diesem Zusammenhang habe ich in meinem Buch *Im Schatten Allahs. Der Islam und die Menschrechte* die Formel geprägt: »Von Frankreich lernen.« Franzosen geben ihre Werte im Namen des Kulturrelativismus nicht auf; die französische Lösung bei der Diskussion über Multikulti-Kommunitarismus lautet in Paris, wie bereits zitiert, »intégration«, keine »insertion communautaire«. Auf den Islam bezogen, heißt sie: Euro-Islam, kein Ghetto-Islam (vgl. Anm. 11).

Deutschland kann von Frankreich lernen und sollte nicht, wie in der Vergangenheit, die deutsche Romantik (vgl. Kap. 4) – in einer Neuauflage – gegen die Werte der Französischen Revolution als Gegenaufklärung hervorkehren. Die kulturelle Moderne bestimmt den Menschen als ein Individuum im Rahmen der Subjektivität; politisch heißt dies *Citoyen*/Bürger. Der Kommunitarismus – vor allem die Spielart mit der Multikulti-Komponente – ist ein Rückfall in die Vormoderne, weil er im Namen des »Bürgersinns« den Tugendterror des Kollektivs predigt und ungewollt die fundamentalistische Politik der Abschottung fördert. Unter Bedingungen des Multikulti-Kommunitarismus würde Europa seine eigene Identität einbüßen. Europa wäre dann – wie die zentrale These dieses Buches lautet – nur noch das Wohngebiet für eine Ansammlung von kulturell unterschiedlichen »communities«, die durch keinen gemeinsamen Nenner verbunden sind. Außer den Vorzügen, die ein Sozialstaat bietet, wie z. B. der Gewährung von Sozialhilfe, hätten die Bewohner Europas keinerlei Gemeinsamkeit mehr. Mit der einheimischen Bevölkerung verbindet die Migranten nur die Sozialstaat-Mentalität, die ganz gewiss keine gute Grundlage für einen wie immer gearteten »Bürgersinn« und ein friedliches Zusammenleben darstellt.

Kepel über Islam und Kommunitarismus im Westen

Gilles Kepel hat eine hervorragende Studie über den Islam im Westen vorgelegt, deren Ergebnisse ich in diesem Abschnitt diskutieren möchte. Es handelt sich um eine außerordentlich wertvolle Analyse der Rahmenbedingungen für die Entfaltung von Konfliktpotenzialen im Zusammenhang mit der Aufnahme des Islam als einer neuen Religionsgemeinschaft in den Westen – vor allem durch Migration und die damit als islamisch-religiöse Doktrin verbundene Da'wa/Missionierung. Kepel weist überzeugend nach, wie es in Zukunft vom Umgang mit diesen Konflikten abhängen wird, ob der Islam in den Westen integriert oder eine kommunitäre Größe wird. In seinen Hauptkapiteln enthält Kepels Buch Beispiele für diese Konfliktpotenziale und deren soziale Symptome. Wie schön wäre es, wenn die vielen Gesinnungsethiker hierzulande dieses Buch als Pflichtlektüre lesen würden, bevor sie ahnungslos von der Idylle einer multikulturellen Gesellschaft schwärmen. Denn nur eine demokratische Integration der muslimischen Zuwanderer verspricht eine friedliche Bewältigung der angesprochenen Konfliktpotenziale. Kepel malt den Sieg des Kommunitarismus aus, wenn diese Integration parallel zu einer Beschränkung der Zuwanderung nicht gelingen sollte. Seine Ausführungen stehen vor dem Hintergrund der Trabantenstädte von Paris, die er in einem früheren Buch *Banlieues de l'Islam*/Vorstädte des Islam[17] genannt hat. Kepel weiß, dass die kommunitäre islamische Gruppenidentität noch von einer Minderheit vertreten wird. Bei einer Radikalisierung der sozialen Umstände würde sie immer mehr Anhänger gewinnen.[18] Und eine solche Radikalisierung ist vorhersagbar bei einer Gleichzeitigkeit von fehlender Integration und kollektiver Arbeitslosigkeit der Migranten.

Die Lage der Muslime und des Islam in Europa unterscheidet sich massiv von der in den USA, wo sich die Konversion zum Islam unter den Afroamerikanern ausbreitet – die ja keine Migranten sind. Was hierbei von den Konvertiten als »Black Islam« propagiert wird, hat mit der ursprünglichen Religion des Islam kaum mehr etwas zu tun; der Islam ist eine universalistische Religion, also nicht für eine »schwarze Minderheit«, die sich von Allah als »auserwählt« betrachtet. Zudem wendet sich der Islam gegen jeden Rassismus. Kepel zeigt jedoch, dass die kommunitaristische Bewegung »Nation of Islam« (falsch übersetzt mit »das islamische Volk«) – angeführt von Louis Farrakhan – den Rassismus der Weißen in einen Rassismus der Schwarzen umkehrt und zudem einen Antisemitismus vertritt.[19]

Ein anderes Gesicht hat der Islam in Großbritannien, wo die Muslime Zuwanderer aus Südasien (Indien, Pakistan, Bangladesch) sind. Kepel zeigt, wie sich die »Nation of Islam« des Amerikaners Farrakhan von dem englischen Rat der Moscheen von Bradford radikal unterscheidet, vor allem

> »in ihrem Verhältnis zum Islam, zum Dogma, zum eigentlichen Inhalt der Religion …; in Bradford betrachtet man die Schüler Farrakhan wohl kaum als Muslime. Dennoch trug in beiden Fällen die Berufung auf den Islam – welchen Sinngehalt man ihm im konkreten Fall auch verlieh – dazu bei, umrisshaft die Identität einer Gemeinschaft zu bestimmen, die im Vergleich zum amerikanischen oder britischen gesellschaftlichen Umfeld eine andersgeartete Kultur entwickelte« (Kepel, S. 125).

Die Vertreter der kommunitaristischen islamischen Bewegungen in England werden von Saudi-Arabien im Rahmen der finanziellen Förderung der islamischen *Da'wa*/Mission als Instrument zur Verbreitung des Islam in Europa massiv unterstützt. Die von den Saudis global und auch in Deutschland z.B. durch den Bau von Moscheen mit saudischen Geldern, d.h. mit Petro-Dollars geförderte *Hall-Islami*[20]/Islamische Lösung gilt auch für den Westen. Durch die Errichtung der saudischen Fahd-Akademie in Bonn haben die Saudis einen Fuß in die deutsche Islam-Diaspora gesetzt. Bei der Eröffnung war der geistesoffene und tolerante deutsche Außenminister Kinkel zugegen und hielt eine Eröffnungsrede, die unabhängig von seinem guten Willen einen legitimierenden Effekt[21] hatte. Das ist ein Paradebeispiel für die Ahnungslosigkeit deutscher Politiker beim Umgang mit diesem Phänomen.

Maududis Islam für Europa?

Die Werke des – auch nach seinem Tode wirkungsvollen – geistigen Vaters des islamischen Fundamentalismus in Groß-Indien, Abu al-A'la al-Maududi, sind die ideologische Hauptquelle des islamischen Kommunitarismus in Großbritannien. Maududi war ein indischer Muslim (gestorben 1979), der Anfang der 40er Jahre die fundamentalistische Bewegung der *Djama'at-i-Islami*[22] gegründet und der Spaltung des indischen Subkontinents in zwei Staaten 1947 vorgearbeitet hat. Für die Vertreter des politischen Islam in Großbritannien ist Maududi in zweifacher Hinsicht von Bedeutung: zum einen, weil sie mehrheitlich vom indischen Subkontinent stammen, und zum anderen wegen seiner religiös begründeten Lehre, dass Muslime und Nicht-Muslime nicht zusammen in einem säkularen Gemeinwesen leben können. Maududi hat zu Lebzeiten die Ansicht vertreten:

> »Wo es Demokratie gibt, kann es keinen Islam geben; wo der Islam vorherrscht, kann es keinen Platz für Demokratie geben.«[23]

Diese religiös-fundamentalistische Doktrin kann fatale Auswirkungen für die Islam-Diaspora haben, wenn Migranten sie annehmen. Allein schon aus diesem Grunde ist es höchst bedrohlich, dass Maududis Texte als Lehrbücher in islamischen Schulen in England verwendet werden.

Maududis Ablehnung der Demokratie hängt mit seiner Vorstellung zusammen, dass nur Gott der Herrscher sein kann. Wenn Menschen über sich selbst herrschen, dann sei diese Herrschaft des Volkes/Demokratie eine Götzenherrschaft. Der Islam erkenne nur die *Hakimiyyat Allah/*Gottes Herrschaft[24] an.

Natürlich gibt es liberale Muslime, die anders als Maududi denken. Die von Kepel beschriebene islamische religiös-kommunitäre Unterweisung in England (Islam-Unterricht) wird bedauerlicherweise anhand von Maududi-Texten betrieben. Jedoch sollte sich Religionsfreiheit nicht so weit erstrecken, dass eine Demokratie die Inhalte nicht mitbestimmen darf, also neutral im Abseits steht. Demokratie ist eine aktive Kultur. Demokratiefeindliche Inhalte dürfen nicht unter der Maske »religiöser Freiheit« Unterschlupf finden. Es muss möglich sein mitzureden, welche der Islam-

Interpretationen in den Schulen gelehrt wird: eine liberale, reformfreundliche oder aber eine totalitäre Deutung des Islam. Gerade im Namen der Freiheit darf diese Frage nicht offenbleiben.

Es ist kein Widerspruch, um Verständnis für den Islam zu werben und zugleich vor dem islamischen Fundamentalismus zu warnen: Islam als Weltreligion und Fundamentalismus als politische Ideologie sind zweierlei. Dies wiederhole ich unermüdlich in meinen Büchern. Im Sinne dieser Unterscheidung können wir die islamischen Fundamentalisten in England als »Maududisten« (Anhänger der Lehre Maududis) einstufen. Diese

> »beschuldigen ... die meisten der von Nichtmuslimen über den Islam verfassten Werke der Feindseligkeit oder Böswilligkeit« (Kepel, S. 178).

Bei Kepel ist die Kritik an der kommunitaristischen Ideologie des Fundamentalismus kein Ausdruck eines – von Fundamentalisten gern bemühten – »Feindbilds Islam«, sondern eher ein Beitrag zur demokratischen Integration des Islam in Europa. Das wollen die kommunitaristisch gesinnten Fundamentalisten verhindern, für die – wie Kepel über die Träger des islamischen Parlaments in London schreibt – eine »Integration im Sumpf der dekadenten westlichen Zivilisation überhaupt nicht in Frage (kommt)« (Kepel, S. 211).

Kann eine Demokratie hierzu im Namen der Toleranz duldsam schweigen?

Fallstudie: Der Islam in Frankreich[25] – Lehren für Europa

Seit der Veröffentlichung von *Les Banlieues de l'Islam* (vgl. Anm. 17) über die von Muslimen in Frankreich bewohnten *Banlieues*/Vorstädte gilt der Islamologe Kepel als einer der besten Kenner der islamischen Migration nach Europa. Im Mittelpunkt des Frankreich-Teils seines im vorangegangenen Abschnitt diskutierten Buches, *Allah im Westen,* steht die Schleier-Affäre, die er als *guerre de tschador/Tschador-Krieg* bezeichnet.[26]

Es mag manchem Deutschen schwerfallen, dem Franzosen Kepel zu folgen, wenn er hervorhebt, dass Frankreich über seine Werte seit der Dreyfus-Affäre nie so massiv gespalten war wie während der Schleier-Affäre. Kepels Beschreibung ist aber richtig. Mehr noch: Am Abend des 9. November 1989, als die Berliner Mauer fiel, war laut *Nouvel Observateur* das Gesprächsthema in Paris nicht Berlin, sondern die Schleier-Affäre.[27] Hierbei ging es um die Herausforderung des französischen Laizismus (Trennung von Religion und Politik) durch drei Zuwanderer-Musliminnen, die verschleiert, d. h. mit religiösen Symbolen, zur Schule gingen. Mit Hinweis auf die säkulare Verfassung Frankreichs wurde ihnen der Schulbesuch deshalb verweigert. Muslimischem Verständnis galt diese Verteidigung des Laizismus als Angriff auf den Islam. Kepel führt aus, wie islamische Fundamentalisten diesen Vorfall und den darauf folgenden politischen Konflikt um die Verschleierung der Frauen für ihre Belange missbrauchten:

> »... die Kontroverse um die Kopftuch-Frage (stellte) einen hervorragenden Anlass dar, Anhänger zu mobilisieren. In der Tat fühlten sich viele der muslimischen Jugendlichen, unabhängig von der Intensität ihres Glaubens, unbehaglich angesichts der Argumente des ›laizistischen Lagers‹, das gegen das Tragen des Kopftuchs in öffentlichen Schulen war« (Kepel, S. 267).

Es folgten zwei weitere große Schleier- Affäre in Nantua und in Grenoble, die Kepel ausführlich beschreibt und in ihren Kontext einordnet: Keineswegs ging es im Kern der Sache um die Schleier; dies wurde nur vorgeschoben, um kommunitaristische Forderungen der Islamisten innerhalb der Islam-Diaspora durchzusetzen. Auch Deutschland hatte im Juli 1998 seine Schleier-Affäre. Die baden-württembergische Ministerin Annette Schavan entschied richtig, dass eine verschleierte Lehrerin nicht lehren darf[28], weil religiöse Symbole der Abgrenzung nicht mit Toleranz im Einklang stehen und zudem die Verschleierung der Frauen im Islam keine religiöse Pflicht ist.

Ein Buch einer prominenten Türkin, Nilüfer Göle, über den Schleier als »Emblem des Islamismus« belegt, dass die Verschleierung der Frauen nur als ein Instrument zur zivilisatorischen Abgrenzung verwendet wird: Das Phänomen der Verschleierung der Frauen sei

> »eher ein Ausdruck des Konflikts mit der Moderne als eine Loyalität gegenüber der Religion des Islam«.

Diese Argumentation wurde auch von Ministerin Schavan bei ihrer soeben zitierten Entscheidung herangezogen. Nilüfer Göle fügt hinzu:

»Kein anderes Symbol kann mit solcher Wucht so schlagkräftig das Anderssein des Islam gegenüber dem Westen demonstrieren wie der Schleier ... Die zeitgenössische Verschleierung der Frauen dient der Unterstreichung, dass die Grenzen zwischen der islamischen und der westlichen Zivilisation ... unüberwindbar sind.«[29]

Das Beispiel des Schleier-/Tschador-Krieges in Frankreich ist exemplarisch und für die europäischen Nachbarn, also auch für Deutschland, lehrreich. In meiner Stellungnahme zu der oben angeführten Schleier-Affäre (vgl. Anm. 28) habe ich befunden, dass Ministerin Annette Schavan richtig entschieden hat. Bei diesem Gegenstand wird überdeutlich, dass es nicht um ein Stück Stoff, sondern um einen Werte-Konflikt ging und immer noch geht.

Seit der Französischen Revolution ist der Laizismus die dominierende Werte-Orientierung Frankreichs. Islamische Kommunitaristen der Islam-Diaspora fordern gerade diese Werte-Orientierung heraus. Hierin liegt die Erklärung für die große Reichweite der Schleier-Affäre und ihre Vergleichbarkeit mit der Dreyfus-Affäre. Zwei Jahre vor Kepel habe ich diesen Zusammenhang in meinem Buch *Im Schatten Allahs* unter dem Stichwort »Von Frankreich lernen« dargelegt. Die Schlussfolgerung lautet: Franzosen geben ihre Werte im Namen des Kulturrelativismus nicht auf. In diesem Sinne bieten sie ein Vorbild für Europa, wie einst durch die Aufklärung und die Französische Revolution.

Zusammenfassend: Die bisherigen Ausführungen machen an konkreten Beispielen deutlich, was Kommunitarismus ist und welche Folgen er hat, auch wie unterschiedlich er in den USA, Großbritannien und Frankreich auftritt. Dennoch ist der gemeinsame Trend, dass westliche Gesellschaften infolge des Multikulti-Kommunitarismus tendenziell aufhören, Gemeinwesen mit einheitlicher Werte-Orientierung zu sein, zu beobachten. Das veranlasst zur Wiederholung der Frage: Wird der Kommunitarismus das weitere Schicksal Europas bestimmen?

In diesem Kapitel möchte ich keine endgültige Prognose abgeben. Doch führt die Analyse zu der eindeutigen Schlussfolgerung, dass Europas Zukunft sich um die Frage drehen wird: Multikulti-Kommunitarismus oder demokratische Integration der Migranten als europäische *Citoyen*/Bürger. Die Beleuchtung der kommunitaristischen Tendenzen innerhalb der Islam-Diaspora wird uns noch als zentraler Inhalt des dritten Teils beschäftigen. Fundamentalistisch gedeutet, geht es um folgendes: Der Islam, so wird behauptet, kenne keine Trennung von Religion und Politik. Kommunitarismus bedeutet ein nach den Maßstäben des politischen Islam, unabhängig von der säkularen Mehrheitsgesellschaft geordnetes Ghetto.

»Politisches Engagement läuft über die vorherige Ausbildung einer starken kommunitaristischen Identität ... « (Kepel, S. 332).

Die Frage, ob der Kommunitarismus siegen wird, kann hier nicht entschieden werden; nur die Zukunft kann diese Frage beantworten. Sie hängt von den Europäern selbst ab: Wollen sie im Namen der Toleranz Parallel-Gemeinschaften (in Form von Enklaven) in ihren Zivilgesellschaften zulassen, die nicht nur *nicht* säkular sind, sondern von Vorstellungen der islamischen *Scharia* geleitet werden? Es ist nicht schwer zu erkennen: *Scharia*-Enklaven und demokratisches Gemeinwesen sind wie Feuer und Wasser[30], vertragen sich also nicht! Eine islamische Gruppe in Deutschland wollte mit dem von ihr getragenen *Fiqh*-Rat Anerkennung als Sprachrohr der in Deutschland lebenden Muslime erlangen. Die deutschen Behörden wussten nicht, dass *Fiqh* im Islam Sakraljurisprudenz heißt. Demzufolge wäre die Anerkennung einer sakralen Rechtsgemeinschaft, *nicht* einer islamischen Religionsgemeinschaft erfolgt. Das ist nicht nur Multikulti-Kommunitarismus, sondern eine rechtliche Abschottung im Namen einer indifferenten Toleranz. Dies führt uns zur Problematik der Toleranz im Allgemeinen, die ich im folgenden Kapitel erörtern und vertiefen möchte.

KAPITEL 6

Europäische Toleranz in der Krise:
Zwischen der offenen Gesellschaft und der
Instrumentalisierung ihrer Werte gegen die Demokratie

Indifferenz ist weder gegenseitige Toleranz,
noch zeugt sie von Dialogfähigkeit

Während der leider fast tagtäglich vorkommenden blutigen Massaker in Algerien seit 1992 haben algerische Fundamentalisten Abertausende von Frauen und Kindern ermordet und ihnen quasi rituell die Kehle durchgeschnitten. Diese Vorfälle wurden den Zeitungslesern durch die Häufigkeit so vertraut, dass die zu erwartende Empörung mehr und mehr ausblieb. Man schaut sich die Berichte darüber im Fernsehen an und nimmt sie fast wie einen Werbespot ohne Anteilnahme zur Kenntnis. Die amerikanische Presse berichtet darüber wie über das Wetter, wenn auch unter dem dramatischen Aufmacher »Algerian Killing«, die deutsche Presse unter der Überschrift »Neue Anschläge in Algerien«. Warum gehe ich einleitend auf diese Morde ein, obwohl sie nicht mein Thema sind?

Die europäische Wahrnehmung des algerischen Schlachtfelds wirft ein Schlaglicht auf die Gleichgültigkeit und Ignoranz des Westens gegenüber den dramatischen politischen Veränderungen in der Welt. In diesem Rahmen ist ein Bericht der *Frankfurter Allgemeinen Zeitung* vom 27.1.1998 von Bedeutung, mit der Überschrift »Islamisten erhalten Asyl, ihre Opfer nicht!« Ich frage mich: Ist das die europäische postmoderne Toleranz? Womit wir beim Thema dieses Kapitels wären.

Die folgende Zeitdiagnose und die daran anschließenden Überlegungen mögen die gestellte Frage indirekt beantworten. Ich beginne mit der Beobachtung, dass Europa als zivilisatorische Einheit gegen Ende des 20. Jahrhunderts nach einer fast fünfhundertjährigen Geschichte der westlichen Welthegemonie auf unsichere Zeiten schaut. Hierzu gehören die in den vorangegangenen Kapiteln mehrfach erörterten Phänomene des Werte-Verlustes und der Orientierungslosigkeit. Sie sind dafür verantwortlich, dass nicht mehr zwischen Tätern und Opfern unterschieden wird, ja sogar die Dinge auf den Kopf gestellt werden: Opfer werden abgeschoben, Fundamentalisten erhalten Asyl und dazu noch volle Finanzierung durch Sozialhilfeleistungen, die sie für ihre politischen Aktivitäten verwenden (vgl. S. 415ff.). Der historische Bogen vom einstigen europäischen Kolonialherrn und Eroberer zum europäischen Demutsengel von heute ist sehr weit gespannt.

Der Bogen beginnt mit dem Zeitraum 1500 bis 1800 als ein Zeitalter des »Aufstiegs des Westens« infolge einer »Militärischen Revolution« (hierzu Kapitel 1). Diese Zivilisation konnte kraft ihrer techno-wissenschaftlichen Waffenüberlegenheit einen Prozess einleiten, der aus dem ersten Teil als »europäische Expansion« vertraut ist. Aber nicht nur auf militärischer Überlegenheit basierende Hegemonie, koloniale Herrschaft, ja Faschismus und Völkermord hat diese neue Zivilisation hervorgebracht; sie hat auch positive Errungenschaften vorzuweisen, die die Befreiung des Menschen von Naturgewalt und den Fesseln der Tradition ermöglichten. Das Stichwort hierfür lautet: die kulturelle Moderne.

Habermas hat das Subjektivitätsprinzip als Substanz des neuen Menschenbildes, das die Befreiung des Menschen ermöglicht hat, beschrieben und dies als Grundlagen der kulturellen Moderne identifiziert.[1] Das sind Leistungen Europas, die auch nicht-europäische Zivilisationen für ihre Befreiung – auch von Europa – in Anspruch genommen haben.[2] Mit anderen Worten, Europa hat Normen und Werte zur Entfaltung gebracht, die eine Qualität von universeller Gültigkeit haben. Zu diesen Werten gehört die kulturübergreifende säkulare Toleranz der Aufklärung.

In diesem Kapitel frage ich, ob europäische zivilisatorische Anschauungen als Basis einer Leitkultur noch in Europa selbst gelten. Und noch mehr: Unterscheiden die Europäer zwischen Toleranz und Indifferenz? Ich habe meine Zweifel, und dieses Gefühl klingt immer wieder in diesem Buch an. Schon der einleitend festgestellte empirische Tatbestand, dass mörderische Fundamentalisten, die in ihren Heimatländern strafrechtlich verfolgt werden, in Deutschland als politisch Verfolgte anerkannt, während ihre Opfer als Nicht-Verfolgte abgeschoben werden können, veranschaulicht das Ausmaß an Orientierungslosigkeit, das meine Zweifel untermauert.

Von der Eurozentrik zu Europa im Abseits?

Meine Zweifel beziehen sich auf meine Alltagserfahrungen unter Europäern und auf meine Beobachtung, dass die Europäer gegen Ende des zweiten Millenniums derart an sich selbst zweifeln, dass viele unter ihnen – aus der Perspektive eines Nicht-Europäers betrachtet – zu rationaler Erkenntnis scheinbar nicht mehr fähig sind. Es ist nicht Vermessenheit, die mich zu der Behauptung führt, dass mir die Distanz zum kriselnden Europa hilft, die Dinge ohne getrübten Blick zu sehen, was mir eine rationale Erkenntnis ermöglicht. Vorrangig kritisiere ich hier viele gesinnungsethische deutsche Intellektuelle sowie ihre Denkmuster, die Alfred Grosser »Selbstmitleid« genannt hat. Ihre Gesinnungsethik wird bis zur Selbstverleugnung gesteigert. Die Folge ist die Unfähigkeit, zwischen Aufklärung und Faschismus, demokratischen Menschenrechten und Kultur-Imperialismus und – wie in dem einleitend angeführten Beispiel – zwischen Mördern und ihren Opfern zu unterscheiden. Indifferenz, Werte-Verlust und fehlende Maßstäbe reichen einander die Hand.

Parallel zu der angesprochenen europäischen Orientierungslosigkeit gelangen Nicht-Europäer in einem genau entgegengesetzten Prozess zu einer neuen Gewissheit, die ihr ausgeprägtes Zivilisationsbewusstsein ermöglicht. Hierbei verlangen sie offensiv die Entwestlichung der Welt. Ich habe diese Gleichzeitigkeit von Selbstverleugnung bei der einen Partei und überhöhtem Zivilisationsbewusstsein bei der anderen mit den Begriffen Kulturrelativismus und Neo-Absolutismus im vierten Kapitel angesprochen und näher diskutiert.

In unserer globalisierten Welt finden also gleichzeitig zwei konträre Entwicklungen statt, die im Rahmen zivilisatorischer Differenzen aufeinanderprallen: die zunehmende Selbst-Infragestellung Europas durch die an sich selbst zweifelnden Europäer einerseits und andererseits das durch ethnischen Nationalismus und religiösen Fundamentalismus artikulierte Selbstbewusstsein, das auch Zivilisationsbewusstsein nicht-westlicher Völker genannt werden kann.

Ist Europa unter diesen Bedingungen am Ende? Gerät der Kontinent, der nicht nur vom eurozentrischen Weltbild her, sondern auch von seiner realen Geschichte einer globalen Hegemonie her für mehrere Jahrhunderte im Zentrum der Welt gestanden hat, ins Abseits? Hat Europa seine Identität eingebüßt? Ist Toleranz der richtige Begriff, um die neuen europäischen Einstellungen zu beschreiben?

Es gibt eine Novität, die als Komplikation bei der Suche nach Antworten auf die gestellten Fragen wirken mag. Dies ist die Tatsache, dass Europa unter den Bedingungen des späten 20. Jahrhunderts, die sowohl mit Globalisierung als auch mit globaler Migration umschrieben werden können, diese Fragen nicht mehr für sich alleine beantworten kann und darf. In unserer Gegenwart hat Europa nicht-europäische Nachbarn, die es in seine Überlegungen einbeziehen muss: vor allem die Welt des Islam, die ich als eine Zivilisation charakterisiere, und ebenso die Migranten aus der nicht-europäischen Welt. Die Mehrheit der nach Europa drängenden Migranten kommt aus ebendieser islamischen Zivilisation, weshalb diese im Mittelpunkt des vorliegenden Buches über Europa stehen und den Schwerpunkt seines dritten Teils bilden werden. Anstelle der Konfrontation in dieser Krisensituation suche ich Vermittlung und Dialog – jedoch ohne Blauäugigkeit. Ohnehin habe ich als Orientale keine blauen Augen. Doch können Dialog und Vermittlung in Konfliktsituationen wie der vorliegenden nicht harmonisch wie die Sitzung eines Gesangvereins ablaufen. Dialog schließt Streit und Konfliktsituationen ein und erfordert zu seinem Erfolg die Erfüllung von Bedingungen und Voraussetzungen. Europa muss in der neuen Situation eine Balance finden zwischen den Extremen der klassischen Selbstherrlichkeit (Eurozentrik) und der Selbstaufgabe im Namen der Rücksicht auf den Anderen; beide Einstellungen können nicht zur Dialogfähigkeit beitragen.

Dialog statt gesinnungsethischer Selbstverleugnung

Der Humanismus verpflichtet Europa ethisch zum Frieden mit sich und mit seinen Nachbarn. Es ist daher ratsam, auf der Suche nach Formen des erträglichen Zusammenlebens den Dialog mit den Anderen anzustreben. Es ist sinnvoll, die Bedingungen des Kulturdialogs pointiert zu wiederholen: Ein Dialog zwischen Menschen, die unterschiedlichen Zivilisationen angehören und somit unterschiedliche Normen und Werte haben, muss als Ausgangspunkt der Tatsache Rechnung tragen, dass es ebendiese weltanschaulichen Unterschiede gibt; verleugnet man sie, dann wird der Dialog sinnlos. Zudem funktioniert der Dialog nur zwischen Partnern, die gleichermaßen kompromissbereit sind und über ihre eigene Identität Bescheid wissen, also ohne Selbstherrlichkeit und ohne Selbstaufgabe.

Bei der Gestaltung des angestrebten Dialogs muss berücksichtigt werden, dass weltanschauliche Differenzen das gegenseitige Verständnis erschweren können. Menschen sind in ihrer Humanität gleich, aber sie haben unterschiedliche Welt- und Selbst- und Fremdbilder, die miteinander in Konflikt geraten können. Die zur Beschreibung dieses Sachverhalts aus der deutschen Geschichte entnommene Schablone »Kulturkampf«, die heute als sprachlich und inhaltlich falsche Übersetzung der Huntingtonschen Zauberformel vom *Clash of Civilizations* kursiert, eignet sich nicht zu einem verantwortungsethischen Verständnis und zur Bewältigung der anstehenden Konfliktsituation.

Es gibt eine deutsche Tradition der wehleidigen Selbstzentrierung, die in neubelebter Form als eine Öffnung unter den angesprochenen veränderten Rahmenbedingungen unserer globalisierten Welt präsentiert wird. Damit will ich sagen, dass nicht nur Muslime ihre herkömmlichen Weltbilder und Anschauungen revidieren müssen, um dialogfähig zu werden. Auch die Europäer, und besonders die Deutschen, müssen eine ähnliche Aufgabe leisten. Beide Dialogparteien haben also eine Bringschuld zu erfüllen!

In meiner Diagnose der Zeit, in der wir leben, gehe ich angesichts der Globalisierung davon aus, dass sie gegen Ende des 20. Jahrhunderts als *Weltzeit* zu charakterisieren ist. In diesem Zusammenhang möchte ich drei gleichermaßen zentrale und unbequeme Fragen stellen und versuchen, sie tabufrei, also ohne Selbstzensur zu beantworten. Ich habe sie bereits auf dem 24. Frankfurter Römerberg-Gespräch (Juni 1997) beim Räsonieren darüber, ob sich Europa im Abseits befinde, gestellt und musste dafür einige fremdenfeindliche Diskriminierungen hinnehmen. Das ist auch der Grund, weshalb ich die Aufnahme meines Beitrags in die vorgesehene entsprechende Veröffentlichung verweigert habe. Solche Erfahrungen veranlassen mich zu der Frage: Ist dies die vielgepriesene deutsche Toleranz? Ich riskiere im Folgenden freies Denken und hoffe auf aufrichtig tolerante Leser.

Erste Frage: Warum werden eine Leitkultur und eine kulturübergreifende Moralität benötigt?

Diese Frage bezieht sich darauf, ob Europa im Zeitalter der Migration für seine kulturell zunehmend vielfältige Bevölkerung eine Leitkultur braucht. Die Multikulti-Floskeln lösen die brennenden Probleme nicht. Und zum anderen darauf, ob der Umgang Europas mit seiner nicht-europäischen islamischen Umwelt zusätzlich eine internationale, also kulturübergreifende Moralität erfordert. Anders formuliert: Der Islam betrifft Europa, zum einen als Nachbar in der südlichen und östlichen Mittelmeerregion, zum anderen ist er aber auch durch die Migration in Europa selbst präsent.

Schon aus der Fragestellung auf unterschiedlicher Ebene geht hervor, dass ich zwischen zwei Mustern des Dialogs unterscheide: einmal innerhalb Europas, also mit den Migranten, und dann an den europäischen Grenzen mit den islamischen Nachbarn. Als Verantwortungsethiker, der Tatsachen ins Auge schaut, und als Nicht-Europäer, der aus der eigenen *conditio humana* weiß, dass Menschen aus unterschiedlichen Zivilisationen unterschiedliche Normen und Werte haben, ja sich sogar in ihrer Denkweise grundlegend voneinander unterscheiden können, verabscheue ich die Gesinnungsethik, die kulturelle Unterschiede moralisierend verleugnet und alles nivelliert. Ja, ich empöre mich darüber, wenn bestimmte Europäer – und mag es noch so wohlmeinend sein – das Vorhandensein von Differenzen zwischen sich und uns schlicht bestreiten.

Das friedliche Zusammenleben von Menschen erfordert die rationale Bewältigung der Unterschiede und das Vorhandensein eines Konsenses über einen Normen- und Werte-Katalog. Nur wenn wir Unterschiede erkennen und über sie sprechen dürfen, versetzen wir uns in die Lage, den nötigen Konsens zu erreichen. Mit Hilfe dieses Konsenses wird das Zusammenleben in Frieden von Menschen, die unterschiedliche Selbst- und Weltbilder haben – ich nenne diese zivilisatorische Weltanschauungen – ermöglicht.

Innerer und sozialer Friede innerhalb Europas erfordern ein Einverständnis über Gemeinsamkeiten. Dies nenne ich »Leitkultur«, ohne die die bestehenden Spannungen, die bis zu Gewalttätigkeiten eskalierende Konflikte hervorrufen können, nicht bewältigt werden können. Es ist belanglos, ob man diese realen Konflikte – kurz, aber missverständlich – »Kulturkampf« nennt, oder ob man hierfür irgendeinen anderen Begriff heranzieht. Fest steht: Die angesprochenen Konfliktpotenziale lassen sich durch gesinnungsethische Moralisierungen nicht aus der Welt schaffen. Besonders gefährlich und für den Frieden abträglich ist die Neigung gesinnungsethisch denkender deutscher Intellektueller, zu tabuisieren und diejenigen, die sich an Denkverbote nicht halten, als »Kulturrassisten« zu diffamieren. Diese Problematik habe ich bereits im ersten Teil angesprochen.

Mein Begriff von einer konsensuellen, aber europäisch geprägten Leitkultur bezieht sich ausschließlich auf Europa selbst. Als ein intellektueller Brückenbauer empfehle ich Europa, im Umgang mit seinen nicht-europäischen Nachbarn gleichermaßen zu sich zu stehen wie in der Anerkennung der Anderen auf andere Formen zurückzugreifen, d. h. über sich hinauszugehen. Im Umgang mit anderen Kulturen muss Europa lernen, kulturübergreifende Muster zu akzeptieren, die ich internationale kulturübergreifende Moralität nenne.

Ich fasse zusammen: *Innerhalb Europas wird eine mit den Migranten zu teilende Leitkultur benötigt; außerhalb Europas eine internationale Moralität. Die erste muss europäisch, die zweite kulturübergreifend geprägt sein.*

Es ist gefährlich, grob zu verallgemeinern und von »den Deutschen« zu sprechen. Aber ohne begründete Generalisierungen kann man kein allgemeines Wissen erlangen. Helmuth Plessner spricht selbst verallgemeinernd von der Neigung der Deutschen, »dem Zauber der Extreme«, d. h. entweder dem einen oder dem ganz anderen, zu verfallen. Diejenigen Deutschen, die verantwortungsethisch geprägt sind, und andere nüchtern denkende Europäer werden hoffentlich dazu in der Lage sein, eine Leitkultur und internationale Moralität zu etablieren, weil Europa sonst unkalkulierbare Folgen bevorstehen.

Zweite Frage: Welche europäischen Werte sollten die Substanz der für Europa benötigten Leitkultur bilden?

Im dritten Kapitel habe ich die Kommunikation zwischen Menschen mit zivilisatorisch und weltanschaulich unterschiedlichem Hintergrund als »Kulturdialog im globalen Dorf« bezeichnet. Innerhalb Europas ist ein Dialog zwischen Europäern und nicht-europäischen Migranten, die Geltung für ihre Kultur innerhalb Europas beanspruchen, notwendig. Das Erfordernis einer Leitkultur setzt diesen Ansprüchen jedoch Grenzen. So kann in Europa – und dies schreibe ich als Muslim – kein Platz für die *Scharia* (das islamische Gottesgesetz) eingeräumt werden (vgl. Kapitel 8).

Das soeben angeführte Beispiel möchte ich näher erläutern. Die Islamisten unter den nach Europa eingewanderten Muslimen fordern im Namen kommunitaristischer Rechte (vgl. Kapitel 5) und im Rahmen eines Anspruchs auf eine eigene, allerdings konstruierte kulturelle Identität eine Geltung der *Scharia* für die muslimischen Migranten. Dagegen argumentiere ich: Die *Scharia* würde mit der säkularen Identität Europas kollidieren und steht in diametralem Widerspruch zu europäischen säkularen, d. h. von Menschen gestalteten, Verfassungen. Die Alternative zum Neo-Absolutismus der Islamisten (vgl. Kapitel 4) ist ein interkultureller Dialog, der Zivilisationsbewusstsein und zugleich Kompromissbereitschaft bei der Suche nach Gemeinsamkeiten als Zeichen der Dialogfähigkeit auf beiden Seiten erfordert. Über die Trennung von Religion und Politik und über individuelle Menschenrechte kann allerdings nicht verhandelt werden, weil die Aufgabe dieser Werte einer Selbstaufgabe der säkularen europäischen Zivilisation gleichkäme.

Das europäische Bewusstsein darf nicht ethnisch-exklusiv sein. Diese Forderung ist vor allem auf die Deutschen und ihre der Integration der Migranten im Wege stehende ethnische Bestimmung des Bürgers gemünzt. Im Gegensatz hierzu hat das okzidentale Europa eine kulturelle Moderne hervorgebracht, die, eben weil sie von ihrem Denkansatz her nicht ethnisch ist, geeignet ist, kulturübergreifend zu gelten. Die benötigte Leitkultur innerhalb Europas, für die ich plädiere, soll eben auf dieser kulturellen Moderne basieren.

Die Europäer scheinen einer zweiten Aufklärung zu bedürfen, in deren Rahmen sie ihr Verhältnis zum nicht-europäischen Rest der Welt im interkulturellen Dialog[3] bestimmen. Zu den Aufgaben gehört, ihr ethnisch-exklusives Denken zu entromantisieren. Allerdings dürfen sie damit nicht fälschlich eine Selbstverleugnung verbinden – dies war die zentrale These des ersten Kapitels. Auf dem Boden der europäischen kulturellen Moderne müssen sie einen Normen- und Werte-Katalog verbindlich für sich und andere verlangen. Ich nenne diesen Katalog Leitkultur.

Es ist wichtig, zu wiederholen und erneut daran zu erinnern, dass die Forderung nach einer Leitkultur von einem semitischen Araber und Angehörigen der islamischen Zivilisation kommt, der zugleich Migrant ist und Europa angehören will, d. h. als ein Fremder um Anerkennung und Einbeziehung kämpft.[4] In dieser Eigenschaft bin ich der Auffassung, dass Europa mit seiner kulturellen Moderne die soeben erläuterte Leitkultur bietet. Ich fasse sie mit wenigen Worten zusammen: Primat der Vernunft vor religiöser Offenbarung, d. h. vor der Geltung absoluter religiöser Wahrheiten, *individuelle* Menschenrechte (also nicht Gruppenrechte), säkulare, auf der Trennung von Religion und Politik basierende Demokratie, *allseitig anerkannter* Pluralismus sowie ebenso gegenseitig zu geltende säkulare Toleranz. Die Geltung dieser Werte macht allein die Substanz einer Zivilgesellschaft aus.[5]

In diesem Kapitel will ich den Fokus auf die säkulare »Toleranz« als westlichen Wert richten. Zuvor aber zur letzten meiner drei Fragen.

Dritte Frage: Woran krankt der Kulturdialog?

Bei der Erörterung dieser Frage steht die Tatsache im Mittelpunkt, dass ein Dialog zwar eine vordringliche Aufgabe, aber dennoch in der Substanz leider noch nicht vorhanden ist, auch wenn fruchtbare Ansätze dazu vorliegen (z. B. der Cordoba-Trialog im Februar 1998). Wenn der FDP-Politiker Jürgen Möllemann mit den iranischen Mullahs spricht, ist das sein »Business« und kein »Dialog«. Niemand wird bestreiten können: Der unverzichtbare Kulturdialog innerhalb Europas mit den Migranten und der Dialog zwischen den Zivilisationen, d. h. zwischen Europa und seinen Nachbarn, sind kein »Business«, sondern eine Option zugleich für den inneren und den äußeren Frieden Europas. Doch warum kommt es nicht zu einem substantiellen Dialog?

Ein aufrichtiger, Werte-orientierter Kulturdialog kommt nicht in Gang, weil beide Seiten die hierfür erforderlichen Voraussetzungen nicht erfüllen. In ihrer Sinnkrise sowie in ihrem Pendeln zwischen Euro-Arroganz und Selbstzweifeln (vgl. Einleitung) neigen die Europäer zur Selbstverleugnung; sie verstehen nicht, dass Nicht-Europäer dieses fehlende Zivilisationsbewusstsein entweder als Schwäche oder als Ausdruck der Dekadenz einer ohnehin kriselnden Zivilisation wahrnehmen. Die Folge ist, dass – aus Höflichkeit nicht offen ausgesprochene – Geringschätzung und

Verachtung für die Europäer bei den Nicht-Europäern aufkommen. Auch behindert diese Einstellung den Dialog. Mit anderen Worten: Am fehlenden Zivilisationsbewusstsein krankt der Kulturdialog auf der europäischen Seite.

Auf der nicht-europäischen, hier spezifisch der islamischen Seite, die Europa beim Übergang zum 21. Jahrhundert besonders angeht, verstehen Nicht-Europäer etwas anderes unter Dialog. Für die Muslime, die unter einem Dialog die *Da'wa*/Aufruf zum Islam verstehen, ist Austausch nicht das Ziel. Im Sinne der Verpflichtung ihrer Religion zur *Da'wa*/Aufruf zum Islam verstehen sie unter Dialog eine Missionierung und nicht eine gegenseitige Verständigung auf der Basis eines säkularen Normen- und Werte-Katalogs, den ich Leitkultur nenne. Besonders die Islamisten binden die Migration an das Ziel der Islamisierung. Ich möchte noch einmal auf ein bereits berichtetes Erlebnis zurückkommen: Bei dem Cordoba-Trialog vom Februar 1998 hat der Imam von Jericho, Scheich Rajai Abdou, in aller Aufrichtigkeit und Offenheit dieses Problem angeführt und seine Gewissensnöte dargelegt, die ihm der Umstand bereitete, dass die in Cordoba zum Trialog Versammelten Austausch und nicht Bekehrung zum Islam im Sinne hätten.

Eben weil viele Muslime Europa als einen »Kontinent im Abseits« wahrnehmen, durchdrungen von Sittenverfall, Drogensucht, Gottlosigkeit und Prostitution, glauben sie – zugleich missionarisch und wohlmeinend – durch die von ihnen angestrebte Islamisierung Europas zum Wohle des »dekadenten Europäers« beizutragen. Auch christliche Missionare mögen solche »ehrlichen« Absichten bei ihrer Arbeit verfolgen, fest steht: Missionierung ist kein Dialog.

Die selbstverleugnerische Haltung der Europäer unserer Zeit stößt auf die selbstherrliche Haltung der Islamisten und verstärkt dieses muslimische missionarische Bewusstsein. So entsteht eine Fehlwahrnehmung von Dialog als einem Mittel zur Verbreitung des Islam in Europa. Besonders protestantische Pfarrer verstehen dies nach meiner Beobachtung im Dialog nicht.

Einleitend sprach ich von einer Diagnose unserer Zeit, die ich *Weltzeit* nenne. Im Zeitalter der Zivilisationskonflikte und der Entwestlichung der Welt bildet diese Diagnose die Grundlage meines Plädoyers für den Kulturdialog innerhalb und außerhalb Europas als Instrument des Friedens. Dieses Erkenntnisinteresse und dieses politische Ziel stehen hinter den oben gestellten und erörterten drei Fragen, die ich bereits im Rahmen des 24. Römerberg-Gesprächs 1997, also vor dem Schreiben dieses Buches, aufgeworfen habe. Die vorläufigen Antworten darauf machen deutlich, dass nicht moralisierende Gesinnungsethik, sondern ein verantwortungsethisches Ansprechen das Problem »Europa im Abseits« überwinden hilft.

Indem ich zum zweiten Teil dieses Kapitels übergehe, möchte ich, wie angekündigt, das Thema Toleranz näher beleuchten und hierbei wiederholen, dass Dialog ohne Toleranz nicht möglich ist. Aber was ist Toleranz?

Der bisherige monokulturelle Toleranzbegriff muss kulturübergreifend erweitert werden. Wenn Europäer dies nicht verstehen und die Erweiterung ihres Horizonts im Sinne einer Öffnung für andere Kulturen und Zivilisationen unterlassen, dann bleibt es bei der bereits in der Einleitung beklagten Euro-Arroganz. Das Gerede über Toleranz entpuppt sich schnell als Heuchelei, wie ich mit Bedauern bei dem Gießener Philosophen Werner Becker in einer höchst unerfreulichen Erfahrung feststellen musste. Auf meine sehr wohlwollende, mit langen rationalen Begründungen verbundene Aufforderung hin, doch zu erkennen, dass eine kulturübergreifende Erweiterung des Blickes erforderlich ist, weil der Rahmen heute nicht Deutschland bzw. Europa, sondern eine »Toleranz im globalen Dorf« heißt, antwortete der Toleranz-Theoretiker in der Zeitschrift *Ethik und Sozialwissenschaften:* »Auf das Unsachliche gehe ich nicht ein.«[6] In meiner Wahrnehmung als Nicht-Europäer klingt diese Abweisung rassistisch, als ob nur deutsche Philosophen »sachlich«, sprich rational, denken könnten.

Was heißt Toleranz im globalen Dorf?

Gleich einleitend möchte ich bei der Diskussion des Toleranzbegriffes das Recht auf ein Anderssein unterstreichen und auch für mich in Anspruch nehmen. Als ein in Damaskus geborener und sozialisierter semitischer Araber muslimischen Glaubens möchte ich meine Kritik persönlich, also nicht in einem abstrakten Gerede deutsch-professoral vergeistigend, das heißt das eigene »Ich« negierend, vortragen. In diesem Stil werde ich meine Überlegungen über Toleranz präsentieren – wie übrigens generell in diesem Buch.

Um zu veranschaulichen, was ich mit meinem nicht-deutschen Stil und meiner Argumentationsweise meine, möchte ich auf das Motto dieses Buches zurückgreifen: Der in Budapest geborene und vor dem Nazi-Terror nach Frankreich geflüchtete Psychoanalytiker Joseph Gabel zitiert in seinem Werk über *Ideologie und Schizophrenie* im Motto aus Albert Béguins *Faiblesse d'Allemagne* folgendes Urteil:

> »Mehr als die angeblich rationalistischen Völker sind die Deutschen einer so vollkommenen Unterdrückung des Subjekts fähig, dass allein der Intellekt bleibt und dass der Dämon des Abstrakten unerhörte Triumphe feiert.«[7]

Dieses in meinem Motto artikulierte Urteil vergegenwärtigend gilt: Die Toleranz setzt einen Konflikt, der sich auf den Gegensatz von Normen bezieht, voraus; sie besteht nach der Klärung des Gegenstandes in der Anerkennung der anderslautenden Norm. Die Anerkennung gilt also auch für die andere Denkweise, in diesem Fall: die nicht »dem Dämon des Abstrakten« versklavte, also nicht-vergeistigte Denkweise. Als ein Araber denke ich anschaulich, an Beispielen orientiert, bringe mich und meine Erfahrungen ein. Der eine nennt dies »unsachlich«, der andere »Selbstdarstellung«, ich nenne diese Qualifizierungen intolerant.

Meine Kritik hängt mit meiner »Seinslage« (Karl Mannheim) als ein zwischen den Kulturen lebender Mensch zusammen. In der frühen Phase meines Lebens in Deutschland – also in meiner Anpassung – war ich ein Mensch aus dem arabo-islamischen Orient, der im Alter von achtzehn Jahren nach Europa kam und dem »despotischen Orient« entfliehen wollte. Ein »Asylbewerber« war ich nicht, weil ich auf Kosten meines vermögenden »Banu al-Tibi-Clans« zum Studium nach Frankfurt kam.

Es war ein Zufall, dass meine Studienjahre in die Blütezeit der Frankfurter Schule fielen, in deren geistigem Umfeld ich meine Lehrjahre verbrachte. Damals hatte ich den deutschen vergeistigten Stil des Denkens angenommen. Meine zwischen den Jahren 1971 und 1981 erschienenen frühen Bücher dokumentieren diese Neigung. Heute bin ich – nach Wiederentdeckung der eigenen Identität sowie der Erkenntnis, dass die Welt weit größer als Europa, geschweige denn als Deutschland ist, ja zu einem »globalen Dorf« zusammengeschrumpft ist – sehr bewusst ein interkulturell denkender und handelnder Mensch. Hierzu gehört, dass ich eine vergeistigende Abstrahierung von Lebenslagen strikt ablehne. In diesem

Sinne fordere ich Toleranz für mein »Anderssein« ein und erwarte Anerkennung.[8]

Der erste Kritikpunkt an vielen ethnisch Deutschen, wie z. B. an W. Becker (ich bin politisch ein deutscher Verfassungspatriot, aber ethnisch ein Nicht-Europäer), bezieht sich darauf, dass sie die Toleranz in einem vergeistigten Sinne definieren, in der Praxis, d. h. ihrem konkreten Verhalten, aber Toleranz völlig vermissen lassen. Die von mir in Deutschland oft erfahrene Intoleranz bezieht sich auf Dinge des Alltags. Als Professor an einer deutschen Universität spreche ich dennoch mit den Händen sowie mit Herz und Seele, also nicht vergeistigt, wie es offenbar einem deutschen Professor ansteht, dessen Grundzüge ich nicht annehmen will. Für viele deutsche Professoren bin ich deshalb ein »Erzähler«, kein Wissenschaftler. Mein Trost ist, dass ich bei meinen Vorträgen vor gebildetem deutschen Publikum besser ankomme als die Nicht-Erzähler.

Toleranz bezieht sich nicht nur auf Normenkonflikte, sondern auch auf die Fähigkeit zur Empathie, also auf die Sensibilität, das sozialpsychologische Anderssein der Migranten und anderer Nicht-Europäer zu verstehen. Ich räume natürlich ein, dass Europäer nicht automatisch alles, was sie verstehen, auch tolerieren müssen. Doch ist die geforderte Sensibilität eine wichtige Voraussetzung, zur Toleranz überhaupt fähig zu sein und andere Menschen anzuerkennen. Dazu gehört der Stil des Denkens und der Argumentation. Meine Kritiker könnten mir hier vielleicht eine widersprüchliche Argumentation vorwerfen: *Scharia* ablehnen und Muslime akzeptieren wie soll das gehen? fragen sie. Bei ein wenig mehr Sensibilität und Wissen über den Anderen zeigt sich jedoch schnell, dass es kein Widerspruch ist, die Gefühlswelt von Nicht-Europäern zu verstehen, zu tolerieren und die Anerkennung des Anderen nicht gleichzusetzen mit Akzeptanz von »Gottesgesetzen«. Mehr Wissen über die *Scharia* zeigt zudem, dass die *Scharia* postkoranisch von Menschen konstruiert worden ist und nicht zur islamischen Offenbarung gehört.

Toleranz im globalen Dorf erfordert von den Menschen nicht nur Anpassung an Standards der Gemeinsamkeiten, sondern auch Fähigkeit zu kritischer Distanz. Bei vielen deutschen Intellektuellen, deren Denkqualität, Stringenz und hohen Grad an Reflexivität ich bewundere und von denen ich auch lerne, stelle ich jedoch häufig eine mono-kulturelle Perspektive fest; sie ist leider – wie die der meisten deutschen Gelehrten – sehr eurozentrisch, um nicht zu sagen provinziell. Ein Beispiel hierfür ist der zitierte Becker; er schreibt über Toleranz, sein realer Kontext beschränkt sich jedoch auf Deutschland – nur teilweise um den europäischen Kontinent erweitert. Wenn er schreibt: »Die Toleranz in der Welt von heute«, dann umfasst die Welt für ihn nur Europa. Aus diesem Grunde glaubt er nach der Feststellung, dass Toleranz ihre rechtsstaatliche Institutionalisierung erst in der Demokratie erhält, folgern zu können:

> »Wir befinden uns als Demokraten zum ersten Mal in diesem Jahrhundert in der glücklichen Lage, dass fundamentale Alternativen nirgendwo öffentlichkeitswirksam diskutiert werden« (wie Anm. 6).

Als Nicht-Europäer, der mit Becker die Norm der Demokratie teilt, kann ich seiner Feststellung – auf der Basis der empirischen Fakten nicht beipflichten. So kann ich beispielsweise für die Zivilisation, aus der ich stamme, eine solch »glückliche Lage« nicht feststellen. Ich möchte dies mit folgenden Fakten untermauern:

Sehr öffentlichkeitswirksam wird in jenem Teil des Globus eine Schrift des großen geistigen Führers des Fundamentalismus, Abu al-A'la al-Maududi, diskutiert, in der unter anderem folgende Passage steht:

> »Ich sage es Euch Muslimen in aller Offenheit, dass die säkulare Demokratie in jeder Hinsicht im Widerspruch zu Eurer Religion … steht … Der Islam, an den Ihr glaubt und wonach Ihr Euch Muslime nennt, unterscheidet sich von diesem hässlichen System total … es kann keine Übereinstimmung zwischen Islam und Demokratie geben.«[9]

Ist das Ausdruck einer »glücklichen Lage«? Und kann diese Position Toleranz für sich in Anspruch nehmen?

Sicherlich kann eine Auslegung des Islam auch zu anderen Schlüssen gelangen[10], d. h., dass Islam und Demokratie doch vereinbar sind. Es gibt sogar westliche, gleichgültige Islam-Kenner, die ihre Toleranz so weit ausdehnen, dass sie die islamische Ablehnung der Demokratie als eine »islamische Spielart der Demokratie«[11] deuten. Aber öffentlichkeitswirksam ist in der Welt des Islam die soeben zitierte Position von Maududi. Ich habe im vorangegangenen fünften Kapitel darauf hingewiesen, dass Texte von Maududi an muslimischen Schulen in Großbritannien im Unterricht als Lehrbücher verwendet werden. Ist das die europäische post-moderne Toleranz?

Mein Argument ist, dass die »Welt von heute« sicherlich nicht mehr auf Europa beschränkt und zu einem »globalen Dorf« zusammengeschrumpft ist.[12] Bei eurozentrisch eingestellten Menschen beschränkt sich die Wahrnehmung nur auf den eigenen Teil der realen Welt, weshalb die getroffenen Urteile nicht mehr zutreffend sein können. Es ist bedauerlich, dass der Hinweis auf die veränderten Realitäten in einer globalisierten Welt von Seiten dieser Europäer die Beschimpfung einbringt, »unsachlich« zu sein. Ich wiederhole es: Das ist schlicht eurozentrische Intoleranz.

Migration und Toleranz

Zum »globalen Dorf« gehört auch die Tatsache, dass in unserer Zeit Menschen aus nicht-westlichen Zivilisationen als Migranten nach Europa kommen, woraus Normenkonflikte erwachsen, die ich in einem früheren Buch, *Im Schatten Allahs*[13], am Beispiel der Gültigkeit und Akzeptanz der Menschenrechte illustriert habe. Toleranz setzt die Geltung eines weltanschaulichen Pluralismus voraus, der allerdings von allen Parteien – also auch von den Migranten – akzeptiert werden muss. Aber gibt es nicht doch Grenzen für die Toleranz, wo man »nein« sagen muss?

Jede Diskussion über Toleranz im Multikulti-Zeitalter muss eine gedankliche Verarbeitung von Alltagserfahrungen umfassen. Eine deutschvergeistigte Art der Diskussion über Toleranz in der multikulturellen Gesellschaft ist zu dieser Aufgabe nicht fähig. Erster Ausgangspunkt muss die Erkenntnis sein, dass jede wirklich pluralistische Gesellschaft ohne eine Leitkultur nicht auskommen kann. Ob es, wie islamische Fundamentalisten oft vortragen, intolerant ist, auf der Basis einer Leitkultur ihre fundamentalistischen Anschauungen zurückzuweisen, sei dahingestellt. Es ist müßig, die Forderungen von Fundamentalisten im Rahmen der Toleranz zu diskutieren, wenn sie bei ihnen zum Instrument herabsinkt, um sich jeden Versuchs, ihnen Grenzen zu setzen, zu erwehren.

Meine Schlussfolgerung lautet, dass Toleranz nicht in jeder Hinsicht grenzenlos ist und auch nicht vorschreibt, alles Abweichende zu dulden. Als Muslim, der für eine kulturübergreifende, an der kulturellen Moderne orientierte Toleranz eintritt, ohne sich der Selbstverleugnung zu verschreiben, freue ich mich, wenn ich aus einer christlichen Feder lese, dass

»das Gebot Jesu, demjenigen auch die andere Wange hinzuhalten, der einem bereits einen Schlag auf die eine Wange versetzt hat, mit Toleranz ... in diesem Sinne nicht vereinbar« (Becker, wie Anm. 6) sei.

Allerdings darf daraus kein Recht auf Intoleranz abgeleitet werden. Andererseits trifft es zu, dass Toleranz zwar dazu verpflichtet, Positionen zu tolerieren, die man nicht teilt, nicht aber die moralische Selbstaufgabe einschließt. Für die Ausübung der Toleranz gilt die Grundvoraussetzung, dass die eigene Position beibehalten werden kann und hierfür die Bedingung der Gegenseitigkeit gilt. Im westlichen Dialog mit nichtwestlichen Neo-Absolutisten (z. B. Fundamentalisten) sind diese Voraussetzungen nicht gewährleistet.

In der Regel wird von Islamisten im Namen der Toleranz offensiv Toleranz für die Intoleranz verlangt. In anderen europäischen Ländern, z.B. in den Niederlanden, werden substantielle Diskussionen darüber geführt, ob die im Westen gedeihende Mode des selbstverleugnerischen Kulturrelativismus der Intoleranz im Namen der Toleranz Tür und Tor öffnet. Eine dieser großen Diskussionen ist die in Buchform erschienene und auch von mir getragene Amsterdamer Debatte über »The Limits of Pluralism. Neo-Absolutism and Relativism«.[14] Diese internationale Debatte wurde im vierten Kapitel vorgestellt. Bedauerlicherweise wurde sie in der deutschen Diskussion nicht wahrgenommen. Ich bin der Auffassung, dass eine systematische Diskussion der Zusammenhänge Toleranz – Kulturrelativismus – Multikulturalismus im Kontext der Gefährdung der Demokratie in Europa nach dem Slogan »Democracy Against Itself«[15] ein dringendes Desiderat ist.

Zusammenfassend möchte ich feststellen, dass jeder Entwurf über die Idee der Toleranz weit über das Ideengeschichtliche hinausgehen muss. Wenn wir die Realgeschichte zur Kenntnis nehmen, können wir feststellen, dass die Idee der Toleranz in Europa gepredigt wurde, aber nicht »zur praktizierten ethischen Kultur des europäischen Christentums gehört«[16] hat. Auch W. Becker, der dies beklagt und Toleranz predigt, aber die Aufforderung zur kulturübergreifenden Erweiterung der Perspektive als »unsachlich« ablehnt, erweist sich selbst – in dieser Tradition stehend – als geistig tolerant, aber praktisch intolerant. Jede Perspektive, die nicht der Tatsache Rechnung trägt, dass die Welt in unserem »Global Age«[17] zu einem globalen Dorf geschrumpft ist, bleibt der eurozentrischen Betrachtungsweise verhaftet und führt in der Konsequenz zu falschen Schlussfolgerungen. Zu der eurozentrischen Betrachtungsweise gehört die Fehlwahrnehmung, dass das, was in Europa gilt, auch für die übrige Welt zu gelten habe.

Jenseits der deutschen Liebe zur Vergeistigung und zu rein begriffslastigem Denken besteht die Welt aus einer – schon von Raymond Aron lange vor Huntington festgestellten – »Heterogenität der Zivilisationen«[18]. Jede dieser Zivilisationen hat ihre eigene Weltanschauung, so dass in einer zum globalen Dorf gewordenen Welt die Frage des »weltanschaulichen Pluralismus« und somit der Toleranz nicht allein auf den europäischen Kontinent beschränkt bleiben darf. Der weltanschauliche Konflikt kann politisiert werden, woraus ein weltanschaulicher Krieg der Zivilisationen[19] erwachsen kann, der den Weltfrieden im Übergang zum neuen Millennium gefährden kann. Die Ausführungen dieses Kapitels veranschaulichen den großen Bedarf, erneut über Toleranz in einem interkulturellen Rahmen nachzudenken, um hierdurch in der Lage zu sein, die Perspektive über die eurozentrischen Begrenzungen hinaus zu erweitern.

DRITTER TEIL

Muhadjirun oder Citoyens?
Die größte Herausforderung an die säkulare Identität
Europas: Muslime zwischen Ghetto- und Euro-Islam

»Die *Hidjra*/Migration wird im Früh-Islam zur Voraussetzung für die Erschließung von Ressourcen. Die *Hidjra* ist ein zentraler Begriff im Islam, weil die islamische Zivilisation ihr ihre Verbreitung verdankt. Es ist wahr, dass *Hidjra* im engen Sinne die Übersiedlung des Propheten und seiner Anhänger unter den Quraischis nach Medina bedeutet ... aber später wird die *Hidjra* als Migration zum Ausdruck des Glaubens und der Bereitschaft zur Führung des *Djihad* ... Der wahre Islam ist eng verbunden mit der Migration.«

Der tunesische Philosophie-Professor Hichem Djait, *al-Fitna*/Der inner-
islamische Krieg, Beirut 1997, S. 49.

»Die Migration nach Europa und Amerika (als *bilad al-kufr*/Land des Unglaubens, B.T.) ist für Muslime nicht nur erlaubt, sondern auch obligatorisch ... In der Tat, die Rahmenbedingungen für die Ausübung des sowie für den Aufruf zum Islam sind in Europa und Amerika besser als in den meisten islamischen Ländern.«

Fetwa/Rechtsgutachten des marokkanischen Scheichs Abd al-Aziz al-Siddiq
(1985), zitiert nach Dale Eickelman/James Piscatori (Hg.), *Muslim Travellers*)
Berkeley 1990, S. 42f.

Einführung

Während meines Aufenthalts in Sydney im Juli/August 1998 zur Mitwirkung am internationalen Kongress über *Adventures of Identity*/Abenteuer der Identitätsbildung, auf dem die Migration aus Asien nach Australien sowie Fragen einer parallel sich entfaltenden neuen Identitätsbildung im Mittelpunkt standen und im internationalen Vergleich beleuchtet wurden, konnte ich wichtige, für dieses Buch relevante Beobachtungen machen. Es fiel mir auf, dass Australier und Migranten die Formel »Asiatisierung Australiens« bzw. ihre Umkehrung in »Australisierung asiatischer Migranten« als einander ausschließende, jedoch identitätsstiftende Alternativen, die aus der Migration hervorgehen können, verwendeten. Bei näherer Betrachtung beider Sichtweisen konnte ich feststellen, dass einige asiatische Migranten, z. B. der Fidschi-Inder Satendra Nandan, eine »Asiatisierung Australiens« befürworten – und in ihr eine Konsequenz davon sehen, dass die Europäer – wie Nandan in Sydney in einem Gespräch mit mir behauptete – »den Kontinent vor 200 Jahren gestohlen« hätten. Durch solche Denkweisen sägen die Migranten an dem Ast, auf dem sie sitzen, weil auch weiße Rechtsradikale um Pauline Hanson und ihre »Party of One Nation« von der Gefahr einer »Asiatisierung Australiens« sprechen. Frau Hanson erklärt, dass sie nur den asiatischen Migranten zuvorkommen und den australischen Kontinent vor der »Asiatisierung retten« will.

Die Formel von der »Asiatisierung Australiens« stellt im Großen und Ganzen nur Panikmache dar. Sieht man einmal von den Ideologen des Asiatismus ab, will die Mehrheit der asiatischen Ein- und Zuwanderer – also legale wie illegale Migranten – in Australien nur zu Wohlstand kommen. Im Gegensatz zu manchen muslimischen Migranten nach Europa verbinden sie keine religiösen Implikationen mit ihrer Migration. Mit anderen Worten: Asiatische Migration unterscheidet sich von *Hidjra*/Migration im Islam, weil diese Religion seit ihrer Stiftung eng mit Migration im Sinne von *Hidjra* verbunden ist. Sogar die islamische Zeitrechnung fängt mit der *Hidjra*/Migration des Propheten von Mekka nach Medina im Jahre 622, dem islamischen Jahr eins, an. Sowohl im Koran (Sure 4, Vers 100) als auch in der Überlieferung des Propheten ist Migration eine religiöse Pflicht zur Verbreitung des Islam. Wer die Pflicht der *Hidjra*/Migration erfüllt, gilt als *Muhadjir,* dem Ausdruck für Migrant. Ich habe diesem dritten Teil den Titel *Muhadjirun* (Plural von *Muhadjir)* oder *Citoyens* gegeben, weil bei der islamischen Migration nach Europa – anders als bei der asiatischen Migration nach Australien – eine Verbindung der Zuwanderung mit der Pflicht zum Aufruf zum Islam, d.h. zur islamischen Missionsarbeit besteht.

Als aufgeklärter Muslim und Vertreter des Dialogs zwischen Kulturen und Zivilisationen und ihren Religionsgemeinschaften bin ich gegen jede Missionierung – auch von Seiten des Islam –, weil Missionierung stets Vereinnahmung heißt und keinen Dialog einschließt. In diesem Sinne erörtere ich in den drei Kapiteln dieses Teiles zwei mögliche Entwicklungen, die sehr unterschiedlich sind. Sie lauten: Wirken die islamischen Migranten als *Muhadjirun,* d. h. im Sinne der religiösen Doktrin der *Hidjra* als *Da'iyyun*/Aufrufer zum Islam und als Vorposten der islamischen *Umma* in Europa, oder werden sie *Citoyens,* d. h. europäische Bürger im Sinne der individuellen Zugehörigkeit zu einem säkularen Gemeinwesen?

Wie in diesem Buch vom Beginn seiner Vorrede an veranschauliche ich meine Argumente auf orientalische Weise anhand von selbst erlebten Anekdoten. In diesem Sinne möchte ich mittels eines Erlebnisses in Chicago illustrieren, warum der Islam in der Migrationsdebatte einen solchen zentralen Stellenwert einnimmt.

Bei einem Arbeits-Dinner in Chicago berichtete einmal der Leiter unseres Projekts über den »Religiösen Fundamentalismus« an der American Academy of Arts and Sciences, Professor Martin Marty, dass Beschwerden bei ihm eingegangen seien, das Projekt sei zu sehr »islamozentrisch«. Trotz der Tatsache, dass sich unser Projekt mit allen Fundamentalismen in der Welt auseinandergesetzt hat, stand dennoch die islamische Spielart dieser globalen Erscheinung im Mittelpunkt. Warum war dies so? Und weshalb beginne ich die Einführung zu diesem dritten Teil ebenso wie in der Vorrede mit einer Anekdote?

Dieses Buch handelt nicht vom Fundamentalismus, und so wäre hier eigentlich auch nicht der Ort, auf jenen Vorwurf einzugehen. Dennoch habe ich den Bericht von Professor Martin Marty angeführt, weil ein ähnlicher Vorwurf auch an dieses Buch gerichtet werden könnte. Manche Leser könnten argumentieren: »Sie schreiben ein Buch über Europa und die Krise der multikulturellen Gesellschaft, führen aber Beispiele an, die sich fast ausnahmslos auf die islamischen Migranten beziehen.« Die Tatsache, dass nun auch noch ein eigener, dritter Teil über den Islam folgt, würde den angeführten Vorwurf nur potenzieren. Hiermit muss ich mich auseinandersetzen, weil ein solcher Vorwurf die Thematik dieses Buches betrifft.

In Europa leben im Übergang zum neuen Jahrtausend Millionen von Migranten und Flüchtlingen aus aller Welt, darunter mehr als 15 Millionen Muslime. In Frankfurt/Main beispielsweise macht der Anteil der Migranten inzwischen ca. 30 Prozent der Stadtbevölkerung aus, die nach Auskunft der dortigen Stadtverwaltung aus 165 Nationen kommen. In diesem Zusammenhang zahlt die Stadt ca. 1 Milliarde DM Sozialhilfe, weil viele der »Neu-Migranten« – sim Gegensatz zu den Alt-Migranten – nur mit Hilfe dieser sozialstaatlichen finanziellen Unterstützung überleben können. Die Folgen dieser ethnisch-religiös definierten Armutskultur erläutere ich im zehnten Kapitel (vgl. S. 415ff.; vgl. auch S. 432f.). So vielfältig die Migranten auch sind, ragen doch die Muslime unter ihnen durch ihre Anzahl und den hohen Organisationsgrad ihrer Aktivitäten (wie z. B. die

Moscheevereine) besonders heraus. Eine islamisch definierte Armutskultur ist ein Pulverfass in Europa. Dazu kommt meine in Australien gemachte Beobachtung, dass die Muslime in Europa, ähnlich wie die Asiaten in Australien, die allerdings ihre Migration nicht an einen religiösen Auftrag binden, für einen Großteil der Probleme der Migration beispielhaft sind.

Das Übergewicht der Muslime unter den Migranten in Europa erdrückt manche anderen, nicht-muslimischen Ausländer. In einem langen Leserbrief in der *Frankfurter Allgemeinen Zeitung* hat der Lateinamerikaner Antonio Justo diese Einstellung kritisch zum Ausdruck gebracht. Nach eigenen Angaben verfügt er über »eine jahrelange Erfahrung in der Ausländerbeiratsarbeit«. Zudem versichert Justo, dass sich seine Kritik »nicht gegen die türkischen Mitbürger richtet« (»Ausländerbeiräte vielfach zu türkischen Beiräten geworden«, in: *FAZ* vom 26. Nov. 1997, S. 12). Antonio Justo meint in seinem Leserbrief:

> »die verschiedenen Ethnien (unter den Migranten, B.T.) leiden darunter, dass in Deutschland Ausländerpolitik normalerweise mit Politik für Türken identifiziert« werde.

Was ihn stört, ist, dass türkische Islamisten die Vertretung in den Ausländerbeiräten erobern; dahinter stünden in der Regel »konservative Moscheevereine«. Auf diese Weise würden »die kleinen Nationen in die Rolle von Statisten gedrängt«. In vielen Fällen kann man das Wort »konservativ« im Zitat durch »fundamentalistisch« ersetzen.

Wir können die obige Beschreibung auf andere europäische Länder übertragen und das Wort »Türken« mit »Maghrebiner« (in Frankreich) oder »Südasiaten« wie Pakistani, Bangladeschi und Indo-Muslime (in Großbritannien) usw. austauschen. Doch gibt es innerhalb Europas Unterschiede. So steht der französische Staat zu seinem Modell der *Citoyenneté* plus *Laïcité,* d. h. der individuellen Staatsbürgerschaft als Basis individueller Rechte, im Gegensatz zu Gruppenrechten, sowie zur konsequenten Trennung zwischen Religion und Politik. In diesem Sinne hat der französische Staat etwa bei der Wahl der Imame von Paris und Lyon auf seiner politischen Rolle insistiert und von diesen die Erfüllung der Auflage gefordert, sich öffentlich zur französischen Verfassung zu bekennen. Der deutsche Rechtsstaat lässt dieses Maß an Säkularität missen.

Im Vergleich zu Frankreich fehlt in Deutschland nicht nur die rechtliche Grundlage, sondern auch die Zivilcourage zu konsequenten, an der Säkularität orientierten Handlungen, die den Fundamentalismus eindämmen. Fortschrittliche, integrationswillige Ausländer – gleich ob Muslime oder Nicht-Muslime – beklagen sich über die Deutschen, weil sie unter falscher Berufung auf die Toleranz sowie auf ihre dunkle Vergangenheit tatenlos bleiben gegenüber fundamentalistischen, gegen die Integration und für auf die Etablierung kommunitärer Strukturen gerichteten politischen Aktivitäten, etwa der »Moscheevereine«. Der zitierte Lateinamerikaner Antonio Justo beobachtet in Deutschland ein »Debakel«, dessen Ursache in der »deutschen Ausländerpolitik« zu suchen sei, nämlich dass

> »die deutschen Behörden … auf den Druck zur Integration beziehungsweise zum Dialog verzichtet (haben), den die verschiedenen Ethnien miteinander auf die türkische Gesellschaft ausübten … Ausländerpolitik … (wird) in Deutschland meistens als Betreuungspolitik aufgefasst … Diese Konstellation trug dazu bei, dass die Ausländerbeiratsmitglieder immer mehr zu Interessenvertretern ihrer (Moschee-) Vereine wurden … Die Demokratie hierzulande ist gefährdet« (ebd.).

Hat der zitierte lateinamerikanische Migrant recht, oder übertreibt er? Er selbst erklärt, »das Geschriebene kommt nicht aus einem Affekt, sondern aus jahrelanger Erfahrung in der Ausländerbeiratsarbeit« (ebd.).

In den folgenden Kapiteln will ich die unterstellte Gefährdung der Demokratie in Europa durch islamische Fundamentalisten unter den Zuwanderern erörtern. Ich möchte gleich einleitend festhalten, dass Islam und Demokratie miteinander *vereinbar sind.* Islam ist nicht gleichbedeutend mit Islamismus, d. h. mit der islamischen Spielart des religiösen Fundamentalismus. Nur wenn zwischen Islam und Fundamentalismus unterschieden wird, kann es gelingen, ohne die Heraufbeschwörung eines »Feindbild Islam« über die Islamisten und ihre demokratiefeindlichen Aktivitäten unter den Migranten aufzuklären.

Eine liberale, an der Moderne orientierte Deutung des Islam könnte den Weg zu einem Euro-Islam öffnen, der nach meiner Ansicht mit europäischen Verfassungen vereinbar ist, indem er Migranten zu *Citoyens* statt zu *Muhadjirun* macht; die Vertreter des oft rechtsradikalen Islamismus bzw. des orthodoxen Islam machen sich jedoch das überwiegend linksgerichtete Multikulti-Konzept zu eigen, sie instrumentalisieren also ein nicht-islamisches Konzept, um ihren Widerstand gegen die Integration der

Muslime in Europa und gegen ihre Entwicklung zu demokratischen Bürgern zu zementieren (vgl. Motto, S. 243). Hier bedient sich der islamistische Neo-Absolutismus des Multikulti-Kulturrelativismus der Selbstverleugner (vgl. Kapitel 4), was zu einem höchst eigenartigen Rechts-Links-Bündnis führt und zu dem Eindruck, man befinde sich in Deutschland in einem Tollhaus.

Diesen in Ankara im Frühjahr 1998 geschriebenen dritten Teil beginne ich mit einer allgemeinen, mit Fakten untermauerten Diskussion über die islamische Präsenz in Westeuropa (Kapitel 7). Kurz nach dem Zweiten Weltkrieg lebten noch nicht einmal eine knappe Million Muslime in Europa, heute (1998) sind es mehr als 15 Millionen – mit zunehmender Tendenz; Muslime bilden somit die größte Gruppe unter den Migranten.

Es gibt außereuropäische Länder, in denen ebenfalls Muslime als Bevölkerungsminderheit leben, so in Indien, wo die islamische Gemeinde 120 bis 130 Millionen Menschen umfasst. Indo-Muslime sind allerdings keine Migranten, und dennoch werden ihnen kommunitäre Gruppenrechte (wie z. B. die Anwendung der *Scharia* in persönlichen Angelegenheiten) gewährt. Aus diesem Grund folgt auf den allgemeinen Überblick ein eigenes Kapitel über die Erfahrungen Indiens mit dieser Problematik. Hierüber habe ich im Herbst 1994 am India International Centre/IIC in Neu-Delhi gearbeitet und im *IIC-Quarterly* veröffentlicht. Im achten Kapitel steht die Frage im Mittelpunkt, welche Lehren Europa aus dem indischen Fall ziehen kann. Das Erkenntnisinteresse besteht darin, aus den Erfahrungen anderer Länder für Europa zu lernen.

Die im siebten Kapitel vermittelten Fakten sowie der Vergleich mit einer anderen, im achten Kapitel dargelegten Erfahrung Indiens dienen als Grundlage für eine allgemeine Diskussion über den Islam in Europa, die den Inhalt vom neunten Kapitel bildet. Darin ist eine Analyse des Zivilisationskonflikts enthalten, wobei mein Konzept vom Euro-Islam als möglichem Identitätsmuster für islamische Migranten in Europa vorgestellt wird. Euro-Islam hilft Brücken zu bauen, er ermöglicht eine Integration der muslimischen Migranten und bietet Alternativen zum Islamismus und seiner Ghettobildung.

Die Kapitel in diesem dritten Teil über den Islam bilden die Grundlage für die im vierten Teil dieses Buches am Beispiel Deutschlands zu entfaltende allgemeine Argumentation, dass Integration nur dann gelingen kann, wenn Migration durch ein Einwanderungskonzept und entsprechende Gesetze reguliert wird. Ein solches Konzept berücksichtigt die Ausbildung der Migranten und bestimmt ihre Zahl. Migranten ohne Berufsausbildung als Dauerempfänger von Sozialhilfe sind nicht integrierbar und können nur die Basis einer ethnischen Armutskultur (vgl. Kap. 11) bilden. Illegale Migration unter Missbrauch des Asylrechts kann zudem jeden Fortschritt in der Integration der Muslime und anderer Migranten unterminieren. Arbeitslose Migranten, die somit keinen aktiven Beitrag zu Wirtschaft und Sozialwesen leisten, können weder politisch noch sozial eingegliedert werden. Die durch sie entstehende Belastung des sozialstaatlichen Versorgungssystems trägt nur zur Zunahme der latenten Fremdenfeindlichkeit bei. Ich bin mir bewusst, dass ich eine der deutschen Tabuzonen betrete, wenn ich diese Thematik anspreche, nehme aber dieses Wagnis auf mich und werde meine Situationsanalyse im vierten Teil vertiefen.

In diesem Buch trete ich für Einwanderung ein, weiß allerdings, dass die Einfügung in das Wirtschaftsleben eines Landes die erste Voraussetzung zur Integration der Einwanderer in anderen Bereichen der Gesellschaft ist. Ich habe es schon gewagt zu sagen: Sozialhilfeempfänger können nicht integriert werden. Europäer müssen verstehen, dass nicht nur unter ihnen Vorurteile gegenüber den »Fremden« bestehen; auch unter Migranten sind vergleichbare Strukturen zu beobachten. Beispielsweise besteht bei muslimischen, auch nur durchschnittlich gebildeten Migranten, die unter einer wirtschaftlichen, durch Arbeitslosigkeit bedingten Marginalisierung leiden, die Neigung, ihre Situation mit Vorurteilen zu erklären. Das Fremdbild der Kreuzzügler wird reaktiviert und alle Probleme darauf zurückgeführt; die eigene Arbeitslosigkeit wird nicht als Produkt einer wirtschaftlichen Marktsituation gesehen. Daher schafft sich Europa ein Pulverfass, wenn es den demographischen Überschuss und die Armutsviertel aus der südlichen und östlichen Mittelmeerregion ohne Aussicht auf Integrationsmöglichkeiten als europäische Vorstädte ins eigene Land verlagert. Die Folge wäre dann: Muslime in Europa wären *Muhadjirun*, keine *Citoyens*. Das ist die Realität, mit der wir in Zukunft rechnen müssen, und ich darf sie anführen. Ich habe mich bereits in der Einführung zum zweiten Teil mit der grundfalschen Übertragung der Situation zwischen Ost- und Westjuden im 19. Jahrhundert auf das gegenwärtige Verhältnis von integrierten Ausländern und illegalen Zuwanderern auseinandergesetzt.

Diese Einführung möchte ich nicht abschließen, ohne die Virulenz der Auseinandersetzung zwischen Ghetto-Islam der *Muhadjirun* und Euro-Islam der *Citoyens* anhand eines Berichtes zu veranschaulichen. Anlässlich eines Vortrages bei einem evangelischen Arbeitskreis suchte mich ein toleranter Sufi-Muslim auf, um mir zu berichten, dass er einst zu meinen »Feinden« zählte. Auf der Basis seiner Lektüre meiner euro-islamisch geleiteten Islam-Bücher *Im Schatten Allahs. Der Islam und die Menschenrechte* und *Der wahre Imam. Der Islam von Mohammed bis zur Gegenwart* habe er jedoch sein Bild von mir korrigiert und sich mein Euro-Islam-Konzept angeeignet. Als er sich in einer Bonner Moschee hierfür innerhalb der dortigen inner-islamischen Öffentlichkeit einsetzte, soll ein neunzehnjähriger Marokkaner darauf mit dem Satz reagiert haben:

»Wenn Scheich … noch einmal diese Moschee betritt, werde ich ihn erschießen.«

Diesem von den Fundamentalisten und ihren »Tibi-Feindbildern« irregeführten jugendlichen Muslim fehlen nicht nur die entsprechenden Deutschkenntnisse, um meine Bücher lesen zu können und hierbei aus der Lektüre zu erfahren, was Euro-Islam ist; er scheint zudem nicht einmal mit der eigenen Religion soweit vertraut zu sein, um darüber im Bilde zu sein, dass die Moschee laut Koran ein *Aman*/Ort der Sicherheit, also kein Schießplatz ist. Hier verlaufen die Grenzen der Toleranz, denn Toleranz hat Grenzen, wenn sie nicht in Gleichgültigkeit ausarten soll.

Der angeführte Vorfall sollte Europäer nachdenklich machen: Allein die Hinzufügung der Vorsilbe »*Euro*« vor Islam veranlasst einen Menschen, der in Europa von Steuergeldern lebt, zum Mordaufruf. Ist es in diesem Zusammenhang tatsächlich angebracht, von Toleranz gegenüber den Anderen zu reden? Ich bitte meine Leser, die dieses Buch nicht Kapitel für Kapitel lesen, das obige sechste Kapitel über Toleranz beim Nachdenken über diese Frage zu konsultieren. Der besagte Aufrufer zum Mord, der eine *europäische* Deutung des Islam nicht tolerieren, ja mit Gewalt verhindern möchte, aber gleichzeitig in Europa und wohl auch vom Sozialstaat leben will, ist leider kein Einzelbeispiel (vgl. Schlussbetrachtung, S. 470f.). Dieser Personenkreis ist vergleichbar mit den gewalttätigen deutschen Rechtsradikalen. Warum über diese Spielart des Rechtsradikalismus schweigen? Warum hören europäische Politiker nicht auf die Klagen von islamischen Staatschefs, dass die Demokratie Europas den islamischen Terroristen Schutz, sogar Asylrecht und rechtstaatliche Vorteile bietet? Als Tony Blair Anfang 1998 als Repräsentant seines Landes, das zu jener Zeit den EU-Vorsitz innehatte, in Kairo war, wurde ihm berichtet, dass die wichtigsten islamistischen Terrororganisationen ihren Sitz in London haben. Blair schien überzeugt und versprach *appropriate* legislation/angemessene Gesetzgebung, die den Missbrauch des Asylrechts durch Fundamentalisten und Terroristen unterbinden sollte. Aber auf das Versprechen folgte nichts!

KAPITEL 7

Hidjra nach Europa: Islamische Präsenz in West-Europa

Islamische Migration nach Europa zwischen Fakten und der deutschen Freund-Feind-Debatte über den Islam

Was hat der traditionelle islamische Begriff der *Hidjra* mit dem zeitgenössischen Europa zu tun? *Hidjra* ist ein heiliger Begriff im Islam und bezieht sich auf die Auswanderung – oder Migration – des Propheten Mohammed von Mekka nach Medina im Jahre 622. Mit der *Hidjra* beginnt auch die islamische Zeitrechnung. Seitdem ist die *Hidjra* im Sinne von Migration eine religiöse Pflicht für Muslime, weil sie einen Akt der Verbreitung des Islam, und zwar weltweit, symbolisiert. Die ersten islamischen *Djihad-Eroberungen* im siebten Jahrhundert waren somit eine Mischung von militärischen Aktionen und der Besiedlung der eroberten Gebiete mit muslimischen Migranten.[1] Ist die Anführung dieser Fakten für Europa und für unsere heutige Zeit von Relevanz?

Vor der Beantwortung der gestellten Frage ist es wichtig, sich die notwendigen Hintergrundinformationen zu vergegenwärtigen. Bereits im dritten Kapitel habe ich für den anstehenden Gegenstand die Formel »Der Islam und Europa – Der Islam in Europa« geprägt. Dort habe ich gezeigt, dass die islamische Zivilisation nicht nur auf der Landkarte ein geographischer Nachbar Europas ist. Es stellt sich die Frage, ob sich muslimische Migranten als »Aufrufer zum Islam« verstehen und somit der klassischen islamischen *Hidjra*-Doktrin folgen, oder ob Aussicht besteht, dass sie im Laufe der Zeit zu europäischen Bürgern werden und sich somit in europäische Ordnungen einfügen.

Jenseits vom Wunschdenken möchte ich zunächst festhalten: In unserer Epoche finden innerhalb der islamischen Zivilisation sowohl geistige als auch gewaltsame physische Auseinandersetzungen statt, die durch die Migration aus dem *Dar al-Islam*/Haus des Islam nach Europa verlagert werden. Diese Kämpfe werden sogar teilweise auf europäischem Territorium als Nebenschauplatz ausgetragen. Hierbei geht es um Richtungskämpfe gleichermaßen im *Dar al-Islam* selbst wie in der europäischen

Diaspora. Im Wesentlichen handelt es sich um Kämpfe zwischen der liberal-reformwilligen und der fundamentalistischen Strömung innerhalb des Islam. Durch die islamische Migration[2] ist Europa direkt von diesem Konflikt betroffen und kann es sich nicht leisten, sich unter dem Vorwand der Toleranz als unparteiisch herauszuhalten. Sowohl fundamentalistische als auch orthodoxe Muslime sehen sich als *Da'iyya/*Vorboten des Islam in Europa, und dies stellt eine radikale Herausforderung an die europäische Errungenschaft der Trennung zwischen Religion und Politik dar.

Im Gegensatz zu den romantischen Zeiten von Goethes *West-östlichem Divan* ist das europäische Nachdenken über den Islam in unserer Zeit unter den entsprechenden innen- und außenpolitisch veränderten Bedingungen nicht länger nur die Domäne der schöngeistig orientierten Bildungsbürger. Der *Muezzin* ruft mitten in Europa zum Gebet auf. Erfolgt dies nur als ein Aufruf zum Gebet, d. h. zur verfassungsrechtlich geschützten Ausübung eines religiösen Rituals? Betrifft er nur die muslimischen Migranten? Oder ist er als ein Ausdruck der *Hidjra* auch als politische Mission des Islam zu verstehen? Ich stelle die Beantwortung dieser Frage zunächst einmal zurück, erlaube mir aber als aufgeklärter Muslim, der zwischen Religion und Politik trennt, sie aufzuwerfen.

Zunächst kehre ich zu Goethes Zeiten zurück und konstatiere, dass damalige Europäer die ihnen fremden Kulturen mehr aus Neugier, aber gleichwohl aufgeschlossen studierten, um sich zu informieren.[3] Inzwischen hat sich einiges geändert. Heute gehört die Beschäftigung mit der islamischen Zivilisation zur unmittelbaren Schicksalsfrage des Westens, da diese im Zeitalter der Globalisierung die internationale Umwelt der westlichen Zivilisation bildet. Hinzu kommt, dass Millionen von Muslimen als Migranten in Nordamerika und Westeuropa leben und sich ihre Zahl in den ersten Jahrzehnten des bevorstehenden neuen Jahrtausends durch Migrationsschübe verdoppeln oder gar verdreifachen wird. Eine europäische Politik ist gefordert, fromme, gesinnungsstarke Sprüche helfen nicht weiter! Wird darüber in Europa sachlich diskutiert?

Ein deutscher, im Ausland lehrender Wissenschaftler hat aus der Distanz zu seiner Heimat mit Recht beanstandet, dass die deutsche Diskussion über den Islam in der gewohnten gesinnungsethischen Manier geführt werde; es gehe allein um »Die Feinde und Freunde des Islam«. Doch auch anderswo in Europa stößt der Beobachter vorwiegend auf Mythen über den Islam.[4] Notwendig ist ein Nachdenken auf der Basis von Fakten und

Informationen, nicht ein pauschales Schubladendenken mit dem Beiwerk von Moralisierungen. Wer es riskiert, sich religionskritisch zum Islam, ja selbst zum islamischen Fundamentalismus (zwischen beiden wird in der deutschen Diskussion nur selten »sachlich« unterschieden) zu äußern, wird als »Rechter« bezeichnet, während die sich selbst als »fortschrittlich« feiernden »Entlarver« eines unterstellten »Feindbild Islam« sich den »Linken« zuordnen. Selbst Muslime wie ich werden von dieser deutschen Zweiteilung der Welt nicht verschont. Das geht soweit, dass einer der vielen »namenlosen Professoren« (Heinrich Heine) meine aufgeklärte islamische Kritik am Fundamentalismus als »Abrechnung mit dem Islam« *(Neue Politische Literatur,* Jg.40/1995, S. 101) verfemt hat.

Nun hat der eigentliche Gegenstand dieser Erörterung mit diesem deutschen, aus der Zeit des Kalten Krieges entlehnten Schubladendenken nichts zu tun. Es geht um die Muslime selbst, die Probleme mit der »kulturellen Bewältigung der Moderne«[5] haben; ihre hellen Geister wie Hamid Nasr Abu-Zaid und Said al-Aschmawi[6] – werden zu Opfern der *Takfir/*Erklärung zum Ungläubigen. Wer im Islam als *Kafir/*Ungläubiger gilt, darf ermordet werden. Auf diese Weise wird das Grundrecht der Religions- und Glaubensfreiheit begraben. Wie sehr Deutschland in diesem Zusammenhang – als Nebenschauplatz des Islam zu einem Tollhaus geworden ist, veranschaulicht folgender Sachverhalt: Der islamische Scheich Mohammed al-Ghazali (gestorben 1996) hat 1992 in einer *Fetwa* die straffreie Ermordung jedes muslimischen Intellektuellen, der für die Aussetzung der Scharia eintritt und somit zum *Kafir/*Ungläubigen wird, legitimiert. Den Namen dieses zum Mord aufrufenden Scheichs findet der deutsche Leser unter den Mitautoren des von Hans Küng herausgegebenen Bandes *Ja zum Weltethos.*[7] So stellt sich die deutsche Islam-Diskussion dar, bei der Anstifter zum Mord nobilitiert werden zu Trägern des »Weltethos« »auf der Suche nach Orientierung« (so Küngs Untertitel)!

Dennoch geht es hier nicht so sehr um die deutschen »Feinde und Freunde des Islam« – gleich wie sie heißen – als vielmehr um eine für Europa relevante inner-islamische Auseinandersetzung, bei der die aufgeklärten Muslime unter der islamischen *Takfir*-Tradition der Intoleranz gegenüber Andersdenkenden leiden und der Gefahr der Ermordung ausgesetzt sind. Islamische Aufklärer im Hochislam waren vergleichbare Opfer. Wie Ernst Bloch in seinem Meisterstück über die islamische Philosophie schreibt:

»Kein Wunder ..., dass die islamische Orthodoxie Avicenna wie Averroës verfluchte und beide so in effigie, nämlich in ihren Werken, verbrannt hat, wie die christliche Inquisition den Giordano Bruno nachher leibhaftig verbrannte.«[8]

Aus der Rushdie-Affäre wissen wir bereits, dass selbst in Europa lebende glaubenskritische Muslime dieser Gefährdung ausgesetzt sind. In meinem Buch *Im Schatten Allahs. Der Islam und die Menschenrechte* setze ich mich von Rushdie ab, verteidige aber seine Menschenrechte, also auch das Recht auf Glaubensfreiheit. Dies lehnen Fundamentalisten und Orthodoxe unter den Muslimen ab. Europa verteidigt nicht mehr das Recht auf Glaubensfreiheit. Dazu Rushdie:

>»Das neue Europa ist mir dabei nicht wie eine Zivilisation vorgekommen. Es ist ein viel zynischeres Unternehmen. Die Führer der Europäischen Union legen zwar Lippenbekenntnisse zu den großen europäischen Idealen ab – freie Rede, Menschenrechte, Aufklärung, das Recht auf (eine) abweichende Meinung, die Trennung von Kirche und Staat. Aber wenn diesen Idealen machtvolle Banalitäten der sogenannten Wirklichkeit entgegenstehen – Handel, Geld, Waffen, Macht –, dann muss die Freiheit kuschen.«[9]

Die zitierte Stelle bedarf keiner Kommentierung.

Der Islam geht Europa an

Auch wenn mir Wiederholung vorgeworfen wird, unterstreiche ich noch einmal: Im Zeitalter von Globalisierung und Migration betrifft jede innerislamische Auseinandersetzung auch Europa. Denn die islamischen Probleme mit der Moderne sind angesichts der Islam-Diaspora in Europa nicht mehr auf die Welt des Islam beschränkt. Durch die Migranten werden sie nach Europa eingeführt. In anderen europäischen Ländern beschäftigt man sich ernsthaft mit diesen Begleiterscheinungen der Migration und vergeudet keine Zeit mit der krampfhaften Suche und Identifizierung der »Feinde und Freunde des Islam«. In Paris laufen Projekte über »Islams d'Europe«[10], in London über »The Islamic Presence in Western Europe« und in Leiden/Holland über »Islam and Politics in Western Europe«[11]. Diese Europäer nehmen die islamische Präsenz in europäischen Gesellschaften als gegebene Tatsache hin und machen sich Gedanken darüber, wie eine angemessene europäische Antwort auf die damit verbundenen Herausforderungen formuliert werden könnte.

Robert Bistolfi und Franfois Zabbal vom Pariser Institute du Monde Arabe fragen (im Untertitel zu *Islams d'Europe*): »Intégration ou insertion communitaure?/Integration oder kommunitäre Gruppenbildung?« Ich wiederhole es: Integration ist hier, wohlgemerkt, nicht gleichzusetzen mit Assimilation. In Europa integrierte Muslime haben das Grundrecht, ihre religiöse Identität zu behalten, erlangen jedoch eine – auf europäische Verfassungen zugeschnittene – politische Identität hinzu, d. h. sie werden europäische Bürger im Sinne von *Citoyens*. Islamisten verstehen unter Religionsfreiheit auch das Recht auf eigene politische Ordnungsvorstellungen. Dies gehört nicht zur Substanz des Islam und ist zudem kein Menschenrecht. Es ist peinlich und gleichermaßen heuchlerisch, wenn fundamentalistische Gegner der Menschenrechte sich auf ebendiese berufen, um ihre politischen Belange zu verfolgen. Eine Versöhnung des islamischen Weltbilds mit den individuellen Menschenrechten der kulturellen Moderne ist durch Aneignung des Euro-Islam möglich, nicht aber mit den Islamisten, die ja Fundamentalisten sind.

Die angestrebte Versöhnung ist auch nicht im Rahmen des Multikulti-Kommunitarismus (vgl. Kapitel 5) möglich. Denn dieses Konzept lässt multikulturell die Bildung selbständiger Gemeinschaften als Subgebilde der europäischen Gesellschaften zu. Ich nenne diese kommunitäre Lösung Ghetto-Islam und argumentiere, dass solche Ghettos Brutstätten des Fundamentalismus in Westeuropa sind, von denen Europäer sich keine Vorstellung machen.[12] Ähnliche Überlegungen veranlassen einen aufgeklärten Franzosen wie Joseph Rovan, einerseits Sympathie für einen »aufgeklärten Islam« zu bekunden, andererseits aber die noch zu diskutierende Entghettoisierung als präventive Maßnahme gegen die Ausbreitung des Fundamentalismus in der islamischen Gemeinde in Europa zu fordern, d. h. vor dem Ghetto-Islam zu warnen.[13]

Wie ist nun der Islam nach Westeuropa gekommen? Der prominente Experte für »islamische Minderheiten in der Welt«, der Marokkaner Ali Kettani[14], der als Autor mehrerer Bücher gleichen Titels bekannt geworden ist, stellte bei einem Projekt-Treffen von Experten in der niederländischen Stadt Leiden (vgl. Anm. 11) fest, die Geschichte der islamischen Religionsgemeinschaft in Europa sei faszinierend, und fügt hinzu:

»Die islamische Präsenz in Europa beruht jedoch auf einer Fehlkalkulation beider Seiten: Die Europäer holten Arbeitskräfte aus dem Mittelmeerraum zu sich, betrachteten deren Dasein aber als temporär; ähnlich dachten die zugewanderten muslimischen Gastarbeiter, die ihre Europa-Aufenthalte zeitlich begrenzt und nur zum Zwecke des Geldverdienens verstanden.«[15]

Diese Rechnung ging jedoch nicht auf.

Früher haben die Europäer ihre »Gastarbeiter« aus der Mittelmeerregion geholt, ohne zu erkennen, dass es sich um Menschen mit anderen Weltsichten handelt, die andere kulturelle Orientierungen haben, d. h. nicht lediglich »Arbeitsmaterial« sind. Mit wohl berechtigten Schuldgefühlen sind sie in den 90er Jahren dazu übergegangen, sie als Migranten zu bezeichnen, obwohl dieser rechtliche Status z. B. in Deutschland noch nicht anerkannt wird. Politiker argumentieren: »Wir sind kein Einwanderungsland.« Seit der Öffnung der Grenzen im Rahmen der Auflösung der weltpolitischen Blöcke des Kalten Krieges kommen Migranten unaufgefordert aus allen Teilen der Welt des Islam, um der dortigen Armut zu entfliehen, geben sich jedoch – angesichts einer fehlenden gesetzlichen Einwanderungsregelung – als Asylanten aus. Auf diese Weise erfolgt die Migration über Inanspruchnahme des Asylrechts. Um Missverständnissen vorzubeugen: Asyl ist ein Grundrecht, nicht aber Migration. Beide müssen auseinandergehalten werden.

In der arabischsprachigen Beiruter Zeitschrift *al-Mustaqbal al-Arabi* hat der arabische Ökonom Adnan al-Bayati 1996 die klaffende Schere zwischen wirtschaftlicher und demographischer Entwicklung in jener Region aufgezeigt: Etwa 83 Prozent der Bewohner der südlichen und östlichen Mittelmeerregion leben, aus der Perspektive der Entwicklung des Nahrungsmittelsektors betrachtet, an der Armutsgrenze bei steigender Tendenz. Zugleich explodiert die Bevölkerungszahl: 1993 gab es 242 Millionen Araber, im Jahre 2000 werden es 291 Millionen sein, und für das Jahr 2025 wird eine Zahl von 493 Millionen vorausgesagt. Jedes Jahr wächst die arabische Bevölkerung um 25,9 Millionen Menschen an. Ähnliche Statistiken über eine Verdoppelung der Bevölkerung in relativ kurzem Zeitraum können aus der Türkei und dem Iran angeführt werden. Der einzige Ausweg aus dieser Armut, die durch die Bevölkerungsexplosion noch verstärkt wird, scheint den Betroffenen die Migration nach Europa zu sein. Diese Aussage gilt – in noch massiverer Form – auch für Afrika. Dabei zieht Deutschland in ganz besonderem Maße Migranten in Form von Asylbewerbern an – aus Gründen, die ich im zehnten Kapitel näher erläutern werde, wobei ich eine deutsche Tabuzone betrete.

319

Nach einer statistischen Veröffentlichung (vgl. *Frankfurter Allgemeine Zeitung* vom 24.3.1998, erstes Blatt) entfällt die Hälfte aller in den EU-Ländern Asylsuchenden auf Deutschland. Der Grund hierfür ist einfach: Das freizügige deutsche Asylrecht – das zudem durch die mit ihm verbundenen großzügigen Sozialhilfeleistungen weitere Attraktion erhält – öffnet ungewollt die Grenzen für eine Zuwanderung unter Missbrauch eben dieses Rechts. Ich belasse es hier bei diesem Hinweis und komme zur südlichen und östlichen Mittelmeerregion, wo es – bis auf die Türkei und Israel – nirgends eine Demokratie gibt. Somit kann sich jeder von dort auf den Tatbestand der politischen Verfolgung berufen, auch wenn diese in den meisten Fällen konkret nicht vorliegt. Angesichts des Fehlens von Grundrechten in fast *allen* islamischen und afrikanischen Ländern kann argumentiert werden, dass die gesamte Bevölkerung jener Teile der Welt verfolgt wird und somit berechtigt ist, mittels Inanspruchnahme des Asylrechts nach Europa überzusiedeln.

Im Falle der islamischen Fundamentalisten, die ihre Untergrundzentralen in das »tolerante Europa« verlegen, ist die Situation eine andere. Formaljuristisch liegt eine Verfolgung vor: Auch politisch verfolgte Gegner von Demokratie und Menschenrechten finden in Europa Asyl. Ein Beispiel hierfür: Nach Angaben der *Financial Times* (8.3.1996) erhält die fundamentalistische Hamas-Bewegung zu ihrer Finanzierung 70 Millionen US-Dollar jährlich aus der westlichen islamischen Diaspora – vorwiegend aus Großbritannien. Das Geld wird im Rahmen von »Wohlfahrts«-Aktionen gesammelt. Kein mir bekannter deutscher Politiker macht sich über diese Zusammenhänge in Westeuropa Gedanken, geschweige denn sucht nach Lösungen, wie die ständig wachsende islamische Gemeinde vor solchen fundamentalistischen Aktivitäten geschützt werden kann. Kaum einer unserer Politiker macht sich darüber Gedanken, wie Muslime in Deutschland bzw. Europa integriert werden können. Auf meine Klagen höre ich oft den Kommentar: Es müssen erst Bomben explodieren, ehe Politiker zu denken beginnen, sonst bestehe »kein Handlungsbedarf«.

Heute lebt in Europa bereits die zweite und dritte Generation von Muslimen, und die Ausgangssituation hat sich drastisch verändert. Die muslimischen Migranten sind nun um die islamische Identität ihrer in Europa geborenen Kinder besorgt und haben deshalb angefangen, eigene Institutionen in der Diaspora aufzubauen. In Frankreich, wo mehr als vier Millionen Muslime leben, gehört der Islam zum politischen und öffentlichen

Leben des Landes.[16] In unterschiedlichem Maße gilt dies inzwischen für die meisten westeuropäischen Länder. Man muss schon ein unverbesserlicher Gesinnungsethiker sein, um leugnen zu können, dass diese islamische Präsenz in Europa mit zivilisatorischen Werte-Konflikten, also mit Problemen verbunden ist, die gelöst werden müssen. Es gibt viele, die behaupten, dass allein »Feindbilder« die Quelle der Störfaktoren bei den Bemühungen um ein friedliches Zusammenleben seien. Tatsächlich resultieren die Störfaktoren aus Unterschieden in der Weltsicht von Menschen aus verschiedenen Kulturen und Zivilisationen. »Feindbilder« sind zwar vorhanden, doch wohl eher als deren Resultat. Es ist wichtig, auch hier zwischen Ursache und Wirkung zu unterscheiden. Darf man klar und laut denken? Es scheint nicht so – das Stichwort heißt Political Correctness.

Umberto Eco hat einmal nach einem Besuch in Amerika Political Correctness ironisch als »die letzte Parole der ›Liberalen‹« in Amerika bezeichnet und in einem kurzen Essay wie folgt definiert: »PC soll heißen: Die Sprache darf nicht auf die Unterschiede hinweisen.« Deutsche Gesinnungsethiker steigern dieses Verbot noch, indem sie bereits das Reden über kulturelle, Werte-bezogene Unterschiede als »Kultur-Rassismus« verfemen.

Im ersten Teil dieses Buches habe ich die inflationäre Verwendung des Rassismus-Begriffes beanstandet, weil dies ungewollt die Bedeutung des menschenverachtenden Rassismus herabmindert. Jenseits dieses leichtfertigen Umgangs mit der Sprache kann kein Verantwortungsethiker bestreiten, dass das Ziel eines inneren Friedens in Westeuropa es erforderlich macht, über bestehende Unterschiede zu sprechen, um Wege zu ihrer friedlichen und versöhnlichen Bewältigung zu finden. Es ist nicht möglich, Probleme zu lösen, wenn ihr Vorhandensein oder ihre Ursachen bestritten werden.

Um die mit den weltanschaulichen Unterschieden zusammenhängenden realen Probleme im Hinblick auf die islamische Präsenz in Europa angemessen verstehen zu können, muss man zugleich mit dem Islam wie mit Europa vertraut sein. Nach der bisher auf allgemeiner Ebene erfolgten Erläuterung der islamischen Migration nach Europa möchte ich zu länderbezogenen Einschätzungen übergehen.

Grundfakten über die islamische Präsenz: Frankreich

Eine Beschäftigung mit der islamischen Präsenz in den Ländern der Europäischen Union muss zunächst mit einer Übersicht über die zentralen Fakten beginnen, um auf dieser Basis die Hauptproblembereiche und die ethnische Vielfalt der islamischen Gemeinde aufzuzeigen: Die Muslime in Frankreich sind vorwiegend Maghrebiner, die in Deutschland Türken und die in Großbritannien Südasiaten. Daneben gibt es auch Minderheiten aus Westafrika sowie aus Südosteuropa.

Sowohl im positiven als auch im negativen Sinne ist Frankreich durch seine Verbindung mit Nordafrika (dem Maghreb) das europäische Land mit der ältesten und problembeladensten islamischen Präsenz. Paris und andere französische Metropolen haben mittlerweile überwiegend von Maghrebinern bewohnte Vorstädte, die Gilles Kepel »Banlieues de l'Islam«[17] nennt. Der oberflächliche Eindruck vom Islam in Frankreich vermittelt ein Bild, in dem der Kampf um das Tragen des *Hidjab*/Schleiers an französischen Schulen sowie die Gewalttätigkeit der »Beurs«, der arbeits- und perspektivlosen maghrebinischen Jugendlichen in der zweiten Generation in den genannten »Banlieues« der französischen Großstädte im Mittelpunkt steht. Von den vier Millionen in Frankreich lebenden Muslimen besitzen zwar bereits ca. 1,5 Millionen die französische Staatsangehörigkeit; dennoch ist nur ein Teil von ihnen in die Gesellschaft integriert. Ein tiefergehender Blick auf den Islam in Frankreich lässt erkennen, wo die zentralen Probleme liegen, die ebenso für andere europäische Länder von Bedeutung sind. Entscheidend ist, ob die Muslime Frankreichs integriert werden, d. h. sich als Mitglieder eines weder religiös noch ethnisch definierten republikanischen Gemeinwesens, also als französische *Citoyens*/Bürger wahrnehmen (vgl. Anm. 10), oder ob sie sich abschotten und lediglich an der Peripherie der französischen Gesellschaft leben.

Der Islam in Frankreich hat viele Gesichter: Es gibt Muslime, die sich entschieden und öffentlich zur *Laïcité* im Sinne einer Trennung zwischen Religion und Politik bekennen – so z.B. der von den Islamisten angefeindete Imam der Moschee von Paris. Diese Muslime ordnen sich damit als muslimische *Citoyens* in die französische Gesellschaft ein. Es gibt aber auch Muslime, die sich kommunitär dadurch absondern wollen, dass sie ihr eigenes institutionelles islamisches Gemeinwesen aufbauen. Damit zeigen sie einen deutlichen Abstand zur französischen Gesellschaft. Symbole wie der *Hidjab*/Schleier werden hierzu als Mittel der Abgrenzung instrumentalisiert. Ähnlich verfahren die türkischen Islamisten, wie ich in meinem Türkei-Buch[18] gezeigt habe.

Es ist an dieser Stelle erwähnenswert, dass nicht-arabische Musliminnen, z. B. in Schwarzafrika und Südostasien, traditionell keinen Schleier tragen. Der islamische Reformer Mohammed Said al-Aschmawi hat sich unlängst in einer gegen den inzwischen verstorbenen konservativen Scheich von al-Azhar, Ali Djadul-Haq, gerichteten Schrift gegen den *Hidjab* geäußert. Sein Argument lautet, dass es sich hierbei um ein Ritual handelt, das der Koran nicht unbedingt vorschreibt. Aschmawi führt aus:

>*Al-Hidjab/*der Schleier, so wie er heute dominiert, ist ein politisches Symbol und keine religiöse Vorschrift, wie die Quellen zeigen, seien sie der heilige Koran oder die Überlieferung des Propheten. Die Gruppen des politischen Islam (d. h. des Fundamentalismus, B.T.) haben dieses Symbol den Frauen und jungen Mädchen, die sie in ihre Reihen eingruppiert haben, aufgezwungen, um sie von anderen Musliminnen und nicht-muslimischen Frauen abzugrenzen. Diese islamistischen Gruppen haben den Frauen dieses Symbol, ebenso wie die *Djallabah* den Männern, als Uniform unter der Behauptung aufgezwungen, es sei die Uniform des Islam … Hiermit wollen sie symbolisch im öffentlichen Leben ihre Präsenz, ihren Einfluss und ihre Aktivitäten zur Schau stellen.<[19]

Diese Beschreibung, die al-Aschmawi auf der Basis seiner Erfahrungen in Ägypten formuliert hat, gilt für alle islamischen Länder unserer Gegenwart und in einem noch extremeren Maße für die Islam-Diaspora in Europa, wie ich dies am Beispiel der muslimisch-türkischen Frauen in Deutschland (vgl. Anm. 18) gezeigt habe. Eben an diesem Beispiel der türkischen Migrantengemeinde in Deutschland habe ich im angeführten Buch demonstriert: In der Islam-Diaspora ist der Schleier eindeutig ein Instrument der kommunitären Absonderung. Die türkische Soziologin Nilüfer Göle vertritt die Ansicht, dass der Schleier symbolisch für die Hervorhebung der eigenen, unterschiedlichen Weltanschauung steht, also als »zivilisatorische Abgrenzung« dient.[20] Diese Erfahrung gilt gleichermaßen für Frankreich und Deutschland, wo der Schleier (vgl. 5. Kapitel, S. 283) die vielen Spielarten der Konflikte symbolisiert, die mit der islamischen Präsenz in Westeuropa zusammenhängen.

Jenseits des Schleiers bleibt die Einsicht zentral, dass es ebenso an den Europäern wie an den muslimischen Migranten liegt, wie künftig die Ausrichtung der Gesellschaft in Europa erfolgen wird:

- entweder als kommunitäre Gesellschaft, die ohne eigene Identität unterschiedliche Gemeinwesen in Form eines allgemeinen Völkergemisches beherbergt, oder
- als eine durch *Citoyenneté* und *Laïcité* charakterisierte, in der Tradition der Französischen Revolution stehende säkulare Gesellschaft.

Nicht der Schleier, sondern dieser Richtungskampf ist der zentrale Inhalt der bevorstehenden politisch-sozialen, nur äußerlich religiösen Konflikte, die in Europa ausgetragen werden. Und wieder einmal nimmt Frankreich in der europäischen Geschichte eine Vorreiterrolle ein.

Die anderen Europäer haben ein schwächer ausgebildetes Zivilisationsbewusstsein als ihre französischen Nachbarn und fühlen sich deshalb nicht so sehr wie die Franzosen in ihrer Identität bedroht; sie gewähren angesichts der islamischen Präsenz in Europa – ganz im Gegensatz zu den Franzosen – eine Institutionalisierung von kommunitären Einrichtungen, so die Holländer und Belgier, aber auch die Deutschen. Die Französin Catherine Whihtol de Wenden wirbt für Verständnis für den Islam und seine Integration in Europa, ist aber so realistisch einzuräumen, dass dies unter den Bedingungen von Massenmigration und Arbeitslosigkeit nicht möglich sein wird. Whihtol de Wenden argumentiert, bisher habe der Islam in Frankreich als eine Religion der »Armen«, der »Kolonisierten«, ja des »Obskurantismus« gegolten. Aber dies habe sich in den vergangenen Jahrzehnten durch zunehmende Zurschaustellung von »Ausdrucksformen kollektiver Identität« und durch Symbole des politischen Bewusstwerdens der aus dem Maghreb stammenden Muslime Frankreichs geändert. Die Gefahr liege aber darin, dass ein Übergang in das andere Extrem erfolge, nämlich dass

»der Islam zu einem Mittel einer kommunitaristischen Artikulation oder der Propagierung einer alternativen Lebensform wird ... (Dadurch entsteht) die Neigung, alle diese neuen Muslime in Integrismus und politischem Terrorismus zu verschmelzen ... Der neue Ausdruck des Islam als einer politischen Alternative zu demokratischen und westlichen Werten ist eine Negation des *Citizenship*-Konzepts.«[21]

De Wenden denkt darüber nach, wie die Neigung zum Extremismus unterbunden werden könne, und meint, dass dies nicht allein von Einsichten und Anpassungen, sondern von strukturellen, also politischen und wirtschaftlichen Bedingungen abhänge; wobei der radikale Islam

> »unter den fortdauernden Bedingungen der Ausgrenzung und der Arbeitslosigkeit, des Scheiterns der traditionellen Sammelbecken der Sozialisation als eine mittelfristige Lösung (in dieser Notsituation, B.T.) erscheint« (ebd.).

Hier finden wir wieder die Erkenntnis, dass nur wirtschaftlich, d. h. durch Arbeit integrierte Migranten für eine erfolgreiche allgemeine Integration geeignet sein können. Die faktische Alternative ist eine islamisch definierte Armutskultur mit allen Folgen, die dazugehören. Solange also eine wirtschaftliche Integration nicht möglich ist und unter Bedingungen der Arbeitslosigkeit weitere islamische Migranten nach Deutschland kommen, würde es

> »in diesem Fall bedeuten, dass der Kommunitarismus gegenüber dem französischen Modell der Staatsangehörigkeit in einigen Randbereichen der Gesellschaft, wo universelle Werte ihre Bedeutung verloren hätten, den Sieg davongetragen hätte« (ebd., S. 65).

Diese Randbereiche der Gesellschaft sind die Islam-Ghettos, die sich durch Abschottung charakterisieren, und die Illusion der Eiferer unter den Muslimen, dass Frankreich eine »Terre de Mission« des Islam sei. In einem Flugblatt hieß es: »Ihr werdet es nicht selbst erleben, aber Eure Kinder und Kindeskinder werden zum *Dar al-Islam* gehören.« Dies anzuführen ist keine Panikmache, sondern Aufklärung über Konfliktpotenziale, die nur dadurch abgebaut werden, dass man sich mit ihnen auseinandersetzt. Dieses Buch versteht sich als Beitrag in dieser Richtung: Verständnis für den Islam und Integration der Muslime im Rahmen eines Euro-Islam als eine Alternative zum kämpferischen Kommunitarismus der Eiferer auf der islamischen Seite und der Multikulti-Selbstverleugnung auf der europäischen Seite.

Das belgische Beispiel

Belgien ist teilweise frankophon, aber doch sehr verschieden von Frankreich. Ähnlich wie Deutschland ist der belgische Staat nicht so strikt laizistisch wie Frankreich. In Brüssel ist das Justizministerium für Religionsangelegenheiten zuständig. Der Staat verhält sich gegenüber den Religionsgemeinschaften neutral, außerdem ist er verpflichtet, die Einrichtungen der Religionsgemeinschaften mit öffentlichen Mitteln zu subventionieren. Nach den Angaben von Johan Leman[22], dem Direktor des dem belgischen Premierminister untergeordneten »Think-tank«, der den Namen *Centre for Equal Opportunities* trägt, zahlt der belgische Staat jährlich umgerechnet 25 Millionen Deutsche Mark allein an Gehältern für Lehrer islamischer Privatschulen, ohne Einfluss auf die dort unterrichteten Inhalte, seien es demokratische oder fundamentalistische, zu haben. Nach Lemans Auskunft besitzt die islamische Gemeinde in Belgien institutionell einen ähnlich autonomen Status wie alle anderen Religionsgemeinschaften.

Die islamische Gemeinde in Belgien ist auf unterschiedlichen Ebenen organisiert; sie verfügt auf einer höheren institutionellen Bezirksebene des Landes über einen *Conseil Général* (91 Mitglieder) und darüber hinaus noch über einen *Conseil Supérieur* (17 Mitglieder) auf Landesebene. Die Mitglieder dieser Institutionen müssen gewählt werden. Der belgische Staat ist zwar neutral, seine Neutralität erschöpft sich allerdings nicht in Tatenlosigkeit. Aus diesem Grund interveniert er, wie z. B. in einem öffentlich bekannt gewordenen Fall, als ein Mitglied der terroristischen *Groupe Islamique Armée/*GIA dem Justizministerium als Conseil-Supérieur-Mitglied präsentiert wurde, aber auch generell, wenn Unregelmäßigkeiten – um nicht zu sagen Fälschungen – bei den Wahlen vorkommen. Dies geschieht erfahrungsgemäß häufig. Fundamentalisten deuten staatliche Eingriffe, die solchen Vorgängen Grenzen setzen, propagandistisch als »Diskriminierung der Muslime« und erlangen dabei Unterstützung von manchen indifferenten Liberalen sowie linken Gruppen, die dann den »Rassismus«-Vorwurf einbringen. Doch ist es in Belgien selbstverständlich, dass die demokratisch legitimierte Regierung befugt ist, eine Sicherheitsüberprüfung vorzunehmen und erforderlichenfalls Einwände zum Schutz der Demokratie zu formulieren. Dieser Einsatz für die Einhaltung der Spielregeln der Demokratie ist eindeutig keine Diskriminierung. Demokratie bedeutet nicht »Anything goes«; der Schutz der Demokratie vor totalitären Kräften ist kein Rassismus.

Auf dem angeführten Projekt-Treffen in Leiden (vgl. Anm. 11) sagte mir der belgische Islam-Konvertit Jean Michot, dass die belgischen Muslime eine Doppelstrategie betreiben: Innerhalb ihres Kreises – also nach innen – nennen sie ihre Institution anders als nach außen. Beispielsweise bezeichnen sie den Conseil Supérieur in ihrer religiösen Sprache als *Madjlis al-Schura*. Das ist eine Anwendung der *Scharia*/Gottesgesetz und kein Ausdruck von Demokratie. Damit streben diese eine Doppelrolle spielenden Islamisten unter neutralem Namen wie »conseil« faktisch an, die islamische *Scharia*, z. B. *Schura*/Beratung als Ersatz für die säkulare Demokratie, zu praktizieren; das zweite Gremium nennen sie mit dem koranischen Ausdruck *Ulu al-Amr* (Koran 4/59).

Die Islamisten in Belgien sprechen also eine zweideutige Sprache: nach innen doktrinär-islamisch, nach außen formal-demokratisch. Öffentlich sagte Michot, dass die Muslime sich im Sinne des Konformismus wohl den europäischen Gesetzen, »nicht aber deren säkularem Geist« unterordnen. Letzteres zu verlangen würde einer »Christianisierung der Muslime« gleichkommen, führte der belgische Konvertit vorwurfsvoll aus. Auch in einer in Kairo erschienenen Schrift des al-Azhar-Gelehrten Mohammed Abdullah al-Samman wird die Integration der Muslime in Europa mit ihrer »Christianisierung« gleichgesetzt.[23] Mit anderen Worten: Die Ghettoisierung und nur ein Minimum an Einordnung in das öffentliche Leben der westeuropäischen Gesellschaften werden als Abwehrstrategie vorgeschrieben. Diese ist mit der Multikulti-Ideologie, nicht aber mit säkularer Demokratie vereinbar.

Generell lässt sich feststellen, dass islamische Migranten in Europa – wie z.B. die Türken in Deutschland[24] – in der Regel aus ländlichen Regionen kommen und nur schlecht ausgebildet sind, d. h. auch wenig über den Islam und seine Zivilisation wissen. Aus diesem Grund haben sie keine qualifizierte Führung und greifen deshalb in einigen Fällen entweder auf gebildete europäische Konvertiten, wie etwa den angeführten belgischen Philosophie-Professor, oder auf aus der Heimat entsandte »Lehrmeister« zurück.

In Frankreich und England ist die Lage besser als in Deutschland oder Belgien. Dort gehören gebildetere Muslime, die sich allerdings häufig als individuelle Bürger definieren, zur islamischen Gemeinde. Diese besser gebildeten und integrierten Muslime halten sich bei den Bemühungen zur Bildung eines islamischen Kollektivs zurück, ja sie stehen diesen sogar kritisch und ablehnend gegenüber. Dennoch ist London das Weltzentrum des islamischen Fundamentalismus und seiner Logistik.

Kurzum: Weder Belgien noch Deutschland noch Großbritannien, wohl aber Frankreich bietet ein Modell für die Integration des Islam in Europa. Bei dieser Aussage übersehe ich nicht, dass Frankreich angesichts der Größe seiner islamischen Gemeinde (4 Millionen) und der eigenen wirtschaftlichen Probleme – z. B. hoher Arbeitslosigkeit – große Schwierigkeiten mit Muslimen hat. Das Scheitern liegt nicht im französischen Modell der *Citoyenneté,* sondern im Missverhältnis zwischen den wirtschaftlichen Möglichkeiten und der Zahl der Migranten begründet.

Innere und äußere Hürden für die Integration

Die Schwierigkeiten, eine europäische, auf Dialog basierende Regelung hinsichtlich des Status der in Europa lebenden Muslime zu finden, lassen sich auf diese selbst wie auch auf Europa zurückführen. So sind die islamischen Religionsgemeinschaften in allen europäischen Ländern im Inneren ethnisch segmentiert (z. B. Türken, Maghrebiner) und durch sektiererische Kämpfe (*Sunna, Schi'a* u. a.) zersplittert. Zum anderen ist nicht zu übersehen, dass europäische Staaten – mit Ausnahme Frankreichs – islamischen Staaten wie Saudi-Arabien, Marokko und der Türkei ein Mitspracherecht bei Fragen, die die Muslime in ihren Ländern betreffen, eingeräumt haben. In Deutschland legitimiert sogar der Außenminister, Klaus Kinkel, die Einmischung der Wüstenmonarchie Saudi-Arabien in Fragen des Islam in Deutschland, z. B. durch seine persönliche Präsenz anlässlich der Eröffnung der Fahd-Akademie in Bonn, obwohl in diesem Land keine Saudis leben. Die Angelegenheiten der in Deutschland lebenden Muslime sind ein Gegenstand der deutschen Innenpolitik und sollten nicht von der Rücksichtnahme auf die Ölinteressen sowie die Außenbeziehungen zu Saudi-Arabien geprägt sein. Der Islam ist eine Religion und keine Problematik des Erdöls oder des Petro-Dollars.

Kein islamischer Staat würde die Intervention eines europäischen Staates in Fragen der christlichen und anderer Gemeinden tolerieren, obwohl hierfür mehr als genug Anlass bestände. In der Bundesrepublik dürfen die

Saudis etwa eine große islamische Schuleinrichtung, die erwähnte Fahd-Akademie für 700 Schüler, eröffnen. Dagegen wird gleichzeitig die Zulassung eines kleinen Goethe-Institutes in Riad von den Saudis verweigert – ohne deutsche Protestnote –, von Unterdrückung der Glaubensfreiheit arabischer oder türkischer Christen ganz zu schweigen. Die Gründung der Fahd-Einrichtung in Bonn gilt als die bisher weitestgehende fremdstaatliche Intervention in die interne Schulpolitik eines europäischen Staates. Der deutsche Politiker Kinkel erkennt nicht, dass er dieser Einrichtung durch seine Anwesenheit eine besondere Legitimität verliehen hat. Auf meine Kritik nach einer persönlichen Begegnung schrieb er mir höflich, er habe sich in seiner Eröffnungsrede für Demokratie und Menschenrechte stark gemacht. Dies ehrt den Minister. Doch – wie ich sie als Araber gut kenne – schert das die Saudis wenig; sie haben ihr Ziel erreicht, und der deutsche Minister hat seine Worte vor dem saudischen Prinzen ausgesprochen, der ja kein Wort Deutsch verstehen kann. Der Saudi-Prinz sagte dem Minister dankend (im CNN-Fernsehen übertragen auf Arabisch): »*Ashkurukum li al-Thika al-mutabadalah/*Ich danke Ihnen für das gegenseitige Vertrauen«, quod erat demonstrandum! Mehr als ein Jahr danach sagte ich Minister Kinkel öffentlich bei einem Dialog im Berliner Haus der Kulturen (vgl. Schlussbetrachtungen, S. 457): »Herr Minister, Sie haben sich durch Ihre Präsenz bei der Eröffnung der Fahd-Akademie in Bonn missbrauchen lassen.«

Jeder Islam-Kenner weiß, wie intolerant der saudische Wahhabismus ist. Eine derartige Einmischung in die islamischen Angelegenheiten in Europa im Namen der Toleranz zuzulassen höhlt den eigentlichen Inhalt dieses Begriffs aus und darf nicht Schule machen. Der deutsche liberale Außenminister hat mit diesem Akt dem liberalen Euro-Islam einen Bärendienst erwiesen. Euro-Muslime sind angesichts der Ignoranz europäischer Politiker sprachlos und entrüstet zugleich.

Johan Leman vertrat auf dem angeführten Expertentreffen in Leiden öffentlich, jedoch als »persönliche Meinung« eingestuft, die Aussage, dass innenpolitische Konzessionen gegenüber islamischen Staaten »ein großer Fehler mit schwerwiegenden Folgen« seien. Die aus der inneren Vielfalt der islamischen Gemeinde erwachsenden Konflikte werden durch externe staatliche Einmischung noch verkompliziert. Ethnisch-religiöse und innerstaatliche Konflikte in der Welt des Islam werden somit nach Europa exportiert und werden hier zu einem innenpolitischen Pulverfass. Unter falsch verstandener Toleranz bzw. mit opportunistischer Rücksicht auf außenpolitische Interessen lassen europäische Politiker dieser Entwicklung ungesteuert ihren Lauf, ohne die Folgen auch nur im Geringsten zu ahnen.

Zentrale Problembereiche

Der Eintritt des Islam nach Europa hat hochkomplexe Probleme zur Folge. In den westeuropäischen Ländern lassen sich die folgenden drei Problembereiche bei der Diskussion über die islamische *Hidjra*/Migration nach Europa festhalten:

- Europa hat im Gegensatz etwa zu Amerika oder Australien – generell keine historischen oder praktischen Erfahrungen mit der Migration und tut sich damit mit Ausnahme von Frankreich und England – sehr schwer. In Deutschland gibt es hierfür noch nicht einmal eine gesetzliche Grundlage, weshalb die Migration – bis auf die gesetzlichen Regelungen für den Zuzug von Familienangehörigen – nur illegal erfolgen kann. Wer kein Visum bekommt, verschafft sich selbst den Eintritt durch die Behauptung, politisch verfolgt zu sein. Im Zeitalter der Kommunikation ist weltweit bekannt geworden, dass selbst der von Gerichten festgestellte mangelnde Nachweis der behaupteten politischen Verfolgung oft ohne Konsequenzen bleibt; es erfolgt keine Abschiebung, sondern die Duldung, verbunden mit den Vorteilen des Sozialstats. Es gibt durchaus Unterschiede unter den europäischen Ländern, z. B. zwischen Deutschland und Frankreich.[25] Europa tut sich aber insgesamt schwer mit einer Politik der Integration der Zuwanderer, weil es darin unerfahren ist und radikale Veränderungen nur sehr langsam verarbeitet, während die Zahl der Migranten wächst, die wirtschaftlich nicht integriert werden können. Einerseits darf man über die Probleme nicht reden, andererseits spüren wir wirtschaftlich integrierten Ausländer die Zunahme an Fremdenfeindlichkeit und zahlen die Zeche. Fairerweise muss ich einräumen, dass einzelne Politiker einiger europäischer Länder im Nachdenken über diesen Gegenstand Fortschritte gemacht haben. Hierzu gehören z. B. die skandinavischen Länder und die Niederlande. Dennoch kann auf einer gesicherten Grundlage behauptet werden, dass die Europäische Union insgesamt nicht über ein Konzept für den Umgang mit der islamischen

Präsenz in Europa bzw. allgemein für die Migration verfügt. Einige Länder – wie Deutschland – erkennen dieses Problem noch nicht einmal als Gegenstand der Politik an. Hier haben wir es in der Regel nur mit den deutschen »Feinden und Freunden des Islam« bzw. Gegnern und Befürwortern der Migration ohne Fachkenntnisse zu tun. Auch die Reaktion der Wissenschaft lässt hier auf sich warten; die deutsche traditionelle Islamkunde ist nicht mehr als eine Philologie und zudem vergangenheitsfixiert; ihre Vertreter entschlüsseln mittelalterliche Handschriften oder fertigen z. B. »lexikographische Ortsnamensverzeichnisse« an, mit denen sie wie z. B. der Vertreter des Faches in Bonn – habilitiert werden und allein daher als Islam-Experten gelten; gering ist da das Interesse an einer Beschäftigung mit der Gegenwart.[26] Die gesellschaftlichen und politischen Probleme liegen jenseits ihrer Philologie. Andere deutsche Wissenschaftler – so die Soziologen und Politikwissenschaftler –, die vom Islam nichts verstehen, bleiben bei ihren Diskussionen über die gesinnungsethischen »Feinde und Freunde des Islam« (vgl. Anm. 4), also bei ihrer Selbstbeweihräucherung zur Stützung ihrer »Theorien«, die mit der Realität nichts zu tun haben. In Deutschland ist es für einen fremden Wissenschaftler schwer, Publikumsbücher wie dieses zu schreiben, das in der »Sache« fachliche Standards bewahrt, und dennoch von den professoralen Kollegen anerkannt zu werden. Anerkennungskämpfe um die Geltung des Andersseins finden in Deutschland in allen Bereichen statt.

- Nicht nur Europäer, auch Muslime bieten keine praktikable Lösung an, weil sie zwischen Konformismus (d.h. pragmatischer, rein äußerlicher Anpassung ohne Integration) und Festhalten an orthodoxer Schriftgläubigkeit hin- und herpendeln. Die Schwierigkeiten, die Muslime mit der kulturellen Bewältigung ihrer Situation als einer Minderheit in Europa haben, beginnen bereits mit der Doktrin des klassischen Islam. Diese bestimmt die Muslime als einheitliche *Umma* und somit als Mehrheit, während die anderen *Dhimmis* sind, d. h. eine schutzbefohlene Minderheit bilden. Diese Doktrin bietet keinerlei brauchbare Orientierung für die in Europa lebenden Muslime. Schriftgläubig versuchen zeitgenössische Muslime in Europa, ihren Aufenthalt im *Dar al-kuffar/*Haus der Ungläubigen dennoch als legitim zu rechtfertigen. Die aus der Kritik daran zu ziehende Schlussfolgerung lautet: Europäische Muslime müssten über Schriftgläubigkeit und Konformismus hinaus ihre Selbstbestimmung in Europa als eine aus Individuen bestehende Minderheit suchen.

Hierfür gebricht es ihnen an der erforderlichen intellektuellen Elite, die vielleicht mit der dritten in Europa geborenen Generation von Muslimen heranwachsen wird. Hinzu kommt die Erkenntnis: Nur ein Reform-Islam kann den islamischen Migranten in Europa eine Legitimation für ihre Integration als Minderheit bieten. Ich habe bereits festgestellt: Die klassische Doktrin bietet keine Orientierungshilfe, weil sie den Status der Muslime als Minorität nicht kennt. Reformdenken unter den Diaspora-Muslimen kann ihren Geist und ihre Seele für den Euro-Islam öffnen. Es gibt deutsche Orientalisten, die in dieser misslichen Situation die islamischen Quellen durchforsten, um dort eine islamische Beschreibung für die Muslime in Europa zu finden. Einer von ihnen, Tilman Nagel, ist zu einer recht obskuren Empfehlung gelangt. Dieser deutsche Orientalist schlägt den deutschen Politikern vor, einen in Deutschland lebenden Muslim

»als Musta'min zu betrachten, d. h. er genießt den staatlichen Schutz seines Aufenthaltslandes ... als Schützlinge sind die Muslime an die Rechtsordnung gebunden ... Dieser Status der Schützlinge trifft am ehesten auf die in Deutschland lebenden Muslime zu.«[27]

In meinem Buch über die Türkei und die in Deutschland lebenden Muslime habe ich diese Bestimmung von uns deutschen Muslimen als eine Spielart des deutschen Rassismus, die Andersartige ab- und ausgrenzt, kritisiert. In der demokratischen Bundesrepublik ist der Vorschlag dieses Orientalisten wohl nicht praktikabel: Der demokratische Rechtsstaat bietet uns Muslimen eine bessere Stellung als die eines »Schützlings«, besonders denjenigen unter uns, die die deutsche Staatsangehörigkeit haben. Dennoch handelt es sich bei der obigen Empfehlung um eine Geisteshaltung des Inhalts, wir Muslime gehörten nicht dazu. In der Schlussbetrachtung zu diesem Buch werde ich zeigen, wie der zitierte Göttinger Orientalist offen die Aufgabe seiner Wissenschaft darin sieht, »den Fremden von Europa fortzurücken« (vgl. S. 466).

Stets argumentiere ich, dass die Europäer vor der Entscheidung stehen, den Muslimen zu helfen, gleichberechtigte Bürger zu werden; andernfalls werden diese zu Fundamentalisten, die *Djihad* betreiben – kaum als »Schützlinge«. Was ist besser für Europa?

- Die Probleme haben aber nicht allein mit der kulturellen Spannung zwischen europäischer und islamischer Identität, sondern auch – wie bereits deutlich gemacht – mit ökonomischen und sozialen Fragen zu tun. Am Beispiel der islamischen Gemeinde im britischen Bradford (mit ca. 60 000 Muslimen) lässt sich illustrieren, wie die sozialen Folgen von Deprivation und Arbeitslosigkeit unter Jugendlichen zu chronischen Unruhen rühren.[28] Diese Konflikte nehmen nur äußerlich eine islamische Form an. In der Sache haben sie jedoch nichts oder wenig mit dem Islam als einer Religion zu tun. Daraus ist die Lehre zu ziehen, dass eine ungeregelte Migration von Muslimen nach Europa ohne eine parallele Politik ökonomischer und sozialer Integration unweigerlich Zündstoff mit sich bringt. Jeder auch noch so kleine Fortschritt bei der Integration muslimischer Migranten kann allein durch ein paar tausend überzählige, d. h. auf dem Arbeitsmarkt nicht benötigte und daher arbeitslose Zuwanderer zerstört werden. Kurzum, die Migration aus der Mittelmeerregion und aus Afrika muss zum Gegenstand gesamteuropäischer Gesellschaftspolitik werden. Planerisch muss die Migration an den Arbeitsmarkt angepasst sein und zugleich entsprechend begrenzt werden. Den zugelassenen Einwanderern müssen alle Möglichkeiten der Integration eingeräumt werden. Eine aus Sozialhilfeempfängern und Arbeitslosen bestehende islamische Gemeinde an der gesellschaftlichen Peripherie in Europa, die aus einer chaotischen und ungeregelten Zuwanderungspolitik resultiert, ist ein »recipe for troubles« (sicheres Rezept für soziale Unruhe), wie Amerikaner solche Umstände beschreiben würden. Dennoch ist hervorzuheben, dass Integration nicht allein ein ökonomisches Problem ist. Ein Arbeitsplatz ist eine Voraussetzung für Integration, ist aber nicht mit dieser gleichzusetzen. Studien über die islamisch-senegalesische Gemeinde in Italien illustrieren die außerwirtschaftlichen Aspekte der Migration. Diese Gemeinde besteht vorwiegend aus der Sufi-Bruderschaft der *Mouridiyya*.[29] Es handelt sich um einen Ableger des senegalesischen Wolof-Stammes[30] mit entsprechender tribaler und zugleich religiöser Kollektiv-Solidarität auf italienischem Territorium. Ein *Mourid,* also ein Mitglied der *Mouridiyya,* ist gegenüber seinen *Khouane (Sufi-Ordens)-Brüdern* zur Loyalität verpflichtet, und so erfolgt die illegale Migration von Angehörigen dieser Sufi-Bruderschaft nach Italien. Jeder Mourid ist verpflichtet, seine *petits frères* nachzuholen. Somit zieht ein Clan den anderen in einem unendlichen Prozess nach sich. Obwohl Italien angesichts der fehlenden Sozialhilfeleistungen eher eine Durchgangsstation für illegale Zuwanderer bleibt, also dort, relativ gesehen, weniger Muslime leben als in anderen großen europäischen Ländern, besitzt das Land insgesamt eine große islamische Gemeinde; es gibt dort nicht nur eine – an der Größe der islamischen Gemeinde gemessen – überproportionale Moschee in Rom (»eine Moschee ohne betende Muslime«), sondern auch die größte Zahl an illegalen muslimischen Einwanderern. Abgesehen von den senegalesischen Zuwanderern bleiben sie nicht in Italien, sondern ziehen nach Deutschland weiter. Aufgrund der nicht lückenlos zu überwachenden Küsten Italiens kommen die Senegalesen und andere Afrikaner über Nordafrika illegal zu ihren italienischen *Mourid*-Brüdern, wie auch die Kurden aus der Türkei. Diejenigen, die nicht in Italien bleiben, gelangen von dort in andere Länder Europas, die – im Gegensatz zum italienischen Staat – Sozialhilfe zahlen; das ist das eigentliche Lockmittel. Der bundesdeutsche Innenminister Kanther hat Italien lange vor den öffentlich bekannt gewordenen Schmuggelfallen als das Schlupfloch jeder europäischen Einwanderungspolitik bezeichnet.

Angesichts der aufgezeigten Probleme bildet die Integration des Islam als einer neuen Religionsgemeinde in Europa eine dringende Aufgabe demokratischer Politik, die an eine rational nachvollziehbare Einwanderungspolitik gekoppelt werden muss. Szenarien für die Zukunft habe ich bereits in Kapitel 5 vorgestellt: entweder das einer selbständigen islamischen Gemeinschaft in einer multikulturellen Gesellschaft (Kommunitarismus) oder das von Muslimen als europäischen Bürgern (das französische Konzept von *Laïcité* und *Citoyenneté)* Um die einzuschlagende Richtung wird es noch viele Kämpfe geben.

Um den inneren Frieden in Europa gewährleisten zu können, muss die Eingliederung ein Produkt konstruktiver Zusammenarbeit zwischen den in Europa lebenden Muslimen und den europäischen demokratischen Institutionen sein, und zwar ohne Einmischung durch Drittstaaten aus der Welt des Islam von außen, gleich ob diese säkular wie die Türkei oder orthodox-islamisch wie Saudi-Arabien sind. Gelingt es nicht, diese Aufgabe demokratisch zu bewältigen, dann wird der Islam – so wie in Frankreich bereits geschehen – nach dem Modell des französischen Sicherheitsplans *Vigipirate* von 1991 und 1995 zu einem Gegenstand der Politik der inneren Sicherheit werden. Islam-Politik wäre dann Sicherheitspolitik. Dies kann weder den Interessen der Muslime noch denen der europäischen Demokratie förderlich sein. Friedliche Konfliktaustragung und -lösung erfordert jedoch das Führen eines ernst zu nehmenden Dialogs ohne Tabus, d. h. ohne die Zensurvorschriften der Political Correctness. Es liegt im Interesse der Mehrheit der muslimischen Migranten, dass islamische Terroristen abgeschoben werden, weil sie nicht mit deren Gewalt in Verbindung gebracht werden wollen.

Integrations-, nicht Sicherheitspolitik. Gefordert ist eine europäische Politik

Trotz des Problems der nicht-integrierten »Beurs« aus Nordafrika bietet Frankreich im Großen und Ganzen Europa ein Modell für die Integration, während Holland das Gegenmodell des Kommunitarismus darstellt. Deutschland dagegen ist in diesem Bereich schlichtweg chaotisch und politiklos. Deutsche Ausländerpolitik gehört also zur Kategorie »weder/noch«. Gefordert ist ein gesamteuropäisches Konzept für die Orientierung der Politik der Zuwanderung und Integration an einem verbindlichen Rahmen. In einer Schrift der Bertelsmann Stiftung *Europa und die Welt von Morgen* aus der Feder des großen französischen Deutschland-Historikers Joseph Rovan (vgl. Anm. 13) lassen sich einige Ansätze hierfür finden.

Rovan favorisiert einen Islam, der mit Europa vereinbar ist: »Ein offener, sich öffnender, ein aufklärender Islam hat Anspruch auf Sympathie.« Während man in Deutschland in Schubladenmanier von »dem Islam« und seinen »Feinden und Freunden« spricht, unterscheidet Rovan zwischen diesem »sympathischen Islam« und der fundamentalistischen Ideologie derselben Religionsgemeinschaft. Das erste Muster vom Islam könnte durch geglückte Integrationsleistung zu Europa gehören; das zweite Muster ruft eine Sicherheitspolitik auf den Plan. Rovan erkennt deutlich die teilweise schon zur Realität gewordene Möglichkeit einer Verbindung zwischen Fundamentalismus und Zuwanderung. Deshalb fordert er von europäischen Politikern,

> »das Eindringen von fundamentalistischen Elementen zu verhindern oder diese rasch und effizient unschädlich zu machen. Die Entghettoisierung der Minderheiten islamischen Ursprungs in unseren europäischen Ländern ist nicht nur eine moralische Pflicht, sie ist für unsere Gesellschaften eine moralische Überlebensfrage« (wie Anm. 13).

Joseph Rovan ist Demokrat, Humanist und zugleich ein europäischer Realpolitiker, der von gesinnungsethischer Naivität frei ist und deswegen bestens weiß, was Fundamentalismus ist. Einerseits erkennt er richtig und fair, dass die Mehrheit von uns islamischen Migranten in Europa *keine* Fundamentalisten sind, d. h. dass letztere eine Minderheit unter den Muslimen sind, die im Trüben fischen. Das Sprechen von einer kleinen Minderheit darf allerdings nicht dazu dienen, die Gefahr des Fundamentalismus zu unterschätzen oder gar herunterzuspielen. Denn es handelt sich um eine fanatische und effiziente, mit einer ausgezeichneten Infrastruktur ausgestattete Minderheit von Zeloten,

> »die ihren heiligen Krieg mit allen verfügbaren Mitteln weiterführen werden. Mit den Mitteln des Rechtsstaates, der Demokratie und der Menschenrechte sind Fanatiker nicht zu besiegen« (ebd.).

Aus diesem Grunde wäre nichts kontraproduktiver als der Versuch, die Problematik des Fundamentalismus unter den Migranten auf den Bereich der Sicherheitsproblematik zu verengen; die Auseinandersetzung mit ihnen muss in einem größeren Rahmen erfolgen. Vor allem gilt es, durch Gesellschaftspolitik zu verhindern, dass Fundamentalisten die europäische Islam-Gemeinde als Geisel nehmen.

Allein eine europäische Politik, die den islamischen Migranten hilft, sich zu integrieren und zu europäischen Bürgern zu werden, kann eine erfolgreiche Neutralisierung des Fundamentalismus versprechen. Ein kommunitäres islamisches Ghetto wäre dagegen der fruchtbarste Boden für das Gedeihen des Fundamentalismus. Gerade die Abschottung in Ghettos bietet den Islamisten im Namen der Gruppenrechte die Möglichkeit, die islamische Gemeinde zu »hijacken«. Ein solches Ghetto, kombiniert mit einer ungeregelten Zuwanderung und Arbeitslosigkeit (vgl. oben den Teil über Frankreich) birgt große Gefahren in sich.

Den angesichts der bestehenden Ressourcen als überschüssig zu bezeichnenden Teil der Bevölkerung in der südlichen Mittelmeerregion nur physisch – d. h. ohne eigentliche Integration – in Form von Elendsvierteln als Vorstädte nach Europa zu verlagern wäre ein Import aller Probleme islamischer Gesellschaften nach Europa als Basis einer islamisch definierten Armutskultur (hierzu Kap. 11). Dies wäre zugleich der Nährboden für einen europäischen, fremdenfeindlichen Rechtsradikalismus. Der Umgang der europäischen Politiker mit der »islamischen Präsenz in Europa« bestimmt die Antworten auf die Schicksalsfragen, die eine große Herausforderung an die europäische Identität stellen. Wir integrierten Muslime befinden uns zwischen den Europäern, die uns zu »Schützlingen« (vgl. S. 332) herabstufen wollen, und den Fundamentalisten unter den Muslimen, die aus uns *Djihad*-Kämpfer machen wollen. Unsere Rettung ist die Demokratie. Noch ist es nicht zu spät. Wie können allein um ihre Wiederwahl besorgte europäische Politiker zum Nachdenken und Handeln gebracht werden, bevor Bomben explodieren und Blut fließt?

KAPITEL 8

Auf der Suche nach Lösungen: Bietet der Status der islamischen Minderheit in Indien ein Modell für Europa?

Können Muslime mit Nicht-Muslimen in Frieden in einem Gemeinwesen zusammenleben?

Aus den Erfahrungen anderer lernen, lautet bei den folgenden Ausführungen die Devise. Indien[1] ist in diesem Kapitel thematischer Schwerpunkt bei der Diskussion über die Stellung islamischer Minderheiten in einem nicht-islamischen Gemeinwesen. Der Grund für diese Wahl ist das Interesse herauszufinden, wie die Beziehungen zwischen einer säkularen Gesellschaft und einem nach religiösen Gesichtspunkten gestalteten Ghetto aussehen können. Hierbei ist die Frage zu stellen, ob das indische Beispiel ein Modell für Europa bietet.[2] Ein weiterer Grund für die Wahl Indiens in einem Buch über Europa ist, dass es sich um ein nicht-westliches Land handelt und sich somit eine geeignete Grundlage für eine Diskussion jenseits der euro-zentrischen Grenzen bietet.

Daneben war dabei entscheidend, dass die Politisierung des Islam in diesem Land Wurzeln hat; einer der beiden überregional wichtigen und einflussreichen Väter des islamischen Fundamentalismus war ein Inder, der später ein Pakistani wurde: Vor der Teilung Indiens, 1947, gab es diese Unterscheidung nicht. Er hieß Abu al-A'la al-Maududi[3]. Er gilt neben dem Ägypter Qutb als einer der beiden Väter der Idee eines islamischen Gottesstaates. Maududi war mitverantwortlich für die Spaltung des indischen Subkontinents in einen islamischen Staat, Pakistan, und einen säkularen Staat, Indien, obwohl er anfänglich skeptisch gegenüber dieser Spaltung war. Grundlage für die Aufteilung des indischen Subkontinents in zwei Staaten ist die politisch-religiöse Doktrin, dass Muslime und Nicht-Muslime nicht in Frieden zusammenleben können. Doch blieb trotz der Spaltung eine große muslimische Minderheit in Indien zurück.

Beiläufig ist eine Information von Interesse, die im Zusammenhang dieses Buches eine durchaus relevante Verbindung beleuchtet, nämlich die Tatsache, dass sich gerade der 1979 verstorbene Maududi in seiner Eigenschaft als Miturheber des islamischen Fundamentalismus[4] eines großen

Einflusses in der, vorwiegend vom indischen Subkontinent stammenden, islamischen Gemeinde Großbritanniens erfreut. Die Schriften Maududis werden als Lehrbücher an britisch-islamischen Schulen verwendet, wobei seine Ideen als »wahrer Islam« gelehrt werden.[5] Maududi hat gepredigt, dass Muslime und Nicht-Muslime nicht in Frieden zusammenleben, ja nicht zum selben Gemeinwesen gehören können.

Die von Maududi 1941 gegründete Partei *Djama'at-i-Islami* trägt in letzter Konsequenz die Verantwortung für die Trennung der indischen Muslime von den Hindus und Sikhs.[6] Die Gründung Pakistans würde man heute in moderner politischer Sprache kritisch als ethnisch-religiösen Separatismus bezeichnen. In dieser Hinsicht ist es nicht möglich, dass sich muslimische Migranten in Großbritannien Maududis Ideen in jeder Hinsicht aneignen und getreu befolgen. Denn sie können sich in Europa nicht – nach dem Modell Pakistans – staatlich absondern. Aus diesem Grunde kommt ihnen die Multikulti-Ideologie des Kommunitarismus sehr gelegen, die es ihnen ermöglicht, ihre Ghetto-Bildung als Ersatz für die nicht-realisierbare eigene Staatsbildung zu betreiben. Ich habe diese Problematik des Kommunitarismus auf einer allgemeinen Ebene im fünften Kapitel näher diskutiert. Hier will ich sie am Beispiel der muslimischen »community« im säkularen Indien konkret beleuchten und dabei stets ihre Relevanz für Europa im Auge behalten, gleich ob als Modell oder als Warnung – die Antwort überlasse ich meinen Lesern. Meine Hypothese bei dieser Diskussion ist, dass der Kommunitarismus die Gefahr einer Desintegration für jedes Gemeinwesen darstellt, in dem es keine allgemeinverbindlichen, also von allen geteilten Werte gibt und wo säkulare Gesetze nicht von allen angenommen werden.

Die Fragen, die ich stellen werde, betreffen die zentrale Thematik dieses Buches, die Migration.[7] Hier interessiert besonders die Einwanderung aus dem islamischen Teil des südlichen und südöstlichen Mittelmeerraumes sowie aus Südasien nach Westeuropa. Diese Migration hat zur Entstehung einer beträchtlichen, ständig wachsenden muslimischen Minderheit geführt.[8] Daraus resultiert eine sich ständig verändernde Zusammensetzung der Bevölkerung der Aufnahmeländer. Multikulturalismus und ethnische Konflikte – z. B. der Schleier-Konflikt[9] – hängen mit diesem Phänomen zusammen. Individuelle Integration und Kommunitarismus stehen sich hier als alternative, einander gänzlich ausschließende Strategien gegenüber.

Aller transnationalen Auswirkungen der Globalisierung ungeachtet, sind die handelnden politischen Einheiten unserer Welt immer noch in Form des Nationalstaates, der ein europäisches Modell ist, organisiert. Nationalstaat heißt hier nach angelsächsischem bzw. französischem Muster ein souveränes Gebilde, in dem ein Gemeinwesen existiert, nicht – wie nach dem deutschen Nationalstaatsbegriff – eine ethnisch exklusive Nation. Die Globalisierung des säkularen Nationalstaates im angedeuteten Sinne hat jedoch nicht notwendig die weltweite Ausbreitung der ihm zugrunde liegen den politischen Kultur und Institutionen zur Folge.[10] Durch die Migration entstehen Probleme, die sogar die Akzeptanz des säkularen Nationalstaats im Westen betreffen. Hierbei steht die Frage an, ob die Muslime als Migranten zu den Gemeinwesen Europas gehören können oder ob sie bereits eine »sektiererische Enklave innerhalb einer westlichen Kultur« bilden bzw. bilden werden und sich damit »im Westen befinden, aber ohne ihm anzugehören«[11], wie der Islam-Experte John Kelsay fragt.

Wie seit dem Ende der bipolaren, gespaltenen Welt des Kalten Krieges deutlich geworden ist, besteht eine der Paradoxien des gegenwärtigen Systems der Nationalstaaten darin, dass »Menschen betont sehr international und sehr provinziell zugleich sind«, wie Robin Jeffrey in seinem Buch *What's Happening to India*[12] beobachtet. Im Vergleich mit Europa stellt Jeffrey eine Ähnlichkeit zwischen dem vom Krieg belasteten Balkan und Indien fest. Serben und Muslime, die in Südosteuropa jahrhundertelang zumindest äußerlich friedlich zusammengelebt hatten, tragen nun blutige Konflikte miteinander aus: »Äußerlich globalisiert, sind sie jedoch innerlich bereit, für Identitäten zu sterben, die so lokal begrenzt sind wie ein Balkan-Tal für seine Bewohner« (ebd.) in früheren Jahrhunderten.

Würde sich im multi-ethnischen und multi-religiösen Indien eine ähnliche Situation wie auf dem Balkan[13] entwickeln, wäre die bosnische Tragödie in Bezug auf die zu erwartende Katastrophe vergleichsweise eine Kleinigkeit. In meinem Buch *Krieg der Zivilisationen* ziehe ich eine Parallele zwischen dem gegenwärtigen Szenario auf dem Balkan und einem möglichen Zukunftsszenario in Indien, wenn Hindu-Fundamentalisten von der *Bharatiya Janata Party* und anderen Bewegungen, wie der Shiv Sena, so erstarken sollten wie die orthodoxen serbischen Fundamentalisten auf dem Balkan. Es ist alarmierend, dass die BJP nach der vorgezogenen Wahl von 1998 erneut die stärkste Fraktion im indischen Parlament bildet und wiederum den Regierungsauftrag bekommen hat. Diesmal konnte sie auch ein Kabinett auf einer solideren Basis zusammenstellen; die BJP-Regierung von 1996 dauerte nur dreizehn Tage (vgl. Anm. 38 und 39).

Bezieht man das eben Gesagte auf Westeuropa, drängen sich zahlreiche Fragen auf, die mit den islamisch-europäischen Beziehungen auf dem europäischen Kontinent selbst zusammenhängen. Vor dem geschichtlichen Hintergrund der europäischen Religionskriege warne ich vor der von bestimmten Migrantenkulturen geforderten Zulassung einer Koppelung der Religion an die Politik im Namen der Toleranz. Erst durch die Errichtung des säkularen Staates war es möglich, die blutige Epoche der religiösen Intoleranz zu beenden. In diesem Kapitel stelle ich einen Vergleich zwischen dem Verhältnis von Muslimen und Hindus im säkularen indischen Nationalstaat und den islamisch-europäischen Beziehungen unter den Bedingungen des Multikulturalismus an, um aus den indischen Erfahrungen für Europa zu lernen. Dieses Erkenntnisinteresse habe ich bereits einleitend angegeben, als ich die muslimische Minderheit in Indien nach der Teilung des indischen Subkontinents im Jahre 1947 in den Blick genommen habe. Entsprechend lautet die entscheidende Frage, ob der spezielle Status der muslimischen Minderheit in Indien Modellcharakter für Westeuropa haben kann oder eher zur Warnung vor einem konfliktverursachenden Muster dient. Meine Annahme ist, dass das indische Beispiel eine Warnung darstellt, die Europa ernst nehmen sollte.

Worum geht es bei den indischen Muslimen?

Das Zusammenleben von Hindus und Muslimen in Indien ist für Europa von Interesse, weil an beiden Religionsgemeinschaften vergleichend die Fähigkeit zu friedlicher Koexistenz in einer säkularen politischen Kultur erläutert werden kann. Im Mittelpunkt steht der moderne säkulare, d. h. Religion und Politik trennende, Nationalstaat als Rahmen für das angestrebte friedliche Zusammenleben. Anders als manche westlichen Nationalstaaten fordert der indische Staat nicht verbindlich die Akzeptanz seiner Säkularität durch die religiösen Minderheiten. Dies ist der Inhalt des Begriffes »limitierte Säkularität«, den ich für Indien geprägt habe (vgl. Anm. 2). Die Artikel 26, 27 und 28 der indischen Verfassung geben den Minderheiten das Recht, ihre religiösen Angelegenheiten selbst zu regeln.

Mit Blick auf die Situation der islamischen Minderheit in Indien und die Migrationsproblematik im Hinterkopf, stellt sich die Frage, ob es angeraten ist, den nicht-westlichen Minderheiten – Resultat der Migration vornehmlich aus der südlichen und östlichen Mittelmeerregion und Südasien – in Europa einen Status ähnlich dem der indischen Muslime einzuräumen. Trotz der Tatsache, dass Indo-Muslime keine Migranten sind, bleibt zu klären, ob sich ihre Identität auf das indische Gemeinwesen oder auf die *Umma*, d. h. die globale islamische Gemeinschaft, bezieht. Die Antwort darauf hängt gleichermaßen davon ab, wie Indiens Identität bestimmt wird und welches Selbstbild indische Muslime von sich, und welche Fremdbilder sie von den anderen haben. Die in den europäischen Staaten lebenden Muslime stehen ähnlichen Herausforderungen gegenüber. Sind muslimische Migranten bereit, sich selbst als europäische Bürger zu verstehen? Oder hindern sie ihr Bewusstsein bzw. ihre Selbstbilder, wonach sie Teil einer universellen *Umma*/Gemeinde sind, daran, sich in ein säkular definiertes Gemeinwesen einzufügen?

Im indischen Fall stellt sich die Frage folgendermaßen dar: Wenn Indien schon in der Lage war, sein Gemeinwesen von der dominanten Hindu-Kultur der Bevölkerungsmehrheit abzukoppeln und sich dann rigoros an den Grundsätzen der politischen Kultur des säkularen Nationalstaats zu orientieren, warum kann dann die Minderheit der indischen Muslime nicht ähnliches tun? Warum können sich Muslime – unabhängig von ihrer religiösen Zugehörigkeit – nicht unzweideutig, also nach dem Beispiel der Hindus, als indische Staatsbürger begreifen? Ist es möglich, dass die indischen Muslime beides miteinander vereinbaren: die *Scharia*[14] zu praktizieren sowie sich dem Universalismus der islamischen *Umma* zu unterwerfen und doch gleichzeitig weiter vollherzige Bürger Indiens zu bleiben?

Der gestellten Frage liegt die Idee der *Citizenship*/Staatsbürgerschaft zugrunde. Dies veranlasst zu einem Gedankensprung zu dem klassischen Einwanderungsland USA: Das amerikanische Modell des Schmelztiegels sieht im Idealfall vor, dass nach dem Gleichheitsgrundsatz jeder amerikanische Bürger werden kann, Religion, Hautfarbe, Geschlecht und Ethnizität ungeachtet. In der neuen Kultur der multikulturellen und feministischen Präferenzen wird dieses klassische Modell von Multikulti-Aktivisten in Frage gestellt. Das Resultat ist das *Disuniting of America*/Auseinanderfallen Amerikas.[15]

Anders als Amerika war Europa bis Ende des Zweiten Weltkriegs, von einigen wenigen Ausnahmen und der jüngsten Vergangenheit abgesehen, kein Migrationsziel für Menschen aus nicht-europäischen Zivilisationen. Im ausgehenden 20. Jahrhundert verändern sich die europäischen Realitäten radikal; Europa ist heute ebenso wie Nordamerika ein Anlaufpunkt von Migrationsschüben, und es ist nicht darauf vorbereitet, wie ich im vierten Teil zeigen werde. Angesichts dieses tiefgreifenden Wandels steht Europa gegenwärtig vor der Entscheidung zwischen unterschiedlichen Optionen. Im Mittelpunkt stehen zwei einander ausschließende Alternativen, mit denen Europa konfrontiert wird: Entweder es übernimmt das klassische farben-, religions- und ethnizitätsblinde, vor dem Aufstieg des Multikulti-Kommunitarismus dominierende amerikanische Modell der Staatsbürgerschaft, oder es beugt sich modischen Forderungen nach Multikulturalismus, die im Namen ethno-religiöser Gruppenrechte zu einer faktischen ethnisch-religiösen Segregation führen würden. Die Tendenz in diese Richtung kann man ansatzweise schon erkennen. Im Moment entscheidet sich Europa für keines von beiden. Gleichzeitig zu den schon angesprochenen Migrations-Schüben (z. B. im Jahr 1997 mehr als 615 000 Zuwanderer nach Deutschland) betreibt Europa mit wenig Erfolg »Migrationsverhinderungs-Politik« (dazu Kap. 10).

Im Hinblick auf die oben angeführte zweite Möglichkeit erscheint eine Analyse der Muslim-Hindu-Beziehungen im säkularen indischen Staat von großer Bedeutung für die Bestimmung der Zukunft Europas, für den Fall, dass sich europäische Politiker einmal dazu entschließen sollten, konzeptuell begründete Politik zu betreiben. Die angedeutete Untersuchung verspricht fruchtbare Ergebnisse, die dazu dienen können, politische Strategien im Umgang mit laufenden Veränderungen in der Zusammensetzung der europäischen Bevölkerungen zu entwickeln.

Im Mittelpunkt der Problematik steht die Beobachtung, dass Indien nur in einem begrenzten Sinne ein säkularer Nationalstaat ist (vgl. Anm. 2). Tatsächlich verheißt die indische Verfassung in Artikel 44 ein »einheitliches Zivilrecht« für alle Bürger. Die Realität der indischen Säkularität bleibt jedoch hinter dieser Verfassungsnorm zurück. Zudem steht der genannte Artikel in Konflikt mit den Artikeln 26 bis 28 derselben Verfassung. In der Frage nach der Relevanz des unvollendeten indischen Nationalstaates für Westeuropa und für die Beziehungen der europäischen Mehrheit zur muslimischen Minderheit der Migranten ist implizit auch eine Bewertung des indischen Modells enthalten. Ist die begrenzte und unvollendete Säkularität in Indien Ausdruck eines mit großen Mängeln behafteten Nationalstaates, oder kann Indien Europa im Zeitalter muslimischer Migration als Beispiel für notwendige Korrekturen am säkularen Nationalstaat dienen? In Europa ist oft der Ruf nach Einschränkung der Säkularität zu hören!

Die anstehende Diskussion möchte ich mit der Feststellung einleiten, dass institutionelle Säkularität auf einem Konzept von positivem Recht basiert, d. h. den Bereich des Rechts als eines positiven Rechts von dem der Religion als Offenbarung trennt. In diesem Sinne beruht der moderne Nationalstaat rechtlich auf einem säkularen politischen Gemeinwesen, sowohl auf institutioneller als auch auf normativer Ebene. Den Zusammenhang zwischen Kultur und Rechtsnormen anerkennend, führt Multikulturalismus zwangsläufig zur Revision der Säkularität (Franzosen sprechen von Laizismus). Mit anderen Worten, der Multikulturalismus lässt die Einführung fremder Rechtstraditionen zu, gleich ob säkularen oder religiösen Charakters. Wenn wir bei diesem Argument bleiben, ist es möglich, von Indien als einer wahrhaft »multikulturellen Gesellschaft« zu sprechen. Aber dann drängen sich sofort die Fragen auf: Funktioniert dort dieser Multikulturalismus? Kommt er als Modell für andere Staaten, z. B. in Europa, in Betracht? Konkret formuliert: Warum versagt die Kongress-Partei, die sich dem Modell des säkularen Nationalstaats verschrieben hat? Warum verliert diese säkulare Partei die Wahlen? Und warum gewinnt die fundamentalistische BJP durch ihre Propaganda gegen Muslime die Mehrheit der Hindu-Stimmen bei den Wahlen von 1996 und 1998?

Experten des indischen Rechts stellen fest, dass trotz des angesprochenen Artikels 44 der Verfassung »traditionelle Ideen neben denen der neuen säkularen ... Demokratie weiterbestehen«.[16] Die *Dharma*/Rechtschaffenheit[17], das Rechtskonzept der hinduistisch-indischen Zivilisation, steht derart unterschiedlichen Interpretationen offen, dass es nicht die Basis für ein Zivilrecht abgeben kann. Anders als die skripturalistische, d. h. schriftgläubige und zugleich interpretative, islamische *Scharia* bezieht sich die *Dharma* eher auf eine Vielzahl von mündlich überlieferten Gebräuchen denn auf strikt juridische Normen. Eine autoritative einheitliche Offenbarungsschrift liegt gar nicht vor.

Die Herausbildung eines modernen Nationalstaates in Indien hat den Hinduismus mit der Notwendigkeit konfrontiert, die *Dharma* an die neuen

Bedingungen anzupassen. Wie uns der soeben zitierte Experte über das Hindu-Recht, D. M. Derrett, berichtet,

> »waren die Hindus nicht in der Lage, sich diesen Herausforderungen zu stellen. Hindu-Recht war zwar alt, aber umständlich, verwirrend und unfähig zu selbständiger Erneuerung« (vgl. Anm. 16).

Aufgrund dessen blieb es das Privileg der muslimischen Minderheit im neuen säkularen indischen Staat, ihren eigenen religiösen Rechtskorpus, die *Scharia,* als Grundlage für ein *Muslim Personal Law*/Personenstandsrecht für Muslime anzuwenden. Indische Muslime[18], die sich der *Scharia* verschrieben haben, beharren auf der Anwendung dieses »Gottesrechts«; sie unterstellen, die Befolgung dieses Rechts gehöre untrennbar zu ihrer – allerdings konstruierten – islamischen Identität. Ich spreche hier von einem Rückgriff auf die *Scharia* als konstruierte islamische Identität, weil die *Scharia* post-koranisch, d. h. ein Jahrhundert nach Abschluss der islamischen Offenbarung von Menschen, also den *Ulema,* entwickelt worden ist. Dennoch bestehen indische Muslime auf der *Scharia* als Bestandteil ihrer Identität. Es ist bedauerlich, dass Indo-Muslime jeden Versuch, gemäß Artikel 44 der Verfassung ein einheitliches Zivilrecht zu entfalten, das auch auf die muslimische Minderheit Anwendung finden würde, als einen Anschlag auf ihre kulturelle Identität betrachten. Es ist ein Ausdruck von Naivität, wenn dieselben Muslime sich über die Mobilisierungserfolge der BJP gegen sie wundern, ohne zu erkennen, dass sie selbst dies provozieren.

Die Unfähigkeit des indischen Nationalstaates, ein einheitliches Zivilrecht für alle Inder zu schaffen, während es muslimischen Indern erlaubt ist, ihre Angelegenheiten in Übereinstimmung mit der *Scharia* zu regeln, bei gleichzeitigen staatlichen Eingriffen in hinduistische Praktiken, ist eine Quelle ständiger Konflikte. Zu diesen Konfliktpotenzialen gehört der Aufstieg des Hindu-Fundamentalismus, wie er in den Wahlsiegen der BJP dokumentiert wird. Diese Bedingungen haben eine Situation geschaffen, die »das Gefühl nährt, der indische Säkularismus richte sich zunehmend gegen den Hinduismus«[19], wie der Hindu-Gelehrte Arvind Sharma zu Recht feststellt.

Bereits die bisherigen knappen Ausführungen zeigen, wie relevant die indische Erfahrung für Europa ist. Denn wie in Indien fordern Teile der

muslimischen Minderheiten in Europa die Zulassung der Normen der islamischen *Scharia* als Bestandteil der Anerkennung ihrer kulturellen Identität innerhalb eines multikulturellen Gefüges. Die Ablehnung dieser Forderung durch die Europäer auf der Basis einer Gegenstrategie, nämlich Integration, wird als »schleichende Christianisierung«[20] betrachtet und entsprechend als Verletzung der islamischen Rechte verfemt.

Die unentschiedene Pendelbewegung
zwischen Säkularität und Gottesstaat

Die Zulassung der *Scharia* als Zivilrecht der Indo-Muslime stößt bei den
Indern, die zur Hindu-Religion gehören, auf wenig Gegenliebe. Hindu-
Nationalisten bzw. Fundamentalisten bietet die Praktizierung der *Scharia*
durch die muslimische Minderheit ihres Landes Zündstoff für eine Mobilisierung gegen die Indo-Muslime. Auf der Basis ihrer Ablehnung dieses
Minderheitensonderrechts propagieren sie die Zurückweisung des säkularen Staates in Indien als solchen. Das Ergebnis ist der Ausbruch eines Konflikts.[21] Wie der indische Wissenschaftler Kuldeep Mathur in seinem Referat, gehalten anlässlich einer internationalen Projekt-Konferenz über Demokratisierung in Asien in Louvain/Belgien, ausführte,

> »entspringt der für Hindus zu einer Quelle der Gefahr gewordene Säkularismus
> staatlichen Aktionen zum Schutz von Minderheitenrechten«.[22]

Mit anderen Worten: Für die Führer der muslimischen Gemeinschaft in
Indien dient Säkularität als ein Deckmantel, unter dem nicht-säkulares
Recht, d. h. die *Scharia,* praktiziert wird. Im Bewusstsein ihres Status als
Minderheit sind sich die politischen Führer der indischen Muslime darüber
im Klaren, dass

> »das Konzept eines *nizam Islami*/islamischen Staates (Herrschaft gemäß dem Is-
> lam) unter den gegenwärtigen Bedingungen in Indien nicht verwirklicht werden
> kann«.[23]

Aus diesem Grund beschränken sie ihre Forderungen auf die Anerkennung
der *Scharia* durch den Staat. Diese Haltung ist noch kein Fundamentalismus, aber sie fördert das Keimen der fundamentalistischen Einstellung bei
den indischen Muslimen und leistet ihr Vorschub.[24] Es ist bedauerlich, dass

der säkulare indische Staat der Forderung der Führer der muslimischen Religionsgemeinschaft nach Sonderrechten nachkommt. Im Gegenzug akzeptieren die Muslime den säkularen Charakter Indiens, allerdings nur widerwillig und in dem eingeschränkten Sinne, dass der Staat nur äußerlich und gewissermaßen einseitig Politik und Religion trennt, insofern er es unterlässt, in die Anwendung von *Scharia*-Recht durch Muslime einzugreifen. Die auf diese Weise ausgeübte Säkularität Indiens wird nur äußerlich hingenommen, weil sie den Bestrebungen der Indo-Muslime nach Abschottung sehr entgegenkommt. Diese einseitige Trennung der Politik des indischen Staates von der Religion gilt allerdings umgekehrt nicht für den Islam, weil Muslime eine Religionsausübung auch im Sinne einer Rechtsgemeinschaft praktizieren, während die Hindus – die Mehrheit in Indien – auf dieses Recht ihrer Religion verzichten müssen.

Das muslimische Personenstandsrecht ist das juristische Instrument, mittels dessen die Indo-Muslime ihre Angelegenheiten innerhalb ihrer Gemeinschaft regeln. Umgekehrt fassen Hindus diese begrenzte Säkularität als exklusives Privileg für Minderheiten und als einen Schlag gegen sich auf. In der Konsequenz lehnen die Hindu-Aktivisten Säkularität ab und betrachten sie als Hindernis für sich als Mehrheit, den Staat gemäß den Grundsätzen ihrer eigenen Zivilisation, d. h. gemäß dem Hinduismus, zu regieren. Dieses Ressentiment hat schließlich zum Aufstieg des Hindu-Fundamentalismus[25] geführt, der das indische Gemeinwesen spaltet.

Der Konflikt zwischen der Hindu-Mehrheit und der Muslim-Minderheit wirft *zwei für Europa relevante zentrale Problemkomplexe* auf:

- *Erstens:* Die unvollständige Säkularität des indischen Staates schafft Disparitäten und führt zur Vertiefung der bestehenden Gräben zwischen den verschiedenen religiösen und ethnischen Gruppen innerhalb derselben Gesellschaft. In diesem Sinne schafft sich die muslimische Minderheit ein Ghetto mit eigenen Rechtsstrukturen, was die Hindu-Mehrheit provoziert und zum Radikalismus treibt. Indische Hindus weisen jede Politik zurück, die den indischen Muslimen einen Sonderstatus einräumt – was parallel für die Mehrheit des indischen Staates erhebliche Konsequenzen hat. Ähnliche Minderheitenrechte würden auch in Europa nur den Rechtsradikalismus auf den Plan rufen.

In Indien führt die beschriebene Art von Minderheitenrechten zu einem Ressentiment der Mehrheit, das sich zu einer kompromisslosen Ablehnung von Säkularität überhaupt auswächst. In diesem Kontext politisieren

Hindu-Nationalisten den Hinduismus in einem Versuch, seine Vielfalt einer integristischen Interpretation unterzuordnen, die in einen religiösen Fundamentalismus mündet.[26]

- *Zweitens:* Nach allgemeiner Einschätzung ist der Hindu-Fundamentalismus ein willkürlicher Versuch, den verschiedenen Grundsätzen und Lehren der *Veda* (Vielzahl der heiligen Hindu-Schriften) einen umfassenden Skripturalismus überzustülpen. Das Resultat ist die Einführung einer eindimensionalen Interpretation des Hinduismus. In dieser neuen Ausrichtung ähnelt das Hindu-Recht der *Dharma* dann der fundamentalistischen Variante der *Scharia* im islamischen Recht. Die hinduistisch-religiösen Ansprüche von *hindutva*/Indischsein werden in diesem Kontext zur Identität eines exklusiv verstandenen Indien, in dem kein Platz mehr ist für Muslime und andere Nicht-Hindus. Diese Interpretation hält der bekannte indische Soziologe T.K. Oommen in vielerlei Hinsicht für falsch, vor allem deswegen, weil der real existierende Staat Indien mit der Forderung nach einer Territorialisierung der Hindu-Zivilisation unvereinbar ist.[27]

Oommens Urteil wird durch die einfache Tatsache gestützt, dass der indische Nationalstaat – trotz einer Mehrheit von Hindus (seien es 65 oder 85 Prozent – die genaue Bestimmung dieser Zahl ist eine politische, keine statistische Frage) – in Wirklichkeit multi-religiös und kulturell vielfältig ist. Von diesem Blickpunkt aus betrachtet, stellen die Duldung der *Scharia*-Praxis für Muslime und der als Antwort auf dieses Privileg ständig erstarkende Hindu-Fundamentalismus eine Bedrohung für den inneren Frieden in Indien dar und könnten in den Zerfall des Nationalstaates münden.

In meinem bereits zitierten Buch *Krieg der Zivilisationen* drücke ich die Befürchtung aus, dass dieser Zusammenprall zwischen einem politisierten Islam und einem gleichermaßen politisierten Hinduismus in Indien zu einer Kraftprobe zwischen diesen beiden Zivilisationen führen könnte, die der tragischen Konfrontation zwischen dem Islam und dem serbisch-orthodoxen Christentum in Bosnien ähnelt, in ihren Konsequenzen – wie ich bereits ausführte – jedoch viel dramatischer sein würde. Aus Furcht vor den Folgen warne ich in der deutschen Öffentlichkeit davor, in dem Status der islamischen Minderheit in Indien ein Modell für Europa zu sehen.[28]

Zusammenfassend: Auf der Grundlage der bisher gewonnenen Erkenntnisse möchte ich die These vertreten, dass das indische Beispiel der

Beziehungen zwischen Islam und Hinduismus kein erstrebenswertes Modell für Westeuropa in einer Zeit der Migration aus muslimischen Ländern des südlichen und östlichen Mittelmeerraumes darstellt. Die anti-islamischen Attitüden der Hindu-Fundamentalisten sind mit der gegen muslimische Migranten in Europa gerichteten Fremdenfeindlichkeit vergleichbar. Gegen die Einräumung von Gruppenrechten in Europa spricht, dass diese zu einer Unterminierung der säkularen, d. h. religions- und ethnizitätsblinden, Staatsbürgerschaft durch Minderheitenpräferenzen beitragen und die Fremdenfeindlichkeit stärken.

Die Folge der zugelassenen Ausübung der *Scharia* in Indien, nämlich die Entstehung von anti-islamischen Einstellungen bei Hindu-Fundamentalisten, mögen Europäer sich als ausreichende Warnung vergegenwärtigen, die ihnen vorführt, wohin ethnisch-religiöse Gruppenrechte führen. Um das bisher Gesagte sowie meine hierauf basierende These in die Geschichte Indiens einzuordnen, werde ich im folgenden Abschnitt kurz den historischen Hintergrund von Islam und Hinduismus auf dem indischen Subkontinent von der islamischen Invasion bis zur Teilung Indiens skizzieren. Dieser historische Rückblick soll uns helfen, den Wurzeln des Konflikts nachzugehen.

Hinduismus und Islam aus historischer Perspektive

In der klassischen islamischen Doktrin gehört der Aufruf zum Islam durch die *Da'wa* zwecks der geographischen Ausdehnung des *Dar al-Islam* als Territorialität der islamischen Zivilisation und ihrer Glaubensgemeinschaft zu den religiösen Pflichten. Dies wird von Muslimen – wenn Gewalt in Form von *Qital*/Kampf eingeschlossen wird – nicht als *Harb*/Kriegshandlung, sondern vielmehr als Akt der *Futuhat*/Öffnung für die Ausweitung von *Dar al-Islam* zum *Dar al-Salam*, d. h. mit dem Haus des Friedens identisch betrachtet. Im Gegensatz zur nicht-islamischen Territorialität des *Dar al-harb*/Haus des Krieges ist die Sphäre des Islam nach dieser Lehre eine solche des Friedens.[29] Trotz dieses Selbstverständnisses war die islamische Invasion Indiens, als ein *Djihad*, ohne jeden Zweifel ein gewaltförmiger Akt. Der Zivilisationshistoriker Fernand Braudel weist daraufhin, dass die Herrschaft der Muslime in Indien in den Jahren 1206 bis 1757, beginnend mit der Gründung des Sultanats von Delhi, nur

»erfolgreich sein konnte … durch eine umfassende militärische Besetzung«;

er fährt fort und schreibt: Die muslimischen Invasoren

> »konnten das Land ohne systematischen Terror nicht beherrschen … es wurden Zwangskonversionen durchgeführt. Gab es einen Aufstand, wurde er unverzüglich und mit brutaler Härte niedergeschlagen; Häuser wurden verbrannt, das Land wurde verwüstet, Männer wurden niedergemetzelt und Frauen versklavt.«[30]

Anders als es diese Beschreibung der partiellen Islamisierung Indiens vermuten lässt, ist der Islam neben dem Hinduismus zu einem Element des kulturellen Erbes auf dem südasiatischen Subkontinent geworden. Das Reich des Großmoguls, welches mehr als drei Jahrhunderte lang bestand, gehört untrennbar zur Geschichte Indiens und gleichermaßen zur Geschichte der islamischen Reiche. Babur, der im Jahre 1526 das Mogulreich begründete, steht bis heute für die kulturelle Größe der indischen Geschichte in ihrer islamisch-hinduistischen Zivilisationsphase, die ein Beispiel für eine gelungene Symbiose zwischen Islam und Hinduismus darstellt. Der Name des Kaisers Babur steht jedoch zugleich symbolisch für den Beginn der Spannungen zwischen Islam und Hinduismus.

Die Babri Mesjid in Ayodhya, die Moschee Baburs, welche der Legende nach genau auf dem Platz des Hindu-Rama-Tempels errichtet worden ist, gehört zu den ideologischen Symbolen, die die Kluft zwischen Muslimen und Hindus im zeitgenössischen Indien zum Ausdruck bringen.[31] Mit anderen Worten: Die Geschichte von Islam und Hinduismus umfasst sowohl Eroberung als auch die friedliche Koexistenz beider Zivilisationen und die Rivalität zwischen ihnen in unserer Gegenwart.

Im Gegensatz zu den muslimischen Minderheiten in Westeuropa sind die indischen Muslime keine Migranten, sondern Einheimische. Im Grunde sind sie Nachkommen von Hindus, die zum Islam konvertiert sind, vergleichbar mit den bosnischen Muslimen, die als ehemalige christliche Bogomilen ebenso Konvertiten sind. Trotz der Richtigkeit des angeführten Zitats von Braudel über die Zwangskonversionen ist es wahr, dass Hindus der niederen Kasten aus freiem Willen zum Islam konvertiert sind, um ihrem Status zu entkommen. In dieser Hinsicht können die indischen Muslime mit den Bosniaken auf dem Balkan[32] verglichen werden.

Der Vergleich des Hintergrunds der indischen Muslime mit dem der bosnischen Muslime kann helfen, bestimmte Zusammenhänge zu erklären.

Die Einstellung radikaler Hindus zu den indischen Muslimen ist mit derjenigen der orthodoxen Serben gegenüber den bosnischen Muslimen vergleichbar. In beiden Fällen werden die Muslime als »Verräter« diffamiert. Diese anti-islamischen Attitüden schwanken zwischen dem Nazi-ähnlichen Ziel der »ethnischen Säuberung«, wie es während des Krieges auf dem Balkan praktiziert wurde, und – in Indien – dem Versuch einer Re-Hinduisierung der indischen Muslime. Die Zerstörung der Babri Mesjid in Ayodhya[33] durch Hindu-Fundamentalisten der *Bharatiya Janata Party*/BJP am 6. Dezember 1992 war bis jetzt der dramatischste Ausdruck des Hindu-Fundamentalismus. Ähnlich wie die von Serben verübten Grausamkeiten an Muslimen sowie die Zerstörung von deren Moscheen handelt es sich hier um einen Versuch, den Islam auf dem indischen Subkontinent durch einen symbolträchtigen Akt auszulöschen.

Der ehemalige Staatspräsident Indiens, K.R. Narayanan, ein Unberührbarer, kommentierte das Geschehen in Ayodhya mit den Worten: »Der Angriff auf die Moschee war die größte Tragödie seit der Ermordung Mahatma Gandhis 1948.«[34]

Der einstige Leitartikler der *Frankfurter Allgemeinen Zeitung,* Klaus Natorp, gab zu Recht seiner Befürchtung Ausdruck, dass nicht

> »nur die Stabilität Indiens auf dem Spiel steht, sondern auch die Beziehungen Indiens zu allen anderen islamischen Staaten … Dieses Ereignis findet eine Parallele in dem Völkermord der Serben gegen die bosnischen Muslime.«[35]

Zum Verständnis der regionalen Stabilität Südasiens gehört die Tatsache, dass die islamische, ungefähr 120 bis 130 Millionen Menschen (ca. 12 Prozent der indischen Bevölkerung) umfassende Minderheit in Indien im Kontext der Nachbarstaaten Pakistan und Bangladesch zu sehen ist. Diese haben zusammen eine islamische Bevölkerung von ca. 250 Millionen Menschen. Indien grenzt an beide Länder an. In dieser Situation würde die bosnische Tragödie gegenüber einer denkbaren Balkanisierung der Beziehungen zwischen Hindus und Muslimen im Anschluss an Vorkommnisse wie die Stürmung der Moschee in Ayodhya geradezu als marginales Vorspiel verblassen. Deshalb sind die Deeskalation des Konflikts zwischen Islam und Hinduismus auf dem Subkontinent sowie die Suche nach Wegen für ihr friedliches Zusammenleben ein Beitrag zum Weltfrieden. Für die Thematik unseres Buches ist es aber vor allem angezeigt und mehr als dringlich, aus dem Beispiel Indiens für Europa die entsprechenden Lehren zu ziehen.

In Bezug auf Europa wiederhole ich, dass die Beziehungen zwischen Islam und Hinduismus in Indien eher ein warnendes Beispiel sind denn ein Modell für europäische Staaten im Zeitalter der Migration und zur Vorsicht aufrufen sollten. Die Europäer dürfen die Fehler anderer Nationen, die dafür teuer zahlen, nicht wiederholen. Die Entstehung islamischer Ghettos in Europa mit möglichen Sonderrechten für Minderheiten könnte die gleichen brisanten Auswirkungen zur Folge haben, wie sie in diesem Kapitel für Indien beschrieben worden sind. In Europa wird das Problem dadurch kompliziert, dass diese Ghettos bei ungezügelter Zuwanderung mit einer Armutskultur verbunden und höchst explosiv werden könnten.

Schlussfolgerungen

Obwohl die Einführung des Islam in Indien im historischen Rückblick mit Krieg und Gewalt verbunden war, also nicht wie in Europa durch Migration erfolgte, resultierte sie dennoch in einer Indigenisierung der neuen Kulturmuster. Mit Indigenisierung meine ich, dass der Islam in Indien heimisch, also Bestandteil der Indo-Kultur, geworden ist, indem er die Form eines Indo-Islam angenommen hat. Im Ergebnis ist der Islam kein Fremdkörper auf dem indischen Subkontinent. Ähnliche Prozesse gibt es in Europa noch nicht; der Euro-Islam ist bisher nur eine Mischung von Hoffnung und Vision, die ich in meinen Schriften und Dialogaktivitäten pflege. Trotz der während der islamischen Invasion begangenen Gräueltaten waren Muslime und Hindus zu einem friedlichen Zusammenleben fähig und haben zu gleichen Teilen zur Entstehung einer neuen hinduistisch-islamischen Symbiose beigetragen, die mit der kolonialen Eroberung durch Großbritannien endete.

Die Entkolonialisierung Indiens hätte zu einer Wiederaufnahme der früheren islamisch-hinduistischen Harmonie beitragen können, hätten die indischen Muslime sich 1947 nicht von Fundamentalisten und Orthodoxen sowie ethno-religiösen Nationalisten beeinflussen lassen, die die Teilung Indiens forderten. Sie leiteten die Aufteilung des indischen Subkontinents in einen islamischen Staat Pakistan und einen säkularen Staat Indien ein. Dieses Verhalten der Muslime markiert den Beginn der Politisierung der beiden großen Religionen auf dem indischen Subkontinent. Der Hindu-

Inder Gandhi führte den anti-kolonialen Kampf nicht, wie seine muslimischen Rivalen, aus religiösen Gründen. Obwohl er sich von der hinduistischen Ethik leiten ließ, war es Gandhis Ziel, die an religiöser Toleranz orientierte Symbiose aus Hinduismus und Islam in einem säkularen indischen Nationalstaat fortzuführen. Die am politischen Islam orientierten islamischen Führer teilten seine säkularen Ansichten nicht, und das Ergebnis war die Teilung Indiens im Jahre 1947. Allen Widrigkeiten zum Trotz nimmt sich die Bilanz Indiens viel besser aus als die Pakistans, wenngleich sich gegenwärtig durch die in den Wahlerfolgen von 1996 und 1998 dokumentierte Popularität der *Bharatiya Janata Party* eine durch den Hindu-Fundamentalismus verkörperte Krise abzeichnet. Nach den Atomwaffenversuchen zunächst in Indien, dann in Pakistan im Sommer 1998 gilt der indische Subkontinent als nuklearisiert und somit als Pulverfass der Weltpolitik.

Den religiösen Fundamentalismus bestimme ich als Ausdruck einer Politisierung von Religion.[36] Der islamische Fundamentalismus ist die auffälligste Spielart dieses globalen Phänomens, und auf dem indischen Subkontinent ist er älter als der Hindu-Fundamentalismus. Allerdings waren die Gründer Pakistans und die Führer der *All-India Muslim League,* wie beispielsweise Mohammed Ali Jinnah (1867–1948), keine Fundamentalisten – wie z. B. Maududis *Djama'at-i-Islami* –, sondern eher ethno-religiöse Nationalisten.

Wie bereits angeführt, war die erste wirklich fundamentalistische Bewegung auf dem Subkontinent die *Djama'at-i-Islami.* Der geistige und politische Orientierungsstern der indischen Spielart des islamischen Fundamentalismus ist Abu al-A'la al-Maududi (1903–1979). Nach seinem Tod wird er überregional zu den Vorläufern des zeitgenössischen islamischen Fundamentalismus gezählt. Er rief 1941 die *Djama'at-i-Islami*[37] ins Leben. Maududi war der führende Kopf nicht nur hinter der Teilung Indiens, sondern auch bei der Aufwiegelung und Verschärfung der Spannungen zwischen Muslimen und Hindus. Nach der Teilung Indiens verselbständigte sich der indische Zweig der genannten Bewegung zu einer eigenen Organisation mit dem neuen Namen *Djama'at-i-Islami-Hind* (d. h. die *Djama'at-i-Islami* Indiens). Während diese neue Organisation der indischen Muslime, wie bereits dargestellt, auf die Forderung nach einem islamischen Staat verzichtete, insistierte sie gleichzeitig auf der islamischen

Scharia als bindend für alle indischen Muslime, die Folge war die Anerkennung des *Muslim Personal Law* als religiöses Minderheitenrecht in einem säkularen Staat.

Es wäre sicher falsch, den Aufstieg des Hindu-Fundamentalismus allein als Reaktion auf den islamischen Fundamentalismus zu deuten. Dennoch zeigt die Untersuchung des Hindu-Fundamentalismus deutlich, wie diese Ideologie ein Ausdruck der Politisierung des Hinduismus ist, analog zur Politisierung des Islam durch den islamischen Fundamentalismus. Die Interpretation der sehr vielfältigen *Dharma* im Sinne eines kohärenten Rechtssystems kann als Versuch eingestuft werden, der politischen Interpretation der islamischen *Scharia* nachzueifern. Dadurch vertiefen sich nur die Gräben. In gleicher Weise gehen Hindu-Fundamentalisten vor, indem sie die Sammlungen der *Veda* in einer sehr skripturalistischen, also schriftgläubigen, Manier als monotheistische Offenbarung begreifen. Dies ist ein Wesensmerkmal des religiösen Fundamentalismus.

Nicht so sehr der Text selbst ist von Bedeutung, sondern vielmehr die Art und Weise, wie dieser Text in einem offensichtlich politischen Kontext instrumentell verwendet wird. Das ist die fundamentalistische Handhabung des Skripturalismus (Schriftgläubigkeit). Der religiöse Fundamentalismus der Hindus gipfelt auf diese Weise in dem Konstrukt eines anti-islamischen Neo-Hinduismus, welcher implizit dem Vorbild des älteren islamischen Fundamentalismus folgt. Träger dieses fundamentalistischen Neo-Hinduismus ist die BJP, die aus den 1996er Wahlen in Indien als stärkste parlamentarische Fraktion hervorging und dreizehn Tage lang die Regierung bildete.[38] In den Monaten Februar/März 1998 wurden in Indien vorgezogene Wahlen abgehalten, bei denen sie diese Position noch ausbauen konnte und nicht nur erneut mit der Regierungsbildung beauftragt wurde, sondern in diesem Zusammenhang auch eine relativ stabile Regierungskoalition bilden konnte.[39]

Der religiöse Fundamentalismus, sowohl der islamische als auch der der Hindu-Inder, basiert auf einer Politisierung der Religion, auf einer selektiven und willkürlichen Schriftgläubigkeit, der Dämonisierung des jeweils Anderen und vor allem auf dem Ruf nach einem religiös-legitimierten Staat, der auf einer göttlichen Ordnung beruht, sei diese die *Scharia* oder die *Dharma sastra*. Indem sie die Konflikte zwischen Islam und Hinduismus anheizen, die jeweiligen Gemeinschaften von Hindus und Muslimen als exklusive, allerdings »imaginierte Gemeinschaften«[40] definieren und anti-islamische bzw. anti-hinduistische »Traditionen erfinden«[41], fordern der islamische und der Hindu-Fundamentalismus gleichermaßen die Balkanisierung Indiens und damit die Gefährdung des dortigen Gemeinwesens. Der hier verwendete Begriff von »imagined communities« bezieht sich auf die Entstehung von Gemeinschaften, deren Zusammenhalt auf der psychologischen, also nicht real-strukturellen Zugehörigkeit zu einer Großgruppe basiert. Von solchen »imaginierten Gemeinschaften« wird der Status eines Volkes als Kulturgemeinschaft beansprucht, in einem weiteren Schritt wird für diese Gemeinschaft Staatlichkeit gefordert. Dies markiert den Beginn einer neuen, pessimistisch stimmenden Epoche »globaler Unordnung«. Nach ihrem Wahlsieg regiert die BJP 1998 allerdings nicht allein, sondern in einer Koalition mit einer Fülle von kleinen Parteien. Dadurch wird sie vorläufig daran gehindert, Indien in einen Hindu-Staat, Hindustan, zu verwandeln.

Welche Lehren können wir nun aus dem indischen Beispiel für Europa ziehen? Zunächst zu Indien selbst: Um der fundamentalistischen Herausforderung begegnen und den Nationalstaat in Indien bewahren zu können, ist es unerlässlich, den Artikel 44 der Verfassung zu verwirklichen und ein einheitliches Zivilrecht zu entwickeln, das der muslimischen Minderheit die Praktizierung der *Scharia* untersagt. Diese Aufgabe kann nur von einer unvoreingenommenen säkularen indischen Regierung vorgenommen werden. Sollte die Abschaffung der *Scharia* jedoch durch die neue Hindu-fundamentalistische Regierung Indiens (BJP-Koalition) erfolgen, dann käme dies nur einer Hindu-Kriegserklärung an die Indo-Muslime gleich. Die Hindu-Fundamentalisten richten ihre Einwände gegen die *Scharia* als Hauptargument gegen die Säkularität in Indien selbst, also nicht nur gegen die indischen Muslime.

In unserem Zeitalter von Globalisierung und Weltzeit auf den westeuropäischen Kontext bezogen, hilft das indische Beispiel, eine nüchterne Antwort auf die Forderung nach Multikulturalismus zu formulieren. Das heißt, sie klärt über die Folgen auf, wenn die muslimischen Migranten mit kollektiven Minderheitenrechten ausgestattet würden.[42] Die Antwort lautet kurz und bündig: Der innere Friede in Westeuropa erfordert ein klares »Nein« zur Forderung nach der islamischen *Scharia* für islamische Minderheiten. Die indische Erfahrung sollte Europa als eine rechtzeitige Warnung dienen. Der »Islam in Europa«[43] wird bei Gewährung von Gruppenrechten die fundamentalistischen »Moscheevereine« stärken und auf der

Gegenseite die rechtsradikalen Bewegungen bei den Europäern auf den Plan rufen. Es ist noch nicht zu spät, dem Aufeinanderprallen von zwei Rechtsradikalismen Einhalt zu gebieten: dem der islamischen Fundamentalisten mit dem der Neo-Nazis und ähnlicher Ausländerfeinde. Den Ausbruch dieser Gewaltpotenziale sollten Politiker präventiv, also im Vorfeld, zu verhindern suchen. Wenn sie warten, bis die Gewalt ausbricht, dann ist es zum Handeln zu spät!

KAPITEL 9

Der Islam als Herausforderung an Europa.
Für konfliktfähigen Dialog, gegen eine Konfrontation

Warum geht der Islam Europa an?

Eine als »hohe deutsche Persönlichkeit« bezeichnete Autorität habe sich nach einem persönlichen Bericht bei einer der größten Zeitungen Deutschlands darüber beschwert – so ist hinter vorgehaltener Hand zu hören –, dass darin zu viel vom Islam die Rede sei. Daraufhin hat diese Zeitung ihre Islam-Beiträge erheblich verringert und die Tür für entsprechende Autoren geschlossen. In der Tat redet alle Welt vom Islam, obwohl die Muslime nur ein Fünftel der gesamten Weltbevölkerung ausmachen. Auf Europa bezogen stellt sich die Frage: Warum steht der Islam so sehr im Mittelpunkt des öffentlichen Interesses?

Mehr als jede andere – nicht-europäische – Religion geht der Islam Europa als Kerngebiet der westlichen Zivilisation an. Einer der Gründe hierfür liegt darin, dass es sich bei diesem Glauben auch um eine Weltanschauung mit universellem Geltungsanspruch handelt. Es gibt andere Weltreligionen neben dem Islam, wie etwa den Konfuzianismus, Buddhismus oder Hinduismus, aber diese sind fern von Europa. Der Durchschnittseuropäer fühlt sich kaum von ihnen betroffen. Anders verhält es sich mit dem Islam, dessen Universalismus eine Herausforderung an den Anspruch des Westens auf eine universelle Geltung seiner Werte und Normen darstellt.

Aus der bisherigen Ausführung geht Folgendes hervor: Das westliche Christentum und die von seinem Gebiet aus zwischen 1500 und 1800 expandierende westliche Zivilisation teilen mit dem Islam und der aus ihm hervorgegangenen Zivilisation die Gemeinsamkeit, Universalität für sich zu beanspruchen. Daraus folgt, dass beide Zivilisationen eine weltanschauliche Herausforderung füreinander darstellen. In beiden Fällen fußt die Herausforderung auf jeweils anderen Weltbildern und beinhaltet einen religiösen Aspekt. In diesem Kapitel will ich zeigen, dass die angesprochene Herausforderung auch friedlich, also dialogisch, bewältigt werden kann. Jedoch müssen Dialogpartner unter Beweis stellen, dass sie konflikt-fähig sind. Denn im Dialog geht es nicht um die Rhetorik der gegenseitigen »Liebes«-Beteuerungen; vielmehr stehen intensive Bemühungen um die Lösung harter Konflikte bei der Bewältigung von zahlreichen Dissonanzen im Vordergrund.

Seit dem Ende des Ost-West-Konflikts und des damit einhergehenden Kalten Krieges werden Zivilisationskonflikte offenkundig und auch virulent. Das Verhältnis Islam-Westen reiht sich in diesen Zusammenhang ein. Der Konflikt hört nicht dadurch auf zu existieren, dass man ihn verleugnet und die Augen davor verschließt. Die Schwierigkeit bei diesem Dialog besteht darin, dass beide – wie angemerkt – für ihre jeweiligen Weltanschauungen einen universellen Geltungsanspruch politisch-religiös kultivieren.[1]

Ein Friedensdialog hat nur Sinn, wenn offen über die Dissonanzen und die damit verbundenen Konfliktpotenziale geredet werden darf und hierzu auch der politische Wille besteht. Ohne die Unterschiede in der Manier der aus den USA eingeführten Political Correctness zu übersehen oder gar zu verschweigen, möchte ich aus dem angeführten Grunde – parallel zur Erörterung der im Mittelpunkt dieses Kapitels stehenden Herausforderung – eine Strategie des Kulturdialogs als Friedensstrategie vorschlagen. In meiner im »Ridder Husset/Königlichen Haus der Ritter« in Stockholm im April 1997 gehaltenen *Global Village Lecture*[2] habe ich diese Strategie bereits vorgestellt. Mit der Formel »*Der Islam und Europa – der Islam in Europa*« habe ich das Phänomen der islamischen Migration nach Europa und die damit verbundenen Konfliktpotenziale angesprochen (vgl. auch Kapitel 3). Diese Problematik steht nun im Mittelpunkt dieses Kapitels. Um mein Argument zu veranschaulichen, beginne ich mit einer Reverenz vor Johann Wolfgang von Goethe, der sich ausgiebig mit dem Islam befasst hat.[3]

Im Zeitalter Goethes und seines *West-östlichen Divans*[4] waren nur aufgeschlossene und hochgebildete deutsche Bürger für eine Beschäftigung mit dem Islam offen, auch wenn diese gleichermaßen ferne und fremde, oft schwer zu verstehende Zivilisation sie im persönlichen Leben kaum betraf. Ein ähnliches Interesse am Islam hat jüngst Karl-Josef Kuschel bei Lessing nachgewiesen.[5] Die Gründe für die Offenheit dieser großen Deutschen waren nicht zuletzt bildungsbürgerliche Neugier und Wissbegierde – Eigenschaften, die im Zeitalter der elektronischen Massenmedien und ihrer die Schmerzgrenze weit überschreitenden Oberflächlichkeit im Schwinden sind.

Im Übergang zum 21. Jahrhundert hängt das gegenwärtige Interesse am Islam nicht nur mit der durch Globalisierung zu einem globalen Dorf geschrumpften Welt zusammen. Die Beschäftigung mit dem Islam in unserem Zeitalter der Zivilisationskonflikte ist nicht länger eine bildungsbürgerliche Öffnung wie einst zu Goethes oder Lessings Zeiten, sondern sogar tagespolitisch relevante Friedensarbeit. Der Frieden mit dem Islam unter den Bedingungen islamischer Migration nach Europa ist ein Alltagsproblem als innerer Frieden in Europa und zugleich als äußerer Frieden mit der südlichen und östlichen Mittelmeerregion und Südosteuropa (vgl. Kapitel 3).

Ignoranz ist gefährlich!
Warum wissen Europäer so wenig über den Islam?

Im Vorfeld zu dem in der klassischen Stadt der inter-religiösen Toleranz, dem einst islamischen Cordoba, im Februar 1998 durchgeführten Trialog zwischen Juden, Christen und Muslimen traf ich den Initiator dieses welthistorischen Ereignisses, Lord George Weidenfeld. Auf unserer gemeinsamen Zugfahrt von Madrid nach Cordoba sagte er zu mir, die Ignoranz sei das größte Hindernis für ein friedliches Zusammenleben zwischen den drei Religionsgemeinschaften. Lord Weidenfeld hat mich autorisiert, diesen Satz zu zitieren. Und so leitete ich mein Referat in Cordoba mit der Zitierung dieser bedeutungsvollen Worte ein, die auch Impuls für die folgenden Ausführungen waren. Denn leider gibt es in Europa, und ganz besonders in Deutschland, in der Tat einen großen Mangel an Wissen über den Islam. Erfahrungsgemäß denken viele sofort an »Fundamentalismus«, wenn sie vom Islam hören.

Gibt es *den* Islam als monolithischen Block? Deutsche Islamkundler sind in der Regel zumindest nach außen hin apolitische Altphilologen, die den Eindruck hervorrufen, dass sie jenseits von ihrem Orientalismus mit dortigen sozialen und politischen Entwicklungen nicht vertraut sind. Mit anderen Worten: Deutsche Orientalisten können uns wenig über die Realitäten des Islam unserer Zeit sagen. Um die Journalisten ist es nicht besser bestellt. Bis auf wenige Ausnahmen – zu denen ich W.G. Lerch und V.

Windfuhr zähle – haben auch die meisten deutschen Journalisten nur unzureichende Kenntnisse vom Islam und verbinden ihn – wie oben angedeutet – automatisch und sehr grob vereinfachend mit dem Fundamentalismus. Das ist ebenso falsch wie die Gleichsetzung des Fundamentalismus mit dem Terrorismus. Fernsehbilder suggerieren diese und ähnliche grobe Verallgemeinerungen. Was ist nun Islam, und warum geht er Europa an?

Es scheint mir sinnvoll, die Grundinformation zu wiederholen, dass die islamische Religionsstiftung mit der Geburt einer neuen Zivilisation verbunden war. Diese Zivilisation hat nicht nur eine Rhetorik des Universalismus gepflegt, sondern auch historisch eine Expansion auf dem europäischen Kontinent betrieben, die durch die europäische Expansion in ihr Gegenteil gekehrt worden ist. Seitdem und bis zur zweiten Hälfte des zwanzigsten Jahrhunderts gehörte der Islam lediglich zum politischen und zivilisatorischen Umfeld Europas, insbesondere die südliche und östliche Mittelmeerregion. Natürlich ist die Welt des Islam weit größer als diese Kernregion.

Bei der nach 1945 ständig steigenden Anzahl an Muslimen in Europa handelt es sich mehrheitlich um Zuwanderer, oft aus der Armutsperipherie, d. h. aus den ländlichen Gebieten, der oben genannten Region. Damit besteht die Gefahr einer nach Europa eingeführten, islamisch gefärbten »Armutskultur« (A. Giddens; vgl. Kapitel 11). Im Gegensatz zu den Zuwanderern bilden muslimische Europäer, also jene, die durch Konversion zum Islam gekommen sind, nur eine verschwindend kleine Minderheit. Häufig ist der Übertritt zum Islam weniger das Ergebnis einer religiösen Überzeugung als vielmehr eine Folge der Eheschließung mit einem Muslim oder – wie in manchen Fällen öffentlich bekannter Personen – Folge des Versuchs, mit persönlichen Identitätsproblemen fertig zu werden. Die Religion des Islam dient diesen Konvertiten, deren Übertritt zum Islam mehr psychologisch als religiös bedingt ist, als Strohhalm. Aus Gründen der Diskretion verzichte ich hier auf die Anführung von namentlichen Beispielen, möchte es aber nicht unterlassen, mein Befremden über den Fanatismus dieser Konvertiten zum Ausdruck zu bringen. Oft maßen sie sich an, authentische Muslime über den Islam zu belehren, und setzen damit unbewusst eine lehrmeisterliche alte Tradition deutscher Orientalisten fort.

Der Islam ist nicht nur eine Religion im Sinne eines Glaubens an Gott und der damit verbundenen religiösen Pflichten sowie Rituale. Im Islam haben sich historisch-religiös begründete Ordnungsvorstellungen entfaltet, die zum Konfliktstoff werden, wenn Migranten ihre Geltung in Europa beanspruchen und sich nicht damit begnügen, dass die Zugehörigkeit zum Islam sich auf den religiösen Rahmen beschränkt. Nur ein Reform-Islam, der als ein Euro-Islam auf politische Ordnungsvorstellungen verzichtet, ist mit der politischen Kultur Europas vereinbar. Nun ist der Islam jedoch auch die Basis einer Zivilisation. Damit meine ich eine zivilisatorische Weltanschauung, die mit universellen Weltbildern und daran anknüpfenden Ansprüchen verbunden ist. Wir sind wieder beim einleitend festgestellten Zusammenprall des islamischen Universalismus mit dem westlichen Universalismus; beide haben schwer miteinander in Einklang zu bringende Weltanschauungen, weshalb ein friedliches Zusammenleben nur unter Verzicht auf deren universelle Geltung möglich ist. Die im Westen verbreitete Ignoranz über diese Zusammenhänge steht einer seriösen Bewältigung der daraus erwachsenden Konfliktpotenziale im Wege!

Bei den anderen großen Zivilisationen, wie etwa dem Hinduismus, dem Buddhismus oder dem Konfuzianismus, finden wir einen solchen Universalismus nicht vor – dafür aber einen vormodernen Absolutismus. Im Gegensatz zu den angeführten asiatischen Zivilisationen ist der Islam – wie das Christentum – aber eine Weltreligion, die eine universelle Ausrichtung vertritt.[6] Damit erklärt sich der jahrhundertealte, auf den Mittelmeerraum zentrierte historische Wettkampf zwischen den beiden auf Weltreligionen basierenden Zivilisationen. Bei der Anführung der Konfliktpotenziale in der Geschichte dieser beiden Zivilisationen sind jedoch nicht nur die beiderseitigen Feindbilder – des islamischen *Djihad* einerseits und der christlichen *Kreuzzüge* andererseits –, sondern auch die Erinnerung an positive Begegnungen zu nennen und auch zu würdigen.[7]

Religion und Politik im Islam

In Europa wurde die Religion des Christentums durch die entsprechenden Religionsreformen im Übergang zur Moderne durch sozialstrukturelle und kulturelle Wandlungen säkularisiert. In diesem Sinne spricht man heute nicht mehr von einer christlichen, sondern von einer westlichen Zivilisation. Im Westen wurde bei diesen Prozessen das Christentum von der Politik abgekoppelt. Dagegen ist die islamische Weltanschauung immer noch vorwiegend religiös bestimmt und die Politik auf die Religion bezogen.

Trotz dieses Unterschieds bewahren beide Zivilisationen ihren Universalismus sowie die mit ihm korrespondierenden Weltbilder. Der in diesem Buch angesprochene, selbstverleugnerische Kulturrelativismus (vgl. Kapitel 4) ist ein einseitiger Einbruch im westlichen Universalismus. Die Entwicklung in der islamischen Zivilisation verläuft genau in entgegengesetzter Richtung: statt Kulturrelativismus eine Tendenz zum Neo-Absolutismus.

Im Islam wird leider oft die historisch entwickelte, d. h. nicht im Koran vorhandene, Verbindung von Religion und Politik hervorgehoben. Das bringt eine Politisierung des Zivilisationskonflikts mit sich, der durch einen Teil der islamischen Migranten auch in Europa eingeführt wird. Der jordanische Kronprinz Hassan hat in seiner bereits zitierten Grußadresse richtig festgestellt, dass der Westen und die Welt des Islam die besten Beziehungen zueinander hatten, wenn sie versuchten, einander zu verstehen, und die schlechtesten, wenn sie bestrebt waren, einander zu dominieren. Brücken zwischen der Welt des Islam und Europa gab es aber nur auf der Basis einer Anerkennung des Primats der Vernunft, also der Rationalität und des in diesem Zusammenhang stehenden gegenseitigen Respekts, nicht aber auf der Basis der Religion in ihrer Verbindung zur Politik. Letzteres wird Zivilisationen immer trennen. Die Geschichte belegt diese Aussage. In meinem Buch *Der wahre Imam*[8] führe ich als Beispiele für die Kontraste gleichermaßen die islamischen *Djihad*-Eroberungen und – im Gegensatz dazu – die Hellenisierung des Islam in der Zeit vom 9. bis zum 12. Jahrhundert und die islamischen Einflüsse auf Europa am Vorabend der Renaissance an.

Es ist bedauerlich, dass die mehrfach in diesem Buch beklagte, auf Freund-Feind-Schemata fixierte Diskussion über den Islam in Deutschland willkürlich jeweils nur einen der Aspekte herausstellt; die einen sehen den Islam in der Bestimmung von »Feuer und Schwert« (wie oft bekomme ich unsensible deutsche Einladungen, unter diesem Titel über meine Religion, den Islam, zu schreiben), die anderen – so z.B. der Leiter des Wissenschaftskollegs in Berlin, Wolf Lepenies – nehmen ebenso einseitig nur die islamische Befruchtung Europas wahr (so in *Die ZEIT* vom 5. November 1994). In der Regel geht die Differenzierung zwischen islamischer Orthodoxie bzw. dem Schwert ihrer *Scharia* einerseits und der islamischen Aufklärung andererseits völlig unter. Eben das ist eine Folge der beklagten Ignoranz.

Die Diskussion über die anstehende Problematik erfordert sowohl eine vertiefte Kenntnis der islamischen Zivilisation als auch ihre Einbettung in die Debatte des Zivilisationskonflikts. In dem vorliegenden Buch greife ich auf den Islam nur im Rahmen der Diskussion über die Krise der multikulturellen Gesellschaft zurück. Untersuchungen über die islamische Zivilisation sind in einem früheren Buch (vgl. Anm. 8) geleistet worden. Aus diesem Grunde streife ich die Probleme nur, soweit sie die Thematik der vorliegenden Arbeit betreffen.

Das islamische Erwachen und die Heterogenität der Zivilisationen

In Zeiten des Ost-West-Konflikts wurde die Welt in den Einflussbereich des »Kommunismus« und den der »freien Welt« zweigeteilt, und alle Konflikte wurden vorrangig in diesen Rahmen eingeordnet. Die nach dem Ende des Kalten Krieges entfachte Diskussion über Zivilisationskonflikte[9] hat den Verdacht ausgelöst, dass NATO-Strategen verschwörungsartig einen Ersatz für den Ost-West-Konflikt suchten. Im linken Lager wurde ein westliches Bedürfnis nach einem neuen Feindbild, das die fragwürdig gewordene politische Einheit der NATO wiederherstellen helfen sollte, böswillig unterstellt.

Oft sind linksorientierte Autoren polemisch und hastig geschriebener Bücher wie *Feindbild Islam* und *Das Schwert des Experten* und ähnlicher Elaborate nicht wert, erwähnt oder nur nachgewiesen, geschweige denn näher diskutiert zu werden. Der Grund hierfür ist, dass sie im Wesentlichen nur diese böswillige Unterstellung enthalten und bemüht sind, sie für ihre linke Ideologie zu instrumentalisieren. Hierbei können sie über den Gegenstand nicht informieren, weil sie selbst nicht ausreichend informiert sind. Daran ändert auch die Tatsache nichts, dass sich unter ihnen philologisch ausgebildete, professorale Islamkundler befinden, die zudem noch ihre Namen für fragwürdige Vorworte hergeben. Einer von ihnen behauptete in einer Fernsehdiskussion, es gäbe im Arabischen kein Wort für Fundamentalismus. Der deutsche Arabistik-Professor wusste nicht, dass man im Neu-Arabischen hierfür schon längst den Begriff *Usuliyya* geprägt hat.

Und um die Politiker ist es nicht besser bestellt. Bei ihren Festreden, so z. B. anlässlich der euro-mediterranen Großveranstaltung der Europäischen Union in Den Haag im März 1997, wurde im Sinne einer Political

Correctness jede Spannung zwischen dem Westen und der islamischen Zivilisation geleugnet. Im Sinne konstruierter »Harmonie« wurden die islamische und die westliche Zivilisation in eine einvernehmliche »mediterrane Zivilisation« aufgelöst, die einen nördlichen christlichen und einen südlichen islamischen Teil hat. Eine solche Zivilisation hat in der historischen Realität nie existiert. Dennoch wurde bei dem angeführten EU-Treffen in Den Haag gebetsmühlenartig von einhelliger Harmonie in der Mittelmeerregion geredet.[10] Wie kann man einen Konflikt lösen, wenn man verbietet, über seine Existenz zu sprechen?

Es handelt sich um reine Fakten, wenn hier angeführt wird, dass jede Zivilisation ihr eigenes Weltbild hat und auch unterschiedliche Auffassungen von Staat, Recht, Gesellschaft, Religion und Wissen sowie von Krieg und Frieden pflegt. Diese Unterschiede bestehen seit dem Beginn der menschlichen Zivilisationsgeschichte; an anderer Stelle (vgl. Anm. 1) habe ich die weltanschaulichen Konflikte in den angeführten Bereichen erläutert. Nur aus Ignoranz oder aus politischem Opportunismus kann man diese Dissonanz leugnen. Die Mittelmeerregion war der klassische Ort des Zusammenpralls der islamischen und der westlichen Zivilisation wegen der jeweiligen universellen Ansprüche, die eine friedliche Koexistenz bei gleichzeitigem Bestehen auf der eigenen Universalität erschweren. Die Pax Islamica löste die Pax Romana am Mittelmeer ab.

Während der europäischen Expansion (vgl. Kapitel 1) schien es so, als ob der Westen in der Lage sei, die gesamte Welt nach seinen eigenen Maßstäben neu zu prägen. Amerikanische Sozialwissenschaftler haben nach dem Ende des Kolonialismus Modernisierung und Verwestlichung der außereuropäischen Welt gleichgesetzt. Auch die Kommunisten des Kalten Krieges waren keinen Deut besser, da sie ihr System ebenso in die außerwestlichen Zivilisationen exportieren wollten. Der Ost-West-Konflikt war ein solcher zwischen zwei weltpolitischen System-Exporteuren. Seit dem Zusammenbruch des kommunistischen Imperiums und dem Ende der Bipolarität existiert die künstliche Decke des Ost-West-Konflikts nicht mehr, die sich über alle anderen Konflikte ausgebreitet hatte. In unserer Zeit kommen somit die wahren Konflikte zum Vorschein. Nicht der Zivilisationskonflikt an sich ist neu, sondern die weltpolitische Form, die er nach dem Ende des Kalten Krieges gegenwärtig annimmt. Das islamische Erwachen bringt exemplarisch die Tatsache der Heterogenität der Zivilisationen ans Tageslicht.

Ein Hinweis auf die Ideologie des Globalismus scheint mir hier angebracht, um die zentralen Irrtümer, denen die Globalisten immer wieder unterliegen, aufzuzeigen. Es wird behauptet, dass die Globalisierung alle Unterschiede zwischen Kulturen und Zivilisationen durch ihre Standardisierungseffekte einebnet. Die Parabolantenne sei unbesiegbar, wird ebenfalls behauptet; gebetsmühlenartig wird die Formel wiederholt: Unsere Welt wird zur McWorld!

Auch der Kolonialismus wollte die Welt verwestlichen und ist daran gescheitert. Mein indischer Kollege aus Neu-Delhi, T. K. Oommen, verwendet die Formel: *Vom Kolonialismus zum Globalismus.*[11] Die Vertreter des Globalismus können sich nicht vorstellen, dass Kultur nicht mit Coca Cola und McDonald gleichzusetzen ist: Kultur ist lokale Sinnstiftung, nicht Konsum. Wenn ein Muslim in einer McWorld lebt, ihre Hamburger verzehrt und die in ihren Medien allgegenwärtigen leichtbekleideten Frauen heimlich begehrt, gibt er seine Weltanschauung deshalb noch lange nicht auf! Ich erinnere mich an die Ausführungen von Maxime Rodinson in seinem Buch *Die Faszination des Islam,* dass Muslime keinen Hinderungsgrund sahen, die während der Kreuzzüge zur Unterhaltung der Krieger dienenden europäischen Frauen mit den Kreuzzüglern zu teilen, ohne deshalb jedoch ihren *Djihad* gegen sie einzustellen.

Was ist unter Kultur, was unter Zivilisation zu verstehen? Der Islam ist eine Zivilisation, die sich aus zahlreichen Kulturen zusammensetzt

Im alltäglichen Sprachgebrauch, aber auch in der Debatte über die Bedeutung von Zivilisationen in Weltpolitik und Weltwirtschaft lässt sich oft eine Verwechslung von Kultur und Zivilisation beobachten. Beide sind jedoch nicht identisch. In meinem Buch *Krieg der Zivilisationen* habe ich den Unterschied zwischen beiden erläutert. Um es kurz zusammenzufassen: Kulturen sind immer lokal und beziehen sich auf eine sozial bedingte Sinnstiftung, die sich stets in einem lokalen Rahmen vollzieht. Ähnlich gelagerte Kulturen können sich jedoch zu einer einheitlichen Zivilisation überregional gruppieren.

Nach diesem für die Klärung des Gegenstands erforderlichen Vorverständnis gibt es nur eine islamische Zivilisation, die deshalb kulturell vielfältig ist, weil sie sich aus zahlreichen islamischen Lokalkulturen[12] zusammensetzt. Diese Aussage gilt in gleichem Maße für die westliche Zivilisation, die sich ebenfalls aus zahlreichen Lokalkulturen zusammensetzt. In der Weltpolitik erlangen nicht nur diese Lokalkulturen durch ethnische Konflikte Aufmerksamkeit; von zunehmender Bedeutung sind vor allem ihre Gruppierungen zu Zivilisationen. In diesem Sinne ist es falsch, von einem »internationalen Kulturkonflikt« oder »Kampf der Kulturen« zu reden, wie es die deutsche Übersetzung des Titels von Huntingtons zum Bestseller gewordenen Buch *Clash of Civilizations* tut.

In Bezug auf die islamischen Migranten in Europa ist die Unterscheidung zwischen Kultur und Zivilisation für folgende Belange relevant: Gegenüber Europa treten islamische Migranten einheitlich als Diaspora-Angehörige einer Zivilisation auf. Unter sich sind sie aber zerstritten. Sie finden noch nicht einmal ihre Einheit in einer gemeinsamen Stätte des Gebets, also in der Moschee; zerstrittene Muslime haben jeweils ihre eigene Moschee. Die lokalkulturellen und ethnischen Trennungslinien zwischen Migranten unterlaufen die rhetorisch proklamierte Einheit der *Umma*.

Es gibt sieben große Weltzivilisationen. Wir haben im Verlaufe dieses Kapitels gelernt, dass nur der Islam und der Westen – im Gegensatz zu anderen Zivilisationen – gleichermaßen eine universelle und missionarische Weltsicht haben und zudem seit jeher in Nachbarschaft zueinander leben. Die anderen Zivilisationen sind regional beschränkt. Ich habe schon angeführt, dass sie – z. B. der Hinduismus (vgl. Kapitel 8) – keine universellen Ansprüche haben. Dagegen visieren die Muslime bis heute noch als Voraussetzung für einen Weltfrieden eine global islamisierte Welt an, erst dann erübrigt sich die klassische, trotz Nationalstaatlichkeit bis in unsere Tage nicht revidierte Teilung der Welt in *Dar al-Islam* (Haus des Islam) und *Dar al-Harb* (Haus des Krieges).[13] Ähnlich schwebte bisher den westlichen Politikern und Denkern eine – ebenso global – westlich geprägte Welt als Rahmen für einen Weltfrieden vor. Der amerikanische Ideologe einer Pax Americana nach dem Ende der Bipolarität, d. h. der Aufteilung der Macht zwischen den USA und der einstigen Sowjetunion, ist Zbigniev Brzezinski. Nach seiner Vorstellung kann die Ordnung der Welt nur von einer einzigen Macht, den USA, im Rahmen einer »American supremacy« gewährleistet werden.[14] Die islamischen Fundamentalisten verfolgen die Gegenstrategie: Weltmacht Islam – das ist bislang nur Rhetorik, aber wie lange wird die »amerikanische Vormachtstellung« andauern? Die europäische Weltherrschaft ist schon lange zu Ende gegangen.

Den Zusammenprall zwischen der islamischen und der westlichen Zivilisation hat ein Amerikaner als *Djihad* gegen McWorld gedeutet[15]; es handelt sich um einen Zusammenprall von zwei Universalismen. Die erneute religiöse Deutung der Weltpolitik schafft die Atmosphäre eines »Neuen Kalten Krieges«.[16] In dieser Situation trägt die McDonaldisierung der Welt zwar zu Milliarden-Umsätzen des besagten US-Unternehmens bei, sie schafft dadurch aber weder die Unterschiede zwischen dem Islam und dem Westen ab noch die zwischen anderen Zivilisationen!

Durch meine Arbeiten über Zivilisationskonflikte bin ich oft voreilig in die Nähe von Samuel P. Huntington gerückt worden, dessen Verdienst darin besteht, zu einer weltweiten Aufnahme dieser Diskussion beigetragen zu haben. Trotz meiner Freundschaft, Wertschätzung und persönlichen Loyalität zu Huntington habe ich mich in der 1998-Neuausgabe meines Buches *Krieg der Zivilisationen* (Anm. 1) gegen die »Huntingtonisierung« meiner Argumente (dort besonders das neue Kapitel 7) gewehrt. Ferner zeige ich darin, dass ich, im Gegensatz zu Huntington, nicht die sicherheitspolitische Verfolgung der »Frontlinien des Konflikts«, sondern den Brückenbau und die Vermittlung zwischen den Zivilisationen anstrebe. Zuvor habe ich in einem langen Interview in *Die Welt* vom 20. Januar 1997 diesen Unterschied begründet.

Bei meiner Analyse des Zivilisationskonflikts geht es mir um eine gute Nachbarschaft in Wirtschaft und Politik und um die gegenseitige kulturelle Befruchtung, nicht um Konfrontation. Gleichwohl bin ich gegen Heucheleien (vgl. Anm. 10) auf beiden Seiten. Der Dialog zwischen den Kulturen und Zivilisationen wird zu einer zentralen Aufgabe der internationalen Friedenspolitik. Die »dialogische Demokratie« (vgl. Kapitel 11) wird zum Garanten des inneren Friedens.

Nach der oben vorgenommenen Begriffsbestimmung ist die Zugehörigkeit zu einer lokalen Kultur eine andere als die zu einer Zivilisation, obwohl beide komplementär sind. Man denke z. B. an Afghanistan, wo Paschtunen, Tadschiken und Usbeken als Vertreter von Lokalkulturen sich blutig bekämpfen, obwohl sie alle Muslime sind. *Als* Muslime standen sie aber alle geeint gegen die einstigen sowjetischen Besatzer, die zu einer anderen Zivilisation gehören. Auf unser Thema bezogen: Das Bewusstsein der Menschen von ihrer Zugehörigkeit zu Lokalkulturen und zu einer Zivilisation birgt in sich Konfliktpotenziale. Diese können sowohl unter islamischen Migranten als auch zwischen ihnen und den säkularen europäischen Gesellschaften das Gruppenbewusstsein fördern und dazu beitragen, dass sich die Menschen von denen, die einer anderen Zivilisation oder anderen Lokalkulturen angehören, abgrenzen. Es ist eine Illusion zu glauben, dass die »McWorld« vereinheitlicht, indem sie diese Erscheinungen angeblich beseitigt. Wenn man die Welt nicht durch die Brille eines Romantikers sieht, ist zu erkennen, dass die Multikulti-Gesellschaft keine Idylle ist.

Bereits 1992 habe ich das Vorhandensein von globalen Strukturen und partikularem Zivilisationsbewusstsein festgestellt und hierfür die bereits erwähnte Formel »Gleichzeitigkeit von struktureller Globalisierung (im Bereich von Politik, Ökonomie, Kommunikation und Transport) und kultureller Fragmentation« geprägt.[17] Mit dieser Formel versuche ich, das Phänomen zu erklären, dass die Menschheit parallel dazu, dass sie so nah wie noch nie zuvor in der Weltgeschichte zusammengerückt ist, trotzdem zivilisatorisch und kulturell in viele Einzelgruppen zerfällt. Die Politisierung der weltanschaulichen Unterschiede zwischen den Zivilisationen und Lokalkulturen führt zum Aufstieg des Fundamentalismus. Diese Ideologie fördert das Gruppenbewusstsein, indem sie eine aggressive Abgrenzung von den jeweils Anderen predigt.

Mit anderen Worten: In der westlich-islamischen Nachbarschaft können wir von wirtschaftlicher Vernetzung parallel zum Auftauchen von politischen Gefahren sprechen, die hier mit dem Stichwort »Fundamentalismus« zusammengefasst werden. Die äußerliche Modernisierung führt zu einer Enttraditionalisierung, also zu einer Unsicherheit, die durch die Selbstgewissheit des Fundamentalismus kompensiert wird. Dadurch wird erklärlich, dass die wirtschaftliche Vernetzung nicht zu einer kulturellen Annäherung, geschweige denn zu einer Standardisierung führt. Im Gegenteil, sie wird von einer kulturellen Fragmentation, d. h. vom Konsensverlust über Normen und Werte, begleitet. In dieser Situation kann der Verzicht auf eine Leitkultur in westlichen Gesellschaften zur Bildung von ethnisch-religiösen Subkulturen und somit zur Freisetzung der Konfliktpotenziale führen und in inneren Spannungen resultieren. Das sind Vorbedingungen eines Bürgerkriegs, also genau das Gegenteil einer harmonischen Multikulti-Idylle.

Der Islam und die Entwestlichung der Welt

Das Auftreten der politisierten weltanschaulichen Ansprüche von Zivilisationen erfolgt parallel zu einem Prozess der Regionalisierung der Weltpolitik und der Wirtschaft. Mit dem Fachausdruck *Regionalisierung* meine ich die Bildung zivilisatorischer Einheiten in der Weltpolitik, die regionale Subsysteme genannt werden. Als Beispiele hierfür können arabische, pan-türkische oder südostasiatische regionale Einheiten, die zugleich zivilisatorische Blöcke bilden, gelten. Eine der Folgen dieses Prozesses der Regionalisierung ist die Hinterfragung der universellen Geltung westlicher Ordnungsprinzipien sowie der Dominanz des Westens. Daraus resultiert der Anspruch auf eine *Entwestlichung* der Welt, d. h. eine Zurückweisung der westlichen Normen und Werte als Orientierungsrahmen vor allem für Ordnungsvorstellungen. Der Anspruch auf die eigene Anschauung von Ordnung (z. B. auf einen »islamischen Staat«) gehört auch zu diesem zivilisatorischen Prozess.

In der gegenwärtig dominierenden politischen Kultur der Bundesrepublik gilt es als politisch inkorrekt, über – durchaus vorhandene – Unterschiede zwischen Kulturen bzw. Zivilisationen zu sprechen. Man kann nicht genug darüber klagen und oft genug auf die Realität hinweisen, dass jede Zivilisation ihre eigene Weltsicht hat, die sie nicht nur von den anderen unterscheidet, sondern auch in manchen Fällen trennt, wodurch ein Konfliktpotenzial entsteht. Wer diese Tatsache übersieht oder bestreitet, stellt sich blind gegenüber den drohenden Konflikten in der realen Welt und kann infolgedessen auch keine friedlichen Lösungen für ihre Bewältigung bieten. Es ist in der gegenwärtigen Zensur-Atmosphäre der Political Correctness praktisch nicht möglich, dafür einzutreten, Konflikte, die sich aus der Migration ergeben, friedlich zu lösen, wenn parallel verboten wird, über ihre Ursachen zu reden. Ich wiederhole es: Dieses Buch ist aus Liebe zum Frieden geschrieben – ungeschminkt und ohne den Regeln der Political Correctness zu gehorchen. Als ein Ausländer lehne ich es ab, mir eine Selbstzensur aufzuerlegen, wie es die deutschen Sittenwächter vorschreiben.

Das Zeitalter der Konflikte zwischen den Zivilisationen im Übergang zum 21. Jahrhundert, parallel zum Eintritt der Menschheit in eine neue historische Epoche, bringt bisher unbekannte Herausforderungen mit sich. Gegen Huntington argumentiere ich zwar, dass Zivilisationen in unserem

Zeitalter der Staatensysteme keine militärischen Kriege gegeneinander führen können, so wie dies einst während der klassischen islamischen *Djihad*-Expansion nicht nur gegen Europa, sondern auch gegen asiatische Zivilisationen, wie z. B. die Indiens (vgl. Kapitel 8), möglich war. Doch meiner Ansicht nach ist der »Krieg der Zivilisationen« unserer Zeit ein Krieg der religiös definierten Weltanschauungen – und ich glaube, dass er durch eine dialogische Friedenspolitik vermeidbar ist. Das setzt eine Beschäftigung mit dieser neuen Art von Werte-Konflikt, die man nicht einfach wegreden kann, voraus.

Noch repräsentiert der Westen aufgrund seiner Wissenschaft und Technologie militärisch die stärkste Zivilisation, noch verfügt er über die mächtigste Wirtschaft. Doch die Herausforderungen bestehen, und die Dominanz des Westens ist nicht mehr unangefochten. Parallel zu dem gegenwärtigen Prozess der Schwächung des Westens und des Erwachens nichtwestlicher Zivilisationen lässt sich aber der bereits angesprochene globale Prozess der Entwestlichung beobachten. Der Anspruch auf Entwestlichung zeigt sich konkret in der Form, dass die islamische Zivilisation ihre Werte als Alternative zu den westlichen Werten anbietet. Islamische Fundamentalisten artikulieren in ihrer Ideologie dieses Bestreben nach Entwestlichung, die nur dem Schein nach eine Befreiung von westlicher Herrschaft darstellt. Westliche Normen und Werte sind im Zeitalter des Kulturrelativismus (hierzu Kapitel 4) im eigenen Kreis brüchig geworden. Während die islamischen Normen und Werte mit frischem missionarischen Elan vertreten werden und ihre Anhänger gleichermaßen aggressiv und offensiv sogar mitten im Westen auftreten, relativieren Europäer ihre Werte, ja verleugnen sie sogar.

Das Ende des Kalten Krieges versprach zunächst, die zahlreichen Konflikte in unserer Welt zu entschärfen. Genau das Gegenteil ist eingetreten: Die Konfliktpotenziale haben an Virulenz zugenommen und sind unkontrollierbar geworden; die politisierte Religion in Form des religiösen Fundamentalismus bietet den neuen Konflikten zudem eine religiöse, d. h. absolutistische Legitimation. Seit der Auflösung der beiden bipolaren Blöcke flammen zunehmend lokale Konflikte neuer regional-zivilisatorischer Blöcke auf, die brutaler geworden und schwer einzudämmen sind. Der aktuelle Charakter weltpolitischer Konflikte, wie beispielsweise der Kriege auf dem Balkan, im Kaukasus und vielerorts in Afrika, ist sowohl ethnisch als auch religiös-zivilisatorisch bestimmt. Diese Konflikte haben komplementäre Aspekte in Politik, Wirtschaft und Kultur. Durch die Migration werden sie nach Europa eingeführt und erhalten eine Diaspora-Form. In früheren Zeiten hat man die Bedeutung der Kultur für weltpolitische Konstellationen übersehen oder als nur gering eingeschätzt; die Zeiten haben sich jedoch geändert. Ohne über Kulturen und Zivilisationen zu sprechen, lässt sich in unserer Zeit keine Friedenspolitik –weder in Europa selbst noch in seiner Umgebung – entfalten.

Die Optionen: Zusammenprall oder Brückenschlag zwischen den Zivilisationen

Auf der Basis der vorangegangenen Diagnose des Zivilisationskonflikts ist es möglich, nach einer friedlichen Lösung zu suchen. Es gibt unterschiedliche Szenarien, die schon in der Überschrift dieses Abschnittes angegeben werden. Brückenbildung durch Dialog als Alternative zum *Clash*/Zusammenprall erfordert die normative Einigung auf Gemeinsamkeiten, also einen kulturübergreifenden Werte-Konsens. Den höchsten Rang in der Hierarchie der anzustrebenden Gemeinsamkeiten muss die universelle Geltung der Demokratie einnehmen.

Bisher haben westliche Beobachter an eine Demokratisierung der Welt des Islam geglaubt, die Hand in Hand geht mit einer aus der universellen Verwestlichung resultierenden Modernisierung. Heute müssen wir über andere Wege nachdenken, weil diese Hoffnung nicht erfüllt worden ist. Die Illusion wird nicht dadurch Wirklichkeit, dass Verwestlichung in Globalisierung umbenannt wird. Zu Beginn der 90er Jahre gab es eine Euphorie über eine dritte Welle der Demokratisierung.[18] Dieser Euphorie habe ich stets mit dem Hinweis auf die unterschiedlichen Weltanschauungen der Zivilisationen widersprochen und wurde dafür getadelt. Auch das Argument, der erstarkende islamische Fundamentalismus wirke diesem Prozess entgegen, ist nicht zu übersehen.[19] Demokratie und individuelle Menschenrechte, so habe ich in meinen Schriften mehrfach ausgeführt, sind europäische Ideen und beruhen auf einer westlichen Weltanschauung; ihre Verbreitung in der Welt des Islam stößt eindeutig an zivilisatorisch-weltanschauliche Barrieren. Für die Akzeptanz von Demokratie müssen andere Wege gesucht werden. Die Ausführungen in diesem Kapitel mögen dies verdeutlicht haben.

Ganz konkret ist die Frage anzugehen, wie der geforderte Dialog auf der Suche nach einem kulturübergreifenden Konsens zu betreiben sei. Um mit einer Zivilisation und den durch sie gestellten Herausforderungen angemessen umgehen zu können, muss man sie kennen. In Bezug auf den Islam lässt sich –wie ich ausgeführt habe – eine große Ignoranz feststellen: So wissen westliche Beobachter häufig nichts von der antiwestlichen Orientierung in der Welt des Islam. Ein Beispiel hierfür ist die mangelnde Kenntnis der Tatsache, dass der zweite Golfkrieg von Muslimen als ein Zivilisationskrieg, d. h. spezifisch als ein Kreuzzug, gedeutet wird.[20] Obwohl in jenem Krieg bedeutende arabische Länder (Ägypten und Syrien parallel zu den Staaten des Golfkooperationsrates) auf westlicher Seite standen, wird er in der islamischen öffentlichen Meinung als ein »Kreuzzug der Christenheit gegen die Welt des Islam«, also als Zivilisationskrieg, eingeordnet. Es gibt nicht nur ein »Feindbild Islam« im Westen, sondern auch ein »Feindbild Westen« in der islamischen Welt. Orientalismus des Westens und Okzidentalismus des Orients reichen einander die Hände.

Die bisherigen Ausführungen zeigen, dass der gute Wille zum Dialog allein nicht ausreicht. In der Realität wird die oben dargestellte Verschwörungsphantasie weitergesponnen, um den Mord an bosnischen Muslimen im letzten Balkankrieg als Kreuzzug darzustellen und somit in einen geglaubten Zivilisationskonflikt zwischen dem Islam und dem Westen einzuordnen. Antiwestliche Kräfte in der Welt des Islam leiten daraus ab, dass sogar der Dialog zu verweigern ist – wobei ein Dialog mit Fundamentalisten ohnedies so sinnlos ist wie der von Taubstummen. Beide Seiten müssen dialogfähig sein und den politischen Willen dazu haben. Dialog und politische Opportunitäten sind nicht miteinander vereinbar, weil ein Dialog etwas anderes ist als eine politische Verhandlung.

Für eine friedliche Nachbarschaft: Den Islam und andere Zivilisationen kennenlernen

Sowohl Migration als auch eine Neugestaltung der internationalen Politik erfordern, den Konflikt zwischen den Zivilisationen angemessen zu verstehen. Hierfür ist es zuvor angezeigt, sich das nötige Wissen über die Anderen anzueignen, um mehr übereinander zu wissen. Das ist die Grundvoraussetzung für eine friedliche Nachbarschaft – und auch für den benötigten Dialog. Denn andere Zivilisationen kennenzulernen heißt, sich mit ihren Weltanschauungen vertraut zu machen und somit in der Lage zu sein, mit ihren Angehörigen zu sprechen, um ein friedliches Zusammenzuleben vorzubereiten. Zum Wissen kommt die Notwendigkeit hinzu, Sensibilität gegenüber dem Anderen zu entwickeln und sein Ehrgefühl zu respektieren.

Im Zeitalter der Migration von Menschen aus anderen Kontinenten ist die dialogische Kultur für Europa nicht mehr nur ein außenpolitisches Erfordernis im Verhandeln mit anderen Staaten, sondern auch im Sinne des inneren Friedens unabdingbar. Der Islam nimmt in diesem Rahmen eines Nachdenkens über die Zukunft Europas eine Schlüsselstellung ein, insofern der größte Teil der Migranten aus der islamischen Welt kommt. Ich habe dies zwar schon gesagt, wiederhole es aber dennoch, um die Bedeutung dieser Beobachtung zu unterstreichen: Der Dialog mit dem Islam heißt, dialogische Umgangsformen mit dem unmittelbaren Nachbarn zu pflegen.

Die bisherigen Ausführungen stehen im Gegensatz zu den Positionen islamischer Fundamentalisten, die die Frontlinien des Konflikts in den Mittelpunkt stellen, obwohl sie sich in bestimmten Fällen heuchlerisch aus politischer Opportunität als Dialogpartner präsentieren. In diesem Sinne hat sich beispielsweise der führende islamische Fundamentalist, der Sudanese Hassan al-Turabi, im *Spiegel-Interview* vom 18.05.1998 als aufgeschlossener liberaler Muslim verkauft. Das ist *Iham*/Täuschung der Ungläubigen. Ich will die Islamisten nicht verteufeln, nur ihre Grenzen zeigen. Dass ich vermitteln will, habe ich schon mehrfach gesagt. Keineswegs übersehe ich dabei jedoch die traditionellen Frontlinien des Konflikts zwischen dem Westen und dem Islam als zwei historisch überwiegend verfeindeten Zivilisationen. Denn die Vertrautheit mit den *un*vereinbaren und zugleich exklusiven Weltanschauungen beider Zivilisationen ist eine Voraussetzung für die Vermittlung, vorausgesetzt, der Vermittler denkt politisch und möchte kein Prediger oder Heuchler sein.

Als Wissenschaftler kann ich hierbei folgende Tatsache nicht leugnen: Ein Muslim kann nicht Europäer werden, ohne Grundsätzliches an seiner Weltanschauung – z. B. Einordnung in eine universelle *Umma* oder die Verpflichtung zur *Da'wa* – aufzugeben oder zumindest zu revidieren. Daraus ergibt sich die Frage: Wie können Muslime als Migranten in Frieden mit Europäern leben? Wie kann die Identität Europas unter Bedingungen der Migration bei gleichzeitiger Öffnung bewahrt werden? Ist es vielleicht nur eine persönliche Illusion von mir, dass sich Europa gleichzeitig öffnen und seine Identität bewahren kann? Ich denke, dass eine europäische Deutung des Islam möglich ist. Ein solcher Euro-Islam könnte als ein Identitätsrahmen für in Europa lebende Muslime dienen und helfen, einen Ausweg aus dem bestehenden Dilemma zu bieten. An diesem Projekt eines Euro-Islam müssten offene Europäer und integrationswillige Muslime Hand in Hand arbeiten.

Eine Alternative zum Fundamentalismus in Europa: Für einen Euro-Islam der Migranten

Mein Konzept vom Euro-Islam ist eine Strategie für die in Europa[21] lebenden Muslime, nicht für die Welt des Islam selbst. Sonst würde ich selbst einem Eurozentrismus erliegen. Der Erfolg des Konzepts wird davon abhängen, ob es politisch implementiert wird. Der politische Wille hierzu muss vorliegen!

Unter Euro-Islam verstehe ich eine Interpretation des Islam, die offen ist und im Zeichen der hoch-islamischen Aufklärung sowie des islamischen Rationalismus steht. Ein Euro-Islam ist vereinbar mit drei europäischen Verfassungsnormen: 1) Laizismus (Trennung zwischen Religion und Politik), 2) säkulare Toleranz (Freiheit Andersdenkender und des Glaubens) und schließlich 3) Pluralismus. Im Sinne der letzten Norm müssen muslimische Migranten lernen, dass ihre Glaubensgemeinschaft nur eine unter anderen ist und kein Monopol auf die Wahrheit besitzt. Toleranz gegenüber den Muslimen erfordert eine islamische Toleranz gegenüber anderen Religionsangehörigen, aber auch Offenheit, einschließlich Offenheit und Pluralität innerhalb des Islam selbst. Ich muss es offen sagen: Es gibt keine inner-islamische Toleranz. Zudem müssen die in Europa lebenden Muslime auch im Sinne des inneren Friedens auf ihre religiöse Doktrin und Tradition der Verbindung von Migration und missionarischer Verbreitung des Islam[22] unzweideutig verzichten.

Vor dem Hintergrund der Tatsache von 15 Millionen Muslimen, die in Europa leben, lautet die Frage nicht »Islam oder kein Islam«, sondern »Euro-Islam oder Fundamentalismus«. Der Islam ist schon europäische Realität; die politischen Optionen beziehen sich also ausschließlich auf

Gestaltungsmöglichkeiten. Für einen Euro-Islam einzutreten ist der erforderliche demokratische Integrationsbeitrag der Muslime. Die Leistung der Europäer muss in der Entfaltung einer Integrationspolitik bestehen, die es den muslimischen Migranten ermöglicht, sich mit Europa zu identifizieren. Im ersten Teil dieses Buches nannte ich als Voraussetzung dafür: Überwindung von Euro-Arroganz und ethnischer Exklusivität, auch eine Entromantisierung Europas, jedoch ohne Verzicht auf die eigene, europäische Identität, d. h. also eine Zurückweisung jeder Illusion eines missionarisch verstandenen Islam.

Gelingt es beiden Seiten nicht, die erforderlichen Vorleistungen zu erbringen, dann ist gegenseitige Ablehnung zwischen den betreffenden Vertretern der unterschiedlichen Zivilisationen das Resultat, und zwar mit allen Folgen, die dazugehören. Anthony Giddens nennt diese Situation: negative Spiralen emotionaler Kommunikation (hierzu Kap. 11).

Es wäre falsch, gegenseitige Ablehnung voreilig als »Rassismus« einzustufen. Denn diese Einstellungen, die auf der Unvereinbarkeit der weltanschaulichen Normen und Werte der jeweiligen Zivilisationen beruhen, haben mit »Rassen«, die es ohnehin nur in den Köpfen der »Rassisten« gibt, nichts zu tun. Vielmehr handelt es sich hier um Fundamentalismus auf Seiten der Muslime und um Euro-Arroganz auf Seiten der Europäer; beides gilt es zu überwinden.

In diesem Zusammenhang kann ein Rückgriff auf die positiven islamisch-westlichen Begegnungen zur Erinnerung dienlich sein. Gegen die »Frontlinien des Konflikts« müssen wir an die positiven historischen Begegnungen zwischen Islam und dem Westen erinnern und diese in unserer Zeit neu beleben. Der Trialog von Cordoba im Februar 1998 war ein Beitrag in diese Richtung. Dort haben führende Juden, Christen und Muslime offen miteinander gesprochen und die bestehenden Probleme zunächst einmal wahrgenommen und aufrichtig miteinander hierüber diskutiert. Deutsche Zeitungen, die sich vorwiegend für deutsche Innenpolitik interessieren, haben darüber, trotz internationaler Agenturmeldungen, selbst nicht einmal berichtet und auch Angebote, hierüber zu informieren, nicht wahrgenommen. Deutsche Selbstzentrierung ist nicht nur bedenklich, sondern kann auch gefährliche Folgen in dieser auch Deutschland umfassenden globalen Welt haben.

Kulturdialog ohne Geschäfte und Selbstverleugnung

Auf die zwei Ebenen des Zusammenlebens in Frieden zwischen Europa und der Welt des Islam habe ich schon hingewiesen: einmal in den Außenbeziehungen Europas zu islamischen Ländern in Wirtschaft und Politik und zum anderen mit der islamischen Diaspora-Gemeinde in Europa. Es ist wichtig, bei der Erörterung zwischen

- Wirtschaftsgeschäften,
- politischen Staatsverhandlungen und
- kulturellem Dialog

zu unterscheiden. Im Gegensatz zu einer Fortsetzung der Tradition gegenseitiger Anfeindungen kann der Kulturdialog als Friedensdialog helfen, eine neue Ära der Bewältigung von Konflikten einzuleiten. Ich habe schon betont, dass man eines nicht vergessen darf: Einen Dialog kann man nur mit jenen führen, die dialogbereit sind. Im Prinzip lehnen islamische Fundamentalisten den Dialog mit dem »kreuzzüglerischen Westen« kategorisch ab, haben allerdings keine Bedenken, mit ihm Geschäfte zu machen und seine Freiheitsräume für ihre politische Arbeit zu nutzen. Das ist kein Dialog! Leider sind auch nicht alle Europäer dialogfähig. Dies habe ich in Kapitel 6 näher erläutert. Es ist eine Verhöhnung des Begriffs, wenn europäische Politiker und islamische, staatstragende Fundamentalisten (Iran) für ihre Geschäfte denselben Begriff – »kritischer Dialog« – verwenden.

In den folgenden, abschließenden Ausführungen möchte ich mich mit Bezug auf den Islam der Frage zuwenden, wie im Rahmen des Kulturdialogs Brücken zwischen den Zivilisationen gebaut werden können. Ich möchte meine Gedanken am Beispiel der Türkei veranschaulichen, wo ich bei der Abfassung dieser Zeilen – als Gastprofessor in Ankara – lebe. Ehe der türkische Fundamentalist Erbakan sein Land knapp ein Jahr lang als Ministerpräsident regierte, haben westlich orientierte Türken die Formel geprägt: »Die Türkei ist eine Brücke zwischen den Zivilisationen.« Dann richteten sie scharfe Kritik, bedauerlicherweise in zum Teil beleidigenden Worten, an die Adresse der Europäer, die ihre Zustimmung zu dem türkischen Wunsch einer Zugehörigkeit zur europäischen Familie verweigern. Es wurde unterstellt, dass die Europäische Union eine Politik der Grenzziehung zwischen den Zivilisationen betreibe und zur Ausgrenzung der

Türkei von Europa beitrage. Hierbei wurde propagandistisch der Vorwurf des »christlichen Clubs« erhoben.

Nach der Wahl vom Dezember 1995 in der Türkei sind islamische Fundamentalisten 1996 auf demokratischem Wege an die Regierung gekommen. Während ihrer Amtszeit haben sie versucht, die Türkei von Europa abzukoppeln. Erbakan wurde nach elfmonatiger Regierungszeit vom Amt des Ministerpräsidenten abgelöst. Daraufhin folgte Anfang 1998 das Verbot seiner Partei. Dennoch existiert diese Strömung weiter. Die verbotene alte *Refah*/Wohlfahrts-Partei hat sich kurz nach dem Verbotsurteil neu formiert als *Fezilet*/Tugend-Partei. Alle bisherigen *Refah*-Abgeordneten (die stärkste Parlaments-Fraktion) gehören nun der *Fezilet*-Fraktion im türkischen Parlament an.

Die türkischen Kemalisten schauen auf Europa als Vorbild und stehen zur Europäisierung der Türkei. Die antiwestlichen türkischen Fundamentalisten wollen die Bevölkerungsmehrheit für sich gewinnen, desgleichen die Diaspora-Türken, mit Erfolg; sie sind längst keine unerhebliche Minderheit mehr.[23]

Auch in der Türkei verkörpern Fundamentalisten den Zeitgeist; in ihrer Ideologie kommt der Zivilisationskonflikt zum Ausdruck. Aber in der Türkei wird der Zivilisationskonflikt innertürkisch ausgetragen: zwischen türkischen Kemalisten und türkischen Fundamentalisten. Es ist zu bedauern, dass es trotz des Bedarfs an europäischer Unterstützung für die Kemalisten in der Türkei zu groben Missverständnissen, Beleidigungen und arroganten Abweisungen auf beiden Seiten gekommen ist[24], die nur den Fundamentalisten in der Türkei selbst sowie in der europäischen Diaspora dienen.

In diesem Zusammenhang stellt sich die Frage, wie solche Entwicklungen auch auf die islamische Gemeinde in Westeuropa übertragen werden. Wird der Fundamentalismus aus der Türkei nach Deutschland exportiert, kann Westeuropa da ohne tatkräftige Unterstützung der Kemalisten verhindern, dass die türkischen Islamisten die türkische Diaspora in den westeuropäischen Staaten hijacken? Und wird der Fundamentalismus die Integrationspolitik behindern können?

In Bezug auf die in Europa lebenden Muslime vertrete ich die Ansicht: Trotz aller Kontinuität in der weltanschaulichen Abgrenzung der Zivilisationen voneinander ist es doch möglich, Grenzgänger zwischen den Zivilisationen zu finden und zu fördern. Doch muss parallel die missbräuchliche Inanspruchnahme der europäischen Toleranz durch islamische Fundamentalisten unterbunden werden. Dieses zu erreichen ist der Zweck meiner unermüdlichen Aufklärungsarbeit in Deutschland, aber auch über seine Grenzen hinaus. Um Erfolg bei der Verteidigung der Demokratie zu haben, müssen die Europäer der islamischen, in Europa geborenen Jugend Alternativen zum Ghetto bieten. Gelingt das nicht, dann ist der Fundamentalismus »verlockender« als die Ausgrenzung. *Verlockender Fundamentalismus* ist der aussagekräftige Titel einer Untersuchung über jugendliche Muslime in Deutschland.[25] Mehr Sensibilität und Feingefühl ist auch von Deutschen beim Umgang mit den Fremden zu verlangen. Uns Fremden ist mit der deutschen Rhetorik der verordneten Fremdenliebe bei gleichzeitigem Fehlen jeder Sensibilität uns gegenüber nicht geholfen. Bei der türkisch-deutschen Beziehungskrise vom Frühjahr 1998, die ich von Ankara aus beobachtet habe (Anm. 24), hat es daran gefehlt. Wie oft bin ich – trotz meiner Vermittler-Rolle – von Deutschen in meinem orientalischen Ehrgefühl verletzt worden, ohne dass die Täter es überhaupt gemerkt haben.

Ist ein islamisch-westlicher Frieden der Zivilisationen möglich?

Das Thema dieses Kapitels gilt in Deutschland als heißes Eisen. Warum? Meine Leser sind mit meinen wiederholten Klagen darüber, dass es zu viele Gesinnungsethiker in diesem Land gibt, die Konfliktpotenziale zwischen den Zivilisationen verleugnen, vertraut. Diese unterstellen, dass Konflikte konstruiert werden, und gehen von einer Idylle einer heilen Welt der Menschheit aus.[26] Meine mehrfach gegen diese Haltung geäußerte Position lautet, dass der Zusammenprall zwischen den Zivilisationen eine Realität ist, die bisher von dem Ost-West-Konflikt nur zugedeckt wurde. So ist die Beschäftigung mit diesem Konflikt kein Versuch, einen Ersatz für den Ost-West-Konflikt zu finden, sondern eine nüchterne Analyse der Weltpolitik sowie der Gesellschaften unserer Zeit, die Menschen aus unterschiedlichen Kulturen und Zivilisationen umfassen. Mich empört es, wenn sich bestimmte Deutsche zu unserem Vormund ernennen und Unterschiede verleugnen, die wir tagtäglich erleben.

Wenn ich – im Gegensatz zu Huntington – den Schwerpunkt auf die dialogischen Möglichkeiten für die Konfliktbewältigung und nicht auf die »Frontlinien des Konflikts« setze, dann schließe ich einen offensiven, d.

h. wehrhaften Einsatz für Demokratie und Säkularität als Bestandteil der Identität Europas gegen vormoderne Kulturen nicht aus. Beim Dialog zwischen den Zivilisationen geht es eben nicht um einen schöngeistigen Diskurs. Der Dialog schließt einen Werte-Konflikt auf der Suche nach einem Werte-Konsens als Basis für eine friedliche Koexistenz ein, da jede Partei im Dialog versucht, ihre eigene Weltanschauung einzubringen. Im 4. Kapitel habe ich gezeigt, dass der Kulturrelativismus in dieser Situation selbstzerstörerisch wirkt.

Neo-Absolutisten deuten kulturrelativistische Einstellungen als Ausdruck von Schwäche und verachten deren Fürsprecher, ohne dass letztere dies angesichts einer Kombination von Ignoranz und mangelnder Sensibilität überhaupt wahrnehmen. Nach meiner Ansicht erfordert der Kulturdialog nicht nur Respekt vor dem Anderen, also z. B. den Abbau des Eurozentrismus. Denn wenn bestimmte Europäer sich nicht selbst respektieren[27], können sie auch nicht erwarten, vom Anderen respektiert zu werden. Das bedeutet, westliche Werte wie Demokratie und individuelle Menschenrechte – mit anderen Worten: die Identität Europas – müssen auch im Dialog gegen jeden Neo-Absolutismus verteidigt werden. Die Werte und Normen der Aufklärung kulturrelativistisch zu beschneiden führt zur Selbstaufgabe im Zivilisationskonflikt.[28]

Der Frieden zwischen den Zivilisationen im Zeitalter der Migration ist ohne die Bewahrung der Identität Europas nicht möglich. Das Fragezeichen hinter dem Haupttitel dieses Buches »Europa ohne Identität?« ist nur als eine Aufforderung zum Nachdenken zu verstehen. Der in diesem Kapitel skizzenhaft vorgestellte Euro-Islam ist eine mit den europäischen Verfassungen vereinbare Deutung dieser Weltreligion, widerspricht also der Identität Europas nicht. Euro-Islam bietet eine Plattform für einen Frieden der Zivilisationen, wohingegen der Fundamentalismus eine Ideologie für den Krieg der Weltanschauungen liefert.

Es bleibt zu fragen, wann europäische Politiker und Meinungsmacher in den Medien den Unterschied zwischen Islam und Fundamentalismus begreifen und in ihren Handlungen berücksichtigen werden. Meine Erfahrungen in diesem Land zeigen, dass viele Deutsche auf die Diskussion dieser Problematik nicht vorbereitet sind, wie ich in den Texten zu der erweiterten Neuausgabe meines Buches *Krieg der Zivilisationen* – wenn auch mit meinem orientalischen Temperament – ausgeführt habe; Öffnung fehlt nicht nur auf der islamischen Seite, auch auf der deutschen Seite herrscht

Mangel an Dialogbereitschaft, ja Dialogfähigkeit. Ein Beispiel hierfür: Der leitende *FAZ*-Redakteur Konrad Adam schrieb in seiner im Umfang kleinen, aber im Feuilleton-Inhaltsverzeichnis der *Frankfurter Allgemeine Zeitung* sehr groß angekündigten ironischen Glosse: »Bassam Tibi leistet europaweit Dialogarbeit«, dann folgt:

> »Bassam Tibi ... ist definiert durch zwei Größen: durch den europäischen Raum, den er unablässig in allen Richtungen durchreist, und durch die europäischen Behörden, denen er ständig mitteilt, was er in seinen Büchern niedergelegt hat ... Tibi leistet Dialogarbeit ... aus der die Dialog-Kultur erwächst, die in den Dialog der Kulturen einmündet ... Tibi gehört zu den Leuten, denen man schon deshalb gerne ausweicht (sic!), weil sie ständig auf einen zugehen, sie bestehen auf Nähe, und zwar dort, wo einem Distanz viel lieber wäre.«[29]

Das ist eine in der zahmen Form der Ironisierung vorgetragene, doch rechtsradikal klingende Ausgrenzung eines in Deutschland lebenden Fremden, eines muslimischen Arabers, der den Dialog in Friedensarbeit sucht. Wann versteht dieser Personenkreis, dass die Alternative zum Dialog *Djihad* gegen Europa heißt? Im Orient reagieren Menschen darauf mit einem Ritual der Verachtung: den Kopf nach rechts drehen und symbolisch spucken. Ich folge diesem orientalischen Ritual der Verachtung, bewahre aber meine Vernunftorientierung und reagiere nicht mit einem Aufruf zum *Djihad* auf die zitierte Dummheit.[30] Generell denke ich, mit Emotionen kommen wir nicht weiter. Ich halte mich unerschüttert daran, was mir meine Vernunft eingibt. Aus diesem Grunde werde ich weiterhin unverdrossen zu meiner Dialogbereitschaft stehen, die ein Friedensangebot und keine Anbiederung ist. Obwohl sich die Herausgeber der *Frankfurter Allgemeinen Zeitung*[31], bis auf Herrn Frank Schirrmacher, von dieser Glosse distanziert haben, habe ich meine Mitarbeit an dieser Zeitung daraufhin eingestellt.

Als Muslim und Wahleuropäer bereise ich – zugegebenermaßen – Europa mit meinem Dialogauftrag »in allen Richtungen«, verstehe mich aber als Brückenbauer und nicht als Anbiederer und wünsche Europa eine verantwortungsethische Perspektive; und ich fürchte zugleich die Folgen ihres Fehlens für den inneren Frieden in Europa. Oft gerate ich als Rufer in der Wüste zwischen die deutsche Festung und das islamische Ghetto – und verfalle in Resignation. Meine Ghetto-Brüder wollen mich in ihr Lager hinüberziehen, während einige meiner deutschen Mitbürger mich ausgrenzen. Friedenshoffnung und meine auf Wissen basierende Vorstellung über ein potentielles »Bosnien in Westeuropa«, in dem Gewalt herrscht, geben mir die nötige Energie, trotz dümmlicher Kommentare über meine Arbeit weiterzumachen.

VIERTER TEIL

Multikulturalismus in Deutschland. Die deutsche Spielart der europäischen Identitätskrise: Die Parallelität einer Rhetorik der Globalisierung und einer Realität der selbstzentrierten Verschlossenheit

>»Eine unsentimentale Einwanderungsregulierung: Wenn jemand in der weiten Welt beschließt, nach Deutschland zu gehen, um sich hier niederzulassen, darf dieser Entschluss für unseren Staat keinesfalls ausreichen, dem Einreisenden vorerst für Jahre, dann für Jahrzehnte materielle Versorgung ... zuzugestehen. Eine Einwanderungspolitik ... muss sich an den Interessen unseres Landes orientieren und daher, wie in allen anderen Einwanderungsländern, Quoten vorsehen und dabei nach ... Gesundheitszustand, Alter ... Sprachkenntnissen und Berufserfahrungen differenzieren ... Gedankenlose Sentimentalisierung unserer Politik kann man wohl an keinem Thema so deutlich festmachen wie an dem der ... Zuwanderung nach Deutschland ... Eine sachliche, differenzierte Erörterung dieses Themas lässt noch immer auf sich warten ... Die Probleme gehören ... zu den wichtigsten, größten Tabus jeder Situationsanalyse.«

Arnulf Baring, Scheitert Deutschland? Abschied von unserem Wunschdenken,
Stuttgart 1997, S. 58f.

Einführung

Es fiel mir nicht leicht, die zitierte Äußerung von Arnulf Baring über Einwanderung als Motto zu diesem vierten Teil auszuwählen, weil dieselben Worte gegen mich als Migranten gewandt werden könnten, was in der Tat auch geschieht, wie ich zeigen werde. Meine Leser wissen inzwischen, dass ich als Migrant zwar gleichermaßen gegen illegale Zuwanderung wie gegen Abschottung und die Bildung einer Ghetto-Kultur, aber für Migration und die Integration von Einwanderern bin. Der Grund für mein Zögern, das ausgewählte Motto von Baring zu zitieren, ist die Tatsache, dass meine Äußerungen über Multikulturalismus und Migration stets von »Feinden und Freunden« der »Fremden« missbraucht werden. Hierbei werde ich selbst zum Objekt der Kritik, die ich vortrage. Das liegt daran, dass wir Fremden für bestimmte Deutsche alle gleich sind. Die mangelnde Unterscheidung von integrierten Ausländern und illegalen Zuwanderern wird dazu missbraucht, uns alle in einen Topf zu werfen und auszugrenzen. In diesem Sinne bin ich selbst zur Zielscheibe unqualifizierter Attacken von beiden Seiten der politischen Lager geworden. Ich führe Beispiele hierfür an: Während ich im Juli/August 1998 in Australien (vgl. Einführung zum dritten Teil) die lektorierte Fassung dieses Buches bearbeitete, erschien im *Spiegel* mein Essay über die Türkei (Heft 31/1998), in dem ich unter anderem die Europafähigkeit dieses Landes kritisch, aber dennoch unvoreingenommen diskutierte und in diesem Rahmen die Möglichkeit der Integration der Auslandstürken als europäische Bürger im Zusammenhang einer demokratischen Deutung des Islam als Euro-Islam erörterte. Nach meiner Rückkehr fand ich auch eindeutig rechtsradikale Post vor. In einem der Briefe, dessen Absender Name und Adresse offen angab, stand unverblümt:

> »Europa ist kein Einwanderungsland ... Auch ihre Professor (sic! richtig natürlich: Professur) in Göttingen fehlt irgendeinem Habilitanden aus ursprünglich deutscher Familie.«

Der Briefschreiber, der mich von Deutschland ausgrenzen will, beherrscht ganz offensichtlich noch nicht einmal Deutsch, seine Landessprache. So kennt er den Unterschied zwischen Professor und Professur nicht. In einem anderen, ebenfalls mit Namen versehenen Brief geht der Absender auf meine These – wie er schreibt – »von der Verträglichkeit des Islam mit europäischen Vorstellungen« ein, nennt sie »sehr gewagt« und begründet sein Vorurteil wie folgt:

> »Der Islam, das kann man drehen und wenden, wie man will, ist und bleibt ein Fremdkörper in Europa. Nicht erst während der Zeiten der Kreuzzüge, sondern ... zuvor (Karl Martell) haben sich die europäischen Völker gegen den expansiven Islam erfolgreich zur Wehr gesetzt.«

Genau auf diese Weise werden 15 Millionen in Europa lebende Muslime ausgegrenzt. Damit der Briefschreiber nicht Gefahr läuft, in die rechtsradikale Ecke eingeordnet zu werden, fügt er gleich den Satz hinzu: »Ich bin Sozialdemokrat und in der Tradition der Sozialdemokratie stehend.« Als ehemaliges SPD-Mitglied weiß ich nicht, welche Tradition der Briefschreiber meint.

In unserer heutigen Situation kann jede differenzierte Äußerung über Einwanderung und jede Kritik am Islam von solchen Leuten mühelos missbraucht werden. Gleichwohl können Migranten, die in Europa eine

Existenz aufgebaut haben, nicht über die Missstände infolge illegaler Migration, die auch sie gefährden, schweigen. Schweigen wir dennoch, dann geraten wir in den Sog der undifferenzierten Sichtweise, nach der alle Ausländer eine Belastung für dieses Land sind. Wir sind es nicht.

Der Spiegel berichtete am 3. August 1998 über das »Geschäft der Schlepper und Schleuser. Die kommerziellen Helfer der Flüchtlinge haben Konjunktur« (Heft 32/1998, S. 33). Die Zahl der illegalen Zuwanderer beträgt danach »50 Prozent mehr als im vergangenen Zeitraum des Vorjahres … Rund 50 000 Flüchtlinge« (ebd.). Der Preis, den z. B. Kosovo-Albaner von den von ihnen eingeschleusten Kurden erhalten, ist »von rund 5 000 Mark im Februar auf inzwischen 6 200 Mark« angestiegen. In diesem »boomenden Schleuser-Business« (so der *Spiegel*-Jargon) steigen die Zahlen illegaler Zuwanderer. So berichtet das Polizeipräsidium in Bari, dass »derzeit jede Nacht mindestens 40 Flüchtlingsboote die Adria überqueren. Die Aufnahmelager in Süditalien sind überfüllt« *(FAZ vom 7. Aug. 1998)*. Es handelt sich um Tausende von Möchtegern-Migranten, die zur Belastung geworden sind, so dass die Italiener –entgegen bisheriger Praxis – zur umgehenden Abschiebung übergegangen sind. Von Italien kommen diese Flüchtlinge in das Sozialstaat-Paradies Deutschland. Wie könnten wir integrierte Ausländer dazu schweigen, ohne Schaden davonzutragen?

In diesem abschließenden Teil will ich auf diese Missstände im Rahmen meiner Diskussion über die deutsche Spielart des untersuchten Phänomens eingehen. Hierbei will ich nicht aus dem Auge verlieren, dass Europa in jeder Hinsicht viel größer ist als Deutschland. Schließlich stand dieser Kontinent in seiner europäischen Bestimmung und als zivilisatorisches Projekt – wie ich im ersten Teil dieses Buches aufzeigte – fünf Jahrhunderte lang im Mittelpunkt der Weltgeschichte.

Zuvor will ich noch einige allgemeine Bemerkungen über Europa vornehmen, um klarzustellen, dass mein Kontext stets der europäische ist. Europas Megalomanie hängt mit folgendem zusammen: Was bisher als Weltgeschichte galt, war in Wirklichkeit für viele Jahrhunderte nichts anderes als eurozentrische Geschichte. In der zweiten Hälfte des 20. Jahrhunderts – und besonders im Übergang zum 21. Jahrhundert – ändern sich die Dinge in unserer großen Welt, und eine Globalgeschichte beginnt sich durchzusetzen. Als Nicht-Europäer argumentiere ich in diesem Buch: Europa ist unter diesen Bedingungen herausgefordert, seine Identität neu zu bestimmen. Was natürlich nicht bedeuten kann: »Europa ohne Identität« als Gegenextrem zu »Europa über alles«, daher das Fragezeichen im Buchtitel.

Die Globalgeschichte – als Alternative zur eurozentrierten Weltgeschichte – ist neu, nicht aber der Prozess der Globalisierung. Seit dieser auf die europäische Expansion folgenden Globalisierung findet eine Vernetzung aller Weltzivilisationen statt, in deren Strukturen die gesamte Welt eingebettet ist. Die Geschichte dieser globalisierten Welt wird in unserer Zeit als eine neue Globalgeschichte begriffen. Schlimmer noch als der Eurozentrismus der klassischen Weltgeschichte ist die Attitüde, die Deutschland zum Nabel der Welt machen möchte. Was passiert mit Europa in diesem Zeitalter der Globalisierung? Droht es, im Rahmen dieser Entwicklung ins Abseits zu geraten? Diese Frage habe ich – auf Europa bezogen – anlässlich der Römerberg-Gespräche im Juni 1997 gestellt und diskutiert (vgl. oben Kap. 6), stieß aber dort auf einen unüberhörbaren Germano-Zentrismus und musste – bei gleichzeitiger Rhetorik der verordneten »Fremdenliebe« – eine deutsch-nationale Abweisung hinnehmen.

Nur durch klares und nüchternes Nachdenken über Deutschland lässt sich der Germano-Zentrismus überwinden. Aus diesem Grunde steht in diesem abschließenden Teil Deutschland als gewichtigstes europäisches Land unserer Zeit im Mittelpunkt meiner Überlegungen. Was macht Deutschland aus?

Der Historiker Hagen Schulze hat in seinem historischen Überblick *Kleine deutsche Geschichte* (München 1996) gezeigt, wie verwirrend diese Geschichte –etwa im Vergleich zur englischen und französischen Geschichte – verlaufen ist. Daraus hat er als Deutscher die Schlussfolgerung gezogen, dass es viele Probleme mit sich bringt, ein Deutscher im europäischen Kontext zu sein. Ich bin Wahldeutscher und möchte die Bestimmung meiner erworbenen Identität *nur* im europäischen Kontext gelten lassen. Aus diesem Grunde ziehe ich eine Verbindungslinie zwischen den europäischen Geistesgrößen Rousseau, Voltaire und Kant sowie Farabi, Avicenna, Averroës und vor allem Ibn Khaldun aus meiner eigenen Zivilisation. Hierbei entsteht eine euro-islamische Brückenbildung.

Nochmals: Deutschland ist für mich *nur* in seiner europäischen Bestimmung als Identitätsmuster akzeptabel. Jede andere Perspektive führt entweder zu einer deutsch-nationalen Nabelschau oder zu der Kehrseite der Medaille, dem deutschen Selbsthass und der ihm entsprechenden

Selbstverleugnung. Für uns Fremde ist beides eine Bedrohung. In der Schlussbetrachtung zu diesem Buch werde ich auf beide Extreme eingehen und hierbei auf einer europäischen Identität für die in Deutschland lebenden Migranten bestehen.

Das herkömmliche, vor-westliche Deutschland, also vor seiner Einbindung in die westlich-demokratische Tradition, hatte nicht nur eine komplexe Identität als eine – im Vergleich zu den europäischen Nachbarn – »verspätete Nation« (Helmuth Plessner); es war auch mehrfach eine Gefahr für seine europäischen Nachbarn. Von Deutschland wurden der Erste und auch der Zweite Weltkrieg ausgelöst. Letzterer bildete auch den Rahmen des ersten systematischen, mit industriellen Mitteln der modernen Technologie durchgeführten Völkermords. Der deutsche Mord an den Juden ist deshalb nicht relativierbar, weil er drei Wesensmerkmale aufwies, die zuvor kein anderer Völkermord in der Geschichte erfüllte, nämlich:

- den Willen, ein ganzes Volk auszurotten. Auch Dschingis Khan war ein Massenmörder, doch hat er nur seine vermeintlichen und unmittelbaren Feinde, wenn auch in erschreckendem Ausmaß, umgebracht, wollte aber nicht – wie die Nazis – ein ganzes Volk auslöschen.
- Erstmals in der Geschichte der Menschheit sind 1933–1945 Instrumente des technischen Fortschritts für einen Massenmord eingesetzt worden; und schließlich ist es
- die menschenverachtende Ideologie des Antisemitismus, die die Entmenschlichung eines Volkes mit einem Massenmord verbindet. Allerdings ist die auf Asiaten und Afrikaner zugeschnittene Rassenideologie mit dem Antisemitismus vergleichbar.

Nach dem Sieg der West-Alliierten über das nationalsozialistische Deutschland und der Befreiung Europas von Hitlers Herrschaft 1945 haben die Deutschen mit westlicher Hilfe erstmals eine wirklich demokratische Ordnung errichtet. Deutschland hat in seiner bisherigen Geschichte nichts Vergleichbares zu dieser bestehenden demokratischen Ordnung vorzuweisen. Es gibt deutsche Historiker, die behaupten, dass auch die Deutschen 1848 eine bürgerliche Revolution – wie die Franzosen, die Engländer, Holländer und Amerikaner zuvor ihre Revolutionen – hatten. Aber 150 Jahre nach diesem Datum wurden zahlreiche deutsche Publikationen vorgelegt und diskutiert, in denen mit diesem selbstherrlichen Mythos aufgeräumt wurde. Auch Weimar ist kein Vorbild für eine Demokratie; es ging bereits mit Hitler schwanger – 1933 war kein Betriebsunfall, wie manche behaupten möchten.

Demokratie in Deutschland ist wichtig für Europa, weil dieses Land von seinem Gewicht und der Zahl seiner Bevölkerung, aber auch von der Signifikanz seiner Kultur her eine gewichtige Größe darstellt. Was passiert in Deutschland während der europäischen Identitätskrise, die im Mittelpunkt dieses Buches steht? Wie sieht die deutsche Spielart dieser Krise aus?

In der Einleitung habe ich dieses Buch mit meiner Beobachtung als ein in Europa lebender Nicht-Europäer begonnen, dass viele Westler sich selbst hassen. Ich habe in den vergangenen Jahrzehnten beobachten können, dass auch andere Europäer sich hassen und Schuldgefühle haben: vor allem in Schweden, den Niederlanden, wohl weniger in Spanien, England und Italien und am wenigsten in Frankreich. In Deutschland jedoch tritt diese Erscheinung in extremer Weise auf, wie ich in einem langen *Focus*-Interview vom 9. September 1996 darlegte. Die von der Sache her berechtigten Schuldgefühle der Deutschen nehmen eine irrationale, ja neurotische Form an, so dass selbst die Opfer nationalsozialistischer Verbrechen, vor allem die Juden und andere Fremde, sie nicht mehr nachvollziehen können.

Welches Bild vermittelt Deutschland von sich in einer Zeit, in der die europäische Identität zur Disposition steht? Es lassen sich fünf variierende Deutungen feststellen:

- Deutschland, ein Land mit einer neurotisierten politischen Kultur quasi als Tollhaus, wie ich selbst in diesem Buch ausführe;
- Deutschland, wahrgenommen als neuerliche Gefahr für Europa durch den Rechtsradikalismus und die Fremdenfeindlichkeit. Das ist eine verzerrte Wahrnehmung, obwohl die Phänomene massiv vorhanden sind. Diese Wahrnehmung hängt mit dem Bild der Deutschen im Ausland zusammen, zu dem auch die deutsche Presse in ihrer Berichterstattung über das eigene Land beiträgt (vgl. Punkt 4);
- Deutschland als ein selbstgefälliges, »sozialistisches Wohlfahrtsland«, das, wie die *Neue Zürcher Zeitung* (vom 14. April 1998, S. 6) behauptet, »schwer zu regieren ist«;
- ein gesinnungsethisches Deutschland als ein Land der Selbsthasser, für die manche deutschen Gesinnungsethiker – Prototyp ist der Journalist Heribert Prantl in seinem Buch *Sind wir noch zu retten* (München 1998)

– angeführt werden können. Bücher mit dem zitierten Titel, die *Der Spiegel* als »emigrationsgefährdende Literatur« (13.4.1998) einstuft, gehören zu dieser Selbstwahrnehmung. Natürlich gibt es in Deutschland viele Missstände, aber diese Journalisten schreiben Dinge über ihr Land, die die ausländische Presse ungeprüft übernimmt, womit ein schiefes Deutschland-Bild entsteht. So werde ich während meiner vielen Auslandsaufenthalte oft gefragt: »Wie schaffst du es als Fremder, in Deutschland zu leben?« Meine Antwort lautet: »Die Lage ist ernst, aber nicht hoffnungslos«;

- verantwortungsethisches Besinnen auf sich selbst, wie es Arnulf Baring in seinem wertvollen Buch *Scheitert Deutschland?* (Stuttgart 1997; vgl. Motto, S. 383) getan hat, wofür er viel Schelte von Deutschen der Kategorie 4 bekommen hat. Zu diesen verantwortungsethischen Deutschen rechne ich auch Frank Böckelmann und sein Buch *Die Gelben, die Schwarzen und die Weißen* (Frankfurt/M. 1998), das ich in meinen Schlussbetrachtungen diskutieren werde.

Europäer haben früher Nicht-Europäer als »Untermenschen« eingeordnet oder als die *Natives*/Eingeborenen (im Französischen *Indégens),* sich selbst dagegen als »Übermenschen« betrachtet. Die gebildeten »Eingeborenen« genossen bei den Franzosen die quasimenschliche Zwischenstufe *Evoluées* (was bedeutet: »die Entwickelten«). Diese europäisierten Eliten der nicht-westlichen Welt galten Europäern aber keinesfalls als ebenbürtig und genossen daher ebenfalls nur eine geringe Wertschätzung, wenngleich vielleicht nicht in dem Ausmaß wie die *Indégens,* eben weil sie als »entwickelt« eingestuft wurden.

Als Nicht-Europäer mit einem hohen Bewusstsein von der eigenen Zivilisation, der zudem aus einer *Ashraf* (Notabeln)-Familie aus Damaskus kommt, habe ich ein sehr starkes Selbstwertgefühl. Aus diesem Grunde weise ich die Einstufung als quasi *Evoluée,* die mir manche Deutsche als äußerliche Anerkennung zubilligen mögen, ab. Ich bewundere zwar im Sinne Horkheimers (vgl. Buch-Widmung) die positiven Seiten Europas (Aufklärung, Französische Revolution, *Laïcité* u. a.), ohne aber von seiner Zivilisation geblendet zu sein. Vielmehr will ich mit dem Bewusstsein der Zivilisation, aus der ich komme – dem Islam – einen Dialog mit Europa mit dem Ziel einer kulturübergreifenden Moralität anstreben, so wie ich dies in meinem Buch *Krieg der Zivilisationen* (1995, neu geschrieben 1998) getan habe. Als ein sich europäisch definierender Wahldeutscher beanspruche ich Ebenbürtigkeit mit jedem Europäer, ohne meine Herkunft verleugnen zu wollen. In diesem Buch will ich mich als ein von der Herkunft her Nicht-Europäer jenen geisteswachen Europäern anschließen, die nüchtern über Europa und den Westen nachdenken. Zu diesen Europäern gehört auch der Däne und Wahlamerikaner David Gress, der parallel zu meiner Arbeit bei Abschluss dieses Buches sein umfassendes Werk *From Plato to Nato. The Idea of the West and its Opponents* (New York und London 1998) vorgelegt hat, worin er auch meine Kritik an der westlichen Zivilisation zitiert und unseren, in Europa und Amerika erfolgten, Gedankenaustausch mit verarbeitet.

In den folgenden beiden Kapiteln diskutiere ich aus der Perspektive eines in Deutschland lebenden Fremden die Situation in Europa am deutschen Beispiel im Zeitalter der europäischen Identitäts- und Zivilisationskrise. Ich tue dies ohne Anerkennung von Tabus und unter Ablehnung der Regeln der Political Correctness. Als *Citoyen*/Bürger dieses Landes nehme ich mir das Recht, über Deutschland nachzudenken (vgl. Vorrede), und hoffe auf die Akzeptanz meiner deutschen Mitbürger.

Zwischen Feinden und Freunden der Einwanderung: Die Krise der multikulturellen Gesellschaft erkennen und die richtigen Schlussfolgerungen ziehen

Keine Festung Europa!

Die Lektüre der vorangegangenen Kapitel zeigt deutlich, wie viel Zündstoff im Zeitalter der Migration und der Multikulturalität in Europa lagert. Mit frommer Gesinnungsethik kann man den Problemen nicht beikommen; mutiges Nachdenken ist gefordert. Bei meinem philosophischen Lehrer Jürgen Habermas habe ich als junger Student der Frankfurter Schule gelernt, dass hinter jedem Denken als einer intellektuellen Bemühung, Zusammenhänge zu erkennen, ein *Erkenntnisinteresse* vorliegt. Als ein »Fremder« und Migrant aus Damaskus habe ich bei meiner Erläuterung der Krise der multikulturellen Gesellschaft keinerlei Interesse an der von manchen Deutschen anvisierten Lösung »Festung Europa«. Eine solche »Lösung« richtet sich auch gegen mich und meinesgleichen, und ich kann sie aus diesem Grunde auch nur ablehnen. Abgesehen davon, dass das »Rezept« einer »Festung Europa« technisch keine Anwendung finden kann, ist es mit der Demokratie einer offenen Gesellschaft unvereinbar. Europäische Staaten können nicht gleichzeitig an ihrer offenen Demokratie festhalten und an ihren Grenzen einen Eisernen Vorhang errichten wollen. Zudem bietet eine solche Festung keinen Ausweg aus der Krise. Die Lösung kann nur heißen: Europa braucht eine neue Orientierung, es muss seine Orientierungslosigkeit[1] überwinden und lernen, mit den Fakten einer veränderten Welt umzugehen.

Die Fakten sind: Europa ist im Übergang zum neuen Jahrhundert ebenso wie Nordamerika ein Einwanderungskontinent geworden, und hierbei strafen die hohen Zuwanderer-Zahlen jede Behauptung Lügen, die dieser Feststellung mit der Formel »Deutschland ist kein Einwanderungsland«[2] widerspricht. Die Anerkennung dieser Fakten bedeutet allerdings nicht, die Grenzen wahllos für alle prospektiven Einwanderer zu öffnen, weil die Anzahl dieser aus aller Welt nach Europa strömenden Menschen die Absorbierungskapazität des Kontinents weit übersteigt. Die rechtliche Anerkennung der Einwanderung durch ein entsprechendes Gesetz muss mit der Entwicklung einer restriktiven, an einem Migrationskonzept orientierten Politik einhergehen.

Nicht um sprachlich penibel zu sein, sondern der Bedeutung des Unterschieds wegen gilt es festzustellen: Der Kontrast zwischen Nordamerika bzw. Australien einerseits und Europa andererseits beruht auf dem zwischen Einwanderungs- und Zuwanderungsgesellschaften. Einwanderungsgesellschaften verstehen sich als solche, die Migranten aufnehmen und hierfür einen konzeptuellen Rahmen, d. h. gesetzlich untermauerte, administrative, an inhaltlichen Kriterien orientierte Regelungen, haben. Diese Verrechtlichung erfolgt nicht etwa aus Liebe zum Rechtsformalismus, sondern um diese Prozesse rechtsstaatlich zu regulieren, sie qualitativ an die Bedürfnisse des Landes und quantitativ an vorhandene Kapazitäten anzupassen. Das Recht ist ja eine »Prozedur«, d. h. es besteht aus Regeln für ein bestimmtes Verfahren. Auf unseren Gegenstand angewandt: Eine rechtliche Regulierung der Einwanderung kann eine anarchische Zuwanderung unterbinden. Wohlbemerkt, mit »rechtlich« meine ich nicht »formalrechtlich«. Chaotisch geht es in Zuwanderungsgesellschaften zu, die jeden x-beliebigen Migranten wahllos und ohne die Orientierung an festumrissenen Kriterien aufnehmen müssen, weil sie die Augen davor verschließen, das Ziel von Migrationsbewegungen geworden zu sein; somit fehlt es ihnen automatisch an jedem rechtsstaatlichen Mechanismus zur Regulierung der Migration. Diese findet ohnehin statt – oft illegal –, obwohl man sie nicht will, ja, ihr Vorhandensein sogar bestreitet. Mit diesen Ausführungen übersehe ich durchaus nicht, dass illegale Migration auch in Nordamerika und Australien stattfindet; nur sind jene Gesellschaften für diesen Ansturm besser gerüstet und wissen, wie sie damit umzugehen haben. So macht die Abschiebung von Illegalen weder in Nordamerika noch in Australien – anders als in Deutschland –Schlagzeilen, weil sie als Normalität gilt. Ich werde eine deutsche »Sensationsgeschichte« und den damit verbundenen Medienzirkus am Beispiel abgewiesener Sudanesen in diesem Kapitel anführen.

Neben fehlenden Einwanderungsgesetzen und Bestimmungen zur qualitativen Auswahl von Einwanderern als einer rechtsstaatlichen Regulierung von Migration kommt in Europa, und ganz besonders in Deutschland, erschwerend die Gesinnungsethik der »Feinde und Freunde« beliebiger

Couleur hinzu. Diese selbstgerechte Einstellung gehört zu den großen Hürden bei der Suche nach Problemlösungen. Im 7. Kapitel habe ich jene Gesinnungsethik am Beispiel der »Feinde und Freunde des Islam« veranschaulicht. Hier möchte ich sie an dem ähnlichen Beispiel der »Feinde und Freunde der Einwanderung« darstellen.

Im Folgenden werde ich mein Ansinnen an einem Beispiel illustrieren. Es geht um die Reaktion auf ein lautes Nachdenken von noch zu zitierenden Politikern, die mir nicht nahestehen, nämlich Rudolf Scharping und Oskar Lafontaine. Diese haben sich bei früherer Gelegenheit rational zu unserer Problematik geäußert. Hierfür haben sie von dem grünen Politiker und ehemaligen Funktionär des Kommunistischen Bundes Westdeutschland/KBW in Göttingen, wo ich lehre, Jürgen Trittin, den Vorwurf des »Rassismus« geerntet. Der Hintergrund für die Anführung dieses Beispiels ist mein Argument, dass in einer vergifteten, mit Denkverboten gespickten politischen Atmosphäre eine rationale Diskussion um brauchbare demokratische Lösungen der Probleme nicht stattfinden kann.

Verfemung im Schatten von Sprachverwirrung und Begriffsinflation

Das angekündigte Beispiel liefert uns die folgende Geschichte: In der *Frankfurter Allgemeinen Zeitung* vom 28. Februar 1996 war die Äußerung des Vorstandssprechers der Grünen, Trittin, zu den Hinweisen von Lafontaine und Scharping auf die Belastbarkeit des Arbeitsmarktes sowie des Sozialsystems der Bundesrepublik zu lesen. Die angeführten Politiker wollten einen Zuzug »nicht bloß« von »Spätaussiedlern«, sondern »ganz allgemein« einschränken, d. h. »Einwanderung rational regulieren«. Die Reaktion von Jürgen Trittin, der mir aus seiner Göttinger Zeit als prominenter Funktionär des angeführten KBW – ich war als Fremder mehrfach ein Opfer des Psychoterrors dieser Gruppierung – bekannt ist, belehrte nun gestandene Demokraten wie Lafontaine und Scharping über die Demokratie in einer Art, über die man nur staunen kann: Diese bedienten »sich der Logik der Rechtsradikalen« (ebd.), und mehr noch, sie unterstützten »ganz offen Fremdenhass und Rassismus« (ebd.). Ich bin selbst als semitischer Araber ein Fremder in diesem Land; auch als Migrant müsste gerade ich mich – und nicht der Deutsche Trittin – von dem »Populismus« der von ihm attackierten deutschen Politiker, denen er »Rassismus« und »Rechtsradikalismus« unterstellt, angegriffen fühlen. Aber: Weder erkenne ich

»Rassismus« in diesen Äußerungen, noch fühle ich mich von ihnen angegriffen. Von meinen verehrten jüdischen Lehrern Adorno, Horkheimer und Bloch habe ich das reflexive Denken gelernt. Dieses möchte ich zur Beleuchtung des Denkens der »deutschen Feinde und Freunde der Migration« und anderer Gesinnungsethiker nun zur Anwendung bringen.

Als Ausländer, der Deutsch erst als dritte Fremdsprache gelernt hat, will ich bei der folgenden Reflexion genau abwägen, welche sprachliche Bedeutung die verwendeten Begriffe haben, um sie besser zu verstehen. Und schließlich will ich die politischen Konsequenzen solcher Äußerungen erläutern. Aber zunächst zum sprachlichen Inhalt der von Jürgen Trittin verwendeten Begriffe:

- *Rassismus* ist eine Ideologie, die den allgemeinen Begriff der Menschheit verleugnet; sie tut dies, indem sie unterstellt, dass die Menschen biologisch unterschiedlich seien, und hierbei vermeint, dass die eigene Gruppe aufgrund ihrer biologischen Herkunft »höher« als andere einzustufen sei. In dieser Hinsicht ist jeder Rassismus eine menschenverachtende, ja barbarische Ideologie. Als Rassismus in diesem Sinne ordne ich primär den Nationalsozialismus und die Kolonialideologie ein.
- *Rechtsradikale Logik* ist der zweite hier inflationär verwendete Begriff. Nun weiß ich nicht, ob »Radikale« – gleich ob von links oder von rechts – überhaupt eine Logik haben. »Rechtsradikal« ist ebenso wie »linksradikal« ein Ausdruck der Steigerung linker und rechter Positionen. Linke oder rechte Positionen müssen an sich nicht per definitionem richtig oder falsch sein, aber die Steigerung beider zu Links- oder Rechtsradikalismus deutet auf einen Widerspruch zur Demokratie, aber auch auf eine Betonkopf-Denkweise hin. Weder rechts- noch linksradikales Denken kann logisch sein, weil es für Rationalität und Argumente nicht zugänglich ist. Dem Radikalismus gleich welcher Couleur mit Misstrauen zu begegnen ist daher eine politische Tugend. Marx hat unter »radikal« »gründlich« verstanden, und damit meint er, die Sache bei der Wurzel anzupacken; aber so wird der Begriff heute nicht mehr verwendet. Rechtsradikalismus[3] gilt heute – ebenso wie der Linksradikalismus – als eine Ideologie, die mit Demokratie und Vielfalt unvereinbar ist. Auch in diesem Sinne finde ich in den zitierten Äußerungen von Scharping und Lafontaine keinen Rechtsradikalismus.

Rechtsradikale in Deutschland sind nach dem Bericht des Bundesverfassungsschutzes statistisch – übrigens ebenso wie Rassisten – zwar eine Minderheit, sie sind jedoch eine lebensbedrohliche Gefahr für Ausländer wie mich, der ethnisch ein Asiat bzw. Semit und kulturell arabo-islamisch ist. Sind nun die sozialdemokratischen Politiker Lafontaine und Scharping, denen Trittin »Rassismus« und »rechtsradikale Logik« unterstellt, in diesem Sinne eine Gefahr für uns Ausländer? Die in Deutschland lebenden Ausländer bilden meine Bezugsgruppe, mit der ich mich solidarisiere, auch wenn ich formaljuristisch über einen deutschen Pass verfüge. Denn ein deutsches Identitätsmuster als deutscher Bürger sind die Deutschen uns Fremden noch schuldig. Anders formuliert: Ich möchte als ein Ausländer nicht nur formaljuristisch Deutscher sein, sondern auch Mitglied des deutschen Gemeinwesens. Eine solche Identifizierung fördern die noch dominierenden Muster politischer Kultur in diesem Land nicht.

Beide Politiker meinten lediglich, dass ein Land wie die Bundesrepublik sowohl geographisch als auch von der Belastbarkeit des eigenen Sozialsystems her nicht ohne Begrenzung Zuwanderer aufnehmen kann, gleich ob diese angeblich »deutsches Blut« haben, wie die Aussiedler aus dem Osten, oder aus irgendeinem anderen Teil der Welt stammen. Meine erste Schlussfolgerung lautet daher: Hier liegt eine Sprachverwirrung und eine Begriffskonfusion vor. Doch kann ich es hierbei nicht belassen: Denn darüber hinaus liegt der Versuch einer Verfemung vor, und hierfür werden die Begriffe »Rassismus« und »Rechtsradikalismus« instrumentalisiert. Bedauerlicherweise scheint diese Art des Umgangs mit Andersdenkenden ein Merkmal der gegenwärtigen politischen Kultur in diesem Lande zu sein.

Gleichwohl denke auch ich, dass die Bundesrepublik mittlerweile ein Einwanderungsland geworden ist. Gerade deshalb ist es erforderlich, eine Anerkenntnis der Tatsache der Einwanderung mit einer Politik der Regulierung in Einklang zu bringen. In diesem Buch habe ich diesen Tatbestand bereits erörtert und diese Thesen wiederholt vertreten. Die Tatsache, dass ich selbst ein Migrant bin, sowie mein Dasein bieten lebende Beweise dafür, dass Deutschland ein Einwanderungsland geworden ist. So erscheint es in dieser verworrenen Situation erforderlich, den Begriff »Einwanderungsland« ebenso wie soeben »rechtsradikal« und »Rassismus« einer näheren Erläuterung zu unterziehen.

Jenseits der Gesinnungsethik: Was heißt Einwanderung?

Die Vereinigten Staaten von Amerika, Kanada und Australien sind für mich die klassischen Einwanderungsgesellschaften. Es ist allgemein bekannt: Nicht jeder, der sich in Not befindet, kann in diese Länder einwandern. Die USA sind ein Rechtsstaat, somit sind die amerikanischen Migrationsbehörden weder »rassistisch« noch »rechtsradikal«. Dennoch verlangen sie, dass jeder Antragsteller auf Einwanderung

1) gesund sein muss, also keine ansteckenden Krankheiten hat,
2) eine berufliche Qualifikation haben muss, die in Amerika benötigt wird,
3) einen Arbeitsplatz im Einwanderungsland nachweisen muss und
4) nicht vorbestraft, d. h. ohne kriminelle Vergangenheit, sein muss.

In der deutschen Diskussion über Einwanderung finde ich diese Kriterien nicht. Zuwanderer sind gegenwärtig in Deutschland – wertfrei formuliert nach den vorliegenden Statistiken – vorwiegend Sozialhilfeempfänger. Dies gilt auch für die »deutschen« Rücksiedler, die Deutsche sein sollen, obwohl sie in vielen Fällen kein Wort Deutsch sprechen. Es ist unbedingt notwendig, sich bei der Einwanderung von derart anachronistischen Kriterien wie der Abstammung zu verabschieden, wie es die Grünen richtig verlangen. In diesem Punkt stimme ich den Grünen zu und bin d'accord. Mit Kopfschütteln lese ich jedoch in jener *FAZ*-Ausgabe weitere neue Kriterien für die Einwanderung: »Not und Familienzusammenführung«. Klassische Einwanderungsländer kennen diese Kriterien nicht.

Schon im Motto der Vorrede dieses Buches habe ich hervorgehoben: Als Orientale denke ich nicht vergeistigt und nur abstrakt wie viele Deutsche, ich argumentiere persönlich und halte mich zur Illustration gerne an Beispiele. Im siebten Kapitel habe ich eine wirtschaftswissenschaftliche Analyse des arabischen Ökonomen Adnan al-Bayati angeführt, der zufolge die Zahl der Araber im Mittelmeerraum bereits auf 240 Millionen angewachsen ist (im Jahre 2025 wird die Zahl auf 490 Millionen gestiegen sein). Nach diesem Bericht leiden 83 Prozent dieser mediterranen Bevölkerung unter großer existentieller »Not«. Jeder von ihnen – natürlich auch im südlichen Afrika – träumt von einer Migration in das »Paradies« Europa und könnte sich mit seiner »Not« als Einwanderer gegenüber den Gesinnungsethikern legitimieren. Zudem befinden sich nach einem UNHCR-

Bericht derzeit weltweit fünfzig Millionen Migranten auf der Flucht.[4] Jeder von ihnen hätte eine vergleichbare Legitimation vorzuweisen.

Zentrale europäische Länder, wie England und Frankreich, regeln streng den Zugang, weil sie ihr politisches und wirtschaftliches System vor dem Zusammenbruch bewahren wollen. In einer Veröffentlichung der EU-Statistikbehörde ist zu lesen:

> »Die Hälfte aller Flüchtlinge, die sich um eine Aufenthaltserlaubnis in der Europäischen Union/EU bemühen, stellen ihre Asylanträge in Deutschland.«[5]

Liegt es daran, dass Deutschland im Vergleich zu seinen europäischen Nachbarn ein besonders »fremdenfreundliches Land« geworden ist, das nun viele Fremde anzieht? Als ein in Deutschland lebender Fremder kann ich dies auf der Basis meiner Erfahrungen nicht bestätigen. Der Grund für den Zuzug ist nüchtern darin zu sehen, dass das deutsche Sozialhilfesystem die notleidenden Menschen aus aller Welt anzieht. Wir leben im Zeitalter der Massenkommunikation, so dass jeder *Gecekondu*(Elendsviertel)-Bewohner türkischer Vorstädte darüber Bescheid weiß. Dies weiß ich aus meiner Erfahrung vor Ort. Es fragt sich nun, wie das deutsche Sozialsystem die Zuwanderung bei steigenden Zahlen auf Dauer verkraften kann, ohne dass es zusammenbricht. Das ist keine moralische, sondern eine volkswirtschaftliche Frage. Auch ich habe meine hohen moralischen Maßstäbe, habe jedoch gelernt, zwischen Moral und Volkswirtschaft zu unterscheiden.

Nach dieser Betrachtung des Faktors »Not« beschäftige ich mich nun mit der Ansicht, dass Einwanderung durch Familienzusammenführung möglich sein müsse, und frage, auf meinen Fall bezogen: Kann mein »Banu al-Tibi-Clan«, der Hunderte von Menschen umfasst, im Namen des Rechts auf Familienzusammenführung zu mir nach Göttingen kommen? Ist es »Rassismus«, wenn mir das nicht gewährt wird? Und noch mehr: Habe ich nun mit dieser Frage die Sünde begangen, die vor mir auch schon Scharping und Lafontaine begangen haben sollen? Bin ich »ein Rassist« und »rechtsradikal« geworden, weil ich offen und klar denke und nicht von einer Gesinnungsideologie ausgehe?

Der eingangs zitierte Jürgen Trittin und seine Mitstreiter erinnern mich an eine parallele Erscheinung in meiner eigenen islamischen Zivilisation. Orthodoxe Muslimführer und Fundamentalisten inkriminieren heute uns

klar denkenden und somit reformerisch orientierten Muslime, die ihre Ansichten nicht teilen, als *Kafir*/Ungläubige und exkommunizieren uns aus
der Gemeinschaft der Gläubigen. Das ist die Logik der Verfemung, also
nicht nur Sprachverwirrung. Ähnlich verfahren Personen wie Jürgen
Trittin, die demokratische Positionen monopolistisch für ihre Ideologie in
Anspruch nehmen und diejenigen, die ihnen nicht zustimmen, des »Rassismus« und des »Rechtsradikalismus« bezichtigen. Dabei fällt es schwer,
in einer solchen Atmosphäre überhaupt noch zu diskutieren und Probleme
sachlich zu erörtern.

Bei dem landläufigen inflationären Gebrauch der Begriffe erfolgt eine
Verniedlichung des Rassismus und Rechtsradikalismus, die tatsächlich
eine Gefahr auch in diesem Land sind. Demokraten, die ihre Vorstellungen
von Demokratie am Grundgesetz und nicht an der Zustimmung zu irgendwelchen Ideologien messen, können sich solche Anschuldigungen nicht
gefallen lassen; sie sind ein Instrument des Denkverbots zur Wahrung der
von Arnulf Baring aufgezeigten Tabuzonen[6] in der politischen Kultur dieses Landes. In diesem Sinne wird der Vorwurf des Rassismus bei den
Deutschen, wie der des *Kufr*/Unglauben bei uns Muslimen, zu einem Mittel, um den »Gegner« ideologisch auszuschalten. Damit behaupte ich allerdings nicht, dass es in Deutschland keine Rassisten gibt; im Gegenteil,
es gibt leider zu viele davon. Wir benötigen politische Aufklärung, die hier
gegen die gesinnungsethischen Urheber der Political Correctness gerichtet
wird, um klares Denken zu ermöglichen, das zwischen wahren Rassisten
und Vertretern unpopulärer Ansichten zu unterscheiden hilft.

Es geht darum, jenseits der Verfemung genau und anhand von festumrissenen Kriterien zu bestimmen, was Einwanderung ist und wie Einwanderer zu schützen sind, hierbei tatsächliche Rassisten und Rechtsradikale
– und zwar gleichermaßen unter Deutschen und Fremden – zu identifizieren und diese von Seiten aller Demokraten rechtsstaatlich zu bekämpfen.

Die Debatte über Migration und die aus ihr resultierenden Probleme,
die in einer Krise der multikulturellen Gesellschaft münden, muss sachlich
erfolgen, ohne Anschuldigungen und ohne Denkverbote.

Oberste Voraussetzung: Das demokratische Grundrecht auf Asyl gilt nur für politisch Verfolgte; es darf nicht zum Instrument der Zuwanderung werden

Auch in diesem Abschnitt möchte ich meine Argumentation anhand einer öffentlich bekannt gewordenen Episode entwickeln, um die Problematik anschaulich darzustellen. Im Jahre 1995 machte eine Affäre von sieben Sudanesen, die mit falschen Papieren und inkorrekten Angaben beweisen wollten, sie seien politisch Verfolgte, große Schlagzeilen in der deutschen Presse. Natürlich gab es auch lautstarke, große gesinnungsethische Empörung nach deren Abschiebung, also nach einer Praxis, die in Ländern wie den USA und Australien zum Alltag gehört. Wie ich schon oben angemerkt habe, ist Abschiebung von Illegalen in den USA normal und wird in der Regel nicht eines Berichtes für wert erachtet.

Das Magazin *Stern* hatte im Lichte der angeführten Empörung drei sehr kompetente Fachjournalisten nach Khartum geschickt, um vor Ort alle Einzelheiten zu recherchieren. Die entsandten Journalisten fanden heraus, dass die sieben Sudanesen *in jedem Punkt gelogen hatten* und nach ihrer Abschiebung aus Deutschland in ihrer Heimat wieder ganz normal lebten, und zwar nicht als »Studenten« und »Militante der Opposition«, wie sie während ihres von den Medien und Asylanwälten begleiteten zweimonatigen Aufenthalts im Transitraum des Frankfurter Flughafens vorgegeben hatten.

Der auf Recherchen vor Ort, also in Khartum, basierende *Stern*-Bericht fasst die Geschichte wie folgt zusammen: Die drei Reporter

> »fanden vier von ihnen (den abgeschobenen Asylbewerbern, B.T.) wohlbehalten bei ihren Familien. Die jungen Männer, die sich als Studenten ausgaben, hatten als Taxifahrer oder Automechaniker gearbeitet. Berichte über politische Verfolgung und Folterungen bestätigten die Familien nicht. Während Rechtsanwälte in Frankfurt die Presse mit Dokumenten über angebliche Misshandlungen versorgten, schimpfte ein führender Oppositioneller in Khartum auf die Trittbrettfahrer.«[7]

In Khartum trafen die *Stern-Reporter* Uli Hauser, M. Stührenberg und der Photograph Pascal Maitre Sudanesen, die tatsächlich verfolgte Anhänger der Opposition waren; einer von ihnen, El-Hussein Ahmad, teilte mit, er habe gleich nachdem er über die Medien von der Affäre der in Deutschland Asyl suchenden Sudanesen erfahren habe, versucht, nach diesen Leuten in

Kreisen der Opposition recherchieren zu lassen. Er hatte feststellen müssen, dass niemand in diesen Kreisen je etwas von diesen angeblich »politisch Verfolgten« gehört hatte. Der sudanesische Oppositionelle kommentierte gegenüber dem *Stern:*

> »Es ist eine Schande. Diese jungen Männer haben versucht, unsere Notsituation auszunutzen … Ich bin froh, dass Ihr diese Simulanten nach Hause geschickt habt. Sonst würde unsere Arbeit unglaubwürdig« (*Stern* wie Anm. 7).

Und was passiert in Deutschland? Ein Psychologe schreibt ein »Gutachten«, in dem er die Lügen der Simulanten als »Fachmann« ungeprüft wiederholt und die Aussage trifft, diese hätten »die Folterungen noch nicht verarbeitet« und litten deshalb unter »akuter Suizidgefahr«. Dabei waren diese Taxifahrer niemals in ihrem Leben gefangengenommen, geschweige denn gefoltert worden. Der *Stern* beschreibt die deutsche Steigerung:

> »Die Situation ist grotesk. In Deutschland laufen Politiker und Menschenrechtler Sturm gegen die Abschiebung. Der Limburger Bischof Franz Kamphaus sprach von einem ›Skandal‹, die stellvertretende SPD-Bundesvorsitzende Herta Däubler-Gmelin warf Bundesinnenminister Manfred Kanther vor, als ›Christ versagt‹ zu haben. Und Ihab (einer der Asylsuchenden, B.T.) erzählt (in Khartum) seine Geschichte, die wie eine zynische Bestätigung erscheint für all jene, die schon immer gewusst haben, dass Asylbewerber nur nach Deutschland kommen, um Geld zu kassieren« (ebd.).

Nicht weil die Deutschen fremdenfreundlich wären – im Durchschnitt sind sie es durchaus nicht –, sondern wegen der hohen Sozialhilfezahlungen suchen mehr als 50 Prozent aller nach Europa strömenden Asylbewerber sich als Zielland Deutschland aus. Weiter unten werde ich hierzu mehr sagen. Im Hintergrund der Geschichte der sudanesischen Asylbewerber steht, dass einer ihrer »Freunde«, der es früher geschafft hatte, in Deutschland als sudanesischer Asylsuchender anerkannt zu werden, sich bei seinen Verwandten und Freunden in Telefonaten und Briefen mit seinem Erfolg gebrüstet hat. Er soll von seinem angeblichen Wohlstand berichtet und eine großartige Geschichte daraus gemacht haben. Einer der abgewiesenen sudanesischen Asylsuchenden erzählte den *Stern-Reportern* in seinem Haus in Khartum:

> »Er rief uns ein paarmal hier an und erzählte, wie gut es ihm geht. Da haben wir es auch versucht« (ebd.).

Auch ich kenne diese und ähnliche Geschichten, u.a. von meinen Aufenthalten in Nord- und Westafrika und zurzeit in der Türkei, wo die erste Fassung dieses Kapitels entstanden ist. Manche der späten Deutschland-Türken (die früheren waren anders – ehrliche Arbeiter) kommen mit ihrem Gebraucht-Mercedes in ihre Heimat, berichten im Märchenstil von *Tausendundeine Nacht* von ihrem Reichtum oder leicht erwerbbarem Luxus in Deutschland und natürlich auch von den »auf orientalische Männer scharfen« großen, blonden Frauen; dabei handelt es sich oft entweder um Hilfsarbeiter oder Sozialhilfeempfänger, die unter Vortäuschung falscher Tatsachen zu diesem relativen »Wohlstand« gelangt sind. Um Missverständnisse zu vermeiden, möchte ich jedoch sofort hinzufügen: Diese Aussage ist keineswegs zu verallgemeinern, ich spreche hier ausschließlich vom Typ des Simulanten, der lügt und Märchen erzählt und auf die christliche Nächstenliebe rechnet. Leider ist dieser Kreis nicht klein. In der Türkei werden solche Erzähler von den Einheimischen verachtet, und diejenigen unter den Deutschland-Türken, die Selbstachtung haben, tun dergleichen nicht.

Kurzum: Die besagten Sudanesen waren kein Einzelfall. Nach meiner Rückkehr aus der Türkei verbrachte ich nach einem Zwischenaufenthalt mehrere Stunden auf dem Züricher Flughafen und kam durch Zufall mit einer Gruppe von Kamerunern in Kontakt, deren Vertrauen ich schnell gewinnen konnte, weil ich 1986 als Gastprofessor in Yaounde (Hauptstadt von Kamerun) gelebt hatte und das Land aus dieser Zeit kenne. Die Züricher Flughafenbehörde hatte ihre Pässe (mit gefälschten Visen) konfisziert und sie für mehrere Tage in der Flughafenhalle festgehalten; in Zürich gibt es nicht – wie in Frankfurt – einen Transitraum für Asylbewerber. Es hat mich nicht überrascht, von diesen Simulanten direkt zu erfahren, dass sie unpolitische Menschen sind, obwohl sie politisches Asyl beantragten und darauf von ihren »Schleppern« vorbereitet waren. Mir erzählten sie ihre Geschichte und baten mich um Hilfe, als »Kenner Kameruns« die Schweizer von ihren Lügen zu überzeugen. Ich musste aber weiterfliegen und verabschiedete mich, dabei diese Menschen in ihrem Elend bedauernd, aber erkennend, dass sie illegale Migranten und keine politisch Verfolgten sind.

Trotz allem darf kein Zweifel daran bestehen: Das Asylrecht ist mit aller Gewissheit ein zentrales und zu bewahrendes Grundrecht; es sollte jedoch davor geschützt werden, von illegalen Zuwanderern missbraucht zu werden. Bezogen auf die Geschichte der sieben Sudanesen: Betrogen waren in ihrem Fall nicht nur die deutschen Behörden und Steuerzahler, die dieser Fall Tausende von Arbeitsstunden und Abertausende Deutscher Mark, einschließlich der hohen Kosten der Abschiebung in einem Charterflugzeug nach Khartum, gekostet hat; betrogen waren natürlich auch die Familien der sieben Jugendlichen, die hohe Schulden auf sich nahmen und ihr Hab und Gut verkauft hatten, damit ihre Kinder davon die teuren Flugtickets nach Europa kaufen und die Schmiergelder für die Genehmigung der Abreise bzw. für den Erwerb des Visums nach »Rumänien« (mit Zwischenlandung in Frankfurt, ihrem eigentlich Reiseziel!) bezahlen konnten. Sie dachten, die Kinder würden in Deutschland zu Vermögen kommen und ihre Familien reich machen. Stattdessen kamen sie mit leeren Händen zurück und haben nicht nur Gespött der Freunde und Familienangehörigen, sondern auch die Verdammung der tatsächlich politisch Verfolgten, nämlich der sudanesischen Opposition, auf sich gezogen.

Leider werden nur wenige Fälle in dieser Klarheit aufgedeckt. Die mutigen *Stern-Reporter* haben von ihren Kollegen nicht etwa Lob, sondern Verdächtigungen geerntet (vgl. hierzu *Stern* vom 28.9.1995, Heft 40, Editorial »Asyl-Diskussion«, S. 3). Dafür waren ihnen aber Demokraten dankbar, die das Asylrecht vor Betrug bewahren wollen.

Für den Schutz der politisch Verfolgten, aber gegen Schieber und illegale Zuwanderung

Die angeführten sudanesischen Simulanten, denen das Grundrecht auf Asyl nur als Instrument illegaler Zuwanderung diente, waren keine Profis, andernfalls wären ihnen die deutschen Behörden nicht gewachsen gewesen. Bis auf den zitierten blauäugigen Psychologen, der ihre Authentizität bescheinigte, fielen sie durch ihre Widersprüche und Angebereien schnell als unglaubwürdig auf. Andere Simulanten sind – mit Hilfe von Schiebern – erfolgreicher. Bei dem von Schiebern vorbereiteten Einschleusen von Illegalen werden Fachanwälte bestellt, und es wird professionell gearbeitet; und mit derlei Lügen gelangen Simulanten an ihr Ziel.

Andere verstehen es sogar aufgrund einer zur Schau gestellten erstaunlichen Selbstsicherheit, ohne nachprüfbare Identität und Papiere aufzutreten, was auch formaljuristisch von Vorteil sein kann. Denn bei falschen Papieren – wie im Falle der Sudanesen oder der von mir in Zürich erlebten Kameruner – kann ein Asylsuchender bei Entdeckung abgewiesen werden;

wer gar keine Papiere hat, kann nicht abgewiesen und nirgendwohin abgeschoben werden. In einem Bericht in *Focus* wird u. a. berichtet von

> »13 000 Personen, die ihre Papiere vernichtet haben. Solange deren Staatsangehörigkeit unbekannt bleibt, können sie nicht abgeschoben werden ... Über verschwundene Pässe könnten BGS-Beamte Romane schreiben« (*Focus* vom 18. Mai 1996).

Sehr stark sind danach in diesem Kreis Westafrikaner vertreten. Es sind nicht politisch Verfolgte, sondern nicht selten Rauschgifthändler:

> »... in norddeutschen Großstädten beherrschen Westafrikaner aus Gambia, Nigeria die Rauschgiftstraßenmärkte« (ebd.).

Menschenrechtsgruppen, die diesen Rauschgiftdealern im Namen des Schutzes politisch Verfolgter Hilfe leisten, büßen jede Glaubwürdigkeit ein und fügen der Legitimität des Asylrechts großen Schaden zu.

Wer im Asylrechtsbereich tätig ist, ist damit vertraut, wie manche Westafrikaner sich, ohne dabei Schamgefühl zu empfinden, mit Whisky-Marken als Namen ausweisen. Keiner wagt es, dagegen Einspruch zu erheben aus Angst, als Rassist abgestempelt zu werden.

Es gibt wenige Fälle (wie z. B. Marokko), in denen sich die Herkunftsländer von solchen Simulanten zur Zusammenarbeit bereit erklären, weil sie hoffen, auf diese Weise Gehör für ihren Wunsch nach Assoziierung bei der Europäischen Union zu finden. In diesem Sinne wurde beispielsweise im April ein Protokoll zwischen der Bundesrepublik Deutschland und Marokko unterschrieben, das seit Juni 1998 in Kraft ist, wonach die

> »Ausstellung von Heimreisedokumenten für marokkanische Staatsangehörige geregelt (wird), die über keine Ausweispapiere verfügen, ... Es handelt sich um 9700 Personen.«[8]

Bei anderen illegalen Migranten ist es noch nicht einmal möglich, das Herkunftsland zu ermitteln, und wenn dies möglich ist, weigert sich das Land –wie im Falle Rumäniens und vieler anderer –, an der Rückführung mitzuwirken. Besonders westafrikanische Staaten, vor allem Ghana und Nigeria, demonstrieren laut Aussage der deutschen Behörden eine ausgesprochene »Dreistigkeit« bei den Versuchen, sie zur Rücknahme ihrer Staatsangehörigen zu bewegen. Die »Drohung mit Rotstift« (*Focus*

21/1998) durch Bundesaußenminister Klaus Kinkel in Bezug auf Entwicklungshilfe wird nicht ernst genommen.

Es gibt eine Reihe von Ländern, in denen Angehörige von Minderheiten verfolgt werden, wodurch die Möglichkeit für Trittbrettfahrer besteht, sich diesen Minderheiten zuzurechnen, ohne dass es hierfür eine reale Grundlage gäbe. Es bleibt die Aufgabe der deutschen Behörden festzustellen, ob beispielsweise ein türkischer Staatsangehöriger ein ethnischer Türke oder ein Kurde ist oder ob ein Pakistani wirklich zur *Ahmadiyya* gehört. Deutsche Verwaltungsbeamte und Richter müssten, um dieser Aufgabe gerecht zu werden, studierte und hochspezialisierte Ethnologen sein, um ihre Arbeit angemessen verrichten zu können, was sie ja nicht sind und auch nicht sein können. Für deutsche Beamte und Richter, die bei Gott nicht zu den Weltmeistern in der Kenntnis anderer Kulturen gehören und nur selten Sensibilität im inter-kulturellen Umgang zeigen, ist jeder Schwarzhäutige ein Afrikaner und jeder Dunkelhäutige ein »Südländer«. Afrika ist groß, ebenso der Mittelmeerraum. Jeder Türke kann behaupten, ein verfolgter Kurde zu sein, und keine deutsche Behörde kann dies sachgerecht überprüfen. In Afrika ist an Diktatoren und ethnischen Kriegen leider kein Mangel; jeder kann sich darauf berufen und seine eigene dramatische Geschichte dazu erfinden, so dass jeder Richter, der über einen Asylantrag urteilen muss, schlicht überfordert ist.

Am schwersten haben es die Behörden in Europa, die mit dem organisierten Menschenschmuggel zu tun haben, der auch unter Inanspruchnahme des Asylrechts floriert. Ich kann es nicht oft genug wiederholen, wie sehr ich selbst als ein politisch Verfolgter und Mitbegründer der arabischen Organisation für Menschenrechte für das demokratische Grundrecht auf Asyl ohne Einschränkung eintrete. Aber ich kenne auch den Unterschied zwischen Simulation und politischer Verfolgung, so dass ich, obwohl Orientale und daher manchmal weniger bedacht in meinen Worten als etwa ein Nordeuropäer, doch nicht leichtfertig und ohne nähere Kenntnis Worte wie »Skandal« bemühe. Es geht um den Schutz von demokratischen Rechten im doppelten Sinne – um ihre Erhaltung wie um die Abwehr von Missbrauch –, nicht nur gegenüber Diktatoren, sondern auch gegenüber Menschenhändlern, von denen ich im Folgenden berichten möchte.

Wie Schieberbanden vorgehen

Auch hier werde ich mit einer Geschichte beginnen, und zwar anhand der Berichterstattung des BBC-Nachrichtenkanals. Immerhin haben britische Journalisten eine weit längere Tradition weltpolitisch orientierter Berichterstattung und Dokumentation als andere Europäer oder Amerikaner. Hiervon zeugt das am Donnerstag, den 5. Dezember 1996 (21:05 bis 22:00 Uhr) im BBC-Fernsehsender nach den Nachrichten ausgestrahlte TV-Feature *Assignment,* das in Bangladesch, Moskau und in vielen europäischen Hauptstädten gedreht wurde.

»Money makes the world go round«, heißt ein berühmter Spruch, und in diesem Sinne scheinen ausreichend hohe Zahlungen selbst kriminelle Schieber und illegale Migranten dazu bewegt zu haben, sich erstaunlicherweise sogar bei ihrer kriminellen Tätigkeit von Geheimkameras filmen zu lassen. Dies geschah allerdings, ohne Gefahr zu laufen, erkannt zu werden, da die Gesichter bei der Übertragung unkenntlich gemacht worden waren. In dieser Dokumentation wird mit authentischen Bildern nachgewiesen, wie illegale Migration aus Asien durch Schieberbanden – unter Beteiligung von europäischen Anwälten und sogar mancher »civil-rights«-Gruppen, die sich durch die Verstrickung in derlei Machenschaften – auch wenn guter Wille vorliegt – unglaubwürdig machen, abgewickelt wird.

Wohlbemerkt – und ich bitte meine Leser, mir diese Wiederholung zu verzeihen –, das Asylrecht ist unbestritten ein demokratisches Grundrecht, an dem nicht gerüttelt werden darf. Aber damit dieses Recht weiterhin bestehen kann, ist es wichtig, darüber aufzuklären, wer wirklich politisch verfolgt und somit berechtigt ist, das Recht auf Asyl in Anspruch zu nehmen, und wer dieses Recht als Instrument illegaler Migration im Umfeld der organisierten Kriminalität missbraucht und entsprechend daran gehindert werden muss. In dem BBC-Film wird u. a. am Fall eines Jungen aus Bangladesch beispielhaft gezeigt, wie junge Menschen in Asien und Afrika von der Medienberichterstattung über das »Paradies Westen« oder märchenhaften Berichten von in Europa lebenden Freunden oder Angehörigen geblendet werden und davon träumen, nach Europa auszuwandern. Hierbei fallen sie in die Hände von kaltschnäuzigen und geldgierigen Schieberbanden.

Vor der laufenden Fernsehkamera gab ein führender Schieber aus Dhaka an, wie viel er für jedes europäische Land verlangt – hierfür gibt es eine regelrechte Preisliste. Der Preis für Deutschland ist z. B. weit höher als der für Italien, weil Deutschland – obwohl sehr beliebt – als Land mit hohem Risikofaktor eingestuft wird, während Italien mit seinen offenen Küsten und seinen »großherzigen« Beamten die Schwachstelle für ganz Westeuropa ist und als preiswertes Zuwanderungsland gilt. Es wundert deshalb nicht, dass Italien – obwohl es dort Sozialhilfezahlungen an Asylanten nicht gibt – die höchste Zahl an illegalen Zuwanderern in ganz Europa hat. In der Regel ist Italien jedoch nur Zwischenstation. Die *Neue Zürcher Zeitung* berichtete Ende Dezember 1997, dass das türkische Schiff *Ararat* mit 800 illegalen Zuwanderern vor der süditalienischen Küste bei Soverato auf Grund gelaufen war. Darauf waren

> »zumeist kurdische Passagiere, die illegal nach Italien einwandern und von dort aus nach Deutschland ... reisen wollten ... Es handelt sich um den größten, bisher aufgedeckten Versuch eines Menschenschmuggels in Italien. Die Passagiere ... hatten für den Transport von Istanbul nach Italien zwischen 1000 und 3000 Dollar bezahlt« (*Neue Zürcher Zeitung* vom 29.12.1997, S. 3).

Die Vorliebe für Italien liegt nicht nur an seinen offenen Grenzen, sondern auch daran, dass die Italiener die illegalen Zuwanderer gewöhnlich schon nach zwei Jahren nachträglich legalisieren und auch die schwerfälligen deutschen Gerichtsverfahren zur Asylüberprüfung nicht kennen.

Ein in Dhaka wirkender Menschenhändler, der seine »Kunden« vorzugsweise nach Italien verschiebt, berichtete auch vor der Fernsehkamera, dass er seine Preise stets nach Marktlage festlege. Er bekomme seine aktuellen Informationen per Fax und Telefon von Anwälten in Berlin, Frankfurt, Rom, Stockholm u. a., und diese brächten seine Listen auf diese Weise auf den neuesten Stand –wohlgemerkt, ich zitiere nur den besagten Schieber. Mit Hilfe dieser, oft mit ihnen Hand in Hand arbeitenden moralisierenden Anwälte finden die Schieberbanden heraus, wo die jeweiligen Schwachstellen sind, und ändern ihre Anlaufstellen, wenn sich die entsprechenden Bestimmungen ändern – soweit die Aussage des Schiebers.[9]

Der Fernsehzuschauer der BBC-Dokumentation erhält Einblick in das Haus eines Schiebers in Dhaka, der Hauptstadt des ärmsten Landes der Welt – Bangladesch: Luxus, Swimmingpool und nur das Beste vom Besten. Die Kosten dafür zahlen u. a. Mütter, die ihren arbeitslosen und erwachsenen Söhnen ein besseres Leben wünschen; sie verkaufen ihren Schmuck, opfern all ihre Ersparnisse und machen Schulden, um die hohen

Preise der Schieberbanden bezahlen zu können, damit ihre Kinder illegal in den gelobten Kontinent Europa migrieren. Nicht anders war der Fall der Sudanesen, der im vorangegangenen Abschnitt dargestellt wurde: Die Flugtickets kosteten die Familie ihre gesamte Habe, allerdings wurde ihr Versuch nicht durch professionelle Schieber abgewickelt und scheiterte deshalb; dennoch war er kostspielig genug, um die Familien um ihre Existenz zu bringen; mit Schiebern wäre es sicher noch teurer, dafür aber sicherer gewesen.

Oft ist Moskau der Verschiebebahnhof für die aus Asien und auch aus Afrika kommenden Illegalen. Diese Vorgänge kann der Zuschauer verfolgen anhand von unkenntlich gemachten Gesichtern. Ebenfalls vor der Fernsehkamera zeigen sich die Schieber, während sie ihre Klienten darüber belehren, wie sie die Kontrollen passieren. Hierzu gehört die Empfehlung, vorsichtig zu sein und sich an den in ihrem gefälschten Pass eingetragenen falschen Namen zu erinnern. Wenn bei der Kontrolle Zweifel aufkommen, dann wird den illegalen Zuwanderern von den Schiebern empfohlen, sofort »politisches Asyl« zu verlangen.

Im vorangegangenen Abschnitt habe ich die Geschichte der Kameruner mit gefälschten Visen berichtet, welche ich in Zürich traf. Sie erzählten mir, dass sie gleich nach Entdeckung der Fälschung die ihnen eingepaukte Formel vorgebracht hatten: »Ich beantrage politisches Asyl.« Das ist der übliche Mechanismus. Der Begriff Asyl wird somit zum Zauberwort für illegale Migration. Wie auf die Formel »Sesam-öffne-dich« öffnet sich Europa auf dieser falschen Grundlage der illegalen Zuwanderung. Wehe dem Beamten, der einen Illegalen abweist! Dieser riskiert, als »Menschenrechtsverletzer« angeprangert zu werden. Das Asylrecht und seine Bedeutung für den Schutz von wirklich politisch Verfolgten werden auf diese Weise unterminiert. Am meisten machen sich hierbei bestimmte europäische politische Gruppen und ihre Anwälte unglaubwürdig, weil sie sich zu Handlangern der Schieber machen und den wirklich Verfolgten, die das Asyl verdienen, großen Schaden zufügen. Es ist wichtig zu betonen: Diese Schieber gehören der Szene der organisierten Kriminalität an.

In der zitierten BBC-Sendung wird gezeigt, dass das Verschieben von illegalen Zuwanderern ein höchst lukratives Geschäft geworden ist, bei dem sogar marktwirtschaftliche Bedingungen – aber auch brutale Mafia-Wettbewerbsmethoden – gelten: Es gibt Preise, die sich auch marktwirtschaftlich regulieren, weil Schieber miteinander konkurrieren. Zu diesem

Geschäft gehört das Anknüpfen von Beziehungen zum korrupten Personal am Flughafen des Herkunftslandes sowie der Zwischenstationen (z. B. Moskau) durch Bestechung. In den Ankunftsländern warten die Hilfspersonen, »ehrenwerte« Rechtsanwälte und andere »Fachleute«, die die Gutachten über »Folterung und Traumata« schreiben; sie nehmen den Mund voll mit Menschenrechtsfloskeln, denken dabei jedoch vorwiegend an ihr Geschäft.

Der deutsche Staat praktiziert hier einen für Nicht-Deutsche schwer zu verstehenden Sonderweg: Er zahlt sogar die Kosten der Anwälte aus Steuermitteln. Das gibt es z. B. in den USA nicht. Ferner gehört zum Geschäft der Schieber das Fälschen von Pässen und Visen. Der höchste Preis wird für einen echten, d. h. gestohlenen, Pass mit echtem Visum, bei dem nur der Name geändert wird, bezahlt. Mancher Pass – z.B. für Migranten aus Westafrika – ist jedoch primitiv gefälscht. In der betreffenden Sendung wird vorgeführt, wie selbst ein unerfahrener Beamter die zusammengeklebten Seiten schon mit dem bloßen Auge erkennen kann.

Das Elend der illegalen Zuwanderer

Das BBC-Kamerateam recherchierte und filmte nicht nur in Bangladesch, sondern auch in einer Reihe von west-europäischen Städten. Die britischen Journalisten wollten wissen, was mit den illegalen Zuwanderern passiert, die es schaffen durchzusickern. Die hohen Erwartungen werden in aller Regel enttäuscht. Weder Luxuswagen noch schöne europäische Frauen – das sind die medialen Lockbilder der globalisierten westlichen Fernsehwelt – genießen die Illegalen; sie müssen mit bis zu acht Leuten in einem Zimmer hausen, und insgesamt leben sie – vor allem in Italien – im Elend, wenngleich immer noch besser als in der Heimat.

Seelisch geht es den erfolgreichen illegalen Zuwanderern alles andere als gut. Viele von ihnen würden deshalb gern in ihr Land zurückkehren, können dies aber aus kulturellen Gründen nicht, die die meisten Europäer nicht verstehen: Wenn beispielsweise die Mutter eines Illegalen selbstlos ihre gesamte Habe an den Schieber abliefert, damit ihr geliebter Sohn ins »europäische Paradies« zuwandert, um dort reich zu werden und im Wohlstand zu leben und schließlich seine Familie nachzuholen, kann der Sohn in seinen Briefen in die Heimat nicht von seinem Elend als Illegaler oder Bewohner eines Asylbewerberheims berichten. Im Gegenteil: Es werden weiterhin Märchen über das »Paradies Europa« erzählt, was nur noch weitere Opfer anlockt – wie in der Sendung gezeigt wird. Auch die sieben Sudanesen, von denen ich oben berichtete, wurden von den Legenden eines Freundes, der den Sprung ins gelobte Land geschafft hatte, angelockt.

Enttäuschte illegale Zuwanderer können nicht mit leeren Händen in die durchaus sichere Heimat zurückkehren. Das BBC-Team zeigt, dass den meisten Illegalen, die aus den unterschiedlichsten Gründen (z. B. weil sie den im Pass stehenden falschen Namen vergessen hatten) in ihr Ursprungsland zurückgeschickt werden, nichts widerfährt – sie werden nicht verfolgt. Im Kontrast dazu ereifern sich die Asylgruppen in Europa bei der Abschiebung von Illegalen mit der Formel »Zurück in die Folterkammer« lauthals über »Menschenrechtsverletzungen« – so wie bei den oben beispielhaft angeführten Sudanesen. Wann lernen Asylgruppen, sich wirklich nur für politisch Verfolgte einzusetzen? Der hier angeführte BBC-Bericht *Assignment* ist eine hervorragende Aufklärungsarbeit, die sich der deutsche Journalismus ohne Neid als Messlatte gefallen lassen sollte, das *Stern-Team* vom vorangegangenen Abschnitt ausgenommen.

Besonders bedauerlich ist der Umstand, dass hier in der Bundesrepublik Kirchenmänner als »Politiker« mitmischen, ja sich sogar über das höchste deutsche Gericht, das Bundesverfassungsgericht in Karlsruhe, hinwegsetzen, indem sie rechtsstaatlich abgewiesenen Asylsuchenden Kirchenasyl gewähren, als ob die Kirche ihre eigene Justiz praktizieren könne oder gar ein rechtsfreier Raum sei! Eine Asylrichterin hat sich in der *Frankfurter Allgemeinen Zeitung* mit der kirchlichen Ausländerpolitik auseinandergesetzt und gefragt,

> »ob die geistlichen Herren jemals an einer Gerichtssitzung in Sachen Asyl teilgenommen haben«.[10]

Die zitierte Richterin erzählt, wie sie als Christin voller Nächstenliebe und Mitleid ihren Beruf begonnen habe, dies »trübte meinen Verstand«, schreibt sie, dann aber lernte sie das Geschäft kennen und beschreibt es so:

> »Unzählige gefälschte Haftbefehle – die übrigens in jeder gewünschten Sprache käuflich zu erwerben sind – werden immer wieder zum Beweis der Bedrohung für Leib und Leben vorgelegt. Geschichten über Folter und Entführungen werden immer wieder nach dem gleichen Muster erzählt, seit Jahren erprobt und eingepaukt« (ebd.).

Die Bonner Richterin Hilde Riegel hält den Kirchenasylvätern ihre eigenen Erfahrungen vor Augen:

>>Wenn man dann während der Verfahren Erkenntnisse gewinnt über die Details des Asylgeschäfts, über die Mittelsmänner, Reisewege und Geldzahlungen, über die Art und Weise, wie man auf der Fahrt ins Asyl mit den Menschen umgeht und wie mit einem Grundrecht Schindluder getrieben wird, muss man sich über die kirchlichen Verlautbarungen nur wundern. So werden ungewollt die Geschäfte der Schlepper gefördert, die sich schon wieder die Hände reiben, weil sich ihre Gewinnmöglichkeiten auch nach der Neuordnung des Asylrechts dank des sogenannten Kirchenasyls nicht eben verschlechtern<< (ebd.).

Mit anderen Worten: Schlepperbanden können mit dem Hinweis auf das Kirchenasyl die Preise für ihre Geschäfte erhöhen, weil sie ihren Klienten dann sagen können: >>Wenn die Gerichte dich ablehnen, nehmen dich sicher die Kirchenväter auf, also besteht kein Risiko.<< Und somit verkommt Moral zu einer Sprechblase, das Grundrecht auf Asyl zu einer Groteske. Ist das ein Europa der Demokratie, der Aufklärung oder der Freiheit?

Moralisierende Gesinnungsethiker interessieren sich nur begrenzt für die Fakten. Den Versuch, den sozialstaatlichen Anreiz für illegale Zuwanderung nach Deutschland durch die seinerzeit geplante >>Änderung des Asylbewerberleistungsgesetzes<< zu verringern, hat der Berliner >>Verein für Asyl in der Kirche<< als Maßnahme zum >>Abgleiten in Verelendung<< zurückgewiesen.[11] Die Kirche setzt sich über den Gesetzgeber hinweg und erhebt sich zur politischen Instanz; können wir hier wirklich noch von einem säkularen Staat sprechen? Es ist erfreulich, dass auf der Basis eines parteiübergreifenden Konsenses Bundestag und Bundesrat das Gesetz trotz des angeführten Widerstands verabschiedeten.

Die Problematik ist für Europa so zentral, dass sie zum Gegenstand einer europäischen Konferenz in Prag erhoben wurde, zu der vierzig Staaten Regierungsvertreter entsandten. Der tschechische Ministerpräsident Klaus sagte bei der Eröffnung:

>>Illegale Zuwanderung ist in letzter Konsequenz der größte Feind der Freizügigkeit … Man muss einen Kompromiss zwischen Freizügigkeit und deren Regulierung finden.<<[12]

Den Zusammenhang zwischen illegaler Zuwanderung und Kriminalität erklärt Konrad Mrusek in einem Bericht der *Frankfurter Allgemeinen Zeitung* so:

»Einerseits bilden sich Schleuserbanden, die Papiere fälschen und Polizisten oder Grenzbeamte bestechen. Und zum anderen bleibt auch den Migranten oft nur die Kriminalität, um ihre hohen Schulden bei den Schleusern zu begleichen.«[13]

Diese Aussage basiert auf dem Bericht des UN-Hochkommissariats für Flüchtlinge (UNHCR) in Genf.

Auf derselben Konferenz in Prag berichtete der Staatssekretär im Bonner Innenministerium, Schelter, dass sechzig Prozent der illegalen Zuwanderung über als Schleuser tätige Verbrecherbanden abgewickelt werden. »Da die Flüchtlinge meist in einer Notlage sind, werden sie von den Banden oft gezwungen, sich an Straftaten zu beteiligen« (ebd.) – so Schelter. Diese Banden sind nach diesem Bericht in den Bereichen »Rauschgift, Autoschmuggel, Geldwäsche, Kuppelei und der Prostitution« aktiv. Das *Wall Street Journal* berichtete mehrfach, dass dieser »Wirtschaftssektor« ein Milliardengeschäft sei. Das ist wohl ein anderer Bereich als der der Menschenrechte. Unter den »eingeschleusten« illegalen Zuwanderern befinden sich kaum welche, die unter politischer Verfolgung leiden. Die sehr niedrige Quote der gerichtlich als »politisch Verfolgte« anerkannten Asylanten (erstes Quartal 1998: 4,1 Prozent) belegt diese Aussage.[14]

Das europäische »Recht auf Faulheit« ist kein gutes Vorbild für Migranten

Meine Einstellung zu Europa als Nicht-Europäer ist ambivalent. Aufgrund der umfassenden europäischen Bildung, die ich genossen habe, kenne ich die europäische Geschichte und weiß ihre positiven von den negativen Seiten, die ich mit großer Überzeugung verabscheue, zu unterscheiden. Alles in allem ist Europa in seiner gegenwärtigen Form nicht unbedingt ein Vorbild für mich. Europa hat in der Vergangenheit große Errungenschaften hervorgebracht, aber auch große Verbrechen begangen. Daraus folgt, dass Europa in seiner Ganzheit weder einseitig bewundert noch – wie es z. B. Frantz Fanon und andere Romantiker der Kolonialrevolution tun (vgl. oben S. 142f.) – grenzenlos verdammt werden darf. Pauschale Bewunderung oder Verdammung sind nur Extreme, die beide nicht weiterführen. Das Positive an Europa ist zu bewahren und das Negative historisch zu bewältigen. Der deutsche Philosoph Hegel hat, wie ich bei Adorno in den 60er Jahren gelernt habe, hierfür den Begriff »Aufhebung«, d. h. zugleich

Bewahrung und Überwindung, geprägt. Europa hat einmal in übertriebener Weise die Arbeitsethik gepredigt; heute wird das von Marx' Schwiegersohn Lafargue romantisierte »Recht auf Faulheit« (*Le droit á la paresse* (1883) – so der Titel seines Buches) als das Gegenextrem hervorgehoben. Was gilt?

Hegels Begriff von der »Aufhebung« prägt mein Nachdenken über Europa im Zeitalter der Migration. Wenn die – oft illegal erfolgte – Zuwanderung durch eine rechtsstaatlich geregelte Einwanderung (zu den Begriffen vgl. oben S. 392) ersetzt werden könnte, dann ist Migration zu befürworten; wenn die »multikulturelle Gesellschaft« nur das Miteinander einer Vielfalt von Kulturen bedeutete, die einander gegenseitig befruchten, dann wäre ich der größte Anhänger dieses Modells. Doch bin ich realistisch genug und lasse mich von dem Hinweis auf die kulturell vielfältige Gastronomie in Frankfurt oder Berlin als Beleg für das Vorhandensein einer gut funktionierenden multikulturellen Gesellschaft nicht blenden. Realität ist eher die Krise der Legitimität einer multikulturellen Gesellschaft, und diese drückt sich in illegaler Zuwanderung und kulturell und sozial bedingten Konflikten aus, die entlang ethnischer Konfliktlinien ausgetragen werden. Hierzu gehört auch die Kriminalität von bestimmten Ausländern, über die in diesem Lande einfach nicht geredet werden darf.[15] Doch einer muss den Anfang machen, das Nachdenken wagen und die Probleme aufzeigen, erst damit wird die Voraussetzung geschaffen für eine friedliche und demokratische Lösung. Sicherlich sind wir integrierte Ausländer geeigneter als Deutsche, diese Tabuzonen zu betreten. Schließlich wollen wir integrierte Ausländer nicht in den Sog des Vorurteils »Ausländer begehen mehr Kriminalität als Deutsche« geraten. Eine Soft-Justiz im Namen der verordneten Fremdenliebe lockt Kriminelle aus aller Welt nach Deutschland, und wir Ausländer wollen den Preis hierfür nicht zahlen.

Um es gleich offen zu sagen: Es sind nicht nur die Zuwanderer, die Probleme schaffen, sondern in erster Linie die Einheimischen selbst, also die Europäer – und unter ihnen in extremer Weise die deutschen Gesinnungsethiker –, die einen Großteil der Probleme zu verantworten haben. Es fängt an mit der Neigung, den Traum Paul Lafargues vom »Recht auf Faulheit« durch den Sozialstaat zu verwirklichen. Bei der Kritik hieran weiß ich, dass ich eine der empfindlichsten und zugleich heftig geschützten deutschen Tabuzonen betrete (vgl. Anm. 6). Allein durch meine Antwort auf eine Frage bei dem erörterten Einkommensvergleich Türkei-

Deutschland während der SDR-Sendung *Leute* vom 6. April 1998, zu der ich aus Ankara angereist war, bot ich Anlass zum Protest. Ich führte an, dass ein türkischer Universitätsprofessor im Durchschnitt mit weniger als ein Sozialhilfeempfänger in der Bundesrepublik, der nicht arbeitet, für seine Arbeit entlohnt wird. Prompt folgte der Anruf eines Politikers, der eine öffentliche Entschuldigung von mir forderte, weil ich durch den Vergleich »deutsche Sozialhilfeempfänger beleidigt« haben sollte. Ich sah jedoch keinen Grund, dieser Aufforderung nachzukommen, weil ich nur Fakten nannte, für deren Anführung ich keine Entschuldigung leisten muss. Deutschland als ein Tollhaus!? (vgl. oben S. 388)

Der Berater von Ministerpräsident Biedenkopf, Meinhard Miegel, schrieb dazu in einem in der *Frankfurter Allgemeinen Zeitung* veröffentlichten und in einer Titelgeschichte des *Stern* zitierten Beitrag:

»Das Soziale ist das größte Tabu unserer Zeit. Wer daran rührt, wird abgestraft.«[16]

In den folgenden Ausführungen werde ich vorsichtig diese Tabuzone im Zusammenhang mit der multikulturellen Gesellschaft betreten, um zu zeigen, dass Europäer, vor allem aber die Deutschen, uns Einwanderern nur schlechte Vorbilder bieten. Ich werde hierbei vorsichtshalber nur Statistiken und die kompetente Darstellung einer *Stern*-Titelgeschichte »Ärgernis Sozialhilfe« (vgl. Anm. 22) verwenden.

In diesem Land redet man viel von Toleranz, was mich auch zu den folgenden Ausführungen berechtigen soll. Ich bitte meine Leser zu beachten, dass meine Standards durch mein kosmopolitisches Leben nicht deutsch, sondern global geprägt sind. In den USA ist mit dem Tabu »Sozialstaat« bereits politisch aufgeräumt worden; dort hat der demokratische Präsident Bill Clinton im Sommer 1996 das neue Sozialhilfegesetz/*Welfare Bill* unterschrieben, das seit Oktober 1996 in Kraft ist. Ich werde es in diesem Kapitel noch näher vorstellen. Auch das Sozialparadies Schweden hat große Abstriche an den Sozialhilfegesetzen vorgenommen; und nicht zuletzt der große, auch von der deutschen Sozialdemokratie gefeierte Labour-Politiker Tony Blair arbeitet zur Zeit der Abfassung dieses Schlussteils meines Buches über Europa mit seiner Regierung an einem Sozialhilfegesetz, das – wie das von Clinton unterzeichnete Gesetz – die Pflicht zur Arbeit höher wertet als ein »Recht auf Faulheit« (Paul Lafargue). Das Gesetz soll die auf ein Drittel des Haushalts angewachsenen sozialstaatlichen Ausgaben erheblich reduzieren.[17]

Man kann in Deutschland nicht so tun, als wären die Deutschen allein auf der Welt oder als ob diese am »deutschen Wesen genesen« solle dieses Thema werde ich im abschließenden elften Kapitel noch einmal aufgreifen. Alle westlichen Länder reformieren ihren Sozialstaat und entwickeln eine neue Migrationspolitik. Die Deutschen können daran nicht vorbeisehen und immer ihren »Sonderweg« kultivieren!

Ich möchte meine Diskussion mit der doppeldeutigen, d.h. sowohl Klage als auch Selbstlob beinhaltenden, Aussage beginnen: »Deutschland nimmt die meisten Zuwanderer in Europa auf.« Dieser Kernsatz wird immer wieder selbstgerecht vorgetragen. Nach Angaben des UN-HCR übertrifft Deutschland –neben dem Iran und Pakistan (mit 1 Mio. Flüchtlingen) mit 1,2 Mio. aufgenommenen Flüchtlingen alle anderen europäischen Staaten und ist damit das europäische Land mit dem höchsten Anteil an Migranten.[18] Diese Zahl ist ein Faktum, aber in welchem Kontext ist sie zu werten? Was sind die Schlussfolgerungen?

Der deutsche Außenminister Klaus Kinkel ist laut *Frankfurter Allgemeiner Zeitung* »stolz auf das ausländerfreundliche Verhalten« seines Landes, beklagt jedoch zugleich die Tatsache, dass sich

»in Deutschland doppelt so viele Flüchtlinge wie in allen anderen EU-Ländern zusammen (aufhielten). Seit 1991 sind in Deutschland 17 Milliarden Mark für bosnische Flüchtlinge aufgewandt worden.«[19]

Ich kenne den deutschen Außenminister Kinkel persönlich aus mehreren Begegnungen und Diskussionen, deren jüngste am 25. Mai 1998 im Berliner *Haus der Kulturen* anlässlich einer von seiner freidemokratischen Partei organisierten Veranstaltung »Politik trifft Kultur« stattfand. Mich beeindruckt Kinkel mit seiner Offenheit, aber auch mit seiner Bereitschaft, mit Widerspruch umzugehen, was man nicht von vielen deutschen Politikern behaupten kann. Ein Beispiel für solchen Widerspruch ist folgendes: Nach vierunddreißig Lebensjahren als Fremder in Deutschland habe ich viele deutsche Freunde gewonnen, auch eine deutsche Familie, kann den Deutschen aber nicht – wie der Minister – pauschal bescheinigen, »ausländerfreundlich« zu sein. Viele heißen uns nicht willkommen, haben aber Angst, sich in dieser Richtung zu äußern, um nicht als »Neo-Nazis« – was sie auch *nicht* sind – verdächtigt zu werden. Nur ist ihnen das Fremde nicht recht »geheuer«. Wenn also nicht die »Ausländerfreundlichkeit« (Kinkel) die Fremden nach Deutschland zieht, was ist es dann?

Als ein Muslim, der sich während der Kriegsjahre nach Kräften für die muslimischen Bosniaken – gegen den Mord der Serben an ihnen – eingesetzt hat[20], bin ich befugt, frei darüber zu sprechen, dass viele dieser Flüchtlinge als offene und liberale Muslime nach Deutschland gekommen sind und erst hier im türkisch dominierten Islam-Ghetto zu Fundamentalisten geworden sind.[21] Erst danach begannen sie, ihre eigenen Ghettos zu errichten. Auch kann ich nicht darüber schweigen, dass es 1996 in Berlin einen von den Medien ziemlich heruntergespielten Gerichtsprozess gegen Bosnier gegeben hat, die jahrelang in einer Werkstatt bosnische Pässe für nicht-existente Personen gefälscht hatten und hierbei mehrere hundert Millionen Mark Sozialhilfe aus dem Topf der deutschen Steuerzahler erschlichen hatten. An solchem Betrug tragen auch die deutschen Behörden eine gewisse Mitverantwortung, da sie so etwas lange auf die leichte Schulter nehmen und erst in letzter Minute einschreiten. Warum aber sind die meisten Bosnier nach Deutschland und nicht in andere europäische Länder gekommen? Ca. 400 000 kamen nach Deutschland, aber nur wenige Tausend nach Frankreich und Großbritannien! Ich behaupte, der Grund dafür, dass die Flüchtlinge Deutschland und kein anderes europäisches Land als Ziel wählen, sind die großzügigen Sozialhilfeleistungen, die nicht zur Arbeit motivieren. Wäre ich Bosniake, wäre ich auch nicht nach England oder Italien gegangen! Als rational denkender Mensch hätte ich es in ihrer Situation genauso wie diese Flüchtlinge gemacht; nur habe ich das Glück gehabt, nie in meinem Leben eine Mark Sozialhilfe in Anspruch nehmen zu müssen. Als deutscher Ausländer gehöre ich zu den vielen arbeitenden *ausländischen Deutschländern,* die diesen Staat durch hohe Steuerabgaben mitfinanzieren.

Doch möchte ich nunmehr wie angekündigt die Angaben der *Stern*-Titelgeschichte »Ärgernis Sozialhilfe« referieren und in den Kontext dieses Buches einordnen.

»Ärgernis Sozialhilfe« und die Migranten?

In dem Bericht mit der Überschrift »Beruf: Sozialhilfeempfänger« im Themenheft »Ärgernis Sozialhilfe« des Wochenmagazins *Stern*[22] wird gezeigt, dass die Motivation zu einer Erwerbstätigkeit bei Menschen mit geringer Berufsqualifikation sehr häufig fehlt. Dies liegt daran, dass es sich in den Niedriglohn-Gruppen »nicht lohnt« zu arbeiten. Warum? In diesen Fällen ist es oft so, dass der durch Arbeit erzielte Lohn nur geringfügig über dem Sozialhilfesatz liegt. Das erzeugt eine Sozialhilfe-Mentalität, die in dem Spruch zum Ausdruck kommt: »Würde ich arbeiten, bliebe mir nicht viel. Warum soll ich da überhaupt arbeiten?«[23], wie viele der interviewten deutschen Sozialhilfeempfänger bestätigen. Das färbt auch auf die Zuwanderer ab, die selten die Tugendbolde sind, wie deutsche »Fremdenfreunde« sie romantisierend darstellen. Wir Fremde sind ganz normal darin, deutsche Sozialhilfekonsumenten als Vorbilder vor Augen zu haben. Im Stern-Bericht wird der 24jährige Türke Hassan aus Hamburg mit den Worten zitiert:

»Warum soll ich für elf Mark die Stunde arbeiten, wenn ich 1000 Mark im Liegen verdienen kann?«

Der Kommentar des *Stern*-Journalisten dazu:

»Der Fehler liegt im System: Hilfe, die lediglich versorgt, motiviert nicht, die eigene Lebenssituation zu verändern. Sie führt nur dazu, Tricks zu erfinden, um noch besser versorgt zu werden« (ebd.).

Viele linke deutsche Flüchtlings-Arbeitsgruppen fühlen sich in ihrer politischen Arbeit aufgerufen, Flüchtlinge in diese Tricks einzuführen, um den Sozialstaat nach Strich und Faden auszunehmen. Ein eigenartiges Verständnis von politischer Arbeit, das vielmehr von Selbsthass und Hass auf den eigenen Staat zeugt.[24] Linke »Flüchtlingspolitik« erweckt den Eindruck, als wäre für sie dieser demokratische Staat Feindesland; sie merkt nicht, dass die »Tricks, den Sozialstaat auszunehmen«, keine politische Arbeit sind. Zudem sucht sie jeden nur denkbaren Anlass, sich durch Selbstanklagen in Bezug auf die Fremdenfeindlichkeit zu besudeln. Wie die Journalistin der *Süddeutschen Zeitung* Cornelia Bolesch an einem Prozess in Lübeck zeigte, versuchen diese Träger einer linken Flüchtlingspolitik, »einen politischen Rahmen zu konstruieren … bauen weiter an Verschwörungskulissen …, (um) den Prozess für eine linke Flüchtlingspolitik zu instrumentalisieren«.[25]

In Bezug auf unsere Thematik lässt sich sagen: Vielleicht ist auch etwas faul an diesem Staat, der

»1995 etwa 52,1 Milliarden Mark für Sozialhilfe ausgab. Das ist dreimal so viel, wie der Bund für Bildung und Wissenschaft aufwendet« (*Stern,* wie Anm. 22, S. 25).

Als fremder Professor an einer deutschen Universität erlebe ich täglich, dass wir kein Geld für die Anschaffung dringend benötigter Bücher haben – an meiner Gastuniversität in Ankara sind die Verhältnisse weitaus günstiger. Ich kaufe von meinen Vortragshonoraren Bücher in den USA, bringe sie mit nach Deutschland, damit meine Studenten für ihre Studien daraus Fotokopien herstellen können. Auf diese Weise habe ich in Afrika (z.B. 1986 in Kamerun) gelehrt; heute – im Jahre 1998 – muss ich zu ähnlichen Hilfsmitteln greifen, und das in einem Land, das zu den »G(reat) 7« gehört. Parallel dazu gibt es Leute, die von Steuergeldern leben und von denen einer dem *Stern* gegenüber erklärt hat:

> »Ich kann mir schwerlich vorstellen, in einem Arbeitsverhältnis zu stehen, acht Stunden … « (*Stern,* ebd., S. 25).

In Hamburg kann man z. B. den Führerschein mit Sozialhilfe erlangen, während das Geld für die Anschaffung von Büchern fehlt und die Hansestadt dutzendweise Professorenstellen streicht und Gelder für ihre Bildungseinrichtungen kürzt. Der *Stern* kommentiert:

> »Dabei müsste das System sozialer Hilfen schon allein deshalb umgebaut werden, um den wirklich Hilfebedürftigen weiterhelfen zu können. So aber ist der Sozialstaat längst zu einem Selbstbedienungssystem geworden« (ebd., S. 27).

Ich werde auf die allgemeine Krise des Sozialstaats noch im folgenden Kapitel 11 zurückkommen. Hier möchte ich mich auf die Migration konzentrieren.

Der Sozialstaat als Lockvogel für Zuwanderung

Auf der Basis von Statistiken gilt Deutschland faktisch als Einwanderungsland, ebenso wie dies alle anderen europäischen Länder geworden sind. Jenseits von parteipolitischen Ideologien, d. h. sowohl von SPD und CDU, hört man oft die Klage, dass die hiermit verbundenen Bürden mit anderen europäischen Ländern proportional geteilt werden müssten. Dass die vielen Zuwanderer gerade nach Deutschland kommen, liegt aber nicht

nur an den anderen europäischen Staaten, die ebenfalls Flüchtlinge aufnehmen. Diese Flüchtlinge wollen – wie z. B. im Falle Italiens – nicht dort
bleiben, sondern ziehen nach Deutschland weiter[26], und daran kann man
sie nicht hindern. Den Grund habe ich angegeben: der weiche Umgang mit
Asylbewerbern, d. h. nur in seltenen Fällen eine Abschiebung – auch bei
Ablehnung des Gesuches von Seiten des Gerichts, ja selbst nach Begehen
krimineller Taten geschieht dies oft nicht. Wie ich oben in dem Abschnitt
über die Schieberbanden ausführte, verlangen diese kriminellen Organisationen von den illegalen Zuwanderern geringere »Gebühren« für Italien
als für Deutschland, weil der Zugang leichter ist. Dennoch betrachten diese
Zuwanderer Italien nur als Durchgangsland. Entscheidend für die Wahl
Deutschlands sind die verlockend hohen Sozialhilfezuwendungen.

Wenn nur die zugewanderten armen Menschen von der Sozialhilfe leben würden, könnte man mit Nächstenliebe – auch wenn man, wie ich,
kein Christ ist – die Duldung akzeptieren. Das Magazin *Focus* hat aber auf
die unter Experten bekannte Tatsache hingewiesen, dass mit den Geldern
etwas ganz anderes geschieht, wie z. B. die Finanzierung von Terrororganisationen. In dem besagten Bericht ist nachzulesen, dass der große Terroranschlag in Colombo im Jahre 1997, bei dem eine Autobombe explo-
dierte,

> »deren Detonation 18 Tote und mehr als hundert Verletzte forderte, ... mit Mitteln
> der deutschen Sozialhilfe finanziert (wurde)«[27].

Der Anschlag wurde von den Terroristen der *Befreiungstiger von Tamil
Eelam* (LTTE) durchgeführt, die auch in der Bundesrepublik tätig sind und
laut Verfassungsbericht »gewaltsame Spenden-Erpressungen« vornehmen
(eine monatliche Abschöpfung der Sozialhilfe von in Deutschland leben-
den, oft durch Schleuserbanden hierher gelangten Flüchtlingen). Dieselbe
Organisation zählt in den USA unter Clinton zu den »30 gefährlichsten
internationalen Terrororganisationen« (ebd.); in Deutschland wird sie laut
Focus indirekt aus Sozialhilfemitteln finanziert. Es lässt sich eine lange
Liste ähnlicher, in der Bundesrepublik und anderen westeuropäischen
Ländern ansässiger ethnisch-nationalistischer und fundamentalistischer
Gruppen aufstellen, die sich auf diese Weise mit Geldmitteln versorgen.[28]

Mit anderen Worten: Die illegale Zuwanderung geschieht nicht nur harmlos wie im Falle der oben (S. 399ff.) dargestellten sieben sudanesischen Simulanten, sondern wie erläutert generalstabsmäßig durch organisierte Kriminalität.

»We speak out!«
Integrierte Ausländer erheben sich gegen Vormundschaft

Fremde, die in Deutschland leben und sich hier eine Existenz aufgebaut haben, befinden sich zwischen zwei deutschen Fronten:

- Erstens den Ausländerfeinden, die uns am liebsten hinausbefördert sehen würden. – Nach einem *Focus*-Artikel mit Äußerungen zur deutschen Politik erhielt ich einen Brief von dem Neo-Nazi Deckert aus dem Gefängnis mit impliziter Drohung und der Aufforderung, meine Koffer zu packen und das Land zu verlassen.
- Die andere deutsche Front ist die der Fremdenfreunde, die uns mit ihrer Umarmung erdrücken und unsere kulturelle Identität auf Folklore oder Kebab reduzieren und im Namen einer verordneten Fremdenliebe ihre Vormundschaft des Tugendterrors uns gegenüber ausüben wollen. Ich werde auf eine sehr bemerkenswerte, weil im Denken klare, deutsche Publikation von Frank Böckelmann, der in seinem Buch das wahre Gesicht der deutschen »Fremdenliebe« zeigt, in der Schlussbetrachtung (vgl. S. 459ff.) zurückkommen; erfreulicherweise wurde seine Arbeit würdigend, jedoch in der redaktionellen Ankündigung als »Polemik«, unter dem Titel »Vom Tugendterror der Fremdenfreunde« von Reinhard Mohr in *Der Spiegel* vom 25. Mai 1998 diskutiert. In meinem Leserbrief dazu in *Der Spiegel* vom 8. Juni 1998 leitete ich meine Ausführungen mit dem Satz ein: »Als unter Deutschen lebender Fremder freue ich mich darüber, endlich auf Deutsche zu stoßen, die klar denken.« Noch handelt es sich um Ausnahmen, und wir Fremde wehren uns nicht nur gegen Fremdenfeinde, sondern auch gegen unsere angeblichen Freunde, weil wir ihre aufgezwungenen Tabuzonen nicht akzeptieren und uns gegen ihre Vormundschaft verwahren. Durch illegale Migration wird unsere Existenz bedroht, und wir schweigen nicht länger dazu. Ich habe mich gegen die Übertragung des Vergleichs von Ostjuden–Westjuden auf unsere Situation – also Integrierte Ausländer versus Illegale Zuwanderer –

stets gewehrt. Dieselbe Person, die diese Übertragung vornimmt (vgl. oben S. 246f.), hat einige Jahre später in einem *Frankfurter Allgemeine Zeitung*-Artikel seine Orientalistik, die uns Orientalen als Untermenschen einordnet, als unsere Befreiung vom Joch der okzidentalen Sozialwissenschaft zelebriert, die eine erstaunliche Kunst der Verdrehung verrät (vgl. Schlussbetrachtungen, S. 465f.).

Der Zusammenhang zwischen illegaler Migration, Schieberbanden und Missbrauch von Sozialhilfe gehört zu den von mir beklagten deutschen Tabus. Eine weitere Tabuzone stellt die Kriminalität von Ausländern dar. In der Statistik fällt auf, dass deren proportionaler Anteil an den Sozialhilfeleistungen wie an der Zahl der Kriminalitätsfälle unverhältnismäßig hoch ist. Stets ist die Rede allgemein von *den* Ausländern, so dass wir integrierte Ausländer uns diskriminiert fühlen. Ich bin für die Deutschen trotz meines deutschen Passes nach wie vor ein Ausländer und möchte nicht im Licht dieser Ausländerstatistik betrachtet werden; darum wehre ich mich mit diesem Buch so entschieden gegen die deutsche Handhabung der Zuwanderung und zugleich gegen eine jeden Ausländer einbeziehende Pauschalierung der negativen, kriminellen Begleiterscheinungen. Die Statistik besagt, dass der Ausländeranteil an der Bevölkerung in Deutschland nur neun Prozent ausmacht, dennoch beziehen diese, laut statistischem Jahrbuch, 20,7 Prozent der Sozialhilfeausgaben; 1967 waren es nur 1,3 Prozent gewesen.[29] Und noch alarmierender: Laut einer Information des Bundesinnenministeriums soll der Anteil der Ausländer an der Kriminalität 62 Prozent betragen.[30]

Die beschriebenen Missstände ergeben sich nicht automatisch aus der Tatsache, dass Ausländer in diesem Land leben. Ich gehöre zu der Generation von Ausländern, die dieses Land mit aufgebaut haben. Wir integrierte Ausländer glauben, ein Recht auf Würde und Anerkennung verdient zu haben. Wir möchten nicht im Namen des Ausländerschutzes das Spiel mitmachen, dass über diese Dinge nicht geredet werden darf. Schweigen wir über diese Dinge, dann werden wir mit in einen Sog geraten, und das kann nicht in unserem Sinne sein. Wenn das Pulverfass explodiert und es zu Ausschreitungen gegen Ausländer kommt, dann werden es nicht die deutschen Gesinnungsethiker sein, die gefährdet sind, sondern wir und unser Dasein als Deutschländer. Da hilft kein deutscher Pass, wenn man nicht ethnisch deutsch ist. Deshalb liegt es gleichermaßen im Interesse des inneren Friedens wie auch in unserem eigenen Interesse –

nämlich der Bewahrung unserer Integration –, dass die Politiker der demokratischen Parteien über diese Probleme nachdenken und Konzepte für die
Institutionalisierung und Regulierung der Migration entwickeln. Die illegale Zuwanderung und ihre Nebenerscheinungen gehören gerade zu den
Quellen der Gefährdungen für die in der Bundesrepublik lebenden Ausländer. Man schützt uns integrierte Ausländer nicht dadurch, dass unsere
falschen Freunde diese Probleme zu Tabuzonen erklären.

Wie ich mehrfach zum Ausdruck gebracht habe, gehört zu der benötigten konzeptuell untermauerten Politik auch die Anpassung der gesetzlich zu regelnden Einwanderung an den Arbeitsmarkt. Jeder Migrant, der
wirtschaftlich nicht integriert werden kann, gerät schnell in die gesellschaftliche Peripherie und damit in das Ghetto der religiösen und ethnischen Randgruppen. Ich werde diese Problematik im Rahmen der Diskussion über ethnisch-religiös definierte Armutskultur in Kapitel 11 ansprechen und sie deshalb an dieser Stelle nur streifen.

In einem *Spiegel*-Bericht über Kriminalität und Terror in verschiedenen Stadtteilen Hamburgs werden Schauermeldungen verbreitet, so z. B.
aus Harburg, wo es einen »hohen Ausländeranteil, eine hohe Arbeitslosen-
quote, viele Familien, die von Sozialhilfe leben«[31], gibt. Hier handelt es
sich um eine Kombination, die allein durch Sozialarbeiter nicht bewältigt
werden kann. Sozialarbeit kann Missstände nicht allein durch gutes Zure-
den beseitigen. Die Folge ist, wie ein unbeteiligter Beobachter dem *Spiegel* berichtete,

> »viele Ausländer, die demnächst die Hauptschule verlassen, sind ohne jegliche Le-
> bensperspektive: Kein Job, keine Wohnung, kein Geld – da kommt noch einiges an
> Gewalt auf uns zu« (wie Anm. 31).

Mit frommen Sprüchen kann man diesen sozialen Erscheinungen nicht
beikommen. Als aufgeklärter Muslim, der seit Jahren mit beiden Konfes-
sionen der christlichen Kirche Dialoge führt, am Trialog von Cordoba
1998 aktiv beteiligt war und Mitbegründer des jüdisch-islamischen Dialogs in London ist, kann ich die protestantische Haltung in dieser Frage
weder verstehen noch mittragen. Ich argumentiere hier, dass es sowohl in
Deutschland als auch in anderen Teilen Europas in einer zumutbaren
Weise Platz für politisch Verfolgte, auch für Kriegsflüchtlinge (z. B. Bosnier, doch dies nur für die Dauer des Krieges) geben muss, plädiere aber
für die Bekämpfung der oft von Schleuserbanden organisierten illegalen

Zuwanderung. Diese ist strukturell bedingt, wobei der großzügige Sozialstaat – natürlich neben anderen Faktoren, wie der allzu liberalen deutschen Justiz – der Hauptanreiz ist. Der überparteiliche Konsens für eine Änderung des »Asylbewerber-Leistungsgesetzes« scheint mir ein Beitrag zu sein, die Attraktivität Deutschlands als Einwanderungsland zu verringern. Da kommt ein Berliner Verein, »Asyl in der Kirche«, daher und hält den Politikern – wie oben zitiert – moralisierende Vorträge, die nur davon zeugen, dass wir es hier mit Leuten zu tun haben, die ihre »Moral« über Verfassungsgericht, Parlament und vor allem über die Wirklichkeit setzen. Dies schadet der Kirche und trägt nur zu noch mehr Austritten bei!

Von Amerika als Einwanderungsland lernen!

Die Vereinigten Staaten sind zugleich eine der Haupt-Demokratien dieser Welt und eine Einwanderungsgesellschaft, die jährlich Millionen von Migranten aufnimmt. Einwanderer erhalten aber – im Gegensatz zu Deutschland – keinen Dollar Sozialhilfe. Die amerikanische Gesellschaft ist selbst ein Resultat von Migration und bietet sich mit ihrer reichen Erfahrung in einiger Hinsicht als Modell für Europa an, auch wenn Europa zivilisatorisch die Mutter der USA-Tochtergesellschaft ist.

Präsident Clinton hatte vor seiner Wiederwahl zum US-Präsidenten das neue Sozialhilfegesetz unterschrieben. Bei der Wahlkampagne zu seiner ersten Amtsperiode 1992 hatte er versprochen, mit »dem Sozialstaat, so wie wir ihn kennen«, Schluss zu machen. Sein Aufruf richtete sich damals gleichermaßen an Amerikaner und neue Migranten. Vier Jahre danach, 1996, hat er, wie die *New York Times* in einem Leitartikel schrieb, die »wichtigste innenpolitische Entscheidung seiner Präsidentschaft« (*NYT* vom 1.8.1996) getroffen. Diese Entscheidung bestand darin, die von ihm geprägte Formel »Amerikaner müssen anstelle der Sozialhilfezahlung *(welfare cheque)* eine Lohntüte *(pay cheque)* anstreben« in die Tat umzusetzen. Clinton sagte vor Unterzeichnung des von beiden Häusern des amerikanischen Parlaments verabschiedeten Gesetzes: »Jeder, der arbeiten kann, muss zum Erwerb gezwungen werden ... Wir sagen zu den Sozialhilfeempfängern: ›Wir erwarten von Ihnen, dass Sie innerhalb von zwei Jahren eine Arbeit finden und Ihre eigene Lohntüte verdienen, also keine Sozialhilfezahlung mehr vom Staat bekommen.‹«[32] Warum geht dies nicht auch in Deutschland?

Mit seiner Unterschrift unter das neue Sozialhilfegesetz *(Welfare Bill)* hatte Clinton die Idee einer rechtlich untermauerten Reform des Sozialstaats in die Rechtswirklichkeit umgesetzt. Das neue Gesetz beendete die seit 61 Jahren bestehende Garantie des Bundesstaates, auf Lebenszeit Mittel für Sozialhilfe zu gewähren. Seitdem gibt es in den USA nicht länger den Beruf »Sozialhilfeempfänger«. Dabei geht es primär darum, mit dem Missbrauch der Sozialhilfe durch Sozialstaatskonsumenten – gleich ob diese Amerikaner oder Migranten sind – Schluss zu machen. Präsident Clinton sagte, die Sozialhilfe sei lediglich eine *second chance*/zweite Chance, nicht ein *way of life,* d. h. nicht ein Anspruch auf Lebenszeit, so wie es in Amerika bisher war und in Westeuropa in einem weit höherem Maße immer noch der Fall ist.

Das neue amerikanische Gesetz geht von dem Prinzip aus, dass ein Mensch von seiner Arbeit leben müsse; das heißt also: Wer körperlich arbeiten kann, muss seinen Lebensunterhalt durch Arbeit verdienen. »Zum Broterwerb zwingen« lautet die – auch von Clinton vertretene – Norm.[33] Um es gleich richtigzustellen: Für Körperbehinderte und Bedürftige gilt die neue Regelung nicht, Ausnahmen werden anerkannt. Durch seine Unterschrift löste Clinton sein Wahlversprechen von 1992 ein und hatte dadurch – trotz der Bezichtigungen durch Gesinnungsethiker – an Popularität gewonnen. Die *Welfare Bill* ist ein populäres Gesetz; Clinton wurde nach seiner Unterschrift 1996 neu gewählt und gilt trotz seiner im puritanischen Amerika anstößigen Frauenaffären als der bisher beliebteste Präsident der USA. Nach den vorliegenden Berichten (vgl. Anm. 17) wird auch Tony Blair ein ähnliches Gesetz für Großbritannien durchsetzen.

Amerika ist zwar – wie schon gesagt – zivilisatorisch eine europäische Tochtergesellschaft, dennoch kann der alte Kontinent – Europa – von der Tochter lernen. Die Europäer sollten, statt die verschiedensten Deformationserscheinungen der amerikanischen Gesellschaft in übertriebener Form zu kopieren, wie zum Beispiel die der Hysterie um die Political Correctness und den multikulturalistisch-feministischen Unsinn des Kulturrelativismus, lieber von den Versuchen lernen, Amerika kulturell neu zu beleben. Der Ansatz hierzu ist die neu belebte Arbeitsethik, die Präsident Clinton als »Leitprinzip aller Menschen« bezeichnet hat. Es geht nicht nur darum, diese Ethik kulturell zu fördern, sondern auch darum, sie mit Gesetzen und staatlicher Politik voranzutreiben. Dies wäre zudem das beste Mittel zur Bekämpfung der Arbeitslosigkeit. Unter Clinton sind innerhalb weniger Jahre mehr als zehn Millionen neue Jobs geschaffen worden; in Europa nimmt die Zahl der Arbeitslosen hingegen ständig zu. Eine andere Besonderheit ist, dass diese gesellschaftlich erforderliche Veränderung in Amerika von allen Parteien, also von den Republikanern und den Demokraten, gemeinsam getragen worden ist. Die neue *Welfare Bill* ist eine gemeinsame republikanisch-demokratische Entscheidung. Sowohl im Repräsentantenhaus (328 Abgeordnete gegen 101) als auch im Senat (78 haben – gegen 21 Senatoren – zugestimmt[34], darunter 25 demokratische Mitglieder) wurde das neue Gesetz mit großer Mehrheit bestätigt. Präsident Clinton schaffte mit dieser *Welfare Bill,* die den Sozialhilfeanspruch auf Lebenszeit beendet, indem sie den Empfänger zur Annahme von jedweder Arbeit zwingt, auch die Anreize der Migration für Leute ab, die es vorziehen, nicht zu arbeiten und von Sozialhilfe zu leben. Es waren zwar die Republikaner, die das Gesetz eingebracht hatten, aber ohne Clintons Unterschrift hätte es nicht in Kraft treten können. Auch die Mehrheit der Demokraten stimmte dem neuen Gesetz zu. Hieraus können deutsche Parteipolitiker lernen, dass die Vernunft und das Wohl des Landes über den Parteiinteressen stehen sollten. So kann dieses Problem auch in Deutschland nur durch einen Konsens der demokratischen Parteien bewältigt werden. Die Gegner des neuen Gesetzes waren in den USA nicht entlang der Parteienlandschaft auszumachen; sie sind amerikanische Linksliberale, die in Deutschland angemessen als Gesinnungsethiker qualifiziert werden können. In den USA sind diese – im Gegensatz zur Bundesrepublik – nur eine Minderheit.

Worum geht es bei dem neuen Gesetz[35], das im Oktober 1996 in Kraft getreten ist? Sozialhilfe soll nicht mehr auf Lebenszeit als »Anrecht« gewährt werden können und nur noch als eine Überbrückungshilfe dienen, die von der Pflicht, von der eigenen Arbeit zu leben, nicht entbindet. Sozialhilfeempfänger werden – wie bereits zitiert – in Amerika nach der *Welfare Bill* gezwungen, spätestens nach zweijährigem Genuss der Sozialhilfeleistungen eine Arbeitsstelle anzutreten, auch wenn diese nicht eigenen Ansprüchen entspricht. Insgesamt darf man im Leben nicht mehr als fünf Jahre lang Sozialhilfe beziehen. Die niedrigen Lohnnebenkosten und die flexible Deregulierung haben in den USA in den vergangenen Jahren zehn Millionen Arbeitsplätze geschaffen, während beispielsweise in Deutschland das Gegenteil erfolgt: Die Bundesrepublik exportiert auf Grund der zu hohen Lohnnebenkosten in Milliardenhöhe (vgl. die Berichte in der *Financial Times*) aus wirtschaftlichen Gründen Arbeitsplätze, importiert – wie ich schon gezeigt habe – aber parallel teure Sozialhilfeempfänger aus aller Welt, die jährlich Milliarden DM kosten. Es ist politisch und demokratisch falsch, hierzu ein Redeverbot zu verordnen.

In Deutschland sind es – neben den eigenen einheimischen Sozialhilfeempfängern, unter denen nicht wenige mit Recht als Sozialstaatskonsumenten (»Beruf Sozialhilfeempfänger«/*Stern*) eingeordnet werden können – die Zuwanderer, die immer mehr dem deutschen Vorbild folgen und zu einer wirtschaftlichen Belastung für den Sozialstaat werden. Die Bundesbank hat in einem Bericht gezeigt, dass

> »die Sätze der Sozialhilfe immer noch höher sind als die Nettoentgelte in den unteren Lohngruppen vieler Branchen«.[36]

Die Folgen sind für die Arbeitsethik und den Willen, den Lebensunterhalt selbst zu verdienen, katastrophal. Die Parole, die viele Arbeitgeber von den vom Arbeitsamt geschickten Bewerbern hören, sobald diese die Höhe ihres Verdienstes erfahren, lautet oft: »Es lohnt sich nicht zu arbeiten.« Anhand des *Stern*-Berichts habe ich diese Einstellungen bereits erläutert.

In Amerika verläuft alles anders, und daher ist die Quote der Arbeitslosen dort weit niedriger. Die neue *Welfare Bill* hat in Amerika die Zahl der Arbeitslosen unter den Einheimischen ebenso wie die Motivation der zu Lasten des Sozialstaats erfolgten Zuwanderung und Zusammenführung von Migrantenfamilien verringert. Denn das Gesetz schreibt vor: Migranten, die nicht mindestens zehn Jahre in Amerika – also nicht in ihrem Herkunftsland – gearbeitet und dort *Social Security*-Beiträge gezahlt haben, können keinerlei Sozialhilfe erwarten. Beim Erwerb der amerikanischen Staatsangehörigkeit verringert sich dieser Zeitraum auf fünf Jahre. Zuwanderer jedoch, die – wie ein amerikanischer Senator aus Kalifornien gesagt hat – »an unsere Tür klopfen, dürfen nicht gleich bei Überschreiten der Grenze die sozialstaatlichen Berechtigungen von Einheimischen erlangen«. In Deutschland, wo man – wie schon erwähnt – den Führerschein mit Sozialhilfe erwerben kann, würden manche Deutsche eine solche Aussage als fremdenfeindlich werten. Aber wir deutschen Ausländer, die von unserer Arbeit leben und das deutsche Sozialsystem mit unseren Steuerleistungen mitfinanzieren, sind anderer Meinung: Wir integrierte Ausländer sind nicht glücklich darüber, mit Ausländern gleichgesetzt zu werden, die hier als vorgeblich politisch Verfolgte »an die Tür klopfen«, um wie die deutschen Sozialstaatskonsumenten Sozialhilfe auf Lebenszeit in Anspruch zu nehmen.

Deutschland ist ein Rechtsstaat, so dass die Tatsache der Abweisung von mindestens 90 bis 95 Prozent der Asylanträge durch Gerichte als »unbegründet« ins Gewicht fallen muss. Es ist befremdlich, wenn christliche Priester, sich über Verfassung und Gerichte hinwegsetzend, Kirchenasyl gewähren. Leben wir in einer säkularen Demokratie oder in einem Kirchenstaat?

Der Präsident des Statistischen Bundesamtes, Johann Hahlen, hat bei der Vorstellung des Statistischen Jahrbuches der Bundesrepublik für 1997 den Prozentsatz der Sozialhilfeempfänger unter Ausländern in Deutschland mit 20,7 Prozent angegeben. »Dreißig Jahre zuvor waren es 1,3 Prozent«, sagte Hahlen.[37] Das ist ein statistischer Beweis dafür, dass die Bundesrepublik anstatt von Rentenbeitragszahlern den Zuzug von teuren Sozialhilfeempfängern einführt. Der entsprechende Prozentsatz stieg 1998 auf 23 Prozent (vgl. *Stuttgarter Zeitung* 20.8.98). Es handelt sich um das Asylrecht missbrauchende, illegale Zuwanderer. Ist Präsident Clinton oder sind die amerikanischen Kongressmitglieder fremdenfeindlich und »rechtsradikal«, weil sie ähnliche Zustände für Amerika nicht länger zulassen? Der US-Präsident und die demokratischen und republikanischen Parlamentarier wollen den Missbrauch des Sozialstaats – durch Einheimische und Zuwanderer – durch das Gesetz von 1996 unterbinden; auch wollen sie die Motivation zur Einwanderung durch eine gesetzliche Regelung, die Migration vom Empfang der Sozialhilfe abkoppelt, verringern. Was ist daran auszusetzen?

Ich vergleiche hier Deutschland oder generell Europa mit Amerika und argumentiere vom Standpunkt eines integrierten Ausländers: Es geht nicht um »Fremde« im Allgemeinen, sondern darum, sowohl Einheimische als auch Zuwanderer, die ohne Gegenleistung vom Sozialsystem finanziert werden, zum Lebenserwerb zu zwingen. Das ist der Inhalt der *Welfare Bill* in den USA. Migranten nach Amerika können auf diese Weise nicht mehr davon ausgehen, dass die Familienzusammenführung von der Sozialhilfe finanziert wird. Wenn Familienangehörige zuwandern, dann müssen ihre in Amerika lebenden Verwandten selbst für sie sorgen oder ihnen Arbeit beschaffen. Den Steuerzahler von dieser Belastung zu befreien ist eine in Amerika sehr populäre Entscheidung und wird von beiden großen Parteien mit großer Mehrheit getragen. Das ist der amerikanische, wohl demokratische Weg zur Entlastung des verschuldeten Staatshaushalts.

Zu den positiven Aspekten gehört auch die Belebung des Arbeitsmarkts. Ich möchte dies anhand der Tatsache erläutern, dass unter Clinton – wie angeführt – zehn Millionen Arbeitslose in neue Jobs eingeführt worden sind. Jeder Europäer, der auch nur kurz in Amerika gelebt hat, kann bei einem Vergleich der Serviceleistungen in den USA mit denen Europas nur vor Neid erblassen. Mehr Service bedeutet mehr Jobs, auch wenn diese nicht so gut bezahlt werden können. Es ist besser, eigenes Geld zu verdienen, statt als gesunder junger Mensch vor dem Sozialamt Schlange zu stehen und Steuergelder, die andere arbeitende Menschen bezahlt haben, ohne Gegenleistung in Anspruch zu nehmen. In Deutschland sind Arbeitskräfte durch die allzu hohen Lohnnebenkosten sehr teuer, der Servicesektor entsprechend dünn mit Arbeitskräften besetzt und deswegen mehr als miserabel; Arbeitskräfte für solche Jobs stehen – trotz der Arbeitslosigkeit – nicht zur Verfügung, weil sie es vorziehen, Sozialhilfe zu beziehen. Würde man amerikanische Standards auf dem Arbeitsmarkt setzen, ließen sich Serviceleistungen leicht finanzieren. Als ein in Deutschland arbeitender deutscher Ausländer wünsche ich auch allen anderen Migranten eine Arbeitsmöglichkeit. Das Argument vom Billiglohn, das die Gewerkschaften hier einführen, lasse ich nicht gelten. Muss es erst dahin kommen, dass Deutschland im nächsten Jahrhundert zu einer Industrieruine, die den Wettbewerb im Rahmen der Globalisierung nicht überleben kann, herabsinkt. Erst Deutschland »scheitert«, um den Begriff von A. Baring zu zitieren (vgl. Anm. 6), werden diese Gegner vielleicht endlich – nur leider zu spät – ihren Verstand einsetzen.

In Deutschland wird der durch Sozialhilfe übermäßig beanspruchte Staatshaushalt dadurch entlastet, dass überall, vor allem in den für die Erhaltung der Gesellschaft lebensnotwendigen infrastrukturellen Bereichen, wie z. B. der Universität, Ausgaben gestrichen werden. Ich habe bereits die Tatsache beklagt, dass wir an vielen deutschen Universitäten keine Mittel haben, um auch nur die dringendsten Bücheranschaffungen zu bezahlen. Als ein deutscher Ausländer, der an vielen asiatischen und afrikanischen Universitäten gelehrt hat, sehe ich bei einem Vergleich schon jetzt die deutsche Universität auf dem Niveau eines Entwicklungslandes. Stellen von Assistenten und Professoren und Stipendienprogramme für Nachwuchskräfte werden kontinuierlich eingespart, aber für Sozialhilfe an

deutsche Sozialstaatskonsumenten und Zuwanderer werden gleichzeitig –
allerdings auf Schuldenbasis – Milliarden Deutscher Mark bewilligt. Ist
eine Gesellschaft, die dreimal mehr für die Sozialhilfe als für alle Ausgaben im Bildungs- und Wissenschaftssektor ausgibt, auf lange Zeit lebensfähig? Bei der Suche nach einer Antwort auf diese nicht rhetorische Frage
möchte ich als Muslim meine deutschen Leser auffordern, über den kulturellen Tellerrand hinauszuschauen und vom Islam zu lernen. Ich führe dies
zur Erläuterung aus:

Der große islamische Geschichtsphilosoph aus dem 14. Jahrhundert
Ibn Khaldun hat in seinem bedeutenden Werk über Aufstieg und Niedergang der Zivilisationen die Staatsverschuldung als eine der Ursachen des
Niedergangs der Zivilisationen thematisiert. Gesellschaften, die mehr ausgeben, als sie erwirtschaften, sind nach Ibn Khaldun nicht lebensfähig. In
dem Ibn Khaldun-Kapitel meiner Islam-Geschichte *Der wahre Imam* habe
ich Ibn Khalduns Gedanken zusammenfassend so wiedergegeben:

>»Auch Europäer können viel von Ibn Khaldun lernen. Europäische Sozialstaaten,
>die auf der Basis von Staatsverschuldung Wohlstand ohne Produktivität finanzie-
>ren, … sind nach Ibn Khaldun zivilisatorische Gebilde im Niedergang.«[38]

Auf unser Thema bezogen: Amerika wird sich durch die neue *Welfare Bill*
dadurch erneuern, dass Sozialhilfeempfänger zu Lohnempfängern werden
und die Staatsverschuldung des amerikanischen Haushalts sich auf diese
Weise jährlich um ca. zehn bis zwölf Milliarden Dollar verringern wird.
Ein Teilerfolg hat sich durch die Abnahme der Arbeitslosenzahlen um
zehn Millionen bereits erwiesen. Luxus auf Pump ist ein Zeichen des Nie-
dergangs, dagegen kennzeichnet Arbeitsethik ein gesundes Gemeinwesen.
Wird die Mutter Europa von ihrer Tochtergesellschaft Amerika lernen?
Vielleicht können die Europäer auch von dem islamischen Philosophen
Ibn Khaldun lernen?

KAPITEL 11

Auch eine linke gesinnungsethische Umkehrung der rechten deutsch-nationalen Formel »Am deutschen Wesen soll die Welt genesen« macht diese Ideologie nicht richtiger!

»Jenseits von Links und Rechts«

Der Begründer der deutschen Islamwissenschaft und einstige deutsche Kultusminister Carl Heinrich Becker hat in seinem zweibändigen Lebenswerk *Islam-Studien* geglaubt prophezeien zu können:

> »Die Zukunft des Islam kann nur in einer Anpassung an das europäische Geistesleben bestehen, sonst sind seine Tage gezählt.«[1]

Wie viele Orientalisten auch unserer Zeit deutsch-national gesinnt, setzte er deutsch und europäisch gleich, so dass seine Aussage – bezogen auf den Islam – in die Formel übersetzt werden könnte: »Am deutschen Wesen soll die Welt des Islam genesen.« Lehnen die Muslime dies ab – so schlussfolgerte der deutsche Nationalist –, dann seien »die Tage« ihrer Zivilisation »gezählt«. Amen, möchte man ironisch hinzufügen.

Man braucht kein Islam-Experte zu sein, um heute, im Übergang zum neuen Jahrtausend, zu wissen, wie falsch diese Prophetie geraten ist, auch wenn ihre Vertreter bis heute noch an deutschen Universitäten lehren (vgl. Schlussbetrachtungen, S. 464ff.). Der später erfolgte Versuch eines Verrückten namens Hitler, die Welt nach deutschen Maßstäben zu formen, endete für Deutschland in einer Katastrophe, deren Folgen bis heute ganz Europa zu tragen hat. Aber was hat man hierzulande aus der Geschichte gelernt?

Wenn eine rechte Formel grundfalsch ist, dann kann sie nicht durch eine linke Umkehrung richtiger werden. Wenn heute deutsche linke Gesinnungsethiker ihre ebenso deutschen Ansichten als die einzig richtigen vortragen, also hierbei eine alte deutsche Tradition der Nabelschau in einer neuen Prägung fortsetzen, dann werden ihre Haltungen dadurch nicht überzeugender. Für einen Neuanfang ist es erforderlich, die selbstzentrierte Einstellung aufzugeben, die Welt habe am eigenen, deutschen Wesen zu genesen.

Zu den Eigenarten der deutschen Diskussion gehört die Neigung zum Schubladendenken, d. h. dazu, bestehende Positionen in die jeweils passende – oder doch scheinbar passende – Schublade zu stecken. Als »Fremder« bin ich in Deutschland bis heute oft Opfer dieser fatalen Neigung der deutschen Intellektuellen. Als linker Frankfurter Student der 68er Generation wurde ich von den deutschen Rechten automatisch in die entsprechende Schublade verwiesen und als Folge ausgegrenzt. An bestimmten Universitäten in Süddeutschland war ich hierdurch in meinem akademischen Leben als Wissenschaftler nicht mehr »berufbar«, d. h. für einen »rechten« Lehrstuhl nicht geeignet. Die Qualifikation spielt bei dieser Zweiteilung der Welt in »links« und »rechts« keine Rolle. Meine Plazierung in eine »linke Schublade« hält bei der deutschen Rechten bis heute an. Ein Funktionär einer »schwarzen« Stiftung strich kürzlich eigenwillig meinen Namen aus einer Konferenz-Teilnehmerliste mit der Begründung: »Tibi ist ein Linker. Sich zu informieren gehört nicht zu den Vorzügen von Schubladendenkern. Für die deutschen Linken gelte ich natürlich als ein »Rechter«.

Seit Mitte der 70er Jahre habe ich nach unvergesslichen, traumatischen Erlebnissen mit den kommunistischen Gruppen (K-Gruppen) in Göttingen (zu denen z. B. der KBW oder KSV gehörten), die ich – auf der Basis meiner subjektiven Wahrnehmung als ein Opfer ihres Psychoterrors, ja körperlicher Angriffe – von der Hitler-Jugend nicht unterscheiden mag, meine linken Positionen aufgegeben. Ich bewahrte jedoch der Frankfurter Schule gegenüber in einer Domäne meine Loyalität, nämlich in der Fähigkeit zum reflexiven, d. h. kritischen Denken. Für die »neuen Linken« bin ich durch diesen Wandel zu einem »Rechten« geworden. Ähnlich wie von den deutschen Rechten, fühle ich mich auch von den Linken missverstanden und vorschnell einer bestimmten Kategorie zugeordnet. Daran hat sich bis heute nichts geändert. Auch dieses Buch wird gewiss in die Mühle der deutschen Aufteilung der Welt in »links« und »rechts« geraten.

In der Tradition des deutschen Schubladendenkens werde ich von »Linken« als ein »Rechter« und von »Rechten« als ein »Linker« eingeordnet, obwohl ich zu keiner der beiden deutschen Geistesverfassungen gehöre. Meine tatsächliche Identität in Deutschland ist und bleibt, ein »Fremder« für beide zu sein.[2] Natürlich gibt es aufgeschlossene Deutsche, für die ich meine Bücher schreibe. Diese sind nicht im Schubladendenken befangen, nehmen mich als Mensch wie sie wahr. Nun steht hier nicht meine Person, sondern die Einstellung »Am deutschen Wesen soll die Welt genesen« zur Debatte. Ich habe meinen Fall anschaulich dargestellt, um die Polarisierung in Deutschland zu verdeutlichen. Ist es möglich, dieses geistige Gefängnis zu verlassen und die Neigung, alles in »links« oder »rechts« einzuordnen, aufzugeben? Es ist gut, bei der Beantwortung dieser Frage eine nicht-deutsche Autorität als Schiedsrichter heranzuziehen. Ich habe den Cambridge-Professor und weltbekannten Soziologen Anthony Giddens ausgewählt und werde im Folgenden seine Ansichten erläutern.

Unter den zahlreichen Werken von A. Giddens ist sein Buch *Nation-State and Violence* (1987) international das Beste, was je über den Nationalstaat geschrieben worden ist. In den vergangenen Jahren hat sich Giddens angesichts der Verlagerung seiner Interessen der Untersuchung der Polarisierung von »Links« und »Rechts« zugewandt und ein Buch hierüber geschrieben. Der Ansatz in Giddens' Arbeit ist zeitgemäß; es wird ein »tiefgreifender Wandel« festgestellt, dem viele Zeitgenossen nicht gewachsen seien und den sie deshalb kaum verstünden: »Die Gestaltungskraft der Politik erschöpft sich, und politische Ideologien haben sich entleert.«[3] »Links« und »Rechts«, obwohl es solche Kategorien noch gibt und – so schreibt Giddens am Ende seines Buches – auch weiterhin geben werde, seien nicht mehr in der Lage, die Probleme unserer Zeit in den Griff zu bekommen. In diesem Sinne gibt es in Europa weiterhin die Ideologien des Konservatismus, Sozialismus (transformiert in einen romantischen Öko-Sozialismus) sowie des Neo-Liberalismus. Die Kernproblematik dreht sich aber um Demokratie und Sozialstaat, und keine dieser linken oder rechten Ideologien ist den Problemen gewachsen.

Angesichts des sich vollziehenden »tiefgreifenden Wandels« steht das Nachdenken über die Demokratie im Mittelpunkt. Es geht um Demokraten und nicht um Linke und Rechte. Giddens glaubt, die klassisch liberale Demokratie, die einen Konsens in einer Zivilgesellschaft anstrebt, sei nicht mehr der zentrale Gegenstand; vielmehr sei eine »dialogische Demokratie«, die sich global, d. h. im Rahmen eines Kosmopolitismus, entfaltet, anzustreben. Giddens kennt die Gefahren, die mit dem globalen »potentiellen Dialograum« zusammenhängen, nämlich: Durch die hergestellten

Kontakte eines »globalen Kosmopolitismus zwischen Kulturen und Traditionen ... wird das Problem des Fundamentalismus unabweisbar« (ebd., S. 173f.). Das ist auch der Zeitkontext der Migration, die uns besonders interessiert.

Demokratisierungsversuche können nicht nur zu einer Erneuerung der Zivilgesellschaft beitragen, sie können auch »gefährlich« werden, schreibt Giddens, dadurch nämlich, dass sie »ein Aufwallen fundamentalistischer Strömungen auslösen, die mit einem immer stärker werdenden Gewaltpotenzial gekoppelt« sind (ebd., S. 175). Globalisierung und Enttraditionalisierung bedingen diese »fundamentalistischen Strömungen« (ebd., S. 182). Diese lassen sich gleichermaßen in vormodernen Gesellschaften und in ihren durch Migration entstandenen Transplantaten feststellen. Es hat nichts mit Fremdenfeindlichkeit zu tun, darüber zu sprechen, dass es auch in der Diaspora der Migranten religiöse Fundamentalisten[4] gibt, die keine Freunde von Freiheit und Demokratie sind.

Europäische Kreativität verkümmert zu Sozialstaatsmentalität

In unserer Zeit ist es überfällig, die Tabuzone Sozialstaat zu betreten und – mit Giddens – zu urteilen, dass dieses Projekt »missglückt«[5] ist. Der Ursprung des Sozialstaates bestand darin, »Armut, Arbeitslosigkeit, Krankheit und dergleichen mehr« (ebd., S. 186) zu bekämpfen. Heute ist aber der Sozialstaat bei einigen die Quelle der Erwartung, ein Einkommen zu beziehen, ohne erwerbstätig zu sein, d. h. ohne eine Gegenleistung zu erbringen. Ich nenne den hier angesprochenen Personenkreis Sozialstaatskonsumenten. Für unseren Zusammenhang von Migration und multikultureller Gesellschaft ist die Erläuterung der bei Giddens thematisierten »Verknüpfung von Sozialstaatsabhängigkeit und Armutskultur« (ebd., S. 203) von Bedeutung. Die »Sozialhilfeempfänger-Mentalität«, die ich im vorangegangenen Kapitel diskutiert habe, ersetzt das Ethos, wonach der Mensch von seiner bezahlten Arbeit leben muss. Diese Einstellung erzeugt somit die Abhängigkeit vom Staat als Geldgeber und fördert eine relativ arme Subkultur der Sozialstaatskonsumenten, die mit stets wachsenden Ansprüchen auftreten. Gefährlich für den inneren Frieden wird diese Armutskultur, wenn sie durch die Migration eine ethnische Dimension bekommt.

»Ethnische Unterschiede zwischen ihnen (den Migranten) und der Mehrheitsbevölkerung ... können zum Kennzeichen der kulturellen Ausschließung werden. ... Bei Einwanderern kann dergleichen dazu dienen, ... eine kulturelle Diaspora von außerordentlicher Reichweite« (ebd., S. 204) zu entfalten.

In den Kapiteln des dritten Teils habe ich am Beispiel des Ghetto-Islam die Gefahren einer solchen ethno-religiösen »Armutskultur« veranschaulicht. Das Ghetto ist nicht nur eine kulturelle, sondern – angesichts der Armutskultur – auch eine sozio-ökonomische und politische Größe und Ursache von Unfrieden und Instabilität.

In Zuwanderungsgesellschaften werden im binnenstaatlichen Rahmen »die mit der ethnischen Zugehörigkeit verbundenen Ungleichheiten oft Ursachen von Spannungen oder von gegenseitiger Feindschaft«, schreibt Giddens und fügt hinzu, dass diese Kombination von Ungleichheit und ethnischer Zugehörigkeit »eine Rolle bei der Auslösung von Konflikten, die zum Zusammenbruch der zivilen Ordnung führen können, spielt« (ebd., S. 325). Nach Giddens kann in einer solchen Situation, aber auch global »dialogische Demokratie« im Verbund mit »Abwehr des Fundamentalismus« (ebd.) einen Ausweg aus der Krise bieten. Aber auch das Gegenteil ist hierbei möglich, nämlich »negative Spiralen emotionaler Kommunikation« (ebd.) Darunter versteht Giddens »einen Vorgang ..., bei dem Antipathie von Antipathie und Hass von Hass zehrt« (ebd., S. 327). Diese Erscheinungen kann der Beobachter weder mit linken noch mit rechten Interpretationsmustern in unserer Zeit, die »Jenseits von Links und Rechts« liegt, deuten.

Der Sozialstaat ist im Zeitalter der Massenmigration und der wirtschaftlichen Krisen nicht mehr finanzierbar. Ich möchte zum Abschluss dieses Abschnitts eine Pressemitteilung wiedergeben:

»... der kurdische Familienclan, der von Tiftlingerode aus die Fäden für einen bundesweiten Handel mit großen Mengen Heroin gesponnen hat ... ist vermutlich auch in Menschenschmuggel (Einschleusen von Asylbewerbern) verwickelt gewesen ... Die Familie soll allein im vergangenen Jahr 40 Kilo Heroin im Wert von 20 Millionen Mark umgesetzt haben ... Schockiert über die Vorfälle ist Tiftlingerodes Ortsbürgermeister Gerd Goebel. Die mehrköpfige Familie sei vor zehn Jahren mit offenen Armen empfangen worden ... Das Duderstädtische Sozialamt bestätigt, dass an die Familie zehn Jahre lang pro Monat rund 3500 DM Sozialhilfe gezahlt wurden ... Bis auf die Festgenommenen, gegen die die Staatsanwaltschaft auch wegen Asylbetrugs ermitteln will, erhält der Rest der Familie weiterhin Sozialhilfe.«[6]

Solche Nachrichten verbreiten sich auch über Deutschland hinaus. Durch meine Auslandsaufenthalte weiß ich, wie international bekannt die Tatsache ist, dass die Sozialhilfeleistungen in Deutschland die Ministerialeinkommen vieler Länder übersteigen und darüber hinaus auch noch zeitlich unbegrenzt sind. Dies lockt Möchtegern-Migranten aus aller Welt an, die illegal einreisen. Wie die angeführte Familie empfangen viele aus diesem Kreis Sozialhilfe auf Lebenszeit, ohne jemals eine legale Erwerbstätigkeit zu leisten. Der Sozialstaat führt sich auf diese Weise selbst ad absurdum. Viele Gesinnungsethiker verstehen nicht den »tiefgreifenden Wandel« (Giddens) unserer Welt: »Jenseits von Links und Rechts«, sie dürfen aber weiterhin die Politik in Europa bestimmen! Unabhängig von der kriminellen Dimension des angeführten Falles veranlasst mich die Tatsache, dass ein Migrant das Asylrecht missbraucht und auf Dauer (in dem o. a. Fall zehn Jahre lang) ohne Gegenleistung Steuergelder für sich und seine Großfamilie in Anspruch nimmt, den Gastkommentar des demokratischen amerikanischen Kongress-Senators aus Connecticut, Joseph Liberman, zu zitieren, den er in der *New York Times* veröffentlich hat. Darin rühmt er das in Kapitel 10 vorgestellte amerikanische Sozialhilfegesetz *(Welfare Bill)* und hebt hervor:

»Dieses Gesetz beendet eine Politik, die es zugelassen hat, Menschen Geld zu geben, ohne dass sie hierfür eine Gegenleistung erbringen. Dieses Gesetz wird die gesamte Geisteshaltung der bisherigen Sozialhilfeempfänger ändern, die sich daran gewöhnt haben, nicht zu arbeiten. Ab nun können sie nur Sozialhilfe bekommen, wenn sie den Willen zeigen, arbeiten zu wollen, eine weitere Ausbildung zu erhalten oder sich weiterzubilden« (NYT vom 25. Juli 1996).

»Am deutschen Wesen soll die Welt genesen« – Die deutschen Linksintellektuellen im Dialog der Kulturen

Zu den zentralen Themen dieses Buches gehört die Einschätzung, dass in unserem Zeitalter ein neues Muster von Frieden benötigt wird: Weltfrieden als ein Frieden zwischen den Zivilisationen. Im Rahmen der Auseinandersetzung mit dem auch in seiner deutschen Übersetzung zum Bestseller gewordenen Buch von Samuel Huntington hat der deutsche Bundesaußenminister Klaus Kinkel in einer Gießener Podiumsdiskussion mit mir zur Maxime erhoben, dass die Außenpolitik das Ziel verfolgen solle, einen *Clash of Civilisations/*Zusammenprall der Zivilisationen zu vermeiden.[7] Mit Kinkel teile ich die Position, dass der Dialog der Zivilisationen als bessere Alternative erscheint, wenngleich wir beide unter Dialog nicht dasselbe verstehen.[8] Angesichts massiver Migration gelten diese Ansichten nicht nur für die Außenpolitik, sondern auch für Zuwanderungsgesellschaften, in denen eine ethnisch-religiöse Armutskultur der Zuwanderer entsteht. Dennoch bin ich der Auffassung, dass der Dialog keine Zauberformel ist, und teile Giddens' Vorbehalte, d. h., ich erkenne die Grenzen des Dialogs.

Wenn wir von Kulturdialog sprechen, müssen wir zuvor die Begriffe klären. »Kultur« und »Zivilisation« sind in ihrer Bedeutung nicht deckungsgleich, auch der eingebürgerte deutsche Gebrauch der Begriffe ist aus internationaler Perspektive überholt. Ich erinnere an die Klärung im ersten Teil dieses Buches: Kultur bezieht sich stets auf die lokale Sinnstiftung der Menschen, ist also nicht Ausdruck von Geistigem im Gegensatz zu Materiellem, wie es hierzulande heißt; Zivilisationen sind dagegen Gruppierungen von Lokalkulturen. So gibt es nur eine westliche bzw. nur eine islamische Zivilisation, dafür aber im Westen wie in der Welt des Islam Tausende von unterschiedlichen, wenngleich auch westlich oder islamisch geprägten, Lokalkulturen. Menschen in der Welt des Westens bzw. in der Welt des Islam gehören zum einen unmittelbar zu ihrer Lokalkultur (z. B. marokkanische oder bosnische Muslime, die sich sehr voneinander unterscheiden), zum anderen der übergeordneten Zivilisation an (Marokkaner und Bosnier sind wiederum Teil derselben Zivilisation). Deutsche »Fremdenfreunde« verleugnen kulturelle Unterschiede und setzen die Feststellung von Differenzen mit »Fremdenfeindlichkeit« gleich. Es ist erfreulich, dass es klar denkende Deutsche wie Frank Böckelmann gibt, der ein von Reinhard Mohr in *Der Spiegel* gewürdigtes Buch über diesen Kreis vorgelegt hat.[9]

Lokale Kulturen wie regionale Zivilisationen haben ihre eigenen, jeweils unterschiedlichen Normen und Werte und eine hiermit verbundene Weltsicht. Menschen verinnerlichen bereits als Kinder in ihrer primären Sozialisation diese Wert-Systeme und ihre Weltsicht. Das sind Fakten und keine moralischen Urteile. Nun kommen die deutschen Linksintellektuellen, die ihre überholten marxistischen oder verdrehten romantisch-ökologischen, vulgärmaterialistischen Maßstäbe auf die veränderte Situation in Europa und in der Weltpolitik anwenden, und bestreiten generell, dass

Menschen eine kulturelle Identität haben und entsprechend in Kulturen einzuordnen sind; für sie sind dies »Vorurteile«, wenn nicht noch schlimmer: »Kulturrassismus«. Aus der teilweise berechtigten Kritik an Huntingtons Schablone *Clash of Civilisations* (sprachlich falsch als »Kampf der Kulturen« übersetzt) schlussfolgern deutsche Linksintellektuelle einen fragwürdigen Kulturnihilismus. Wenn die Rede ist vom Kulturdialog als einem Instrument des Friedens, dann muss man anerkennen, dass Menschen unterschiedlichen Kulturen angehören.[10] Der Bundesaußenminister sagte auf der zitierten Podiumsdiskussion in diesem Zusammenhang, dass das Wissen über fremde Kulturen eine Voraussetzung zum Verständnis dieser Kulturen sei, sonst könne man mit ihnen keinen angemessenen Dialog führen. Ich wünschte mir, Kinkel würde diese Einsicht auf den »kritischen Dialog« mit dem Iran anwenden.

Auf der international bedeutsameren Veranstaltung des Trialogs zwischen Juden, Christen und Muslimen in der historischen Stadt der interreligiösen Toleranz, Cordoba, sagte der jüdische Initiator Lord George Weidenfeld: »Ignoranz … ist der größte Feind des Friedens zwischen Kulturen und Religionsgemeinschaften.« Die internationale Presse war in Cordoba präsent, viele deutsche Journalisten folgten der Einladung nach Cordoba jedoch nicht. Der Feuilleton-Herausgeber der *Frankfurter Allgemeinen Zeitung* hat das Angebot des Autors, dem deutschen Publikum hierüber zu berichten, noch nicht einmal beantwortet (vgl. oben S. 376). Der bedeutsame, aber in Deutschland übersehene Trialog von Cordoba erinnert uns an Gidden' Worte: Demokratie ist in unserer Zeit »dialogische Demokratie«; sie »unterstellt lediglich, dass der öffentlich geführte Dialog ein Mittel bereitstellt, um im Verhältnis gegenseitiger *Toleranz* mit dem Anderen im Nebeneinander zu leben«.[11]

In unserer Zeit braucht man sich gar nicht auf das weite Feld der internationalen Politik zu begeben und sich mit der großen Vielfalt von Zivilisationen und Kulturkonflikten auseinanderzusetzen, um die globale Bedeutung von Dialog und Toleranz zu verstehen. Die Stadt Frankfurt, in der weit mehr als ein Viertel der Bevölkerung aus 165 Nationen und Kulturen kommt (die UNO hat nur zwanzig mehr: 185 Nationen), ist ein Forum für die Veranschaulichung der in diesem Kapitel nur scheinbar abstrakt vorgetragenen Thesen. Entscheidend für die politischen Konflikte, die in diesem Kontext entstehen, ist deren kultureller Hintergrund.

Nach Meinung vieler Linksintellektueller, die ihre deutsche Kultur und sich selbst verleugnen, ja sich in manchen Fällen hassen[12], müssen Angehörige anderer Kulturen ähnlich verfahren. Diese Gesinnungsethiker lehnen es zwar nach der Devise »Am deutschen Wesen soll die Welt genesen« ab, Menschen nach Kulturen einzuordnen, teilen aber selbst die Welt in »links« und »rechts« ein. Bei einer Veranstaltung, auf der eine solche Diskussion geführt wurde (vgl. Anm. 7), habe ich empört meine deutschen Diskussionspartner gefragt, mit welchem Recht sie ihre eigene Selbstverleugnung als Erwartung auf uns Fremde übertragen und auch von uns verlangen, unsere kulturelle Identität zu verleugnen. Die Tatsache, dass ich beispielsweise deutscher Bürger geworden bin, gilt nur für meine Zustimmung zur Grundgesetz-Gemeinschaft, d. h. zum politischen Verfassungspatriotismus; meine arabisch-islamische Identität ist und bleibt ein Bestandteil meiner Persönlichkeit. Ich empfand es als Rassismus, als der deutsche Orientalist Udo Steinbach in seiner Rezension meines Buches *Pulverfass Nahost. Eine arabische Perspektive* gegen den Untertitel mit der Bemerkung polemisierte: »Tibi (hat) sich so entarabisiert« und sei »wenig Araber« (*Berliner Morgenpost* vom 18.1.1998), nur weil ich rational denke.

Doch nun vom deutsch-nationalen Orientalisten zu den deutschen Linksintellektuellen; für sie ist Verfassungspatriotismus ein Fremdwort, sie verstehen die von Erich Fromm hervorgehobene psychologische Voraussetzung nicht: Wenn man sich selbst nicht liebt, kann man auch andere nicht aufrichtig lieben.[13] Das Ziel des Kulturdialogs mit Ausländern, die als Migranten in Deutschland leben, müsste auf Integration, d. h. darauf ausgerichtet sein, dass diese die Identität eines deutschen Verfassungspatriotismus annehmen können. Dies kann erfolgen, ohne dass die Migranten ihre Herkunft und kulturelle Zugehörigkeit verleugnen. *Politische Integration ist keine kulturelle Assimilation.* Das ist eine zentrale Idee dieses Buches. Deutsche Linksintellektuelle sehen im Menschen nur Material für soziale Konflikte. In unserem Zeitalter, in dem der »Klassenkampf« zu den Schlachtrufen der Vergangenheit gehört, wollen diese deutschen Linksintellektuellen die nach Deutschland zugewanderten Ausländer als Spielfiguren in einem neuen sozialen Kampf verwenden; sie merken nicht, wie gefährlich dieses Spiel mit dem Feuer ist. Ethnische Konflikte können virulent werden und in dieser Konfrontation extrem irrationale Formen annehmen. Dieser Klassenkampfersatz wird im folgenden Abschnitt näher erläutert.

Migranten, wie dieser Autor, streiten mit Deutschen um Anerkennung. Von deutschen Fremdenfreunden wird dieser Kampf auf soziale Fragen reduziert, und kulturelle Ursachen sollen hierbei keine Rolle spielen; sie anzuerkennen ist in ihren Augen »Kulturrassismus«. Das ist Schwachsinn, muss ich als Fremder sagen. Die Konflikte, die z. B. in einer Stadt wie Frankfurt auftreten, hängen nach dieser gesinnungsethischen Sicht deutscher Linksintellektueller nicht damit zusammen, dass es kulturelle Normen und Werte gibt, die in einen Konflikt miteinander treten, sondern allein mit dem Kampf »zwischen oben und unten«. Gerne sehen die deutschen Linksintellektuellen in den Zuwanderern einen Ersatz für das ihnen abhanden gekommene Proletariat. Nach einem Vortrag von mir im Rhein-Main-Taunus-Kreis über »Deutsche und Ausländer« hat mir in der folgenden Diskussion ein deutscher Gesinnungsethiker abgesprochen, ein Ausländer zu sein, mit der schwachsinnigen Begründung, ich sei wohl ein Professor, Ausländer seien dagegen »arme Menschen«. Da erübrigt sich jeder Kommentar.

Wir Migranten wollen kein Ersatzproletariat sein, also keinen sozialen Kampf führen, sondern im Kulturdialog, d. h. in einer »dialogischen Demokratie«, mit den Deutschen Wege der politischen Integration und des friedlichen Zusammenlebens finden. Der Rahmen hierfür ist ein kulturpluralistischer Konsens und kein multikulturelles Nebeneinander.[14]

Nur Rechtsradikale und Fundamentalisten unter den Migranten wollen keine Integration, und sie bekommen ironischerweise Zuspruch von gesinnungsethischen protestantischen Pfarrern und Linksintellektuellen. Kulturpluralismus erkennt eine Leitkultur an, bei gleichzeitiger Zulassung der Vielfalt der Kulturen. Die Multikulti-Ideologie der deutschen Linksintellektuellen verleugnet dagegen verbindliche kulturelle Werte und somit eine Leitkultur. An diesem ihren »deutschen Wesen soll die Welt genesen«, bleibt der unausgesprochene politische Glaube der deutschen Linksintellektuellen. Doch die Folge ist sozialer Unfrieden, nicht die erträumte multikulturelle Idylle!

Migranten als Mitbürger, nicht als Ersatzproletariat
der deutschen Linken

Bei einem Gastvortrag an meiner Göttinger Universität sagte der international bekannte, bis zu seiner Pensionierung an der MIT-Hochschule in Cambridge/Mass. lehrende jüdische Migrationsforscher Myron Wiener, der selbst aus einer baltischen Migrationsfamilie stammt: »Unser Rassismus-Problem in Amerika ist vorrangig ein soziales Problem der Unterschicht.« Damit leugnet er nicht die vorhandenen kulturellen Unterschiede; er meint lediglich die Verbindung von ethnischer Herkunft und sozial unterprivilegierter Rangstellung in einer Gesellschaft, die auf diese Weise Rassismus auf beiden Seiten, d.h. der Diskriminierer und der Diskriminierten, hervorruft. Der britische Soziologe Anthony Giddens, dessen Ansichten »Jenseits von Links und Rechts« bereits in diesem Kapitel vorgestellt wurden, argumentiert, dass das Unterschicht-Problem bisher auch aus der Perspektive von »links und rechts« unfruchtbar diskutiert worden sei. Heute gelte es aber, jenseits dieses Denkens zu erkennen:

> »Die Unterschicht wird von der Sozialstaatsabhängigkeit erzeugt ... Die Unterschicht besteht nicht aus den Opfern des Marktsystems, sondern aus Einzelpersonen ... Ein Leben von der Sozialhilfe ermangelt tendenziell der moralischen Lenkung, weshalb es zur Zerrüttung des stabilen Gemeinschafts-und Familienlebens kommt.«[15]

Diese Aussage gilt zum einen für die einheimischen Langzeit-Sozialhilfeempfänger, die nicht mehr zu einem regelmäßigen Broterwerb zurückkehren. Bei den Migranten hingegen beziehen sich die Folgen des Dauer-Sozialhilfeempfängerdaseins auf die Verbindung dieser Zerrüttung mit der Zugehörigkeit zu einer ethnisch und religiös definierten Armutskultur, die zum Pulverfass werden kann. Daher die Forderung in meinem Plädoyer, die Öffnung Europas im Sinne einer gesetzlich regulierten Einwanderung an eine Anpassung dieser Migrantenströme an wirtschaftliche Bedürfnisse und Absorptionsmöglichkeiten europäischer Gesellschaften zu binden. Erfolgt diese konditionale Bindung nicht, dann führt man Dauer-Sozialhilfeempfänger mit den aufgezeigten sozialen Folgen ein. Nur wirtschaftlich integrierte Migranten können zu Mitbürgern werden. Dies leugnen die linken Befürworter einer uneingeschränkten Migration, die Einwanderungspolitik und christliche Nächstenliebe durcheinanderbringen. Warum?

Meine Antwort lautet, dass die deutschen Linken, die sich heute in kirchlichen Institutionen eingenistet haben und in diesem Rahmen agieren, von uns Ausländern als Migranten erwarten, das zu tun, wozu sie selbst nicht in der Lage waren. Hierzu muss man sich an die Vorgeschichte dieser Illusion erinnern.

Mein verstorbener jüdisch-amerikanischer Freund und geistiger Mentor Reinhard Bendix – Autor von *Von Berlin nach Berkeley*[16] – berichtete mir einst mit einer gewissen Belustigung von Herbert Marcuse, dem Propheten der 68er Generation, der ich in Frankfurt selbst angehörte, dieser habe den Spruch »Das Proletariat hat mich desertiert« geprägt. Obwohl ein in Damaskus geborener und dort aufgewachsener arabischer Muslim, gehöre ich durch mein Studium in Frankfurt bei Adorno und Horkheimer während der 60er Jahre – wie eben erwähnt – zur linken 68er-Generation. Marcuse war für uns – obwohl von meinem Lehrer Adorno nicht sonderlich geschätzt – eine Galionsfigur. Trotz meiner damaligen auf Unreife und »geistige Pubertät« (M. Horkheimer) zurückgehenden Begeisterung für Marcuse habe ich den falschen Propheten nie mit meinem wahren islamischen Propheten Mohammed verwechselt. Marcuse hatte uns gelehrt, dass die Arbeiterklasse durch Konsum und Bedürfnisproduktion nunmehr in das System eingebunden worden sei und daher nicht mehr als Träger der Revolution in Frage komme. Auf der Suche nach einem Ersatz romantisierte er die Völker der Dritten Welt und erhoffte sich aus ihrem Widerstand – wie er schrieb – »gegen die Einführung der modernen Technik« einen »Impuls« für die Revolution.[17] Marcuse predigte, dass im Westen die »Randgruppen« das revolutionäre Erbe übernehmen würden.

Sowohl in Berkeley als auch in Paris, Frankfurt und Berlin trat zu jener Zeit die Studentenschaft als Träger der 68er-Revolution mit dem Anspruch auf, eine solche, die Gesellschaft revolutionierende Randgruppe zu sein. Die neue Bewegung schoss jedoch über das Ziel hinaus und hatte letztlich nur Revoluzzer hervorgebracht. Die revolutionären Linken glaubten, in der Verbindung ihrer westlichen Subkultur mit den romantisierten Dritte-Welt-Kulturen das verhasste etablierte System zu Fall bringen zu können. Das Vorhaben des studentischen Ersatzproletariats, dessen Angehörige jenseits ihrer Dritte-Welt-Romantik kaum eine Ahnung über Asien oder Afrika hatten, musste scheitern. Zurück blieb eine Mischung von Revoluzzern und verkrachten Existenzen, aber keine Revolution.

Die anti-autoritäre Bewegung löste sich nach ihrem Scheitern in höchst autoritäre Organisationen auf – wie etwa den bereits erwähnten und von mir persönlich durch seinen Psychoterror in Göttingen traumatisch erlebten Kommunistischen Bund Westdeutschlands/KBW, der den weltweiten Volkskrieg gegen den Kapitalismus propagierte. Auch diesmal wurde dieses Ziel nicht erreicht, und das verhasste System hat sogar den institutionellen Kommunismus überlebt. Viele der ehemaligen gescheiterten Linken sitzen heute jedoch an einflussreichen Stellen des Systems, wie z. B. Jürgen Trittin vom einstigen Göttinger Kommunistischen Bund Westdeutschland, der gegenwärtig Vorstandssprecher der Grünen ist. Die erneute Suche nach einem Ersatzproletariat trägt in unserer Zeit neue Früchte, diesmal mit uns Ausländern als »Auserwählten« für die ersehnte Weltveränderung.

Durch unbeschränkte Öffnung der Grenzen für eine Massenzuwanderung glauben diese Linken, nicht-integrierte soziale Kräfte ins Land zu bringen, die dann eine systemsprengende ethnische Armutskultur bilden. Diese sollen nun schaffen, was bislang fehlschlug: die bestehende Gesellschaftsordnung zu stürzen. Wer es wagt, gegen diese Vorstellungen ein Wort der Kritik zu äußern, wird mit den für ihre Zwecke missbrauchten und ihres in der Tat höchst gefährlichen Inhalts entleerten Begriffen wie »Rassismus« und »Rechtsradikalismus« mundtot gemacht (vgl. Kap. 10). Die barbarische Ideologie des Rassismus unterteilt die Menschheit willkürlich, und Rechtsradikale sind Gegner jeder Demokratie. Was aber hat die rational begründete Einstellung, dass jedes soziale System nur begrenzt Zuwanderung verkraften kann, wenn es nicht zusammenbrechen will, mit dem menschenfeindlichen Rassismus oder dem demokratiefeindlichen Rechtsradikalismus zu tun? Geht es wirklich um uns Ausländer und darum, uns vor deutschen Rassisten und Rechtsradikalen zu schützen? Oder geht es vielmehr um ganz andere Ziele? Und dienen wir Ausländer nur als vordergründiger Vorwand?

Unter den vielen Millionen Ausländern, die in Deutschland leben, trägt ein beträchtlicher Anteil durch Arbeitsleistung sowie die Entrichtung von Steuern und Sozialbeiträgen das bestehende System mit. Ich möchte ungeschminkt behaupten: Ohne diesen Beitrag von uns Migranten ist die Bundesrepublik nicht funktionsfähig. Diese von mir als deutsche Ausländer bezeichnete Gruppe verdankt ihren Wohlstand und ihre soziale Sicherheit dem demokratischen System. Mit anderen Worten: Unsere, aus vielen

Millionen Migranten bestehende Gruppe der deutschen Ausländer gehört zu den systemerhaltenden Kräften dieses Landes. Diese Migranten wollen alles andere, als dass dieses System zusammenbricht. Wir empfinden keine Gemeinsamkeit mit den deutschen Linken in ihrer unaufhörlichen Suche nach einem Ersatzproletariat und lassen uns nicht für eine »linke Politik« instrumentalisieren, die nicht die unsrige ist. Wir wollen auch nicht mit Illegalen oder den unter Missbrauch des Asylrechts Zugewanderten gleichgesetzt werden, nur weil auch wir Ausländer sind.

Integrierte Ausländer führen einen politischen und kulturellen Kampf um Anerkennung und treten dafür ein, dass die Bundesrepublik ein Einwanderungsland ist, damit unser Migrantenstatus anerkannt wird; diejenigen unter uns, die noch keine deutsche Staatsangehörigkeit besitzen, beantragen die Einbürgerung für sich und für ihre Kinder. Aber in unserem Namen eine unbegrenzte Zuwanderung, d. h. auch die massenhafte Einfuhr von Sozialhilfeempfängern aus fast aller Welt, die die Basis einer Armutskultur bilden werden, zu fordern, liegt nicht in unserem Sinne. Ja, dies gefährdet sogar unsere Integration. Der Grund: Zuwanderung unter Missbrauch des Asylrechts ohne Chance auf wirkliche Integration führt zu sozialen Konflikten. Das hängt mit Folgendem zusammen: Migranten, die illegal einreisen, sich als Asylanten ausgeben und oft keine oder nur eine geringe Berufsqualifikation aufweisen, bleiben auf Dauer Sozialhilfeempfänger (für ein Beispiel vgl. oben S. 432ff.) und können nicht integriert werden. Auf diese Weise entstehen soziale Konflikte, die in diesem Fall ethnischen Charakter annehmen. Wir integrierten Ausländer würden aber unwillentlich in den Sog dieser Konflikte geraten, und unsere Integration könnte hierbei zunichte gemacht werden. Wenn es zu Ausschreitungen des rechtsradikalen deutschen Mobs kommt, gehören wir zu denjenigen, die Opfer der Politik sind, die diese Auswüchse ungewollt hervorbringt.

Nach meinen kritischen Anmerkungen kann die Schlussfolgerung nur sein: Die Zuwanderung muss – wie in den klassischen Einwanderungsländern Nordamerika und Australien – an den Arbeitsmarkt des Landes angepasst werden, auch wenn die Kirchen dies nicht mögen. Diese rationale Politik zu fordern hat nichts mit Rassismus zu tun; vielmehr geht es darum, der Suche von deutschen Linken nach einem Ersatzproletariat einen Riegel vorzuschieben. Die Integrationsfähigkeit von Zuwanderern in Wirtschaft und Gesellschaft hat ihre Grenzen, die zugleich auch im Interesse des Wohlergehens der deutschen Ausländer – die Grenze der Zuwanderung bestimmen muss. Eine nicht auf diese Weise regulierte Zuwanderung würde zur Entstehung von ethnischen Vorstädten und Randgruppen führen, die für manche deutsche Linke als Ersatzproletariat erwünscht sein mögen, für uns in Deutschland lebende deutsche Ausländer aber die Gefährdung unserer Integration bedeuten. So wie mein deutsch-jüdischer Freund Michael Wolffsohn sich in einem *Frankfurter Allgemeine Zeitung*-Artikel gegen die »deutschen Judenfreunde« gewehrt hat, möchte ich mich als arabisch-muslimischer Deutschländer gegen die »deutschen Ausländerfreunde« zur Wehr setzen (*Der Spiegel*, vgl. Anm. 9). Diese Deutschen verfolgen ihre eigenen ideologischen Ziele, aber nicht unser Wohlbefinden und dürfen nicht ihre »neuartige Vormundschaft« über uns – wie Böckelmann schreibt[18] – per »Selbstanklage und Reue« ausüben.

Von Gesinnungsethik zu Verantwortungsethik

Dieses Kapitel habe ich mit Giddens' Erkenntnis eingeleitet, dass sich unter den Bedingungen unserer Zeit »die Gestaltungskraft der Politik« erschöpft hat. Ob Politiker unserer Zeit die Realitäten angemessen wahrnehmen, bei ihren Entscheidungen berücksichtigen und hieraus lernen, ist in diesem Lichte sehr umstritten. Auch wenn ich die SPD bereits im Dezember 1980 verlassen habe, möchte ich hier Freimut Duve als ein Beispiel für einen lernfähigen aktiven sozialdemokratischen Politiker herausheben, der sich neben der Beschäftigung mit der Tagespolitik die Zeit nimmt, über politische Probleme und ihre Hintergründe nachzudenken und sie in einen größeren Zusammenhang einzuordnen. Von Max Weber wissen wir, welche Voraussetzungen an die Politik als Beruf gestellt werden.[19] Duve schreibt: »Politik ist keine Wissenschaft. Der Politiker kein Wissenschaftler.«[20] Dennoch erfordert »Politik als Beruf« im Max Weberschen Sinne »Augenmaß und Verantwortungsgefühl« (vgl. Anm. 19). Das sind die Worte Max Webers, die Duve in dem soeben angeführten, quasi autobiographisch geschriebenen Buch eben nicht wie ein Wissenschaftler zitiert, doch in seinem Text bejaht. Als ein Politiker schwankte Duve einst zwischen dem von Weber geprägten Gegensatz von Gesinnungsethik und Verantwortungsethik, konnte aber das Hin und Her überwinden. Das ist auch der Grund, weshalb ich eine Diskussion über die Wandlung – im bes-

ten Sinne des Wortes – des deutschen Politikers Freimut Duve hier eingebaut habe. Beenden möchte ich dieses Buch über Europa schließlich mit
Reflexionen über Deutschland.

Von jenen sozialdemokratischen Linken, die der in diesem Buch wiederholt angeprangerten Gesinnungsethik ohne weitere Reflexion verhaftet
bleiben, unterscheidet sich der ebenso linke Duve dadurch, dass er verant-
wortungsbewusst denkt. Duve beweist, dass er zu jenen sozialdemokratischen Politikern gehört, die den Mut haben, den Artikel 16 des Grundgesetzes angesichts der Instrumentalisierung des Asylrechts zu Migrations-
zwecken zu überdenken.

Auch im Bosnienkrieg war Duve einer der wenigen Sozialdemokraten,
die verstanden hatten, dass auf dem Balkan ein Völkermord im Gange war,
dem nicht mit Worten, sondern nur mit Entschiedenheit beizukommen
war. Duve tritt für ein »ziviles Europa« ein, das jedoch bereits durch den
Krieg in Bosnien in Frage gestellt worden ist. Er weiß: »Das Europa, in
dem nie wieder Völkermord geduldet werden sollte, gibt es nicht mehr«
(Anm. 20, S. 221). Bosnien straft diese Versicherung Lügen, und diejenigen, die diesen Satz rituell unermüdlich wiederholen, aber über den Völkermord in Bosnien schweigen, machen sich unglaubwürdig – die Versicherung gerät zur hohlen Phrase![21]

Einer der Gründe, warum ich Duves Buch, welches eine Mischung aus
autobiographischer Darstellung und verantwortungsethischen Analysen
darstellt, hier heranziehe, ist die Tatsache, dass er als Politiker über
Deutschland im Europa des ausgehenden 20. Jahrhunderts nachdenkt, d.
h. einen Beitrag zu der hier behandelten Problematik liefert. Um es grob
zu sagen: Problemlösendes Nachdenken – geschweige denn das Lesen von
Büchern – gehört nicht zu den offensichtlichen Vorzügen von Politikern.
Von Lessing übernimmt Duve die deutsche Übersetzung des Begriffs
»Respekt« mit »Rücksicht«. Seine Gedanken begreift er als »Rücksichten
eines Deutschen«, der analysiert, erkennt, nachdenkt und kritisiert – und
sich selbst von der Kritik nicht ausnimmt. Das ist »Rücksicht« im Les-
singschen Sinne. Überhaupt gehört Duve nicht zu jenen postmodernen Sozialdemokraten, die die Aufklärung als überholt ad acta legen wollen. Er
ist und bleibt dem Humanismus der Aufklärung verbunden: »Humanismus
das Ideal, Aufklärung der Auftrag« (wie Anm. 20). Im Lichte des »Erbes
des Humanismus« will er das europäische Projekt Zivilität gegen den
Krieg verteidigen.

Duve erkennt, dass sich die Formen des Krieges geändert haben; es handelt sich nicht mehr um die Panzer und Raketen einer Armee, die gegen die einer anderen Armee gerichtet sind: »Der neue moderne Krieg stellt sich als Terror dar.«[22] Krieg ist im übertragenen Sinne auch ein Krieg der Weltanschauungen[23]; so betrachtet, werden Zuwandergesellschaften, die als »Multikulti-Gesellschaften« beschrieben werden, Schauplatz solcher Kriege.

Im Gegensatz zu den deutschen 68ern, die – sich auf den Dritte-Welt-Romantizismus eines Frantz Fanon berufend – Gegenterror als legitime Gewalt verteidigten, ist der politisch reife Freimut Duve des Jahres 1994 (vgl. Anm. 20) ein nüchterner Denker. Er spricht vom »Ende der Dritten Welt« (ebd.). Duve kennt Algerien von mehreren Besuchen gut genug. Auf der Basis seines vor Ort erworbenen Wissens ist er mit folgendem vertraut:

> »Der algerische Sieg der FLN hat vielleicht schon Ende der fünfziger Jahre die Grundlagen gelegt für den Algerienkrieg der neunziger, zwischen Fundamentalisten und Säkularisten« (ebd., S. 119).

Die heutige Gewalt in Algerien hat ihren Ursprung in der inneralgerischen Gewaltanwendung während des Befreiungskriegs. Islamische Fundamentalisten waren also nicht die ersten Algerier, die die Kehlen ihrer Gegner durchschnitten. Den Fundamentalismus heute als eine Erhebung gegen die Unterdrückung der »kulturellen Identität« zu deuten, wie es manche linken Sympathisanten tun, ist ein Argumentationsmuster, dem sich der Algerien-Kenner Duve nicht anschließen kann. Nach Gesprächen mit FIS-Fundamentalisten in Algier schreibt er:

> »Aber das Gespräch machte mir Angst: das waren Leute, die keinen verfassungsmäßigen Pluralismus dulden« und »die Entwicklung einer modernen laizistischen Demokratie in Algerien verhindern« möchten (ebd., S. 68f.).

Die Lektüre von Camus und die Nordafrika-Erfahrung sind nicht nur für die Persönlichkeitsentwicklung von Duve, sondern auch für seinen Wandel von der Gesinnungsethik (Dritte-Welt-Romantik) zur Verantwortungsethik entscheidend. Sein Ideal stammt von Albert Camus. Dieser strebte eine Synthese von Frankreich und Algerien an: »Algerier genug, um auf der Seite der Muslime zu sein, Franzose genug, um niemanden vertreiben zu wollen« (ebd., S. 65). Aber die Franzosen wurden durch »Mordterror«

aus Algerien vertrieben: »Camus hatte sich gründlich getäuscht«. Der »Mordterror« der Algerier lässt sich für Duve nicht gesinnungsethisch verteidigen. Heute drohen die Fundamentalisten, jeden Europäer, der in Algerien bleibt, zu ermorden, sie selbst aber kommen als Asylbewerber nach Europa. Wie verträgt sich das miteinander? Zudem, wie steht es mit den Europäern selbst? Die *Frankfurter Allgemeine Zeitung* berichtet: »Islamisten erhalten Asyl, ihre Opfer nicht« (27.1.98). Befinden wir uns in einem Tollhaus?

Der Wandel von einer gesinnungsethisch geprägten Dritte-Welt-Romantik zu einer verantwortungsethisch ausgerichteten Politik drückt sich bei der persönlichen Entwicklung von Freimut Duve in der Selbstbesinnung auf Europa aus. Duve ist kein Selbsthasser. Warum zu fernen Kulturen eilen, um eine romantische Pseudo-Identität zu suchen? Nein, das Europa der Aufklärung und des Humanismus ist verteidigenswert und bietet ein Ideal für Demokratie und Zivilität. Diese europäische Identität, die Duve verteidigt, ähnelt dem Muster, das ich selbst anstrebe – die in diesem Buch entfalteten Gedanken streben zudem eine Brückenbildung zwischen Europäern und uns Migranten an.

Duves neues Denken ist ein politischer Einsatz für das europäische »Projekt Zivilität«, in dem er mit einer für Deutsche seltenen Zivilcourage Position gegen die Feinde des Projekts bezieht. Er nennt ihre feindlichen Einstellungen »Krieg gegen das Projekt Zivilität«. Zu ihnen gehören die Vertreter aller Manichäismen, die die Welt in Gut und Böse aufteilen, gleich ob von links oder rechts. Hier finden wir Giddens' bereits häufiger zitierte Forderung erfüllt. Diejenigen, die nur eine Zweiteilung der Welt kennen, können deshalb nie richtige Demokraten werden, weil sie zu Toleranz und Differenzierung nicht fähig sind. Auch wenn sie ihre politischen Positionen verändern, folgen sie diesem Gesetz: »Haben sie das eine verlassen, müssen sie an die Pforten eines anderen anklopfen … es geht um ein manichäisches Weltbild«, schreibt Duve (ebd., S. 100). Das sind die Extreme, die ich bereits in der Einleitung zu diesem Buch einer Kritik unterzogen habe.

Wie schön wäre es, wenn Europäer auf solch europäischem Boden blieben und der Vernunft verpflichtet wären, die jeden Manichäismus zurückweist. Mich, als einen Fremden, haben die soeben beschriebenen Wandlungen des deutschen Politikers Duve sehr beeindruckt. Es schmerzt und empört, wenn dieses nüchterne Denken in einer in der *Frankfurter*

Allgemeinen Zeitung erschienenen Rezension mit der billigen Bemerkung denunziert wird, der Lektor hätte Duve empfehlen sollen, solche Ausführungen nicht zu veröffentlichen! Jenseits des Links-Rechts-Manichäismus ist es im Zeitalter der Migration erforderlich, Terror als Alternative zur Zivilität in Europa zurückzuweisen. Islamische Fundamentalisten, die »keinen verfassungsmäßigen Pluralismus dulden« (Anm. 20), ebenso ethnische Nationalisten, die Gewalt anwenden, aber nicht zivil argumentieren können, dürfen sich, wie ich in *Die Welt* vertreten habe, nicht auf europäische Toleranz berufen.[24] Duves Position ist ähnlich, wenn er am Beispiel des Imports der Probleme der Türkei in die Bundesrepublik die Lage lapidar so schildert: »… türkische und kurdische Mitbürger machen sich zu Gegnern unserer nichtvölkischen Zivilität«.[25]

Auf Terror darf man nicht mit Toleranz, sondern nur mit Entschiedenheit antworten. Zu dem von Duve angesprochenen Beispiel muss etwa gesagt werden, dass Europa, und speziell Deutschland, nicht zu einem Spiegelbild der Türkei werden darf.[26] Eine streitbare Zivilität Europas gegen die Gegner ist durchaus im Sinne der Aufklärung.

Es bleibt die Frage: Wie lassen sich Demokratie und das Projekt Zivilität in Europa verteidigen? Auf diese Frage kenne ich nur eine Antwort: Gesinnungsethiker und Selbsthasser können diese historische Aufgabe nicht erfüllen. Als ein Fremder und Migrant wünsche ich der deutschen Demokratie noch mehr verantwortungsethisch orientierte Politiker mit der nötigen Zivilcourage, um jenes Projekt vor drohenden Gefährdungen zu schützen.

Für eine nüchterne deutsche Debatte
über Europa im Zeitalter der Migration

Ich möchte dieses letzte Kapitel mit einem Plädoyer für eine rationale Debatte über diesen Gegenstand, die »Jenseits von Links und Rechts« (Giddens) geführt werden muss, abschließen. Die bisherige deutsche Diskussion war von der permissiven *linken* Position »Wir sind *ein* Einwanderungsland« (ohne Einschränkung?) und der exklusiven *rechten* Position »Wir sind *kein* Einwanderungsland« (Festung Deutschland?) beherrscht. Obwohl ich im Dezember 1980 die SPD verlassen habe, weil ich ihre Politik nicht länger mittragen konnte, fühle ich mich dem Denken aufgeschlossener Sozialdemokraten wie dem zitierten Freimut Duve mehr verwandt als dem mancher Politiker, die nur die eigene Wiederwahl im Sinn haben. Es scheint so, dass viele Politiker unter Denken die Formel »Wann ist die nächste Wahl?« verstehen. Das Geschäft der Politik reduziert sich oft auf die Frage: »Wann ist die nächste Sitzung?« Einer der früheren *Frankfurter Allgemeine Zeitung*-Redakteure mit verantwortungsethischer Perspektive, Klaus Natorp, hat auf die Statistiken der Zuwanderung hingewiesen: 1995: 793 000, 1996: 707 000, 1997: 615 000. Im Gefolge des Falls der Berliner Mauer bzw. nach dem Ende des Ost-West-Konflikts und parallel zur Öffnung der Grenzen überschritt die Zahl der Zuwanderer in manchen Jahren sogar die Millionengrenze. Dennoch, eine Einwanderungspolitik gibt es nicht. Natorps Schlussfolgerung lautet: »Auf Einwanderungspolitik schlecht vorbereitet.«[27] Klaus Natorp beschreibt die gegenwärtige Politik als »Einwanderungs*verhinderungs*politik«. Dies gilt übrigens auch für die anderen europäischen Staaten. Entsprechend ist seine Feststellung korrekt:

> »… die Mitgliedstaaten der Europäischen Union (sind) noch weit davon entfernt, eine gemeinsame Politik zu den Themenkomplexen Einwanderung, Flüchtlinge und Asyl zu entwickeln … Aus politischen Gründen wird das Thema Einwanderungspolitik in der EU gegenwärtig offenbar nicht als vorrangig angesehen« (ebd.).

Es ist schlimm genug, dass eine auf die Migrationsproblematik antwortende Politik trotz tagtäglicher radikaler Veränderungen und dem sich daraus ergebenden Bedarf an politischer Entscheidung nicht vorliegt. Schlimmer finde ich noch, dass nicht einmal ansatzweise eine »Jenseits von Links und Rechts« benötigte Diskussion über diesen Gegenstand als vorbereitende Stufe für die erforderliche Politik geführt wird. Es handelt sich hier offenbar um Tabuzonen, so dass »Diskussionen« sich auf Beteuerungen der Feinde und Freunde der Einwanderung beschränken. Doch eine verantwortungsethische Diskussion über die damit zusammenhängenden Probleme unterbleibt. Ein deutscher Richter und Vorsitzender eines Senats für Staatsangehörigkeit und Asylrecht, Günter Renner, hat ähnlich wie Natorp argumentiert und sich in einem Plädoyer für eine offene Diskussion eingesetzt, das verdient, in einer längeren Passage zitiert zu werden:

»Es darf nicht länger nur über die Begriffe Einwanderungsland und multikulturelle Koexistenz geredet werden. Es muss endlich über die Zuwanderung selbst gesprochen werden ... Auf die Dauer kann die Ausländerpolitik die notwendige Zustimmung der Bevölkerung nur finden, wenn sie offen und frei von Festlegungen diskutiert wird. Nichts schadet dem Zusammenleben von Menschen unterschiedlicher Herkunft in Deutschland mehr, als wenn derart existenzielle bevölkerungspolitische Grundentscheidungen aus dem Parteistreit herausgehalten werden ... Der Raum für eine Steuerung der Zuwanderung ist nicht allzu groß. Um so sorgfältiger muss sie geplant und der Gesellschaft bewusstgemacht werden ... Was wir brauchen, ist eine schonungslose Aufklärung durch eine verantwortungsvolle Einwanderungspolitik.«[28]

Dieser Aufforderung schließe ich mich an und hoffe mit meinen ungeschminkten Ausführungen, die keine Selbstzensur enthalten, zu dieser Aufklärung beizutragen. Ich schließe das Kapitel mit der Befürchtung ab, dass die Träger dieser erforderlichen Diskussion unter Aufklärung doch nur die im Titel dieses Kapitels kritisierte Orientierung »Am deutschen Wesen soll die Welt genesen« verstehen. Ich habe guten Grund zu dieser Vermutung, weil in derselben Zeitung, in der die zitierten nüchternen Äußerungen von Natorp und Renner enthalten waren, ein groß aufgemachter, langer und in Leserbriefen intensiv diskutierter Essay von einer professoralen Autorität erschienen ist[29], der mir als Migrant Angst macht. Zunächst wird mit Statistiken ein Schreckensszenario heraufbeschworen, das auf Spekulationen aufbaut. Danach werde die deutsche Bevölkerung von derzeit 81 Millionen auf 38 Millionen im Jahre 2050 und auf 19,3 Millionen Ende des kommenden Jahrhunderts sinken. Dann schreibt jene professorale Autorität: »Dies bedeutet den vollständigen Ruin Deutschlands« (wie Anm. 29). Der zitierte *FAZ*-Autor schlussfolgert dann: »Das Land muss jährlich ca. eine halbe Million Zuwanderer zulassen« (ebd.). Alle sozialen Grundvoraussetzungen einer *Ein*wanderungs- (in Abgrenzung zur *Zu*wanderungs-)Politik, wie z.B. Berufsqualifikation, Alter, Integrationsfähigkeit, Vermeidung einer ethnisch-religiösen Armutskultur etc., bleiben ungenannt. Stattdessen findet der Leser eine Spielart der in diesem Kapitel kritisierten Orientierung »Am deutschen Wesen soll die Welt genesen«. Damit meine ich die Frage, ob die Zuwanderer gewillt sind, sich eine ähnliche Orientierung anzueignen. Konkret heißt das, ob wir Migranten deutsche Komplexe und Denkweisen anzunehmen bereit sind. Die Formulierung lautet so, dass es zu bedenken gelte, ob

»die Zugewanderten ... überhaupt dazu bereit sind, die – nennen wir es deutsche – Identität zu übernehmen«.

Damit gemeint ist, ob wir Migranten die

»Lasten der deutschen Nachkriegsgesellschaft mit übernehmen können, nämlich das Einstehen für die Konsequenzen des Zweiten Weltkrieges, einschließlich der moralischen Bürden ... aus den Nazi-Verbrechen, die ... sogar eine Kollektivschuld begründen« (ebd.).

Meine Antwort darauf ist Sprachlosigkeit, dann Entsetzen und schließlich die bewegten Worte:

Als ein Muslim, der aus einer Zivilisation kommt, für die das Wort Antisemitismus ein Fremdwort ist und die in ihrem historischen Höhepunkt – laut dem großen jüdischen Historiker Bernard Lewis[30] – eine islamisch-jüdische Symbiose eingeschlossen hat, kann ich mir den Mantel des NS-Verbrechers und die damit verbundenen Schuldgefühle nicht umlegen. Auf dem Cordoba-Trialog mit Juden, Muslimen und Christen im Februar 1998 und anschließend als Gast der Jewish Community in Colorado[31] sowie neben dem großen israelischen Politikwissenschaftler und Träger des Jerusalem-Preises Shlomo Avineri, bei der jüdischen Gemeinde der Schweiz[32] und auf anderen Dialogveranstaltungen – z. B. neben dem Reformrabbiner Albert Friedlaender[33] – stand ich nicht nur neben engen persönlichen Freunden, sondern auch Seite an Seite neben semitischen Brüdern, mit denen mich alles verbindet. Wie kann ich als Wahldeutscher die Schuld des NS-Mordes an meinen semitischen Schwestern und Brüdern mit übernehmen? Wenn in Deutschland je wieder eine blutbefleckte NS-Fahne wehen sollte, dann gehörte ich als Fremder und als Semit zu den ersten, die um ihr Leben fürchten müssten! Wie kann ich diese Spielart deutschen Denkens »Am deutschen Wesen soll die Welt genesen« mittragen? Meine Antwort ist klar: Eher gebe ich meinen deutschen Pass zurück und wandere aus, denn als Nachkomme von Hitler zu erscheinen! Den Lesern, die dieses Buch genau gelesen und seine Argumente verstanden haben, wird die Erkenntnis einleuchten, dass wir Fremde von den Deutschen eine demokratische Identität einfordern, die wir mit ihnen teilen können. Ich nenne diese Identität Verfassungspatriotismus, untermauert von einem kulturübergreifenden Konsens über die Gültigkeit von Werten wie Demokratie, individuelle Menschenrechte, Zivilgesellschaft und Säkularität, kurz über Werte der kulturellen Moderne. Wenn die Deutschen uns aber –

wie der zitierte Professor – ihre Schuldkomplexe als Identität aufzwingen wollen, dann gibt es dafür nur ein »Nein«, und die Folge ist Abschottung. Obgleich Gegner der Ghettobildung, würde ich mich unter solchen Bedingungen selbst abschotten wollen.

SCHLUSSBETRACHTUNGEN

Am Ende der Reise durch Europa im Zeitalter der Krise: Zurück zu den Extremen?

»Ein Jahrtausend schon und länger/Dulden wir uns brüderlich;/Du, du duldest, dass ich atme,/Dass du rasest, dulde ich (...) /Jetzt wird uns're Freundschaft fester./Und noch täglich nimmt sie zu;/Denn ich selbst begann zu rasen,/Und ich werde fast wie Du.«

Heinrich Heine, »An Edom« (den Christen, angesprochen vom lyrischen »Ich« des Juden).

»Deutschland ... will Deutschland bleiben, wie es gewachsen ist ... Warum sollen ... Bürger ihre Lebenswelt nicht verteidigen dürfen? ... Müssen latente natürliche Aggressionen erst virulent werden, bevor der deutsche Michel seine Zipfelmütze von den Ohren zieht? ... Wir wünschen eine natürliche Umwelt zurück.«

Ein gegen Migranten gerichteter Leserbrief unter dem Titel »Bürger verteidigen ihre Lebenswelt« in der *Frankfurter Allgemeinen Zeitung* vom 22. Juni 1998, S. 15.

Antisemitismus und Philosemitismus – Fremdenfeindlichkeit und verordnete Fremdenliebe

Jahrelang habe ich mich gegen den Vergleich der Situation der in Deutschland lebenden Migranten mit der der Juden vor 1933 gewehrt, ja selbst in Israel am van Leer-Institut Vorträge gehalten, in denen ich diesen Vergleich abgelehnt habe. Diese Diskussion glaubte ich seinerzeit in meinem in der *Frankfurter Allgemeinen Zeitung* 1993 erschienenen Artikel »Falsche Parallelen – Antisemitismus und Ausländerfeindlichkeit«[1] zu beenden, als diese Zeitung für mich als Fremdem noch offenstand. Stehe ich noch zu dieser Deutung? Die Antwort erfordert es, dies in den Zusammenhang eines Lernprozesses einzuordnen.

Für mich ist das Schreiben von Büchern nicht nur eine Lebenserfüllung, sondern auch ein tiefgreifender Lernprozess, in dessen Verlauf ich meine Ideen neu durchdenke, ja hierbei sogar zu neuen, ganz anderslautenden Ergebnissen gelange, wenn sich bisherige Gedanken als unhaltbar erweisen. Das bedeutet, dass die Annahmen, von denen ich bei Beginn des Schreibens ausgegangen war, im Fortschreiten der Arbeit einer radikalen

Überprüfung unterzogen werden. Als Beispiel möchte ich mein Buch *Pulverfass Nahost* anführen, das ich nach den israelischen Wahlen von 1996 in der Annahme zu schreiben begann, auch mit dem neuen israelischen Ministerpräsidenten Benjamin Netanyahu könne der Oslo-Friedensprozess fortgesetzt werden – wenngleich mit Schwierigkeiten. In einem einjährigen intensiven Lernprozess, parallel zur aufmerksamen Beobachtung der Ereignisse, verbunden mit intensivem Nachdenken über meine Ausgangsposition, bin ich beim Abschluss jenes Buches zu dem eindeutigen Ergebnis gelangt, dass mit Netanyahu kein Frieden möglich ist; nur ein Regierungswechsel in Israel könne die Fortführung des Oslo-Friedens gewährleisten. Viele meiner israelischen Freunde teilen diese Ansicht mit mir.[2]

Auch zu Schreibbeginn an diesem Buch hielt ich an der 1993 in Jerusalem erfolgten Abweisung des Vergleichs von Antisemitismus-Ausländerfeindlichkeit fest, tue dies jedoch bei Abschluss meiner Arbeit nicht mehr. Einen Impuls gab mir in diesem Denkprozess ein mehrstündiges, für mich höchst erhellendes Gespräch mit Ignatz Bubis, meinem demokratischen Mitstreiter für unsere Rechte, im Juni 1997. Der Gedankenaustausch mit Bubis hat meine Seele getröstet, unmittelbar nach einem höchst unerfreulichen Römerberg-Gespräch mit deutschen Gesinnungsethikern (vgl. Kapitel 6); bereits damals war ich mir meiner Zurückweisung des oben angeführten Vergleichs nicht mehr so sicher.

Wenn ich heute – ein Jahr später – das als Motto zitierte Gedicht von Heinrich Heine lese, kann ich mich mit diesem großen jüdischen Poeten nur allzu gut identifizieren. Im Vorwort zur dritten Auflage meines Islam-Hauptwerkes, *Der wahre Imam. Der Islam von Mohammed bis zur Gegenwart,* maßte ich mir einen Vergleich meiner Arbeit mit der Heinrich Heines an, der wegen seines Jüdischseins vor 1945 oft nicht zur deutschen Literatur gerechnet wurde. Seine Aufgabe des Widerstands gegen eine Assimilation auf der Basis der später erfolgten christlichen Taufe hat das Identitätsproblem von Heine nicht gelöst, und er bleibt mein Vorbild. Meine Islam-Forschung wird von der deutschen Islamwissenschaft, mit der ich mich im Verlaufe dieser Schlussbetrachtungen auseinandersetzen werde, nicht anerkannt. Das hängt damit zusammen, dass ich als ein Fremder ausgegrenzt werde. Was hat dies nun mit diesem Buch zu tun?

Das vorliegende, von einem nicht-europäischen, jedoch in Europa als Migrant »mit einem deutschen Pass« (so, und nicht in meiner Eigenschaft als *Citoyen/*Bürger, werde ich oft vorgestellt) lebenden Fremden geschriebene Buch beginnt bereits in seiner Einleitung mit der auf der Basis eines knapp vier Jahrzehnte langen Lebens unter Deutschen wiederholt gemachten Beobachtung: Die Europäer und insbesondere die Deutschen befinden sich in einem *Pendelzustand zwischen zwei Extremen.* Es handelt sich einmal um das Extrem der verschiedenen Spielarten von Euro-Arroganz und auf der anderen Seite um das Extrem der Selbstverleugnung. Die vorangegangenen elf Kapitel haben diese, zunächst in der Einleitung als Behauptung vorgetragene These mit empirischem Material substantiiert und konkretisiert. Hierdurch glaube ich die Behauptung in eine überzeugende Feststellung verwandelt zu haben. In den folgenden Schlussbetrachtungen möchte ich die Extreme Antisemitismus/Philosemitismus sowie die Parallele zu dieser Geisteshaltung: Fremdenfeindlichkeit/verordnete Fremdenliebe, erläutern; durch weitere Reflexionen zu dieser Problematik werde ich beide Komplexe aufeinander beziehen.

Anhand von zwei Veröffentlichungen in der liberalen Wochenzeitschrift *Der Spiegel* und in der in den letzten Jahren sich stets konservativer ausrichtenden *Frankfurter Allgemeinen Zeitung* werde ich mein Anliegen erläutern. Gegenüber keinem von beiden Publikationsorganen bin ich voreingenommen, zumal ich in beiden als Gastautor veröffentlicht habe. Als ein Werte-konservativ und zugleich liberal gesinnter Ausländer konnte ich es elf Jahre lang mit meinem Gewissen vereinbaren, als Gastautor der *Frankfurter Allgemeine Zeitung* zu wirken, doch kann ich mich mit einigen germano-zentrischen Allüren und entsprechender Euro-Arroganz nicht anfreunden und habe aus diesem Grunde meine Mitwirkung an dieser Zeitung eingestellt. Um bei dem Bild von Heinrich Heine zu bleiben: Ich möchte nicht, dass Deutsche »mein Atmen dulden«; ich möchte ebenbürtig sein, ohne assimiliert zu werden. Doch schreibe ich weiterhin für den *Spiegel,* ein Organ, das mir für meine Ideen offener erscheint.

Ehe ich die von mir anvisierte Problematik anhand von zwei Veröffentlichungen – im *Spiegel* und in der *Frankfurter Allgemeinen Zeitung* – veranschauliche, möchte ich zur Klarstellung meiner Position von einer Diskussion in Stockholm berichten, die anlässlich der Feier zur Wahl dieser Stadt zur Kulturhauptstadt Europas stattgefunden hat. Ich reise zu dieser Diskussion in Stockholm aus Ankara an, wo ich zu jener Zeit – im Frühjahr 1998 – lebte und in orientalischer Zurückgezogenheit *(Khalwah)* am dritten und vierten Teil dieses Buches, und zwar an der Bilkent-Universität gearbeitet habe.

Dialog und ein Mittelweg, keine Extreme!

In Stockholm war es der Wunsch des Gastgebers, zum Rahmenthema den Islam in Europa als Folge der Migration zu wählen. Ich sprach dort im März 1998 über Toleranz und die muslimischen Migranten in Westeuropa, die sich zwischen Euro-Islam und kommunitärer Ghettoisierung befinden. Das ist ein Thema, mit dem die Leser dieses Buches (vgl. den dritten Teil) inzwischen bestens vertraut sind, weil es den Hintergrund meiner Überlegungen zur europäischen Identität im Rahmen der Krise der multikulturellen Gesellschaft bildet. Der amerikanische Europa-Experte John Newhouse schreibt in Bezug auf die Situation auf diesem Kontinent, es handle sich um eine »dramatische Lageveränderung«.[3] Ob Europäer diese Sachlage wahrnehmen und begreifen – diese Frage stand schon in Stockholm im Mittelpunkt meines Vortrags.

In Stockholm warnte ich – wie stets in dieser Arbeit – vor beiden Extremen: einer abweisenden »Festung Europa« und einem permissiven »Europa der uneingeschränkt offenen Grenzen«. Ich fasse meine Argumentation zusammen: Im Fall des ersten Extrems würden sich Europäer anderen Zivilisationen, deren Angehörige als Migranten in Europa leben, verschließen und die Dialogbereitschaft von uns Migranten in euro-arroganter Manier – wie z. B. K. Adam in der *Frankfurter Allgemeinen Zeitung*[4] – abweisen. Im Rahmen des zweiten Extrems würde eine Armutskultur nach Europa eingeführt, die ethnisch und religiös definiert ist und aus diesem Grunde ein entsprechendes Konfliktpotenzial einschließt. Dies ist besonders bedrohlich für hier lebende integrierte Ausländer, weil dieses Konfliktpotenzial im Gegenzug fremdenfeindliche Gegengewalt hervorruft (vgl. Motto). Die Verbindung von chaotischer Migration und Armutskultur ist in Folgendem begründet: Wirtschaftlich nicht-integrierte Zuwanderer sind – ebenso wie ihre deutschen Counterparts, also die Sozialstaatskonsumenten – nicht nur als potentielle oder tatsächliche Dauer-Sozialhilfe-Empfänger eine Belastung, auch würden sie als »Futter« des religiösen Fundamentalismus oder des ethnischen Nationalismus missbraucht. »Verlockender Fundamentalismus« heißt das Stichwort.

Der Mittelweg, den ich in diesem Buch vorschlage, besteht in einer konzeptuell durchdachten Einwanderungspolitik, die sowohl in qualitativer als auch in quantitativer Hinsicht im positiven Sinne restriktiv ist. Konkret heißt das: »Ja« zur Einwanderung, aber die Zahl der Zuwanderer an die Bedürfnisse des Landes, z. B. an die Arbeitsmarktlage, anzupassen und die berufliche Qualifikation und gesundheitliche Situation der Migranten zu berücksichtigen. Die Leser dieses Buches wissen zudem, dass eine von Urbevölkerung und Migranten geteilte Leitkultur als ein verbindlicher Konsens über Normen und Werte, also im Gegensatz zu Werte-Beliebigkeit, eine Grundvoraussetzung für den inneren Frieden einer Einwanderungsgesellschaft ist. Auch in Ankara habe ich diese in Stockholm vorgetragenen Ideen anlässlich der Vorstellung meines Buches über die Türkei[5] vor einem türkischen Publikum öffentlich zur Debatte gestellt. Nach diesem Zwischenaufenthalt in Stockholm kehrte ich zunächst nach Ankara, meinem Domizil bei Abschluss dieses Buches, zurück. Dort betrieb ich den Kulturdialog an der »islamischen Front«, jedoch – wie stets – als Vermittler.

Nach meiner endgültigen Rückkehr von Ankara nach Deutschland nahm ich den Dialog an der »westlichen Front« wieder auf. Im Mai 1998 war ich mit Bundesaußenminister Klaus Kinkel im Berliner *Haus der Kulturen* zu einem Dialog über den Islam. Der auf dem Podium anwesende, mit mir befreundete Publizist Peter Scholl-Latour wies im Zusammenhang mit den Migrationsschüben auf das unverhältnismäßige Bevölkerungswachstum – gemeint ist die auch als »demographische Explosion« bezeichnete Erscheinung – hin; Scholl-Latour prägte den Satz: »Wer Kalkutta einführt, wird selber zu einem Kalkutta.« Minister Kinkel nahm diesen, in der Tat zum Nachdenken veranlassenden Satz reflektierend auf. Meine Leser kennen bereits die Gedanken von A. Giddens (vgl. Kapitel 11, S. 432), der sich über die zurzeit graduell über die Migration nach Europa eingeführte ethnisch-religiöse Armutskultur Gedanken macht[6]; Giddens wirkt auch als Berater des britischen Labour-Premierministers Tony Blair. Europa kann durch eine freizügige Öffnung seiner Grenzen und seines Sozialsystems für alle Armen und Verfolgten der Welt nicht nur selbst verslumt werden, es wird zudem auch zum Schlachtfeld ethnischer und religiöser Kämpfe unter den Zuwanderern selbst. Dies bildet auch den Inhalt der in diesem Buch enthaltenen These von der ethnisch definierten Armutskultur.

Nach dem angeführten Berliner Gespräch, auf dem der Dialog mit dem Islam als lebenswichtig für Europa erkannt worden ist, war ich auf Einladung des türkischen Deutschländers Faruk Sen auf einer Tagung des *Zentrums für Türkei-Studien* zum Thema »Der Islam in Europa«, zusammen mit Vertretern aller im Bundestag repräsentierten Parteien. Dort hat der türkische Fernsehjournalist Ahmet Senyurt anhand von Fakten über den Extremismus unter Türken und Pakistanis in Deutschland berichtet. So gibt es in Pakistan eine islamische Sekte, die *Ahmadiyya,* die dort vom Staat als »unislamisch« erklärt worden ist, weshalb sie, da es das Grundrecht auf Glaubensfreiheit dort nicht gibt, verfolgt wird. Ein statistisch signifikanter Teil der Angehörigen dieser Sekte befindet sich inzwischen ohnehin als Asylanten in Deutschland, wohin die Verfolgung inzwischen ausgedehnt wird. Positiv ist anzumerken, dass sich Deutschland als Fluchtort fast aller Verfolgten geöffnet hat, doch darf man hierbei nicht aus dem Auge verlieren, dass es sich zum großen Teil – wie der Amerikaner Newhouse in Europa beobachtet – um »Ströme unerwünschter Flüchtlinge« handelt. Mit knirschenden Zähnen bieten die Deutschen das Asyl an, beschützen die Flüchtlinge aber nicht vor der Verfolgung. Eine rechtsextreme pakistanisch-sunnitische Gruppe, die – nach Angabe von Senyurt – von der türkischen *Milli Görüş* unterstützt wird, verfolgt die Ahmadis in deutschen Asylbewerberheimen mit Terror, verletzt sie, ja bedroht ihr Leben, ohne dass deutsche Behörden eingreifen. In Deutschland gibt es nicht nur die – laut Verfassungsbericht – rechtsextreme *Milli Görüş,* sondern auch die ebenso »rechtsextremen Grauen Wölfe, (die) die größte Moschee auf deutschem Boden«[7] leiten. Das ist kein Beweis für »deutsche Toleranz«, sondern für Werte-Beliebigkeit und Indifferenz (vgl. Kapitel 6). Der zitierte türkische Journalist beschrieb den Umstand auf der angeführten Tagung so:

»Die deutschen Behörden verstehen den Konflikt nicht, bleiben untätig und sagen lediglich: Das ist nur Krach unter Ausländern.«

Es ist erfreulich und sehr richtig, dass deutsche Behörden sich anders verhalten, wenn deutsche Rechtsradikale in verbrecherischer Weise Asylbewerberheime angreifen. Bedenklich ist dann aber, dass die Deutschen sich nur über sich selbst beklagen und in Selbstvorwürfen ergehen. Am nächsten Tag folgen dicke Schlagzeilen in der Presse und in anderen Medien mit entsprechenden Beschwörungen. Wenn ausländische Rechtsradikale dasselbe tun, passiert nichts: Schweigen! Ich werde Beispiele dafür anführen, dass die von Fundamentalisten in Europa ausgeübte Gewalt gegen muslimische Migranten weder die deutschen Behörden noch die Medien interessiert. Hierunter leidet die Glaubwürdigkeit der deutschen Fremdenfreunde, denen ich mich im Folgenden zuwenden werde.

Über die deutschen »Fremdenfreunde«

Lange war es in dieser Republik nicht möglich, über die Thematik des Rechtsradikalismus unter den Ausländern in Deutschland öffentlich zu sprechen. Endlich verfasste ein ehemaliger Linker, Frank Böckelmann, ein Buch[8] über das Verhältnis der Deutschen zu den Fremden, dem verdientermaßen ein großer Besprechungsaufsatz im *SPIEGEL* gewidmet worden ist. Reinhard Mohr leitet seine bemerkenswerte Rezension mit der hier in vollem Wortlaut wiedergegebenen Bestandsaufnahme ein:

> »Wenn in Deutschland, besonders oft rund um Berlin, wieder einmal kahlgeschorene Schläger und Brandstifter ihre fremdenfeindlichen Wallungen ausgelebt haben, wenn xenophobe Dumpfbacken der rechtsradikalen DVU mit zweistelligen Wahlergebnissen in ein Landesparlament einziehen, dann zerfällt die ganze Republik sogleich in drei Teile: in die Dumpfbackenfraktion nebst Sympathisanten, die peinlich berührte schweigende Mehrheit und die Warner & Mahner, bekennende Fremdenfreunde daselbst. Die Debatte läuft stets nach demselben reflexhaften Muster ab … Schließlich fließt Geld für ein paar neue Studien über Rassismus und Jugendgewalt aus staatlichen Töpfen, hier und da entsteht ein neues interkulturelles Begegnungszentrum. Übergang zur Tagesordnung. Bis zum nächsten Mal. Hinter diesem Reiz-Reaktions-Schema steckt nicht nur Ratlosigkeit, sondern auch eine Weigerung, Realität wahrzunehmen – sie ergänzt die rechten Ressentiments auf merkwürdige Weise.«[9]

Im Berliner Dialog mit Kinkel habe ich vor großem Publikum diesen *Spiegel*-Artikel zitiert und betont, dass ich mich als ein unter den Deutschen lebender Fremder sehr darüber freue, endlich auf Deutsche zu stoßen, die klar denken. In dem vorliegenden Buch habe ich mich wiederholt über das »Tollhaus Deutschland« beklagt. Schließlich müssen die Deutschen wissen, dass wir Fremde über die deutsche verordnete Fremdenliebe ebenso denken wie die Juden über den Philosemitismus: Gesinnungsethisch verordnete, also nicht echte, Fremdenliebe ist die Kehrseite der Medaille der

Fremdenfeindlichkeit, nicht deren Überwindung – Philosemiten und Antisemiten sind vergleichbar mit dem hier angesprochenen Extrem der deutschen Xenophoben und Xenophilen. Mit diesen Sätzen möchte ich den einleitend angesprochenen Lernprozess beim Schreiben dieses Buches zusammenfassen. Die mich bestätigende Formulierung des *Spiegel*-Autors Mohr lautet, dass deutsche Xenophile uns Fremde im Namen angeblicher Fremdenfreundlichkeit gar nicht gelten lassen; diese Heuchler wollen – wie er schreibt –

> »das Andersartige gar nicht erst wahrnehmen und damit gleich auch Autonomie und Unverwechselbarkeit des anderen einkassieren« (ebd.).

Bei diesem Kreis geht es gar nicht um uns Fremde; der Schutz des Fremden ist nur der äußere »Vorwand für erzieherischen Tugendterror«[10], dessen Objekt wir Ausländer sind.

Es mutet seltsam an, wenn Deutsche angesichts ihrer rassistischen Vergangenheit uns Fremde in die Nähe des Rassismus-Verdachts bringen, wenn wir – auf unsere Identität pochend – auf die Andersartigkeit unserer Normen und Werte hinweisen. Bei der Philanthropie deutscher Xenophiler handelt es sich in Wahrheit um eine »neuartige Vormundschaft über die Welt, die per Selbstanklage und Reue ausgeübt wird« (ebd.), wie bei Böckelmann zu lesen ist – mir aus dem Herzen sprechend, der ich mich von diesem gesinnungsethischen Typ von Deutschen über die eigene Kultur und Religion, also den Islam, belehren lassen muss. Das ist der pure Kultur-Imperialismus deutscher und anderer europäischer Gesinnungsethiker. Böckelmann spricht in diesem Zusammenhang vom »geständigen Imperialismus« (ebd.).

Besonders empörend an dem Tugendterror der deutschen, im vorliegenden Buch kritisierten Multikulti-Sittenwächter und Xenophilen ist die Tatsache, dass sie uns Fremde durch die Verleugnung unserer Fremdheit verfemen, unsere Existenz ideologisch untergraben, ja das Insistieren auf unserem Anderssein als Rassismus karikieren. Es ist begrüßenswert, dass Mohr wie Böckelmann diese Gesinnungsethik der Verbrüderungsfolklore als »Krankheit« beim Namen nennen. Über eine *Krankheit* zu reden, sie zu diagnostizieren, ist der erste Schritt auf dem Weg, sie zu heilen. Für uns unter Deutschen lebende Fremde, die im Alltag von Fremdenfeindlichkeit bedroht sind, gilt das Prinzip »Vorsicht« auch für die deutschen Vertreter der verordneten Fremdenliebe. Hierbei lernen wir von den Opfern des Antisemitismus, die den Philosemitismus nicht ohne Grund mit Argwohn betrachten.

Das Gegenextrem:
Die Bestimmung des Anderen als Fremden und seine Ausgrenzung

Zum Extrem der Verleugnung der Fremdheit gehört – auf der anderen Seite der Medaille – das Extrem der Bestimmung des Fremden als einer Art Untermensch, einer irrationalen Kreatur. Es ist eigenartig, wenn in der deutschen Kulturromantik der Orchideenfächer wie Orientalistik, Indologie und anderer Wissenschaften zur Erforschung »des Fremden« ein mit entsprechenden »Retuschen« verbundener Exotismus betrieben wird. Diese Orchideenfächer erforschen den Fremden nicht, um ihn dialogisch und partnerschaftlich kennenzulernen, sondern um die Überlegenheit ihm gegenüber vorzuführen.

In den Vereinigten Staaten von Amerika wurde in den 60er Jahren die Alternative entwickelt: die *Area Studies,* die zugleich rationalistisch und universalistisch an der Sozialwissenschaft orientiert sind. Es ist falsch, *Area Studies* mit »Regionalforschung« ins Deutsche zu übertragen, weil letztere in ihrer deutschen Ausrichtung mit Sozialwissenschaft nichts zu tun hat, wohingegen die amerikanischen *Area Studies* Länderstudien sind, die von dem Ansatz des universellen Rationalismus der Sozialwissenschaften geleitet werden. Sicher gibt es viel an der amerikanischen Modernisierungstheorie zu kritisieren, die diesen *Area Studies* zugrunde liegt und die auch von deutschen Soziologen übernommen worden ist. Diese Theorie ist jedoch bemüht, den Fremden rational und universalistisch zu deuten. Deshalb ist ihr Rationalismus gegenüber den oft rassistisch orientierten Orchideenfächern, die die deutsche »Regionalforschung« tragen, ein Fortschritt. Doch die deutschen Orientalisten wehren sich gegen diese ihrem Denken fremde sozialwissenschaftliche Theorie, weil sie das alte Bild vom Fremden bewahren wollen, der – nach ihrer Ansicht –rational nicht zu fassen ist.

Anlässlich der 250-Jahr-Feier der Göttinger Arabistik besaß der dort lehrende Orientalist Tilman Nagel die Unverfrorenheit, eine Polemik gegen die rationale, sozialwissenschaftlich orientierte Bestimmung des Fremden vorzutragen, über die auch noch in der *Frankfurter Allgemeinen*

Zeitung ausführlich und anerkennend mit der Überschrift »Protest gegen die soziologische Verformung der Orientalistik«[11] berichtet wurde. Ich verwende den Begriff »unverfroren« deshalb, weil Nagel seine öffentliche Äußerung in dem Wissen gemacht hat, dass ein orientalischer Muslim, dieser Autor, in Göttingen als Sozialwissenschaftler lehrt und zudem der 1998 gewählte Universitätspräsident, Professor Horst Kern, als ein großer Soziologe in dieser Republik gilt.

Als orientalischer Muslim und Politologe an der Universität Göttingen sehe ich mich veranlasst, mich empört gegen den widrigen Versuch zur Wehr zu setzen, uns Orientalen und Fremde in einem deutsch-national ausgerichteten Protest gegen den Rationalismus der Sozialwissenschaften, der – laut *FAZ* – als Protest »gegen die soziologische Verformung der Orientalistik« verbrämt wird, zu instrumentalisieren.

Um es klarzustellen: Hier geht es, wie die Überschrift dieses Abschnitts lautet, um das Gegenextrem zu dem deutschen anderen Extrem der Fremdenfreunde, also nicht um einen »Fach«-Streit zwischen deutscher Orientalistik und westlicher Sozialwissenschaft. Die traditionelle Orientalistik wurde stets als Hilfswissenschaft des Kolonialismus herangezogen und hat somit ihren Beitrag zu einer entsprechenden Bestimmung des Fremden geleistet. Wie mein Freund und Mitstreiter, der Palästinenser Edward Said, in seinem Buch *Orientalism*[12] gezeigt hat, ist »Orientalismus« die dahinterstehende Geisteshaltung. Darunter versteht Said – und ich schließe mich ihm trotz einiger differenzierender Vorbehalte[13] hierin an – »die Orientalisierung des Orients«, die ihn auf ein in der Ferne liegendes Studienobjekt reduziert. Orientalen – also die Menschen im Orient –haben hierbei, im Gegensatz zu den Europäern, von denen sie studiert werden, also den Orientalisten, keine eigene Subjektivität, können also zunächst auf der Erkenntnisebene beherrscht werden. Diese Orientalisten behandeln uns Orientalen wie Zoologen ihre Versuchskaninchen. In Deutschland wurde das in den vergangenen zwei Jahrzehnten international debattierte Buch von Said kaum rezipiert. Der große jüdische Islamologe Maxime Rodinson schreibt hierüber:

> »Ich rate meinen Lesern auch, das Buch *Orientalism* von Edward Said zu lesen. Das Werk dieses Palästinensers … hat bei den Orientalisten so etwas wie ein Trauma verursacht … Seine Analyse ist intelligent, scharfsinnig und oft treffend … sie enthält manch überspitzte Interpretation … Dies führt zu einigen exzessiven Formulierungen … Die Schockwirkung dieses Buches wird sich als sehr nützlich erweisen.«[14]

Von den exzessiven Formulierungen abgesehen – darin bin ich mit Rodinson einig –, war zu hoffen, dass die Schockwirkung indirekt Lernprozesse hervorrufen würde; dies ist zwar in Frankreich und in der angelsächsischen Welt auch tatsächlich geschehen, nicht aber in Deutschland. Deutsche Orientalisten haben in Bezug auf diese Kritik eine Betonkopfmentalität entwickelt. Im Großen und Ganzen ist von dem traurigen Ergebnis zu berichten, dass die Herausforderung einfach totgeschwiegen wurde. Wenn Edward Said in diesem Kreis überhaupt erwähnt wurde, dann nur, um ihn, den christlichen Araber, durch die Unterstellung einer Nähe zu islamischen Fundamentalisten zu ächten.

In ihrer Abwehr gegen die Kritik an ihrem Eurozentrismus haben deutsche Orientalisten dem an der Columbia University lehrenden Araber Said vorgeworfen, kein Deutsch zu können, ihm somit die Fähigkeit absprechend, über die deutsche Orientalistik kompetent zu urteilen, was wiederum zur Rechtfertigung für das Verschweigen seines Werkes dient. Als arabischer Muslim, der seit dem 18. Lebensjahr in Deutschland lebt, eine deutsche Erziehung und akademische Bildung genossen hat, habe ich Said gegenüber den Vorteil, die Literatur der deutschen Orientalistik und somit auch ihre germano-zentrische und unerträglich arrogante Einstellung uns Orientalen gegenüber zu kennen. Selbst dieser Bildungshintergrund schützt nicht vor Verfemung. Ein arabischer Lektor an einem orientalistischen Seminar einer deutschen Universität berichtete mir von der Verfemung meiner Person durch deutsche Orientalisten mit der Abqualifizierung, ich sei »ungebildet«. Daraufhin musste er mich gegenüber diesen Orientalisten mit dem Hinweis verteidigen, »die deutsche Universität hat Tibi eine Promotion, eine Habilitation und anschließend eine Professur gegeben«. Warum dann der Vorwurf der Unbildung? Ist die Voraussetzung für eine Duldung deutsches Blut?

Mit meinen Hinweisen auf diese Orientalismus-Debatte (vgl. Anm. 13) möchte ich das Extrem der deutschen Fremdenfeinde veranschaulichen. Der Mythos vom *homo islamicus,* wodurch ein vorurteilsbeladenes Menschenbild vom Orientalen unterbreitet wird, dient als Grundlage für die Bestimmung des Fremden. Die Unterschiede zwischen dem orientalischen und dem westlichen Menschen seien, so der Begründer der deutschen Islamwissenschaft C. H. Becker, »in rassenpsychologischen Tatsachen zu suchen« (wie Anm. 20). Ich möchte diese deutsche »rassenpsychologische« Bestimmung des Orientalen erläutern und hierbei das Bild vom »orientalischen Fremden« hinterfragen.

Von der rassenpsychologischen zur »philologischen« Bestimmung des Fremden

Angesichts der NS-Verbrechen würde heute niemand von der »Rassenpsychologie des Orientalen« sprechen können, ohne selbst in einen entsprechenden Geruch zu geraten. Deutsche Orientalisten unserer Zeit sprechen lieber von den Vorzügen der traditionellen Philologie, die die Unterschiede zwischen europäischen und orientalischen Menschen aufzeigt. Nun ist die traditionelle Philologie eine wertneutrale Hilfswissenschaft, und keiner würde in ein falsches Licht geraten, wenn er eine Lanze für sie bricht; »reine Philologie« gilt heute als überholt. Auf der Basis der Wissenschaftsentwicklung im Bereich der Erforschung der Sprache (moderne Sprachwissenschaft) könnten sich traditionelle Philologen daher als Menschen von vorgestern bestenfalls unter Fachleuten lächerlich machen, nicht mehr und nicht weniger. Doch kann eine Politisierung der Philologie bei uns Orientalen, die wir uns von der westlichen Orientalistik zu einem Prototyp des *homo islamicus* herabgestuft fühlen, den Verdacht erwecken, dass sich dahinter etwas ganz anderes versteckt. Als ein an einer deutschen Universität lehrender Orientale greife ich auf das auch mir zustehende Grundrecht der Wissenschaftsfreiheit in dieser Bundesrepublik zurück, um mit diesem erkenntnismäßigen Verdacht Implikationen der Verwendung der Philologie gegen die Sozialwissenschaft in der Bestimmung des Fremden durch den zitierten Orientalisten Tilman Nagel zu vermuten. Dieses Recht kann mir keiner bestreiten!

Im Namen der Kritik der deutschen Orientalistik an der westlichen Politologie und Soziologie werden die Dinge völlig auf den Kopf gestellt. Dies geschieht dadurch, dass die bereits erwähnten Versuche der Sozialwissenschaften, den Orient rational zu verstehen, also nicht mehr als »irrational« zu verfemen, als »Verformung« missdeutet, ja als Ausdruck des »westlichen Imperialismus« inkriminiert werden. Unter Imperialismus versteht der angeführte Orientalist Nagel nicht europäische Herrschaft über den Orient, sondern den universalistischen Versuch westlicher Soziologen, ihren Rationalismus auf den Orient zu übertragen, um ihn entsprechend rational zu erklären. Für Nagel und seinesgleichen bleiben Orient und Okzident unvermittelt nebeneinander stehen, d. h. zwei getrennte Welten, wie ich zeigen werde.

Trotz meines Abstands zum Universalismus westlicher Soziologen[15] anerkenne ich ihre Bemühungen, uns mit rationalen Begriffen zu verstehen, eben weil sie uns hierdurch Ebenbürtigkeit einräumen. Es sind nicht diese Soziologen oder Politologen, die uns Orientalen zu »fernen Fremden« – so Niewöhner in *Frankfurter Allgemeine Zeitung,* Nagel referierend (vgl. Anm. 11) – degradiert haben; vielmehr sind das deutsche und andere Orientalisten, die bemüht sind, den »Orient zu orientalisieren« (Said). Besonders empörend in dem zitierten *FAZ*-Artikel mutet die Darstellung der von Nagel geforderten »Befreiung der Orientalistik von der Soziologie und Politologie« als Akt der Wohltat gegenüber uns Fremden an. Nach dieser »Befreiung« soll anstelle der Sozialwissenschaft wieder die in der Deutung von Nagel uns ausgrenzende, ja politisierte Philologie triumphieren. Denn, wie der Wolfenbütteler Bibliothekar Niewöhner als Nagel-Interpret in der *FAZ* schreibt, diese Philologie will trennen, statt – wie die Sozialwissenschaft – uns Orientalen mit Europäern auf ein und dieselbe Stufe zu stellen. Wortwörtlich heißt es skandalöserweise:

»Die Philologie dagegen ist eine Wissenschaft, die jede Beziehung zwischen uns und dem Fremden zunächst ausschließt« (ebd.).

Das ist nicht die Philologie als Hilfswissenschaft der Erforschung der Sprache, wie ich sie als Mensch, der vier Sprachen in Wort und Schrift beherrscht, kenne. Das ist die eingangs vermutete Politisierung der Philologie, ein Ersatz für die alte deutsche Rassenlehre.

Die Ausgrenzung von uns Fremden soll nach der Logik der deutschen Orientalistik nicht mit »Intoleranz« verwechselt werden, so Niewöhner, der aber einräumt, in Nagels Ausführungen komme »das von Soziologen geschätzte Wort Toleranz« (ebd.) nicht vor. Toleranz gilt für diesen Kreis als eine Modeerscheinung. Niewöhner rettet seinen Göttinger Philologenmeister mit einer neuen, also nicht-modischen Deutung der Toleranz: Nagels Philologie, die nach meinem Dafürhalten deutsch-national ist,

»toleriert gewissermaßen die Distanz zwischen uns und dem Fremden« (so in der *FAZ*-Ausgabe vom 10.06.1998).

Zu dieser Toleranz (vgl. oben S. 453 das Motto von Heinrich Heine) gehört die zitierte Empfehlung von Nagel an die deutschen Behörden, uns in Deutschland lebende Muslime als *Musta'minun*/Schützlinge[16] zu behandeln (vgl. Kap. 7, S. 332).

Als ein in Deutschland lebender Fremder kann ich die Verfälschung von Toleranz zur »Distanz zwischen uns und den Fremden« (Nagel) nur ablehnen. Im Gegensatz dazu verstehe ich unter Toleranz Nähe durch Dialog und Brückenbildung. In der Regel argumentiert ein gewisser deutscher Professor nur nach außen hin fachlich. Die dahinter verborgene Fremdenfeindlichkeit kleidet sich in diesem Fall fachbezogen als harmlos erscheinender Angriff der Orientalistik auf die Soziologie. Nach dem FAZ-Artikel bedeutet die von Nagel propagierte Formel

»Philologie statt Soziologie ... auch: der Fremde wird wieder von Europa fortgerückt, indem seine Andersheit betont wird« (wie Anm. 11).

Über die fremdenfeindlichen Implikationen schrieb ich einen Leserbrief an die *FAZ,* der aber nicht veröffentlicht wurde. Laut Überschrift der entsprechenden Seite heißt sie »Briefe an die Herausgeber«. Die *FAZ*-Praxis ist jedoch, dass ausschließlich die verantwortlichen Redakteure darüber entscheiden, ob ein Leserbrief veröffentlicht wird. Als ehemaliger Gastautor dieser Zeitung hatte ich das Privileg, dass der verantwortliche Redakteur mich anrief, um seine Ablehnung zu verkünden, und meinen Verdacht mit der Bemerkung zurückwies, hier sei die Rede abstrakt vom Fremden, nicht von konkreten fremden Menschen.[17] Ich verwies beim Telefonat auf ein Zitat von Albert Béguin: »Mehr als die angeblich rationalistischen Völker sind die Deutschen einer so *vollkommenen Unterdrückung des Subjekts fähig,* dass allein der Intellekt bleibt und dass der *Dämon des Abstrakten* unerhörte Triumphe feiert.« (zitiert nach Joseph Gabel, S. 152 [s. Anm. 18]). Béguin kritisiert die deutsche abstrakte Denkweise, die zu einer »vollkommenen Unterdrückung des Subjekts fähig« ist, so dass nur »der Dämon des Abstrakten« bleibt. Das Fremde ist nach dieser Denkweise eine abstrakte Kategorie, nicht ein Mensch aus Fleisch und Blut, und ein solcher bin ich, obwohl ich bei den Deutschen auch abstraktes Denken gelernt habe. Die Implikationen, die dieser Denkweise inhärent sind, können nur abgelehnt werden. Denn der Fremde ist ein real existierendes Individuum, das von Ethnozentrikern nicht wahrgenommen wird. Joseph Gabel beschreibt es so: Dem ethnozentrischen Menschen gehe

»die Fähigkeit zum persönlichen Kontakt ab, er denkt in Stereotypen, verdinglicht, entpersönlicht und zerreißt sein Objekt. Aber im ganzen gesehen ist der Ethnozentrismus ein globales Phänomen; der Antisemit ist häufig ein Gegner der Neger, ausländerfeindlich, ja sogar anti-europäisch; der Ursprung seiner Voreingenommenheit liegt also nicht in der konkreten Erfahrung … (Er) denkt in Symbolen und nicht in Individuen.«[18]

Genau um dieses Menschenbild geht es mir bei meiner Kritik am *homo islamicus-Mythos* der deutschen Orientalistik, also nicht so sehr um den fachlichen Unterschied zwischen Philologie und Soziologie, sondern um die rassische Andersbestimmung des Fremden. Ich werde dies im folgenden Abschnitt näher begründen.

Orientalismus, Philologie, Rassenpsychologie und die deutsche Islamwissenschaft

Nach diesen Ausführungen versteht es sich von selbst: Für uns Fremde sind die selbsterklärten Fremdenfreunde angenehmer als die deutschen Fremdenfeinde. Eine spezifisch deutsche Fremdenfeindlichkeit hat sich in den bereits angeführten deutschen Wissenschaftsdisziplinen der Erforschung des Fremden ausgebreitet. An der deutschen Universität nennt man diese Disziplinen bekanntlich Orchideenfächer. Hier macht die Mischung eines Anspruchs auf eine auf Philologie und Kulturkunde basierende objektive Wissenschaft mit einer Romantisierung des »fernen« Fremden im Rahmen von deutschem Exotismus die Kritik schwer, weil Ablehnung und nur scheinbare Begeisterung ineinandergehen. Weil ich religiös-kulturell ein Muslim und ethnisch ein Araber[19] bin, möchte ich aus der Fülle dieser deutschen Wissenschaften die soeben angesprochene Orientalistik auswählen, die sich mit meinesgleichen als Studienobjekt befasst, um zu zeigen, wie eiskalt sie »den Fremden von Europa fortrückt«.

Der Berliner Begründer der deutschen Islamwissenschaft, Carl Heinrich Becker, der später zum Kultusminister avancierte, machte sich »wissenschaftliche« Gedanken darüber, warum wir muslimische Orientalen rückständig und unterentwickelt seien, und fand, dass die Antwort darauf – wie er in seinen zweibändigen *Islamstudien* schreibt –

»in rassenpsychologischen Tatsachen zu suchen«[20] sei.

Dieser Carl Heinrich Becker räumt uns Orientalen ein, nicht so primitiv zu sein, wie es etwa – wie er schreibt – »die Neger« seien. So hat Becker vor der *Union Coloniale Française* in Paris 1910 in einem Vortrag gesagt:

> »Der Islam bietet dem Neger ... Vorteile ... weiter gibt der Islam dem Neger einen höheren Grad der Zivilisation.«[21]

Der Islam sei auch deshalb für »den Neger« – laut C. H. Becker besser als das westliche Christentum, weil »der christliche Neger dagegen ... eben stets der Eingeborene« bleibe, also europäische Standards nie erreiche. Dagegen sei die Verbindung von »Neger« und »Islam« in Ordnung und akzeptabel!

Obwohl C. H. Becker der islamischen Zivilisation der Orientalen seinen Respekt zolle, sei sie nicht auf dem europäischen Niveau und kann – eben aufgrund von »rassenpsychologischen Tatsachen« – nicht zu einer hohen Entwicklung führen, weil

> »eben schließlich doch in letzter Linie ein anderer Geist dahinter steckt als in Europa«.[22]

Das ist das »befremdende« Bild des Fremden der deutschen islamwissenschaftlichen Orientalistik. Ist das nicht Rassismus und Fremdenfeindlichkeit? Natürlich können diejenigen unter den heutigen Orientalisten, die geistig noch dieser Tradition verpflichtet sind, angesichts der deutschen Vergangenheit nicht mehr den Rassenbegriff so unverhüllt verwenden wie einst der Vater ihrer Wissenschaft.

Im Gegensatz zu den in diesen Schlussbetrachtungen eingangs kritisierten deutschen Fremdenfreunden, die Unterschiede verleugnen, bin ich der Auffassung, dass Unterschiede real sind und zur globalen kulturellen Vielfalt beitragen, wie in meinem Buch *Krieg der Zivilisationen* erläutert. Die Frage ist nur, wie die »Unterschiede zwischen uns und den Fremden« (Nagel) inhaltlich bestimmt werden. Unabhängig von dieser Ausrichtung der deutschen Orientalistik habe ich in Einklang mit Maxime Rodinson generell für eine Entkolonialisierung der europäischen Islam-Studien gestritten. Mein Eintreten für post-koloniale und post-orientalistische Islam-Studien führte zu meiner Ausgrenzung aus der etablierten universitären deutschen Islam-Forschung oft mit sehr billigen Argumenten wie: Ich sei kein Wissenschaftler, nur ein Polemiker als ob man ein Arier sein müsste, um als Wissenschaftler anerkannt zu werden. In meiner Hommage an den jüdischen Gelehrten Maxime Rodinson nannte ich unser gemeinsames Plädoyer »Vom philologischen Orientalismus zur inter-disziplinären und dekolonisierten Islam-Forschung«.[23] Rodinson selbst schreibt:

> »Le fin de l'orientalisme ... c'est le fin de l'hegemonie de la philologie/ Das Ende des Orientalismus muss das Ende der Vorherrschaft der Philologie bedeuten.«[24]

Nach Rodinson ist dieses Ende eine Voraussetzung zur Überwindung des Eurozentrismus in Bezug auf den Orient.[25]

Wenn ich dafür streite, die Sozialwissenschaft in die Beschäftigung mit dem Islam hier in Deutschland als sozialwissenschaftliche Islamologie einzuführen, dann tue ich dies nicht, weil ich den Universalismus deutscher und anderer westlicher Soziologen teile; aber ich stimme mit ihnen in ihrem Ausgangspunkt überein, dass wir muslimischen Orientalen genauso wie die Europäer sind, also keine Untermenschen, und somit mit universell gültigen rationalen Begriffen analysiert werden können. Wenn der Herausgeber der Schriften von Carl Heinrich Becker in seiner Suche nach Erben dieses deutschen Islamwissenschaftlers mich wohlwollend ins Visier nimmt und, seinen deutschen Meister ehrend, schreibt, in der »islamwissenschaftlich-kulturgeschichtlichen ... Tradition« von Carl Heinrich Becker stünden

> »heute in gewisser Weise ... in Deutschland die islamwissenschaftlichen Arbeiten von Bassam Tibi, Tilman Nagel ...«[26],

dann zittere ich und reagiere als Muslim spontan mit dem islamischen Spruch »A'uz bi Allah min al-schaitan al-radjim/Allah beschütze mich vor dem verfluchten Satan«. Mag Nagel – laut Guido Müller – das Erbe von C. H. Becker fortsetzen, ich als arabischer Muslim kann nur ihr streitbarer Gegner sein; vor allem Gegner der Übertragung dieses deutschen Erbes auf die Politik in Bezug auf die in Europa lebenden Muslime.

Als Wissenschaftler vermute ich Parallelen zwischen der rassistisch angelegten Lehre des deutschen Orientalisten C. H. Becker und der Philologie von Tilman Nagel und sehe meine Vermutung bestätigt, wenn dieser als sein Ziel – ich wiederhole – angibt: »Der Fremde wird wieder von Europa fortgerückt, indem seine Andersheit betont wird.«

Wir orientalischen, in Europa lebenden Migranten wollen aber nicht philologisch – oder wie auch immer – »fortgerückt« werden. Unter uns gibt es Fundamentalisten oder orthodoxe Muslime, die Orientalisten wie Nagel als *Salibiyun*[27]/Kreuzzügler abweisen mögen. Aber es gibt auch Demokraten, die den Dialog mit den Deutschen suchen und im Fremdsein eine Brücke, nicht eine Grenze sehen.[28] Wer uns ausgrenzt und im Namen von was auch immer (ganz gleich ob Rassenpsychologie oder Wissenschaft der Philologie) »fortrückt« (Nagel), den verdächtigen wir der Fremdenfeindlichkeit.

Islam ist nicht Islamismus! Warnung vor den Fundamentalisten ist keine Fremdenfeindlichkeit

Obwohl die europäischen selbsternannten Fremdenfreunde den Fremdenfeinden vorzuziehen sind, ist ihre Haltung gegenüber Auseinandersetzungen innerhalb der Diaspora-Gruppen der Migranten sehr bedenklich, besonders wenn sie Indifferenz mit Toleranz verwechseln. Der Fremde ist kein *bon sauvage,* kein edler Wilder, und wie es unter den Europäern Demokraten und Rechtsradikale, Terroristen und normale Bürger gibt, so lässt sich unter den Fremden ähnliches feststellen. Fundamentalisten sind Gegner der Demokratie, und es darf nicht zugelassen werden, dass man ihnen unter der Maske des Fremdenschutzes freien Lauf lässt.

In diesem Zusammenhang möchte ich noch einmal auf die eingangs diskutierten Fremdenfreunde zurückkommen und über ein im höchsten Maße erschütterndes Ereignis in London berichten. Nach dem Tod des im Exil lebenden arabisch-syrischen Dichters Nizar al-Qabbani haben islamistische, das Asylrecht genießende Fundamentalisten sämtliche Menschenrechte, wie noch zu beschreiben ist, mit Füßen getreten. Dieser Fall zeigt die Unzulänglichkeit weltfrommer protestantischer Pfarrer-Sprüche und ihres Kirchenasyls, das auch diesem Kreis die Türen öffnet und Schutz bietet.

Ehe ich davon berichte, dass im britischen Exil als Asylanten lebende und dort agierende islamistische Fundamentalisten dem angeführten Dichter, mit der Begründung, er sei »ungläubig«, ein islamisches Ritual versagten und dies mit Gewalt durchsetzten, möchte ich einen allgemeinen Rahmen herstellen und beginne mit der Fußball-Weltmeisterschaft 1998 in Frankreich. Diese verlief bekanntlich – wenn man die Ausfälle der

Hooligans nicht hinzuzählt – ohne Terroraktionen, obwohl islamische Terroristen das Gegenteil planten. Verhaftungen im Vorfeld haben diese Pläne vereitelt. Aber ein Pariser Imam ist zur selben Zeit nur knapp dem Tod entgangen.[29] Der Imam der Moschee von Paris, Dalil Bu-Bakr, gehört zu den Euro-Muslimen[30], die nicht nur europäische Verfassungen sowie die Trennung zwischen Religion und Politik bejahen, sondern auch den Mut haben, die »im Namen des Islam« verübten Blutmassaker in seiner Ursprungsheimat Algerien offen auf der Basis eines aufgeklärten Islam zu verurteilen.[31]

Die Nachricht, dass die französischen Sicherheitsbehörden einen Plan zu seiner Ermordung durch die GIA vereitelt haben, wurde von den deutschen, auf die eigene Innenpolitik zentrierten Zeitungen nicht wahrgenommen; vergeblich sucht man ebenso die Nachricht, dass islamische Fundamentalisten in London mit Gewalt verhindert haben, dass der Sarg des dort verstorbenen größten arabischen Dichters unserer Zeit, Nizar al-Qabbani, in die Londoner Regent Park-Moschee zum Gebet hineingetragen werden durfte. Selbst die als sehr konservativ geltende arabische Zeitung *al-Scharq al-Ausat* hat empört von diesem Vorfall in London berichtet:

> »Es wurde von einer Gruppe algerischer, ägyptischer, syrischer und anderer Extremisten untersagt, den Leichnam von Nizar al-Qabbani, des Dichters, der die arabische Sprache in seinem Herzen und auf seinen Schultern trug, in die Regent Moschee von London hineinzutragen und das Gebet auf den Toten zu verrichten … Dies sind die Gruppen, die durch ihre Verlautbarungen der *Takfir* (Erklärung zum Ungläubigen, B.T.) das Blut andersdenkender Muslime freigeben … In der Umgebung der Regent Moschee in London hat die Erregung einen Höhepunkt erreicht, die von Männern geschürt wurde, denen nur noch die Messer und Äxte fehlten, um ein Blutbad mitten in London zu verüben, das den Massakern in Algerien geähnelt hätte, nur um das islamische Gebet auf den Leichnam eines muslimischen Dichters zu verhindern.«[32]

Die Dramatik der mit dieser Passage beschriebenen Szene kann erst dann voll erfasst werden, wenn ergänzt wird, dass diese von der zitierten Zeitung als *Mutatarifun*/Extremisten bezeichneten islamischen Fundamentalisten in Großbritannien (und anderswo in Europa) das demokratische Recht auf Asyl für politisch Verfolgte genießen und von Mitteln der Steuerzahler, also der Sozialhilfe, nicht nur leben, sondern aus diesen Mitteln auch ihre menschenrechtswidrigen Aktivitäten finanzieren (vgl. Kapitel 10). Ein Paradebeispiel für die als »Toleranz« verkaufte europäische Indifferenz!

In beiden Fällen verlautbarten die Täter, also die das demokratische Asylrecht in Europa beanspruchenden Islamisten, dass diese Muslime (der Pariser Imam und der im Londoner Exil lebende Dichter) jeweils als *Kafir*/Ungläubige einzustufen seien. Nach der islamischen Scharia wird ein Muslim, der aus irgendwelchen Gründen zum *Kafir* geworden ist, der *Riddah*/Abfall von der Religion bezichtigt. Die *Scharia* sieht als Strafe hierfür den Tod vor.

Immerhin haben die französischen Sicherheitsbehörden den Mord an dem Imam Bu-Bakr, der als Imam kein Ungläubiger sein kann, verhindert; die Londoner Polizei wollte jedoch nicht intervenieren, weil es bei dem beschriebenen Vorgang angeblich um eine inner-islamische Querele gegangen sei – eine bereits geläufige Schutzbehauptung, für die das Verhalten der deutschen Behörden, wie ich weiter oben in diesen Schlussbetrachtungen (S. 459) anhand des Berichts eines türkischen Journalisten gezeigt habe, anschauliche Beispiele bietet. Europäer verteidigen nicht mehr ihre Werte, an deren höchster Stelle die Glaubensfreiheit steht.

Die Erklärung eines Menschen zum *Kafir*/Ungläubigen ist eine schwere Verletzung des europäischen Menschenrechts auf Freiheit des Glaubens – und nun erfolgt sie ungestraft auf europäischem Boden. Hierüber offen zu reden, gehört zu den strengen Tabus der selbsternannten Fremdenfreunde. Fremdenfeinde dagegen nutzen diese Vorfälle, um euro-arrogant und propagandistisch »islamische Intoleranz« zu unterstellen und hierbei Islam und Islamismus in verfälschender Weise gleichzusetzen.

Wenige Wochen vor der Verhaftung der potentiellen Mörder des aufgeklärten Imam Dalil Bu-Bakr fand im Mai 1998, wie Leser mit einem gutem Gedächtnis sich erinnern können, in mehreren europäischen Städten eine konzertierte sicherheitspolitische Aktion statt, bei der mehr als achtzig islamische, das Asylrecht genießende gewaltbereite Fundamentalisten verhaftet wurden.[33] Diese wurden verdächtigt, Terroranschläge auf die Fußball-WM geplant zu haben. Die Aktion war erfolgreich und hat dazu beigetragen, dass sie von dieser Seite ungestört verlaufen ist. Aber die Europäer scheinen an einem kurzen Gedächtnis zu leiden und Nachrichten, die nicht nur tagespolitisch sind, schnell zu vergessen.

Im Zusammenhang mit den Gewaltaktivitäten algerischer Fundamentalisten hat das weitverbreitete arabische Wochenmagazin *al-Wasat* Anfang Juni 1998 eine Titelgeschichte veröffentlicht, nach der die GIA ihre Terrorzentralen nach Europa verlegt haben sollen.[34] In diesem Rahmen

wird der innerfundamentalistische Gewaltkrieg zwischen den vielen algerischen Emiren (so nennen sich die »Gauleiter« algerischer Islamisten)
nun auf europäischem Boden ausgetragen. In Frankreich ist »der Islam«
deshalb bedauerlicherweise zu einem sicherheitspolitischen Problem geworden. Doch die Franzosen bemühen sich parallel zur Eindämmung der
Islamisten um aufgeklärte Muslime wie den erwähnten Pariser Imam Dalil. Der Islam darf nicht überall in Europa zu einem sicherheitspolitischen
Problem werden, denn die Folgen wären schwerwiegend.[35]

Die Chance: Am Verhältnis zum Islam Europa erneuern

Zum Abschluss wiederhole ich meine – auf der Basis meines Lebens in
Europa, und speziell in Deutschland seit 1962 gemachte – Beobachtung,
dass Europa sich in einer Krise befindet und der Erneuerung bedarf. David
Gress spricht die europäische Identitätskrise ironisch im Titel seines 1998
erschienenen Buches mit der Formel *From Plato to Nato*[36] an. Die NATO
kann die größte Herausforderung an Europa im Übergang zum neuen Jahrtausend nicht lösen; die Tatsache, dass die Zusammensetzung der europäischen Bevölkerung sich durch die Migration radikal verändert, trägt einen
Zivilisationskonflikt nach Europa, dessen Bewältigung neue Denkweisen
erfordert.

Es gibt Deutsche, die – wie der im Schluss-Motto zitierte Leserbrief-
schreiber in der *Frankfurter Allgemeinen Zeitung* – ihresgleichen mit dem
Aufruf »Bürger verteidigen ihre Lebenswelt« (S. 453) gegen uns Migranten aufbringen; es gibt aber auch Deutsche, die angesichts der Migration
bestreiten, dass Europa noch europäisch sei. Das ist der Streit zwischen
Vertretern der zitierten beiden Extreme. Damit hat mein Buch begonnen,
und damit endet es auch. Dennoch glaube ich, eine Lösung zu haben, die
ich hier allerdings nur andeuten möchte:

Historiker, die mehr als nur die deutsche Geschichte kennen, wissen,
dass Europa seine Identität erst in der Auseinandersetzung mit dem Islam
gefunden hat.[37] Die Beziehung zwischen beiden Zivilisationen war nicht
immer freundlich, dennoch waren beide wichtig füreinander bei der Bestimmung der eigenen Identität; daraus kann man viel lernen. Heute befindet sich die Welt des Islam nicht mehr nur an der Grenze Europas, sondern
durch die Präsenz von 15 Millionen Muslimen in Europa selbst. Es ist also
nicht mehr möglich, dass diese Fremden »wieder von Europa fortgerückt«

werden. Im Kulturdialog mit den Muslimen und in der friedlichen Auseinandersetzung mit ihnen und auch mit der Europa benachbarten Welt des
Islam kann Europa eine neue Identität finden. In Anlehnung an Anthony
Giddens' *Jenseits von Links und Rechts* (vgl. Kap. 11, S. 429ff.) möchte
ich hier meine Formel für Europa prägen: *Dieser Kontinent muss seine
Identität jenseits von Euro-Arroganz und Selbstverleugnung suchen und
finden.*

Um den inneren Frieden in Europa zu gewährleisten, müssen europäische Politiker zwischen Islam und Islamismus unterscheiden lernen, die in
Europa lebenden Muslime integrieren und die Islamisten (nur wenige tausend) bekämpfen. Der Islam als Religion ist sehr flexibel; ein Euro-Islam,
der mit europäischen Verfassungen in Einklang gebracht werden kann, ist
deshalb eine mögliche Perspektive. Der Islamismus in Europa ist dagegen
eine neue Spielart des nicht-staatlichen Totalitarismus.[38] Hierfür darf es in
Europa keinen Platz geben. In Zusammenarbeit zwischen aufgeklärten
Muslimen und problembewussten, Werte-orientierten demokratischen Europäern muss die Aufgabe verfolgt werden, den Euro-Islam in der islamischen Europa-Diaspora zu fördern, damit islamistische Terroristen der
GIA und anderer Banden nicht im trüben fischen können. Die Toleranz
gegenüber dem Islam darf nicht zugleich Toleranz gegenüber dem Islamismus einschließen (vgl. Kapitel 6).

Mit diesen am Gegenstand des Islam veranschaulichten Ausführungen
über die Extreme der Fremdenfreunde und Fremdenfeinde schließe ich
dieses Buch über die Identitätskrise Europas, die zugleich als eine Krise
der multikulturellen Gesellschaft gilt. Beim Schreiben hege ich die Hoffnung, die ich als Araber mit vielen meiner semitischen Brüder und
Schwestern, den Opfern des Antisemitismus, teile, nämlich, dass meine
deutschen Leser lernen, mit ihrer Vergangenheit rational umzugehen und
auf verantwortungsethischer Ebene Abwehrkräfte gegen jede potentielle
Wiederholung des Verbrechens entwickeln. Mit den Schuldgefühlen der
Erbsünde, die übrigens weder Juden noch Muslime teilen, kann kein Problem gelöst werden. Zur Identität Europas gehört gleichermaßen eine jüdische und eine islamische Komponente[39], obwohl beide nicht anerkannt
werden.

Aus der in diesem Buch gebotenen Analyse der Krise der multikulturellen Gesellschaft ergibt sich, dass Toleranz weder das deutsch-nationale

Extrem der »Distanz zwischen uns und den Fremden« verkündet noch Indifferenz der Multikulti-Ideologen beinhaltet. Es gilt, beide Extreme zu überwinden. Im Umgang mit dem »Islam in Europa«, d. h. mit uns muslimischen Migranten, können Deutsche lernen, zugleich das Büßerhemd des Demutsengels abzustreifen, die Rüstung des Kreuzzugsritters abzulegen und die Attitüden des euro-arroganten Universalisten zu überwinden. Normalität ist gefragt! Zur Normalität gehören Selbstwert und Zivilisationsbewusstsein, also keine Selbstaufgabe, sondern die Verteidigung der positiven Errungenschaften der eigenen Zivilisation. Das ist kein Widerspruch zur Öffnung gegenüber den Fremden.

Deutsche müssen auch lernen, dass Toleranz zwar den Respekt vor dem ebenso rational wie Europäer denkenden und handelnden Fremden sowie Achtung seiner kulturellen Identität bedeutet, dennoch aber keine Einbahnstraße ist. Toleranz verlangt zugleich die Forderung nach einer Leitkultur und schließt ihre Anerkennung ein. Zu einer Leitkultur gehören Spielregeln, Normen und Werte. Der innere Friede setzt voraus, dass diese für den Umgang miteinander und das gemeinsame Leben geteilt werden. In diesem Sinne dürfen z. B. fundamentalistische Killer keinen Anspruch auf Toleranz erheben können, eben weil sie die Zivilität (vgl. Kap. 11, S. 444) als Bestandteil einer demokratischen Leitkultur missachten.

Ein offenes und erneuertes Europa darf weder die Fremdheit des Fremden verleugnen[40], wie deutsche Fremdenfreunde verlangen, noch den Fremden »von Europa fortrücken« und »Distanz« zu ihm predigen und dies unbedarften Menschen unverfroren auch noch als »Toleranz« und »Ebenbürtigkeit des Fremden«[41] verkaufen.

BIBLIOGRAPHIE

Abu-Zaid, Nasr Hamid, *Naqd al-khitab al-dini* (Kritik der religiösen Denkweise), Neuauflage, Kairo 1995.

Agwani, M. S., *Islamic Fundamentalism in India*, Neu Delhi 1986.

Anderson, Benedict, *Imagined Communities. Reflections on the Origins and Spread of Nationalism*, Neudruck, London 1991.

Apter, David, *The Politics of Modernization*, Chicago 1965.

Armanazi, Nadjib al-, *al-Schar' al-duwali fi al-Islam* (Völkerrecht im Islam), Neudruck, London 1990 (zuerst 1930).

Aron, Raymond, *Paix et Guerre entre les Nations*, Paris 1962 (dt.: Frieden und Krieg, Frankfurt/M. 1986).

Aschmawi, Mohammed Said al-, *al-Islam al-siyasi* (Der politische Islam), Neuauflage, Kairo 1989.

—— *Haqiqat al-hidjab* (Die Wahrheit über den Schleier), 2. Aufl. Kairo 1995.

Axford, Barrie, *The Global System. Economics, Politics and Culture*, New York 1995.

Aziz, Namo (Hg.), *Fremd in einem kalten Land. Ausländer in Deutschland*, Freiburg/Br. 1992.

Badrinath, Chaturvedi, *Dharma, India and the World Order*, Edinburgh und Bonn 1993.

Bahi, Muhammad al-, *al-Fikr al-Islam al-hadith wa silatuhi bi al-isti'mar al-gharbi* (Das moderne islamische Denken und seine Verbindung zum Kolonialismus), 4. veränderte Ausgabe, Kairo o.J.

Balic, Smail, *Das unbekannte Bosnien*, Köln 1992.

Barber, Benjamin R., »Jihad vs. McWorld«, in: *The Atlantic Monthly*, März-Heft 1992, S. 53–65.

Barber, Benjamin R., *Jihad vs. Mc World*, New York 1995 (dt.: *Coca-Cola und Heiliger Krieg*, Bern, München 1996).

Barboza, Steven (Hg.), *American Jihad. Islam after Malcolm X*, New York 1995.

Baring, Arnulf, *Scheitert Deutschland? Abschied von unseren Wunschwelten*, Stuttgart 1997.

Bartlett, Robert, *The Making of Europe 950–1350*, Princeton/N.J. 1993.

Becker, Carl Heinrich, *Islam-Studien. Vom Werden und Wesen der islamischen Welt*, 2 Bde., Neudruck, Hildesheim 1967 (zuerst Leipzig 1924, 1932).

—— *Ausgewählte Schriften* (herausgegeben von Guido Müller), Frankfurt/M. 1997.

Becker, Werner, »Toleranz: Grundwert der Demokratie?«, in: *Ethik und Sozialwissenschaften*, Bd. 8 (1997), Heft 4, S. 413–423.

Bendix, Reinhard, *Nation-Building and Citizenship*, Berkeley 1977.

—— *Könige oder Volk?*, 2 Bände, Frankfurt/M. 1980.

—— *Von Berlin nach Berkeley. Deutsch-jüdische Identitäten*, Frankfurt/M. 1985.

Benedict, Ruth, *Die Rassenfrage*, Bergen II, 1947 (Military Government Information Control Lizenz-Nr. US-E 144).

Berlin, Isaiah, *Das krumme Holz der Humanität. Kapitel der Ideengeschichte*, 2. Aufl. Frankfurt/M. 1992.

Blankinship, Khalid Yahya, *The End of the Jihad State*, Albany/N.Y. 1994.

Bloch, Ernst, *Avicenna und die Aristotelische Linke*, Frankfurt/M. 1963.

Böckelmann, Frank, Die Gelben, die Schwarzen, die Weißen, Frankfurt/M. 1998.

Braudel, Fernand, *A History of Civilizations*, London 1994.

Brocker, Manfred/Nau, Heino (Hg.), *Ethnozentrismus*, Darmstadt 1997.

Brown, Peter, *Die Entstehung des christlichen Europa*, München 1996.

Brubaker, Rogers, *Staat – Bürger. Deutschland und Frankreich im historischen Vergleich*, Hamburg 1994.

Brzezinski, Zbigniev, *The Grand Chessboard*, New York 1997 (dt.: *Die einzige Weltmacht*, Weinheim 1997).

Bull, Hedley, *The Anarchical Society. A Study of Order in World Polities*, New York 1977.

—— /Watson, Adam (Hg.), *The Expansion of International Society*, Oxford 1984.

Cantor, Norman, *The Civilization of the Middle Ages*, Neuausgabe, New York 1993.

Capaldi, Nicholas (Hg.), *Immigration. Debating the Issues*, Amherst/N.Y. 1997.

Césaire, Aimé, *Zurück ins Land der Geburt*, Frankfurt/M. 1967.

—— *Über den Kolonialismus*, Berlin 1968.

Chesneaux, Jean, *Vietnam. Geschichte und Ideologie des Widerstands*, Frankfurt/M. 1968.

Choueiri, Youssef M., *Islamic Fundamentalism*, Boston 1990.

Coonatilake, Susantha, *Crippled Minds. An Exploration into Colonial Culture*, Colombo 1982.

Cornelius, Wayne A. u.a. (Hg.), *Controlling Immigration. A Global Perspective*, Stanford/Cal. 1994.

Deng, Francis/ An-Na'im, Abdullahi A. (Hg.), *Human Rights in Africa. Cross-Cultural Perspectives*, Washington D.C. 1990.

Derrett, J. Duncan M. u.a. (Hg.), *Beiträge zu indischem Rechtsdenken*, Wiesbaden 1979.

Dharif, Muhammad, *al-Islam al-siyasi fi al-watan al-Arabi* (Der politische Islam in der arabischen Welt), Rabat/Marokko 1992.

Djait, Hichem, *al-Fitna*, Beirut 1992 (franz.: *La grand discord*, Paris 1989).

Djundi, Anwar al-, *Ahdaf al-taghrib* (Ziele der Verwestlichung), Kairo 1987.

Dunn, John (Hg.), *Contemporary Crisis of the Nation-State*, Cambridge 1995.

Duve, Freimut, *Vom Krieg in der Seele. Rücksichten eines Deutschen*, Frankfurt/M. 1994.

Eickelman, Dale/Piscatori, James (Hg.), *Muslim Travellers. Pilgrimage, Migration and the Religious Imagination*, Berkeley 1990.

Elias, Norbert, *Über den Prozess der Zivilisation*, neue Edition, hrsg. im Auftrag der N. Elias-Stiftung, 2 Bände, Frankfurt/M. 1997.

Erasmus Foundation (Hg.), *The Limits of Pluralism. Neo-Absolutism and Relativism*, Amsterdam 1994.

Esposito, John (Hg.), *Islam in Asia*, New York 1987.

—— (Hg.), *Oxford Encyclopedia of the Modern Islamic World*, 4 Bde., Oxford/New York 1995.

—— /Voll, John, *Islam and Democracy*, New York 1996.

Etzioni, Amitai, *Die Entdeckung des Gemeinwesens*, Stuttgart 1995.

—— *The New Golden Rule. Community and Morality in a Democratic Society*, New York 1996.

Fanon, Frantz, *Die Verdammten dieser Erde*, Frankfurt/M. 1966.

—— *Aspekte der algerischen Revolution*, Frankfurt/M. 1969.

—— *Schwarze Haut, weiße Masken*, Frankfurt/M. 1980.

Fetscher, Iring/Münkler, Herfried (Hg.), *Pipers Handbuch der politischen Ideen*, 5 Bände, München 1987–1993.

Finkielkraut, Alain, *Die Niederlage des Denkens*, Reinbek/Hamburg 1989.

Friedlaender, Albert H., *Riders Towards the Dawn. From Ultimate Suffering to Tempered Hope*, London 1993.

Fromm, Erich, *Die Kunst des Liebens*, Frankfurt/M. 1975.

Fuller, Graham, »The Breaking of Nations«, in: *The National Interest*, Heft 26 (Winter 1991/92), S. 14–21.

Gabel, Joseph, *Ideologie und Schizophrenie. Formen der Entfremdung*, Frankfurt/M. 1962 (3. Aufl. 1967).

Geertz, Clifford, *Dichte Beschreibung. Beiträge zum Verstehen kultureller Systeme*, Frankfurt/M. 1983.

—— *Religiöse Entwicklungen im Islam, beobachtet in Marokko und Indonesien*, mit einem Nachwort von B. Tibi, Frankfurt 1988 und 1991.

Gellner, Ernest, *Postmodernism, Reason and Religion*, London 1992.

Gendzier, Irene, *Fanon. A Critical Study*, New York 1973.

Gerholm, Tomas/Lithman, Y. Georg (Hg.), *The New Islamic Presence in Western Europe*, London 1988.

Giddens, Anthony, *The Nation-State and Violence*, Berkeley 1987.

—— *Jenseits von Links und Rechts*, Frankfurt/M. 1997.

Goethe, Johann Wolfgang von, *West-Östlicher Divan,* herausgegeben von Hendrik Birus, Suhrkamp Bibliothek Deutscher Klassiker, 2 Bde., Frankfurt/M. 1994.

Gold, Daniel, »Organized Hinduism. From Vedic Truth to Hindu Nation«, in: Martin Marty /Scott Appleby (Hg.), *Fundamentalisms Observed,* Chicago 1991, S. 531–593.

Göle, Nilüfer, *The Forbidden Modern. Civilization and Veiling,* Ann Arbor/Michigan 1996 (dt.: *Republik und Schleier,* Berlin 1995).

Gray, John, *Isaiah Berlin,* Princeton/N.J. 1996.

Gress, David, *From Plato to Nato. The Idea of the West and its Opponents,* New York 1998.

Grillo, Ralph, *Pluralism and Politics of Difference. State, Culture, and Ethnicity in Comparative Perspective,* Oxford 1998.

Guibernau, Montserrat, *Nationalism. The Nation-State and Nationalism in the Twentieth Century,* Cambridge 1996.

Habermas, Jürgen, *Der philosophische Diskurs der Moderne,* Frankfurt/M. 1985.

—— *Die Einbeziehung des Anderen,* Frankfurt/M. 1996.

Hall, John, (Hg.), *Civil Society. Theory, History, Comparison,* Cambridge 1995.

Halliday, Fred, *Islam and the Myth of Confrontation,* London 1995.

Hargreaves, Alec G., *Immigration, ›Race‹ and Ethnicity in Contemporary France,* London 1995.

Hasan, Mushirul, *Legacy of a Divided Nation. India's Muslims since Independence,* Boulder/Col. 1997.

Heitmeyer, Wilhelm u.a., *Verlockender Fundamentalismus. Türkische Jugendliche in Deutschland,* Frankfurt 1997.

Hobsbawm, Eric J., *Das Zeitalter der Extreme. Weltgeschichte des 20. Jahrhunderts,* München u.a. 1995.

—— /Ranger T. (Hg.), *The Invention of Tradition,* Neuausgabe, Cambridge 1996.

Holsti, Kalevi, *The State, War and the State of War,* Cambridge 1996.

Horkheimer, Max, *Kritische Theorie,* 2 Bände, Frankfurt/M. 1968.

Horowitz, Donald L. *Ethnic Groups in Conflict,* Berkeley 1985.

Howard, Rhoda E., *Human Rights and the Search for Community,* Boulder/Col. 1995.

Huntington, Samuel P., *The Third Wave. Democratization in the Late 20th Century,* Norman (Okl.)/London 1991.

—— »The Clash of Civilizations?«, in: *Foreign Affairs,* Bd. 72 (1993), Heft 3, S. 22–49.

—— *Clash of Civilizations,* New York 1996 (dt.: *Kampf der Kulturen. Die Neugestaltung der Weltpolitik im 21. Jahrhundert,* München, Wien 1996).

Ibn Khaldun, *al-Muqaddima,* übersetzt und herausgegeben von Mathias Petzold, Leipzig 1992.

Ismael, Tareq (Hg.), *Middle East Studies. International Perspectives on the State of the Art,* New York 1990.

Jeffrey, Robin, *What's Happening to India,* 2. Aufl., London 1994.

Juergensmeyer, Mark, *The New Cold War?,* Berkeley 1993.

Kaldar, Mary, *The Imaginary War. Understanding the East-West Conflict,* Oxford 1990.

Kelsay, John, *Islam and War. A Study in Comparative Ethics,* Louisville/Kentucky 1993.

Kepel, Gilles, *Les Banlieues de l'Islam. Naissance d'une Religion en France,* Paris 1987.

—— Allah im Westen. *Die Demokratie und die islamische Herausforderung,* München 1996.

—— /Leveau, Remy (Hg.), *Les Muselmans dans la Société Française,* Paris 1988.

Kettani, M. Ali, *Muslim Minorities in the World Today,* London 1986.

Khalil, Samir al-, *The Republic of Fear,* Berkeley 1989.

Khoury, Philip/Kostiner, Joseph (Hg.), *Tribes and State Formation in the Middle East,* Berkeley 1990.

Kischk, Muhammad Djalal, *al-Sa'udiyyun wa al-hall al-Islami* (Die Saudis und die islamische Lösung), 4. Aufl. Kairo 1984.

Klingenstein, Grete u.a., *Die Europäisierung der Erde,* Wien 1980.

Kohlhammer, Siegfried, *Die Feinde und Freunde des Islam,* Göttingen 1996.

Kulke, Hermann/Rothermund, Dietmar, *Geschichte Indiens,* Stuttgart 1982.

Küng, Hans (Hg.), *Ja zum Weltethos. Perspektiven für die Suche nach Orientierung,* München 1995.

Kuschel, Karl-Josef, *Streit um Abraham,* München 1994.

—— Vom Streit zum Wettstreit der Religionen. Lessing und die Herausforderung des *Islam,* Düsseldorf 1998.

Laue, Theodore H. von, *World Revolution of Westernization,* New York 1987.

Lebor, Adam, *A Heart Turned East. Among the Muslims of Europe and America,* New York 1998.

Lewis, Bernard, *Die Juden der islamischen Welt,* München 1987.

—— Die Welt der Ungläubigen. *Wie der Islam Europa entdeckte,* Frankfurt/Berlin 1987.

Lindholm, Charles, *The Islamic Middle East. An Historical Anthropology,* Oxford 1996.

Lindholm, Tore/Vogt, Karin (Hg.), *Islamic Law Reform and Human Rights. Challenges and Rejoinders,* Kopenhagen und Oslo 1992.

Lipson, Leslie, *The Ethical Crises of Civilization,* London 1993.

Lukacs, Georg, *Die Zerstörung der Vernunft,* Neuwied 1962.

Lyon, Bryce u.a., *Mohammed und Karl der Große. Die Geburt des Abendlandes,* Stuttgart und Zürich 1987.

Mahler, G., »Religiöse Unterweisung für türkische Kinder muslimischen Glaubens in Bayern«, in: *Zeitschrift für Pädagogik,* Heft 3/1989.

Malcolm, Noel, *Bosnia,* London 1994.

Malley, Robert, *The Call from Algeria. Third Wordlism, Revolution and the Turn to Islam,* Berkeley 1996.

Manfrass, Klaus, *Türken in der Bundesrepublik – Nordafrikaner in Frankreich,* Bonn 1991.

Marcuse, Herbert, *Der eindimensionale Mensch,* Berlin-Neuwied 1967.

Marty, Martin/Appleby, Scott (Hg.), *Fundamentalisms and Society,* Chicago 1993.

—— *Fundamentalisms and the State,* Chicago 1993.

Masud, Muhammad Kh., »The Obligation to Migrate. The Doctrine of Hijra in Islamic Law«, in: Dale Eickelman/James Piscatori (Hg.), *Muslim Travellers. Pilgrimage, Migration and the Religious Imagination,* Berkeley 1990, S. 29–49.

Mathur, Kuldeep, »Hindu Assertion, Casteism and Indian Democracy«, in: Michäle Schmiegelow (Hg.), *Democracy in Asia,* New York 1997, S. 175–194.

Maududi, Abu al-A'la al-, *al-Islam wa al-madaniyya al-haditha* (Islam und die moderne Zivilisation), o.O., o.J.

Mazlish, Bruce/Buultjens, Ralph (Hg.), *Conceptualizing Global History,* Boulder/Col. 1993.

McGraw Donner, Fred, *The Early Islamic Conquests,* Princeton/N.J. 1981.

Mennell, Stephen, *Norbert Elias – an Introduction,* Oxford 1992.

Meyer, Thomas (Hg.), *Fundamentalismus in der modernen Welt,* Frankfurt/M. 1989.

Miegel, Meinhard/Wahl, Stephanie, *Das Ende des Individualismus. Die Kultur des Westens zerstört sich selbst,* Bonn 1993.

Mommsen, Katharina, *Goethe und die arabische Welt,* Frankfurt/M. 1988.

Moynihan, Daniel P., *Pandaemonium. Ethnicity in International Politics,* New York 1993.

Nardin, Terry (Hg.), *The Ethics of War and Peace. Religious and Secular Perspectives,* Princeton/N.J., 1996.

Nasr, Seyyed Vali Eza, *The Vanguard of the Islamic Revolution. The Jama'at-i-Islami of Pakistan,* Berkeley 1994.

Newhouse, John, *Sackgasse Europa,* München 1998.

Oommen, T. K, »Religious Nationalism and Democratic Polity. The Indian Case«, in: *Sociology of Religion,* Bd. 55/4 (1994), S. 455–472.

—— (Hg.) *Citizenship and National Identity. From Colonialism to Globalism,* NeuDelhi und London 1997.

Özdalga, Elisabeth/Persson, Sune (Hg.), *Civil Society, Democracy and the Muslim World,* Istanbul 1997, türk. Ausgabe: *Sivil Toplum, Demokrasi ve Islam Dünyasi,* Istanbul 1998.

Parker, Geoffrey, *Die militärische Revolution. Die Kriegkunst und der Aufstieg des Westens 1500–1800,* Frankfurt/M. und New York 1990 (Original Cambridge 1989).

Plessner, Helmuth, *Die verspätete Nation,* Neuauflage, Frankfurt/M. 1974.

—— *Diesseits der Utopie,* Frankfurt/M. 1974.

Preiswerk, Roy/Perrot, Dominique, *Ethnocentrism and History,* New York 1978.

Pulsfort, Ernst, *Indien am Scheideweg zwischen Säkularismus und Fundamentalismus,* Würzburg 1991.

—— *Was ist los in der indischen Welt?,* Freiburg/Br. 1993.

Qutb, Sayyid, *al-Salam al-'alami wa al-Islam* (Der Weltfriede und der Islam), 10. legale Aufl., Kairo 1992.

Ray, Baren, *India – Nature of Society and Present Crisis,* Neu-Delhi 1983.

Reinhard, Wolfgang, *Geschichte der europäischen Expansion,* 4 Bände, Stuttgart 1983–1990.

Revel, Jean François, *Democracy Against Itself. The Future of Democratic Impulse,* New York 1993.

Rodinson, Maxime, *La Fascination de l'Islam,* Paris 1980 (dt.: *Die Faszination des Islam,* München 1985).

—— *Islam und Kapitalismus,* Frankfurt/M. 1986.

Ross, Marc H., *The Management of Conflict,* New Haven und London 1993.

Rothermund, Dietmar (Hg.), *Indien. Ein Handbuch,* München 1995.

Rovan, Joseph, *Europa und die Welt von Morgen,* Bertelsmann Stiftung Gütersloh 1995.

Said, Edward, *Orientalism,* New York (ursprünglich Cambridge) 1979; deutsche Übersetzung (sehr fehlerhaft) Frankfurt/M. 1981.

Salins, Peter D., *Assimilation American Style. Am Impassioned Defense of Immigration and Assimilation,* New York 1997.

Samman, Muhammad Abdullah al-, *Mihnat al-aqaliyyat al-muslimah fi al-'alam* (Das Dilemma der islamischen Minderheiten in der Welt), Kairo 1987.

Schacht, Joseph, *An Introduction to Islamic Law,* Oxford 1974.

Schadhli, Sa'duldin al-, *al-Harb al-salibiy al-thamina* (Der achte Kreuzzug), Casablanca 1991.

Schlesinger, Arthur M. Jr., *The Disuniting of America. Reflections on an Multicultural Society,* New York 1992.

Schuck, Peter H., *Citizens, Strangers and In-Betweens. Essays on Immigration and Citizenship,* Boulder/Col. 1998.

Schulze, Hagen, *Staat und Nation in der europäischen Geschichte,* München 1995.

Schweppenhäuser, Hermann (Hg.), *Theodor W. Adorno zum Gedächtnis*, Frankfurt/M. 1971.

Seligman, Adam, *The Idea of Civil Society*, New York 1992.

Shadid, W. A. R./Koningsveld, P. S. van (Hg.), *Muslims in the Margin. Political Responses to the Presence of Islam in Western Europe*, Kampen/Niederlande 1996.

—— (Hg.), *Political Participation and Identities of Muslims in Non-Muslim States*, Kampen/Niederlande 1997.

Sharma, Arvind (Hg.), *Our Religions*, San Francisco 1993.

Smith, Anthony, *The Ethnic Origins of Nations*, Oxford 1986.

—— /Hutchinson, John (Hg.), *Ethnicity*, Oxford 1996.

Spuler-Stegemann, Ursula, *Muslime in Deutschland*, Freiburg 1997.

Süllwold, Fritz, »Deutscher Selbsthass«, in: *Politische Meinung*, Bd. 42 (1997), Juni-Heft, S. 14–17.

Taylor, Charles, *Multikulturalismus und die Politik der Anerkennung*, Frankfurt/M. 1992.

Teitelbaum, Michael/Jay Winter, *A Question of Numbers. High Migration, Low Fertility and the Politics of National Identity*, New York 1998.

Tibi, Bassam, *Internationale Politik und Entwicklungsländer-Forschung*, Frankfurt/M. 1979.

—— »Orient und Okzident. Anmerkungen zur Orientalismus-Debatte«, in: *Neue Politische Literatur*, Band 29 (1984), H. 3, S. 267–286.

—— *Islam and the Cultural Accommodation of Social Change*, Boulder/Col. 1990 und 1991.

—— *Die Krise des modernen Islams*, erweiterte und revidierte Neuausgabe, Frankfurt/M. 1991.

—— *Der Islam und das Problem der kulturellen Bewältigung sozialen Wandels*, 3. Aufl., Frankfurt/M. 1991.

—— *Vom Gottesreich zum Nationalstaat*, Neuausgabe, Frankfurt/M. 1991.

—— »Die Deutschen und die Welt des Islam«, in: Bertelsmann Enzyklopädie *Deutschland, Portrait einer Nation*, 10 Bände, 2. Aufl., Gütersloh 1991.

—— »Deutsche Ausländerfeindlichkeit und ethnisch-religiöser Rechtsradikalismus der Ausländer«, in: *Gewerkschaftliche Monatshefte*, Bd. 44/1993, Heft 8.

—— *Das Mittelmeer als Grenze oder als Brücke Europas zur Welt des Islam*, Robert Bosch Stiftung, Stuttgart 1994.

—— *Im Schatten Allahs. Der Islam und die Menschenrechte*, München 1994, Neuausgabe, 1999.

—— *Die Verschwörung. Das Trauma arabischer Politik*, 2. erweiterte Aufl., Hamburg 1994 (aktualisierte Taschenbuchausgabe, München 1994).

—— »Die Zerstörung des Religionsfriedens auf dem Balkan«, in: *Universitas*, Bd. 49 (1994), H. 3, S. 205–215.

—— »Fundamentalism«, in: *Encyclopedia of Democracy,* 4 Bde., Washington D.C. 1995, hier Bd. 2, S. 507–510.

—— »Les Conditions d'une Euro-Islam«, in: Robert Bistolfi/François Zabbal (Hg.), *Islams d'Europe. Integration ou Insertion Communautaire?,* Paris 1995, S. 230ff.

—— *Der religiöse Fundamentalismus im Übergang zum* 21. *Jahrhundert,* Mannheim 1995.

—— »Culture and Knowledge«, in: *Theory, Culture & Society,* Bd. 12 (1995), Heft 1, S. 1–24.

—— »Islam, Hinduismus and the Limited Secularity in India. A Model for European-Muslim Relations?«, in: W.A.R. Shadid/P.S. van Koningsveld (Hg.), *Muslims in the Margin,* Kampen/Niederlande 1996, S. 130–144.

—— »Democracy and Democratization in Islam. The Quest of Islamic Enlightenment«, in: Michäle Schmiegelow (Hg.), *Democracy in Asia,* New York 1997.

—— *Der wahre Imam. Der Islam von Mohammed bis zur Gegenwart,* 2. Aufl., München 1997 (zuerst 1996), Serie Piper-Ausgabe 1998.

—— *Pulverfass Nahost. Eine arabische Perspektive,* Stuttgart 1997.

—— »Die ›Welt von Heute‹ ist größer als das westliche Europa«, in: *Ethik und Sozialwissenschaften,* Bd. 8 (1997), Heft 4, S. 465–467.

—— *Aufbruch am Bosporus. Die Türkei zwischen Europa und dem Islamismus,* München 1998.

—— *Conflict and War in the Middle East. From Interstate War to New Security,* neue, völlig revidierte und erweiterte, unter Harvard-Patronage veröffentlichte Edition, London und New York 1998 (1. Ausgabe 1993).

—— *Krieg der Zivilisationen,* Hamburg 1995, erweiterte und völlig revidierte Neuausgabe, München 1998.

—— *The Challenge of Fundamentalism. Political Islam and the New World Disorder,* University of California Press, Berkeley 1998; deutsche Übersetzung: Die neue *Weltunordnung. Westliche Dominanz und islamischer Fundamentalismus,* Berlin 1999.

—— *Kreuzzug und Djihad. Der Islam und die christliche Welt,* München 1999.

Tönnies, Sibylle, »Kommunitarismus – diesseits und jenseits des Ozeans«, in: *Aus Politik und Zeitgeschichte,* Bd. 36/1996.

Waldhoff, Hans-Peter, *Fremde und Zivilisierung,* Frankfurt 1995.

Wank, Ulrich (Hg.), *Der neue, alte Rechtsradikalismus,* München 1993 (amerikanische Ausgabe: *The Resurgence of Right-Wing Radicalism in Germany,* Atlantic Highlands/N.J. 1996).

Watt, William M., *Islamic Philosophy and Theology,* Edinburgh 1979.

—— *Muslim-Christian Encounters. Perceptions and Misperceptions,* London 1991.

Weber, Max, *Soziologie, Weltgeschichte, Analysen, Politik,* Stuttgart 1964.

Weidenfeld, Werner (Hg.), *Dialog der Kulturen,* Gütersloh 1997.

Willis, Michael, *The Islamist Challenge in Algeria,* New York 1996.

Wolffsohn, Michael, *Meine Juden – Eure Juden,* München 1997.

NAMENSREGISTER

PRESSESTIMMEN

zu Bassam Tibi:
Europa ohne Identität?

»Europa ... schien unanfechtbar, sein universeller Anspruch musste von anderen Zivilisationen akzeptiert werden. ... Gegenströmungen ... erkannte ... Europa erst mit Verzögerung. Die Verunsicherung ... wuchs ... im Zeitalter der grossen Migration. ... An diesem Punkt setzt Bassam Tibi ... an. Europa stecke in einer tiefen Krise, analysiert er in seinem neuesten Buch ›Europa ohne Identität?‹

> Erich Gysling, bisher Chefredakteur des Schweizer Fernsehens DRS und Kolumnist, in: *St. Galler Tagblatt* vom 23. November 1998.

»Bassam Tibi ... hat ... das für unser neues Europa sehr wichtige Thema ›Europa ohne Identität?‹ ... angeschnitten. [Dies ist] für ihn ein doppelt wichtiges Thema, denn er kommt aus einer moslemischen, arabischen Familie in Syrien, ist Deutscher geworden und in Deutschland wissenschaftlich tätig. Er ist einer der nicht sehr zahlreichen islamischen Aufklärer. ... Das eigentliche Problem Bassam Tibis: Es herrscht zu viel Verwirrung in den Köpfen. Zwischen Toleranz, Kulturrelativismus, Multikulturalismus und Romantisierung verlieren sich die Probleme und man kommt zu keiner vernünftigen Haltung dem Nichteuropäer gegenüber.«

> Herbert Risz in: *Die Furche*/Wien vom 3. Dezember 1998

»Bassam Tibi behauptet in seinem jüngsten Buch ›Europa ohne Identität?‹ ..., dass die ›Revolte gegen Europa‹ über die Migration aus nichteuropäischen Kulturkreisen ins Innere des alten Kontinents hineingetragen wird. ... Zwei Arten der Reaktion sind verfehlt und gefährlich: der Rückzug in eurozentrische Allmacht- und Überlegenheitsphantasien, aber auch der Werterelativismus, den ›Multikulturalisten‹ an den Tag legen.«

> *Neue Zürcher Zeitung* vom 17. November 1998

»Bassam Tibi stammt aus Damaskus und ... hat eine Botschaft an die Europäer .... Er fordert ein weltoffenes, zugleich aber selbstbewusstes Europa der Aufklärung als Alternative zu einem Europa als einem wertebeliebigen Multi-Kulti-Wohngebiet ... Er präsentiert Gedanken, die bei der Gestaltung der europäischen Zukunft um keinen Preis vernachlässigt werden dürfen. Anschaffung und Lektüre lohnen sich deshalb sehr.«

> Jürgen Haberland, in: Zeitschrift für Ausländerrecht und -politik vom Juli 1999.

»Bassam Tibi ist zwischen allen Stühlen zu Hause, ... hat aber keine Scheu davor, gängige (und vor allem: politisch korrekte) Meinungen gegen den Strich zu bürsten. Er formuliert ein vehementes Plädoyer gegen die ›Festung Europa‹ und Fremdenfeindlichkeit, gleichzeitig legt er sich mit Befürwortern der multikulturellen Gesellschaft an, denen er Unwillen zur Auseinandersetzung vorwirft.«

Irmgard Schmidmayer, in: *d'Lëtzebuerger Land/Luxemburg* vom 25. Juni 1999

»Ist ›Europa ohne Identität?‹ lautet ... die ketzerische Frage des liberalen Muslim Bassam Tibi, der ... sich als Mittler zwischen den Kulturen begreift. Er plädiert für ein tolerantes, weltoffenes Europa, das den Kulturpluralismus als Bestimmung akzeptiert. Das ist etwas anderes als das ›Anything Goes‹ der Multi-Kulti-Gesellschaft. Tibis These lautet: Der innere Frieden Europas kann nur gesichert werden, wenn es seinen Einwohnern und Einwanderern Orientierung bietet.«

Nürnberger Nachrichten vom 5./6. Dezember 1998

»Das Buch ›Europa ohne Identität?‹ ist ein leidenschaftliches Plädoyer, endlich die Tabuthemen Einwanderung und Integration mit kultureller Vielfalt (statt ›Multikulti‹) anzupacken sowie selbstbewusst zu den westlich-demokratischen Werten zu stehen. Sein Autor Bassam Tibi sieht die Europäer zwischen den Extremen einer abweisenden ›Festungs-Ideologie‹ und einem permissiven ›Europa der offenen Grenzen‹. ... Tibi will den Brückenschlag im kulturellen Pluralismus.«

Karl Volker Schmitt, in: *multiMEDIA/IAKM-Kurier* vom Dezember 1999.

»Europa ist ein unerschöpfliches Thema. ... Um so neugieriger nimmt man ein Buch zur Hand, dessen Autor schon aufgrund seiner Biographie einen ungewöhnlichen Blickwinkel verspricht. Bassam Tibi, arabischer Moslem mit deutschem Wohnsitz, ist einer, den man als kulturellen Grenzgänger bezeichnen kann. In seinem neuen Buch setzt sich der Autor mit den Problemen der multikulturellen Gesellschaft auseinander .... Die seiner Meinung nach drohende islamische Infiltration Europas dient ihm nun als Beispiel für den wachsenden Einfluss fremder Kulturen in der westlichen Zivilisation. Wie reagieren die Europäer auf diese Herausforderung?«

Hella Kaiser, in: *Der Tagesspiegel*/Berlin vom 22. Februar 1999.

NACHWORT ZUR ERSTEN
TASCHENBUCHAUSGABE (2000)

Die vorliegende Taschenbuchausgabe meiner Arbeit *Europa ohne Identität?* gibt mir einen Anlass dafür, mich über die Aufnahme meines in diesem Buch betriebenen lauten Denkens als ein in Europa als Bürger lebender Nicht-Europäer durch die deutsche Öffentlichkeit zu äußern. Ich hoffe auf praktizierte, also nicht auf gesinnungsethische Toleranz. Der Unterschied zwischen beiden besteht darin, dass die erste real ist, die zweite aber nur verkündet, nicht aber angewendet wird.

In der institutionalisierten Sprache des vereinten Deutschlands werden wir Fremde nicht mehr wie bisher »Gastarbeiter«, sondern nun politisch korrekt »Mitbürger« genannt. Jeder, der von Demokratie etwas versteht, würde vermuten, dass Bürgerrechte ebenso für jene Menschengruppe gelten, die, abgehoben von den Anderen, als die der »Mitbürger« bezeichnet wird. Rederecht gehört ja zu diesen Bürgerrechten.

Natürlich gibt es in der Bundesrepublik Deutschland für uns Fremde das in der Verfassung enthaltene Recht der freien Meinungsäußerung. Und doch scheint es in Deutschland analog zum Unterschied zwischen »Bürger« und »Mitbürger« einen Unterschied zwischen »Rederecht« und »Mitreden« zu geben. Diesen Unterschied habe ich bei der deutschen Reaktion auf dieses Buch zu spüren bekommen. Ich räume durchaus meine Gutmütigkeit, ja Naivität ein, als ich dieses Buch als »Mitbürger« schrieb. Wie mein verehrter jüdischer Lehrer M. Horkheimer, dem ich dieses Buch gewidmet habe (vgl. S. 2), ergreife ich Partei für Europa in seiner Identität der Aufklärung, der säkularen Demokratie und der Zivilgesellschaft, jedoch ohne zu vergessen, dass ich Migrant bin, und ohne meine arabo-islamische Identität zu verleugnen.

Nach der *europäischen* Identität, die ich mir aneignen will, und die als Brücke zwischen Deutschen und Migranten dienen soll, beherbergt die säkulare Republik unterschiedslos Citoyens als Mitglieder ihres Gemeinwesens. Dies bedeutet, dass Unterschiede zwischen Christen mit einer bodenständigen ethnischen Herkunft (Bürger) und Juden, Muslimen und Anderen (Mitbürger) in dieser europäischen Leitkultur belanglos sein sollten. Trotz meiner zugegebenen Naivität hatte ich doch eine Befürchtung: deutsche Bürger, vor allem die Gutmenschen-Gesinnungsethiker unter ihnen, wollen mich als »Mitbürger« nicht hören, weil mein Denken unbequem ist und ich ihnen nicht nach dem Mund rede. Vor allem wollen sie nicht, dass ich offen und unzensiert, d. h. die Vorschriften der Political Correctness im Interesse der Wahrheit missachtend denke und schreibe so wie in diesem Buch. Diese Befürchtung hat sich voll bewahrheitet und es schmerzt mich sehr, dies in diesem Nachwort zu schreiben.

Erfreulich jedoch ist, dass dieses Buch viele schweigende, aber aufmerksame Leser gefunden hat. Diesen geisteswachen Lesern, die offen für eine Diskussion sind und die mir auf Lesungen begegnen, bin ich sehr dankbar. Darunter war eine deutsche Rezensentin, Frau Hella Kaiser, die zu den Ausnahmen gehört. Mit großer Freude habe ich festgestellt, dass sie über die notwendige Sensibilität verfügte, mein Anliegen und die damit zusammenhängenden Befürchtungen zu verstehen. Sie schrieb im Berliner *Tagesspiegel* unter dem Titel: »Verordnete Fremdenliebe«:

> »Über seine Art, die Multi-Kulti-Gesellschaft zu problematisieren, kann man ebenso streiten wie über seine These einer europäischen Sinnkrise. Wenn das Buch trotzdem nachdenklich macht, liegt das an einer simplen Tatsache: Da nimmt sich ein Ausländer das Recht, die Befindlichkeit Europas zu untersuchen. Bassam Tibi wirft Fragen auf und verlangt eine Auseinandersetzung. Bleibt die aus, hat er mit seinem Buch ins Schwarze getroffen.«

Frau Kaiser hat recht! *Europa ohne Identität?* und sein Autor haben tatsächlich ins Schwarze getroffen. Denn die erhoffte Diskussion ist bislang ausgeblieben. Eine andere Frau, eine CDU-Politikerin, die professionell »verordnete Fremdenliebe« ausübt, die CDU-Ausländer-Beauftragte Barbara John, wollte dagegen ihre Scheuklappen nicht ablegen und verkündete im Sender Freies Berlin über dieses Buch:

> »Wer die Thesen von Bassam Tibi in seinem neuen Buch *Europa ohne Identität?* übernehmen will, der wird bei der Lektüre zusammenschrecken ... Er äußert sich zu vermeintlichen (sic!) Zerfall der politisch-geistigen Orientierung in Europa ... Es ist anstrengend, Tibis Ausführungen zu folgen und es fragt sich am Ende, ob sich die Anstrengung gelohnt hat« (laut SFB-Manuskript).

Diese geistesmüden Sätze erinnern mich an den oft wiederholten Satz von Adorno und Horkheimer und gleichermaßen von Ernst Bloch: »Denken ist anstrengend!!« Zu dem von mir als Fremden beobachteten Zerfall zivilisatorischer Orientierung in Deutschland gehört solche Ablehnung denkerischer Anstrengung. Besonders folgenreich ist dies bei Politikern, die – wie Frau John – weder informiert, noch bereit sind, sich der Mühe der

Anstrengung des Begriffs, d. h. des Denkens zu unterziehen. Außer politisch korrekter Rhetorik von Sonntagsreden haben sie uns in dieser Sinnkrise Europas gar nichts zu bieten.

Trotz der Bewahrheitung meiner Befürchtungen – ich werde dies begründen – hat es Ausnahmen gegeben. Zudem fand dieses Buch – wie die verkaufte Auflage belegt – in der Tat viele Leser, und zahlreiche Institutionen luden mich ein, um in ihrem Kreis und mit ihnen über meine Thesen zu sprechen. Aber die Foren der öffentlichen Diskussion in Deutschland, von der konservativen *Frankfurter Allgemeinen Zeitung* oder gar zur sogenannten linksliberalen *Süddeutschen Zeitung* und gar die gesinnungsethischen *Zeit,* haben mein Buch »demokratisch« verschwiegen. Trotz solcher Denkblockaden gebe ich die Hoffnung nicht auf. Ich folge meinem semitischen Vorfahren in diesem Land Heinrich Heine in vielem – wie die Leser dieses Buches sehen werden –, nicht aber darin, Deutschland zu verlassen. Ich nenne Deutschland im vierten Teil dieses Buches »Tollhaus«; solche Häuser liebt man nicht gerade und dennoch gibt es viele liebenswerte Menschen in diesem Land, die es mit der Bewältigung der deutschen Vergangenheit ernst meinen. Diesen Deutschen und nicht den im neuen Gewand der »verordneten Fremdenliebe« maskierten Deutschen gehört meine Zuneigung.

Oft habe ich die Erfahrung gemacht, dass Deutsche, die länger im Ausland leben und dort erfahren, dass Europa und erst recht Deutschland nicht der Nabel der Welt ist, am ehesten dazu geneigt sind, die Scheuklappen abzulegen. Einer dieser Deutschen, den ich persönlich gar nicht kenne und dem ich nie begegnet bin, schrieb mir einen kurzen Brief mit folgendem Wortlaut:

»Ihr Buch *Europa ohne Identität?* sollte Pflichtlektüre in der Oberstufe aller deutschen Gymnasien sein.« Nach der Angabe seines Namens zeichnete er: »Claus von der Decken, Deutscher mit Wohnsitz in England seit 1975«. Wie schön, dass es Deutsche gibt, die kein Problem damit haben, »den Ausführungen zu folgen«, die in meinem Buch stehen und sich dieser Denkanstrengung unterziehen. Die Lage in Deutschland ist ernst, aber doch nicht hoffnungslos!!

Jerusalem, Spinoza Institute
Ende August 1999

                                                              Bassam Tibi

ANMERKUNGEN

VORBEMERKUNG: Unter Berücksichtigung der Tatsache, dass dieses Buch für ein allgemein interessiertes Publikum geschrieben ist, ist dieser Anmerkungsteil nicht wie in einer Diplomarbeit oder Dissertation nach strengen Regeln angefertigt worden. Es gilt, die Anmerkungszahl zu reduzieren, deshalb wird eine Quelle oft nur jeweils einmal angegeben und auf den ersten Nachweis verwiesen. Bis auf einige Ausnahmen wird nicht mit »ebd.« und Seitenzahl wiederholt. Ich verweise auf weiterführende Literatur, jedoch in Grenzen. Alle Anmerkungen bleiben auf die Bedürfnisse eines allgemein interessierten Leserkreises zugeschnitten.

Abkürzungen der zitierten Zeitungen (arabische Zeitungen werden nicht abgekürzt):

IHT	International Herald Tribune
FT	Financial Times
BM	Berliner Morgenpost
DW	Die Welt
FAZ	Frankfurter Allgemeine Zeitung
GT	Göttinger Tageblatt
NZZ	Neue Zürcher Zeitung
SZ	Süddeutsche Zeitung
NYT	New York Times
SGT	St. Galler Tagblatt
WS	Welt am Sonntag
WSJ	Wall Street Journal

Einleitung: Europa zwischen den Extremen

[1] In diesem Buch verwende ich diesen Begriff stets in Anlehnung an Jürgen Habermas, *Der philosophische Diskurs der Moderne,* Frankfurt/M. 1985.

[2] Trotz meiner scharfen Kritik an Europa folge ich also nicht meinem Kollegen Susantha Goonatilake aus Sri Lanka, in: *Crippled Minds. An Exploration into Colonial Culture,* Colombo 1982. Susantha übergab mir dieses Buch in Colombo, in dem er auf S. 320ff. für Europa »The New Fall of Constantinople« voraussagt.

[3] Erich Gysling, Plädoyer für einen modernen Islam, in: *SGT* vom 14. Dez. 1994, über mein Buch *Im Schatten Allahs. Der Islam und die Menschenrechte,* München 1994 (Serie Piper-Ausgabe 1996).

[4] Im Nachwort zur 1996-Taschenbuch-Ausgabe meines in Anm. 3 zitierten Buches berichte ich von dieser unerfreulichen Erfahrung nach meinem Reformationstags-Vortrag in einer Bremer Kirche.

[5]   Hier werden die bereits an anderer Stelle formulierten Gedanken fortgesetzt: B. Tibi, Die Entromantisierung Europas, in: Manfred Brocker/Heino Nau (Hg.), *Ethnozentrismus*, Darmstadt 1997, S. 269–288.

[6]   Hierüber sachlich und kompetent als eine Aufklärungsschrift für Nachkriegs-Deutsche: Ruth Benedict, *Die Rassenfrage*, Bergen II, 1947 (Military Government Information Control Lizenz-Nr. US-E 144). Diese für Nachkriegs-Deutsche gedachte Veröffentlichung ist heute noch aktueller als damals, wird aber nicht nachgedruckt.

[7]   Alain Finkielkraut, *Die Niederlage des Denkens*, Reinbek 1989.

[8]   Dagegen richtig verstanden von Jürgen Habermas in seinem Beitrag zu dem Band: *Theodor W. Adorno zum Gedächtnis*, hg. von Hermann Schweppenhäuser, Frankfurt/M. 1971, S. 26–38.

[9]   Hierzu die Kapitel im zweiten Teil von B. Tibi, *Der wahre Imam. Der Islam von Mohammed bis zur Gegenwart*, 2. Aufl. München 1997 (zuerst 1996), Taschenbuch-Ausgabe Serie Piper: 1998.

[10] Werner Becker, Toleranz – Grundwert der Demokratie?, in: *Ethik und Sozialwissenschaften*, Bd. 8 (1997), Heft 4, S. 413–423; alle folgenden Becker-Zitate aus diesem Aufsatz, dem ein kritischer Kommentar von mir angeschlossen ist (ebd., S. 465ff.). Durch seine intolerante Reaktion auf seine Kritiker hat sich W. Becker in die Tradition jener Deutschen eingeordnet, die Werte predigen, die sie in ihrem Leben nicht einhalten können. Vgl. unten Anm. 6 zu Kapitel 6.

[11] Erasmus Foundation (Hg.), *The Limits of Pluralism. Neo-Absolutisms and Relativism*, Amsterdam 1994 (mit Beiträgen von C. Geertz, E. Gellner, B. Tibi u.a.).

[12] Aimé Césaire, *Über den Kolonialismus*, Berlin 1968 (Orig. Paris 1955); vgl. auch die Gedichte von Césaire in einer zweisprachigen Ausgabe: *Zurück ins Land der Geburt*, Frankfurt/M. 1967.

[13] Zu F. Fanons Leben und Werk vgl. den entsprechenden Abschnitt in: B. Tibi, Politische Ideen in der Dritten Welt während der Dekolonisation, in: Iring Fetscher/Herfried Münkler (Hg.), *Pipers Handbuch der politischen Ideen*, 5 Bde., hier Bd. 5, München 1987, S. 361–402, zu Fanon S. 365ff. Vgl. auch das Fanon-Buch von Irene Gendzier, *Fanon: A Critical Study*, New York 1973.

[14] So z. B. mein Artikel über Fanon in *Sozialistische Politik*/Berlin, Heft 2/1969, Wiederabdruck in B. Tibi, *Internationale Politik und Entwicklungsländer-Forschung*, Frankfurt/M. 1979, S. 156–162.

[15] B. Tibi, Kein Ersatzproletariat der deutschen Linken, in: *Focus* vom 25. Mai, Heft 22/1996, S. 52.

[16] Frantz Fanon, *Die Verdammten dieser Erde*, Frankfurt/M. 1966, S. 239 (Orig. Paris 1961), sowie Anm. 13, 14 oben.

[17] Jean Chesneaux, *Vietnam. Geschichte und Ideologie des Widerstands*, Frankfurt/M. 1968, S. 27.

[18] F. Fanon, *Die Verdammten...* (Anm. 16), S. 240; weitere Werke von Fanon in deutscher Übersetzung: *Aspekte der algerischen Revolution*, Frankfurt/M. 1969; und *Schwarze Haut, weiße Masken*, Frankfurt/M. 1980.

[19] Herbert Marcuse, *Der eindimensionale Mensch*, Neuwied 1967 (9. Aufl.: bis 80 000, 1977), S. 67. Dieses Buch war der Bestseller der 68er Zeit, in der kein Buch von Adorno oder Horkheimer eine ähnlich hohe Auflage und vergleichbare Verbreitung fand.

[20] Vgl. das Kapitel hierüber in: John Gray, *Isaiah Berlin*, Princeton/N.J. 1996, S. 122–140.

21 Jürgen Habermas, *Der philosophische Diskurs...* (Anm. 1), S. 12f. Vgl. auch seine Essaysammlung, *Die Einbeziehung des Anderen,* Frankfurt/M. 1996.

22 Max Horkheimer, *Kritische Theorie,* 2 Bde., Frankfurt/M. 1968, hier Bd. 1, S. XIII.

23 Hierzu im Einzelnen das Algerien-Kapitel in Bassam Tibi/Gerhard Grohs (Hg.), *Zur Soziologie der Dekolonisation in Afrika,* Frankfurt/M. 1973, dort S. 45f. mit Belegen.

24 Robert Malley, *The Call from Algeria. Third Worldism, Revolution and the Turn to Islam,* Berkeley 1996. Vgl. auch die beiden Algerien-Kapitel in B. Tibi, *Die Verschwörung. Das Trauma arabischer Politik,* 2. Aufl. Hamburg 1994, DTV-Ausgabe München 1994, S. 161ff., 228ff.

25 Zur Ideologie des Eurozentrismus vgl. Roy Preiswerk/Dominique Perrot, *Ethnocentrism and History,* New York 1978.

26 Hierzu Montserrat Guibernau, *Nationalism. The Nation-State and Nationalism in the Twentieth Century,* Cambridge 1996, Kapitel 6, S. 115ff.; und auch das Kap. von Geoffrey Hawthorn in: John Dunn (Hg.), *Contemporary Crisis of the Nation-State,* Cambridge 1995, S. 130ff.; ferner: B. Tibi, *Vom Gottesreich zum Nationalstaat,* Neuausgabe Frankfurt/M. 1991.

27 Die beste Kritik daran stammt von dem im Nov. 1995 verstorbenen Kulturanthropologen Ernest Gellner, *Postmodernism, Reason and Religion,* London 1992, bes. S. 40ff.

28 In diesem Sinne: B. Tibi, Kulturdialog im globalen Dorf. Der Islam und Europa, der Islam in Europa, in: *FAZ* vom 16. September 1997, S. 11f. (Kurzfassung der im April 1997 im Ridder Husset in Stockholm gehaltenen Global Village Lecture). Danach war es nicht mehr möglich, solche Beiträge in der FAZ zu veröffentlichen (vgl. Schlussbetrachtung).

29 Vgl. den erschütternden Bericht dieses Lebenszustandes von dem algerischen Schriftsteller Raschid Boudjedra, Zyankali auf dem Nachttisch, in: *Der Spiegel,* Heft 43/1997, S. 188–190.

30 Gemeint ist die Institution der Römerberg-Gespräche. Das Thema des 24. Römerberg-Gespräches vom 13./14. Juni 1997 war »Europa im Abseits?« für mich als Nicht-Europäer war diese Veranstaltung schlicht ein Skandal!

31 So in meinem in Anm. 3 zitierten Buch (dort bes. Kap. 6, S. 158ff.); und in: *Krieg der Zivilisationen,* Hamburg 1995, stark überarbeitete und erheblich erweiterte Heyne-Neuauflage München 1998.

32 Konrad Adam, Erster Europäer!, in: *FAZ*-Feuilleton vom 17. Juni 1997, S. 37. Die zitierte Distanzierung der *FAZ*-Herausgeber liegt mir schriftlich vor.

33 Benedict Anderson, *Imagined Communities,* veränderte Auflage London 1991.

34 Peter D. Salins, *Assimilation American Style. An Impassioned Defense of Immigration and Assimilation,* New York 1997.

35 Vgl. mein *Focus*-Interview, Viele Westler hassen sich selbst, in: *Focus* vom 9. September, Heft 37/1996, S. 64–67; und der Artikel: Weltfremde Träumer von der multikulturellen Gesellschaft, in: *FAZ-Sonntagszeitung* vom 14. Juli 1996, S. 4; sowie Multi-Kulti-Ideologie verleugnet verbindende Werte, in: ebd. vom 1. Juni 1997, S. 4.

36 Vgl. das Ibn-Khaldun-Kapitel in: B. Tibi, *Der wahre Imam* (Anm. 9), S. 179–209, dort ausführliche Quellenangaben.

37 B. Tibi, Deutsche Ausländerfeindlichkeit und ethnisch-religiöser Rechtsradikalismus der Ausländer, in: *Gewerkschaftliche Monatshefte,* Bd. 44/1993, H. 8, S. 493–

502. In einer erheblich erweiterten Fassung auch enthalten in: Ulrich Wank (Hg.), *Der neue, alte Rechtsradikalismus,* München 1993, S. 139–168. Amerikanische Ausgabe: *The Resurgence of Right-Wing Radicalism in Germany,* Atlantic Highlands/N.J. 1996, S. 85–102.

[38] Mein irakischer Freund Kanan Makiya veröffentlichte unter dem Pseudonym Samir al-Khalil *The Republic of Fear,* Berkeley 1989. Nach dem Golfkrieg durfte ich ihn im März 1991 in Harvard unter seinem richtigen Namen vorstellen. Die angesprochene »Republik der Angst« ist der Irak Saddam Husseins. Angst kann auch »postmoderne« Quellen haben, wie z. B. gerichtliche Folgen der westlichen PC-Kultur, vor allem in den USA.

[39] Ich beziehe mich hier auf das Kapitel »Eigentümlichkeiten der geschichtlichen Entwicklung Deutschlands«, in: Georg Lukacs, *Die Zerstörung der Vernunft,* (= Werke, Bd. 9), Neuwied 1962, S. 37ff.

[40] Vgl. Hagen Schulze, *Staat und Nation in der europäischen Geschichte,* München 1995, bes. S. 235ff.; sowie das Kapitel über den Staat in meinem in Anm. 31 zit. Buch *Krieg der Zivilisationen,* S. 67–123.

[41] Das Standardwerk hierzu ist: Anthony Giddens, *The Nation-State and Violence,* Berkeley 1987.

[42] B. Tibi, *Krieg der Zivilisationen* (Anm. 31), neue Ausgabe.

Kapitel 1: Entromantisierung Europas ohne Identitätsverlust

[1] Vgl. Bryce Lyon u.a., *Mohammed und Karl der Große. Die Geburt des Abendlandes,* Stuttgart und Zürich 1987; sowie Peter Brown, *Die Entstehung des christlichen Europa,* München 1996; vgl. das Kapitel über den Islam, S. 217ff.

[2] Zum Islam als einer Zivilisation vgl. B. Tibi, *Der wahre Imam* (Anm. 9 zur Einleitung).

[3] Norbert Elias, *Über den Prozess der Zivilisation,* 2 Bde., 6. Auflage Frankfurt/M. 1978, hier Bd. 2, S. 17. (Neu bearbeitete Leinen-Ausgabe: 1997.)

[4] Geoffrey Parker, *Die militärische Revolution. Die Kriegskunst und der Aufstieg des Westens 1500–1800,* Frankfurt/M. und New York 1990 (Original Cambridge 1989).

[5] Wolfgang Reinhard, *Geschichte der europäischen Expansion,* 4 Bde., Stuttgart 1983–1990

[6] Hedley Bull, The Revolt against the West, in: Ders. mit Adam Watson (Hg.), *The Expansion of International Society,* Oxford 1984, S. 217–228.

[7] Hierzu ausführlich und kulturübergreifend/überregional die Abhandlung von B. Tibi, Politische Ideen … (Anm. 13 zur Einleitung).

[8] Hierzu B. Tibi, *Der religiöse Fundamentalismus im Übergang zum 21. Jahrhundert,* Meyers Forum Bd. 34, Mannheim 1995, vgl. auch die Anm. 11 u. 16 unten

[9] Barrie Axford, *The Global System. Economics, Politics and Culture,* New York 1995.

[10] Benjamin R. Barber, *Jihad vs. McWorld,* New York 1995, deutsche Übersetzung beim Scherz-Verlag: *Coca-Cola und Heiliger Krieg,* Bern/München 1996.

[11] Aus diesem Projekt sind fünf Bände bei Chicago University Press im Zeitraum 1991–1995 erschienen (vgl. Anm. 16).

[12] Zur Entwestlichung vgl. B. Tibi, *Krieg der Zivilisationen,* Hamburg 1995, S. 23ff. u. 274ff. (neue aktualisierte u. erheblich erweiterte Ausgabe: München 1998).

13 Samuel P. Huntington, *Clash of Civilizations. Kampf der Kulturen. Die Neugestaltung der Weltpolitik im* 21. *Jahrhundert,* München und Wien 1996. Zur Diskussion das neue Kapitel 7 zur 1998-Ausgabe von *Krieg der Zivilisationen* (Anm. 12).

14 Raymond Aron, *Frieden und Krieg,* Frankfurt/M. 1986, S. 468 (Original: *Paix et guerre entre les nations,* Paris 1962).

15 Zur internationalen Moralität, die sich erheblich vom Weltethos unterscheidet, vgl. B. Tibi, *Krieg der Zivilisationen* (wie Anm. 12). Der Untertitel des zitierten Buches von mir lautet: *Politik und Religion zwischen Vernunft und Fundamentalismus.* Damit werden die Alternativen im weltanschaulichen (also *nicht* militärischen) Krieg der Zivilisationen genannt.

16 Vgl. hierzu die Kapitel über »Remaking the World through Militancy« im dritten Teil des 3. Bandes von Martin Marty/Scott Appleby (Hg.), *Fundamentalisms and the State,* Chicago 1993 (zum Fundamentalismus-Projekt Anm. 11 oben); vgl. auch B. Tibi, The Worldview of Sunni-Arab Fundamentalists, in Bd. 2 des Fundamentalismus-Projekts: *Fundamentalisms and Society,* Chicago 1993, S. 73–102; vgl. auch Anm. 8.

17 Kritisch zu dieser ethnozentrischen Mentalität vgl. die Arbeit von Roy Preiswerk/Dominique Perrot, *Ethnocentrism ...* (Anm. 25 zur Einleitung).

18 Hierzu William M. Watt, *Islamic Philosophy and Theology,* Edinburgh 1979. Zur Diskussion, ob jede Kultur ihr eigenes Wissensmuster hat, vgl. meine in Anm. 43 zitierten Arbeiten. Vgl. ferner W. M. Watt, *Muslim-Christian Encounters. Perceptions and Misperceptions,* London 1991.

19 Hierzu Kapitel 4 dieses Buches.

20 Hierzu ausführlich B. Tibi, War and Peace in Islam, in: Terry Nardin (Hg.), *The Ethics of War and Peace. Religious and Secular Perspectives,* Princeton/N.J. 1996, S. 128–145. Vgl. auch Kap. 4 in B. Tibi, *Krieg der Zivilisationen* (Anm. 12 oben), neue Ausgabe 1998.

21 Vgl. Kapitel 8 und 9 in B. Tibi, *Aufbruch am Bosporus. Die Türkei zwischen Europa und dem Islamismus,* München 1998.

22 Baber Johansen, Politics and Scholarship. The Development of Islamic Studies in Germany, in: Tareq Ismael (Hg.), *Middle East Studies. International Perspectives on the State of the Art,* New York 1990, S. 71–130, hier S. 81. Im selben Band enthalten ist auch B. Tibi, The Modern Middle East in German Political Science, S. 131–148.

23 Vgl. hierzu die Beiträge in Bruce Mazlish/Ralph Buultjens (Hg.), *Conceptualizing Global History,* Boulder/Col. 1993, vor allem das Kapitel von Wolf Schäfer auf S. 47–69.

24 Ich verwende hier Kultur stets im Sinne lokaler Sinnproduktion und Zivilisation stets als Prozess bzw. als Gruppierung lokaler Kulturen. Vgl. B. Tibi, *Krieg der Zivilisationen* (Anm. 12).

25 Jürgen Habermas, wie Anm. 1 zur Einleitung.

26 Eric J. Hobsbawm, *Das Zeitalter der Extreme. Weltgeschichte des 20. Jahrhunderts,* München u. a. 1995.

27 Vgl. Anm. 35 zur Einleitung; und zur Schimmel-Affäre das Schlusskapitel in: B. Tibi, *Der religiöse Fundamentalismus* (wie in Anm. 8), S. 113–123. Zu Grass und der Buchmesse 1997 vgl. das Vorwort zu meinem in Anm. 21 zitierten Türkei-Buch.

28 Helmuth Plessner, *Diesseits der Utopie*, Frankfurt/M. 1974, S. 9; und ders.: *Die verspätete Nation*, Neuauflage Frankfurt/M. 1974, S. 73.

29 B. Tibi, *Pulverfass Nahost. Eine arabische Perspektive*, Stuttgart 1997; und dazu Ludwig Watzal, Über die jüdisch-arabische Wirklichkeit (also eine deutsche Perspektive, B.T.), in: *Tageszeitung* vom 14. Oktober 1997, S. 17.

30 Das Standardwerk über die Nations-Modelle in England und Frankreich als richtungsweisende europäische Modelle ist Reinhard Bendix, *Könige oder Volk?*, 2 Bde., Frankfurt/M. 1980. Zu England und zu Frankreich Bd. 2, Kap. 9 u. 10.

31 Vgl. das Kapitel »Counter-Enlightenment« in der Monographie von John Gray, *Isaiah Berlin* (Anm. 20 zur Einleitung).

32 Vgl. B. Tibi, *Vom Gottesreich...* (Anm. 26 zur Einleitung).

33 Vgl. hierzu B. Tibi, The Simultaneity of the Unsimultaneous, in: Philip Khoury/Joseph Kostiner (Hg.), *Tribes and State Formation in the Middle East*, Berkeley 1990, S. 127–152. Vgl. auch Kap. 1 in B. Tibi, *Krieg der Zivilisationen* (wie Anm. 12).

34 Vgl. das in Anm. 41 zur Einleitung zitierte Standardwerk von Anthony Giddens zu dieser Problematik.

35 Siehe hierzu David Apter, *The Politics of Modernization*, Chicago 1965, und Reinhard Bendix, *Nation-Building and Citizenship*, Berkeley 1977. Vgl. auch mein Buch *Vom Gottesreich...* (Anm. 26 zur Einleitung), S. 24ff.

36 Anthony Smith, *The Ethnic Origins of Nations*, Oxford 1986; vgl. auch den autoritativen Reader von ders. (Hg.), *Ethnicity*, Oxford 1996 (darin das Kapitel von B. Tibi, S. 174ff.).

37 Zu dieser »Rache« siehe B. Tibi, *Krieg der Zivilisationen* (Anm. 12), S. 75ff.

38 Hierzu meine in Anm. 3 zur Einleitung zitierte Arbeit, dort besonders Zukunftsperspektiven, S. 377ff.

39 Kritisch Adam Seligman, *The Idea oJ Civil Society*, New York 1992. Zur Anwendung der europäischen Idee der Zivilgesellschaft auf den Islam vgl. die Ergebnisse des Istanbuler euro-islamischen Dialogs, in: Elisabeth Özdalga/Sune Persson (Hg.), *Civil Society, Democracy and the Muslim World*, Istanbul 1997. Darin B. Tibi, The Cultural Underpinning of Civil Society in Islamic Civilization, S. 23–32.

40 Ernest Gellner, *Postmodernism, Reason and Religion*, London 1992, S. 40ff. Vgl. auch die scharfsinnige Position von Gellner in der Amsterdamer Kontroverse mit Geertz in dem Band *The Limits of Pluralism*, (Anm. 11 zur Einleitung), S. 163ff. (darin Geertz auf S. 167ff., und B. Tibi, Political Islam as an Expression of Fundamentalism. Between Modernity and Neo-Absolutism, S. 29–35).

41 Das Standardwerk hierüber ist Donald L. Horowitz, *Ethnic Groups in Conflict*, Berkeley 1985. Vgl. auch die Werke von A. Smith (Anm. 36).

42 Daniel P. Moynihan, *Pandaemonium. Ethnicity in International Politics*, New York 1993.

43 B. Tibi, Culture and Knowledge, in: *Theory, Culture & Society*, Bd. 12 (1995), H. 1, S. 1–24; auch das 5. Kapitel über »Wissen« in: ders., *Krieg der Zivilisationen* (Anm. 12), S. 243–274, das die zentralen Ideen dieses zit. TCS-Aufsatzes enthält.

44 Persönliche Kommunikation mit Anthony Giddens (Briefwechsel) zum Manuskript der in Anm. 43 zitierten Abhandlung vor der Veröffentlichung.

45 B. Tibi, *Die Verschwörung* (Anm. 24 zur Einleitung).

46 Alain Finkielkraut, *Die Niederlage...* (Anm. 7 zur Einleitung).

47 B. Tibi, *Der wahre Imam* (Anm. 9 zur Einleitung), Teil II.

Kapitel 2: Europa, Zuwanderung und der Multikulturalismus

[1] Wolfgang Reinhard (wie Anm. 5 zu Kap. 1).

[2] Theodore H. von Laue, *World Revolution of Westernization,* New York 1987, S. 27ff., sowie Grete Klingenstein et al. *Die Europäisierung der Erde,* Wien 1980.

[3] Zu den weltanschaulichen Differenzen in diesen fünf Bereichen vgl. B. Tibi, *Krieg der Zivilisationen* (wie Anm. 12 zu Kap. 1).

[4] Norbert Elias, *Über den Prozess der Zivilisation* (wie Anm. 3 zu Kap. 1). Vgl. auch die ausgezeichnete Monographie über Elias' Werk von Stephen Mennell, *Norbert Elias – an Introduction,* Oxford 1992.

[5] Für eine Gesamtschau über die Zivilisationen vgl. Fernand Braudel, *A History of Civilizations,* London 1994.

[6] Zur Entwestlichung B. Tibi, *Krieg der Zivilisationen* (Anm. 12 zu Kap. 1), S. 23ff.

[7] Ibn Khaldun, *al-Muqaddima,* dt. Übers.: Buch der Beispiele, Leipzig 1992.

[8] Hierzu das Ibn-Khaldun-Kapitel in B. Tibi, *Der wahre Imam* (Anm. 9 zur Einleitung), S. 179–209.

[9] Helmuth Plessner, *Diesseits der Utopie* (Anm. 28 zu Kap. 1), S. 9; vgl. auch ders., *Die verspätete Nation,* Frankfurt/M., 2. Aufl. 1974.

[10] Vgl. teilweise autobiographisch B. Tibi, Nicht über Bagdad, sondern direkt! Die Schwierigkeit, an der deutschen Universität heimisch zu sein, in: Namo Aziz (Hg.), *Fremd in einem kalten Land. Ausländer in Deutschland,* Freiburg/Br. 1992,S. 121–136.

[11] Claus Leggewie, *Alhambra – Der Islam im Westen,* Reinbek 1993, S. 10. Vgl. auch ders., *Multi-Kulti. Spielregeln für die Vielvölkerrepublik,* Berlin 1990. Als Doktorvater, dem Leggewie als Assistent zugeordnet war, ist es mir nicht gelungen, ihn bei der Anfertigung seiner Dissertation über Algerien zu überzeugen, wie wichtig der Islam für die Analyse ist (politische Ökonomie galt damals mehr); heute belehrt mich dieser deutsche Multikulturalist über die Zivilisation, in der ich aufgewachsen bin, den Islam!

[12] In einer *FAZ*-Rezension von Susanne Gaschke urteilt die Rezensentin über den »Multikulti«-Denker Leggewie, seine Arbeit sei »eher unoriginell, dafür aber nicht unterhaltsam und vor allem wischiwaschi«, *FAZ* vom 5. Mai 1995, S. 15. Die in Anm. 11 zit. Arbeiten gehören in diese Kategorie.

[13] Zur Ethnizität der »Wir-Gruppen« vgl. Daniei P. Moynihan, *Pandaemonium* (Anm. 42 zu Kap. 1).

[14] Die »Wir-Gruppe« wird dann zu einer *community,* dazu Benedict Anderson, *Imagined Communities,* 2. Aufl., London 1991, und zwar mit einer konstruierten Tradition, deren Pflege zum »Grundrecht« auf Kollektiv-Identität erhoben wird, vgl. Eric J. Hobsbawm/T. Ranger (Hg.), *The Invention of Tradition,* Cambridge 1983, vgl. auch B. Tibi, *Im Schatten Allahs* (Anm. 3 zur Einleitung), Kap. 6.

[15] Der Islam kennt weder Rassen noch Hautfarben, also keinen »Black Islam«, zu diesem vgl. Gilles Kepel, *Allah im Westen. Die Demokratie und die islamische Herausforderung,* München 1996, S. 71ff.

[16] Zum »Multikulti«-Kulturrelativismus vgl. B. Tibi, *Im Schatten Allahs* (Anm. 3 zur Einleitung), Kap. 6, S. 158–183.

[17] Die Nachricht in der *FAZ* vom 28. Febr. 1996 und dazu mein Leserbrief in derselben Zeitung vom 7. März 1996, S. 11. Mehr hierüber Kap. 10, bes. S. 275ff.

[18] Vgl. hierzu das *Focus*-Interview mit mir, zitiert in Anm. 35 zur Einleitung.

[19] Vgl. das Kapitel über den islamischen Fundamentalismus in Jean-François Revel, *Democracy Against Itself,* New York 1993, S. 199ff.

[20] Vgl. die Reportage hierüber von Gabriel Grüner in *Stern,* Heft 49/1997, S. 16–24, und sein Interview mit mir, S. 25f.: »Es wird weiter Terror geben«.

[21] Nach dem Schlusskommuniqué in *al-Scharq al-Ausat* vom 12. Dez. 1997, S. 3.

[22] B. Tibi, Ist der islamische Terrorismus ein Dschihad?, in: *FAZ* vom 6. März 1995, S. 8–9.

[23] Jürgen Habermas, *Die Einbeziehung des Anderen,* Frankfurt/M. 1996, S. 237ff.

[24] Über die Türken in Deutschland vgl. Kap. 8 und 9 in: B. Tibi, *Aufbruch am Bosporus* (Anm. 21 zu Kap. 1).

[25] Der Begriff stammt von Graham Fuller, The Breaking of Nations, in: *The National Interest,* Heft 26 (Winter 1991/92), S. 14–21, und dazu B. Tibi, Wird Amerika libanisiert? Die öffentliche Diskussion über Migration in einem Einwanderungsland, in: *FAZ* vom 23. Mai 1992, S. 12.

[26] Hierzu die Nachricht »Ein muslimisches Parlament in London«, in: *NZZ* vom 6. Jan. 1992, eine Analyse darüber ist in: Kepel, *Allah im Westen* (Anm. 15), S. 202f. enthalten.

[27] Über den Islam in Senegal vgl. B. Tibi, *Die Krise des modernen Islam,* Neuauflage Frankfurt 1991, Kap. 5, S. 94–112.

[28] Charles Taylor, *Multikulturalismus und die Politik der Anerkennung,* Frankfurt/M.1992.

[29] Zu dieser Herr-Knecht-Beziehung bei Hegel und Fanon mit Nachweisen meine Fanon-Arbeiten, nachgewiesen in Anm. 13 und 14 zur Einleitung.

[30] »Wir machen die Hölle durch«, in: *Der Spiegel,* Heft 15/1996, S. 62–68.

[31] Zum Euro-Islam vgl. B. Tibi, *Im Schatten Allahs* (Anm. 3 zur Einleitung), Kap. 12, und *Aufbruch am Bosporus* (Anm. 21 zu Kap. 1), Kap. 8

[32] Wilhelm Heitmeyer u. a., *Verlockender Fundamentalismus. Türkische Jugendliche in Deutschland,* Frankfurt 1997.

[33] Zum islamischen Rationalismus des Frühmittelalters vgl. B. Tibi, *Der wahre Imam* (wie Anm. 9 zur Einleitung), Teil II; zur Vernunftorientierung als einer islamisch-okzidentalen Brücke ders., *Krieg der Zivilisationen* (Anm. 12 zu Kap. 1), S. 180–183.

Kapitel 3: Europa im globalen Dorf

[1] Siehe Barrie Axford, *The Global System* (Anm. 9 zu Kap. 1), bes. Kapitel 6 über Kultur.

[2] Vgl. Anm. 10 zu Kapitel 1.

[3] Hedley Bull, *The Anarchical Society. A Study of Order in World Politics,* New York 1977, S. 273.

[4] In diesem Zusammenhang habe ich Herrn Bundespräsidenten Roman Herzog für die Anerkennung dieser Arbeit der »Vermittlung zwischen den Kulturen« durch die Verleihung des Bundesverdienstkreuzes Erster Klasse im Jahre 1995 zu danken. Im Vorfeld der Verleihung hatte ich im September 1995 die Ehre, im Schloß Bellevue neben dem Bundespräsidenten am Symposium über diesen Gegenstand mitzuwirken. Die Veröffentlichung wurde für die Bertelsmann-Stiftung von Werner Weidenfeld (Hg.), *Dialog der Kulturen,* Gütersloh 1997, besorgt (Herzog auf S. 8ff., Tibi auf S. 43ff.).

5 Zbigniev Brzezinski, *The Grand Chessboard,* New York 1997, deutsch: *Die einzige Weltmacht,* Weinheim 1997.

6 Hierzu autoritativ die Beiträge in Hedley Bull/Adam Watson (Hg.), *The Expansion of International Society,* Oxford 1984 (Neudruck 1988).

7 Zu den unterschiedlichen Ansätzen des Umgangs mit diesem Phänomen vgl. B. Tibi, *Krieg der Zivilisationen* (Anm. 31 zur Einleitung), bes. Kap. 7; und Samuel P. Huntington, *Kampf der Kulturen* (Anm. 13 zu Kap. 1).

8 H. Bull, *Anarchical Society* (Anm. 3), S. 13.

9 B. Tibi, *Das Mittelmeer als Grenze oder Brücke Europas zur Welt des Islam?,* Stuttgart 1994 (Druckversion der Vortragsreihe der Bosch-Stiftung: Europa vor neuen Aufgaben).

10 John Kelsay, *Islam and War. A Study in Comparative Ethics,* Louisville/Kentucky 1993, S. 118.

11 B. Tibi im Gespräch mit Tehmina Ahmed, The Clash of Civilizations was not invented but it was used, abused for other reasons, in: *Newsline* (Karachi), Nov. 1995, S. 99f.

12 B. Tibi, *Der Islam und das Problem der kulturellen Bewältigung sozialen Wandels,* 3. Aufl. Frankfurt/M. 1991.

13 Hierzu das Buch des tunesischen Historikers Hichem Djait, *al-Fitna* (Der innerislamische Krieg), Beirut 1992, (Franz. Fassung: *La Grand Discord,* Paris 1989), bes. S. 49ff.; sowie den Aufsatz von M. K. Masud, The Obligation to Migrate: The Doctrine of Hijra in Islamic Law, in: Dale Eickelman/James Piscatori (Hg.), *Muslim Travellers. Pilgrimage, Migration and the Religious Imagination,* Berkeley 1990, S. 29–49.

14 Zum Rationalismus im islamischen Mittelalter vgl. den zweiten Teil in B. Tibi, *Der wahre Imam. Der Islam von Mohammed bis zur Gegenwart,* 2. Aufl. München 1997 (zuerst 1996), Taschenbuch-Ausgabe Serie Piper 1998.

15 Leslie Lipson, *The Ethical Crises of Civilization,* London 1993, S. 62.

16 Zu al-Farabi vgl. Kapitel 4 in B. Tibi, *Der wahre Imam* (Anm. 14), S. 133–150.

17 In Istanbul fand eine wichtige euro-islamische Diskussion über die Zivilgesellschaft statt, deren Beiträge inzwischen im Druck vorliegen (Nachweis Anm. 39 zu Kap. 1).

18 So z.B. in der al-Azhar-Veröffentlichung von Muhammad A. al-Samman, *Mihnat al-aqaliyyat al-muslimah fi al-'alam* (Das Dilemma der islamischen Minderheiten in der Welt), Kairo 1987.

19 Zur Euro-Islam-Diskussion am Beispiel der Türken in Deutschland vgl. B. Tibi, *Aufbruch am Bosporus. Die Türkei zwischen Europa und dem Islamismus,* München 1998, Kapitel 8 und 9.

20 Zu dieser Diskussion bei einem von den Niederlanden geleiteten Gipfeltreffen der Europäischen Union in Den Haag vgl. Kapitel 8 in B. Tibi, *Pulverfass Nahost* (Anm. 29 zu Kap. 1), bes. S. 248ff.

21 Vgl. hierzu die von Martin Marty und Scott Appleby herausgegebenen fünf Bände, nachgewiesen in Anm. 16 zu Kapitel 1.

22 Jean-François Revel, *Democracy Against Itself,* (Anm. 19 zu Kap. 2).

Kapitel 4: Die Grenzen des Pluralismus

1 Vgl. Fernand Braudel, *A History of...* , (Anm. 5 zu Kap. 2).

2   Mehr hierüber bei William M. Watt, *Muslim-Christian Encounters*, (Anm. 18 zu Kap. 1); und in Bezug auf Deutschland B. Tibi, Die Deutschen und die Welt des Islam, in: Bertelsmann Enzyklopädie *Deutschland, Porträt einer Nation*, 10 Bde., hierzu Bd. 10, zweite veränderte Auflage Gütersloh 1991, S. 264-275.

3   Samuel P. Huntington, The Clash of Civilizations?, in: *Foreign Affairs*, Bd. 72 (1993), H. 3, S. 22-49; und danach mit dem falsch übersetzten Titel: ders., *Kampf der Kulturen*, Wien 1996.

4   Siegfried Kohlhammer, *Die Feinde und Freunde des Islam*, Göttingen 1996. Vgl. auch B. Tibi, Der Dialog mit dem Islam ist möglich. Die Islam-Debatte nach Annemarie Schimmel, in: *SGT* vom 22. März 1996 (Seite: Kultur).

5   B. Tibi, *Krieg der Zivilisationen* (wie Anm. 31 zur Einleitung), besonders das neue Kapitel 7 über Huntington.

6   Die Verhandlungen dieses Symposiums sind enthalten in: *Dialog der Kulturen* (Anm. 4 zu Kap. 3).

7   Raymond Aron, *Frieden und Krieg* (Anm. 14 zu Kap. 1), S. 468 (eigene Hervorhebungen).

8   Zum Kalten Krieg vgl. Mary Kaldar, *The Imaginary War. Understanding the East-West Conflict*, Oxford 1990.

9   Vgl. mein Kapitel in: Terry Nardin (Hg.), *The Ethics of War and Peace*, Princeton/N.J., 1996, worin dieses islamische »Salam/Frieden«-Konzept erläutert wird. In unserer Zeitgeschichte hat der geistige Vater des islamischen Fundamentalismus, Sayyid Qutb, in seinem Pamphlet *al-Salam al-'alami wa al-Islam* (Weltfriede und der Islam), 10. legale Auflage (lt. Impressum), Kairo 1992, bes. S. 171-173, dieses Konzept neu belebt im Rahmen seiner Vorstellung von einer »islamischen Weltrevolution«.

10   Klassisch ist der Aufsatz des Oxford-Gelehrten Hedley Bull, The Revolt against the West (Anm. 6 zu Kap. 1).

11   Zu dieser Problematik vgl. B. Tibi, Culture and Knowledge, (Anm. 43 zu Kap. 1).

12   Isaiah Berlin, *Das krumme Holz der Humanität. Kapitel der Ideengeschichte,* 2. Aufl. Frankfurt/M. 1992, S. 106 und 108ff. Über Berlins Einordnung der deutschen Romantik als Gegenaufklärung vgl. John Gray, *Isaiah Berlin*, (Anm. 20 zur Einleitung), S. 122ff.

13   Diese Ideen werden näher entfaltet in: B. Tibi, *Im Schatten Allahs* (Anm. 3 zur Einleitung), bes. Teil 4; sowie in Kapitel 9 bis 11 von *Aufbruch am Bosporus* (Anm. 21 zu Kap. 1).

14   Hierzu meine in Anm. 13 zur Einleitung nachgewiesene Abhandlung B. Tibi, Politische Ideen in der Dritten Welt während der Dekolonisation.

15   Hierüber im Einzelnen den Sammelband von Wayne A. Cornelius (Hg.), *Controlling Immigration. A Global Perspective*, Stanford 1994; sowie Nicholas Capaldi (Hg.), *Immigration. Debating the Issues*, Amherst/N.Y. 1997.

16   Zur Tradition und zur Doktrin der Migration als ein Mittel zur Verbreitung des Islam vgl. M. K. Masud, The Obligation to Migrate (Anm. 13 zu Kap. 3).

17   Zur Darstellung und Kritik des Kulturrelativismus vgl. die klarsichtigen Formulierungen von Ernest Gellner, *Postmodernism...* , (Anm. 40 zu Kap. 1), S. 22f, 40ff. Vgl. auch Kapitel 2 über den Kulturrelativismus in dem Buch von Rhoda E. Howard, *Human Rights and the Search for Community*, Boulder/Col. 1995, S. 51ff.

18   Islamische Reformer (Arkoun, An-Na'im und Tibi) versuchen dies in dem Band von Tore Lindholm und Karin Vogt (Hg.), *Islamic Law Reform and Human Rights*.

Challenges and Rejoinders, Kopenhagen und Oslo 1992, darin Tibi, S. 75-96. Vgl. auch die Beiträge in dem Band von Francis Deng und Abdullahi A. An-Na'im (Hg.), *Human Rights in Africa. Cross-Cultural Perspectives,* Washington D.C. 1990 (darin auch das Kapitel von B. Tibi, S. 104–132).

[19] Vgl. die Diskussion bei der Erasmus Foundation über *The Limits of Pluralism* (nachgewiesen in Anm. 40 zu Kap. 1).

[20] So Gellner bei der Erasmus Foundation (Anm. 19), S. 163ff. Siehe auch ders. *Postmodernism,* wie in Anm. 17.

[21] Vgl. Gellner (wie Anm. 17); sowie das Kapitel: Hat jede Zivilisation ihr eigenes Wissen, in: B. Tibi, *Krieg der Zivilisationen* (Anm. 31 zur Einleitung), auch der in Anm. 43 zu Kap. 1 nachgewiesene Aufsatz.

[22] Vgl. B. Tibi, *The Challenge of Fundamentalism. Political Islam and the New World Disorder,* Berkeley 1998.

[23] Vgl. Anm. 11 und 16 zu Kapitel 1 über das Fundamentalismus-Projekt.

[24] So der Untertitel meines Essays: Der Wettkampf der Zivilisationen, in der *FAZ*-Wochenendbeilage *Bilder und Zeiten* vom 4. Nov. 1995.

Kapitel 5: Der Kommunitarismus:
Eine europäische Zivilgesellschaft ohne Identität

[1] Vgl. die Beilage zur Wochenzeitung *Das Parlament: Aus Politik und Zeitgeschichte,* Bd. 36/1996, mit dem Themenschwerpunkt Kommunitarismus.

[2] Vgl. Meinhard Miegel und Stephanie Wahl, *Das Ende des Individualismus. Die Kultur des Westens zerstört sich selbst,* Bonn 1993.

[3] Amitai Etzioni, *Die Entdeckung des Gemeinwesens,* Stuttgart 1995; vgl. auch Anm. 5.

[4] Helmuth Plessner, *Die verspätete Nation* (Anm. 28 zu Kap. 1).

[5] Das neue Buch von Amitai Etzioni ist *The New Golden Rule. Community and Morality in a Democratic Society,* New York 1996.

[6] Sibylle Tönnies, Kommunitarismus – diesseits und jenseits des Ozeans, in der Beilage von *Das Parlament: Aus Politik und Zeitgeschichte* (wie Anm. 1), S. 13–19.

[7] Gilles Kepel, *Allah im Westen. Die Demokratie und die islamische Herausforderung,* München 1996, S. 337f. Alle Verweise auf Kepel im Text von Kapitel 5 beziehen sich auf dieses Buch.

[8] Vgl. Steven Barboza (Hg.), *American Jihad. Islam after Malcolm X,* New York 1995.

[9] Vgl. u.a. B. Tibi, Euro-Islam oder Ghetto-Islam?, in: *FAZ* vom 7. Dezember 1992; ders., Wider den Ghetto-Islam, in: *Focus,* Heft 17, vom 21. April 1997, S. 66f.; und ders., Die Lösung heißt Euro-Islam, in: *Spiegel-Special,* Heft Januar 1998, S. 25–26. Zum Pariser Ursprung des Konzepts vgl. Anm. 11.

[10] Gilles Kepel, *Allah im Westen* (Anm. 7), S. 13.

[11] B. Tibi, Les conditions d'une Euro-Islam, in: Robert Bistolfi/François Zabbal (Hg.), *Islams d'Europe. Integration ou Insertion Communautaire?,* Paris 1995, S. 230ff. Vgl. auch Anm. 9.

[12] So in mehrfacher Kommunikation mit Prof. Avineri während unseres gemeinsamen Vorlesungszyklus in Denver/Colorado vom 9. bis 13. Februar 1998. Vgl. hierüber den Bericht von Chris Leppek, If Peace were up to Tibi and Avineri, in: *Intermountain Jewish News,* Denver/Col. vom 20. Febr. 1998, S. 4. Darin schreibt der jüdische Herausgeber der zitierten Zeitung: »Avineri and Tibi almost look like

brothers... one would never guess that one is Jew and the other is a Muslim.« Ähnlich wie mir in Deutschland geht es der Arbeit meines – ebenso wie ich – von deutschen Gesinnungsethikern verfemten jüdischen Freundes Michael Wolffsohn, *Meine Juden –Eure Juden*, München 1997, zu den Ostjuden S. 15ff. Es ist merkwürdig zu sehen, wie der Bibliothekar aus Wolfenbüttel, Friedrich Niewöhner, der – obwohl er selbst Deutscher ist – mir als Fremdem unter Anführung der falschen Parallele »Fremdenfeindlichkeit« vorwirft, sich selbst zu uns Fremden äußert, vgl. Schlussbetrachtungen S. 342f

[13] Zu diesen fundamentalistischen Schulen als Mittel zur Verhinderung der Integration, aber auch zur Euro-Orientierung der Türkei, vgl. das neunte Kapitel in B. Tibi, *Aufbruch am Bosporus. Die Türkei zwischen Europa und dem Islamismus*, München 1998, S. 286–319.

[14] Zu dem Facettenreichtum der islamischen Geschichte vgl. B. Tibi, *Der wahre Imam. Der Islam von Mohammed bis zur Gegenwart*, 2. Aufl. München 1997 (zuerst 1996), Serie Piper-Ausgabe 1998.

[15] Siddiqui zitiert nach Kepel, *Allah im Westen* (Anm. 7), S. 209.

[16] Ebd., S. 210.

[17] Gilles Kepel, *Les Banlieues de l'Islam. Naissance d'une religion en France*, Paris 1987.

[18] Vgl. Kepel, *Allah im Westen* (Anm. 7), S. 342f.

[19] Ebd., S. 105ff.; vgl. auch Anm. 8.

[20] Hierzu Muhammed Djalal Kischk, *al-Sa'udiyyun wa al-hall al-Islami* (Die Saudis und die islamische Lösung), 4. Aufl. Kairo 1984.

[21] Zu Kinkel und dieser Akademie B. Tibi, *Der wahre Imam* (wie Anm. 14), hier S. 229.

[22] Zu Maududi vgl. den Artikel über ihn in John Esposito (Hg.), *Oxford Encyclopedia of the Modern Islamic World*, 4 Bde., Oxford-New York 1995, hier Bd. 3, S. 71ff.; und zu der von ihm gegründeten und als Vorhut im Kampf für den islamischen Staat verwendeten Partei der *Djama'at-i-Islami* vgl. die Monographie von Seyyed Vali Eza Nasr, *The Vanguard of the Islamic Revolution. The Jama'at-i-Islami of Pakistan*, Berkeley 1994.

[23] Zu den Ideen und zur Wirkung Maududis auf die arabische Welt: Muhammad Dharif, *al-Islam al-Siyasi fi al-Watan al-Arabi (Der politische Islam in der arabischen Welt)*, Rabat/Marokko 1992, S. 89ff.

[24] Zur fundamentalistischen Doktrin der Gottesherrschaft/ *Hakimiyyat Allah* vgl. Kapitel 12 in: B. Tibi, *Der wahre Imam* (Anm. 14), S. 349ff.

[25] Weitere Studien über den Islam in Frankreich (außer Kepel, Anm. 7 u. 17) Alec G. Hargreaves, *Immigration, ›Race‹ and Ethnicity in Contemporary France*, London 1995, und Robert Brubaker, *Staat – Bürger, Deutschland und Frankreich im historischen Vergleich*, Hamburg 1994.

[26] Kepel, *Allah im Westen* (Anm. 7), hier S. 251ff.; vgl. auch zum Schleier als Instrument der zivilisatorischen Abgrenzung durch die Fundamentalisten B. Tibi, *Aufbruch am Bosporus* (Anm. 13), Kapitel 10, S. 320ff.

[27] Kepel, *Allah im Westen* (Anm. 7), S. 251.

[28] Hierzu B. Tibi, Der Streit um das Kopftuch in der Schule. Es gibt kein Grundrecht auf das demonstrative Tragen eines Schleiers, in: *Der Tagesspiegel* vom *16.* Juli 1998, S. 7, und den vorzüglichen Bericht von Edith Kohn in: *Stern* vom 23. Juli 1998, Heft 31, S. 20–27.

[29] Nilüfer Göle, *The Forbidden Modern. Civilization and Veiling,* Ann Arbor/Michigan 1996, S. 4 und 1. Vgl. auch Kap. 10 über den Schleier in B. Tibi, *Aufbruch am Bosporus* (Anm. 13). Die Argumente von Ministerin Annette Schavan wurden diesem Kapitel entnommen.

[30] B. Tibi, Wie Feuer und Wasser, in: *Der Spiegel,* Heft 37/1994, S. 170–171.

Kapitel 6: Europäische Tolelranz in der Krise

[1] Jürgen Habermas (wie Anm. 1 zur Einleitung).

[2] Zu den europäischen Einflüssen auf die Ideologen der Entkolonisierung vgl. meine in Anm. 13 zur Einleitung nachgewiesene Abhandlung: Politische Ideen in der Dritten Welt während der Dekolonisation.

[3] Vgl. die Beiträge in dem Band von Manfred Brocker/Heino Nau (Hg.), *Ethnozentrismus* (Anm. 5 zur Einleitung).

[4] Jürgen Habermas, *Die Einbeziehung...* (Anm. 23 zu Kap. 2).

[5] Vgl. die Diskussion hierüber in den Beiträgen des Bandes von John Hall (Hg.), *Civil Society. Theory, History, Comparison,* Cambridge 1995.

[6] Die Zeitschrift *Ethik und Sozialwissenschaften* pflegt einen Themenartikel zu veröffentlichen, der ausgewählten Dritten zur Kommentierung vorgelegt wird, auf die dann der Autor in einer Replik antwortet. Dieser ist in diesem Fall Werner Becker mit seinem Aufsatz: Toleranz: Grundwert der Demokratie?, in: *Ethik und Sozialwissenschaften,* Bd. 8 (1997), Heft 4, S. 413-423; und mein Kommentar, »Die ›Welt von Heute‹ ist größer als das westliche Europa«, ebd., S. 465-467. Auf die dort sehr freundlich vorgetragene Kritik hatte Becker nur den Satz übrig »Auf das Unsachliche gehe ich nicht ein« (ebd., S. 479). Das ist schlicht Intoleranz. Zur deutschen Unterscheidung von »Sache« versus »Person« vgl. meine Vorrede

[7] So Joseph Gabel, *Ideologie und Schizophrenie. Formen der Entfremdung,* Frankfurt/M. 1962 (3. Aufl. 1967), S. 152, und entsprechend die Vorrede zu diesem Buch.

[8] Zur Diskussion dieser Anerkennungsproblematik vgl. Charles Taylor, *Multikulturalismus...* (Anm. 28 zu Kap. 2). Zu meinen Erfahrungen an der deutschen Universität vgl. B. Tibi, Nicht über Bagdad (Anm. 10 zu Kap. 2).

[9] Abu al-A'la al-Maududi, *al-Islam wa al-Madaniyya al-haditha* (Islam und die moderne Zivilisation), ohne Ort, ohne Jahr, S. 41–44. Zu Maududi vgl. Anm. 22/23 zu Kapitel 5, auch die Ausführungen in Kapitel 8.

[10] Vgl. B. Tibi, Democracy and Democratization in Islam. The Quest of Islamic Enlightenment, in: Michele Schmiegelow (Hg.), *Democracy in Asia,* New York 1997, S. 147–174.

[11] John Esposito und John Voll, *Islam and Democracy,* New York 1996; vgl. meine kritische Rezension in: *Journal of Religion/Chicago* – Jg. 1998.

[12] Hierzu das Standardwerk der Disziplin der internationalen Beziehungen von Hedley Bull, *The Anarchical Society. A Study of Order in World Politics,* New York 1977, zum »Global Village« ohne parallele globale Weltanschauung vgl. darin S. 273ff.

[13] B. Tibi, *Im Schatten Allahs* (Anm. 3 zur Einleitung), Kapitel 6.

[14] Erasmus Foundation, *The Limits...* (Anm. 11 zur Einleitung).

[15] Jean François Revel, *Democracy Against Itself. The Future of Democratic Impulse,* New York 1993, bes. S. 199ff.

[16] W. Becker, Toleranz (Anm. 6).

[17] Barrie Axford, *The Global System. Economics, Politics and Culture*, New York 1995, bes. S. 152ff.

[18] Zu Raymond Aron Anm. 7 zu Kapitel 4 und dort Anm. 3 zu Samuel P. Huntington.

[19] Bassam Tibi, *Krieg der Zivilisationen* (Anm. 31 zur Einleitung), Neuausgabe 1998.

Kapitel 7: Hidjra nach Europa

[1] Vgl. zu frühislamischen *Djihad*-Eroberungen als Migrationsbewegungen Fred McGraw Donner, *The Early Islamic Conquests*, Princeton 1981; sowie Khalid Yahya Blankinship, *The End of the Jihad State*, Albany/N.Y. 1994; zur *Hidjra* als religiöser Pflicht vgl. den Beitrag von M. K Masud, The Obligation to Migrate (Anm. 13 zu Kap. 3).

[2] Standardwerke hierzu Tomas Gerholm/Yngve G. Lithman (Hg.), *The New Islamic Presence in Western Europe*, London 1988; und weit besser Gilles Kepel, *Allah im Westen* (Anm. 7 zu Kap. 5); sowie die beiden Bände des niederländischen Leiden-Projekts, zit. in Anm. 11.

[3] Hierzu Katharina Mommsen, *Goethe und die arabische Welt*, Frankfurt/M. 1988. Vgl. auch die ausgezeichnete, von Hendrik Birus herausgegebene und kommentierte Neuausgabe von Goethes *West-östlicher Divan*, Bibliothek Deutscher Klassiker, 2 Bde., Frankfurt/M. 1994. Sehr lesenswert ist K-J. Kuschel, *Vom Streit zum Wettstreit der Religionen. Lessing und die Herausforderung des Islam*, Düsseldorf 1998.

[4] Siegfried Kohlhammer, *Die Feinde und Freunde des Islam*, Göttingen 1996; und für die angelsächsische Diskussion Fred Halliday, *Islam and the Myth of Confrontation*, London 1995.

[5] Hierzu B. Tibi, *Der Islam und das Problem der kulturellen Bewältigung sozialen Wandels*, 3. Aufl. Frankfurt/M. 1991 (zuerst 1985, amerikanische Ausgabe: *Islam and the Cultural Accommodation of Social Change*, Boulder/Col. 1990 und 1991).

[6] Hierzu die Werke der islamischen Aufklärer Nasr Hamid Abu-Zaid, *Naqd al-khitab al-dini* (Kritik der religiösen Denkweise), Neuauflage Kairo 1995; und M. Said al-Aschmawi, *al-Islam al-Siyasi* (Der politische Islam), Neuauflage Kairo 1989.

[7] Hans Küng (Hg.), *Ja zum Weltethos. Perspektiven für die Suche nach Orientierung*, München 1995, Ghazali als Gesprächspartner von Küng auf S. 240–247; zur Ghazali-*Fetwa* vgl. B. Tibi *Im Schatten Allahs. Der Islam und die Menschenrechte*, München 1994 (Serie Piper-Ausgabe 1996), S. 175-178, meine deutsche Übersetzung der Ghazali-*Fetwa* darin auf S. 185. Auf meinen Ghazali-*Fetwa*-Hinweis und die Frage an Küng, mit wem er sein »Weltethos« betreibe, war die Antwort, er habe es »nicht gewusst«!

[8] Ernst Bloch, *Avicenna und die Aristotelische Linke*, Frankfurt/M. 1963, S. 45.

[9] So Salman Rushdie, Europa ohne Gott, in: *FAZ* vom 14. Febr. 1997, Feuilleton; und dazu die Erläuterung des Kontexts in: B. Tibi, *Pulverfass Nahost. Eine arabische Perspektive*, Stuttgart 1997, S. 88.

[10] Robert Bistolfi/François Zabbal (Hg.), *Islams d'Europe. Intégration ou Insertion Communautaire?*, Paris 1995 (darin B. Tibi, Les conditions d'une Euro-Islam, S. 230ff.).

[11] Die Arbeiten des auch von diesem Autor getragenen großen niederländischen Leiden-Projekts über den Islam in Europa liegen in zwei Bänden vor: W. A. R. Shadid und P. S. van Koningsveld (Hg.), *Muslims in the Margin. Political Responses to the Presence of Islam in Western Europe*, Kampen/Niederlande 1996 (darin mein

Beitrag auf S. 130–144); sowie dies. (Hg.), *Political Participation and Identities of Muslims in Non-Muslim States,* Kampen/Niederlande 1997.

[12] Wilhelm Heitmeyer u. a., *Verlockender Fundamentalismus* (Anm. 32 zu Kap. 2).

[13] Joseph Rovan, *Europa und die Welt von Morgen,* Bertelsmann Stiftung Gütersloh 1995, S. 33ff.

[14] M. Ali Kettani, *Muslim Minorities in the World Today,* London 1986.

[15] Basierend auf meinen Notizen in Leiden (vgl. Anm. 11 oben).

[16] Hierzu G. Kepel, *Allah im Westen* (Anm. 7 zu Kap. 5), S. 215ff.; vgl. auch Anm. 21.

[17] Gilles Kepel, *Les banlieues...* (Anm. 17 zu Kap. 5); vgl. ferner ders. und Remy Leveau (Hg.), *Les Muselmans dans la société française,* Paris 1988; sowie die Arbeit von Alec G. Hargreaves (Anm. 25 zu Kap. 5), bes. S. 85ff., 149ff.

[18] Zur Diskussion über den Schleier der muslimischen Frauen in der Migration am Beispiel der türkischen Frauen vgl. B. Tibi, *Aufbruch am Bosporus. Die Türkei zwischen Europa und dem Islamismus,* München 1998, Kapitel 10.

[19] Mohammed Said al-Aschmawi, *Haqiqat al-Hidjab* (Die Wahrheit über den Schleier), 2. Aufl. Kairo 1995, S. 20f.

[20] Nilüfer Göle, *The Forbidden Modern, Civilization and Veiling,* Ann Arbor/Mich. 1996; vgl. auch Anm. 18.

[21] Catherine Whihtol de Wenden, Muslims in France, in: *Muslims in the Margin* (wie Anm. 11), S. 52-65, hierzu S. 64.

[22] Mündlich in Leiden (Anm. 11 oben) sowie Johan Leman/Monique Renaerts, Dialogues and Different Institutional Levels Among Authorities and Muslims in Belgium, in: *Muslims in the Margin* (wie Anm. 11), S. 164–181.

[23] Zu al-Samman vgl. Anm. 18 zu Kapitel 3, dort Beleg.

[24] Zu den Türken in Deutschland vgl. B. Tibi, *Aufbruch am Bosporus* (Anm. 18 oben), Kapitel 8 und 9; vgl. auch Valerie Amiraux, Turkish Islam in Germany, in: *Political Participation...* (wie Anm. 11), S. 36–52.

[25] Hierzu die Monographie von Klaus Manfrass, *Türken in der Bundesrepublik – Nordafrikaner in Frankreich,* Bonn 1991, sowie die Arbeiten von Brubaker und Hargreaves (nachgewiesen in Anm. 25 zu Kap. 5).

[26] Eine seltene Ausnahme ist die bemerkenswerte Arbeit der Orientalistin Ursula Spüler-Stegemann, *Muslime in Deutschland,* Freiburg 1997. In der Schlussbetrachtung zu diesem Buch werde ich mich zu dieser deutschen Orientalistik/Islamwissenschaft äußern.

[27] Tilman Nagel, zitiert nach G. Mahler, Religiöse Unterweisung für türkische Schüler muslimischen Glaubens in Bayern, in: *Zeitschrift für Pädagogik,* Heft 3/1989, S. 387. Dieser Orientalist hat weitere Blüten des orientalistischen Denkens hervorgebracht, vgl. Schlussbetrachtungen S. 339.

[28] Zu Bradford vgl. S. Burlet/H. Reid, Riots, Representation and Responsibilities, in: *Political Participation...* (wie Anm. 11), S. 144–157; sowie Gilles Kepel, *Allah im Westen* (Anm. 7 zu Kap. 5), mehrfach, aber bes. S. 154ff.

[29] Zum Mouridiyya-Islam in Italien vgl. den Beitrag von Ottavia di Friedberg in: *Political Participation...* (wie Anm. 11), S. 71ff.

[30] Zur Mouridiyya in Senegal vgl. B. Tibi, *Die Krise des modernen Islam,* Neuauflage Frankfurt/M. 1991, Kapitel 5.

Kapitel 8: Auf der Suche nach Lösungen: Islamische Minderheit in Indien

[1] Mein Denken über Indien in diesem Kapitel ist stark beeinflusst durch die Zusammenarbeit mit meinem indischen Kollegen T.K. Oommen. Die Arbeit mit diesem renommierten Soziologen an dem von ihm geleiteten Projekt *Citizenship and National Identity. From Colonialism to Globalism,* Neu-Delhi und London 1997, (mein Beitrag darin auf S. 199–227) war sehr bereichernd. In deutscher Sprache ist das Standardwerk von Dietmar Rothermund (Hg.), *Indien. Ein Handbuch,* München 1995 (vgl. auch Anm. 30 unten), autoritativ. Zur Auswertung des indischen Modells wertvoll ist das Sonderheft der Zeitschrift *Daedalus* vom Herbst 1989 mit dem Titel »Another India«. Aus indischer Perspektive: Baren Ray, *India: Nature of Society and Present Crisis,* NeuDelhi 1983.

[2] Hierzu B. Tibi, Islam, Hinduisms and the Limited Secularity in India. A Model for European-Muslim Relations?, in: W. A. R. Shadid/P. S. van Koningsveld (Hg.), *Muslims in the Margin,* Kampen/Niederlande 1996, S. 130–144.

[3] Zu Maududi (engl. Mawdudi) vgl. den Artikel in: John Esposito (Hg.) *Oxford Encyclopedia of the Modern Islamic World,* 4 Bände, New York 1995, hier Band 3, S. 71–75.

[4] Zu Maududis Ideen Youssef M. Choueiri, *Islamic Fundamentalism,* Boston 1990, S. 93ff.; ferner zu Maududi Anm. 22 und 23 zu Kapitel 5.

[5] Hierzu Gilles Kepel, *Allah im Westen. Die Demokratie und die islamische Herausforderung,* München 1996, S. 161ff., bes. S. 169 u. S. 178.

[6] Zu der von Maududi in Indien 1941 gegründeten *Djama'at-i-Islami* vgl. Anm. 22 zu Kapitel 5.

[7] Vgl. die Beiträge in Wayne A. Cornelius u.a. (Hg.), *Controlling Immigration. A Global Perspective,* Stanford/Cal. 1994.

[8] Hierzu Tomas Gerholm und Y. Georg Lithman (Hg.), *The New Islamic Presence in Western Europe,* London 1988.

[9] Vgl. hierzu Marc H. Ross, *The Management of Conflict,* New Haven und London 1993, S. 4–9; auch Kepel (Anm. 5).

[10] Zu dieser Diskussion über den Nationalstaat vgl. B. Tibi, *Krieg der Zivilisationen,* Neuausgabe München 1998, Kap. 1, Bezüge auf Indien, S. 25f., 122f., 165f.

[11] John Kelsay, *Islam and War. A Study in Comparative Ethics,* Louisville/Kentucky 1993, S. 118.

[12] Robin Jeffrey, *What's Happening to India,* 2. Aufl. London 1994, S. XXIII.

[13] Hierzu Noel Malcolm, *Bosnia,* London 1994; und B. Tibi, Die Zerstörung des Religionsfriedens auf dem Balkan, in: *Universitas,* Bd. 49/3 (1994), S. 205–215.

[14] Autoritativ zur *Scharia:* Joseph Schacht, *An Introduction to Islamic Law,* Oxford 1974. Vgl. auch das Kapitel über die *Scharia* in B. Tibi, *Im Schatten Allahs. Der Islam und die Menschenrechte,* München 1994, S. 194-216, und dort auch Kapitel 10 über die fundamentalistische Interpretation der *Scharia* als Staatsordnung.

[15] Arthur M. Schlesinger Jr., *The Disuniting of America. Reflections on a Multicultural Society,* New York 1992.

[16] Duncan M. Derrett u. a. (Hg.), *Beiträge zu indischem Rechtsdenken,* Wiesbaden 1979, S. 107.

[17] Vgl. Chaturvedi Badrinath, *Dharma, India and the World Order,* Edinburgh und Bonn 1993.

18 Für einen Überblick über den *Islam in Indien* vgl. den Beitrag von S. Shahabuddin und Th. P. Wright, in: John Esposito (Hg.), *Islam in Asia,* New York 1987, S. 152–176.

19 So Arvind Sharma in seinem Kapitel über den Hinduismus, in: ders. (Hg.), *Our Religions,* San Francisco 1993, S. 1–67, hier S. 55

20 So Muhammad Abdullah al-Samman, *Mihnat al-aqaliyyat al-muslimah fi al'alam,* Kairo 1987.

21 Vgl. Ernst Pulsfort, *Was ist los in der indischen Welt?,* Freiburg/Br. 1993.

22 Das Referat von Kuldeep Mathur, Hindu Assertion, Casteism and Indian Democracy, ist enthalten in: Michèle Schmiegelow (Hg.), *Democracy in Asia,* New York 1997, S. 175–194 (mein Beitrag zu diesem Louvain-Projekt über Islam und Demokratie auf S. 127–146; erste Fassung auf der Projekt-Konferenz vorgetragen).

23 Shahabuddin und Wright (wie Anm. 18), S. 172.

24 M. S. Agwani, *Islamic Fundamentalism in India,* Neu Delhi 1986.

25 Über den Hindu-Fundamentalismus vgl. Daniel Gold, Organized Hinduism. From Vedic Truth to Hindu Nation, in: Martin Marty/Scott Appleby (Hg.), *Fundamentalisms Observed,* Chicago 1991, S. 531–593. Vgl. Anm. 36 u. 37.

26 Vgl. Ernst Pulsfort, *Indien am Scheideweg zwischen Säkularismus und Fundamentalismus,* Würzburg 1991; und der Beitrag von Klaus Voll in: Thomas Meyer (Hg.), *Fundamentalismus in der modernen Welt,* Frankfurt/M. 1989, S. 155–192.

27 T. K. Oommen, Religious Nationalism and Democratic Polity. The Indian Case, in: *Sociology of Religion,* Bd. 55/4 (1994), S. 455–472. Vgl. auch Anm. 1.

28 B. Tibi, Kein Modell für Europa. Das Beispiel Indien, in: *Die Politische Meinung,* Bd. 40/312 (1995), S. 79–85.

29 Im Einzelnen hierüber B. Tibi, War and Pe ace in Islam, (Anm. 20 zu Kap. 1); und *Krieg der Zivilisationen* (wie Anm. 10), S. 191ff.

30 Fernand Braudel, *A History of Civilizations,* London 1994, S. 232. Über die Geschichte des Islam in Indien vgl. auch Hermann Kulke und Dietmar Rothermund, *Geschichte Indiens,* Stuttgart 1982, S. 181ff.

31 Hierüber Gold (wie Anm. 25), S. 531–532; auch die Arbeiten von Sharma (wie Anm. 19) und Pulsfort (wie Anm. 21 und 26).

32 Smail Balic, *Das unbekannte Bosnien,* Köln 1992, Kapitel 3, S. 80ff.

33 Hierzu das 9. Kapitel bei Mushirul Hasan, *Legacy of a Divided Nation. India's Muslims since Independence,* Boulder/Col. 1997, S. 298ff.

34 Zitiert nach Jeffrey (wie Anm. 12), S. XXI.

35 Klaus Natorp, in: *FAZ* vom 8. Dezember 1992.

36 Hierzu B. Tibi, *Der religiöse Fundamentalismus,* Mannheim 1995, bes. die Einführung und das Kapitel 7 über Indien.

37 Vgl. Anm. 22 zu Kapitel 5 oben über *Djama'at-i-Islami;* sowie Mumtaz Ahmad, Islamic Fundamentalism in South Asia: The Jama'at-i-Islami and the Tablighi Jamaat, in: Martin Marty/Scott Appleby (wie in Anm. 25), S. 457–530.

38 Hierzu mein Artikel Nationalisten gefährden Indiens Vielvölkerstaat, in: *BM* vom 30. Mai 1996, S. 4. Die Redaktion hat den Titel ohne Rücksprache bestimmt und fälschlich Fundamentalisten in Nationalisten verwandelt.

39 Zum BJP-Wahlsieg 1998 vgl. die Berichte in *FT* vom 20. und 21. März 1998, sowie den Artikel in *The Economist* vom 21. März 1998 »India's Patchwork Government. The BJP May Have a Majority«; ferner den Bericht »India's Hindu Leader Steps into Power«, in: *Turkish Daily News* vom 20. März 1998, Frontseite, Section B.

[40] Benedict Anderson, *Imagined Communities* (Anm. 33 zur Einleitung).

[41] Vgl. die Einführung »Inventing traditions« von Eric J. Hobsbawm (wie in Anm. 14 zu Kap. 2).

[42] Vor Gruppenrechten wurde bereits gewarnt in B. Tibi, *Im Schatten Allahs* (wie Anm. 14), S. 337–351.

[43] Hierzu P. S. van Koningsveld, Islam in Europe, in: John Esposito (Hg.), *Oxford Encyclopedia of the Modern Islamic World,* (wie Anm. 3), hier: Bd. 2, S. 290–296.

Kapitel 9: Der Islam als Herausforderung an Europa

[1] Hierzu ausführlich B. Tibi, *Krieg der Zivilisationen* (wie Anm. 31 zur Einleitung), Neuausgabe 1998; ferner ders., Die Bewältigung der Moderne in Zivilisationen mit universellem Geltungsanspruch, in: Werner Weidenfeld (Hg.), *Dialog der Kulturen* (wie in Anm. 4 zu Kap. 3), S. 43ff.

[2] Der wesentliche Inhalt meiner Stockholmer *Global Village Lecture* ist in das dritte Kapitel dieses Buches eingearbeitet worden, vgl. Anm. 28 zur Einl.

[3] Katharina Mommsen, *Goethe und die arabische Welt* (wie Anm. 3 zu Kap. 7).

[4] Vgl. die erstmalig vollständige Edition des *West-östlichen Divan* (wie Anm. 3 zu Kap. 7).

[5] Vgl. Karl-Josef Kuschel, zitiert in Anm. 3 zu Kapitel 7. Kuschel hat früher die bemerkenswerte Arbeit *Streit um Abraham,* München 1994, vorgelegt.

[6] Einen Vergleich zwischen den Zivilisationen bietet Leslie Lipson, *The Ethical Crisis of Civilization,* London 1993.

[7] Vgl. William M. Watt, *Muslim-Christian Encounters. Perceptions and Misperceptions,* London 1991.

[8] B. Tibi, *Der wahre Imam. Der Islam von Mohammed bis zur Gegenwart,* München 1996, 1997. Neu: Serie Piper 1998.

[9] Samuel P. Huntington, *Clash of Civilizations,* New York 1996, deutsche Übersetzung mit dem falschen Titel *Kampf der Kulturen,* Wien 1996; vgl. auch meine in Anm. 1 angegebene Arbeit, dort besonders Kapitel 7 zur Neuausgabe.

[10] Ein Bericht sowie eine kritische Auseinandersetzung mit dieser Form euro-mediterraner Diskussion sind enthalten in B. Tibi, *Pulverfass Nahost. Eine arabische Perspektive,* Stuttgart 1997, Kap. 8, bes. S. 248–254.

[11] Vgl. T. K. Oommen (Hg.), *Citizenship and National Identity. From Colonialism to Globalism,* Neu-Delhi 1997.

[12] Hierzu die vergleichende Studie von Clifford Geertz, *Religiöse Entwicklungen im Islam, beobachtet in Marokko und Indonesien,* mit einem Essay über Gespräche mit Geertz in Princeton von B. Tibi, Frankfurt 1991. Marokko und Indonesien beherbergen unterschiedliche Kulturen, die jedoch zur islamischen Zivilisation gehören; Geertz prägt den Begriff »lokale Kulturen« in seinem Buch *Dichte Beschreibung. Beiträge zum Verstehen kultureller Systeme,* Frankfurt/M. 1983; zur Anwendung dieses Kulturbegriffs auf den Islam: B. Tibi, *Der Islam und das Problem der kulturellen Bewältigung sozialen Wandels,* 3. Auflage Frankfurt/M. 1991.

[13] Das ist immer noch die Lehrmeinung des islamischen Völkerrechts. Hierzu Nadjib al-Armanazi, *al-Schar' al-Duwali fi al-Islam* (Völkerrecht im Islam), Neudruck London 1990 (zuerst 1930); vgl. ferner Sayyid Qutb, *al-Salam al 'alami wa al-Islam* (Der Weltfriede und der Islam), 10. legale Auflage Kaim 1992 (lt. Impressum); zur Erläuterung vgl. auch B. Tibi, War and Peace, (wie Anm. 20 zu Kap. 1).

[14] Zbigniev Brzezinski, *The Grand Chessboard,* New York 1997, deutsche Übersetzung: *Die einzige Weltmacht,* Weinheim und Berlin 1997.

[15] Benjamin R. Barber, Jihad versus McWorld, in: *The Atlantic Monthly,* März-Heft 1992, S. 53–65; 1995 als Buch (wie in Anm. 10 zu Kap. 1).

[16] Mark Juergensmeyer, *The New Cold War?,* Berkeley 1993.

[17] B. Tibi, *Die fundamentalistische Herausforderung. Der Islam und die Weltpolitik,* 2. Aufl. München 1993.

[18] Samuel P. Huntington, *The Third Wave. Democratization in the Late 20th Century,* Norman (Okl.)/London 1991.

[19] Vgl. B. Tibi, Fundamentalism, in: *Encyclopedia of Democracy,* 4 Bde., Washington D.C. 1995, hier Bd. 2, S. 507–510.

[20] Hierzu die Schrift des Ex-Generals Sa'duldin al-Schazli, *al-harb al-salibiy al-thamina* (Der achte Kreuzzug), Casablanca 1991; sowie B. Tibi, *Die Verschwörung. Das Trauma arabischer Politik,* 2. erweiterte Auflage, Hamburg 1994 (aktualisierte Taschenbuchausgabe, München 1994), bes. Teil 4 darüber, wie der Golfkrieg als Kreuzzug in der Welt des Islam wahrgenommen worden ist.

[21] Zum Islam in Europa vgl. die drei Kapitel in Teil IV von B. Tibi, *Im Schatten Allahs* (Anm. 3 zur Einleitung), S. 277ff. Dort ist auch Kapitel 12 über mein Konzept vom Euro-Islam enthalten; und neu B. Tibi, *Aufbruch am Bosporus. Die Türkei zwischen Europa und dem Islamismus,* München 1998, darin Kapitel 8 über den Euro-Islam.

[22] Hierzu Muhammad Kh. Masud, The Obligation to Migrate. The Doctrine of Hijra in Islamic Law, in: Dale Eickelman/James Piscatori (Hg.), *Muslim Travellers. Pilgrimage, Migration and the Religious Imagination,* Berkeley 1990, *S.* 29–49.

[23] Mehr hierüber in: B. Tibi, *Aufbruch am Bosporus (*wie Anm. 21), Kap. 8-10 zu den Auslandstürken als Migranten zwischen Integration und Abschottung.

[24] B. Tibi, Der gekränkte Orientale Yilmaz und die empörten Deutschen. In der eurotürkischen Beziehungskrise fehlt das gegenseitige Verständnis, in: *FAZ-Sonntagszeitung* vom 12. April 1998, S. 4–5.

[25] Wilhelm Heitmeyer u.a., *Verlockender Fundamentalismus* (Anm. 32 zu Kap. 2).

[26] Hierzu die Diskussion in dem anregenden und geistreichen Buch von Siegfried Kohlhammer, *Die Feinde und Freunde...* (Anm. 4 zu Kap. 4).

[27] Vgl. hierzu das ausführliche, in Anm. 35 zur Einleitung nachgewiesene *Focus*-Interview mit mir über den deutschen Selbsthass.

[28] Vgl. das Kapitel »Andere Kulturen, andere Sitten? Kulturrelativismus, Multikulturalität und Menschenrechte«, in: B. Tibi, *Im Schatten Allahs* (wie in Anm. 3 zur Einleitung), S. 158–183.

[29] K. Adam, Erster Europäer!, in: *FAZ* vom 17. Juni 1997, Feuilleton, S. 37.

[30] Auf weitere in der *FAZ* veröffentlichte vergleichbare Skurrilitäten werde ich in der Schlussbetrachtung eingehen. Vgl. Anm. 11 und 17 zur Schlussbetrachtung.

[31] Der *FAZ*-Herausgeber Dr. Günther Nonnenmacher hat sich in einem persönlichen Schreiben an mich von seinem Feuilleton-Redakteur K. A. distanziert.

Kapitel 10: Zwischen Feinden und Freunden der Einwanderung

[1] Zum desorientierten Europa vgl. John Newhouse, *Sackgasse Europa,* München 1998, bes. das 4. Kapitel: »Deutschland – ohne Ziel und ohne Richtung«, S. 134ff.

[2] Manfred Kanther, Deutschland ist kein Einwanderungsland, in: *DW* vom *28.* April 1995.

[3] Vgl. das von mir mitverfasste Buch von Ulrich Wank (Hg.), *Der neue, alte Rechtsradikalismus,* München 1993, mein Beitrag auf S. 139–168.

[4] So die AFP-Meldung aus Genf »Fünfzig Millionen Menschen sind auf der Flucht«, in: *FAZ* vom 9. Dez. 1997, Frontseite.

[5] So die AP-Meldung »Die Hälfte aller Asylanträge in der EU in Deutschland«, in: *FAZ* vom 24. März 1998, Frontseite.

[6] Zu dieser Thematik der Tabuzonen sehr mutig Arnulf Baring, *Scheitert Deutschland? Abschied von unseren Wunschwelten,* Stuttgart 1997, hier S. 289ff.

[7] Uli Hauser/Michael Stührenberg, Die aus Frankfurt abgeschobenen Sudanesen in Khartum, in: *Stern* vom 21. September 1995, Heft 39, S. 44ff., das Zitat ist aus dem Editorial, S. 3.

[8] Deutschland und Marokko legen Rückführungsverfahren fest, in: *FAZ* vom 23. April 1998, S. 2.

[9] Vgl. ferner B. Tibi, Das miese Geschäft der Schieber in aller Welt, in: *BM* vom 9. Dez. 1996, S. 3.

[10] So die Asylrichterin Hilde Riegel, Lehrreiche Gerichtssitzungen in Sachen Asyl, in: *FAZ* vom 11. Juli 1997, Leserbriefseite 9.

[11] Schutz der Asylbewerber gefordert, in: *FAZ* vom 24. März 1998, S. 5.

[12] Illegale Zuwanderung, in: *FAZ* vom 15. Okt. 1997, Frontseite.

[13] Konrad Mrusek, Viele Asylbewerber stranden, in: *FAZ* vom 9. Dez. 1997, S. 2.

[14] Nach *FAZ* vom 9. April 1998, S. 2.

[15] Vgl. Jochen Kummer, Gerichte durch Ausländer überlastet, in: *WS* vom 12. Mai 1996, S. 28.

[16] Zitiert nach dem *Stern*-Bericht über Sozialhilfe (wie Anm. 22).

[17] Tom Buerkle, Britain Sets out on Welfare Overhaul, in: *IHT* vom 27. März 1998, S. 5; und R. Peston/N. Timmens, Welfare Reform Launched, in: *FT* vom 27. März 1998.

[18] So der Bericht von Mrusek wie Anm. 13.

[19] Ebd.

[20] B. Tibi, Die Zerstörung des Religionsfriedens auf dem Balkan, in: *Universitas,* Bd. 49 (1994) H. 3, S. 205–215; und ders., *Im Schatten Allahs* (Anm. 3 zur Einleitung), Kapitel 13, S. 315ff.

[21] Hierzu das 5. Kapitel über Bosnien in: B. Tibi, *Aufbruch am Bosporus* (Anm. 21 zu Kap. 1), S. 155ff.

[22] »Ärgernis Sozialhilfe« als Thema des *Stern* vom 28. Aug. 1997, Heft 36.

[23] Ebd., S. 24.

[24] Vgl. zu dieser Diskussion Fritz Süllwold, Deutscher Selbsthass, in: *Politische Meinung,* Bd. 42 (1997), Juni-Heft, S. 14-17.

[25] Cornelia Bolesch, Einstürzende Kulissen, in: *SZ* vom 21. Nov. 1996, S. 3.

[26] Vgl. den Bericht von H.-D. Götz, Fast alle wollen nach Deutschland. Schlepperorganisationen bringen Tausende Asylbewerber nach Italien, in: *Focus,* Heft 2/1998, S. 28–29; und den *NZZ*-Bericht vom 29.12.1997, S. 3.

[27] H.-D. Götz/G. Heesch, Tiger kassieren in Deutschland ab, in: *Focus,* Heft 43/1997, S. 68ff.

[28] Reymer Klüver, Fundamentalisten auf dem Vormarsch. Radikale Türken in der Bundesrepublik, in: *SZ* vom 28. April 1995, S. 3.

[29] Der Sozialhilfe-Etat hat sich in drei Jahrzehnten verachtfacht, in: *FAZ* vom 14. Okt. 1997, S. 17 (Wirtschaftsteil).

30 Energischer gegen Ausländerkriminalität vorgehen, in: *FAZ* vom 30. März 1998, S. 6.

31 Jugendkriminalität, in: *Der Spiegel,* Heft 36/1997, S. 73.

32 Clinton will Limit Welfare Aid to 2 Years, in: *NYT* vom 17. Juli 1997.

33 B. Tibi, Zum Broterwerb zwingen, in: *Focus* vom 7. Okt. 1996, S. 78–79.

34 Senate follows House, Approves Welf are Bill, in: *NYT* vom 2. Aug. 1996.

35 Vgl. Mr. Clinton Keeps His Welf are Promise, in: *WSJ* vom 1. Aug. 1996, S. A 12; Proposed Welfare Overhaul, in: *WSJ* vom 31. Juli 1996, S. A 6.

36 Sozialhilfe bleibt in vielen Fällen attraktiver als Arbeit, in: *FAZ* vom 17. Febr. 1996.

37 Nach *FAZ* vom 14. Okt. 1997, S. 17.

38 B. Tibi, *Der wahre Imam* (Anm. 9 zur Einleitung), S. 209.

Kapitel 11: Auch eine linke gesinnungsethische Umkehrung der rechten deutschnationalen Formel »Am deutschen Wesen soll die Welt genesen« macht diese Ideologie nicht richtiger!

1   Carl Heinrich Becker, *Islam-Studien. Vom Werden und Wesen der islamischen Welt,* 2 Bde., Neudruck Hildesheim 1967 (zuerst Leipzig 1924, 1932), hier Bd. 1, S. 383.

2   B. Tibi, Die Schwierigkeit, an der deutschen Universität heimisch zu sein, (Anm. 10 zu Kap. 2).

3   Anthony Giddens, *Jenseits von Links und Rechts,* Frankfurt/M. 1997, S. 9.

4   Zu dieser Thematik vgl. als kleine Einführung B. Tibi, *Der religiöse Fundamentalismus...* (Anm. 8 zu Kap. 1); sowie als umfassendes Standardwerk ders., *The Challenge of Fundamentalism. Political Islam and the New World Disorder,* California University Press, Berkeley 1998.

5   Giddens, *Jenseits...* (wie Anm. 3 oben), S. 204.

6   So der Bericht: Kriminalität: Kurdische Heroin-Dealer haben jahrelang Sozialhilfe kassiert, in: *GT* vom 17. Juni 1998, S. 14.

7   Über diese Gießener Diskussion vgl. den Bericht von B. Tibi, Multi-Kulti-Ideologie verleugnet verbindliche Werte, in: *FAZ-Sonntagszeitung* vom 1. Juni 1997, S. 4.

8   So verstehe ich den kritischen Dialog der Europäischen Union mit Iran nicht. Hierzu B. Tibi, Ein Dialog ohne Ehrlichkeit ist sinnlos, in: *BM* vom 13. Nov. 1995, S. 4.

9   Frank Böckelmann, *Die Gelben, die Schwarzen, die Weißen,* Frankfurt/M. 1998; und dazu Reinhard Mohr, Vom Tugendterror der Fremdenfreunde/Wir sind alle Afrikaner, in: *Der Spiegel,* Heft 22 vom 25. Mai 1998, S. 124–126. Vgl. meine Leserzuschrift: Das Prinzip Vorsicht gilt, in *Der Spiegel,* Heft 24 vom 8. Juni 1998.

10 B. Tibi, *Krieg der Zivilisationen* (wie Anm. 31 zur Einleitung).

11 Giddens, *Jenseits...* (wie Anm. 3), S. 163 – eigene Hervorhebung.

12 Zum deutschen Selbsthass Anm. 35 zur Einleitung und Anm. 24 zu Kapitel 10.

13 Erich Fromm, *Die Kunst des Liebens,* Frankfurt/M. 1975, bes. die Kapitel »Nächstenliebe« (S. 70ff.) und »Selbstliebe« (S. 83ff.).

14 Vgl. die Szenarien über Integration versus Abschottung in Bezug auf die in Deutschland lebenden Türken in B. Tibi, *Aufbruch am Bosporus* (Anm. 21 zu Kap. 1), Kapitel 8 und 9.

15 Giddens, *Jenseits...* (wie Anm. 3), S. 200.

[16] R. Bendix, *Von Berlin nach Berkeley. Deutsch-jüdische Identitäten,* Frankfurt/M. 1985. Meine Anerkennung von Bendix als geistiger Mentor ist im Acknowledgement zu meinem amerikanischen Buch *Islam and the Cultural Accommodation of Social Change,* Boulder/Col. 1990, enthalten.

[17] Herbert Marcuse, *Der eindimensionale Mensch,* Berlin-Neuwied 1967, S. 67. Die Sammlung meiner Frankfurter Aufsätze, *Internationale Politik und Entwicklungsländer-Forschung,* Frankfurt/M. 1979, enthält die Abhandlung »Romantische Entwicklungsideologien« *(S.* 32-66), in der ich früh (die Abhandlung stammt von 1973) die verheerende Wirkung der Einflüsse Marcuses erkannte.

[18] So Frank Böckelmann, *Die Gelben...* (wie Anm. 9).

[19] Max Weber, Der Beruf zur Politik, in: Ders., *Soziologie, Weltgeschichte, Analysen, Politik,* Stuttgart 1964, S. 167ff.

[20] Freimut Duve, *Vom Krieg in der Seele. Rücksichten eines Deutschen,* Frankfurt/M. 1994.

[21] B. Tibi zu Bosnien in: *Im Schatten Allahs* (Anm. 3 zur Einleitung) Kapitel 13; sowie ders., *Aufbruch am Bosporus* (Anm. 21 zu Kap. 1), Kapitel 5.

[22] Duve, *Vom Krieg...* (wie Anm. 20), S. 119. Der Kriegsforscher Kalevi Holsti, *The State, War and the State of War,* Cambridge 1996, zeigt systematisch, dass der traditionelle zwischenstaatliche Krieg zur Geschichte gehört, Terror dagegen die neue Form ist. Vgl. hierzu auch B. Tibi, *Conflict and War in the Middle East. From Interstate War to New Security,* neue, völlig revidierte und erweiterte Edition, London und New York 1998 (1. Ausgabe 1993).

[23] Vgl. mein Buch *Krieg der Zivilisationen* (wie Anm. 31 zur Einleitung).

[24] B. Tibi, Keine Toleranz für den islamischen Terrorismus, in: *DW* vom 19. Juni 1998, S. 4.

[25] Duve, *Vom Krieg...* (wie Anm. 20), S. 161.

[26] Vgl. mein in Anm. 21 zu Kapitel 1 zitiertes Türkei-Buch *Aufbruch am Bosporus.*

[27] So der Titel des Artikels von Klaus Natorp, in: *FAZ* vom 9. April 1998, S. 16.

[28] Günter Renner, Braucht das Land Einwanderer?, in: *FAZ* vom 13. Sept. 1997, S. 14.

[29] Herwig Birg, Bevölkerungsschrumpfung und Zuwanderung in Deutschland, in: *FAZ* vom 10. Mai 1996, S. 9.

[30] Bernard Lewis, *Die Juden der islamischen Welt,* München 1987, und dazu mein Besprechungsessay »Die Geschichte einer Symbiose«, in: *FAZ* vom 24. Mai 1989, S. 14.

[31] Chris Leppek, If Peace were up to Tibi and Avineri, in: *Intermountain Jewish News* (Denver, Colorado) vom 20. Februar 1998, S. 4.

[32] Bassam Tibi äußert sich zum Friedens-Prozess, Interview mit Simon Erlanger, in: *Jüdische Rundschau Maccabi* (Basel), Nr. 22, vom 28. Mai 1998, S. 2.

[33] Mit dem liberal-jüdischen Rabbiner Albert H. Friedlaender (Holocaust-Überlebender aus Berlin) habe ich in der Westminster-Synagoge den jüdisch-islamischen Dialog gegründet (1994), in dessen Tradition der Trialog von Cordoba vom Februar 1998 stattfand. Zu diesem Dialog mein Buch *Krieg der Zivilisationen* (wie Anm. 31 zur Einleitung), S. 291ff.; vgl. ferner Albert H. Friedlaender, *Riders Towards the Dawn. From Ultimate Suffering to Tempered Hope,* London 1993, darin bes. die jüdisch-progressive Sicht des deutschen Schuldproblems auf S. 167ff.

Schlussbetrachtungen: Am Ende der Reise durch Europa im Zeitalter der Krise

[1] In der *FAZ* vom 15. April 1993. Diese Idee wird ausgearbeitet in B. Tibi, Ausländer – die Juden von heute?, in: Ulrich Wank (Hg.), *Der neue, alte Rechtsradikalismus,* München 1993, S. 139–168; in englischer Fassung: Foreigners Today's Jews. Xenophobie Right-Wing Radicalism, in: U. Wank (Hg.), *The Resurgence of Right-Wing Radicalism in Germany,* Atlantic Highlands/N.J. *1996,S.* 85–102.

[2] Vgl. z. B. den langen Artikel von Chris Leppek, If Peace were up to Tibi and Avineri, in: *Intermountain Jewish News* (Denver/Colorado) vom 20. Februar 1998, S. 4. Avineri ist der bedeutendste Politikwissenschaftler in Israel und lehrt an der Hebräischen Universität in Jerusalem.

[3] John Newhouse, *Sackgasse Europa,* München 1998, S. 10.

[4] So zum Beispiel K. Adam ironisch, Erster Europäer, in: *FAZ* vom 17. Juni 1997, zitiert oben im Text S. 262.

[5] Ein Drittel des folgenden Türkei-Buches befasst sich mit den türkischen Migranten in Westeuropa, speziell Deutschland, vgl. B. Tibi, *Aufbruch am Bosporus* (Anm. 21 zu Kap. 1), Kapitel 8, 9 und 10.

[6] Hierzu Anthony Giddens, *Jenseits von Links und Rechts,* Frankfurt/M. 1997, S. 203f.

[7] So der *Spiegel*-Bericht »Mit den Wölfen heulen«, Heft 17/1998, S. 58–61.

[8] Frank Böckelmann, *Die Gelben...* (Anm. 9 zu Kap. 11).

[9] Reinhard Mohr, Vom Tugendterror der Fremdenfreunde (Anm. 9 zu Kap. 11).

[10] F. Böckelmann, *Die Gelben...* (Anm. 9 zu Kap. 11).

[11] So der Bibliothekar aus Wolfenbüttel und *FAZ*-Gastautor Friedrich Niewöhner, Das verfehlte Fremde. Protest gegen die soziologische Verformung der Orientalistik, in: *FAZ*-Geisteswissenschaften vom 10. Juni 1998, S. N 6.

[12] Edward Said, *Orientalism* (New Yorker, ursprünglich in Cambridge erschienene Ausgabe), New York 1979. Leider ist die deutsche Übersetzung *Orientalismus,* Frankfurt/M. 1981, extrem fehlerhaft, bis hin zur Unverständlichkeit des Textes.

[13] Hierzu B. Tibi, Orient und Okzident. Anmerkungen zur Orientalismus-Debatte, in: *Neue Politische Literatur,* Band 29 (1984), H. 3, S. 267–286. Meine Kritik an der philologisch ausgerichteten Orientalistik ist enthalten in meiner Einleitung zu Maxime Rodinson, *Islam und Kapitalismus,* Frankfurt/M. 1986 (Suhrkamp Taschenbuch Wissenschaft Bd. 584), S. IX-LI.

[14] Maxime Rodinson, *La fascination de l'Islam,* Paris 1980, S. 13f., deutsch die hier mit berücksichtigte Übersetzung *Die Faszination des Islam,* München 1985, S. 13–15.

[15] Dies zeige ich mehrfach in meinem Buch *Krieg der Zivilisationen* (zitiert in Anm. 31 zur Einleitung).

[16] Zu dieser Degradierung der in Deutschland lebenden Muslime zu »Musta'minun/Schützlingen« durch Nagel vgl. B. Tibi, *Aufbruch am Bosporus* (wie Anm. 21 zu Kap. 1), besonders Kap. 8, S. 257f.

[17] Der besagte *FAZ*-Redakteur, Henning Ritter, rief mich in meinem Universitäts-Büro am 30.6.1998 ca. 11.45 an. Nach diesem Telefonat kündigte ich in einem Brief an die Herausgeber meine *FAZ*-Autorenschaft.

[18] Joseph Gabel, *Ideologie und Schizophrenie,* Frankfurt/M. 1967, S. 164f.

[19] Mein gleich im Text einleitend zu diesen Schlussbetrachtungen angeführtes Buch *Pulverfass Nahost* trägt den Untertitel »Eine arabische Perspektive«. Der Orientalist Udo Steinbach spricht diesem Autor das Recht ab, einen solchen Titel zu verwenden, weil er laut Rezension vom 18.1.1998 in der *BM* sich so entarabisiert hat, dass er »gar nicht mehr merkt, wie wenig Araber er noch ist«. Also enthülle sich die »arabische Perspektive als Vorwand«, so heißt es weiter! *Warum:* »Tibis Perspektive unterscheidet sich nicht von der eines jeden informierten Beobachters.« Die »arabische Perspektive« sei, so weiter, »von anderem Kaliber. Sie reflektiert jene... Sicht, die... Verschwörung« sehe und »aggressiv und unverblümt« zur Sache gehe. Ist das nicht Rassismus? Weil ich normal bin, bin ich kein Araber mehr!

[20] Carl Heinrich Becker, *Islamstudien,* zwei Bände, ursprünglich 1924, 1932, Neudruck Hildesheim 1967, hierzu Bd. 1, S. 247.

[21] Ebd., Bd. 2, S. 196.

[22] Ebd., Bd. 1, S. 247.

[23] Bassam Tibi/Maxime Rodinson, Der Islam und die westlichen Islamstudien. Vom philologischen Orientalismus zur dekolonisierten Islamforschung. Einleitung zu der STW-Ausgabe von Maxime Rodinson, *Islam und Kapitalismus* (wie Anm. 13), S. IX-LI.

[24] Maxime Rodinson, L'ebranlement de l'europeo-centrisme, in: Ders., *La fascination...* (wie Anm. 14, dort auch Nachweis der deutschen Übersetzung), S. 25ff.

[25] Ebd., S. 95ff.

[26] So Guido Müller als Herausgeber von Carl Heinrich Becker, *Ausgewählte Schriften,* Frankfurt/M. 1997, S. 14f.

[27] Auf diese Weise werden alle westlichen Orientalisten nicht nur von dem Fundamentalisten Anwar al-Djundi, *Ahdaf al-taghrib/*Ziele der Verwestlichung, Kairo 1987, sondern auch von dem einstigen al-Azhar-Scheich Muhammad al-Bahi, *al-Fikr al-Islam al-hadith wa silatuhi bi al-isti'mar al-gharbi/*Das moderne islamische Denken und seine Verbindung zum Kolonialismus, veränderte 4. Ausgabe Kairo, o.J., (Wahba-Verlag) bezeichnet. Dieses Buch des in Hamburg 1936 promovierten Scheichs enthält einen ganzen Anhang über die westlichen Orientalisten und ihre Bücher. Als ein kritischer Muslim teile ich diese Propaganda nicht, bedauere aber, dass ganz bewusst verfemt wird, wenn die Orientalismus-Kritik des christlichen Arabers Said (vgl. Anm. 12 u. 13) mit diesen Arbeiten verwechselt wird.

[28] In diesem Sinne auch der als Robert-Bosch-Vorlesung im Mai 1994 gehaltene und als Broschüre zugängliche Vortrag von B. Tibi, *Das Mittelmeer als Grenze oder als Brücke Europas zur Welt des Islam,* Robert Bosch Stiftung, Stuttgart 1994. Meine Antwort heißt: *Brücke,* die Antwort der Orientalisten: *Grenze.*

[29] So die Meldung: Khutta li-ightiyal imam masdjid Paris/Ein Plan zur Ermordung des Imams der Moschee von Paris, in: *al-Hayat* vom 31. Mai 1998, S. 6.

[30] Zu meinem in Paris entwickelten Konzept von Euro-Islam vgl. »Les conditions d'une Euro-Islam« (Anm. 11 zu Kap. 5). In deutscher Sprache ist das Konzept enthalten in B. Tibi, *Im Schatten Allahs* (Anm. 3 zur Einleitung), Kapitel 12; und ders., *Aufbruch am Bosporus* (Anm. 21 zu Kap. 1), Kapitel 8.

[31] Zur Situation in Algerien vgl. Michael Willis, *The Islamist Challenge in Algeria,* New York 1996, und die Algerien-Kapitel in B. Tibi, *Die Verschwörung* (Anm. 24 zur Einleitung), Kapitel 7 und 11.

32 Mutatarifun yamna'un dukhul djithman Nizar al-Qabbani ila djami' London/Extre-
    misten verhindern das Hineintragen des Sargs von Nizar al-Qabbani in die Londo-
    ner Moschee, in: *al-Scharq al-Ausat* vom 2. Mai 1998, Frontseite und Fortsetzung
    auf der Feuilleton-Seite. Vgl. auch den Bericht in der saudisch finanzierten *al-
    Hayat* vom 2. Mai 1998, worin zwar nicht steht, dass die religiösen islamischen
    Fundamentalisten die von ihnen selbst als Asylanten beanspruchten europäischen
    Menschenrechte verletzt haben, wohl aber »die Gefühle der betenden Muslime«.
33 Barry James, European Police detain Algerians, in: *IHT* vom 17. Mai 1998, Front-
    seite und Fortsetzung.
34 *al-Wasat,* erstes Juni-Heft 1998.
35 Auf dem sicherheitspolitischen Forum des Gesamtrates für Sicherheitspolitik der
    Schweizer Regierung in Bern im Oktober 1996 habe ich mit allem Nachdruck davor
    gewarnt, den Islam in die Domäne der Sicherheitspolitik einzubeziehen, und in die-
    sem Sinne gefordert, Islam von Islamismus zu unterscheiden (vgl. hierzu die Do-
    kumentation *Islam und Islamismus. Konsequenzen für die Sicherheitspolitik.* Do-
    kumentation Nr. 21 der Schweizer Zentralstelle für Gesamtverteidigung, Bern
    1996, mein Referat S. 9–20). In meinem Hauptwerk über den Islam *Der wahre
    Imam. Der Islam von Mohammed bis zur Gegenwart* (1996, 1997, 1998) habe ich
    anhand der Gesamtgeschichte des Islam gezeigt, dass die islamische Zivilisation 14
    Jahrhunderte alt ist, während der Islamismus (ein anderes Wort für den religiösen
    Fundamentalismus) ein Produkt unserer Krisengegenwart ist.
36 David Gress, *From Plato to Nato. The Idea of the West and its Opponents,* New
    York 1998.
37 Hierzu u. a. Robert Bartlett, *The Making of Europe 950–1350,* Princeton/N.J. 1993;
    sowie die deutsche Übersetzung der Arbeit von Peter Brown, *Die Entstehung des
    christlichen Europa,* München 1996, ferner Norman Cantor, *The Civilization of the
    Middle Ages,* Neuausgabe 1993, besonders Kapitel 9, S. 225ff.
38 Zum Totalitarismus Kapitel 12 in: B. Tibi, *Der wahre Imam* (wie Anm. 35 zur Ein-
    leitung).
39 Norman Cantor, *The Civilization...* (wie Anm. 37), Kapitel 15.
40 Vgl. F. Böckelmann und R. Mohr (Anm. 9 zu Kap. 11).
41 Vgl. Anm. 11.